한국근대금융연구

- 조선식산은행과 식민지 경제 -

한국근대금융연구

- 조선식산은행과 식민지 경제 -

정 병 욱

역사비평사

책을 내면서

조선식산은행을 낯설게 여길 분도 있을 것이다. 1906년부터 세워진 여러 농공은행을 통합하여 1918년에 설립된 은행으로, 1954년 한국산업은행으로 전환될 때까지 산업금융을 담당했다. 100여 년의 한국 근대 금융사에서 산업금융의 기틀은 조선식산은행 시기에 마련되었으며, 현재 한국산업은행의 많은 부분이 그 시절에 뿌리를 두고 있다.

대학원에 진학하여 막연히 토대부터 공부한다는 생각에서 식민지경제사에 매달린 지 16년째이다. 그 사이 사회주의권이 붕괴되는 1990년대 초를 경계로 연구경향이 크게 변하였고, 연구의 한 갈래는 식민지 반봉건사회론에서 경제성장론으로 입장을 바꾸었다. 식민지 자본주의의 구조 해명을 과제로 삼았던 내 연구의 초점도 자본주의에서 식민지로 이동했다. 근대나 자본주의 일반보다는 한국 나름의 특색을 밝히는 것이 중요하다고 생각했으며, 점점 더 '과정으로서 근대'에 주목하게 되었다. 조선식산은행 연구도 이러한 작업의 일환으로 근대성과 식민지성이 금융부문에서 어떻게 결합되어 한국적 특성을 형성하게 되는지 주목했다.

이 책은 박사학위논문을 다듬고 몇 편의 글을 보태어 간행한 것이다. 학위를 받은 지 5년이 넘었으나 천성이 게으른 탓에 이제서야 책을 내게 되었다. 그것도 완성된 것이라고 보기에 부족한 점이 많다. 조선식산은행의 전체 역사라기보다 중요하다고 판단되는 몇몇 부분을 다루는 데 그쳤다. 새 자료를 담아내고 빠진 부분을 보충하여 완결된 은행사를 쓰려면 앞으로 몇 년은 더 걸릴 것이다. 그럼에도 이렇게 용감하게 책을 낸 것은 지금까지 걸어온 길을 정리하며 호흡을 가다듬을 필요가 있다고 판단했기 때문이다.

책을 엮으면서 새삼스레 느낀 점은 경제사를 바라보는 나 자신의 눈이 변하고 있다는 점이다. 언제부터인가 민주화의 관점을 강조하기 시작했으며, 무책임이나 자기성찰의 문제까지 언급하게 되었다. 글을 쓰면서도 정치나 도덕의 문제가 경제사의 주제가 될 수 있는지 수없이 자문해보았다.

변명을 하자면 이렇다. 처음 경제사를 공부하겠다고 마음먹었을 때 어렴풋하게나마 인간의 역사를 경제 - 정치 - 문화 순으로 이해하고 그 출발점으로 경제를 생각했다. 앞선 경제사 관련 업적들의 가르침이 그러했던 것 같았고, 무엇보다 현실이 그렇게 돌아가고 있었으며, 이는 부동의 진실로 보였다. 그런데 세상을 돌아보면 경제는 마냥 성장하는데 인간다운 삶의 전망은 점점 흐려지는 듯하다. 혹시 현실이 그렇게 굴러간다 하더라도 내일을 열어간다는 역사연구에서 경제 - 정치 - 문화 순으로 인간사를 파악하는 것은 잘못이 아닌가 하는 의문이 들었다.

그렇다고 해서 경제, 정치, 문화 사이에 새로운 위계관계를 설정하자는 것은 아니다. 다만 어느 한쪽이 다른 쪽을 일방적으로 지배하는 관계는 서로를 위해, 인간의 삶을 위해 바람직하지 않다는 생각이다. 경제를 경제논리에만 맡겨두어서는 곤란하고, 끊임없이 정치와 문화가 경제에 개입해야 되며, 그런 관점에서 경제사는 재해석되어야 하는 것이 아닐까. 너무 거창한 변명 같지만, 경제사는 경제만의 문제가 아니라는 것이 그간 공부를 해오면서 터득한 감이라면 감이라고 할 수 있겠다.

연구의 길로 들어선 후 지금에 이르기까지 많은 가르침을 받았다. 대학원에 입학해서 학위를 마칠 때까지 엄격히 지도해주신 강만길 선생님은 역사를 바라보는 안목을 넓히고 이 땅에서 연구자로서 산다는 것이 의미하는 바를 고민하게 해주셨다. 논문의 틀을 바로잡고 균형된 시각을 갖추게 지적해주신 유승주·강호진 선생님, 논문의 문제점들을 세세히 지적하고 바로잡아주신 최덕수·홍성찬 선생님께 감사드린다. 또한 대학원에 막 들어와 시작했던 한 세미나팀을 잊지 못한다. 그 자리에서 경제사 연구방법을 연마했고 연구주제도 잡았으며 평생의 학문적 동지, 삶의 동반자도 만날 수 있었다. 함께 했던 정태헌 선생님, 문영주 선배, 아내 이송순에게 고마움을 전한다.

역사문제연구소 연구원으로 있으면서 만났던 분들, 같이 했던 공부는 한국근현대사 전반을 이해하는 데 큰 도움이 되었다. 이런 자리를 마련해주신 이이화·서중석·방기중 선생님, 김영태 이사장님, 김백일 부소장님과 연구소 식구들 모두에게 감사드린다. 특히 글을 읽고 문제점을 날카롭게 지적해준 이승렬·허수 연구원께 고마움을 표한다. 자료 때문에 많은 분들께 신세를 졌는데, 성업공사 자료를 열람할 수 있게 해준 서울대학교 중앙도서관의 김창섭 선생님, 조선식산은행 관련 자료를 이용할 수 있도록 배려해주신 고창용 선생님을 비롯한 한국산업은행 관계자 여러분께 감사드린다. 또한 필자가 삶의 양식을 얻으면서 연구에 매진할 수 있도록 격려해주신 국사편찬위원회의 선배·동료들께도 감사드린다.

연구자란 가족에게는 늘 부족한 존재이다. 박사논문을 쓰고 책을 내는 사이에 일찍이 홀로 되신 어머님은 쓸쓸히 일흔을 넘기셨고, 장모님 또한 일흔을 넘기고 홀로 되셨다. 항상 든든한 후원자였던 장인어른은

끝내 통일을 보지 못하고 작고하셨다. 이분들이 없었다면 지금의 나는 존재하지 않을 것이다. 어느새 초등학생이 된 두 딸 혜민과 민주를 볼 때마다 바르게 살아야겠다는 생각을 하게 된다. 함께 바라보고 기댈 수 있는 아내가 있어서 공부하는 외로움을 덜 수 있었다. 끝으로 난삽한 글을 책으로 만들어주신 김윤경 편집부장과 역사비평사에 감사드린다.

2004년 봄 정병욱

8

제2부 농공은행 · 조선식산은행의 자금조달과 운용

제1장 자금조달의 한계와 상업금융(1906~1917)

제2장 일본자본 도입과 농업금융(1918~1936)

제3장 조선 내 자금조달 강화와 광공업금융(1937~1945)

제3부 농공은행 · 조선식산은행과 식민지 경제

제1장 1910년대 상업금융과 조선인 상인의 주변화

제3장 해방 이후 정세변화와 은행원의 식민지 기억

결 론 · 447

14

16

▨ 그림차례

서 론

1. 식민지적 근대화와 조선식산은행

한국사에서 20세기 전반기는 조선후기 이래 서서히 진행되었던 경제적 변화가 개항에 의해 빠르게 진전되면서 근대적 경제구조가 본 궤도에 올라서는 시기였다. 자본과 임노동을 축으로 하는 자본주의적 경제관계가 지배적 범주로 자리잡아갔으며 자본축적을 돕기 위해 주식회사, 교통·통신시설, 화폐·금융제도 같은 근대적 기구와 제도가 마련되었다. 그런데 이 시기는 일제의 식민지배를 받았던 시기이며, 경제면에서 근대화는 대부분 식민지화와 겹쳐져서 진행되었다. 일제 역시 효율적인 경제지배를 위해 자본주의체제가 필요했던 것이다.

요컨대 한국사에서 근대화는 독립국의 근대화와 다르게 전개되었으며, 이러한 식민지적 근대화의 성격을 파악하는 것은 일제시기 경제사 연구의 주요 과제라고 할 수 있다. 이를 통해 일제시기 전체의 역사적 성격을 가늠할 수 있으며, 나아가 이 시기의 경제변화에 기반하여 형성된 20세기 후반기 및 현재의 경제구조를 역사적으로 이해할 수 있을 것이다.

식민지적 근대화의 성격을 파악하기 위해서는 세부주제에 대한 심층연구가 필요하다. 일제시기 경제사와 관련된 여러 주제 중 금융, 특히 은행은 그 자체가 근대화의 산물이자 동력이면서, 일본이 한국을 식민지배하기 위해 동원했던 핵심기구로서 근대성과 식민지성을 동시에 체현하고 있다.

일본이 한국의 금융을 장악하고 식민지적 재편을 꾀할 수 있었던 것은 한국이 '보호국'으로 전락하고 '화폐정리사업'이 실시되는 1905년부터였다. 금융의 식민지적 재편은 두 가지 방향에서 이루어졌다. 하나는 식민지배를 금융면에서 뒷받침하기 위한 특수금융기구를 설립하는 것으로 농공은행(農工銀行), 지방금융조합(地方金融組合), 동양척식주식회사(東洋拓殖株式會社), 한국은행이 잇달아 세워졌다. 다른 하나는 「은행조례(銀行條例)」를 제정 공포하여 보통은행을 통제하기 위한 제도적 틀을 마련한 것이다.

은행을 중심으로 볼 때 이미 1910년 '합방' 이전에 특수은행과 보통은행이라는 이원체제의 기본 틀이 형성되었다. '합방' 이후 한국은행이 조선은행으로 변경되고, 여러 농공은행이 조선식산은행(朝鮮殖産銀行)으로 통합되는 변화가 있었으나 그 기본 틀은 일제 지배가 종식되는 1945년까지 유지되었다. 일제시기 은행사는 특수은행과 보통은행 사이의 경쟁과 보완이 교차하면서 전자의 성장과 후자의 상대적 정체로 귀결되었다.

이 책에서는 일제시기 특수은행 중 하나인 조선식산은행과 그 전신(前身)인 농공은행을 분석함으로써 금융상에 나타난 식민지적 근대화의 성격을 파악하려고 한다. 조선식산은행을 분석대상으로 삼은 것은 다음과 같은 이유 때문이다. 첫째, 조선식산은행은 일제의 경제정책을 구현했던 대표적인 금융기관이었다. 주지하다시피 일제는 유통부문에서 생산부문으로, 생산부문은 다시 농업에서 공업으로 식민지의 경제구조를 재편해나갔다. 농공은행과 조선식산은행은 이러한 재편방향에 발맞추어 자금운용의 중심을 상업에서 농업으로, 농업에서 공업으로 옮겨갔다.

반면에 또 하나의 중요 특수은행이었던 조선은행은 1910년대 중반 이후 주된 활동무대를 '만주'와 중국으로 이동하여 일제의 대륙침략을 위한 첨병 역할을 했다. 자금운용도 1937년 중일전쟁이 발발하기 전까지는 상업부문에 편중되었다. 보통은행 역시 자금운용은 일제시기 전기간 동안 상업부문에 집중되었다. 이렇듯 조선식산은행은 다른 은행들에 비해 일제의 경제정책 및 조선경제 전반과 밀접한 관련을 맺고 있었으므로 식민지적 근대화의 구체적 실태에 접근할 수 있는 좋은 소재가 된다.

둘째, 조선식산은행은 일본 금융시장과 연결되어 조선과 일본 사이의 자금유출입을 매개한 은행이었다. 식민지 경제는 기본적으로 자립적인 재생산구조를 갖추고 있지 않으며 식민본국과의 관계를 통해 자본축적과 순환이 이루어진다. 일제시기 금융 역시 자금조달과 운용의 주요 흐름이 일본과의 자금유출입 상황에 의해 좌우되었다. 따라서 금융의 식민지성을 밝히기 위해서는 일본과의 자금유출입까지 다룰 필요가 있으며, 이런 점에서 조선식산은행은 적합한 분석대상이다. 조선은행이 일본의 단기성자금 시장과 연결되었다면 조선식산은행은 장기성자금 시장과 연결되어 산업금융에 필요한 자금을 조달했다. 조선식산은행은 일본 금융시장과 이윤의 원천인 조선의 생산현장, 즉 농업이나 공업을 직접 연결했다. 금융면에서 조선의 재생산구조가 갖는 식민지성을 파악하기 위해 우선 다루어야 할 대상인 것이다.

셋째, 식민지적 근대화의 귀결과 현재적 의미를 알아보기 위해서는 결국 식민지시기와 해방 이후가 어떤 접점을 통해, 어떻게 연결되는가를 살펴야 할 것이다. 이런 점에서 해방 이후 1954년 한국산업은행으로 재편될 때까지 존속했던 조선식산은행에 대한 분석은 많은 시사점을 줄 것이다. 해방 이후 조선식산은행은 보통은행과 다를 바 없게 되었는데, 이로써 일제시기 번성의 요인이 무엇이었는지를 가늠할 수 있다. 또한 조선식산은행이 다시 산업금융을 전담하는 산업은행으로 재생되는 과정에서 식민지 경험이 어떻게 위치지어지는가를 고찰함으로써 식민지적 근대화의 유산이 현재 한국 사회의 기원과 어떻게 맞닿아있는지를 파악할 수 있을 것이다.

2. 근대금융사 연구의 과제와 논문구성

조선식산은행에 관한 기존 연구는 내용상 세 가지로 나누어볼 수 있다. 첫째 자금조달과 운용체계에 관한 것, 둘째 자금운용 실태를 조선경제와 연관하여 분석한 것, 셋째 조선식산은행원에 관한 연구이다. 대부분 일제시기와 관련된 것이며, 해방 이후 조선식산은행에 대해서는 아직 본격적인 연구성과가·나오지 않고 있다. 기존 연구에 대한 정리와 세부 연구과제에 대해서는 각 장에서 다루도록 하고, 여기서는 근대금융사 연구와 관련하여 이 책의 분석시각과 구성을 밝혀둔다.

해방 이후 한국 근대금융사 연구는 1960년대 임묘민, 고승제에 의해 개척되었다. 임묘민[1]은 한말부터 1950년대까지 금융기관의 발달과정을 해당시기 경제와 연관하여 기술함으로써 이후 금융사 연구의 전범(典範)이 되었다. 고승제[2]는 한말부터 일제시기까지 명멸했던 은행들에 참여한 자본가층을 중심으로 연구하여 금융사에서 인물사의 지평을 열었다. 그러나 금융의 기본자료인 통계에 바탕한 개관서가 나온 것은 1980년대 이후였다. 이석윤, 윤석범, 배영목의 작업[3]은 연구에 소요되는 많은 시간과 노력을 단축시켜줌으로써 금융사 연구의 귀중한 밑거름이 되었다.[4]

---

1) 林苗民, 『韓國의 銀行史』, 韓國經濟問題硏究所, 1963. 이 책의 시기구분이나 시각은 朝鮮銀行調査部, 『經濟年鑑』(1949)에 실린 「韓國金融機關發達略史」(Ⅱ‐38~39쪽)와 동일하다. 「한국금융기관발달약사」는 大韓金融團, 『金融』 1954년 7월호~9월호에 「我國金融機關發達史」(韓國銀行調査部提供)란 제목으로도 연재되었다. 임묘민의 책은 위의 글을 바탕으로 대상시기와 내용을 확대하여 간행된 것 같다.
2) 高承濟, 『韓國金融史硏究』, 一潮閣, 1970.
3) 李碩崙, 『(新稿)韓國貨幣金融史硏究』, 博英社, 1984 ; ____, 『韓國의 一般銀行 1910~1945』, 법문사, 1988 ; ____, 『우리나라 金融史 1910~1945』, 博英社, 1990 ; 尹錫範 外, 『韓國近代金融史硏究』, 延世大學校 經濟硏究所, 1996 ; 裵永穆, 『韓國金融史 1876~1959』, 개신, 2002.

그간 근대금융사 연구는 별다른 쟁점 없이 기초를 닦는 작업에 치중 되었다고 할 수 있다. 이제 그러한 성과를 바탕으로 다양한 문제와 방 법을 제기하며 심화된 연구를 진행할 필요가 있다.

첫째, 한국 근대금융사에서 풀어야 될 과제 중 하나는 1960년대 이후 국가의 금융동원 또는 금융억압의 역사적 맥락을 해명하는 작업일 것 이다. 임묘민 이래 배영목의 연구에 이르기까지 한국 근대금융사에서 압도적인 "관치(官治)"나 절대적인 "정부의 역할"은 간과할 수 없는 특 징으로 언급되었다. 한국 경제성장에서 국가주도가 자본가층의 미성숙 을 반영하는 것이듯, 국가의 강력한 금융개입은 자본의 한 분파로서 은 행자본, 금융자본의 미성숙을 반영한다.

이 책의 제1부에서 농공은행·조선식산은행과 조선총독부, 조선인 자본가의 관계를 통해 이 문제에 접근해보았다. 결론부터 말하면 농공 은행에 포섭되었던 조선인 자본가층은 경영주체나 은행자본가로 성장 할 수 없었고, 농공은행을 벗어나 다른 은행을 설립해도 조선식산은행 과 같은 특수은행의 보통은행업무 겸영에 가로막혀 성장할 수 없었다. 물론 이는 조선인 은행자본이 발달하지 못한 환경적 요인이며, 내부 요 인을 고찰하기 위해서는 조선인 자본가층의 은행경영 자체에 관한 분 석이 이루어져야 할 것이다.[5]

---

4) 이상의 총괄적 성과와 함께 금융기관별 또는 금융부문별 연구도 진행되었다. 대표적인 것만 거론하면 다음과 같다. 李英俠, 『韓國典當金融史硏究』, 건국대 학교 출판부, 1976 ; 朝鮮銀行史硏究會 編, 『朝鮮銀行史』, 東洋經濟新報社, 1987 ; 崔大植, 『韓國金利政策史－1910～1993』, 法文社, 1993 ; 河合和男 外, 『國策會社·東拓の硏究』, 不二出版, 2000 ; 이경란, 『일제하 금융조합 연구』, 혜안, 2002.

5) '관치금융'이나 국가의 금융동원이 식민지배에서 비롯된 것은 아니다. 자본축 적이 부족한 가운데 급속한 산업화를 추진해야 되는 후발국에서 나타나는 일 반적 현상이다. 개항 이후 추진되거나 설립된 한국의 초기 은행들이 대부분 국가의 재정확보, 화폐개혁을 위해 구상되었다는 점은 자본가층의 미성숙, 국 가의 주도성을 상징적으로 말해준다. 또한 국가의 금융개입은 역사적 기원이 있긴 하지만 해당시기의 산물이기도 하다. 개항 이후 현재에 이르기까지 각

둘째, 금융의 근대성에 대한 천착이 필요하다. 기존 근대금융사 연구를 보면 선험적으로 서구나 일본의 관련 제도·기구를 근대적인 것으로 인정하는 경향이 있다. 은행이 설립되고 운영되면 근대 금융제도가 도입되고 발전된 것이다. 물론 틀린 말은 아니지만 그러한 형식이 담고 있는 내용을 통해 근대성에 접근할 필요가 있다. 은행을 중심으로 볼 때 근대 금융은 전근대 금융과 달리 은행권·예금통화 같은 신용화폐의 창출, 수신대상의 광범위한 확대, 고도의 여신집중 등을 특징으로 한다. 이러한 근대적 요소가 식민지 조선에서 발현되는 양상을 규명하는 가운데 식민지적 근대의 내용과 특성도 명확히 밝혀질 수 있을 것이다.

제2부에서 '수신(受信)의 사회화'와 '여신(與信)의 집중화'라는 분석틀을 통해 농공은행·조선식산은행의 자금조달과 운용을 시기별로 분석하여 수신과 여신의 근대적 특성이 어떻게 발현되는가, 그 식민지성은 무엇인가를 살펴보았다. 아울러 보론으로 조선식산은행을 포함한 식민지 금융기구 전체의 자금유출입과 그 성격을 다룸으로써 금융 전반의 자금흐름을 조망하고자 했다.[6] 궁극적으로 식민지적 조건에서 여신의 민족별 편차와 극단적 집중은 광범위한 금융소외층을 양산했고, 이들을 대상으로 전근대 금융이 온존하게 되었으며, 근대 금융의 성과라고 할 수 있는 금리의 전반적 인하는 제한되었다.[7]

셋째, 산업금융사적 분석을 심화할 필요가 있다. 근대 금융은 전산업

시기별 조건과 특성에 대한 비교연구가 필요하다. 개항 이후 자주적 금융근대화의 추진과 좌절에 대해서는 吳斗煥, 『韓國近代貨幣史』, 韓國研究院, 1991 ; 韓百興, 『舊韓末 民族銀行生成史硏究』, 시나리오알타, 1996 참조.

6) 제2부 보론은 일제시기 금융 전반의 흐름을 이해하기 위해 1996년에 쓴 논문이다(「식민지 금융기구를 통한 자금의 유출입과 성격」, 『일본의 본질을 다시 묻는다』, 한길사, 1996. 이 책 전체의 시기구분과 약간 차이가 있고 표의 일부 내용이 중복되지만 전체 식민지 금융기구 속에서 조선식산은행의 위치와 역할을 확인하는 데 무리가 없으므로 대략 원문 그대로 실었다.

7) 일제시기 근대 금융과 전근대 금융의 공존관계에 대해서는 鄭昞旭, 「일제하 개인대금업과 전시경제」, 『한국근현대사연구』 26, 2003 참조.

부문과 밀접한 관련을 맺기 때문에 산업금융 연구는 근대금융사의 주요한 부문이며, 이를 통해 해당시기 경제의 특징을 고찰해볼 수 있다. 그런 이유 때문에 금융사 연구는 대부분 금융기관사와 산업금융사가 결합되어있다. 조선식산은행에 관해 가장 많은 연구가 이루어진 것도 자금의 운용과 조선경제를 관련짓는 산업금융 부문이다.[8] 그러나 일부 연구를 제외하면 어떤 부문에 많은 대출이 있었다는 점과 해당 부문의 일반적 상황을 연결시키는 정도에 그치고 있다. 금융기관과 거래선의 내부자료에 대한 미시적 분석과 경제구조 차원의 거시적 조망이 필요하다.

　제3부에서 기존 성과를 바탕으로 조선식산은행의 시기별 주요 대출부문을 해당 산업부문의 동향과 관련하여 집중 분석해보았다. 특히 두 가지 점에 유의했는데, 하나는 어떤 부문에 많은 대출을 했다는 차원을 넘어 대차관계를 통해 해당 산업부문에 형성된 총체적인 개발·수탈구조를 해명하고자 했다. 다른 하나는 조선인 상인·지주·자본가의 입장에서 조선식산은행의 산업금융이 갖는 의미를 파악하려고 했다. 보론에서는 주로 조선인 상인이 이용했던 한일은행의 사례를 자본축적구조 차원에서 분석함으로써 일제시기 금융과 조선인의 관계를 조선식산은행과 비교하여 폭넓게 이해하고자 했다. 전체적으로 산업금융에 대한 분석은 식민지적 근대화나 일제시기에 이루어졌다는 경제성장의 향방을 규명하는 작업이기도 하다.[9]

---

8) 이에 대한 기존 연구는 제3부 각 장의 연구사 정리 참조.
9) 1980년대 말 1990년대 초부터 경제사학계 일각에서 제기된 '경제성장론'에 따르면 일제는 식민지배를 통해 조선을 수탈만 한 것이 아니라 개발도 했으며, 이 개발의 측면이 1960년대 이후 한국 경제성장의 기반으로 작용했다고 한다. '경제성장론'의 일제시기 금융에 관한 견해를 정리해보면 다음과 같다. 첫째, 식민지 개발의 토대로 인프라스트럭처의 충실한 건설이 필수적이며 그 중 하나가 은행이었다. 둘째, 일제시기나 해방 이후 한국경제의 특징 중 하나는 투자재원의 외자의존인데, 외자의존은 본원적 자본축적과정에서 치러야 할 국민의 막대한 희생을 피하면서 국내의 자본축적을 도왔으며, 그 과정에서 국민

넷째, 인물사 연구의 대상을 확대하여 근대 금융기관을 통해 양성된 테그노크라트에도 주목해야 할 것이다. 식민지배의 유산 중 해방 이후, 특히 1960년대 이후 경제성장과 직접적으로 연결되는 것은 물적 요소보다 기구·제도나 인간일 것이다. 기구·제도를 운영하는 것도 결국 인간이라고 한다면 이들이 식민지 경험을 통해 어떠한 성격을 체득했는지를 밝히는 것은 한국 경제성장의 인적 측면을 규명하는 중요한 주제일 것이다. 사회적 진출이 제한된 식민지 상황에서 많은 조선인 엘리트들이 근대 금융기관에 취직하여 직업훈련을 받았고, 해방 후 각 부문에서 활약했다. 자본가와 또 다른 테크노크라트로서 금융인의 경험과 성장사는 한국 근대금융사의 주요 부분이 될 것이다.

제4부에서 해방 이후 조선식산은행원의 활동을 조명함으로써 일제시기 조선식산은행에서 양성된 은행원의 사회적 성격을 파악해보았다. 조선식산은행원은 일제시기 인력성장을 주장하는 '맨파워 성장론'의 예로 자주 거론된다.[10] 인간을 '생산요소'의 하나로 간주하는 '맨파워 성장론'의 양적 기능적 접근을 넘어 한 인간군의 성격을 조명하기 위해 두 가지 문제에 주목했다. 하나는 일본인이 퇴각하면서 실시했던 '융자명령'에 대해 한국인 행원들이 취한 대처방식이다. 위기와 기회의 순간에 일본인과 한국인 은행원들이 보여준 모습이야말로 이 집단의 특성을 살펴볼 수 있는 주요 소재가 될 수 있을 것이다. 다른 하나는 그들이 겪은 식민지 경험에 대한 기억방식과 내용이다. 경험과 함께 기억 또한 정체성 형성의 한 요인이며, 그 자체가 정체성의 한 단면을 보여

경제를 피폐시키는 외국자본의 수탈은 없었다(安秉直,「韓國에 있어서의 經濟發展과 近代史研究」, 第38回 全國歷史學大會 發表要旨, 1995, 129쪽 ; 안병직,「한국근현대사 연구의 새로운 패러다임－경제사를 중심으로」,『창작과비평』1997년 겨울, 42~46쪽).

10) 이는 전적으로 Karl Moskowitz, *The Employees of Japanese Banks in Colonial Korea*, Harvard University Ph.D.Thesis. 1979(殖銀行友會 譯,『植民地朝鮮における日本の銀行の從業員達』, 1986)에 의존한 것이다.

주기 때문에 식민지 기억 속에서 은행원들의 성격을 고찰해보려는 것이다.[11]

3. 시기구분과 자료

조선식산은행은 1918년 여섯 농공은행의 합병으로 설립되었으며, 1954년 한국산업은행으로 재편될 때까지 존속했다. 연구의 상한선은 일제가 조선의 금융망을 장악하고 농공은행을 설립했던 1906년으로 잡았다. 농공은행 시기를 다룸으로써 일제의 금융정책과 산업재편의 전 과정을 파악할 수 있을 것이다. 연구의 하한선은 한국산업은행으로 재편되는 1954년이다. 해방 이후 조선식산은행을 다룸으로써 식민지배의 귀결과 현재적 의미를 파악할 수 있을 것이다. 그 사이 한국은 1945년 8월 15일 해방을 맞았으나 그 이후에도 여전히 금융기관은 일제에 의해 장악되었으며, 미군정이 실질적으로 금융기관을 접수한 것은 10월 이후였다. 따라서 일제시기를 분석할 때는 1945년 9월까지를 다루었다. 8~9월 사이 조선식산은행의 자금운용은 식민지배의 말로를 잘 보여줄 것이다.

일제시기 농공은행·조선식산은행에 대한 분석은 산업금융의 동향에 따라 세 시기로 나누어 살폈다. 우선 1906~1917년은 일제가 조선에서 유통부문의 재편을 꾀하였던 시기로, 농공은행도 주로 조선에서 자금을 조달하여 상업부문에 집중적으로 대출했다. 다음으로 1918~1936년은 일제가 유통부문을 넘어 생산부문을 장악했던 시기로, 그 중심은

---

11) 한국의 근대주체 형성을 과도하게 식민지에서 기원하는 것으로 간주하는 것은 역사를 단선적으로 이해하거나 해방 이후 주체의 관점이 누락될 소지가 있다. 해방 이후 식민지경험이 어떠한 계기와 과정으로 변형·재생되는가에 대해서는 면밀한 검토가 필요하다. 이와 관련해서는 정병욱, 「한국인의 식민지경험과 근대주체 형성─조선식산은행원을 중심으로」, 『역사문제연구』 제11호, 2003 참조.

'산미증식계획'으로 대변되는 농업에 있었다. 조선식산은행도 주로 일
본자금을 도입하여 농업부문에 투자했다. 1920년대 말 1930년대 초 '농
업공황'을 경계로 도입자금의 성격, 농업금융의 내용은 식민지지주제
의 동향과 맞물려 변화했으므로 '농업공황' 전후의 차이에 주목했다.
마지막으로 1937~1945년은 일제의 전쟁수행을 위해 조선경제가 전시
체제로 재편되었던 시기이다. 조선식산은행도 강제저축을 통해 조선에
서 자금을 조달하여 일본의 전비(戰費)로 유출하고, 군수 광공업부문에
대한 지원에 주력했다.

해방 이후 조선식산은행에 대해서는 1954년까지를 하나의 시기로 다
루었다. 그 사이 변화가 없는 것은 아니지만, 장기성 재원의 부족과 그
로 인한 산업금융업무의 위축이라는 측면에서 보면 동질의 시기이다.
다만 식민지 기억의 변화는 정부수립과 한국전쟁을 경계로 세 시기로
나누어서 분석했다. 기억하고 그것을 남에게 전하는 것은 고도의 정치
행위로 정치적 국면전환과 밀접한 관계가 있기 때문이다.

금융사 연구를 위해서는 일차적으로 관련 통계를 시계열에 따라 정
리, 분석해야 할 것이다. 조선식산은행에 관한 통계는 『조선금융사항참
고서』, 『조선금융연보』(1942), 『조선총독부통계연보』, 『조선통계연감』
(1943), 『조선금융경제조사자료』(1927), 『조선경제연보』(1948), 『경제연감』
(1949, 1955)과 조선식산은행의 『영업보고서』, 『조선식산은행연감』(1929),
『제79회 제국의회 설명자료』(1941)를 통해 대략의 윤곽을 파악할 수 있
다. 여기에 새로 발굴한 조선식산은행 계산과의 『대차대조표・손익계
산서・재산목록(합장)』과 해방 후 대일 배상요구 관련자료, 한국식산은
행청산위원회 자료를 더하여 좀더 세밀한 분석을 기하였다.

은행과 각 산업의 관계를 구체적으로 해명하기 위해서 농공은행 시
기 각도별 통계연보와 새로 발굴한 조선식산은행의 농업 및 광공업 대
출자료와 회사 내부자료를 이용했다.12) 이와 함께 『식은조사월보』, 『조

---

12) 새로 발굴한 조선식산은행 관계자료는 대부분 成業公社가 소장했던 자료이

선경제신보』,『회심』,『무궁』등 각종 잡지와 신문, 조사자료, 회고록이
긴요하게 참조되었다.[13]

___

다. 1954년 한국산업은행 설립으로 조선(한국)식산은행이 청산되는 과정에서
관계서류가 방계회사였던 성업공사에 보존되었던 것 같다. 현재 이 자료는 정
부기록보존소에 보관되어있다.

13) 이 책이 다루는 시기인 1906년경부터 1954년경까지는 화폐단위가 크게 두
차례 변경되었다. 1906년경 화폐단위는 '圜'이었는데 1910년 '합방' 이후 일본
식 화폐단위인 '圓'으로 바뀌었다. 그러나 이미 1905년 '화폐정리사업'으로 일
본통화와 조선통화 사이에 고정적인 等價관계가 형성되었다. '圓'은 해방 이
후 1953년 통화개혁에 의해 100 대 1 가격으로 '환'으로 교환되었다. 이 책에
서는 1945년 8월 15일 이전은 '엔', 이후는 '원'으로 표기하겠다. '환'을 단위로
하는 수치도 '원'으로 환산하여 기술했다. 한국인도 8월 15일 이전은 조선인,
이후는 한국인으로 표기했다. 한편 서울의 명칭은 고유명사이거나 사료를 인
용하는 경우가 아니면 한일'합방' 이전은 한성, 일제시기는 경성, 해방 이후는
서울로 구분하여 썼다.

제1부 농공은행·조선식산은행의 설립과 운영

제1장 조선총독부의 경제정책과 은행의 역할

1. 1910년대 유통부문 재편과 상업금융

대한제국 재정고문 메가타(目賀田種太郎)가 재정·금융의 전권을 장악한 가운데 「농공은행조례(農工銀行條例)」(1906. 3. 勅令 제13호)가 공포되고, 이에 의거하여 1906년 6월 한성농공은행을 시작으로 1907년 7월 함흥농공은행에 이르기까지 모두 11은행(漢城·忠州·公州·大邱·平壤·全州·晉州·光州·海州·鏡城·咸興農工銀行)이 설립되었다. 이 은행들은 1907년 6월과 1908년 8월 두 차례의 합병과정을 거쳐 6은행(漢湖·慶尙·平安·全州·光州·咸鏡農工銀行)으로 정리되어[1] 1918년 10월 조선식산은행으로 통합될 때까지 존속했다.

농공은행이 존립했던 1906년에서 1918년간은 일제가 식민지지배를 위해 화폐제도·조세제도 등을 정비하고 철도·도로·항만 같은 기간시설을 구축했던 시기이다.[2] 1905년부터 실시된 '화폐정리사업'으로 일본과 등가(等價)의 화폐제도가 마련됨에 따라 상품이동에 따른 화폐이동상의 장벽이 제거되었다. 유통의 측면에서 기간시설은 공간적·시간

---

1) 1907년 6월에 한성·충주·공주농공은행이 한호농공은행으로 합병되었으며, 1908년 8월에는 대구·진주농공은행이 경상농공은행으로, 평양·해주농공은행이 평안농공은행으로, 鏡城·함흥농공은행이 함경농공은행으로 합병되었다. 합병이유는 동일 경제권에 속한 본점을 합병하여 원활히 자금을 조달한다는 것이었다[朝鮮殖産銀行, 『朝鮮殖産銀行十年志』, 1928(이하 『十年志』로 줄임), 9쪽 ; 朝鮮殖産銀行, 『朝鮮殖産銀行二十年志』, 1938(이하 『二十年志』로 줄임), 20~21쪽].

2) 朴慶植, 『日本帝國主義の朝鮮支配』上, 靑木書店, 1973, 124~135쪽 ; 梶村秀樹, 「1910年代 朝鮮의 經濟循環과 小農經營」, 『近代朝鮮의 經濟構造』(安秉直外編), 比峰出版社, 1989, 233~235쪽.

적 단축을 통해 상품의 이동을 촉진한다. 따라서 1910년대는 일제가 유통부문을 재편하여 조선을 일본경제권에 부속시키려 했던 시기로 볼 수 있다.

농공은행의 설립목적에 대해서는 ① 농공업의 개량 발달, ② '화폐·재정정리사업'의 보완책으로서 지방금융의 완화 등이 지적되었다.[3] 그런데 농공은행의 산업별 대출에서 상업이 차지하는 비중은 항상 절반 이상이었다. 특히 1912년 이전은 70~80%나 차지했다(<표 2 - 4> 참조). 설립목적과 상업금융 치중은 상반되는 것 같으나, 이는 일제의 유통부문 재편과 연관하여 이해할 수 있을 것이다.

「농공은행조례」에 명시되어있는 농공은행의 설립목적은 "농공업의 개량 발달"을 위한 자금대부였다. 이를 위해 ① 연부·정기상환(年賦·定期償還) 방식에 의한 부동산담보, ② 공공단체에 대한 무담보, ③ 20명 이상 농공업자에 대한 연대보증 등의 방법으로 개간, 관개, 토질개량, 경작도로 및 농공업용 건물 축조, 농공업용 원료·용구·가축구입 등의 사업에 대부하려 했다.[4]

이러한 설립목적과 달리 농공은행이 상업에 더 많은 자금을 대출했던 원인으로 ① 농공업자금에 대한 수요 부족, ② 장기저리자금 조달의 취약성, ③ 등기제도 미비에 따른 부동산담보 대출의 위험성 등이 거론되었다.[5] 당시 조선의 경제상태나 투자조건, 농공은행의 자금력 등을

---

3) ①은 '農工銀行條例'에 명시된 것으로 당시나 후대 연구에서 농공은행을 평가하는 잣대 역할을 한다. ②는 당시 자료에 부분적으로 언급되어 있으며(上田光雄,『韓國ニ於ケル貨幣ト金融』, 東京高等商業學校, 1909, 94~95쪽 ; 岡崎遠光,『朝鮮金融及産業政策』, 同文館, 1911, 154쪽), 이에 관한 후대의 대표적인 연구로는 羽鳥敬彦,『朝鮮における植民地幣制の形成』, 未來社, 1986이 있다. 또한 농공은행은 이러한 목적을 수행하면서 전국적 규모에서 조선인 상층을 포섭하려 했다. 이에 대해서는 이 책의 제1부 2장 참조.

4)『十年志』, 41쪽.

5) 岡崎遠光, 앞의 책, 129~146, 207쪽 ;『十年志』, 14~15쪽 ;『二十年志』, 27~30쪽.

고려할 때 일제가 농공업에 투자하여 생산부문을 재편하기에는 아직 주·객관적 조건이 갖추어지지 않은 단계였던 것이다.

그런데 농공은행이 상업금융에 치중했던 것은 조건의 제약 때문만은 아니었다. '화폐·재정정리사업'의 보완·완수라는 측면에서 상업금융은 필요했다. 지방의 조세를 상업자금으로 활용할 수 있었던 종래의 금융관행인 외획제(外劃制)가 1905년 7월 1일 백동화 교환의 시작과 함께 폐지되어 지방의 모든 조세는 지금고(支金庫)를 통해 중앙에 귀속되었다. 외획제 폐지는 지방에서 자금난을 야기하여 상거래의 감소 내지 두절을 초래했다. 지방에 설립된 농공은행이 처음 당면했던 문제는 이러한 금융경색을 완화하는 것이었으며, 자연스럽게 외획제를 대신하여 상업자금을 공급했다. 이를 위해 농공은행 설립 당시부터 농공업대출업무[法定業務] 외에 탁지부대신의 인가를 받아 상업금융을 취급하는 보통은행업무[認可業務]도 겸영했다.[6)]

또한 농공은행의 초기 영업을 보면 구화폐(백동화·엽전) 교환과 신화폐 보급이 중요한 업무였다. '화폐정리사업' 차원에서 농공은행의 본·지점이 전국 각지에 증설되어 구화폐 교환과 신화폐 보급을 담당했다.[7)] 특히 신화폐 보급을 위해 탁지부로부터 농공은행에 '신화산포자금(新貨散布資金)'이 대하(貸下)되었으며, 그 중 상당부분은 지방 유력상인의 상업자금으로 이용되었다.[8)] 지방의 농공은행을 통해 지역 상인에

6) 이 책의 제1부 3장 참조.

7) 度支部, 『大韓國貨幣整理經過報告』, 1907, 29쪽. 190/년 4월에 열린 '農工銀行長 및 支配人會議'의 諮問事項 첫번째와 두번째도 新貨幣 普及과 葉錢 整理에 관한 것이었다(統監府財政監査廳, 「農工銀行長及支配人會議附議事項ノ件」, 『財務週報』 第1號, 1907. 4. 15).

8) 대하받은 은행은 농공은행 외에 大韓天一銀行, 漢城銀行이 있다. 대하금은 1회마다 농공은행 5,000엔, 나머지 은행 2,000엔이었다(統監府財政監査廳, 「新貨散布資金ノ件」, 『財務週報』 第2號, 1907. 4. 22). 진주농공은행의 경우 이 자금을 주로 신용 있는 상인에게 100엔 또는 200엔씩 무이자로 대출했다(統監府財政監査廳, 「新貨流通狀況」, 『財務週報』 第13號, 1907. 7. 8 ; 勝田伊助, 『晉州大觀』, 晉州大觀社, 1940, 25, 120~121쪽).

게 자금을 대부하는 것은 신화폐를 지방 구석구석에 보급하기 위한 지름길이었다. 비록 대출액수는 적었지만 신화폐 보급을 통해 농공은행과 지방상인의 관계가 촉진되었다고 볼 수 있다.[9]

　'화폐·재정정리사업'의 일환이라는 측면 외에 농공은행이 적극적으로 상업금융을 꾀했던 측면도 있다. 각 농공은행 중에는 상업금융을 목적으로 설치된 것들이 있다. 1907년 해주농공은행의 사리원지점은 주로 곡물상의 미곡수집 활동을 돕기 위해, 1908년 함경농공은행 청진지점과 1909년 경상농공은행의 초량지점은 오로지 상업금융만을 목적으로 개설되었다.[10] 초량과 사리원은 경부선과 경의선 부설로 철도역이 들어선 곳이며, 청진은 1908년부터 개항장이 되었다. 개항장과 철도역을 중심으로 한 일제의 유통질서 재편과 농공은행의 상업금융이 밀접한 관련을 맺고 있었던 것이다.

　농공은행의 자금운용면에서도 상업금융의 적극성을 찾아볼 수 있다. 보통 농공업대출은 상업대출에 비해 대출기한이 길어 농공채권 및 정기예금 등에 의해 획득된 장기성자금으로 충당한다. 그런데 1912년 이전과 1913년, 1917년은 농공채권발행고와 정기예금고를 합친 장기성자금이 농공업대출고를 능가한다.[11] 이는 장기성자금의 일부가 농공업대출 이외의 방면, 즉 상업이나 기타 부문 대출에 유용되었음을 의미한다. 장기저리자금의 부족은 1912년 이후 농업대출이 증가하는 가운데 나타난 현상이며, 적어도 그 이전까지는 장기성자금마저도 상업대출에 사용되었다.

---

9) 이외에도 농공은행이 '화폐·재정정리사업'으로 자금난에 빠진 상인을 구제하기 위해 설립된 政府倉庫, 手形組合 업무를 인수했던 점도 상업대출의 비중이 높았던 원인이었다. 농공은행의 두 금융기관 업무 인수에 대해서는 『二十年志』, 16~18쪽 참조.

10) 統監府財政監査廳, 「砂利院視察報告」, 『財務週報』 第12號, 1907. 7. 1 ; 度支部, 『韓國財務經過報告』 第2回(1908年 下半期), 243쪽 ; 度支部, 『韓國財務經過報告』 第3回(1909年 上半期), 301쪽.

11) 농공은행의 장기성자금과 농공업대출금의 연말잔고를 보면 다음 표와 같다.

이렇게 볼 때 농공은행이 상업금융에 치중했던 것은 장기저리자금이
부족하여 불가피했던 측면으로만 설명할 수는 없다. 자금력 문제와 함
께 '화폐·재정정리사업'을 보완·완수하고, 나아가 유통부문을 재편
한다는 일제의 정책과 연관하여 적극적으로 상업금융을 전개했던 것이
다. 농공은행은 '농공업의 개량 발달'을 위한 산업금융기관으로 출발했
으나 1910년대 일제의 유통부문 재편을 뒷받침하는 상업금융기관으로
서 기능했다.

2. 1920·30년대 생산부문 재편과 농업금융

1) 미곡증산과 농업개발금융

일제가 조선을 식민지로 삼은 경제적 이유 중 하나는 식량 및 원료
공급지가 필요했기 때문이다.[12] 이를 위해 농업투자를 지원할 농업금
융기관이 필요했으며, 「농공은행조례」에 명시된 "농공업의 개량 발달"

						(단위 : 천엔)
연도말	1907	1908	1909	1910	1911	1912
장기성자금	567	919	1,454	1,627	2,665	2,355
농공업대출금	197	314	790	1,392	2,135	2,647
연도말	1913	1914	1915	1916	1917	1918. 6
장기성자금	3,643	3,560	3,420	3,399	5,198	5,343
농공업대출금	3,322	3,907	3,837	3,490	4,762	5,670

자료 : 朝鮮總督府財務局, 『朝鮮金融事項參考書(1923年調)』, 77, 143, 192~193쪽.

12) 이미 1904년 일제가 대한제국을 보호국으로 삼기 위한 구체적 방안으로 작
성한 「對韓施設綱領」을 보면 농업에 관해 다음과 같이 계획을 세웠다. "한국
에서 일본인의 企業 중 가장 유망한 것은 농사다. 원래 한국은 농산국으로서
오로지 식량과 원료품을 我國에 공급하고 我邦으로부터는 工藝品을 그(한국)
에 공급하여 왔다. 생각컨대 금후에도 양국의 경제적 관계는 이 원칙 위에 발
달해야 한다"(外務省 編, 『日本外交年表竝主要文書 1840~1945』, 原書房,
1965, 227쪽).

은 이런 차원에서 이해할 수 있다.[13] 그러나 앞에서 보았듯이 농공은행
은 당시 일제의 유통부문 재편과 연관하여 농업대출보다 상업대출에
치중했다. 농업대출이 적었던 원인으로 거론되는 농공은행의 취약한
자금조달력, 특히 농업금융에 필요한 장기저리자금의 부족, 등기제도
미비에 따른 부동산담보 대출의 위험성 등은 농업투자를 위한 주·객
관적 조건이 갖추어지지 않았음을 반영하는 것이다.

제1차 세계대전을 계기로 일본자본주의가 급속히 발달함에 따라 도
시인구는 급증했고, '쌀폭동'으로 대변되듯이 식량위기가 초래되었다.
일제는 식량을 안정적으로 확보하기 위해 조선의 농업개발이 더욱 절
실해졌다.[14] 이러한 상황에서 농업금융을 제약했던 조건이 변화했다.

우선 채무국이었던 일본은 전쟁을 계기로 호황을 맞이하여 국제수지
상 흑자를 기록하며 채권국으로 전환했다.[15] 이는 일본의 자본수출력
이 고양되었으며, 식민지에 자금을 공급할 수 있는 조건이 갖추어졌음
을 의미한다. 이러한 자금이 일본의 식량문제 해결을 위해 농업부문에
집중되는 것은 당연했다. 더욱이 당시 조선의 농업은 토지생산력이 낮
아 농법개량에 따라 증산의 여지가 컸고, 지가(地價)가 싼 반면 소작료
율은 높았기 때문에 일본자본이 식민지 초과이윤을 실현할 수 있는 적
지(適地)였다.[16]

또한 1910년대를 지나면서 조선에는 자본투하를 위한 교통·통신 등

---

13) 「農工銀行條例」와 「水利組合條例」(1906. 4. 度支部令 제4호)가 동시에 준비
   되고 양자의 자금적 연계가 고려되었다는 점도 농공은행의 설립의도가 무엇
   인지를 상징적으로 보여준다(村田俊彦, 「半島財界の思出」, 『朝鮮統治の回顧
   と批判』, 朝鮮新聞社, 1936, 169쪽 ; 羽鳥敬彦, 앞의 책, 119쪽 ; 東京銀行集會
   所, 「韓國の近況」, 『銀行通信錄』 제257호, 1907. 3, 13~14쪽).

14) 朴慶植, 앞의 책, 233~237쪽.

15) 1916년에 11억 엔의 채무가 있었던 일본은 1920년 28억 엔의 채권을 보유하
   여 채무국에서 채권국으로 전환되었다(山崎隆三 編, 『兩大戰期の日本資本主
   義』 上, 大月書店, 1978, 102~107쪽).

16) 久間健一, 『朝鮮農業の近代的樣相』, 西ケ原刊行會, 1935, 4쪽.

기간설비가 마련되었고, 특히 1918년 '토지조사사업'의 완결로 전국에 등기제(登記制)가 실시되어 농업대출의 위험이 줄어들었다. 농업금융은 자금의 안전한 회수를 위해 토지를 담보로 하는 경우가 많았는데, 등기 제도의 실시로 제3자에 대한 배타적 소유권이 보장된 것이다.

이러한 변화된 상황에 따라 일본자본을 적극 도입하여 농업에 투자할 대은행(大銀行)이 필요했다. 그런데 기존의 농공은행은 여섯 은행으로 분립되어있으며, 공칭자본금을 모두 합쳐도 1918년 6월 현재 260만 엔에 불과했다.[17) 결국 조선총독부는 「조선식산은행령(朝鮮殖産銀行令)」(1918. 6. 制令 제7호)를 공포하고, 1918년 10월 농공은행을 강제합병하여 자본금 1,000만 엔의 조선식산은행을 세웠다.[18)

조선식산은행의 설립으로 일본자본을 도입할 통로를 마련한 조선총독부는 1920년부터 토지개량과 개간을 중심으로 하는 '산미증식계획(産米增殖計劃)'을 실시했다. 1910년대와 1920년대 조선총독부의 농정(農政)은 조선의 식량·원료기지화라는 점에서는 동일하지만, 자금동원면에서 큰 차이를 보인다. 쌀의 경우 1910년대에는 품종개량, 자급 비료 증시(增施) 등과 같이 자본이 적게 드는 방법에 의존했던 반면, 1920년대에는 토지개량과 개간 등 대규모 자본이 소요되는 사업 중심이었다.[19) 조선식산은행은 대규모 자본이 소요되는 '산미증식계획'을 금융적으로 뒷받침하는 농업금융기관(農業金融機關)의 역할을 수행하면서 궁극적으로 일본의 식량확보와 투여된 일본자본의 이윤 실현을 도모했다.

---

17) 朝鮮總督府財務局, 『朝鮮金融事項參考書(1939年調)』, 33쪽.

18) 『十年志』, 16~17쪽.

19) 1910년대 農政은 1912년 寺內正毅 總督이 각도 장관 및 권업모범장에 내린 「미작, 양잠의 개량 장려, 육지면의 재배 장려 및 축우의 증식 장려에 관한 중요한 훈시」로 대표되며, 1920년대 농정은 '産米增殖計劃'으로 대표된다. 각각의 의의에 대해서는 小早川九郎 編, 『補訂朝鮮農業發達史(政策篇)』, 友邦協會, 1959[이하 '農業發達史(政策篇)'으로 줄임], 190, 422~423쪽 참조.

조선식산은행의 금융업무는 산업공공금융업무, 보통은행업무, 대리점업무로 나뉘는데, 이 중 본연의 업무라고 할 수 있는 산업공공금융업무는 공공단체, 공익법인, 농·상·공업 전반을 대상으로 하며, 그 방법은 다음과 같다

1) 30년 이내의 연부상환 또는 5년 이내의 정기상환에 의한 부동산담보 대부
2) 5년 이내 정기상환에 의한 어업권(漁業權)담보 대부
3) 1의 방법에 의한 재단(財團)담보 대부
4) 20명 이상의 농공업자 연대책임에 의한 무담보 정기상환 대부
5) 공공단체에 대한 1의 방법에 의한 무담보 대부
6) 금융조합, 어업조합 등 영리를 목적으로 하지 않는 법인에 대한 무담보 대부
7) 식산사업을 하는 회사 및 공공단체 등이 발행하는 채권 및 사채권의 응모 또는 인수[20]

대부분 연부 및 정기상환 등에 의한 장기 대부임을 알 수 있다. 또한 농업개발로 자금의 수요가 증가함에 따라 1924년 3월에는 「조선식산은행령」(制令 제1호)을 개정했다. 개정령에서는 채권 발행한도를 납입자본금의 10배에서 15배로 확장하여 자금의 충실을 도모했고, 연부상환 대부의 상환기한을 30년에서 50년으로, 농공업자에 대한 대부조건을 무담보대부의 연대자(連帶者)를 20명 이상에서 10명 이상으로 완화했다.[21]

　<표 1 - 1>은 산업공공대부의 내용을 정리한 것이다. 산업공공대부 중 농업과 관계된 것은 '금융조합연합회', '수리조합', '토지개량', '농업'으로 전(全)시기에 걸쳐 총대부액의 60~70%를 유지하고 있다.

---

20) 『二十年志』, 부록 20~24쪽.
21) 『農業發達史(政策篇)』, 509~510쪽.

<표 1-1> 조선식산은행의 산업 및 공공대부 추이 (단위 : 천엔, %)

연도말	1918	1921	1923	1925	1927	1929	1931	1933	1935	1937
금융조합 연합회	469 (5.7)	14,393 (19.5)	17,509 (15.3)	16,148 (11.7)	19,223 (11.0)	19,130 (9.2)	27,213 (10.9)	20,980 (8.4)	21,977 (8.2)	21,166 (5.8)
수리사업	1,003 (12.3)	8,561 (11.6)	21,509 (18.7)	30,151 (21.8)	44,066 (25.3)	54,615 (26.3)	65,548 (26.2)	77,018 (30.8)	76,183 (28.5)	72,453 (20.0)
토지개량	2,611 (32.0)	9,73 (13.2)	14,408 (12.6)	14,889 (10.8)	14,105 (9.1)	14,047 (6.8)	15,917 (6.4)	18,950 (7.6)	19,845 (7.4)	20,001 (5.5)
농 업	1,180 (14.5)	6,091 (8.3)	18,615 (16.2)	26,495 (19.1)	49,026 (28.0)	73,544 (35.5)	84,449 (33.7)	76,224 (30.4)	84,811 (31.8)	120,068 (33.0)
공 업	423 (5.2)	2,046 (2.8)	3,397 (3.0)	3,522 (2.5)	4,580 (2.6)	3,683 (1.8)	3,610 (1.4)	2,537 (1.0)	2,834 (1.1)	7,990 (3.2)
상 업	753 (9.2)	2,864 (3.9)	5,167 (4.5)	6,227 (4.5)	9,299 (5.3)	8,591 (4.1)	10,777 (4.3)	10,836 (4.3)	11,943 (4.5)	30,725 (8.4)
토지가옥	423 (5.2)	11,070 (15.0)	9,652 (8.4)	10,116 (7.3)	11,395 (6.5)	13,731 (6.6)	13,707 (5.5)	12,318 (4.9)	17,400 (6.5)	31,577 (8.7)
舊債整理	196 (2.4)	9,663 (13.1)	4,955 (4.3)	4,443 (3.2)	5,606 (3.2)	7,676 (3.7)	7,891 (3.2)	7,300 (2.9)	9,633 (3.6)	10,097 (2.8)

* 『二十年志』, 87~88쪽.
* 밑의 숫자는 각 연도 총대부액 중 차지하는 %로, 총대부액에는 위의 항목 외에 행정, 교육, 위생, 교통운수, 임업, 축산, 수산, 전기 및 가스, 양조, 토목 등이 포함된다.

  1920년대 중반까지는 '산미증식계획'의 핵심인 '수리사업'과 '토지개량'이 농업대부의 중심이었다. 양자를 합친 대부실적은 1927년경까지 농업부문에서 수위를 차지했다. 조선식산은행의 수리조합 대부실적은 1937년 말 현재 125조합(전체 수리조합 중 65%), 몽리면적(蒙利面積) 16만 5,000정보(同 58%), 융자액 7,245만 엔(同 68%)으로 조선 내 수리조합의 절반 이상이 이 은행에서 자금을 공급받았다.[22] '토지개량'은 수리조합에 의하지 않는 토지개량사업으로 대규모 간척이 그 중심이다. 본 항목 중 간척사업이 차지하는 비율은 42%였다.[23]

  그러나 '산미증식계획'의 실적은 물가등귀에 따른 사업비 증가, 금리 고율 등으로 부진했다. '산미증식계획'의 사업비 총액 2억 3,621엔은 국

---

22) 『二十年志』, 124쪽.
23) 『二十年志』, 120쪽.

고부담액 6,301만 엔, 정부알선저리자금 7,500만 엔, 기업자조달자금 9억 8,200만 엔으로 충당할 계획이었으나,[24] 1928년까지 예정계획에 대한 실적비율을 보면 국고부담 75%, 정부저리알선 61%, 기업자조달 78%에 그쳤다.[25] 또한 정부저리알선자금의 주담당자인 조선식산은행의 당시 채권발행은 대장성(大藏省) 예금부 인수를 제외하면 평균 연 7~8%의 고리채가 대부분이었다. 따라서 조선식산은행은 대장성 예금부의 자금만을 사용하는 특별한 경우를 제외하면 연 9%에서 12%의 금리로 대부했는데,[26] 이는 당시 중등답 수익률 7~8%와 비교하면 고율이었다.[27]

이러한 사업수행의 곤란을 타개하고자 '산미증식갱신계획'이 1926년 이후 12개년 기한으로 수립되는데, 그 특징은 막대한 저리자금의 산포(散布)였다. 사업비 3억 2,500여만 엔 중 토지개량자금 2억 8,500여만 엔은 정부보조금 6,500여만 엔, 기업자 조달 2,200여만 엔, 저리자금알선 1억 9,800여만 엔으로 나누어 조달하게 했다.[28] 기업자는 자신이 조달해야 할 자금이 10%도 안되어 자금부담이 가벼워졌지만, 이는 지주의 타인자본, 즉 금융자본에 대한 의존도를 높이는 결과를 초래했다. 1920년대 말부터 농업공황이 시작되자 지주는 계속적인 쌀값 하락에도 불구하고 매년 고정이자를 지불해야 하기 때문에 경영악화를 피할 수 없었다. '산미증식갱신계획'은 지주의 금융자본에 대한 종속 심화를 가져왔던 것이다.

'산미증식갱신계획'에서 주목할 점은 농사개량자금대부가 실시된 점

---

24) 『農業發達史(政策編)』, 425~457쪽.

25) 朝鮮總督府農林局 編, 『朝鮮産米增殖計劃の實績』 1933년판, 4쪽.

26) 秋田豊, 『地方金融組合史』, 朝鮮金融組合聯合會, 1929, 338쪽 ; 洪性讚, 「日帝下 金融資本의 農企業 支配」, 『東方學志』 65, 1990. 3, 197~200쪽.

27) 朝鮮殖産銀行, 『全鮮畓田賣買價格及收益調(第15回)』, 1942.

28) 『農業發達史(政策編)』, 438~439쪽. 저리자금알선액의 1/2은 대장성 예금부, 나머지 1/2은 동양척식주식회사와 조선식산은행이 담당했다.

이다. 이는 기존의 토지개량사업에 농사개량을 접목시켜 효과적인 미곡 증수(增收)를 꾀하기 위한 것이었다. <표 1‐1>에서 '농업'이 1927년경부터 농업부문 최고의 투자항목이 되었고, 1929년경부터 수리사업과 토지개량을 합친 것보다 많아지는 것은 이 때문이다. 농사개량자금 4,000만 엔의 융통은 조선식산은행, 동양척식주식회사, 금융조합에서 담당했다. 동양척식주식회사와 조선식산은행의 취급방법을 보면,[29] 총대부자금 중 비료자금에 80% 이상을 할당했고, 나머지는 농구(農具) 구입, 산미개량조합 설비, 창고‧퇴비사(堆肥舍)‧마굿간 설비 및 개량, 구우(購牛)를 위한 자금으로 공급되었다. 차주(借主)는 지주, 자작농 및 이들의 단체로 하였고, 대출이율은 연 7.9% 이내, 대부액은 1구좌 300엔을 최소한도로 했다. 대부기간은 비료 1개년 이내, 퇴비사 및 마굿간 2개년 이내, 농구 5개년 이내, 산미개량조합 창고 및 설비 10개년 이내, 창고 10개년 이내, 구우 4개년 이내였다. 금융자본의 입장에서도 상환기한이 30~40년으로 자금이 고정화되어 신규 투자를 제약하는 토지개량이나 수리사업보다 자금회전이 빠른 농사개량 쪽에 투자하는 것이 유리했다.[30]

'금융조합연합회'에 대한 대부 역시 농업에 대한 투자로 볼 수 있다. 이 자금은 조선식산은행의 자본이 각도 금융조합연합회 → 촌락금융조합 라인을 통해 농민에게 대부되는 것으로, 간접적이긴 하나 조선식산은행의 자금 중 가장 영세한 계층을 대상으로 하는 것이었다. 그러나 1931년 이후 그 대부액 비중이 감소했는데, 이는 금융조합의 성격 변화

---

29) 『農業發達史(政策編)』, 511~512쪽.

30) 토지개량이나 수리조합투자에서는 다음과 같은 상황을 찾아볼 수 없다. "… 한편 산미증식갱신계획의 수립과 함께 농사개량자금으로 계상되었던 4,000만 엔은 그 8할 이상이 비료자금구입에 충당될 예정이었다. 동척 및 식은은 … 1926년 이후 14년간에 걸쳐서 매년 일정액(을) … (농사)개량자금에 할당 … 해마다 할당되었던 자금은 해마다 회수됨과 함께 바로 다음 연도의 융자 중에 이월되는 방침하에 운영되었기 때문에 결국 융통되었던 자금은 해마다 누가되는 성질을 가지고 있는 것…"[『農業發達史(政策編)』, 458쪽].

와 연관된다. 1930년대 이후 금융조합은 '자작농지설정사업', '농촌진
흥운동' 등을 담당하는 '사회정책적' 금융기관으로 전환되면서 독자
적인 자금확보책을 강구할 필요가 있었던 것이다. 이에 금융조합은 조
선식산은행과의 기존 관계를 유지하면서도, 1933년 '조선금융조합연합
회'를 창설하여 채권발행, 예금흡수의 강화 등을 통해 독자적인 자금
확보를 꾀하였다.

2) 식민지 체제의 동요와 지주 구제금융

조선경제는 1930년대에 들어서면서 변화를 겪게 된다. 그 배경으로
우선 지적할 수 있는 것은 1928년경부터 시작된 세계적 농업공황이었
다. 제1차 세계대전 후 전세계적으로 촉발되었던 농산품 생산과잉으로
농업발전에 의존한 산업체제는 더이상 존립이 불가능하게 되었다. 더
욱이 조선의 농업은 일본으로의 쌀수출에 전적으로 의존하고 있었는
데, 농업공황의 여파로 일본에서 과잉 일본미(日本米)와 조선미(朝鮮米)
간에 마찰이 일어났다.[31] 게다가 세계적으로 구상무역(求償貿易) 원칙
이 자리잡아감에 따라 조선미의 일본시장에 대한 우선적 독점권이 제
한되면서[32] 조선미의 주요 상품화 통로였던 일본수출이 난관에 부딪치
게 되었다. 당시의 미가(米價) 동향을 보면, 현미(玄米)는 1919년에 38엔
이 된 이래 한번도 그 이상 오른 적이 없이 계속 하락경향을 보이다가,
마침내 1931년 14엔으로 최저를 기록했다. 이는 쌀을 중심으로 한 조선
농업의 어려움을 단적으로 말해준다. 이러한 쌀값 폭락은 협상가격차

---

31) 『農業發達史(政策編)』, 479~484쪽 참조.

32) 당시 세계경제는 自由貿易이 붕괴하고 求償貿易 원칙이 점차 지배하게 되었
  다. 이에 일본은 자국의 경제발전을 위해 代償物로서 더 많은 농산품을 외국
  에서 수입해야 했고, 따라서 조선의 농산품이 갖는 일본시장에 대한 우선적
  독점권은 제한될 수밖에 없었다(高橋龜吉, 『現代朝鮮經濟論』, 千倉書房, 1935,
  4~5쪽 참조).

(鋏狀價格差)를 더욱 증폭시켰고, 인구증가에 따른 토지부족까지 겹쳐 조선의 농촌은 파탄에 이르게 된다.[33] 이는 민족해방운동의 고양과 연결되어 농업을 근간으로 하는 식민지 개발정책[34]과 식민지 체제는 위기에 처하였다.

한편으로 일본자본주의는 1920년대 만성적 불황의 과정에서 독점자본이 성숙하여 그 과잉자본의 투자지를 절실히 요구하게 되었다. 더욱 이 1930년대의 파국적 경제공황으로 어디에선가 돌파구를 마련하지 않으면 자본주의체제의 유지 자체가 어렵게 되었다. 이에 일본은 그 탈출구로서 1931년 '만주사변'을 일으켰고, 이후 대외침략을 확대해 나갔다. 이러한 배경 아래 독점자본의 과잉자본 투자지로서, 중국침략을 위한 군수산업기지로서 조선이 부각되기 시작했다.

이러한 상황에서 조선총독부는 한편으로 농업정책의 방향전환을 통해 식민지 농업을 안정시키고, 다른 한편으로 공업개발을 통해 농업 중심의 식민지개발이 갖는 한계를 극복하여 전체적으로 식민지 체제의 안정화를 꾀하였다. 농업정책의 중심은 종래의 미곡중심정책과 지주중심정책에서 '전작개량증식계획(田作改良增殖計劃)', '남면북양정책(南棉北羊政策)' 등 일련의 농산물 생산의 다각화, 지방분산화를 위한 정책과 '조선농지령(朝鮮農地令)', '자작농지설정사업', '농가부채정리사업' 등의 지주억제·소농안정화 정책[35]으로 전환되어갔다. 또한 농촌의 상대

---

33) 『農業發達史(政策編)』, 552쪽.

34) 조선의 농업상황을 어렵게 만들었던 것으로 또 하나 지적할 수 있는 점은 1931년 '만주사변'에 의한 '滿洲國'의 출현이다. 넓고 비옥한 토지를 지닌 '滿洲'의 일본식민지화로 일본의 식민지권에서 누려왔던 조선농업의 지위가 위협을 받았다(『農業發達史(政策編)』, 552쪽 ; 高橋龜吉, 앞의 책, 9~11쪽).

35) 1930년대 지주억제와 소농안정화를 위한 일련의 정책은 8·15 이후 농지개혁과 연결되어 농촌사회에서 독점자본의 효과적이고 안정적인 수탈체계, 소농경제체제 형성의 한 과정을 이룬다. 이러한 시각에서 1930년대 식민지농정을 연구한 것으로 정태헌, 「1930년대 식민지 농업정책의 성격전환에 관한 연구」, 『일제말 조선사회와 민족해방운동』, 일송정, 1991이 있다.

적 과잉인구 문제를 해결하기 위해 북선(北鮮)과 '만주'로의 농민이주가 추진되었다. 아울러 "농공병진(農工倂進)"이란 기치 아래 공업화가 추진되었는데, 이는 일본 과잉자본을 유치하고 농촌의 상대적 과잉인구를 흡수하여 조선 내에서 일본상품의 구매력을 높이기 위한 것이었다.[36]

수리조합, 토지개량사업을 중심으로 한 대규모 자본투자에 의한 농업개발은 1930년대에 들어서면서 한계에 봉착했다. 1920년대 말부터 심화된 수리조합의 경영난, 1931년 8월 동양척식주식회사의 토지개량부 폐지, 1934년 '산미증식계획'의 중지, 1935년 조선토지개량주식회사의 해산 등은 이러한 추세를 잘 반영해준다.[37] 이와 함께 토지이윤 역시 전체적으로 저하되고 있었다. 1928년 8.7%(중등답, 이하 같음)에서 농업공황이 극심한 1931년에는 7.7%까지 떨어지고, 1932년 8.8%로 반등했지만 그 이후 1934년 8.3%, 1936년 8.2%, 1937년 8.0%, 1939년 7.7%로 계속 하락했다.[38] 이러한 요인들이 지주의 경영난을 초래하여[39] 1930년대 들어서면 50정보(町步) 미만의 중소지주층은 전반적으로 쇠퇴하기 시작하고,[40] 대지주 역시 경영난을 면치 못하게 되었다. 특히 '산미증

---

36) 高橋龜吉, 앞의 책, 63~64쪽. 조선 공업화는 일본을 精工業地帶, 조선을 粗工業地帶, 만주를 農業地帶로 만들려는 "日鮮滿 블록" 분업구도와도 관련된다.

37) 동양척식주식회사 토지개량부의 폐지원인으로 農業企業熱의 쇠퇴가 시작되고 있는 점에서 알 수 있듯이, 이러한 일련의 상황은 농업이 투자가치를 잃어가고 있었음을 말해준다(『農業發達史(政策編)』, 474쪽 참조).

38) 朝鮮殖産銀行, 『全鮮畓田賣買價格及收益調(第15回)』, 1942.

39) 당시 지주의 경영난 원인에 대해 그 外因으로 ① 매년 약탈농법으로 인한 경지의 과다한 瘠衰, ② 경작인의 결핍과 빈약, ③ 수확물의 저가와 함께, 內因으로 경영자의 자금난과 금리과중 등이 거론되고 있었다(三好豊太郎, 「農場經營の犧牲的改良事業に就て富局の理解を求む」, 『朝鮮農會報』 제4권 제2호, 1930. 2, 42쪽).

40) 『農業發達史(資料編)』, 94쪽의 地稅納稅義務者 面積別人員表에 의해 1922年末, 1930年末과 1936年末의 수치를 비교해보면 50정보 미만 20정보 이상은 13,700 → 16,764 → 15,695(名), 20정보 미만 10정보 이상은 32,092 → 34,771 → 33,888(名), 10정보 미만 5정보 이상은 114,067 → 131,002 → 113,125(名), 5정보 미만 3정보 이상은 209,652 → 217,167 → 200,346(名)으로 변화했다. 1920년대의 증가와 대조적으로 1930년대에는 중소지주층이 감소하고 있음을 알

식갱신계획' 이후 높아진 금융자본에 대한 의존도는 경영수지 악화 속
에서 이자부담의 증가를 초래하여 많은 대지주들이 파탄상황에 처하게
된다.[41]

이러한 일련의 농업상황은 금융자본 입장에서 농업부문이 투자가치
를 잃어가고 있음을 의미한다. 본래 농업투자를 통한 이윤추구는 농업
이 갖는 자연적 제약과 불안정한 수확, 노동투여의 번한차(繁閑差), 자
본회전수의 제한으로 한계가 있게 마련이다. 조선식산은행의 경우에도
그간 수리조합, 토지개량사업에 투여했던 자금이 고정되면서 이 시기
공모채권 발행액을 대부분 이미 발행했던 고리채(高利債) 상환에 사용
하는 실정이었다.[42] 따라서 이제 쌀 증산정책은 대규모 자본투자에 의
한 수리조합, 토지개량사업보다 소규모 자본에 의한 자본회전이 빠른
농업기술상의 증산정책으로 후퇴하게 된다. 이는 <표 1 - 1>에서 주로
'농사개량자금'을 의미하는 '농업' 항목의 비중이 1920년대 말부터 높
아지는 것으로도 잘 알 수 있다.

이 시기 농업이 투자가치를 잃어가고 있음에도 불구하고 조선식산은
행의 농업투자액은 여타 부문의 투자액보다 많았다(<표 2 - 10> 참조).
농업의 투자가치가 떨어진다고 해서 곧바로 투자처를 전환할 수는 없
었기 때문이다. 새로운 이윤추구처로 부각되고 있는 공업은 아직 시작
단계일 뿐이었다. 또한 농업투자의 중지는 곧바로 금융자본에 의존해
왔던 지주의 몰락을 초래할 것인데, 이는 식민통치의 주요 기반세력이
없어짐을 의미한다. 기층민중의 세력화, 민속해방운동의 고양 속에서
이를 대체할 만한 기반세력이 아직 형성되지 않은 상황에서 지주의 급
속한 몰락은 걷잡을 수 없는 식민지 체제의 동요를 초래할 것이었다.
따라서 이 시기 조선식산은행은 총독부의 정책금융기관으로서 손실을

수 있다.
41) 이 책의 제3부 2장 참조.
42) 이 책의 제2부 보론 3장 참조.

감수하면서라도 농촌구제금융, 특히 지주구제금융(地主救濟金融)을 실시할 수밖에 없었다. 고리채를 저리채로 교환하여 지주의 채산성을 높여주었으며, 그래도 회생이 불가능한 지주의 토지에 대해서는 농지관리회사(農地管理會社)를 세워 토지의 생산적 기능을 유지시켰다.[43]

3. 일제말기 전시금융통제와 군수산업금융

일본이 1937년 7월 중일전쟁으로, 다시 1941년 12월 태평양전쟁으로 침략전쟁을 확대시키면서 그 지배하에 있던 조선의 경제도 전시체제(戰時體制)로 전환되어갔다. 전시경제(戰時經濟)는 기본적으로 전쟁수행을 위해 물자·인력을 동원하는 것이었으며, 금융은 이러한 동원을 자금면에서 뒷받침해야 했다. 이를 위해 조선총독부는 일본의 금융통제 상황에 발맞추어 조선 내 금융에 대한 통제를 강화했으며, 이에 따라 조선식산은행의 역할도 변화했다.

전시기 조선 내 금융통제 상황을 법적 측면에서 규정했던 것은 1937년 9월 일본에서 공포되고, 그해 10월 조선에서도 시행된 「임시자금조정법(臨時資金調整法)」(조선은 「臨時資金調整法施行規則」 1937. 10. 府令 제157호)과 1940년 10월 일본에서 공포되고 그해 12월 조선에도 적용된 「은행등자금운용령(銀行等資金運用令)」(조선은 「銀行等資金運用令施行規則」 1940. 12. 府令 제303호)이었다.

「임시자금조정법」은 조선 내 사업설비의 신설, 확장 혹은 개량에 관한 설비자금을 규제하기 위한 조치였다. 금융기관이 10만 엔 이상의 대부 또는 증권의 응모·인수를 하는 경우, 또는 자본금 50만 엔 이상의 회사가 설립·증자(增資)·합병 및 제2회 이후 주금(株金)을 불입하거나 10만 엔 이상의 사채발행과 자기자금에 의해 사업설비를 신설·확장·

---

43) 이 책의 제3부 2장 참조.

개량할 경우 조선총독의 허가를 받아야 했다. 단, 항공기 제조사업, 금속공기계 제조사업, 병기 및 병기부분품 제조사업, 강선(鋼船) 제조사업, 제철사업, 산금(産金)사업, 석탄광업, 석유광업·석유정제업·석유수입업과 같은 시국산업은 정부의 인가를 얻어 제한 외의 증자 및 사채발행을 할 수 있도록 했다. 이들 시국산업으로 자금을 유도하기 위한 조치였다.44)

「임시자금조정법」이 설비자금에 대한 규제를 도모한 것이라면, 「은행등자금운용령」은 그 규제범위를 운전자금에까지 확장한 것이었다. 1금융기관 1사업소에서 1명에 대해 5만 엔 이상의 운전자금을 융통할 경우 조선총독의 허가를 받아야 했다. 운전자금의 허가제 외에도 「은행등자금운용령」에서는 금융기관의 자금운용에 통제를 가하여 국가적 필요에 따라 일정량의 국채보유(國債保有)를 의무화했다. 조선에서는 예금증가액 중 특수은행은 15%, 보통은행은 10%를 의무적으로 국채보유에 충당해야 했다. 또한 "생산력 확충, 기타 시국에 긴요한 자금의 공급을 원활히 하기 위해" 국가가 은행에 대해 융자명령(融資命令)을 할 수 있게 했다. 조선에서는 조선총독이 일본 대장대신(大藏大臣)과 협의하여 명령을 내리며, 조선식산은행이 "수명은행(受命銀行)"으로 지정되었다.45)

---

44) 水田財務局長,「臨時資金調整法の槪略」,『臨時資金調整法及銀行等資金運用令に關する資料』(朝鮮金融組合聯合會 編), 1941. 7, 46~52쪽. 임시자금조정법은 1938년 8월 개정되어 규제대상 회사는 자본금 '50만 엔 이상'에서 '20만 엔 이상'으로, 금융기관의 대출 및 회사의 사채발행 규제범위는 '10만 엔'에서 '5만 엔'으로 확대되었다(朝鮮殖産銀行調査部,「朝鮮經濟情報-資金調整法改正」,『殖銀調査月報』 제4호, 1938. 9, 50~51쪽). 1939년 4월에는 적용대상이 '개인 및 회사 이외의 법인'으로 확대되었으며, 화장품·악기 등 특수한 사업 설비에 대해서는 허가가 필요한 금액이 '3만 엔 이상'으로 낮아졌다(朝鮮殖産銀行調査部,「朝鮮經濟情報-資金調整法の强化並に適用範圍の擴大」,『殖銀調査月報』 제12호, 1939. 5, 112~113쪽 ; 朝鮮殖産銀行調査部,「朝鮮經濟情報-資金調整法標準一部改正」,『殖銀調査月報』 제25호, 1940. 6, 87~88쪽).

45) 水田財務局長,「銀行等資金運用令施行に際して」,『臨時資金調整法及銀行

이상과 같은 금융통제법의 실시와 함께 금융통제기구가 신설되었다. 1937년 10월 조선자금자치조정단(朝鮮資金自治調整團)이 설립되었으며, 그 구성원은 조선은행, 조선식산은행, 조선저축은행, 각 보통은행, 동양척식주식회사, 조선금융조합연합회, 조선신탁(주), 조선화재해상보험(주), 조선생명보험(주)이었다. 1938년 12월에는 조선금융단(朝鮮金融團)이 조직되었으며, 구성원은 무진회사(無盡會社)를 제외한 모든 금융기관이었다. 1942년 4월 일본에서 「금융통제단체령(金融統制團體令)」(制令 제440호)이 공포되고, 이에 근거하여 전국금융통제회(全國金融統制會)가 설립됨에 따라 조선금융단은 같은 해 6월 전국금융통제회 산하 지방금융통제회의 일원으로서 재출범했다. 이때 조선중앙무진(주)이 구성원에 포함됨으로써 조선금융단은 글자 그대로 조선 전체의 금융통제기관이 되었다.[46)

전시기 금융통제기구는 전쟁 말기로 갈수록 구성원이 확대되었을 뿐만 아니라 그 활동범위가 넓어졌으며, 통제도 강화되었다. 조선자금자치조정단은 「임시자금조정법」에 따른 자금운용 규제를 금융기관이 "자치적"으로 실행한다고 했지만, 실제는 조선총독의 승인을 받아야 했다.[47) 예금이자 조정과 금융의 개선 발달을 주목적으로 설립된 조선금융단은 조선자금자치조정단에 비해 그 활동범위가 확대되어 조선 내에서 금리인하, 저축장려, 국채소화, 공동융자·투자 등을 주도했다.[48) 조

等資金運用令に關する資料』(朝鮮金融組合聯合會調査課 編), 1941. 7, 82~84쪽 ; 全國經濟調査機關聯合會朝鮮支部 編, 『朝鮮經濟年報』 1940년판, 改造社, 421~422쪽.

46) 이상 금융통제기구 신설에 대해서는 鈴木武雄, 『朝鮮金融論十講』, 帝國地方行政學會朝鮮本部, 1940, 207~210쪽 ; 裵永穆, 「植民地 朝鮮의 通貨金融에 관한 硏究」, 서울대 경제학과 박사학위논문, 1990, 301~305쪽 참조.

47) 水田財務局長, 「臨時資金調整法の槪略」, 『臨時資金調整法及銀行等資金運用令に關する資料』(朝鮮金融組合聯合會 編), 1941. 7, 48쪽 ; 朝鮮金融組合聯合會調査課, 『朝鮮に於ける資金調整の現況』, 1939, 7쪽.

48) 朝鮮殖産銀行調査部, 「朝鮮金融團の組織成る」, 『殖銀調査月報』 제8호, 1939. 1, 87~89쪽. 조선금융단의 활동내용에 대해서는 木村健二, 「朝鮮の金融

선금융단 단계에 이르러서 금융 전반에 관한 전시통제가 확립되었다고 볼 수 있다. 1942년 6월 종래 임의단체에서 강제력을 지닌 법적 단체로 전환된 조선금융단은 활동범위는 종전과 비슷하나 통제의 강도가 높아졌다.[49] 국가의 요청에 즉시 응할 수 있는 태세를 갖추기 위해 조선총독부는 「조선금융단통제규정(朝鮮金融團統制規程)」(1942. 12. 總告 제1534호)을 고시하여 "자금의 흡수 및 운용계획", "유가증권(有價證券)의 응모·인수·매입", "자금의 융통", "금리 등의 조정"에 관해 조선금융단 이사장인 조선은행총재가 단원들에게 명령 또는 지시할 수 있게 했다.[50]

이상 전시기 금융통제법의 내용과 금융통제기구의 활동범위로 볼 때, 이 시기 조선 내 금융기관의 자금운용은 국채인수와 군수산업체에 대한 융통에 집중되도록 통제되었음을 알 수 있다. 이는 전쟁비용의 수요자가 주로 일본정부와 군수산업체였기 때문이다. 조선 내 금융기관은 한편으로 국채를 인수하여 일본정부의 필요자금을 공급했으며, 다른 한편으로 대출 또는 유가증권 인수 등을 통해 조선 내 군수산업체에 필요자금을 공급했던 것이다.

統制と朝鮮金融團」, 『戰時體制下の金融構造』(伊牟田敏充 編著), 日本評論社, 1991 참조.

49) 이는 당시 朝鮮總督 小磯國昭가 조선금융단 發會式에서 한 연설에 잘 나타나 있다. "조선에서는 예전에 금융기관이 서로 모의하여 통제조직을 결성하여 활동을 계속해온 것이 3년 반이다. 그간 금리 조정에 힘써 국채소화를 촉진함과 함께 공동융자제도를 열어 時局緊要産業資金의 원활한 소통을 기도했고, 다시 저축장려방책을 강화, 실행하는 등 현저한 성과를 거두어 戰時金融體制確立에 기여한 바 크다. 그러나 我國 내외의 정세는 금융사업에 대한 통제를 다시 일층 강화할 필요가 절박하게 되어 본년 4월 國家總動員法에 기초하여 「金融統制團體令」을 공포, 새로운 통제단체를 결성했다. 각 금융기관은 이 一體的 조직을 통해 그 기능을 발휘하여 自律的으로 국가요청에 卽應하는 체제를 확립하게 되었으며, 조선에서도 위 법령에 기초하여 새로운 構想下에 朝鮮金融團을 설립…"(小磯國昭, 「朝鮮金融團發會式に於ける告辭」, 『金融統制團體令に關する資料』(朝鮮金融組合聯合會調査課 編), 1943. 7, 48~49쪽).

50) 朝鮮金融組合聯合會調査課 編, 『金融統制團體令に關する資料』, 1943. 7, 40~42쪽.

조선 내 금융기관이 일본정부와 군수산업체의 필요자금을 가능한 대량으로 공급하기 위해 취했던 방법은 조선은행권 증발과 강제저축이었다. 일본정부는 조선은행권 증발을 위해 보증준비발행(保證準備發行) 한도를 1937년 8월 5000만 엔 이내에서 1억 엔 이내로, 1939년 5월 다시 1억 6000만 엔 이내로 확대했으며, 1941년 4월에는 일본 대장대신이 매년 최고한도액만을 고시하도록 했다.[51] 이렇게 은행권 발행을 제약하는 제도적 장치가 철폐되면서 조선은행권 발행액은 1936년 2억 1065.4만 엔에서 1945년 8월 14일 48억 3931.6만 엔으로 대략 23배 증가했으며, 1944년 이후 발행액 중 정화준비율은 1%도 되지 않았다.[52] 이 시기 은행권 증발의 주요 요인이 국채를 비롯한 공채소화와 전쟁 관련 산업체에 대한 자금대출이었다는 점은[53] 전비 조달을 위해 조선은행권이 남발되었음을 의미한다.

조선은행권 증발 외에도 강제저축으로 전비(戰費)가 조달되었다. 또한 강제저축은 은행권 증발로 인한 인플레이션을 억제하는 한편, 소비생활을 억제하여 물자통제를 원활히 하는 효과도 지녔다. 1938년부터 일본정부 차원에서 조선의 저축목표액이 정해졌으며, 이를 조직적으로 완수하기 위해 공공단체, 회사와 상점, 부락단위로 저축조합(貯蓄組合)이 설치되었다. 1941년 10월에는 「국민저축조합령(國民貯蓄組合令)」이 공포됨에 따라 '저축조합'은 법적 강제력을 띠게 되었다.[54] 이러한 조직적 강제저축에 의해 전시기 예금액은 대폭 증가했다. 조선 내의 모든 은행과 금융조합의 예금액만으로도 1936년 말 5억 7,315.7만 엔에서

51) 裵永穆, 앞의 논문, 58~66쪽.
52) 정태헌, 「일제하 자금유출구조와 조세정책」, 『역사와 현실』 제18호, 한국역사연구회, 1995, 214쪽.
53) 戰時期 조선은행권 증발요인에 대해서는 羽鳥敬彦, 「戰時下(1937~1945年) 朝鮮における通貨とインフレ-ション」, 『植民地時期朝鮮の社會と抵抗』(姜在彦外 編), 未來社, 1982 ; 吳斗煥, 「戰時下 朝鮮의 通貨增發에 대해여」, 『仁荷大學校 産業經濟研究所 研究論文集』 第5輯, 1991. 6 참조.
54) 裵永穆, 앞의 논문, 353~360쪽.

1945년 6월 말 60억 6,000엔으로 10배 이상 증가했다.[55] 은행권 증발로 물가가 상승하고 반대로 예금금리는 인하되는 가운데(<표 3-19> 참조) 60억 엔에 가까운 금액이 저축되었다는 것은 저축이 얼마나 강제성을 띠었는지를 말해준다. 강제저축을 통해 흡수된 자금은 「임시자금조정법」, 「은행등자금운용령」 등의 통제를 받으면서 국채인수 또는 군수산업체에 대한 융자에 쓰였다.[56]

한편 전시기 조선 내 금융기관은 전비 조달이라는 임무를 수행하기 위해 군소 금융기관의 합병과 역할분담이 이루어졌다. 군소 금융기관의 합병은 금융기관을 대형화하고 점포·인원을 합리화함으로써 자금의 증대와 조달비용의 저하를 꾀하여 원활히 전비를 마련하려는 것이었다. 조선 내에 본점을 둔 보통은행의 경우 1937년 말 모두 7행이었으나 상호합병을 통해 1943년 말에는 2행만 남았다. 그 중 하나인 조흥은행(朝興銀行)은 1943년 10월 한성은행(漢城銀行)과 동일은행(東一銀行)의 합병으로 설립되었는데, 그 합병 이유는 첫째, 최근 경제사정의 전환에 의해 본점 보통은행은 기존의 많은 투자대상을 상실했으며, 둘째, 시국의 추이에 따라 국채소화 및 생산력확충자금의 공급에는 더욱 강고한 자본적 기초가 필요하기 때문이라고 한다.[57] 합병의 초점이 자본력 증대를 통한 국채소화와 군수 관련 생산력확충자금의 공급이었음을 알 수 있다. 보통은행 외에도 1937년 말 23개 회사가 있었던 무진회사는 1942년 말 조선중앙무진(주) 1사로 통합되었다.[58]

---

55) 朝鮮銀行調查部, 『朝鮮經濟年報』(1948), Ⅲ-82~84쪽. 은행과 금융조합 외에도 신탁회사, 無盡會社 등이 강제저축을 담당했으므로 본문의 예금액 수치는 실제 강제저축액에 비해 과소평가되었다. 1945년 7월 이후 일본의 패망이 임박하자 예금인출이 이루어졌다. 따라서 1945년 6월 말까지의 수치를 통해 강제저축의 실상을 알 수 있을 것이다.

56) 戰費調達의 질적 측면에서 중요한 것은 금리인하였다. 이에 대해서는 이 책의 제3부 3장 참조.

57) 朝鮮殖産銀行調查部, 「朝鮮經濟情報-漢城東一兩銀行の合倂」, 『殖銀調查月報』 제64호, 1943. 9, 28쪽.

　금융기관의 합병과 함께 금융기관간의 역할분담도 이루어졌다. 보통
은행, 금융조합 등은 강제저축으로 예금이 증대되었으나 「임시자금조
정법」 등으로 자금운용이 통제되고, 금리저하에 따라 채산성이 악화됨
에 따라[59] 상위 금융기관인 조선은행, 조선식산은행에 여유자금을 예
치하거나 자금운용의 위험을 분산시키기 위해 조선금융단의 통제 아래
공동융자・투자를 행하였다. 따라서 조선은행과 조선식산은행은 하위
금융기관인 보통은행, 금융조합으로부터 흡수한 자금을 바탕으로 군수
사업체에 대한 자금융통을 전담할 수 있었다. 결국 조선 내 금융기구는
보통은행과 금융조합 등 자금흡수기관과 조선은행과 조선식산은행 등
자금공급기관으로 이원화되었다.[60]

　이상과 같은 전시금융체제 속에서 조선식산은행의 역할도 변화해갔
다. 모든 금융기관과 마찬가지로 국채인수를 통해 일본정부에 전쟁비
용을 공급하는 한편,[61] 그 이외의 자금은 군수 관련 사업체에 대한 융
통에 집중함으로써 조선식산은행은 종래 농업금융기관에서 군수산업
금융기관으로 전환되었다.

　첫째, 조선 내 군수 관련 자금공급기관으로서 역할이 법제화되었다.
1939년 4월 「회사이익배당급자금융통령(會社利益配當及資金融通令)」(1939.
4. 勅令 제179호)에 근거하여 조선에 공급된 생산력확충자금 2억 원의
배분을 동양척식주식회사와 함께 담당했다.[62] 1940년 12월에는 위에서

---

58) 무진회사의 합병에 대해서는 古庄逸夫, 「朝鮮に於ける無盡業の發達」, 『朝鮮
　　近代史料硏究集成』 第4號(財團法人 友邦協會 編), 1961 참조.

59) 朝鮮殖産銀行調査部, 「朝鮮産業情報－貯蓄奬勵と鮮內銀行の立場」, 『殖銀
　　調査月報』 제1호, 1938. 6, 彙 27쪽 ; 朝鮮殖産銀行調査部, 「朝鮮經濟情報－地
　　場銀行 放資難の原因」, 『殖銀調査月報』 제10호, 1939. 3, 118~119쪽.

60) 戰時期 조선 내 금융기구의 이원화에 대해서는 배영목, 앞의 논문, 305~314
　　쪽 참조. 보통은행, 금융조합의 공동투융자에 대해서는 木村健二, 앞의 논문,
　　115~117, 124~125쪽 참조.

61) 이 시기 조선식산은행의 국채를 비롯한 유가증권 인수에 대해서는 이 책의
　　제2부 3장 참조.

62) 朝鮮殖産銀行調査部, 「朝鮮經濟情報－政府保證生産擴充資金二億圓は殖銀,

보았듯이 「은행등자금운용령」에 의해 융자명령을 받는 은행으로 지정
되었다. 또한 1942년 일본에 설립된 전시금융금고(戰時金融金庫)의 조선
내 융자업무 대리기관으로 지정되었으며, 이를 계기로 자금의 융통·
운용에 관한 제한을 완화하고 대리업무의 범위를 확장하는 등 「조선식
산은행령」(1942. 9. 制令 제30호)이 개정되었다.[63]

둘째, 군수 관련 자금의 조달과 융통을 원활하고 신속하게 수행하기
위해 조선식산은행의 직제도 개편되었다. 1940년 3월 특별금융과가 신
설되어 군수 관련 광공업기업체에 대한 자금융통을 전담했다.[64] 또한
증권업무를 확대하여 채권발행 외에 국채의 소화, 일본권업은행의 소
액채권 인수와 조선 내 판매를 담당케 하는 등 전쟁비용 조달 기능을
강화하였다.[65]

셋째, 군수 관련 자금공급이 강화됨에 따라 조선식산은행과 군부의
관련도 밀접해졌다. 총독부의 정책금융기관이자 금융계에서 큰 비중을
점했던 조선식산은행은 조선 내 중요 금융문제를 처리하는 논의에 빠
지지 않았다. 전시기에도 주요 금융현안은 총독부의 재무국장, 조선은
행장, 조선식산은행장이 모인 '3거두(巨頭)'회의를 통해 처리되었다.[66]
전시기에는 이러한 총독부, 여타 금융기관과의 협의 외에도 육해군과
의 관계가 중요해졌다. 군부의 요구를 어떻게 해결하는가가 중요 문제
였기 때문에 조선군사령부, 해군무관부(海軍武官府)와의 연락, 절충이
빈번해졌다.[67]

東拓を通ず」,『殖銀調查月報』 제13호, 1939. 6, 118~119쪽.
63) 朝鮮殖産銀行調查部, 「朝鮮經濟情報－朝鮮殖産銀行令改正」,『殖銀調查月
報』 제54호, 1942. 11, 30~33쪽.
64) 林繁藏回顧錄編集委員會,『林繁藏回顧錄』, 1962, 47~48쪽 ; 朝鮮殖産銀行,
『第四十四期(1940. 1~6)營業報告書』, 9~10쪽.
65) 林繁藏回顧錄編集委員會, 위의 책, 46~47쪽.
66) 朝鮮殖産銀行調查部, 「朝鮮經濟情報－朝鮮金融界の圓滑な運行」,『殖銀調
查月報』 제14호, 1939. 7, 86쪽 ; 朝鮮殖産銀行調查部, 「朝鮮經濟情報－金融協
議會設置論擡頭」,『殖銀調查月報』 제30호, 1940. 11, 112~113쪽.

  중일전쟁 이후 부여된 법적 지위, 은행 내의 직제 개편, 군부와의 밀접한 관계 등은 조선식산은행의 업무가 일본의 흥망을 건 전쟁을 지원하기 위해 재배치되고 있음을 보여준다. 전시기에 들어서면서 조선식산은행은 군수산업금융기관으로 전환되었던 것이다.

---

67) 林繁藏回顧錄編集委員會, 앞의 책, 58~59, 313~314쪽. 당시 조선식산은행 秘書役이었던 赤木万壽夫는 朝鮮總督府의 總督 및 政務總監, 朝鮮軍司令部의 司令官 및 參謀長, 海軍武官府, 朝鮮銀行總裁의 각 秘書官, 副官, 秘書役과 '秘書會'를 결성하여 수시로 모여 협조했다고 한다. 조선 내 전시경제가 어떠한 범위에서 결정, 협의되었는지를 알 수 있다. 군부의 조선식산은행에 대한 대출압력에 대해서는 당시 조선식산은행 특별금융제2부장이었던 福田謙次郎의 회고가 남아있다(林繁藏回顧錄編集委員會, 앞의 책, 298~308쪽).

제2장 운영주체와 조선인 중역·주주

1. 농공은행 설립과 조선인 자산가의 참여

　1906년 6월 한성농공은행을 시작으로 전국 주요 지역에 설립된 농공은행은 1909년 11월에 설립된 한국은행(韓國銀行, 1911년 朝鮮銀行으로 명칭 변경)과 함께 일제의 조선지배를 금융면에서 지원했던 대표적인 식민지 금융기구였다. 그런데 양자는 수행한 역할도 달랐지만 주주와 중역의 구성에서도 차이가 있었다. 식민지 조선의 중앙은행인 한국은행의 주주 중 조선인은 2.1%에 불과했고 중역은 전부 일본인이었다. 반면에 산업금융기관으로 출범한 농공은행은 일정기간 동안 조선인만이 주주로 참여할 수 있었고 중역도 모두 조선인이었다.[1]

　왜 농공은행은 조선인 은행으로 출범했던 것일까? 이에 대해 기존 연구에서는 통감부나 재정고문부가 농공은행 설립을 통해 전국적 범위에서 조선인 상층을 포섭하여 은행경영의 직접적 이해관계자로서 체제내화하려 했다는 점,[2] 조선인 상층도 당시 '화폐·재정정리사업'으로 인해 금융이 경색된 상황에서 "마음놓고 드나들" 은행이 필요하여 은행

---

1) 朝鮮銀行史研究會 編, 『朝鮮銀行史』, 東洋經濟新報社, 1987(이하 『朝鮮銀行史』로 줄임), 47~55쪽 ; 朝鮮殖産銀行, 『朝鮮殖産銀行十年志』, 1928(이하 『十年志』로 줄임), 附錄 33쪽 ; 朝鮮殖産銀行設立事務所, 「(極秘)朝鮮殖産銀行設立理由」, 『設立事務重要書類』, 1918, 1~2쪽. 統監府의 조선은행 설립 초안에는 중역에 조선인을 배정한다는 규정이 있었으나 최종안에는 이 규정이 삭제되었다. 농공은행의 주주는 조선인만으로 한정되었다가 1914년 5월 「農工銀行令」(制令 제21호)에 의해 영업구역 내에 1년 이상 거주한 농공업자라면 일본인도 주주가 될 수 있었다.
2) 波形昭一, 『日本植民地金融政策史の硏究』, 早稻田大學出版部, 1985, 202~204쪽.

설립에 적극 참여했으며, 그들의 사상적 배경은 '문명개화론'이었다는 점이[3] 지적되었다. 일제의 포섭정책과 조선인 상층의 경제적 욕구가 결합되어 농공은행은 조선인 은행으로 설립되었다는 것이다.

그런데 과연 농공은행은 조선인 은행으로 기능했을까? 조선인 주주나 중역은 어떤 역할을 했을까? 이 장에서는 기존 성과를 바탕으로 은행경영권의 향방, 조선인 참여자 — 주주, 중역, 은행원의 역할과 지위에 대해 규명해보려고 한다. 이를 통해 일제가 조선을 식민지화하면서 조선인 상층을 대상으로 전개했다는 포섭정책의 실체에 접근할 수 있을 것이다.[4]

농공은행의 설립은 우선 탁지부대신이 설립위원을 임명하고, 다음으로 설립위원이 정관을 작성하고 주주를 모집하며, 마지막으로 주주들이 참석하여 창립총회를 열어 이사와 감사를 선임하는 절차를 밟았다.[5] 설립위원은 관과 민에서 대략 반반씩 임명되었다. 관측은 주로 해당 지역 관찰사·군수·일본인 재무관이었으며, 민간측은 설립사무를 감당할만한 자들 중에서 탁지부대신이 선정했다.[6] 민간측 설립위원은 해당 지역의 명망있는 유지였으며, 한성농공은행의 경우 금융인도 다수 참여했다.[7]

---

3) 尹錫範 外, 『韓國近代金融史硏究』, 延世大學校 經濟硏究所, 1996, 119쪽 ; 洪性讚, 「韓末·日帝下 全南지역 한국인의 銀行設立과 經營－光州農工銀行·湖南銀行의 사례를 중심으로」, 『省谷論叢』 第30輯 2卷, 1999의 II 참조.

4) 경영의 측면 외에 업무면에서도 포섭의 실체를 밝힐 수 있을 것이다. 농공은행의 주요 업무였던 상업금융의 내용을 분석하여 조선인 상인에게 포섭이 갖는 의미를 밝힌 것으로 정병욱, 「1910년대 農工銀行의 상업금융과 조선인 상인의 周邊化」, 『역사문제연구』 제2호, 역사문제연구소, 1997(이 책의 제3부 1장)가 있다.

5) 『皇城新聞』 1906년 4월 30일자~5월 1일자, 「農工銀行設立에 關한 件(1906. 4. 度支部令 제4호)」.

6) 『皇城新聞』 1906년 4월 27일자, 「農工銀行設立委員」 ; 『皇城新聞』 1906년 6월 25일자, 「度訓兩道」 ; 『皇城新聞』 1906년 7월 12일자, 「咸北銀行支所」.

7) 한성농공은행과 평안농공은행의 설립위원들에 대해서는 尹錫範 外, 앞의 책, 113쪽 ; 오미일, 『한국근대자본가연구』, 한울, 2003, 49~52쪽 참조. 한성농공은

　선정된 설립위원들은 곧바로 주주 모집에 나섰으며, 주요 대상은 '자산과 명망이 있는 자' '농공가(農工家)' '신상가(紳商家)' 등이었다.8) 그러나 주주 모집은 원활하게 이루어지지 않았던 것 같다. 한성농공은행의 경우 1906년 5월 1일부터 15일까지 주식청약을 받을 예정이었다.9) 설립위원들은 은행설립에 관한 설명회를 열어 한성의 주요 상인·실업가·각 은행주주를 초청했으며,10) 인천·수원·개성 등으로도 주식청약을 권유하러 다녔다.11) 탁지부에서도 인천·개성 양부와 경기도관찰부에 훈령을 내려 행정관들이 주주 모집에 적극 나서게 했다.12) 그러나 모집실적이 좋지 않아서13) 자본금을 30만 엔에서 20만 엔으로 줄이고 접수기간도 연장했으며, 그래도 남는 주식은 정부 각 부서원에게 배당했다.14) 광주농공은행의 경우 총모집주 5,000주 중 2,000주는 추후 납입하기로 하고 은행이 설립되었다.15)

행 설립위원에는 趙鎭泰(대한천일은행·한성은행 중역, 한성공동창고주식회사 사장, 한성어음조합장), 韓相龍(한성은행 총무, 한성어음조합평의원), 崔思永(한성공동창고주식회사 이사) 같은 금융인들이 다수 포함되었다.

8) 『皇城新聞』 1906년 4월 27일자, 「農工銀行設立委員」 ; 『皇城新聞』 1906년 5월 17일자, 「銀行株主募集」.

9) 『皇城新聞』 1906년 5월 1일자, 「株式會社漢城農工銀行株式募集廣告」.

10) 『皇城新聞』 1906년 5월 3일자, 「農工演說」 ; 『皇城新聞』 1906년 5월 5일자, 「銀行設立說明」.

11) 『皇城新聞』 1906년 5월 21일자, 「農銀募集」.

12) 『皇城新聞』 1906년 5월 1일자, 「訓募株主」 ; 『皇城新聞』 1906년 5월 5일자, 「訓報株主」.

13) 당시 한성농공은행의 설립위원으로 활동했던 韓相龍은 "나는 財政顧問部의 事務官 櫻井小一·藤川利三郎氏와 함께 京城 안을 人力車로 타고 돌아다니며 힘써 권유했지만 좀체로 응모자가 없어서 三人이 하늘을 우러러 보며 길게 탄식하는 것이 한두 번이 아니었다"고 회고했다(韓翼教, 『韓相龍君を語る』, 韓相龍氏還歷記念會, 1941, 93쪽).

14) 『皇城新聞』 1906년 5월 21일자, 「農銀募集」 ; 『皇城新聞』 1906년 5월 23일자, 「株式會社漢城農工銀行株金 第一回納入廣告」 ; 『皇城新聞』 1906년 5월 22일자, 「勸勉應株」.

15) 『皇城新聞』 1906년 8월 14일자, 「全南農銀募集」.

주주가 원활히 모집되지 않는 상황에서 행정관에 의해 강제적으로
주식이 할당되어 폐해를 낳기도 했다. 함경도에서는 응모자가 거의 없
어 지방유력자나 각 면에 세금과 같이 주식을 할당하여 주식납입금을
갹출했다. 각 면에서는 면장 명의로 주식을 인수했지만, 그 자금은 면
민 수십 명에게서 거둔 것이었다.[16] 황해도에서는 각 군에서 집안형편
과 상관없이 군민들에게 균등할당 방식으로 주식을 모집하여 원성을
들었다.[17] 정부에서는 13도에 훈령을 내려 강제압박을 통해 "인민의 재
산을 유린"하는 주주 모집을 금지할 정도였다.[18]

　위의 지역들과 달리 주주 모집이 성황이었던 곳도 있었다. 대구의 경
우 관찰사(申泰林) · 대구군수(金漢鼎) · 재무관(伊藤恒藏) 및 지역 자산가
(徐相燉 · 鄭圭鈺)가 설립위원이 되어 1906년 6월 1일부터 10일까지 성황
리에 주주를 모집하고, 14일까지 주식납입금을 받고 15일 창립총회를
열어 대구농공은행을 설립했다.[19] 주주 모집 상황을 보면 총 5,000주의
99%인 4,950주를 13명이 소유했는데, 이들은 대부분 경상북도의 대지
주 및 상인이었다.[20] 대구농공은행이 주주 모집에 성공할 수 있었던 것

16) 櫻井小一, 「經濟的發展을望む」, 『朝鮮統治の回顧と批判』, 朝鮮新聞社, 1936,
　　151쪽 ; 伊森明治, 「私の朝鮮生活」, 『朝鮮の回顧』(和田八千穗 · 藤原喜藏 編),
　　近澤書店, 1945, 41쪽.

17) 『皇城新聞』 1906년 7월 27일자, 「勒募株金」. 강요에 의해 주식에 응모한 자
　　들 중에는 그 주식을 타인에게 선물하는 경우도 있었다. 韓相龍의 회고에 의
　　하면, "개성이었다고 생각되는데 집요한 권유을 받아 마지못해 10株를 응모했
　　던 사람이 이러한 것은 가지고 있어도 소용이 없다며 株券에 人蔘 一斤을 더
　　하여 다른 사람에게 주었다"고 한다(韓翼敎, 앞의 책, 93쪽).

18) 『皇城新聞』 1906년 7월 19일자, 「不宜壓迫」.

19) 『皇城新聞』 1906년 6월 19일자, 「大邱銀行總會」; 東京銀行集會所 編, 『銀行
　　通信錄』 제249호, 1906. 7, 「韓國農工銀行設立及開業」.

20) 13명의 이름과 소유주식의 수는 다음과 같다(『皇城新聞』 1906년 6월 22일자,
　　「應募株主」). 徐相敦(1090주), 徐丙五(1090주), 李錫珍(700주), 金炳淳(500주), 鄭
　　圭鈺(500주), 李振沃(500주), 李重來(100주), 崔萬達(100주), 李章雨(100주), 廉鳳
　　根(100주), 李相岳(70주), 李柄學(50주), 趙鏞泰(50주). 이들의 주요 경력과 경제
　　적 배경에 대해서는 波形昭一, 앞의 책, 203쪽 ; 오미일, 앞의 책, 51, 151~166
　　쪽 참조.

은 이러한 자산가들의 호응 때문이었다.

주주 모집의 목표수치를 달성하기는 힘들었지만 농공은행의 모든 주주가, 특히 대주주가 강요에 의해서만 주식을 소유했다고는 볼 수 없다. 주주 모집에 어려움을 겪었던 한성농공은행의 경우 창립주주 중 10대 주주는 송병준(宋秉畯, 1,000주), 이용구(李容九, 1,000주), 한성공동창고(741주), 박우현(朴宇鉉, 505주), 한성은행(300주), 한진만(韓鎭萬, 250주), 이건혁(李建爀, 250주), 백완혁(白完爀, 200주), 조진태(趙鎭泰, 120주)로 총 4,366주를 소유했으며, 이는 전체 주식 10,000주 중 43.7%에 해당한다.[21] 한성공동창고와 한성은행을 제외한 개인들은 일제의 포섭에 적극적으로 호응했던 사람들로 볼 수 있다.

주주 모집과 주식금납입이 완료되면 창립총회를 열어 주주들이 중역을 선임했다. <표 1 - 2>를 보면 한성 · 대구 · 해주농공은행의 창립 초기 중역들은 모두 조선인이었다. 창립 이후 구성원 변동은 있었지만 1918년 10월 조선식산은행으로 재편되기 직전 여섯 농공은행의 중역도 모두 조선인이었다. 한성농공은행과 대구농공은행의 중역들은 상인 · 지주 · 관료 출신 자본가들로 해당 지역의 대표적 자산가들이었다.[22] 농공은행의 대주주이기도 한 이 중역들이야말로 일제의 포섭에 적극적으로 호응했던 조선인 상층이라고 할 수 있다.

당시 신문을 보면 '화폐 · 재정정리사업'으로 인한 공황 속에서 "아한(我韓)의 상업가들"에 의해 대한천일은행(大韓天一銀行) · 한성은행이 확장되거나 농공은행 · 한일은행이 설립되어 부강(富强)의 기초가 세워졌다며 축하했다.[23] 광주농공은행의 민간인 설립위원으로 참여했던 김성규(金星圭)도 창립총회에서 은행 설립을 축하하며, 주주의 권한이 동등

---

21) 裵永穆, 「漢湖農工銀行에 관한 硏究」, 『社會科學硏究』 第9卷 1號(忠北大), 1992. 8, 64쪽.

22) 全遇容, 「19世紀末~20世紀初 韓人 會社 硏究」, 서울대 국사학과 박사학위 논문, 1997, 269~272쪽 ; 오미일, 앞의 책, 50~51, 151~166쪽.

23) 『皇城新聞』 1906년 6월 22일자, 「賀國內銀行之設立」.

<표 1 - 2> 농공은행의 중역진

		이사(취체역)	감사
창립 초기	한성농공은행	白完爀* 洪肯燮 李鴻模 李健爀	尹晶錫 白寅基
	대구농공은행	李錫珍* 徐丙五 金炳淳 鄭圭鈺	徐相燉 李章雨
	해주농공은행	李承謨* 李在林 金泳澤	莊明成
1918. 9	한호농공은행	白完爀* 白寅基 趙秉澤 趙鎭泰 朱性根	金容泰 金韓奎
	평안농공은행	李鎭泰* 金泳澤 尹聖運 林祐敦	李明煥 劉光祚
	경상농공은행	李柄學* 李宗勉 金琪郁 徐炳朝 尹相泰	鄭在學 姜渭秀
	전주농공은행	朴永根* 朴基順 白南信 李康元 金道弘	辛泰斌 金駿熙
	광주농공은행	金衡玉* 鄭洛敎 朴夏駿 玄基奉	李奭來 鄭丙鉉
	함경농공은행	李澤鉉* 金秉洧 金忠熙	宋德綏 全珍鎬

* 『皇城新聞』 1906년 6월 6일자, 「(公告)株式會社漢城農工銀行」; 『皇城新聞』 1907년 2월
　27일자, 「(廣告)第一期營業報告」; 『皇城新聞』 1906년 6월 19일자, 「大邱銀行總會」; 『皇
　城新聞』 1907년 3월 7일자, 「(廣告) 株式會社海州農工銀行第一期決算報告」; 『十年志』,
　53~55쪽.
* ' * ' 표시된 사람은 銀行長이다.

하며 관찰사나 "탐관활리(貪官猾吏)"가 은행 돈을 한 푼도 마음대로 할
수 없다는 점을 들어 은행 설립을 "민권(民權) 발동"의 도화선, "국력(國
力) 진흥"의 결정적 계기로 파악했다. 또한 은행 설립을 통해 정부의 명
령이 신뢰를 회복했고, 일본인 고문관이 한인에게 이익되는 일은 하지
않으리라는 오해도 풀렸다고 보았다.24)

　이러한 조선인의 축하는 농공은행이 조선인 은행이며 권력의 간섭을
벗어나 자유롭게 자금을 운용할 수 있다는 판단에서 나온 것이다. 과연
그러했을까?

---

24) 『皇城新聞』 1906년 8월 21~23일자, 「光州農工銀行總會時 演說及狀況」. 농
　공은행 설립시 김성규의 활동에 대해서는 洪性讚, 앞의 논문, 104~105쪽.

2. 일본인 지배인의 경영권 장악

농공은행은 우선 권력으로부터 철저한 규제를 받았다. 농공은행은 「은행조례(銀行條例)」(1906. 3. 勅令 제12호)나 「은행령(銀行令)」(1912. 10. 制令 제5호)에 의해 설립되는 보통은행과 달리 「농공은행조례(農工銀行條例)」(1906. 3. 勅令 제13호)라는 특별법에 의해 설립되었으며, 정부가 일정정도 자본을 투자하고 지원·감독하는 특수은행이었다. 「농공은행조례」를 보면,25) 정관 및 그 변경, 지점·대리점의 설치 및 변경, 주주에 대한 배당금(이상 제24조), 채권발행의 금액·방법·조건(제17조), 규정 외의 다른 은행업무(제20조) 등에 대해서는 정부[度支部大臣]의 인가를 받아야 했다. 이러한 포괄적 규제 외에 정부는 농공은행을 지원하는 대신 반대급부로 은행감독관을 통해 은행업무에 대해 지도·감독했다.

정부는 농공은행의 영업을 보조하기 위해 자금을 공급하거나 주식을 부담할 수 있었다(제25조). 이에 필요한 재원은 일본흥업은행(日本興業銀行)에서 차입한 자금으로 마련되었다.26) 농공은행에 대한 정부의 보조금인 '정부대하금(政府貸下金)'과 '정부인수주식액(政府引受株式額)'은 1907년 말 각각 100만 3,000엔과 34만 9,000엔이었으며, 조선식산은행으로 재편되기 직전인 1918년 6월 말에는 각각 145만 9000엔과 32만 9,000엔이었다. 이는 1907년 말 농공은행 납입자본금 55만 9,000엔의 2.4배, 1918년 6월 말 납입자본금 146만 9,000엔의 1.2배에 해당한다.27) 정부보조금은 뒤로 갈수록 그 비중이 줄어들었으나, 여전히 주식납입금보다 많았다.

---

25) 이하 「농공은행조례」의 내용은 『皇城新聞』 1906년 3월 29~3월 31일자, 「農工銀行條例」;『十年志』, 附錄 41~44쪽에 의거함.

26) 『皇城新聞』 1906년 3월 22일자, 「農工銀行의 講義」; 松本重威,『男爵目賀田種太郎』, 1938, 411쪽.

27) 朝鮮總督府財務局,『朝鮮金融事項參考書(1929年調)』, 38쪽.

　정부는 이러한 자금지원을 바탕으로 은행업무를 통제했다. 정부가
자금을 보조한 농공은행에는 탁지부대신이 임명한 '감리자(監理者)'를
상주시켜 영업상 필요한 지도 및 감독을 할 수 있었다(제26조). 한성농
공은행의 경우 창립 직후인 1906년 6월 초 정부가 15만 엔을 대하(貸下)
하면서 "본행의 업무는 감리자의 동의를 거친 후 집무"하게 했다.[28] 각
도에서 농공은행이 영업을 개시하자 1906년 11월 탁지부에서는 '농공
은행감독'에게 훈령을 내렸는데, 이에 따르면 감독은 제반 은행업무에
대한 검사는 물론이고 주주총회나 중역회의에서 참석하여 의견을 개진
하는 등 막강한 권한을 가졌다.[29] 또한 은행중역에 대한 대부와 1명
5,000엔 이상의 대부도 감독의 승인을 받아야 했다.[30]

　농공은행을 통제하는 권력의 실체는 탁지부나 탁지부대신은 아니었
다. 농공은행이 설립될 당시 대한제국의 재정·금융은 이미 일본인 재
정고문 메가타(目賀田種太郎)의 수중에 들어가있었다.[31] 농공은행을 통
제했던 것은 메가타가 지휘하며 그 직원이 전부 일본인이었던 재정고
문부였으며, 재정고문부 내에는 농공은행을 전담하는 이재부(理材部)
농공은행과가 있었다.[32] '감리자' 또는 '농공은행감독'으로 표현된 은

---

28) 『皇城新聞』 1906년 6월 8일자, 「農工條例」.

29) 『皇城新聞』 1906년 11월 12일자, 「訓督銀行」. 훈령 내용을 요약하면 다음과
　　같다. 1) 농공은행감독은 매주 하루씩 농공은행 본점에서 은행의 제반업무를
　　盡査하고 장부·금고 등을 검사하며, 검사내용은 다음달 5일까지 탁지부대신
　　에게 보고한다. 2) 필요에 따라 농공은행의 각 지점 및 대리점을 순회 감사한
　　다. 3) 농공은행이 영업상 법률·명령·정관 등을 위반하거나 공익을 해칠 때
　　또는 해치려 할 때는 속히 탁지부대신에게 보고하여 그 처리를 요청한다. 4)
　　필요에 따라 농공은행의 장래 방침이나 업무의 개선, 내규, 기타 규정의 개정
　　에 관한 의견을 탁지부대신에게 보고한다. 5) 주주총회나 이사회에 출석하여
　　의견을 진술할 수 있으며, 단 의결권은 갖지 않는다.

30) 統監府財政監査廳, 「農工銀行及支配人會議」, 『財務週報』 第2號, 1907. 4. 22.

31) 이에 대해서는 李潤相, 「1894~1910년 재정 제도와 운영의 변화」, 서울대 국
　　사학과 박사학위논문, 1996, 206~236쪽 참조.

32) 統監府 산하 財政監査廳에서 1907년 4월부터 발행한 『財務週報』의 「理財ノ
　　部」를 보면 농공은행의 제반 업무는 財政顧問이나 財政顧問部의 지시를 받고

행감독관도 재정고문부와 관련된 일본인이었다.[33]

　1907년 7월 '한일신협약(韓日新協約)'으로 일본인이 정부 각 부의 차
관에 임명되어 직접 행정권 전반을 장악함에 따라 농공은행에 대한 통
제도 체계화되었다. 탁지부 차관인 아라이(荒井賢太郞)의 지휘 아래
1908년 1월 탁지부 이재국에 농공은행과를 두어 농공은행에 대한 감리
· 감독과 인사를 담당하게 했다.[34] 또한 재정고문부가 폐지되는 대신
에 전국 주요지에 설치된 재무감독국에서 금융기관 전체를 감독했는
데, 재무감독국장은 관할구역 내의 농공은행에 대해 위의 '감리자'나
'농공은행감독' 같은 권한을 가졌다.[35] 농공은행에 대한 감독상황으로
볼 때 당시 한국은행 · 조선은행의 이사였던 기무라(木村雄次)의 "조선
정부는 완연 농공은행의 총본점"이라는 말이나 당시 함경농공은행에
근무했던 이모리(伊森明治)의 "이재국 농공은행과는 마치 각 농공은행
의 본점인 것 같았다"는 회고는 과장이 아니었다.[36]

　은행장을 포함한 조선인 중역의 경영권을 제약했던 것은 은행 밖의
통제만은 아니었다. 농공은행 안에서도 탁지부대신, 실제로는 일본인

있었다. 재정고문부 안에 언제부터 農工銀行課가 설치되었는지 확실하지 않
지만, 사료에는 1907년 5월경 그 명칭이 나타난다(統監府財政監査廳, 「忠州農
工銀行舍宅建築ニ關スル件」, 『財務週報』 第8號, 1907. 6. 3). 당시 재정고문부
에 근무했던 직원명단은 統監府財政監査廳, 「顧問部職員現況」, 『財務週報』
第1號, 1907. 4. 15 참조.

33) 1906년 10월부터 1907년 4월까지 재정고문부 소속 일본인들에 의해 각 농공
은행에 대한 감사가 실시되었던 것으로 보아 당시 은행감독관 역할은 재정고
문부의 일본인이 수행했던 것 같다(統監府財政監査廳, 「各金融機關檢査」, 『財
務週報』 第1號, 1907. 4. 15 ; 統監府財政監査廳, 「顧問部職員現況」, 같은 책).

34) 「度支部分課規程」(1908. 1. 27)」(宋炳基 外 編, 『韓末近代法令資料集』 Ⅵ, 국
회도서관, 1971, 245~248쪽에 수록).

35) 「財務監督局官制」(1907. 12. 13)」(宋炳基 外 編, 위의 책, 131~132쪽) ; 「財務
監督局分課規程」(1908. 1. 27)」, 같은 책, 248쪽 ; 「農工銀行條例施行規則
(1908. 5. 23)」(같은 책, 423~428쪽) ; 度支部, 『韓國財務經過報告』 第1回(1908
년 상반기), 142~148쪽 ; 大邱財務監督局, 『隆熙二年財務一班』, 265~268쪽.

36) 波形昭一, 앞의 책, 207쪽 ; 伊森明治, 앞의 글, 40쪽.

재정고문이나 탁지부차관이 임명한 일본인 지배인이 전권을 행사했으며, 자연히 조선인 중역은 경영권에서 멀어졌다.

재정고문이나 재정고문부는 농공은행 중역을 거치지 않고 직접 지배인에게 업무에 관한 사항을 지시했다.[37] 1907년 4월에 열린 '농공은행장 및 지배인회의'에서 조선인 농공은행장들이 따로 모여 "은행의 대부금 및 예금출납은 은행장과 지배인이 상호 협의하"에 인가하자는 의견을 제출할 정도로 조선인 은행장은 은행업무에서 배제되어있었다.[38] 당시 조선은행 이사였으며 뒤에 조선식산은행 초대 은행장이 되었던 미시마(三島太郎)는 1916년에 쓴 글에서 "금일 실제로 중역은 유명무실하고 거의 행무(行務)에 관계하지 않는다. 경영실권은 완전히 지배인에게 있다"고 했다.[39]

지배인만 일본인이었던 것은 아니다. 농공은행에 관한 인사권을 쥐고 있었던 탁지부의 일본인 관리들은 농공은행의 주요 자리에 일본인을 배치했다. 1908년 말의 상황을 보면, 각 농공은행 본점과 지점의 지배인 외에 출장소의 주임, 각 점포의 기사(技師) 및 기수(技手)는 전부 일본인이었다.[40] 농공은행 은행원의 전체 상황을 알 수 있는 자료는 아

---

37) 統監府財政監査廳이 편찬한 『財務週報』 각 호의 「理財ノ部」 참조.

38) 統監府財政監査廳, 「農工銀行長及支配人會議經過」 『財務週報』 第3號, 1907. 4. 9.

39) 三島太郎, 「東洋拓殖會社,農工銀行及金融組合組織改善に關する意見」, 『三島太郎氏記念誌』(中島司 編), 1923, 136~138쪽. 당시 함경농공은행에 근무했던 伊森明治도 "은행장 이하 중역은 전부 조선인으로 지방의 유력자 또는 명망가"였지만 "저들의 職權은 유명무실하고 은행경영은 지배인이 담당했다"고 회고했다(伊森明治, 앞의 글, 38쪽). 三島太郎은 "원래 지배인은 使用人으로서 중역과 같이 주주에 대해 정당한 책임자가 아니므로 그에게 경영의 전권과 책임을 전부 부담지우는 것은 사정이 허락하는 한 일찍 개선해야 할 것"이라며 지배인의 경영전담을 문제삼았다. 그렇다고 조선인 중역의 권한을 강화하자는 것은 아니었다. 그는 조선인 주주에게는 그만한 능력을 갖춘 사람이 없으므로 주주제한을 철폐하여 널리 일본인 주주를 모집하고 그 중 1명을 실무담당 중역으로 선임해야 한다고 주장했다.

40) 韓國中央農會, 『韓國中央農會報』 제2권 12호, 1908. 12, 35~36쪽.

직 발견되지 않았지만, 1918년 10월 1일 조선식산은행 창립일의 상황을 통해 어느 정도 유추해볼 수 있다. 뒤의 <표 1 - 5>를 보면 당시 총은 행원 410명 중 일본인은 255명으로 62.2%를 차지하며, 조선인은 155명 으로 37.8%에 불과하다. 더욱이 '사사(司事)'나 '선임서기(先任書記)' 같 은 은행 간부는 전부 일본인이었다.[41]

농공은행의 지배인을 비롯한 간부직원이 일본인이라는 점은 은행경 영에 어떠한 영향을 끼쳤을까? 조선인 자산가들이 주주로 적극 참여했 던 경상농공은행은[42] 1916년경 일본인에게 대출을 많이 했던 이유로 조선인과 일본인의 경제력 차이 외에 은행간부 직원이 일본인이라는 점을 꼽았다. 즉 "당행 간부직원이 일본인이기 때문에 조선인과 관계가

---

41) 탁지부는 필요한 일본인 은행원을 일본에서 모집했다. 그 방법은 ① 統監府 의 東京連絡所를 통하는 것, ② 일본 내 고등상업학교와 같은 학교에 졸업예정 자 파견을 의뢰하는 것, ③ 개인적 관계에 의한 것이었다(Karl Moskowitz, *The Employees of Japanese Banks in Colonial Korea*, Harvard University Ph.D. Thesis, 1979(殖 銀行友會 譯, 『植民地 朝鮮における日本の銀行の從業員達』, 1986), 23~24쪽]. 이렇게 취업한 일본인 은행원에게는 간부로 성장할 수 있는 길이 보장되었다. 1910년 神戶高等商業學校를 졸업하고 ②의 방법으로 농공은행에 취직했던 野 田新吾 등 6명이 근무지로 떠나기 전, 당시 度支部 司計課長 河內山樂三은 그 들에게 "제군은 농공은행의 본점에서도 고급자이며, 머지않아 지점장이 될 것"이므로 열심히 해주기 바란다고 훈시했다. 野田新吾는 곧바로 평안농공은 행의 계산계 주임으로 임용되어 의주·해주·진남포 지점장을 거쳤으며 조선 식산은행 설립 후 본점과장, 이사를 역임했고 1938년에 漢城銀行 은행장이 되 었다. 6명 중 한 명이었던 近藤得三도 경상농공은행 김천지점장, 조선식산은행 지점장, 본점과장을 거쳐 1941년 이사가 되었다(野田新吾, 「古い記憶を辿りて」, 『朝鮮の回顧』(和田八千穗·藤原喜藏 編), 近澤書店, 1945, 215~233쪽 ; 高橋三 七, 『事業と鄕人』 第1輯, 1939, 100~103, 476~477쪽).

42) 경상농공은행은 1908년 8월 대구농공은행과 진주농공은행의 합병을 통해 설 립되었다. 경상농공은행의 1913년경 주식분포상황을 보면 金吉法(2698주)·金 周白(1,562주)·朴寶三(1,466주)·姜渭秀(1,197주)·姜南邵(1,177주)·徐相燉(1,14 0주)·鄭在學(1,100주)·李柄學(1,000주) 8명이 조선총독부 소유분을 제외한 민 간인 주식 수 1만 4,000주 중 81.0%를 소유했다(波形昭一, 앞의 책, 202쪽). 대 구농공은행 창립시 13명의 대주주가 총주식의 99%를 소유했던 상황과 비슷하 여 경상농공은행 단계에도 여전히 지역 내 조선인 자산가들이 주주로 적극 참여했음을 알 수 있다.

밀접하지 않아 부지불식간에 내지인에 편향되는 경향"이 있었던 것이다.[43] 농공은행 전체의 민족별 대출액을 봐도 일본인 대출액은 계속 증가하여 1915, 1916년경에는 조선인 대출액을 능가했다.[44]

농공은행의 주주와 중역은 조선인이었지만 그 경영권은 밖으로 탁지부의 일본인 관리들에 의해 통제를 받았고, 안으로는 지배인을 비롯한 일본인 간부에 의해 장악되었다. 농공은행은 외형상 조선인 은행이었지만 실제로는 일본인에 의해 경영된 일본인 은행이었던 것이다. 식민지권력은 조선인 상층을 은행의 주주나 중역으로 포섭함으로써 첫째, 그들의 자본을 동원하여 자신들 뜻대로 움직이는 농공은행을 설립할 수 있었다. 둘째, 그들의 사회적 명망과 신용을 이용하여 농공은행의 기반을 확보할 수 있었다.[45] 일제는 '화폐·재정정리사업'으로 인한 금융경색을 계기로 조선인 상층을 지렛대로 삼아 식민지 금융기구를 설립하고 그 기반을 확보했던 것이다.

반면에 조선인 상층의 입장에서 포섭의 의미는 제한적일 수밖에 없었다. 일부 지역, 일부 주주들에게 한정된 포섭이었으며, 포섭된 조선인 상층도 경영의 주체가 아니라 자금을 융통받을 수 있는 단순 이용자에 머물러야 했다.[46] 농공은행 설립에 참여했던 대주주나 중역과 같

43) 朝鮮總督府, 『農工銀行支配人會同諮問事項答申書』(1916. 6), 38쪽.

44) 朝鮮總督府財務局, 『朝鮮金融事項參考書(1929年調)』, 111쪽.

45) 각 농공은행의 주주는 해당 영업구역 내의 거주자로 한정되었다. 따라서 농공은행이 해당 지역에서 자리잡기 위해서는 그 지역 名望家를 내세워 이들의 사회적 신용을 이용하는 것이 지름길이었다. 이러한 이유에서 각 농공은행의 주주와 중역은 지역내 명망있는 유지나 자산가로 채워졌던 것이다. 일본의 농공은행도 그 주주가 해당 영업구역 내의 거주자로 한정되었는데 지역명망가의 참여에 의해 은행은 신용을 얻을 수 있었다(左伯尙美, 『日本農業金融史論』, 御茶の水書房, 1963, 87쪽).

46) 농공은행의 자금을 융통받을 수 있었던 조선인 중에는 은행의 주주나 중역이 다수 포함되었을 것이다. 금융혜택을 전제로 주주모집이 이루어졌으며(『皇城新聞』 1906년 5월 17일자, 「銀行株主募集」), 조선인 중역에 대한 대출은 일본인 은행감독관에 의한 통제가 규정될 정도로 일반적인 현상이었다(주 30), 35) 참조].

은 조선인 상층이 경영의 주체로서, 은행자본가로서 성장하기 위해서
는 독자적인 은행을 설립해야 했다. 그러나 조선인이 설립한 보통은행
의 앞길에는 커다란 장벽이 놓여있었다. 농공은행과 같은 특수은행의
보통은행업무 겸업은 보통은행의 성장을 가로막았다.[47]

3. 조선식산은행 설립과 조선인 중역·주주의 전락

농공은행은 형식상 조선인 은행이었지만, 내용상 일본인에 의해 경
영된 일본인 은행이었다. 1918년 10월 농공은행을 강제합병하여 설립
된 조선식산은행에서 이러한 형식과 내용의 불일치는 사라지게 된다.
조선식산은행은 명실상부한 일본인 은행으로 출범했으며, 조선인은 형
식적 측면에서도 은행경영에서 배제되어갔다.

조선식산은행 설립배경에 대해 은행측은 조선총독부의 "제반 신시설
보급"과 제1차 세계대전에 따른 호황의 영향으로 조선의 경제계가 융
성해지고 산업자금의 수요가 급격히 증가했는데, 농공은행은 이에 부
응할 수 없다는 점을 지적하고 있다.[48] 이는 일제의 조선경제 재편이
유통부문을 넘어 생산부문으로 나아가고 있음을 의미한다. 1910년대
교통·통신 등의 기간설비 구축, '토지조사사업'의 완결로 투자여건이
조성되었으며, 이를 바탕으로 이윤의 원천인 생산부문을 장악하기 위
해 산업금융기관의 강화가 시급했나. 그런데 농공은행은 자본력이 취
약했으며, 더욱이 제1차 세계대전을 전후로 조선은행과 동양척식주식
회사는 '만주'로 진출하여 엔블록 확장에 주력했다.[49] 따라서 금융상의

---

47) 이에 대해서는 정병욱, 「식민지 특수은행의 겸업과 보통은행의 정체」, 『역사
   문제연구』 제5호, 역사문제연구소, 2000. 12(이 책의 제1부 3장) 참조.

48) 『十年志』, 16~17쪽 ; 朝鮮殖産銀行, 『朝鮮殖産銀行二十年志』, 1938, 27쪽.

49) 裵永穆, 「植民地 朝鮮의 通貨金融에 관한 硏究」, 서울대 경제학과 박사학
   위논문, 1990, 160~164쪽.

공백을 메우고 증가하는 자금수요에 응하기 위해 농공은행을 확대 개편하여 조선식산은행을 설립했던 것이다.

농공은행 시절부터 조선인 주주와 중역들이 은행의 주인 또는 경영주체가 아니었다는 점은 각 농공은행이 합병되어 조선식산은행으로 재편되는 과정에서도 명확하게 드러난다. 조선식산은행설립사무소측이 은행설립을 준비하면서 작성한 문건을 보면, 농공은행을 "법령에 의해 강제통일할 필요"에 대해 다음과 같이 역설했다.

　…… 가령 합병을 각 농공은행 총회의 결의에 부친다면 지식이 유치한 조선인 주주는 왕왕 이러한 사리를 이해하지 못하고 헛되이 동요하는 사태가 빈출할 것으로 예측된다. 까닭에 주주총회에서 원만히 합동을 결의하려면 정부는 상당수 자본가에게 내명(內命)하거나 주식의 매수(買收), 권리의 수집에 힘쓰는 등 쓸데없는 수단을 강구하지 않을 수 없다.…… 기왕의 농공은행에 대한 정부의 감독상황을 보면 정부는 각 농공은행을 …… 통일 감독하고 …… 일단(一團)으로서 계획 조치했고 …… 이미 합동경리를 해왔기 때문에 차제에 명실이 상부하도록 법령의 힘에 의해 강제합병을 단행하여도 주주는 추호도 이상한 감정을 품지 않을 것이다.[50]

조선총독부가 이미 통일적으로 각 농공은행을 장악해왔기 때문에 조선인 주주의 의사와 상관없이 농공은행을 합병해도 무리가 없을 것이라는 판단이다. 또한 조선식산은행설립사무소측은 조선인들이 농공은행 합병에 반발하여 농공은행을 보통은행으로 전환하여 영업할 가능성에 대해서도 정부의 보조와 일본인 지배인의 원조 없이 조선인 중역들만의 "자영(自營)"은 불가능하다는 판단을 내리고 있다.[51]

---

50) 朝鮮殖産銀行設立事務所, 앞의 글, 35쪽.
51) 위의 글, 35~36쪽. 그러나 조선인 중역들은 각 농공은행의 강제합병에 반발하여 해당 지역에서 독자적인 보통은행을 설립했는데, 전북의 三南銀行(1919. 설립)이나 전남의 湖南銀行(1920. 설립)이 그러한 예이다(裵永穆, 앞의 논문

이러한 판단에 근거하여 「조선식산은행령(朝鮮殖産銀行令)」(1918. 6. 制令 제7호)에는 "농공은행령은 조선식산은행 성립일에 폐지한다"(제70조)는 조항을 두었다.[52] 이 간단한 문구로 각 농공은행은 강제합병되었으며, 이를 통해 조선식산은행이 설립되었다. 농공은행의 존재 여지를 주지 않았던 제70조는 일본인들 사이에서도 "합법이다 비합법이다", "명입법(名立法)이다 지나쳤다"라는 상반된 평가를 야기했지만,[53] 조선인 주주의 입장에서는 주식소유에 따른 권한을 무시하는 악법이었다. 조선인 주주는 은행의 주인으로서 전혀 권리를 행사할 수 없었다. 조선인 중역들도 조선식산은행이 설립되자 전부 '상담역'으로 물러나야 했다.[54]

농공은행에서 조선식산은행으로 전환하는 주된 목적은 "자금의 충실"이며, 그 첫 단추는 주주 확대를 통해 자본금을 증대하는 것이었다. 목표는 농공은행 공칭자본금 260만 엔의 대략 4배에 해당하는 1,000만 엔이었다. 이를 위해 우선 영업구역 안에 1년 이상 거주한 농공업자로 한정했던 농공은행 시기의 주주제한 규정을 철폐하여 "제국민(帝國民)은 주소와 업태(業態)에 관계없이" 주주가 될 수 있게 했다.[55] 일본에서도 주식소유를 가능하게 하여 일본자본의 도입을 꾀하였던 것이다. 이

(1990), 190~191쪽 ; 洪性讚, 앞의 논문, 107~114쪽).

52) 『十年志』, 附錄, 20쪽.

53) 中川龜三, 『朝鮮殖産街史』, 朝鮮公論社, 1938, 10, 15~16쪽. 朝鮮經濟日報社 기자였던 中川龜三은 「조선식산은행령」 제70조와 농공은행 강제합병을 둘러싼 시비를 소개하면서 당시 일본 法制局 慘事官이었던 馬場英一이 입법에 크게 공헌했다고 한다. 그런데 뒤에 馬場英一은 日本勸業銀行長・大藏大臣으로 근무하면서 조선처럼 과감하게 일본 농공은행을 일본권업은행에 합병시키지 못했다. 中川龜三는 이러한 차이를 조선과 일본의 다른 사정, 젊은 馬場英一과 노숙한 馬場英一의 차이로 설명한다. 식민지가 아니었다면 「조선식산은행령」 제70조는 실행되기 어려웠을 것이다.

54) <표 1-2>에 나온 6농공은행의 조선인 중역들은 조선식산은행 창립 초기 '상담역'의 구성원이었다(『十年志』, 53~54쪽).

55) 『十年志』, 17쪽.

에 따라 은행설립위원에도 농공은행과 달리 일본측 위원으로 척식국
차장·대장성 은행국장·주요 금융기관장들이 다수 포함되었으며, 도
쿄·오사카 등에서 적극적으로 주주를 모집했다.[56] 할당 및 우선주를
제외한 일반 응모주에 대해 주식수의 295배에 달하는 신청이 쇄도하는
가운데 주식모집은 아래와 같이 완료되었다.

조선식산은행(공칭자본금 1000만 엔) 총 주식수   200,000주
내역 : 1. 농공은행 주주에 할당된 주   63,116주
      2. 농공은행 실권주식의 매수인에 할당된 주   481주
      3. 일반응모주   136,403주
      (이 중 농공은행 주주가 신청한 우선주)   49,411주[57]

　농공은행 주주가 다시 조선식산은행 주식을 소유한 경우는 할당주(割
當株)와 우선주(優先株)를 합쳐 11만 2,527주로 총 20만 주의 56.3%에 해
당한다. 이를 <표 1-3>의 1918년 10월 지역별·민족별 조선식산은행
주주 구성과 비교해보면 다음과 같은 사실을 알 수 있다. 첫째, 주식의
지역별 분포에서 조선이 57.4%를 차지했는데, 조선거주자인 기존 농공
은행 주주가 56.3%의 주식을 소유했다. 이는 기존 농공은행 주주를 제
외하면 조선 안에서는 주주 모집이 거의 이루어지지 않았으며, 새로운
주주는 대부분 일본에서 모집되었음을 의미한다. 둘째, 기존 농공은행

---

56) 『十年志』, 21~23, 26~27쪽. 朝鮮殖産銀行設立委員은 위원장 朝鮮總督府政
　　務總監(山縣伊三郎)을 포함하여 총 28명으로, 이 중 11명이 일본측 위원이었
　　다. 조선측 위원 중 조선인은 여섯 農工銀行長과 韓一銀行長(閔泳徽)·朝鮮商
　　業銀行長(趙鎭泰)·漢城銀行專務理事(韓相龍)였다.
57) 『十年志』, 26~27쪽. '농공은행 주주에 할당된 주'는 1918년 7월 16일부터 8
　　월 15일까지 농공은행 주식을 설립위원에게 제출하고 납입금액에 따라 조선
　　식산은행 주식으로 교환받은 것이다. '농공은행 실권주식의 매수인에 할당된
　　주'는 기한 내에 농공은행 주식을 제출하지 않아 권한이 상실된 주식을 공개
　　입찰한 것이다. '일반응모주' 중 농공은행 주주가 신청한 경우는 우선권을 주
　　어 우선주로 처리했다.

주주가 56.3%의 주식을 소유했는데 조선인 주주가 34.9%에 불과하다는 것은 농공은행 주주의 상당수가 일본인이었음을 의미한다. 이는 1914년 「농공은행령」(1914. 5. 制令 제21호)에 의해 일본인도 주주가 될 수 있었기 때문이다. 결국 기존 농공은행의 일본인 주주와 새로 일본에서 모집된 일본인 주주가 전체 주식 중 65.1%를 소유하여 조선식산은행은 농공은행과 달리 주주면에서 일본인이 조선인을 능가했다.

<표 1-3> 조선식산은행의 주주 구성 추이

시기	공칭자본금	총주식수	지역별 분포			민족별 분포	
			조선	일본	기타	조선인	일본인
1918. 10	1,000만 엔	20만 주	57.4%	42.3%	0.3%	34.9%	65.1%
1921. 2	3,000만 엔	60만 주	34.3	65.2	0.5	8.9	91.1
1939. 2	6,000만 엔	120만 주	34.5	65.3	0.2	2.0	98.0
1944. 5	6,000만 엔	120만 주	33.0	66.8	0.2	1.3	98.7

출전 : 朝鮮殖産銀行調査課, 『朝鮮殖産銀行年鑑(第一次分)』, 1929, 33~34쪽 ; 朝鮮殖産銀行, 『株主姓名表』 1939. 2. 15 ; 朝鮮殖産銀行, 『株主姓名表』 1944. 5. 15.

일본인 주주의 증가는 이후에도 계속되었다. <표 1-3>을 보면 1921년 1,000만 엔에서 3,000만 엔으로 증자했을 때 조선식산은행의 주식 중 일본의 비중은 65.2%로 증가했다. 이에 따라 일본인 주주의 비중도 90%를 넘어 조선인을 압도했다. 이러한 상황은 일제시기 내내 지속되어 1944년에는 일본인이 98.7%의 주식을 소유했다. 농공은행이 조선식산은행으로 전환되면서 일본 내에서 주식 모집이 가능해짐에 따라 일본인 주주의 비중은 상승하여 주주와 자본금면에서 조선식산은행은 농공은행과 달리 완전한 일본인 은행이 되었다.

소수의 조선인 주주는 은행 주주총회에서 발언하는 경우가 매우 드물었다. <표 1-4>는 현재까지 입수가능한 조선식산은행의 창립총회와 제1회~제15회 주주총회에서 조선인 주주가 발언한 내용을 모두 정리한 것이다. 그 내용은 간단한 질문, 경영진에 대한 감사·옹호, 의사진행 발언에 그치고 있다.[58] 다만 광주농공은행의 이사였던 현기봉(玄

基奉)의 경우 농공은행 시기 조선인 중역들을 중용해주기를 바라는 의
견을 개진했으나, 뒤에서 보듯이 받아들여지지 않았다. 조선식산은행
에서 조선인 주주가 처한 현실을 잘 드러내준다.

　주주 구성면에서 일본인이 조선인을 압도해감에 따라 중역에서 조선
인이 배제되는 것은 예견된 일이었다. 더욱이 농공은행과 달리 조선식
산은행의 중역은 조선총독이 임명권을 가졌다. 은행설립을 준비했던
측은 조선식산은행이 일반 영리회사와 달리 "특종 임무"를 담당하는
"국가적 기관"이므로 다른 특수은행의 예에 따라 조선총독이 임명권을
행사해야 한다고 주장했다. 「조선식산은행령」 제8조에 의하면, 은행장
은 조선총독이 직접 임명하고, 이사는 50주 이상 주식소유자 중 주주총
회에서 2배수로 후보자를 추천하면 그 중에서 조선총독이 임명하게 되
었다. 다만 감사는 주주총회에서 30주 이상 주식소유자 중에서 선임할
수 있었다.

　일본인 주주가 조선인 주주를 압도하고 조선총독이 중역임명권을 행
사하는 가운데 우선 각 농공은행의 조선인 중역들은 모두 퇴진하여 '상

---

58) 지나친 중역의 상여금에 대해 경영진을 옹호한 李柄學의 경우와 세간의 비
　　판은 대조적이다. 동일 사항은 아니지만, 조선식산은행은 1927년 2월에 퇴임
　　하는 石井光雄 이사에 대해 채권발행의 공로를 인정하여 거액의 상여금을 지
　　급했는데, 이에 대한 세간의 비판은 다음과 같았다. "… 작년 夏間 同行(朝鮮
　　殖産銀行 - 인용자)의 櫻井理事 退職功勞金 10萬 圓은 斯界의 신기록이라하
　　야 有閑階級의 話頭에 오르던 것이 石井 理事는 다시 이 기록을 돌파하고 去
　　2월 25일 同行의 정기총회에서 石井 理事 退職慰勞金 贈呈에 관하야 15만 원
　　범위에서 重役會에 일임된 것이 다시 重役會議에서는 12만 원으로 확정되었
　　다는 것을 日紙는 보도한다. 此等功勞金은 적립금 중에서 지출되는 자일 뿐
　　아니라 資本閥인 은행의 기초공고를 위한 적립금인즉 하등 관계가 없는 者이
　　지만은 조선의 사실상 중앙은행인 식산은행의 기초 여하는 직접 이 경제하에
　　생활을 영위하는 자에게 전연 무관하다고 볼 수 없다. 더욱이나 조선의 富가
　　每每 기괴한 탈을 쓰고 현해탄을 건너가는 것을 볼 때 또 우리는 생명연장을
　　위하여 粒粒辛苦하는 현상인데 10만 이상의 財가 한 사람의 소유에 臨케 됨
　　을 볼 때 말은 자연하게 된다"[『現代評論』 第4號, 1927. 5, 「十二萬圓의 退職
　　功勞金」(黃敏湖 編, 『日帝下雜誌拔萃 植民地時代資料叢書』 第6卷, 237~238
　　쪽에 수록)].

<표 1 - 4> 조선식산은행 주주총회(1918~1926)에서 조선인 주주의 발언내용

총회개최 연월	발언자	안건	발언 내용
1918. 10. (창립총회)	趙鎭泰	檢查役選定	檢查役은 櫻井少一, 李根湘 兩氏를 선정할 것을 희망합니다.
1919. 2. (1회)	金應龍	營業報告	손익계산서 중 舊農工銀行으로부터 繼承損失金은 무엇을 말하는 것입니까.
	金漢奎	利益配當	今期는 정부에서 39,887엔을 보조하여 겨우 7% 배당됩니다만, 지출을 보면 창립비 5만 엔·所有物銷却損 8,800엔·滯貸銷却 1,400엔을 합하여 6만 엔쯤 되기 때문에 정부보조금을 넣지 않아도 繰越金이 2만 엔은 됩니다. 창립 후 짧은 月數에 이만한 성적을 올려 준 은행장을 비롯한 重役에 대해 감사해마지 않는 바입니다. 本員은 원안에 찬성합니다.
1920. 2. (3회)	〃	重役遺族 弔慰金	금액에 대해서는 은행장에 일임합시다.
1920. 6. (임시)	〃	新株募集	新株를 모집할 때 未拂주식에 대하여 중역 여러분들이 인수했다는 것으로 보고되었는데, 이런 불경기에 시가에 비해 높은 값으로 중역 여러분이 인수했다는 것은 참으로 애석하다고 생각합니다.
1921. 2. (5회)	李柄學	利益配當	役員의 賞與에 대해서는 주주들로부터 지나치게 많다고 하는 말도 있고 또 원안을 승인한다는 말도 있는 것 같습니다만, 상여금이 많아지는 것은 결국 그만큼 이익금이 많았기 때문이며 이익금이 많아지면 상여금도 많이 주게 되므로, 어떻든 금후는 이익도 많이 내어 중역의 상여에도 불구하고 주주에게도 增配해주시도록 진력해주실 것을 희망합니다. 나는 원안에 의의가 없습니다.
1921. 8. (6회)	〃	利益配當	今期는 이미 결정되었으나 來期부터라도 될 수 있는대로 손실을 적게 하고 이익을 조금이라도 많도록 해달라는 희망을 가지고 있는 바입니다. 손실금이 적게 되면 자연 주주에게 배당되는 배당금도 많아질 것이라고 생각합니다.
	金泳澤	理事增員	이사를 증원하는 것이 좋으냐 나쁘냐는 결정되어있지 않습니까.
1922. 2. (7회)	李柄學	營業報告	부채란에 '諸借入金及콜머니'라는 것이 있습니다만, 이것은 어떤 것입니까.
1922. 8. (8회)	玄基奉	重役改選	식산은행은 정부 일을 하는 것이 아니고 주식회사이므로 지금까지 농공은행시대부터 중역을 했던 사람들이 상당히 많은 것 같습니다만, 그런 사람들은 은행에 관한 경험도 있고 상당 이력도 있는 사람들이기 때문에 이번 改選에서는 그러한 사람들을 될 수 있는대로 선거해주었으면 하는 희망을 본인은 가지고 있습니다.

1923. 8. (10회)	趙鎭泰	重役退任	中村 씨는 당행 창립 이래 이사로서 취임하여 많이 진력해주셔서 현재의 당행을 이루게 한 것은 참으로 감사해마지 않습니다. 이번 滿洲銀行으로 나가시게 된 것은 榮轉이시지만, 우리 주주로서는 식산은행을 위해서 매우 섭섭하게 생각하는 바입니다. 이것으로 인사를 드립니다.
1924. 2. (11회)	李柄學	利益配當	이의 없습니다.
1924. 4. (임시)	〃	銀行令改正	질문 없습니다.
1924. 8. (12회)	〃	利益配當	이의 없습니다.

출전 : 朝鮮殖産銀行, 『株主總會議事速記錄』(1918~1926).

담역'으로 물러나야 했다. '상담역'은 일종의 자문기구로서 농공은행의 중역들이 "각 지방의 자산, 명망있는 조선인"이므로 이들을 통해 조선인들 사이에 은행의 신망을 높이고 은행과 조선인 실업계의 연락을 꾀한다는 취지에서 만들어졌다.[59] 그러나 1919년 제1회 상담역 회의 때부터 조선인 '상담역'들은 "상담역은 이름뿐이고 아무것도 하는 일이 없다"는 불만을 토로했다. 이후 '상담역'이 은행경영에 조선인의 입장을 얼마만큼 반영시킬 수 있었는지 미지수이다. 다만 1918년 10월 조선식산은행 설립 당시 총 38명이었던 '상담역'이 사망이나 의원해직(依願解職)으로 1937년 말 17명으로 줄어들었으며, 결원이 발생할 때 충원하지 않았다는 점에 비추어볼 때 제대로 기능하지 못했던 것 같다. '상담역'은 농공은행이 조선식산은행으로 강제합병되는 과정에서 조선인 중역들의 불만을 무마하기 위한 임시방편의 측면이 강했다.

일제시기 조선식산은행의 중역이 된 조선인은 단 3명이었다. 1918년 10월부터 1930년 9월까지 이사였던 박영효(朴泳孝), 1918년 10월부터 1920년 1월까지 감사였던 이근상(李根湘), 그 뒤를 이어 1930년 9월까지 감사였던 윤덕영(尹德榮)이 전부였다. 이들은 자본가나 전문경영인이

---

59) 『十年志』, 52쪽 ; 中島司 編, 앞의 책, 236쪽.

<표 1 - 5> 조선식산은행원의 민족별 구성 (단위 : 名, %)

(1918년 10월 1일 현재)						
		본부		지점		합계	
		조선인	일본인	조선인	일본인	조선인	일본인
사무진	사사	-	5	-	31	-	36
	선임서기	-	7	-	18	-	25
	서기	5	24	52	125	57	149
	서기보	4	4	87	24	91	28
	견습	-	3	7	9	7	12
	소계	9(17.3%)	43(82.7%)	146(41.4%)	207(58.6%)	155(38.3%)	250(61.7%)
		52		353		405	
기술진	기사	-	1	-	1	-	2
	기수	-	-	-	3	-	3
합 계		9(17.0%)	44(83.0%)	146(40.9%)	211(59.1%)	155(37.8%)	255(62.2%)
		53		357		410	
(은행원 중 조선인 비중)						
연월	행원	간부	연월	정행원	간부	
1920년 12월	35%	1.7%(3.5%)	1931년 12월	34%	13.8%(14.5%)	
1923년 12월	36%	?	1934년 12월	32%	?	
1925년 12월	34%	8.6%(12.9%)	1939년 12월	37%	18.2%	
1928년 12월	33%	?	1941년 5월	39%	10.0%(18.4%)	
1930년 12월	32%	8.0%(10.4%)	1943년 10월	43%	7.9%(19.0%)	

출전 : Karl Moskowitz, *The Employees of Japanese Banks in Colonial Korea*, Harvard University Ph.D.Thesis, 1979(殖銀行友會 譯, 『植民地 朝鮮における日本の銀行の從業員達』, 1986), 29, 45, 124~125쪽.

비고 : '은행원 중 조선인 비중'에서 '행원'의 수치는 전체 은행원 중 조선인의 비중이다. '간부'의 수치는 전체 간부 중 확인된 조선인의 비중이다. 괄호한 수치는 미확인된 간부를 전부 조선인이라고 가정한 수치이다. 간부는 本店部長과 代理, 支店長과 代理, 檢查役, 鑑定役, 調査役, 出納役을 말한다.

아니라 일본천황에게 작위를 수여받은 귀족이었다. 조선인 중역은 상징적 존재였을 뿐이며, 그나마 1931년 이후 조선인은 중역으로 선임되지 않았다.

중역보다 낮은 지위의 은행원을 민족별로 살펴보면 <표 1 - 5>와 같다. 1918년 10월 은행창립 당시 전체 은행원 중 조선인은 37.8%였으며, 선임서기 이상의 간부직에는 조선인이 한 명도 없었다. 이후에도 은행원에서 조선인이 차지하는 비중은 35% 전후였으며, 전시기(戰時期) 인력난에 따라 그 비중이 약간 상승할 뿐이다. 은행간부의 조선인 비중은 상승추세였으나, 은행원 중 조선인 비중에 비해 훨씬 낮은 10% 전후였다. 조선인은 대부분 평행원이었으며, 간부직으로 상승하는 경우는 적었다고 할 수 있다.

간부직으로 상승한 조선인이라도 본점의 부장, 1·2류 지점의 지점장은 될 수 없었다.[60] 조선인은 경영의 핵심적 지위에 오르지 못했으며, 일제 패망 후에도 은행의 핵심업무에 대해 일본인에게 과외학습을 받아야 했다. 즉 장기산업대부에 필요한 자금을 조달하는 증권업무와 은행의 기본적 핵심사항인 심사 및 감정업무는 조선인 전문가가 없어 기존 일본인 책임자에게 교육을 받았다.[61] 해방이란 상황이 아니라면 조선인은 이러한 업무에 접근하기 어려웠을 것이다.

농공은행 설립과정을 보면 행정력에 의지한 상명하달식 주식할당이 강행될 정도로 조선인의 참여가 저조했다. 그러나 지역과 계층에 따라서는 조선인이 적극적으로 호응했으며, 이 경우 농공은행 설립을 통해 통감부·재정고문부의 조선인 포섭과 자산가를 중심으로 한 조선인 상층의 경제적 욕구가 결합되었다고 할 수 있다.

1906년부터 "농공업의 개량 발달"을 목적으로 전국 주요 지역에 설립된 농공은행은 주주와 중역이 모두 조선인으로 구성된 은행이었다. 그러나 은행의 경영권은 밖으로 탁지부 일본인 관리의 통제를 받았고, 안으로는 지배인을 비롯한 일본인 간부에게 장악되었다. 일제는 조선인 자산가를 은행의 주주나 중역으로 포섭함으로써 식민지 금융기구의 기반을 확보했던 반면, 포섭된 조선인 상층은 경영주체가 아니라 자금을 융통받을 수 있는 단순이용자에 머물러야 했다.

1918년 농공은행을 강제합병하여 조선식산은행이 설립되었는데, 그 과정에서 조선인 주주나 중역의 권리와 의견은 무시되었다. 조선식산

---

60) Karl Moskowitz, 앞의 논문, 114~130쪽.
61) 위의 논문, 191, 195~196쪽.

은행은 "자금의 충실"을 위해 일본에서 주식을 모집함에 따라 일본인 주주의 비중이 조선인의 비중을 압도했다. 각 농공은행의 조선인 중역들은 모두 물러났으며, 새로 선임된 소수의 조선인 중역도 상징적 존재에 불과했다. 그나마 1931년 이후에는 조선인에게 중역 자리가 주어지지 않았다. 또한 조선인 은행원은 경영의 핵심적 지위에 오르지 못했다. 농공은행이 외형상이나마 조선인 은행이었다면, 조선식산은행은 외형상으로도 일본인 은행이 되었다.

제3장 보통은행업무 겸업과 조선인 보통은행

1. 식민지 특수은행의 겸업은행화와 은행사적 의미

1) 일본 특수은행의 분업과 식민지 특수은행의 겸업

일본이 조선의 금융을 장악하고 식민지적 재편을 꾀할 수 있었던 것은 대한제국이 '보호국'으로 전락한 1905년 이후였다. 금융의 식민지적 재편은 두 가지 방향에서 이루어졌다. 하나는 식민지배를 금융면에서 뒷받침하기 위한 특수금융기관을 설립하는 것으로 농공은행(1906), 동양척식주식회사(1909), 한국은행(1909)이 잇달아 세워졌으며, 1907년부터 전국 각지에 지방금융조합이 설립되기 시작했다. 또 하나는 「은행조례(銀行條例)」(1906. 3. 勅令 제12호) 등을 제정 공포하여 보통은행을 통제하기 위한 제도적 틀을 마련한 것이었다. 은행을 중심으로 볼 때 이미 1910년 '합방' 이전에 특수은행과 보통은행 체제가 형성되었다. '합방' 이후 한국은행이 조선은행으로 변경되고 농공은행이 조선식산은행으로 개편되는 변화가 있었으나, 기본골격은 식민지 지배가 종식되는 1945년까지 유지되었다.

일제시기 은행사는 특수은행과 보통은행의 상호 경쟁과 보완, 전자의 비대화(肥大化)와 후자의 상대적 정체로 특징지을 수 있다. 보통은행이 정체했던 원인으로 기존 연구에서는 농업이나 공업의 식민지적 구조,[1] 특수은행의 성장과 조선총독부의 강권적인 은행합병정책[2] 등이

---

1) 堀和生, 「朝鮮における普通銀行の成立と展開」, 『社會經濟史學』 49-1(社會經濟史學會 編), 1983. 4. 堀和生은 보통은행의 경우 농업에서 조선식산은행이나 금융조합 같은 조선총독부의 정책금융기관에 압도되었다. 공업에서 대기업의

지적되었다. 그런데 이러한 견해는 본래 보통은행의 영업기반이 상업이라는 점에서, 또 특수은행의 성장이 곧바로 보통은행의 정체로 귀결되는 것은 아니라는 점에서 좀더 보완되어야 할 것이다.

특수은행과 보통은행 사이의 문제의 핵심은 특수은행의 보통은행업무 겸업이었다. 특수은행이 보통은행업무를 겸업함으로써 보통은행의 주요 영업기반인 상업금융을 침해했으며, 이를 매개로 특수은행의 성장과 보통은행의 정체라는 분화가 일어났던 것이다.

이 장에서는 우선 일본 특수은행과 비교하여 식민지 특수은행의 겸업이 갖는 은행사적 의미를 살펴보겠다. 또한 조선 최초의 특수은행이었던 농공은행·조선식산은행을 중심으로 식민지 특수은행의 겸업과 보통은행의 관계를 검토하겠다. 특히 특수은행의 겸업을 둘러싼 제반 논의에 주목하겠다. 다른 특수은행이나 금융조합도 겸업했고 그것이 보통은행에 끼친 영향이 적었던 것은 아니다. 다만 일본이 조선경제를 식민지적으로 재편하는 1905년 이후부터 전체 은행사 속에서 겸업문제를 조망하기 위해 농공은행·조선식산은행을 중심으로 다루었다. 겸업에 관한 제반 논의를 통해서는 은행제도 및 기구를 둘러싼 총독부, 특수은행, 보통은행, 조선인 자산가층의 이해관계를 파악할 수 있을 것이다.

일제시기 은행은 법적 근거에 따라 두 계통으로 나누어볼 수 있다. 하나는 「은행조례」와 「은행령(銀行令)」(1912. 10. 制令 제5호)의 규정을 받는 보통은행이며, 다른 하나는 특별법에 의해 설립되고 규정받는 특

대부분이 일본 본사나 대도시의 은행과 자금관계를 맺었기 때문에 그 영업기반을 상업에 국한시킬 수밖에 없었다고 한다. 따라서 보통은행은 자금운용상 안정되고 유리한 투자처인 지주나 대기업과 거래할 수 없었으며, 자금조달상 그들의 유휴자본을 흡수할 수 없었다는 것이다. 또한 농촌의 높은 경지이윤율도 보통은행의 자금조달을 어렵게 만들었던 요인이라고 지적했다.

2) 裵永穆, 「植民地 朝鮮의 通貨金融에 관한 硏究」, 서울대 경제학과 박사학위 논문, 1990의 제3, 4, 5장.

수은행이다. 한성은행(1897. 설립, 이하 같음), 대한천일은행(1899)·조선
상업은행(1911), 한일은행(1906) 같은 은행이 보통은행에 속하며, 한국
은행·조선은행이나 농공은행·조선식산은행은 각각 「한국은행조례
(韓國銀行條例)」(1909. 7. 法律 제22호)·「조선은행법(朝鮮銀行法)」(1911. 3.
法律 제48호)과 「농공은행조례(農工銀行條例)」(1906. 3. 勅令 제13호)·「조
선식산은행령(朝鮮殖産銀行令)」(1918. 6. 制令 제7호)에 의해 설립된 특수
은행이었다.

특별법에 의해 특수은행을 세워 일정한 부문의 자금조달과 운용을
담당케 하는 것은 일본 금융제도의 한 특색이다. 일본에서는 주로 상업
자금을 융통하는 보통은행이 성장하는 가운데, 산업의 발달에 따라 보
통은행이 맡기 어려운 무역·농업·공업 같은 부문에 자금을 원활히
조달하기 위해 1900년을 전후로 여러 특수은행이 설립되었다. 무역금
융기관인 요코하마쇼우킨은행(橫濱正金銀行, 1880), 중앙은행인 일본은
행(日本銀行, 1882), 농업 및 부동산 금융기관인 일본권업은행(日本勸業
銀行, 1897)·농공은행(農工銀行, 1897)·북해도척식은행(北海道拓殖銀行,
1900), 공업 및 동산담보금융기관인 일본흥업은행(日本興業銀行, 1902)
등이 그것이다.

일본의 특수은행 설립은 후발국으로서 자본주의를 조속히 이식·발
달시켜야 하나, 이를 수행하기에는 민간자본이 취약하다는 현실여건에
서 나온 조치였다. 국가의 보호와 감독 아래 특수은행을 세워 민간자본
이 담당하기 어려운 부문을 금융적으로 지원하여 전체적으로 일본 자
본주의의 발전을 꾀했던 것이다.[3]

---

3) 石濱知行, 『特殊金融機關史論』, 育生社, 1937, 4~5쪽 ; 大藏省昭和財政史編
集室 編, 『昭和財政史 第十二卷－大藏省預金部·政府出資』, 東洋經濟新報社,
1962(이하 『昭和財政史 第十二卷』으로 줄임), 588~591쪽. 石濱知行은 특수금
융기관과 국가의 결합관계를 ① 특별법에 의해 설립, ② 법률에 의한 특별보호
(출자, 보조 및 태환권 발행이나 채권발행 등과 같은 특권 부여), ③ 전문업무
에 대한 법규정 이외의 보호, ④ 국가의 감독권, 통제권 보유 등으로 파악하고

특수은행 설립을 이론적으로 뒷받침한 것은 마쓰가타(松方正義)의 '은행분업론'이었다. 대장대신을 역임했으며 일본재정·금융제도의 창시자로 불리는 마쓰가타는 영국·프랑스·독일의 은행제도를 참조하여 일본 나름의 '은행분업론'을 제창하고, 그에 입각하여 특수은행을 세워나갔다.[4] '은행분업론'에 따르면 크게 ① 단기 상업금융기관, ② 장기 산업금융기관, ③ 대중적 저축기관으로 은행체계를 3분하고, 다시 장기 산업금융기관은 농업·부동산금융기관과 공업·동산(유가증권)금융기관으로 나누었다.[5] 이에 따라 일본은행은 단기 상업금융기관인 보통은행의 중앙기관으로 자리잡아갔고, 장기 산업금융기관으로는 위에 열거된 특수은행이 설립되었다. 또한 「저축은행조례(貯蓄銀行條例)」(1890. 8. 法律 제73호, 1893. 7. 시행)의 실시로 대중적 저축기관인 저축은행의 법적 토대가 정비되었다. 이로써 1900년대 초 일본 내 은행분업체계는 일단락되었다.

한편 일본은 청일·러일전쟁으로 확장된 식민지를 지배·경영하기 위해 대만에 대만은행(臺灣銀行, 1899), 조선에 농공은행, 한국은행·조선은행 같은 특수은행을 세웠다. 식민지의 특수은행은 특별법에 의해 설립되었다는 점에서 일본 내의 특수은행과 동일하지만, 그 업무내용은 '은행분업론'에 입각한 것이 아니었다. 대만은행은 화폐발행권을 갖는 중앙은행이면서 "상공업 및 공공사업에 자금을 융통하여 대만의 부원(富源)을 개발"한다는 종합적 목적하에 보통은행 및 산업금융기관의 업무도 담당했으며, 나아가 일본과 남중국(南中國) 및 남양(南洋)을 연결하는 국제금융업무도 취급했다.[6] 조선은행도 화폐발행권을 갖는 중앙은행이면서 보통은행업무를 취급했다.[7]

있다(石濱知行, 같은 책, 6~11쪽).

4) 加藤俊彦 編, 『日本金融論の史的研究』, 東京大學出版會, 1983, 3쪽.

5) 後藤新一, 『日本の金融統計』, 東洋經濟新報社, 1970, 205~206쪽.

6) 臺灣銀行史編纂室, 『臺灣銀行史』, 日本貿易信用株式會社, 1964, 7~15쪽 ; 『昭和財政史 第十二卷』, 530~540쪽.

<표 1-6> 일본 특수은행과 농공은행·조선식산은행의 주요 업무 비교

		일 본		조 선	
		일본권업은행	농공은행	북해도척식은행	농공은행·조선식산은행
자금조달	채권발행	- 납입자본금의 10배 * 1920년 15배	- 납입자본금의 5배 * 1920년 10배 * 1931년 15배	- 납입자본금의 5배 * 1920년 10배 * 1931년 15배	- 납입자본금의 5배 * 1918년 10배 * 1924년 15배
	예금	- 예금 不認定 * 1910년 납입자본금 이내 * 1941년 납입자본금+적립금 이내 * 1945년 제한철폐	- 정기예금 인정 * 1910년 기타 예금 인정 납입자본금 이내 * 1941년 납입자본금+적립금 이내	- 예금(당좌·특별당좌·정기예금 등) 인정	- 예금(당좌·특별당좌·정기예금 등) 인정
자금운용	장기금융	연부(年賦) 50년, 정기(定期) 5년 이내	- 연부 30년, 정기 5년 이내 * 1920년 연부 50년 이내	- 연부 30년, 정기 5년 이내 * 1920년 연부 50년 이내	- 연부, 정기대부 * 1914년 연부 20년, 정기 5년 이내 * 1918년 연부 30년 이내 * 1924년 연부 50년 이내
	단기금융	- 단기금융 불인정 * 1910년 제한적 인정 * 1945년 제한철폐	- 단기금융 불인정 * 1910년 제한적 인정	- 단기금융 인정. 액수 제한 * 1939년 제한철폐	- 단기금융 인정

* 後藤新一, 『日本の金融統計』, 東洋經濟新報社, 1970, 216~233쪽 ; 朝鮮殖産銀行, 『朝鮮殖産銀行十年志』, 1928, 附錄 8~44쪽.
* '-'은 설립 당시의 규정이며, ' * '은 설립 이후 개정상황임.

　　구체적으로 조선 최초의 특수은행인 농공은행·조선식산은행과 일본 내 특수은행 중 비슷한 역할을 했던 일본권업은행·농공은행·북해도척식은행을 비교해보자. 일본의 일본권업은행·농공은행이나 조선의 농공은행은 "농공업의 개량 발달"을 위한 금융기관으로 출발했으며 북해도척식은행은 농공은행에 준하는 북해도지역의 은행으로 "북해도

---

7) 朝鮮銀行史研究會 編, 『朝鮮銀行史』, 東洋經濟新聞社, 1987(이하 『朝鮮銀行史』로 줄임), 4쪽 ; 『昭和財政史 第十二卷』, 565~568쪽.
8) 1920년 「農工銀行法」 개정에 의해 정기예금 외에 공금예금도 제한없이 취급할 수 있게 되었다[大藏省 編纂, 『明治大正財政史 第十五卷－銀行(中)』, 財政經濟學會, 1938(이하 『明治大正財政史 第十五卷』으로 줄임), 920~921쪽].

의 척식사업"을 위해 설립되었다.

이 은행들에게는 보통은행과 달리 위와 같은 특수임무를 수행할 자금을 조달할 수 있도록 채권발행의 특권이 주어졌다. <표 1-6>을 보면 모두 설립 당시 납입자본금의 5배에서 10배에 이르는 채권을 발행했다. 1931년경이면 납입자본금의 15배에 달하는 채권발행의 특권을 가졌다. 이렇게 조달된 자금을 바탕으로 5년에서 50년에 이르는 연부대부(年賦貸付)·정기대부(定期貸付) 같은 장기대부를 할 수 있었다.

일본 내 특수은행의 예금업무에는 제한이 가해졌다. 일본권업은행은 설립 당시 예금업무를 취급할 수 없었으며, (일본)농공은행은 정기예금만 취급할 수 있었다. 둘 다 1910년에 가서야 예금업무가 인정되었으며, 이후 확대되나 1945년 이전까지는 항상 제한이 뒤따랐다. 즉 일본권업은행은 모든 예금액이, (일본)농공은행은 정기예금 이외의 예금액[8]이 납입자본금 또는 납입자본금과 적립금의 합계를 넘어설 수 없었다.

자기자본 이상의 예금흡수를 금지한 것이다. 특수은행은 채권발행이라는 자금조달상의 특권을 가졌으므로 예금업무를 제한하여 보통은행의 주요 자금원(資金源)을 보호하려는 조치였다.[9] 비교적 '은행분업론'에 충실한 정책이라 할 수 있다.

이러한 측면은 단기금융에 대한 제한에서도 잘 드러난다. 주로 예금에서 조달된 자금으로 운용되는 단기금융은 보통은행이 주업무로 삼고 있는 영역이다. 일본권업은행 및 (일본)농공은행은 예금업무가 인정 또는 확대되는 1910년에 가서야 비로소 단기금융을 취급할 수 있었다. 그

---

8) 1920년 「農工銀行法」 개정에 의해 정기예금 외에 공금예금도 제한없이 취급할 수 있게 되었다[大藏省 編纂, 『明治大正財政史 第十五卷-銀行(中)』, 財政經濟學會, 1938(이하 『明治大正財政史 第十五卷』으로 줄임), 920~921쪽].

9) 1910년 일본농공은행에 각종 예금업무를 인정하면서도 이는 "보통은행과 같이 이로써 자금조달의 본원으로 삼으려는 것은 아니다"라고 하며, "同 은행은 농공채권발행의 특전을 가졌으므로 무제한 예금을 함은 온당치" 않다는 전제하에 제한을 가하였다(『明治大正財政史 第十五卷』, 905~906쪽).

러나 그 업무는 국채증권 또는 대장대신이 인정하는 유가증권 매입, 산
업조합 같은 특수법인에 대한 어음할인·당좌대월, 생산물담보의 어음
할인·단기대부, 10인연대 단기대부 등에 한정되었다.[10]

반면에 북해도척식은행이나 조선의 농공은행은 설립 당시부터 자금
조달이나 자금운용에서 보통은행업무가 인정되었다. 두 은행 모두 제
한없이 예금을 취급할 수 있었으며,[11] 이를 통해 조달된 자금을 단기금
융에 운용할 수 있었다. 차이가 있다면 「북해도척식은행법(北海道拓殖
銀行法)」에는 보통은행업무의 세목이 구체적으로 명시된 반면, 「농공은
행조례」 및 「조선식산은행령」에서는 총괄적으로 보통은행업무가 인정
되었다는 점이다.[12] 또한 북해도척식은행은 1939년 완전 보통은행화하

---

10) 後藤新一, 앞의 책, 223쪽 ; 『明治大正財政史 第十五卷』, 906~907쪽.

11) 북해도척식은행에는 예금액에 대한 제한규정이 없었으며, 농공은행은 1914
    년 5월 「農工銀行令」(制令 제21호) 제7조에 "정기예금 이외의 예금총액은 자
    본금총액을 초과할 수 없다"는 조항이 추가되었으나, 부칙 제45조에 "보통은
    행업무의 겸영"이 인정되어(『十年志』, 附錄 33~40쪽) 예금제한규정이 한번도
    지켜지지 않았다. 농공은행의 정기예금을 제외한 예금액은 1914년 406.9만 원,
    1915년 535.7만 원, 1916년 635.7만 원, 1917년 753.7만 원이었으며, 1914~17년
    공칭자본금은 260만 원이었다[朝鮮總督府財務局, 『朝鮮金融事項參考書(1923
    年調)』, 77, 133쪽]. 1918년 6월 「朝鮮殖産銀行令」(制令 제7호)에는 예금규제조
    항이 삭제되었다.

12) 「北海道拓殖銀行法」(1899. 3. 法律 제76호)에는 "북해도의 농산물을 담보로
    하는 대부 및 하환(荷爲替)"(제7조 4항) "예금 및 保護預"(제7조 5항)와 같이
    보통은행업무가 명시되었으며, 1905년 개정 때 제7조 4항에 '환', 제7조 6항에
    "어음(手形)의 할인"이 추가되는 식으로 보통은행업무가 확대되었다[大藏省
    編纂, 『明治大正財政史 第十六卷－銀行(下)』, 財政經濟學會, 1938(이하 『明治
    大正財政史 第十六卷』으로 줄임), 2~3, 8~9쪽]. 반면에 「농공은행조례」는 제
    16조에 '정기예금'을 인정하면서 제20조에는 "타 은행업무를 하고져 할 시는
    탁지부대신에게 신청하여 인가를 受함을 요한다"고 했다(『十年志』 附錄, 43
    쪽). 이에 따라 보통은행업무가 인가되었다. 「농공은행령」에서도 제5조에 '환
    및 하환' '어음할인' 같은 보통은행업무를 인정하는 동시에 부칙 제45조에 당
    분간 '보통은행업무의 겸영'을 계속할 수 있다고 규정했다(『十年志』 附錄, 33
    ~40쪽). 「조선식산은행령」에도 부칙 제68조에 조선총독의 지정에 의해 '보통
    은행의 업무'를 영업할 수 있도록 했다(『十年志』 附錄, 20쪽).

기 전까지 단기금융에 운용되는 금액이 장기대부 총액을 넘어서는 안 된다는 제한을 두었으나, 농공은행이나 조선식산은행에는 그러한 규정이 없었다.[13] 북해도척식은행에 비해 조선의 농공은행 및 조선식산은행이 좀더 자유롭게 보통은행업무를 겸업했던 것이다.

같은 특수은행이라 해도 설립된 곳이 일본이냐 식민지(대만, 조선) 또는 식민지에 준하는 원격지(북해도)냐에 따라 각기 다른 논리가 적용되었다. 일본 내 특수은행은 '은행분업론'에 충실하여 업무간 분업에 중점을 두었다면, 원격지 및 식민지의 특수은행은 업무간 분업보다 지역적 분업의 측면이 강하였다. 확보된 식민지 지역을 영업구역으로 하여 각종 금융업무를 담당하는 특수은행이 설치된 것이다. 업무상으로는 분업은행이 아니라 겸업은행이었다.

2) 식민지 특수은행의 겸업 논리와 그 귀결

일본 내 특수은행과 달리 식민지 특수은행이 겸업은행이 되었던 이유는 무엇인가? 일제는 해당 지역 금융기관의 미비, 특히 보통은행이 발달하지 않은 상황에 대한 대응이었다고 한다. 북해도척식은행은 "북해도의 특수 사정"이 강조되었으며, 보통은행업무를 확장할 때마다 주된 이유 중 하나는 해당 지역의 금융기관이 발달하지 않았다는 점이다.[14] 농공은행 역시 "일반 금융기관이 구비되지 않은 지방의 금융소통"을 위해 보통은행업무가 허가되었으며, 조선식산은행도 "아직 지방에 금융기관이 보급되지 않은 조선의 현상"에 비추어 보통은행업무가 계속 인정되었다.[15] 원격지 또는 식민지에 설립된 특수은행은 현지 경

---

13) 북해도척식은행의 단기대출금은 1899년 출범 당시 장기대부의 1/5 이내로 한정되었으며, 1905년 1/2 이내, 1916년 2/3 이내, 1920년 동액 이내로 점차 제한이 완화되다가 1939년 철폐되었다(後藤新一, 앞의 책, 232쪽).

14) 『明治大正財政史 第十六卷』, 1~2, 19쪽.

15) 『十年志』, 8, 19쪽. 대만의 경우 중앙은행이면서 보통은행업무를 겸영했던

제사정에 따라 일본 내에서와 같은 엄격한 분업보다 겸업이 필요하다는 것이었다.[16]

식민지 특수은행의 겸업은 현지 경제사정에 조응한 방침이었는지도 모른다. 그러나 다음 장에서 알 수 있듯이 조선의 경우 농공은행의 겸업은 내적 요인만이 아니라 외적 요인에 기인한 측면이 크다. "일반 금융기관의 미비"는 일제가 조선을 식민지화하기 위해 전개했던 '화폐·재정정리사업'에 의해 야기된 측면이 강하였다. 또 이러한 상황에서 원활한 금융소통은 조선인만이 아니라 일본인과 조선경제의 식민지적 재편을 위해서도 시급한 과제였다.

식민지 특수은행의 겸업은행화는 결과적으로 해당 지역 은행사의 궤적을 바꿔놓았다. <표 1 - 7>을 보면 분업방침이 어느 정도 지켜졌던 일본의 경우 은행의 전체 예금에서 보통은행이 차지하는 비중은 줄곧 70% 전후였으며, 특수은행은 10% 전후였다. 특수은행은 예금을 통한 자금조달에 제한을 받았기 때문이다. 반면 특수은행이 제한없이 예금을 획득할 수 있었던 조선의 경우 은행의 전체 예금에서 보통은행과 특수은행이 차지하는 비중이 1910년 각각 54.2%, 45.8%로 보통은행이

대만은행도 설립 당시 "금융기관으로서는 불만한 것이 매우 미미한 경황으로 금융소통의 길이 없었"다는 상황이 강조되었다(臺灣銀行史編纂室, 앞의 책, 8쪽). 한편 조선은행의 경우 식민지은행이 중앙은행업무 외에 보통은행업무를 수행하는 것은 통례이며 보통은행인 第一銀行의 업무를 계승했기 때문에 단기 상업금융업무가 중심이었던 것은 자연스럽다고 한다(『朝鮮銀行史』, 4쪽).

16) 각국의 식민정책을 비교한 山本美越乃도 강조점은 다르지만 식민지 은행의 겸업론을 주장했다. "식민지 경제의 사정, 특히 그 산업의 활동에서 아직 원시적 생산을 탈각하지 못한 시대에는 식민지은행도 신용대부·담보대부·부동산저당대부 등 각종 방면으로 금융의 편리를 주는 것은 극히 중요하고, 따라서 은행의 영업방침은 모국과 같이 확연한 分業主義를 채용하는 것이 어렵고 완전히 兼業主義에 의해 그 사업을 경영해야 한다. 환언하면 식민지은행의 임무는 예금·단기대부·할인·환 등의 보통은행업무 이외에 旣收 또는 未收의 농작물에 대한 대부, 부동산저당대부 등의 비교적 장기에 걸친 대부업무도 겸영해야 한다"(山本美越乃, 『改訂 植民政策研究』, 弘文堂書房, 1926, 421쪽).

<표 1-7> 일본과 조선의 은행별 예금·대출 비중 (단위 : %)

연도 말	일 본				조 선			
	예 금		대 출		예 금		대 출	
	보통은행	특수은행	보통은행	특수은행	보통은행	특수은행	보통은행	특수은행
1910	73.2	9.7	67.9	22.7	54.2	45.8	49.1	50.9
1920	61.4	19.2	64.7	17.7	44.8	55.2	31.5	68.5
1930	74.1	12.9	63.0	32.6	50.5	38.2	22.8	75.8
1940	75.9	10.4	68.7	29.7	38.9	50.0	19.9	77.7

자료 : 後藤新一, 『日本の金融統計』, 東洋經濟新報史, 1970, 86~88, 172~175, 190~193, 210, 218~219, 228~230, 236쪽 ; 大藏省理財局, 『金融事項參考書(1935年調)』, 95쪽 ; 朝鮮總督府財務局, 『朝鮮金融事項參考書(1939年調)』, 62~83쪽 ; 朝鮮銀行調査部, 『朝鮮經濟年報』(1948), Ⅲ - 74~83쪽.
비고 : 위의 수치는 저축은행을 포함한 해당지역 은행 전체의 예금 및 대출에서 차지하는 비중이다. 합계가 100%가 되지 않는 경우는 저축은행분이 빠졌기 때문이다. 일본의 특수은행에는 日本銀行, 橫濱正金銀行, 日本勸業銀行, 農工銀行, 日本興業銀行, 北海道拓殖銀行의 수치가, 조선의 특수은행에는 朝鮮銀行, 朝鮮殖産銀行의 수치가 합산된 것이다. 일본 내 특수은행의 1910년과 1940년 예금에는 日本銀行의 수치가 포함되어있지 않다. 따라서 해당 시기의 비중은 과소평가되었다.

약간 앞섰으나, 그 후 점차 특수은행의 비중이 증대되어 1940년에는 보통은행 38.9%, 특수은행 50.0%로 역전되었다. 보통은행의 주요 자금원인 예금이 특수은행의 제한없는 보통은행업무에 침식당했던 것이다.

자금운용의 대표적 형태인 대출의 비중을 보면, 일본은 보통은행이 65% 전후를 유지하며 특수은행을 항상 앞섰다. 예금에 비해 보통은행과 특수은행 간의 차이가 크지 않았던 것은 특수은행이 채권발행이나 은행권발행(일본은행)과 같이 예금 이외에 자금조달상의 특권을 갖고 있었기 때문이다. 반대로 조선에서 특수은행의 대출비중은 항상 보통은행을 능가했으며, 시간이 지날수록 그 차이가 확대되었다. 이는 채권발행, 은행권발행(조선은행)과 함께 예금도 제한없이 취급할 수 있었기 때문이다.

대출비중에서 현격한 차이를 보여도 특수은행의 대출업무가 보통은행의 영역을 침범하지 않으면 별 문제가 되지 않을 수 있다. 그러나 조

<표 1 - 8> 특수은행과 보통은행의 예금 및 상업대출 추이

기 간	예 금								상 업 대 출							
	은행합	농공식산	조선은행	저축은행	특은합	본점보은	지점보은	보은합	은행합	농공식산	조선은행	저축은행	특은합	본점보은	지점보은	보은합
증 가 율 (단위 : 배)																
1906~1917	3.3	59.7	1.8		140.1	17.6	1.1	1.7	4.5	4.9	9.8		16.3	10.1	1.3	2.2
1918~1928	3.5	5.4	2.3		3.9	4.7	2.2	3.1	2.0	4.3	0.6		1.9	3.3	1.1	2.2
1929~1936	1.8	1.9	2.4	2.6	2.2	1.7	0.9	1.4	1.9	1.8	3.6	?	2.2	1.6	1.0	1.5
1937~1945. 9	3.6	3.3	6.9	1.7	4.2	3.7	0.0	2.6	10.8	8.8	36.4	0.5	16.7	1.2	0.0	1.0
평 균 비 중 (단위 : %)																
1906~1917	100	15.7	22.1		37.8	11.0	51.8	62.2	100	21.0	28.5		49.5	13.7	37.0	50.5
1918~1928	100	33.1	16.9		49.9	29.2	20.9	50.1	100	29.7	25.2		54.8	32.8	12.4	45.2
1929~1936	100	29.1	15.8	10.9	55.8	27.1	17.2	44.3	100	40.3	19.0	?	59.3	33.9	6.8	40.7
1937~1945. 9	100	29.6	22.0	10.8	62.4	28.5	9.0	37.5	100	32.8	38.6	3.3	74.7	19.3	6.5	25.7

출전 : 朝鮮總督府財務局,『朝鮮金融事項參考書(1939年調)』, 37~48, 62~83쪽 ; 朝鮮銀行調査部,『朝鮮經濟年報』(1948), Ⅲ - 74~83쪽 ;『統監府統計年報』 1908~09년판 ;『朝鮮總督府統計年報』 1910~11년판 ; 朝鮮殖産銀行調査部,『朝鮮金融事情槪觀(1942年 下半期)』, 64, 70쪽 ;『朝興銀行百年史』, 980쪽 ;『韓國商業銀行八十年史』, 644쪽.

비고 : 1) 예금증가율 중 1906~1917년간 '조선은행'의 기준연도는 1909년이다. 상업대출증가율 중 1906~17년간의 모든 기준연도는 상업대출이 처음으로 파악되는 1908년이다.

　2) '본점보통은행'만의 상업대출액은 자료상에 나와있지 않아 다음과 같이 추정치를 구한 후 증가율 및 비중을 계산했다. '본점보통은행'의 상업대출액=(본점보통은행 총대출액)×(전체 보통은행 대출액 중 상업대출 비중). '지점보은'의 증가율 및 비중도 동일한 방식으로 구했다.

　3) 1906~17년간 및 1937~1945년 9월간의 '본점보은'과 '지점보은'의 예금 및 상업대출 비중의 합이 '보은 합'의 수치와 일치하지 않는 것은 자료상의 불일치 때문이다.

선의 경우 특수은행은 보통은행의 주업무인 단기금융을 제한없이 취급할 수 있었다. 단기금융의 주된 분야인 상업대출에서 특수은행이 차지하는 비중은 1918~1945년간 항상 보통은행의 그것을 능가했다(<표 1-8> 참조).

일본 내 특수은행도 자금조달이나 자금운용에서 보통은행업무를 겸업했으나 항상 제한이 뒤따랐으며, 상대적으로 '은행분업론'에 충실했다. 따라서 은행권발행이나 채권발행 같은 특권을 가진 특수은행은 보통은행의 영역기반을 마음대로 침범하지 못했다. 그러나 원격지 및 식민지의 특수은행은 특권을 부여받은 외에도 거의 제한없이 보통은행업무를 겸업함으로써 보통은행의 영업기반을 침식했다.17)

일본 내 특수은행의 분업과 원격지 및 식민지 특수은행의 겸업이라
는 차이는 해당 지역 은행사에 각기 다른 궤적을 남겼다. 일본의 "보통
은행의 발달→특수은행의 분화→보통은행과 특수은행의 분업·공
존"이라는 궤적과 대조적으로 식민지에서는 "보통은행 미발달→특수
은행의 이식, 보통은행업무 겸영→특수은행의 비약적 발전, 보통은행
의 정체·소멸"이라는 궤적을 보인다. 조선인 자산가들이 경영주체가
될 수 있었던 최상의 금융기구가 보통은행이었다는 점을 감안하면 그
들이 은행자본가로서 성장하는 길에는 특수은행의 겸업이라는 장벽이
가로놓여있었던 것이다.

2. 농공은행·조선식산은행의 겸업과 보통은행의 추이

1) 농공은행의 겸업과 보통은행의 영업기반 침식

조선 최초의 특수은행인 농공은행이 어떻게 겸업은행이 되었는지,
농공은행의 겸업은 조선의 보통은행에 어떠한 영향을 주었는지 살펴본
다면 특수은행의 겸업은행화가 갖는 식민지성은 좀더 명확해질 것이
다. 우선 농공은행이 겸업하게 된 배경으로 당시의 금융사정과 조선인
의 요구 및 대한제국 재정고문 메가타(目賀田種太郎)의 대응을 살펴본

---

17) 대만의 경우 전체 은행 중 특수은행(대만은행, 일본권업은행 지점, 대만저축
은행)이 예금에서 차지하는 비중은 1936년 말 50.2%, 1940년 말 48.5%이며, 보
통은행은 각각 49.8%, 51.5%이었다. 대출에서 차지하는 비중은 특수은행이
1936년 말 76.4%, 1940년 말 75.1%이며 보통은행은 각각 23.6%, 24.9%였다(臺
灣銀行史編纂室, 앞의 책, 862, 873쪽). 북해도에서는 북해도척식은행의 보통
은행업무가 확대되고 결국 1939년 그에 대한 제한이 완전 철폐됨에 따라 이
지역에서 보통은행은 소멸의 길을 걸었다. 1919년 최고 11行이었던 보통은행
은 이후 계속 감소하여 1927년 8行, 1932년 5行, 1942년 1行으로 줄었으며,
1945년에는 보통은행이 존재하지 않았다(後藤新一, 앞의 책, 73~75쪽).

다음, 농공은행의 겸업과 보통은행의 상관관계를 검토하겠다.

앞에서 보았듯이 일본이 식민지 특수은행에 보통은행업무를 겸업시키면서 통상 거론하는 이유는 해당 지역에 금융기관이 발달하지 않았다는 점이다. 농공은행도 "일반 금융기관이 구비되지 않은 지방의 금융소통"을 위해 보통은행업무를 겸업했다.[18]

그런데 당시 지방에 금융수단이 없었던 것은 아니다. 조선후기 방납(防納)에서 기원하는 외획제가 1894년 조세금납화 실시 이후 확대되어 지방의 중요한 금융관행이 되었다.[19] 외획이란 지방의 군수가 징수한 세금을 국고에 납부하기에 앞서 제3자에게 지불하도록 한 탁지부대신의 명령을 말한다. 중앙정부가 제3자에게서 돈을 빌려쓰고 군수가 그 대금을 직접 지불하는 경우나 군수가 징수한 세금을 중앙정부를 거치지 않고 직접 경비가 필요한 특정 관청에 지불하는 경우에 외획이 발생했다.

외획제는 이러한 경우 외에도 상인의 상거래와 결합되어 일종의 환(換) 기능을 담당했다. 원래 한성은 소비도시로 상거래에 따른 화폐의 흐름은 한성에서 지방으로 향했으며, 거꾸로 세금은 지방에서 한성으로 들어왔다. 이러한 상황에서 환은 성립될 수 있었으며, 이를 실현한 것이 외획제였다. 즉 한성의 상인은 군수가 상납해야 할 세금을 어음으로 국고(國庫)에 대신 내주고 지방으로 내려가 군수에게 탁지부대신에게서 받은 외획을 제시하고 대납(代納)한 금액을 지불받았다. 상인은 그 자금으로 지방의 물산을 구입하여 부근 수요지나 한성으로 운반, 판매한 후 국고에 지불한 어음을 결제했다. 외획제가 성행하자 군수가 아예 특정 상인을 조세상납 청부인[差人]으로 지정하여 징수한 세금을 대부

18) 『十年志』, 8쪽.
19) 이하 외획제에 대한 설명은 尹錫範 外, 『韓國近代金融史研究』, 延世大學校 經濟研究所, 1996, 30~31, 58~59쪽 ; 羽鳥敬彦, 『朝鮮における植民地幣制の 形成』, 未來社, 1986, 44~47쪽 ; 波形昭一, 『日本植民地金融政策史の研究』, 早稻田大學出版部, 1985, 197~198쪽 참조.

해주고, 상인은 그 자금으로 지방의 물산을 구입하여 한성으로 운반, 판매한 후 국고에 세금을 지불하는 경우도 있었다.

엽전·백동화 같은 무거운 금속화폐가 통용되던 당시에는 외획제를 통해 정부는 국고금 수송비를 줄일 수 있었으며, 상인은 물자구입자금의 수송비를 줄이고, 무엇보다 국고금을 상업자본으로 활용할 수 있었다. 조세상납 지연 등 폐단이 없었던 것은 아니지만, 근대적 화폐제도·금융기구·교통기관이 발달하지 않는 상황에서 재정운영의 한 방법으로, 또 상인들의 주요한 자금조달 방법으로 기능했던 것이다.

외획제가 성행하는 가운데 이를 근대적 금융기구로 대체하려는 시도도 있었다. 지방에 은행의 지점을 두어 국고금 수납과 금융소통을 담당케 했던 것이다. 1897년에 설립된 한성은행은 해주(海州)·전주(全州) 등 관찰부(觀察府) 소재지에, 1899년에 설립된 대한천일은행은 인천·개성과 같은 상업중심지에 지점을 설치하여 국고금 수납과 운반 역할을 담당했다.[20] 또한 국고금을 바탕으로 환업무나 대부도 했다.[21]

당시 지방에는 외획제가 나름대로 금융의 수단으로 기능했으며, 미흡하나마 이를 은행과 같은 근대 금융기구로 대체하려는 시도도 있었다. 이러한 자주적 흐름을 끊어버린 것은 다름 아닌 메가타의 '화폐·재정정리사업'이었다.[22] '화폐·재정정리사업'은 전황(錢荒)을 초래했

---

20) 朝興銀行, 『朝興銀行百年史』, 1997, 73~74쪽 ; 韓國商業銀行, 『韓國商業銀行八十年史』, 1979, 28~30쪽.

21) 大韓天一銀行의 「支店規則」(1899. 3) 第5條는 "各支店 設한 시방에 商民이 貨幣匯換하기 願하면 상당한 匯費를 受할 事"로 지점에서 환업무를 취급했음을 알 수 있다. 貨幣匯換은 환거래를, 匯費는 환수수료를 의미한다(韓國商業銀行, 『大韓天一銀行公牒存案解說』, 1960, 40쪽). 또한 한성은행의 전주와 해주지점에서는 국고금으로 대출된 자금이 제때에 회수되지 않아 문제가 발생한 것으로 보아 은행 지점에서 국고금을 자금원으로 대부했음을 알 수 있다(朝興銀行, 앞의 책, 76~77쪽).

22) 화폐·재정정리사업에 대해서는 羽島敬彦, 앞의 책 ; 田中愼一, 「韓國財政整理における徵稅制度改革について」, 『社會經濟史學』 39-4(社會經濟史學 編), 1974 참조.

고, 어음·외획제 등 금융관행을 와해시켜 조선인 상인들은 연이어 파산했다.[23] 특히 외획제가 폐지되고 국고수납업무가 일본인 은행인 제일은행의 지점·출장소로 이관됨에 따라 지방의 상인들은 심각한 자금난에 빠졌으며, 각지에서 상거래가 감소 내지 두절되었다.[24] 따라서 농공은행이 보통은행업무를 겸업하는 이유로 내세웠던 지방의 "일반금융기관의 미비"는 내적 요인도 있었지만, 외적 요인 즉 일제가 조선을 식민지화하기 위해 전개했던 '화폐·재정정리사업'으로 야기된 측면이 강했다.

'화폐·재정정리사업'으로 금융관행이 와해되자 이를 대신할 새로운 금융기관이 필요했다. 경제적 위기에 처한 조선인, 특히 상인들은 자금난을 타개할 수 있는 금융기관의 설립을 원했다. 조선인 보통은행이었던 한성은행과 대한천일은행이 '화폐·재정정리사업'으로 인한 공황에 타격을 입어 기능이 정지된 상황[25]에서 새로운 금융기관의 설립이 더욱 절실했다. '화폐·재정정리사업'을 진두지휘했던 메가타로서도 사업을 완수하고 식민지배를 연착륙시키기 위해서 새로운 금융기관이 필요했다.[26]

---

23) 尹錫範 外, 앞의 책, 82~88쪽 ; 裵永穆, 앞의 논문, 112~121쪽.

24) 외획제 폐지로 인한 지방상인의 피해는 統監府財政監査廳, 「貨物集散狀態ノ變遷ニ關スル件 其十三(春川)」, 『財務週報』 第9號, 1907. 6. 10 ; 統監府財政監査廳, 「貨物集散狀態ノ變遷ニ關スル件 其十六(木浦)」 『財務週報』 第11號, 1907. 6. 24 참조.

25) 尹錫範 外, 앞의 책, 92~99쪽.

26) 目賀田種太郎은 당시 조선인들이 요구한 구제자금에는 인색했지만 종래 금융관행을 대체하기 위해 금융기관을 정비하려 했다. 이는 1905년 11월 特派大使 伊藤博文과 度支部大臣 閔泳綺가 가진 한 회담에 잘 드러나있다. 민영기는 조속한 구제자금 방출을 요구했으나 메가타는 현재 문제는 "화폐의 부족이 아니라 금융기관이 없기 때문이다", "정부는 개인에게 보조할 수 없으며 금융기관으로 하여금 그 임무를 담당케 해야 한다"고 했다. 이에 대해 이토는 민영기가 주장하는 "今日의 救濟策"과 메가타가 주장하는 "장래의 整理論"은 별개의 문제로 연말도 다가오니 目下의 구제책에 대해서도 연구할 것을 메가타에게 지시했다「韓國金融逼迫救濟ニ關スル意見交換要領筆記」 1905. 11. 25

은행에 초점을 맞추어보면, 조선인이 원했던 금융기관은 '국립은행'
과 중앙은행이었다. 당시 종로상인이 중심이 되어 세웠던 경성상업회
의소(1905. 7. 10. 설립)가 1905년 11월 한국정부 앞으로 보낸 청원서를
보면, 은행권발행의 특권을 가지며 전국 주요지에서 국고금을 취급하
는 '국립은행' 설립을 요구하고 있다.[27] 또한 당시 신문에는 본위화(本
位貨)를 주조하고 재정을 정돈하는 것이 급무이므로 하루속히 중앙은
행을 설립해야 된다는 주장이 제기되고 있었다.[28] '국립은행'은 주로
상업자금의 원활한 조달을 위해, 중앙은행은 '국립은행'의 중앙기관으
로서 화폐·재정의 주권회복을 위해 그 설립이 강조되었던 것 같다.[29]

(市川正明 編, 『韓國倂合史料 1』, 原書房, 1978, 61~68쪽에 수록]. 이후 추이
를 보면 메가타는 자신의 '정리론', 즉 '先금융기구 정비 後구제' 방침을 관철
시켜나갔다. 高宗이 京城商業會議所에 구제자금으로 주려 했던 內帑金 30만
원을 漢城共同倉庫會社와 漢城手形組合 설립에 사용했던 것은 그 단적인 예
이다(松本重威, 『男爵目賀田種太郎』, 1938, 418~420쪽).

27) 京城商業會議所, 「韓國幣制ニ關スル請願書」, 1905(韓國經濟經營史硏究所,
『韓國經濟史文獻資料』第3輯, 1972에 수록), 64~70쪽. 경성상업회의소의 요구
사항은 총 7항이며, 이 중 '국립은행' 설립과 관계된 것은 제4항 "정부는 국립
은행법을 제정, 정부감독하에 內國債 및 正貨를 준비로 하는 은행권발행법을
제정할 것"과 제5항 "각 군 및 전국 추요지에 전항 국립은행 또는 신용있는
商士農民에게 국고금 취급을 명할 것"이다. 경성상업회의소가 같은 시기에
일본정부에 보낸 청원서에는 "국립은행"이 아니라 '은행' 설립을 요구했다(京
城商業會議所, 위의 글, 77쪽). 경성상업회의소에 대해서는 趙璣濬, 『韓國企業
家史』, 博英社, 1973, 234~238쪽 참조.

28) 『皇城新聞』 1906년 3월 31일자, 「農工銀行及貨幣整理問題」. "……現今 貨幣
之整理가 未完하야 財政之困難이 莫甚하고 只有補助貨而未嘗有本位貨各色
하야 通行日本之貨幣하니 豈不寒心哉아 旣是借入如此之鉅款인데 何必農工
銀行之爲急哉아 宜以此資金으로 先立中央銀行 鑄造本位貨하야 整頓財政이
卽正當必要之急務也니……."

29) 조선인들의 '국립은행'과 중앙은행 설립 요구는 일본의 금융제도를 참조한
것으로 보인다. 「國立銀行條例」(1872. 11. 太政官布告 제349호)에 의해 설립되
기 시작한 일본의 '國立銀行'은 國營銀行이 아니라 민간은행으로 은행권을
발행했으며, 국고금도 취급했다. 1879년까지 153개 '국립은행'이 설립되었으며
보통은행업무를 "營業의 本務"로 하면서 주로 상업금융에 치중했다. '국립은
행'에 분산된 은행권발행이 1882년 중앙은행으로 설립된 日本銀行에 집중되

이미 제일은행의 중앙은행화로 은행권발행을 탈점한 상황에서 메가타가 조선인에게 은행권발행 권한을 내줄 리 없었다. 대신 그는 「은행조례」(1906. 3. 勅令 제12호)를 공포하여 은행업 규제의 틀을 마련한 다음, 자금지원과 일본인 파견을 통해 통제의 길을 닦고서 한성은행과 대한천일은행의 업무를 재개시켰다. 아울러 경성상업회의소 상인들이 중심이 되어 추진했던 한일은행의 설립도 인가했다.

그러나 이러한 보통은행들의 업무범위는 당시로서는 한성과 그 주변지역에 국한되었고, 지방의 금융은 여전히 공백이었다. 이러한 상황에서 메가타는 「농공은행조례」(1906. 3. 勅令 제13호)에 의해 전국 주요지에 농공은행을 설립하려고 했다. 당시 조선인들은 중앙은행이나 상업금융기관이 설립되지 않은 상황에서 농공은행은 시기상조이며,[30] 특히 전국적 "금융조화 방책"이 시급한데 농공업에만 자금이 융통된다는 점을 비판했다.

　　…… 현금 아국(我國)의 상태가 여하한가. 도시 지방을 물론하고 일개 정비한 금융기관이 무할 뿐 외에 또 작년 이래로 백동화 교환 및 국고금 처리법이 대변혁함으로부터 전국 일반경제계에 대공황이 야기하되 그 구제의 방법은 일개라도 완전히 시설한바 무하야 일일월월(日日月月)히 통화는 유익긴축(愈益緊縮)하고 금융의 현상은 상금(尙今) 핍박한 경(頃)에

_____

자 '국립은행'은 보통은행으로 전환되었다(後藤新一, 앞의 책, 39~51쪽 ; 金仁埈, 「金融制度의 發展과 産業金融」, 『日本經濟의 近代化』(安秉直·鄭英一 編), 서울대 경제연구소, 1990, 248~252쪽). 1890년대 말과 1900년대 초에 계획되거나 실제 설립되었던 조선의 보통은행은 대부분 일본의 '국립은행'을 모방하여 은행권발행의 특권을 가지려고 했다(韓百興, 『舊韓末 民族銀行生成史研究』, 시나리오알타, 1996, 47~52쪽). 당시 신문에서는 일본의 '국립은행' 및 日本銀行 설립을 재정정리·전국적 금융조화·경제발달의 원인으로 파악했고, 조선에도 상공업 기관은행으로서 '국립은행'과 화폐·재정주권을 확보할 중앙은행의 설립이 시급하다고 보았다(『皇城新聞』 1906년 5월 7일자, 「賀韓一銀行設立」 ; 『皇城新聞』 1906년 6월 22일자, 「賀國內銀行之設立」).

30) 『皇城新聞』 1906년 3월 31일자, 「農工銀行及貨幣整理問題」 ; 『皇城新聞』 1906년 5월 7일자, 「賀韓一銀行設立」.

재(在)하거늘 유독 그 농공업의 개량 발달에만 방자(放資)하난 금융기관을 설립하면 단 실업권장의 주지(主旨)에 대하야난 심히 필요하려니와 전국 금융의 조화방책에 향하야난 오인(吾人)이 실로 차에 유감을 불감(不堪)하는 바라.……31)

메가타에게도 방법은 있었다. 바로 농공은행에 보통은행업무를 겸업시키는 것이었다. 「농공은행조례」 제20조에는 "타 은행업무를 하고져 할 시는 탁지부대신에게 신청하여 인가"를 받을 수 있다고 했으며,32) 최초의 농공은행인 한성농공은행은 1906년 6월 말 보통은행업무를 신청했다.33) 그 이전에 이미 "제(諸)예금, 대부금 및 당좌대월, 어음의 할인, 환, 하환(荷換), 공채·사채의 응모, 대금추심(代金推尋) 또는 인수(引受), 어음 및 제(諸)증권의 보증" 같은 보통은행업무를 취급한다고 광고했다.34) 한성농공은행 이후 설립된 농공은행도 모두 보통은행업무를 취급했다.

'화폐·재정정리사업'으로 인해 금융관행이 무너진 상황에서 지방의 금융경색을 해소하기 위한 조치가 필요했다. 조선인은 '국립은행' 설립을 요구했으나, 메가타는 농공은행에 보통은행업무를 겸업시키는 차원에서 이 문제를 마무리지었다. 외형상 농공은행이 겸업을 통해 '국립은행'의 역할을 담당하면 전국적 "금융조화"를 꾀할 수 있으므로 외획제 폐지로 자금난을 겪던 조선인(상인)들의 요구도 일정정도 수용된 듯이 보인다.

그러나 조선인들이 요구했던 '국립은행' 설립과 농공은행의 보통은행업무 겸업은 차이가 있었다. 업무를 재개하거나 새로 설립된 조선인 보통은행에는 조선인 상인이 요구했던 '국립은행'과 달리 은행권발행

---

31) 『皇城新聞』 1906년 5월 2일자, 「再論農工銀行設立問題」.
32) 『十年志』, 附錄 43쪽.
33) 『皇城新聞』 1906년 6월 30일자, 「銀行長申請」.
34) 『皇城新聞』 1906년 6월 2일자, 「開業廣告」.

이나 국고금 취급 같은 특권이 부여되지 않았다. 그만큼 허약한 기반 위에서 출발해야 했다. 이러한 상황에서 정부의 보조를 받는 농공은행의 보통은행업무 겸업은 보통은행의 영업기반을 침식하여 보통은행 발전에 질곡이 될 가능성이 높았다.

농공은행의 겸업이 갖는 위와 같은 문제점이 어떻게 발현되는지 그 실태를 통해 살펴보자. 조선의 은행은 특수은행과 보통은행으로 나눌 수 있으며, 보통은행은 다시 지점보통은행과 본점보통은행으로 나눌 수 있다. 지점보통은행은 일본에 본점을 둔 은행으로 개항 이후 조선에 진출했던 제일은행, 십팔은행, 오십팔은행이 이에 해당된다. 지점보통은행은 농공은행이 설립되었던 1906년에 이미 다년간의 영업을 통해 개항장과 주요 도시에 기반을 닦아놓은 상태였다. 본점보통은행은 조선에 본점을 둔 은행으로 기존의 한성은행, 대한천일은행이 있었고, 1906년 한일은행이 가세했다. 이후 재조선 일본인도 본점보통은행을 경영했으므로 본점보통은행의 동향이 조선인 은행의 동향과 일치하는 것은 아니지만 조선인 은행의 상태를 일정정도 대변한다고 볼 수 있다.

우선 자금조달 측면에서 보통은행업무와 관련하여 중요한 것은 예금이다. <표 1‐8>을 통해 1906년에서 1917년까지의 예금추이를 보면, 각 은행의 예금증가율은 농공은행(59.7배) 〉 본점보통은행(17.6배) 〉 조선은행(1.8배) 〉 지점보통은행(1.1배) 순이었다. 특수은행 전체는 140.1배 증가하여 보통은행 전체(1.7배)를 압도하고 있다. 이 기간 각 은행의 평균 비중(예금점유율)을 보면 지점보통은행(51.8%) 〉 조선은행(22.1%) 〉 농공은행(15.7%) 〉 본점보통은행(11.0%) 순이었다. 특수은행 전체가 37.8%를 차지했으며 보통은행 전체는 62.2%였다.

자금운용 측면에서 보통은행업무와 관련하여 중요한 것은 상업대출이다. 상업대출은 보통은행의 주요 업무로서 일제시기 보통은행의 대출액 중 80% 전후를 차지했다. 1908년에서 1917년간 각 은행의 상업대출 증가율은 본점보통은행(10.1배) 〉 조선은행(9.8배) 〉 농공은행(4.9배) 〉 지점보통은행(1.3배) 순이었다. 특수은행 전체는 16.3배나 증가한 반면, 보통은행 전체는 2.2배 증가에 그쳤다. 이 기간 각 은행의 상업대출 평균 비중은 지점보통은행(37.0%) 〉 조선은행(28.5%) 〉 농공은행(21.0%) 〉 본점보통은행(13.7%) 순이었다. 특수은행 전체는 49.5%로 보통은행 전체(50.5%)에 근접했다.

일찍부터 기반을 닦았던 지점보통은행은 예금과 상업대출에서 모두 증가율이 가장 낮았으나, 점유율은 가장 높아 초기의 우세를 계속 유지했다. 본점보통은행은 양자 모두 비교적 높은 증가율을 기록했으나, 점유율은 가장 낮아 초기의 열세를 극복하지 못하였다. 반면 농공은행과 조선은행은 예금과 상업대출에서 높은 증가율을 바탕으로 본점보통은행의 점유율을 능가하여 지점보통은행의 다음 자리를 차지했다.

이미 1910년대에 보통은행의 가장 중요한 자금원인 예금이나 주요 영업분야인 상업대출에서 특수은행의 침식이 가시화되었다고 할 수 있다. 절대액으로 봐도 예금에서 농공은행은 1908년 이후 항상 보통은행을 앞섰으며, 상업대출에서도 1917년을 제외하면 이 기간 내내 본점보통은행보다 많았다. 농공은행의 겸업은 보통은행에게는 영업기반의 침식을 의미하는 것이었지만, 농공은행에게는 상당한 이익을 가져다주었으며 그 존립기반이 되었다.[35]

이 시기 농공은행과 보통은행의 관계에서 또 하나 주목할 점은 농공은행의 지점망 확대이다. 조선식산은행으로 재편되기 직전인 1918년 6월 말 여섯 농공은행은 41곳에 지점과 출장소를 설치하여 본점을 포함하여 총 47개소의 점포를 개설했다. <표 1 - 9>를 보면 당시 조선의 은행 총점포수는 112개소인데, 이 중 농공은행의 점포가 40% 이상을 차지했다. 보통은행의 점포는 52개이며, 이 중 본점보통은행의 점포는 38

---

35) 三島太郎, 「東洋拓殖會社.農工銀行及金融組合組織改善に關する意見」, 1916 (中島司 編, 『三島太郎氏記念誌』, 1923에 수록), 136쪽. "… 현재 농공은행은 장기농공자금 외에 보통상업은행의 업무를 영위하고 이 겸영 때문에 매기 상당한 이익을 거둘 수 있으며 그 성립을 온전히 할 수 있는 것이다."

<표 1-9> 조선의 은행점포 소재지(1918. 6)

은행 분류		점 포 (본점·지점·출장소)	점포수
특수 은행	농공은행	(漢湖) 경성, 개성, 춘천, 철원, 강경, 대전, 공주, 청주, 충주, 　　논산, 조치원 (慶尙) 대구, 진주, 마산, 김천, 상주, 포항, 통영, 초량 (平安) 평양, 박천, 진남포, 해주, 사리원, 의주, 안주, 신의주, 　　영변, 선천 (全州) 전주, 남원, 정읍, 김제, 이리 (光州) 광주, 제주, 벌교포, 영산포, 여수, 목포 (咸鏡) 원산, 성진, 함흥, 청진, 북청, 경성, 강릉	47 (42.0%)
	조선은행	경성, 인천, 평양, 원산, 대구, 진남포, 목포, 군산, 마산, 부산, 나남, 신의주, 회령	13 (11.6%)
보통 은행	지점보통 은행	(第一) 경성, 부산 (百三十) 경성, 인천, 부산, 평양 (十八) 경성, 인천, 부산, 원산, 군산, 목포, 나주, 용산	14 (12.5%)
	본점보통 은행	(漢城) 경성, 수원, 평양, 대전, 개성, 부산, 경성 동대문, 　　同종로, 東幕 (韓一) 경성, 강경, 東幕, 경성 동대문, 同서대문 (朝鮮商業) 경성, 인천, 평양, 군산, 경성 남대문, 同本町, 　　同동대문 (京城) 경성 (密陽) 밀양 (鮮南) 대구 (七星) 원산 (慶南) 부산, 　　구포 (釜山商業銀行) 부산, 울산, 진해, 통영 (大邱) 대구, 안동, 　　왜관 (湖西) 예산, 廣川 (三和) 진남포 (新義州) 신의주	38 (33.9%)
합　　계			112

출전 : 朝鮮銀行,『朝鮮銀行月報』第九卷 第六號, 1918. 6, 42~43쪽 ; 朝鮮銀行,『朝鮮銀行
　　月報』第九卷 第七號, 1918. 7, 101~102쪽.
비고 : 괄호안은 銀行名.

개소에 불과했다.

　본점보통은행의 점포는 경성, 평양, 대구, 부산 같은 대도시에 집중된
반면, 농공은행의 점포는 대도시 외에 전국 주요 지역에 골고루 분포해
있었다. 특히 농공은행의 점포 47개소 중 34개소는 그 지역의 유일한
은행이었다. 해당 지역에서 독점적 지위를 확보한 것이다. 농공은행이
이렇게 전국 곳곳에 점포를 가졌던 것은 설립 당초 지방의 금융난 해
소와 1910년대 유통망 재편에 따른 금융망 정비라는 측면에서 이해할

수 있으며, 점포 설치를 위해 식민지권력의 자금지원이 있었다.[36]

농공은행 지점망의 확대는 이후 해당 지역에서 보통은행의 진출을 가로막는 요인이 되었다. 농공은행의 점포가 설치된 곳은 대도시의 대상권을 제외하면 보통은행의 설립 또는 지점 설치가 정책적으로 억제되었다.[37] 또한 확대된 지점망은 농공은행을 이어받은 조선식산은행이 보통은행업무 겸업을 유지하는 하나의 명분이 되었다. 즉 광범위한 지점망에서 보통은행업무를 겸업하지 않으면 이를 대체할 보통은행이 없기 때문에 해당 지역에 금융난이 초래된다는 것이다.[38] 농공은행의 지점망 확대는 보통은행의 성장을 가로막는 중요 요인이었던 것이다.

농공은행이 겸업하게 된 배경으로 거론되는 지방의 "일반 금융기관 미비"는 '화폐·재정정리사업'으로 종래의 금융관행[外劃制]이 와해되고 이를 근대 금융기구(은행)로 대체하려는 자주적 흐름이 좌절됨으로써 초래된 것이었다. 조선인들은 지방의 금융소통을 위해 '국립은행' 설립을 제기했던 것인데, 메가타는 농공은행에 보통은행업무를 겸업시킴으로써 이 문제를 마무리지었다. 농공은행의 겸업으로 조선인이 보

---

36) 당시 농공은행이 받은 정부대하금의 일부는 은행의 점포 설치에 사용되었다 (朝鮮殖産銀行設立事務所, 앞의 글, 3쪽).

37) 예를 들면 1922년경 "西鮮 상업계의 요로"인 안주의 한 시민이 원만한 자금 융통을 위해 평남도청에 은행설립을 신청했으나 당국은 "안주와 같은 소지방에 이미 식산은행지점이 있는 이상 다시 사립 은행의 설립을 용인할 수 없다"고 했다. 이 기사를 쓴 기자는 다음과 같이 평했다 "다시 말하면 식산은행지점이 이미 있는데 또 사립 은행을 설립하게 되면 공연히 영업경쟁이 발생하여 필경 식산은행지점이 제약될 염려가 있다는 말이다"(『東亞日報』 1922년 2월 11일자, 「安州의 金融機關과 不平」).

38) 『東亞日報』 1927년 9월 14일자, 「金融調査會의 審議가 進陟치 안는 理由 歷史的 原因으로 整備統一이 困難」. "… 식은의 조선 내 지점은 50에 近하며 其 소재지의 상황으로부터 察할 시는 同行의 상업금융을 일반 보통은행에 移할 수 있는 지점은 僅僅 20개소에 불과하고 잔여 30개소는 此를 移할만한 은행이 無하며 此에 代하야 보통은행이 其等의 지방에 新히 지점을 설치할 능력은 無하며 따라서 결국은 30개소의 지방이 전혀 상업금융기관을 失함에 至할 것인고로 그리되면 조선경제상 중대한 지장이 될 것이다."

통은행을 경영하여 은행자본가로서 성장할 수 있는 가능성이 제한되었
던 것이다. 일본인이 경영권을 장악한 농공은행39)은 이미 1910년대에
예금이나 상업대출에서 보통은행의 영업기반을 침식했으며, 정책적 지
원 아래 형성된 광범위한 지점망이 보통은행의 성장을 가로막았다.
1920년대 이후 본격화되는 보통은행과 특수은행의 갈등, 조선인 보통
은행의 쇠퇴과정은 이미 농공은행의 보통은행업무 겸업에서 배태되었
다고 할 수 있다.

2) 조선식산은행의 겸업 유지와 조선인 보통은행의 쇠퇴

(1) '조선인 본위' 특수은행 설립의 좌절과 보통은행의 경영 악화

　1918년 10월 6개 농공은행을 강제합병하여 설립된 조선식산은행도
보통은행업무를 겸업했다. 당시 탁지부장관 스즈키(鈴木穆)는 "아직 지
방에 금융기관이 보급되지 않은 조선의 현상"에 비추어 보통은행업무
를 계속 인정한다고 했다.40) 그러나 농공은행이 설립되던 때와 달리
1910년대에는 지방에 다수의 보통은행이 설립되어 1918년 말 15행,
1920년 말 최고 21행에 이르렀다.41) 1920년대에 들어서면 '반동공황(反
動恐慌)'에 따른 은행의 경영난과 맞물려, 이들 보통은행과 보통은행업
무를 겸영하던 특수은행 및 특수금융기관의 경쟁이 격화되었다.42) 이
에 따라 특수은행의 보통은행업무 겸업을 둘러싼 여러 주장이 제기되
었으며, 특히 1921년의 산업조사회(産業調査會), 1928년의 「은행령」 개

---

39) 일본인의 농공은행 경영권 장악에 관해서는 이 책의 제1부 2장 참조.
40) 『十年志』, 19쪽.
41) 朝鮮總督府財務局, 『朝鮮金融事項參考書(1923年調)』, 86~88쪽.
42) 1918년 조선식산은행 설립과 함께 개편된 금융조합은 도시금융조합을 통해
　　도시에서 예금·대출업무를 시작하여 보통은행과 경쟁관계에 돌입한다(高橋
　　龜吉, 『現代朝鮮經濟論』 千倉書房, 1935, 542~543쪽). 이에 관한 연구로 문영
　　주, 「1920년대 도시금융조합의 활동과 보통은행과의 갈등」, 『한국민족운동사
　　연구』 31, 2002. 6 참조.

정, 1936년의 조선산업경제조사회(朝鮮産業經濟調査會)를 기점으로 논의가 활발히 전개되었다.

조선총독부는 1921년 9월 "산업개발의 근본방침"을 확정하기 위해 산업조사회를 개최하여 조선 내외의 관계자에게 자문을 구하였다.[43] 3·1운동 이후 '문화정치'라는 개량국면하에서 조선인 자본가층은 산업조사회를 계기로 종래 총독부의 경제정책을 비판하면서 자신들의 이해에 바탕한 새로운 경제정책을 요구했다. 조선식산은행과 관련해서는 주로 조선인에 대한 대출이 적다는 비판이 가해졌다.

…… 중앙은행인 조선은행, 특수은행인 식산은행이 비교적 사업에 설치하는 점이 유(有)하다 하나 조선인에 대하야 신용 여하를 전제로 하야 금융을 주저함과 여(如)한 경향이 유한즉, 결국 조선인 산업에 대한 금융기관은 전무하다 하야도 과언이 아니로다.[44]

…… 특히 조선식산은행은 농공은행의 후신으로 물론 조선인을 본위로 하야 식산자금을 공급할 것인데 종래 동 은행의 조선인에 대한 대부는 극소액으로 조선인을 태(殆)히 도외시한다고 운할지며……[45]

이에 대한 대책으로 우선 조선식산은행 내에 조선인을 중용하여 조선인의 자금융통을 윤택하게 하라는 주장이 제기되었다.

건의안(綱領) …… 상업에 관하야 …… 4. 식산은행의 업무를 개량할 사. 가) 신용과 지식있는 조선인으로 하야금 그 지배의 임(任)에 당(當)케 할 것. 나) 조선인을 본위로 하고 영업케 하야 조선인의 산업계발을 도(圖)케 할 것……[46]

---

43) 朝鮮總督府,『朝鮮總督府施政年報』1921년판, 191쪽.

44)『東亞日報』1921년 6월 20일자,「産業調査會에 對한 要望 金融機關을 完備하라(朝鮮製絲會社專務 劉銓氏談)」.

45)『每日申報』1921년 9월 22일자,「維民會의 建議(續) 産業調査會에」.

　이외에도 당시 경남은행의 중역이었던 문상우(文尙宇)는 조선인과 관계가 밀접한 평양, 대구와 같은 조선식산은행 지점에서는 조선인 중 경험이 있는 자를 지점장 또는 차석(次席)으로 고용하여 조선인에게 편의를 제공하기를 바랐다.[47]

　위의 건의들은 조선식산은행을 개선하는 차원에 머물렀지만, 더 나아가 '조선인 본위'의 특수은행을 설립해달라는 요구도 있었다. 당시 경성과 경기지역의 조선인 자본가층이 참여했던 유민회(維民會)[48]에서는 산업조사회에 조선인 구제와 산업진흥책으로 "① 국가의 특별보조, ② 조선인 농사회사(農事會社) 설립, ③ 조선인 특수금융기관 설립"을 건의했는데, 그 중 특수금융기관의 설립안은 다음과 같다.

　요구안 제3 : 조선인 산업의 발달을 조성할 특수금융기관의 설립안.
　가) 자본금 : 1,000만원(절반은 정부출자로 하고, 연 1할의 배당이 있을 때
　　　　　　　까지 무배당으로 함)
　나) 목적 : 농공자금의 장기간 대부 및 기타 보통은행업무

---

46) 『東亞日報』 1921년 9월 16일자, 「朝鮮人産業大會建議案」.
47) 『每日申報』 1921년 9월 22일자, 「全鮮實業家大會 二一日부터 三日間 開催」. 조선식산은행에만 해당되는 것은 아니지만 각 금융기관에서 조선인을 중용하여 조선인에 대해 풍부하게 자금을 융통하라는 것은 조선인의 공통된 주장이었다. 예를 들면 경성의 직물상 朴承稷은 全鮮實業家大會에서 "조선인에게 직접 관계가 有한 此機關(금융기관-인용자)을 조선인에게 多數히 장악케 하야 조선인의 편리를 圖할 事"를 요구했다(『每日申報』 1921년 9월 23일자, 「全鮮實業家大會 第二日 午前中의 狀況」). 이러한 조선인의 의견은 이 대회의 결의사항에 다음과 같이 반영되었다. "결의사항… 29. 각 은행 등 금융기관의 고급사원에 조선인을 채용하야써 조선인의 신용상태를 審하고 조선인에 대한 금융을 현재보다도 윤택케 할 事를 望함"(『東亞日報』 1921년 9월 24일자, 「實業家懇話會 終了 三十七項의 決議」). 전선실업가대회는 산업조사회 개최에 즈음하여 열렸으며, 참가자는 전국 각지의 상업회의소 대표자와 기타 지역유지이다. 일본인 자본가층이 주도했으며 예속화된 조선인 자본가층도 다수 참여했다(오미일, 『한국근대자본가연구』, 한울, 2003, 421~422쪽).
48) 오미일, 위의 책, 422~425쪽. 1919년에 결성된 유민회 회장은 당시 조선식산은행 이사인 朴泳孝였다.

다) 위치 : 경성에 본점, 기타 추요지(樞要地)에 지점을 치(置)함

라) 채권 : 불입자본액의 10배까지 채권 발행

마) 역원(役員) : 전부 조선인

바) 감독관 : 총독부에서 임명[49]

특수금융기관의 내용이 조선식산은행과 유사함을 알 수 있다. 유민회는 이러한 조선인 본위의 특수금융기관을 설립하여 한편으로 농공업과 기타 산업에 생산자금을 공급하여 부력(富力)을 증진하고, 다른 한편으로 상인의 금융을 보조하여 상업의 발달을 꾀함이 "조선의 현상에 감(鑑)하야 하자(何者)보다도 필요하고 우(又) 유일의 급무"라고 했다.[50] 동아일보사 관련 자본가들을 중심으로 열렸던 조선인산업대회에서도 "조선인 산업에 대한 국가적 보호"를 요구하며 농업, 공업 및 광업 등 각 산업을 담당하는 특수금융기관의 증설을 요구했다.[51]

이렇게 조선인들이 기존의 특수금융기관을 대체할 새로운 조선인 본위의 특수금융기관을 요구했던 이면에는 특수금융기관에 비해, 조선인 보통은행은 국가의 보호와 지원이 부족하여 제대로 성장할 수 없다는 판단이 있었던 것 같다. 이는 조선인측 보통은행에 특수은행과 같이 채권발행권을 부여하라,[52] "특별한 편의와 자금의 보조"를 부여하라[53]는 주장을 통해서도 확인할 수 있다.

조선총독부는 산업조사회를 전후로 조선인 자본가층이 중심이 되어 제기한 금융문제를 거의 받아들이지 않았다. 산업조사위원회에서 총독부에 제출한 답신서에는 막연히 "금융기관의 시설 개선"만을 언급하고

---

49) 『東亞日報』 1921년 9월 13일자, 「産調建議 維民會에서」.

50) 『每日申報』 1921년 9월 22일자, 「維民會의 建議 (續)産業調査會에」.

51) 『東亞日報』 1921년 9월 16일자, 「朝鮮人産業大會建議案」.

52) 『東亞日報』 1921년 6월 20일자, 「産業調査會에 對한 要望 金融機關을 完備하라(朝鮮製絲會社專務 劉銓氏談)」.

53) 『東亞日報』 1921년 9월 16일자, 「朝鮮人産業大會建議案」.

있었을 뿐이다.[54] 조선식산은행의 경영을 좌우할 고위직에 조선인은 중용되지 않았다.[55] 더욱이 조선인을 위한 특수은행의 신설은 환상에 불과했다. 경제의 혈맥인 금융의 핵심기구라 할 수 있는 특수은행이 조선인에게는 주어지지 않았던 것이다. 조선인측 보통은행에도 특수은행과 같은 특권이 부여되지 않았다. 금융의 측면에서 보면 '문화정치'라는 개량국면에서도 조선인 자본가는 엄연히 식민지민이었으며, 조선총독부는 그들의 보호막이 되어주지 않았다.

한 가지 특이한 점은, 이 시기 조선인들이 아직 '은행분업론'에 입각하여 조선식산은행의 겸업을 비판하지 않았다는 점이다. 다만 당시 경남은행 중역이었던 문상우만이 조선식산은행이 "산업자금 운용에 진력(盡力)"하기를 희망하여 간접적으로 겸업 문제를 언급하고 있다.[56] 위에서 보았듯이 유민회가 요구한 특수금융기관은 조선식산은행과 같이 보통은행업무 겸업을 상정하고 있었다. 특수은행의 겸업에 둔감했던 것은 아직 '반동공황'으로 인한 보통은행의 경영난이 심각하지 않아 특수은행과의 갈등이 전면적으로 드러나지 않았기 때문인 듯하다. 또 '조선인 본위'의 특수은행 설립이란 환상 속에서 만약 그러한 특권이 주어진다면 겸업도 마다하지 않겠다는 의도도 담겨있는 것 같다.

1921년 9월 산업조사회를 통해 조선인은 특수은행을 넘볼 수 없음이 분명해졌다. 이제 특수은행의 겸업으로부터 어떻게 보통은행을 지켜내느냐가 문제였다. <표 1 - 8>을 보면 1918년에서 1928년 사이에 예금증가율은 조선식산은행(5.4배) 〉 본점보통은행(4.7배) 〉 조선은행(2.3배) 〉 지점보통은행(2.2배) 순이며, 특수은행 전체는 3.9배로 보통은행 전체인 3.1배를 앞섰다. 이를 반영하여 평균비중(예금점유율)에서도 조선식산은

---

54) 朝鮮總督府,『産業調査委員會會議錄』, 1921. 9, 33쪽.

55) Karl Moskowitz, *The Employees of Japanese Banks in Colonial Korea*, Harvard University Ph.D. Thesis, 1979(殖銀行友會 譯,『植民地 朝鮮における 日本の銀行の從業員達』, 1986), 209~210쪽.

56)『每日申報』1921년 9월 22일자,「全鮮實業家大會 二一日부터 三日間 開催」.

행(33.1%)〉 본점보통은행(29.2%) 〉 지점보통은행(20.9%) 〉 조선은행(16.9%)
순이었다. 조선식산은행의 증가가 두드러지며, 본점보통은행도 나름대
로 증가했으나 조선식산은행에는 미치지 못했다. 조선식산은행의 증가
를 바탕으로 특수은행의 예금점유율이 보통은행의 그것에 근접했다(특
수은행 49.9% : 보통은행 50.1%). 보통은행의 입장에서 보면 특수은행에
의해 자금원의 절반 가량이 침식당했던 것이다. 더욱이 이 시기에는 도
시금융조합의 예금업무가 확장되어 1928년 말 예금액이 본점보통은행
총예금액의 37%에 달하였다.[57] 보통은행은 조선식산은행과 금융조합
양쪽의 협공을 받고 있는 상황이었다.

상업대출증가율은 조선식산은행(4.3배) 〉 본점보통은행(3.3배) 〉 지점보
통은행(1.1배) 〉 조선은행(0.6배) 순으로, 특수은행 전체(1.9배)는 보통은행
전체(2.2배)에 미치지 못했으나 상업대출 평균비중은 본점보통은행
(32.8%)〉 조선식산은행(29.7%) 〉 조선은행(25.2%) 〉 지점보통은행(12.4%)
순으로 이전 시기와 달리 특수은행(54.8%)이 보통은행(45.2%)을 앞섰다.
이는 주로 지점보통은행의 비중 저하에 의한 것으로 본점보통은행은
점유율에서 수위를 차지했다.

그러나 본점보통은행이 양적으로 성장한 이면에는 그늘이 있었다.
뒤의 <그림 1>에서 이 시기 본점보통은행과 조선식산은행의 수익률
을 비교해보면, 1918년 각각 10.3%, 4.5%로 보통은행이 2배 이상 앞섰
으나, 1922년경부터 양자의 관계가 역전되기 시작하여, 1928년에는 각
각 8.0%, 16.5%로 조선식산은행이 오히려 2배 이상 앞서는 것을 볼 수
있다. 본점보통은행의 수익률 저하는 이 시기에 증가된 대출 중 상당부
분이 부실대출이어서 자금이 고정되었기 때문이다.[58]

---

57) 朝鮮總督府財務局, 『朝鮮金融事項參考書(1939年調)』, 142쪽.
58) 1926년경 신문기사에 의하면 본점보통은행의 상업자금은 성적이 양호하면
50%, 보통이면 30%, 불량이면 20% 정도를 運轉하는 데 불과하다고 했다(『東
亞日報』 1926년 7월 4일자, 「普通銀行의 金融制度 改正程度注目」).

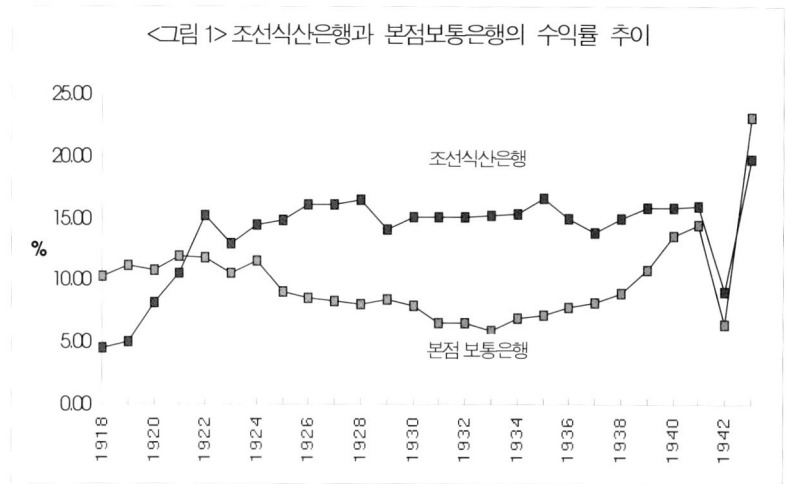

<그림 1> 조선식산은행과 본점보통은행의 수익률 추이

조선식산은행

본점 보통은행

출전 : 朝鮮總督府財務局, 『朝鮮金融事項參考書(1939年調)』, 32～35쪽 ; 朝鮮總督府, 『朝鮮總
　　督府統計年報』 1939～42년판 ; 南朝鮮過渡政府編纂, 『朝鮮統計年鑑』(1943), 1948, 131쪽.
비고 : 수익률은 '순익금/납입자본'.

(2) '은행분업론' 대두와 조선식산은행의 겸업 유지

　1920년대 중반 수익률 저하로 대변되는 본점보통은행의 경영 악화는
기본적으로 당시 '반동공황'에 따른 경기침체에 따른 것이었다. 그러나
이렇게 경영난이 초래되기까지에는 금융구조의 문제도 있었다. 이를
해결하기 위해 금융계에서는 여러가지 논의가 나왔다. 조선총독부도
1926년 6월경부터 금융계의 구조조정을 목적으로 조선 내 금융제도 전
반에 관한 조사에 착수했으며,[59] 1927년 6월 '금융제도준비조사위원회
(金融制度準備調査委員會)',[60] 1928년 8월 금융제도조사위원회(金融制度

---

59) 『東亞日報』 1926년 7월 1일자, 「金融經濟調査機關設置 總督府理財課를 主
　　體로」 ; 『東亞日報』 1926년 8월 1일자, 「金融經濟調査 來年에 完了」 ; 『東亞日
　　報』 1926년 8월 8일자, 「鮮銀金融調査」. 조사에는 총독부 理財課 직원, 총독
　　부 文書課의 善生永助, 외부 촉탁으로 조선은행 庶務課長 池川信俊, 조선식
　　산은행 主計課長 長木村和水이 참여했다.
60) 朝鮮總督府財務局, 「(秘)金融制度準備調査委員會設置ニ關スル件」 1927. 6. 23
　　[『金融制度準備調査會關係書類』(政府記錄保存所所藏文書)에 수록] ; 『東亞日報』

調査委員會)[61]를 설치하여 금융제도의 개선방안을 마련했다.[62] 이러한 일련의 과정 속에서 금융계의 논의도 증폭되었는데, 다음 두 가지로 집약해볼 수 있다.

하나는 '은행합동론(銀行合同論)'이며, 다른 하나는 '은행분업론'이다. 전자는 경영난의 원인을 주로 본점보통은행 자체의 부실경영 탓으로 보면서 자본의 충실, 경쟁완화, 경비절감을 꾀하기 위해 본점보통은행 간의 합동을 제기하는 것이다. 후자는 경영난의 원인을 주로 금융제도의 결함에서 찾는 것이다. 특수은행 또는 특수금융기관의 겸업이 보통은행의 영업기반을 잠식하여 경영난이 초래된 것이므로 그 겸업을 철폐 또는 제한해야 한다는 것이다. 두 가지 입장이 서로 착종되면서 다양한 주장이 제기되었다. 주로 조선식산은행의 겸업과 관련하여 '은행분업론'에 초점을 두고 살펴보자.

이미 1923년경부터 불황으로 보통은행 정리 문제가 대두되면서 보통은행 간의 합동과 함께 조선은행, 조선식산은행 같은 특수은행의 보통은행업무를 축소하여 상업은행(보통은행)의 발달을 조장해야 한다는 주장이 제기되었다.[63] 아래의 글은 특수은행, 특수금융기관에 의해 위축

1927년 7월 23일자, 「金融調查定例會」;『東亞日報』1928년 6월 3일자, 「金融制度 調查會 六日부터 再開」. 금융제도준비조사위원회는 기존의 조사를 체계화하고, 이를 바탕으로 구체적 안을 마련하는 역할을 했으며, 총독부측 외에 조선은행, 조선식산은행, 금융조합측 인사가 참여했다.

61)『東亞日報』1928년 8월 8일자, 「金融制度調查委員會設置에 對하야 草間財務局長 談/任命된 委員」;『東亞日報』1928년 8월 10일자, 「金融調查會 初議題는 銀行令 十月에 頒發令될듯」;『東亞日報』1928년 8월 19일자, 「金融調查의 委員會 二十一日부터」;『東亞日報』1928년 8월 24일자, 「金制調查會 二十三日開會」. 금융제도조사위원회는 금융제도준비조사위원회가 만든 안을 심의하는 기구로 이때야 비로소 박영효, 한일은행장 민대식, 한성은행 이사 백완혁 등 조선인이 참여했지만 대부분 원안대로 통과시켰다.

62) 일본에서도 1920년 '반동공황', 1923년 '지진공황'의 여파로 1927년 '금융공황'이 야기되었으며, 1926년부터 '金融制度調查會'를 설치하여 일본 내의 금융제도 개편에 착수했다[明石照南・鈴木憲久,『日本金融史』第2卷(大正編), 東洋經濟新報社, 1958, 202~206쪽].

된 당시 보통은행의 처지를 잘 말해준다.

　…… 일방(一方)에는 선은·식은(鮮銀·殖銀)이 상업금융을 영(營)하며 다시 일방으로는 금융조합의 은행화가 농후하다. 조선의 현상으로 보통상업은행은 트마리에 끼운 궁경(窮境)에 있다. 보통상업은행의 부진은 은행의 죄가 아니오 전혀 금융제도의 결함이다. 제도가 개혁되면 업무가 자연 발전할 것은 분명하다. 조선은 부동산 이외에 유력한 담보물건이 무(無)한데다가 유력한 담보물건은 금리렴(金利廉)의 특은(特銀)으로 가는 경향이 있다. 고로 자연히 자금이 부동산에 고정할 수밖에 없는 사정이다. 금융체계를 정리하야 상업금융 계통을 완전히 함은 각하의 급무이다.[64]

　보통은행의 부진은 보통은행 자체보다 금융제도의 결함에 그 원인이 있으므로 금융체계를 바로잡아야 해결될 수 있다는 것이다. 금융체계 정비 주장은 '은행분업론'에 바탕하고 있다. 조선상업은행을 중심으로 본점보통은행측에서 제기했던 '은행분업론'은 국가의 특별한 보호를 받는 특수은행이 보통은행을 압박하는 것은 좋지 않으므로, 첫째 조선은행은 "은행의 은행"으로서 재할인(再割引) 이외의 직접적인 대출업무를 중지한다, 둘째 조선식산은행은 부동산금융업무만을 전담한다, 셋째 보통은행은 상업금융의 핵심을 담당한다는 것이었다.[65]

　이러한 '은행분업론'을 바탕으로 보통은행의 합동·발달을 촉진하기 위해 조선식산은행의 보통은행업무 겸업을 철폐하고 이를 보통은행에 양도하라는 주장이 제기되었다.[66] 이는 모든 본점보통은행의 바람이었

---

63) 『東亞日報』 1923년 4월 17일자, 「銀行合同과 鮮殖兩銀行의 營業縮小希望」. 은행합동에 관해서 조선총독부는 1923년 11월 「은행령」 개정을 통해 은행합병의 수속을 간소화했다(『東亞日報』 1923년 11월 8일자, 「銀行令改正案」).
64) 『東亞日報』 1927년 7월 15일자, 「金融調査頗有曲折, 諸銀은 各自利己的主張」.
65) 中川龜三, 「朝鮮銀行界의 體系－地場普通銀行迷ふ」, 『朝鮮經濟日報附錄』, 朝鮮經濟日報社, 1931. 2. 1, 12쪽.
66) 『東亞日報』 1924년 8월 5일자, 「殖銀商業金融 合銀에 讓함은 理想」.

지만, 누가 조선식산은행의 상업금융업무를 인수하는가에 따라 차이를 드러냈다. 한편에서는 보통은행을 중앙[경성]의 1, 2행으로 합동하고, 그러한 중앙의 대(大)은행이 조선식산은행의 상업금융업무를 인수해야 한다며, 인수은행으로 당시 '은행분업론'을 주도했던 조선상업은행이 거론되기도 했다.67) 이는 '은행합동론' 중 '중앙주의(中央主義)'68)에 입각한 것으로 중앙 보통은행의 입장이 반영된 것이다. 같은 입장에서 지방의 상업금융은 중앙의 대은행이 담당하거나,69) 금융조합에 위임하는 방안70)이 모색되기도 했다.

다른 한편에서는 '지방주의(地方主義)'에 입각하여 조선식산은행의 보통은행업무를 지방은행에 환원시켜야 한다는 입장이 있었다.71) 도시

---

67) 『東亞日報』 1927년 1월 11일자, 「金融體系改善 地方主義? 中央主義?」 ; 朝鮮經濟新報社, 「朝鮮金融調査會進步」, 『朝鮮經濟新報』 1927. 7. 1, 7쪽. 이외에도 조선은행이 거론되었다. 이는 당시 조선 이외 지역으로의 무리한 영업 확장과 일본 내 금융공황의 영향으로 경영난을 겪던 조선은행을 정리하기 위한 일환에서 나온 것이다. 즉 화폐발행권을 일본은행에 양도하고 영업지역도 조선에 국한시켜 純商業銀行化한다는 전제 위에 조선 내 상업금융을 조선은행으로 통일시킨다는 것이다(『東亞日報』 1927년 2월 20일자, 「商業金融統一 說 朝鮮銀行은 純商業銀行化? 三銀行兌換券 統一로」). 그러나 화폐발행권은 일본은행으로 양도되지 않았으며, 따라서 그 후속조치도 실현되지 않았다.

68) 당시는 '은행합동론'이 대세였는데, 받아들이는 보통은행의 입장에 따라 두 가지로 대별된다. 하나는 '은행합동론'을 적극적으로 받아들이며 그 방법으로 중앙[경성]의 은행이 주도가 되어 은행합동을 꾀해야 한다는 입장으로 '中央 主義'로 분류할 수 있으며 '大銀行制'에 가깝다. 다른 하나는 '은행합동론'을 받아들이되 지방은행 나름의 고유기능을 강조하는 입장으로 '地方主義'로 분류할 수 있으며 '小銀行制'에 가깝다. '중앙주의'와 '지방주의'에 대해서는 『東亞日報』 1927년 1월 11일자, 「金融體系改善 地方主義? 中央主義?」 참조. '大銀行制'와 '小銀行制'에 대해서는 徐椿, 「普通銀行關係法令에 對한 所見의 一端」, 『朝鮮之光』 80, 1928. 9 참조.

69) 당시 조선상업은행장 和田一郎은 지방의 은행망 확대는 실력있는 은행이 해야 된다고 하며, 간접적으로 조선상업은행이 담당하기를 바랐다(『東亞日報』 1928년 3월 28일자, 「朝鮮에 銀行數 아즉도 不備하다」).

70) 『東亞日報』 1927년 1월 11일자, 「金融體系改善 地方主義? 中央主義?」.

71) 『東亞日報』 1924년 5월 10일자, 「金融業의 困憊와 銀行合併(九)」 ; 『東亞日報』 1927년 1월 11일자, 「金融體系改善 地方主義? 中央主義?」 ; 『東亞日報』

대은행 중심의 합동은 지방의 금융난을 초래할 수 있으므로, 이를 막기
위해서는 지방은행의 발달이 어느 정도 필요하다. 그러나 조선식산은
행과 같이 지방에 많은 지점을 갖고 있는 특수은행이 보통은행업무를
겸업함으로써 그 발달을 가로막고 있다. 따라서 중앙과 독립된 유력한
지방은행을 신설하거나 기존의 지방은행간 합동을 통해 특수은행의 보
통은행업무를 인수해야 한다는 것이다.

'중앙주의'와 결합된 것이든 '지방주의'와 결합된 것이든, 조선식산은
행은 '은행분업론'에서 겸업이라는 기득권을 놓으려 하지 않았다. 보통
은행업무 겸영이 불가피하다는 주요 근거는 두 가지였다. 첫째, 조선식
산은행이 보통은행업무를 철폐했을 때 그것을 대신할만한 능력있는 보
통은행이 없다는 것이다.[72] 특히 조선식산은행의 광범위한 지점망을
대체하지 못할 경우에 생기는 공백, 그로 인한 지방금융난이 우려된다
고 했다.[73] 둘째, 농업이 주된 산업이며 대부분의 담보물이 부동산인
조선, 특히 지방에서는 장·단(長短) 양 금융을 겸영하는 것이 유리하기
때문에 단기금융인 상업금융만을 다루는 보통은행으로서는 조선식산
은행의 보통은행업무를 인수해도 제대로 수지를 맞추기 어렵다는 것이
다.[74] 같은 선상에서 조선식산은행의 상업금융 중 많은 부분이 부동산

1927년 2월 22일자, 「商業金融體系 相當히 整頓期待 鮮銀商銀은 合併? 併立?
殖銀商業金融은 地方還元」.

72) 『東亞日報』 1927년 2월 5일자, 「殖銀金融體系 商業金融이 問題」. "… 만일
殖銀이 전년 본래의 사명인 부동산금융 一途에 방향을 변환한다면 과연 此에
代할 건실유력한 보통은행을 발견키도 목하 형편으로는 불가능한 일이다.…
현존한 府內 보통은행을 합병하야 풍부한 자금을 擁케 하던가 又는 新히 유
력한 은행을 신설하던지 할 것인바 그 어느 것이든지 조급히 실현하기는 곤
란 … 결국은 상업금융 식은 겸영설을 지속할 수밖에 없을 것으로…."

73) 앞의 주 38) 참조.

74) "… (조선식산은행의) 부동산금융이 1억 5,000만 원을 돌파하야 부동산은행
으로만 경영해가기 곤란하지는 않으나 상업금융과 분리하는 것은 조선의 현
상으로는 불가능하다. 상업은행만으로 전조선 각지에 영업소를 설립할 수는
없으나 長短兩金融을 겸영하는 고로 60여 지점을 유지할 수 있다."(『東亞日
報』 1927년 7월 15일자, 「金融調査頗有曲折 諸銀은 各自利己的主張」).

을 담보로 한 것이므로 보통은행이 인수하기는 어렵다고 했다.[75]

조선식산은행이 '은행분업론'에 반대하고 겸영을 유지하려는 데는 보통은행업무가 이미 무시하지 못할 영업기반의 하나가 되어버렸던 측면이 있다. 광범위한 지점망에서 취급하는 상업금융의 발전은 조선식산은행의 기반을 튼튼히 해주었으며,[76] 따라서 상업금융을 철폐하는 것은 "매우 고통스러운 일"이고 "동행(同行) 유지라는 방면으로 말하더라도 불가능"한 일이었다.[77]

칼자루는 조선총독부가 쥐고 있었다. 본점보통은행을 발전시키려는 의도가 있었다면 보통은행의 능력을 정책적으로 배양될 수도 있었다. 보통은행의 부동산담보금융 문제도 해결의 실마리가 없었던 것은 아니다. 국가의 특혜를 받는 상급 은행인 조선은행 또는 조선식산은행이 재담보하여 보통은행에 자금을 융통하는 것도 한 방안이었다.[78] 그러나

"… 농본의 조선에서는 생산품의 금융을 殖銀이 취급하는 것이 편리한 점도 있다. 금년처럼 농산물이 싼 경우 농산물에 가장 잘 금융을 하는 것은 농촌의 興廢에 지대한 관계를 지니고 있는 부동산은행이다. 조선에서는 상업자금을 구하려 해도 부동산을 담보로 하는 외에는 거의 물건이 없는데 그 때문에도 장단금융을 겸하는 것이 좋다. 이와 같은 때 … 상업금융만을 업으로 하는 은행은 1년 기한의 형식으로 대출하여 書替하지만 부동산 담보대부의 회수성적은 書替에 의한 것보다 연부제로 원리를 납부하는 쪽이 훨씬 성적이 좋다. 상업대의 整理口를 비교적 일찍 이 연부제와 연결하여 기꺼이 정리할 수 있는 것도 있다… 오지에 지점을 내는 경우 상업금융만으로 수지가 맞지 않고 부동산대부만으로도 안 맞는 곳이 많다. 이것도 병용은행이라면 곧바로 해결된다"(中川龜三, 앞의 글, 12~13쪽).

75) 『東亞日報』 1924년 8월 5일자, 「殖銀商業金融 合銀에 讓함은 理想」; 『東亞日報』 1927년 9월 14일자, 「金融調查會의 審議가 進陟치 안는 理由 歷史的 原因으로 整備統一이 困難」.

76) 朝鮮經濟新報社, 「朝鮮殖産銀行前期決算內容」, 『朝鮮經濟新報』 1927년 10월 10일자, 15쪽.

77) 『東亞日報』 1927년 2월 5일자, 「殖銀金融體系 商業金融이 問題」.

78) 『東亞日報』 1928년 2월 4일자, 「普通銀行의 不動產資金問題 鮮銀에서 應치 안는 分을 殖銀에서 할 方法」; 『東亞日報』 1928년 3월 25일자, 「普通銀行의 根本的 救濟策 不動產擔保貨의 限定 再擔保借入制의 創設」. 조선식산은행의 재담보에 의한 보통은행 대출은 1930년대에 일부 시행되었다.

총독부는 '은행분업론'을 회피하고 '은행합동론'만을 추진했다.

조선총독부가 금융 전반에 관한 조사에 착수했을 당시만 해도 특수은행 문제를 먼저 다루려고 했으며,[79] 조선식산은행에 관한 조사항목에는 상업금융 취급의 가부(可否) 문제가 있었다.[80] 그러나 1927년경부터 특수은행의 겸업 폐지는 시기상조라는 관측이 나왔으며,[81] 결국 특수은행 문제는 뒤로 미루고 보통은행 자체의 문제만을 다루었다.[82] 금융제도조사위원회(金融制度調査委員會)의 심의를 거쳐 1928년 12월 새로운 「은행령」(制令 제6호)을 공포하여 다음해 1월부터 시행했다. 이 새 「은행령」에 의하면, 앞으로 신설되는 보통은행의 최저자본금은 200만 원 이상이어야 하며, 기존 보통은행은 5년 안에 자본금 100만 원으로

---

79) 『東亞日報』 1926년 12월 25일자, 「金融經濟調査會開催와 普通銀行의 處地」 ; 『東亞日報』 1927년 2월 5일자, 「殖銀金融體系 商業金融이 問題」 ; 『東亞日報』 1927년 2월 16일자, 「아즉 混沌狀態 朝鮮金融經濟調査會 前途가 如何?」.

80) 朝鮮總督府財務局, 「(秘)金融制度準備調査委員會設置ニ關スル件」, 1927. 6. 23(『金融制度準備調査會關係書類』, 政府記錄保存所所藏文書에 수록). 이 자료를 보면 당시 조선 내 "각종 금융기관간의 연락통제가 아직 정비되지 않아 조선 내 경제의 진전에 부합되지 않으므로 금융제도에 관한 근본적 조사를 하여 그 정비 개선을 기하는 것이 가장 긴요"하다고 했으며, 조사항목의 첫번째도 "금융기관의 계통정비에 관한 것"이었다. 총독부가 '은행분업론'을 염두에 두고 조사에 착수했음을 알 수 있다.

81) 朝鮮經濟新報社, 「普通銀行改善意見答申」, 『朝鮮經濟新報』 1927년 9월 1일자, 5쪽.

82) 조사하고 구체적인 안을 만드는 과정에 줄곧 조선식산은행 관계자가 참여했으므로[주 59)와 60) 참조] 조선식산은행의 입장이 많이 반영되었을 것이다. 조선총독부로서도 자신의 통제하에 있는 조선식산은행을 편들기 쉬웠을 것이다. 당시 총독부 재무국 司計課長으로 「은행령」 개정에 참여했으며, 1937년 이후 재무국장이 되었던 水田直昌은 보통은행과 금융조합의 대립에 관해 "보통은행은 이른바 민간이며, 금융조합은 총독부의 자식이다. 우리들은 어떻든지 금융조합 쪽의 편을 들어 보통은행으로부터 반발을 받았다"고 회고했다. 조선총독부가 조선식산은행과 보통은행을 보는 시각도 이와 비슷했을 것이다. 더욱이 조선식산은행은 특수은행 중에서도 총독부의 "생각대로 되는" 은행이었다(水田直昌·土屋喬雄 編述, 『財政·金融政策から見た朝鮮統治とその終局』, 財團法人友邦協會 朝鮮史料編纂會, 1962, 73, 88쪽).

증액해야 했다. 이러한 '대은행제(大銀行制)'는 은행자본의 충실을 도모하며 예금자를 보호하고 조선의 경제발전에 기여하겠다는 취지였으나,[83] 결국 은행설립을 억제하고[84] 기존 군소은행의 도태·합병을 초래했다. 1920년 최고 21행에서 1928년 14행으로 줄었던 보통은행은 유예기간이 끝나는 1933년에는 다시 8행으로 줄었다.[85]

그러나 보통은행의 정상화는 자체의 정비만으로는 해결되지 않았다. 보통은행을 둘러싼 구조적 문제는 오히려 심화되었다. 1920년대에 방만한 경영으로 위기에 봉착했던 조선은행은 대대적인 정리과정을 통해 본부를 경성으로 옮기면서 조선 내 보통은행업무를 확대·강화했다. 이에 대해 조선식산은행도 수성(守成) 차원에서 역시 보통은행업무를 강화했다.[86] 이러한 특수은행간의 경쟁은 결과적으로 보통은행의 기반

83) 『東亞日報』 1928년 12월 2일자, 「改正發表된 新銀行令 要旨」 ; 朝鮮經濟新報社, 「普通銀行令改正さる」, 『朝鮮經濟新報』 1929년 1월 1일자, 9쪽. 新「銀行令」의 법정 최저자본금 200만 원은 일본 「銀行法」(1927. 3. 法律 제21호)에 비해 2배 많은 액수이다. 결국 경제력은 일본보다 낮은데 은행은 일본보다 강화된 '大銀行制'를 택한 셈이다. 이는 예금모집이 원활하지 않으며 부동산담보대부가 불가피한 조선의 특수사정에 비추어 결정되었다고 하지만(水田直昌·土屋喬雄 編述, 앞의 책, 75~76쪽), 예상을 뛰어넘는 '驚訝'한 조치였으므로 곧바로 반대와 완화 요구가 뒤따랐다(『東亞日報』 1928년 12월 20일자, 「또 한번 新銀行令에 對하야」 ; 『東亞日報』 1929년 1월 16일자, 「新銀行令 取締緩和를 一部業者希望」).

84) 신「은행령」 실시 이후 새로 신설된 보통은행은 없었다. 당시 평양의 조선인 자본가층은 조선인 본위, 지방 본위의 은행을 세우려 했으나 총독부의 소자본 은행 불허방침을 넘어서지 못하였다(『東亞日報』 1930년 9월 19일자, 「主要都市巡廻座談 第一 平壤編(一)」 ; 『東亞日報』 1930년 9월 20일자, 「主要都市巡廻座談 第一 平壤編(二)」).

85) 朝鮮總督府財務局, 『朝鮮金融事項參考書(1939年調)』, 45~47쪽.

86) 조선은행의 보통은행업무 확대에 대해서는 中川龜三, 앞의 글, 10~11쪽 ; 『東亞日報』 1932년 2월 23일자, 「三重四重壓迫으로 普通銀行經營難」 ; 『東亞日報』 1932년 9월 22일자, 「朝鮮銀行 貸出이 膨脹 普通銀行領域을 侵入 金融閑散과 反對」 참조. 조선식산은행의 보통은행업무 강화에 대해서는 朝鮮經濟新報社, 「殖銀新陳容と異動漫評」, 『朝鮮經濟新報』 1929년 5월 1일자, 22쪽 ; 中川龜三, 같은 글, 11쪽 ; 『東亞日報』 1932년 3월 4일자, 「預金爭奪에 殖銀도

을 침식했다.[87]

특수은행의 보통은행업무 겸업만이 보통은행을 압박했던 것은 아니
다. 신「은행령」 이후 이어지는 일련의 금융기구 정비도 보통은행에 불
리하게 작용했다. 1929년 서민층의 소액자금을 흡수할 목적으로 조선
식산은행 저축과(貯蓄課)를 분리하여 조선저축은행(朝鮮貯蓄銀行)이 설
립함에 따라 보통은행의 저축예금업무가 금지되었다.[88] 또한 보통은행
의 반대에도 불구하고 1929년 「금융조합령(金融組合令)」 개정(1929. 4. 制
令 제4호)으로 조합원 외 예금액 제한이 철폐되고 어음할인업무가 공인
됨으로써 금융조합도 완전 은행화의 길을 걸었다.[89] 1931년 「조선신탁
업령(朝鮮信託業令)」(1931. 6. 制令 제8호)에 의한 신탁업 정비도 역시 보
통은행을 압박하는 요인이었다.[90] 보통은행은 신「은행령」 이후 오히려
사면초가에 빠져 "보통은행이 갈 곳이 없는 것은 아니다. 무덤이 있다"
는 얘기까지 나올 정도였다.[91]

進出? 各銀行態度注目」;『東亞日報』 1936년 1월 10일자, 「殖銀의 業務强化로
普銀에 一大威脅」 참조.

87) 中川龜三, 앞의 글, 11~12쪽. 이에 따라 일각에서는 아래와 같이 총독부를
비판, 특수은행 관련 법령의 개정을 요구했다(朝鮮經濟日報社,『朝鮮經濟日報
附錄』 1931년 4월 6일자, 「社說 急を要する朝鮮金融改善の根本策」, 4쪽). "…
조선 금융제도 개선의 근본문제는 어떻게 普銀의 상업금융상 기능을 충분히
발휘시키는가에 있다. 먼저 邪魔物을 배제하는 것이 필요하고, 만일 邪魔物이
특수은행이라면 은행령 제정과 동시에 특수은행조례를 개정해야 함이 순서이
다. 즉 鮮銀의 직접대부를 봉쇄하고 재할인을 본위로 하게 하고 또 殖銀을 부
동산금융 전문으로 하는 것이 선결과제임에도 불구하고 이것에는 손가락 하
나도 대지 않으므로 총독부의 무력함을 인정할 수밖에 없다.…"

88) 朝鮮經濟新報社, 「貯蓄銀行令公布さる」,『朝鮮經濟新報』 1929년 1월 10일자,
10쪽.

89) 文定昌,『朝鮮農村團體史』, 日本評論社, 1942, 192~204쪽. 당시 금융조합의
금융업 확장에 대한 보통은행의 반응은『東亞日報』 1932년 7월 17일자, 「都市
金組의 中小金融業 乙種銀行에 頭痛」;『東亞日報』 1932년 8월 26일자, 「金組
對抗策 銀行業者 講究」 참조.

90)『東亞日報』 1932년 3월 31일자, 「銀行金組의 勢力圈侵入 信託預金擴大로」.

91) 中川龜三, 앞의 글, 13쪽.

<표 1 - 8>을 보면 1929년에서 1936년 사이 예금증가율은 조선저축
은행(2.6배) 〉 조선은행(2.4배) 〉 조선식산은행(1.9배) 〉 본점보통은행(1.7배)
〉 지점보통은행(0.9배) 순으로, 특수은행은 모두 은행 전체의 증가율(1.8
배)보다 앞섰으나, 보통은행은 이에 미치지 못하였다. 특수은행은 2.2배
의 증가율로 보통은행 1.4배를 능가했다. 평균비중(예금점유율)은 이전
시기와 마찬가지로 조선식산은행(29.1%) 〉 본점보통은행(27.1%) 〉 지점보
통은행(17.2%) 〉 조선은행(15.8%) 〉 조선저축은행(10.9%) 순이었으나, 조
선저축은행의 가세로 이전 시기와 달리 특수은행의 예금점유율(55.8%)
이 보통은행의 예금점유율(44.3%)을 능가했다.

조선식산은행과 본점보통은행의 점유율은 이전 시기에 비해 근접했
으나, 이는 조선식산은행이 저축예금업무를 또 다른 특수은행인 조선
저축은행에 인계했기 때문이다. 조선저축은행분을 조선식산은행에 포
함해보면 그 간격이 더욱 벌어졌다. 도시금융조합의 예금은 1936년 말
현재 본점보통은행 총예금액의 46%에 달하여 이전 시기보다 높아졌
다.[92] 본점보통은행의 주요 자금원인 예금을 놓고 특수은행, 특수금융
기관이 사방에서 보통은행을 포위, 압박하고 있는 상황이었다.

이 시기의 상업대출증가율은 조선은행(3.6배) 〉 조선식산은행(1.8배) 〉
본점보통은행(1.6배) 〉 지점보통은행(1.0배) 순이며, 특수은행 전체(2.9배)
는 보통은행 전체(1.5배)를 능가했다. 상업대출 평균비중도 조선식산은
행(40.3%) 〉 본점보통은행(33.9%) 〉 조선은행(19.0%) 〉 지점보통은행(6.8%)
순으로, 이전 시기에 비해 조선식산은행이 본점보통은행을 앞섰으며
특수은행과 보통은행의 차이도 더 벌어졌다(59.3% : 40.7%).[93] 앞의 <그
림 1>을 보면 본점보통은행의 수익률은 1920년대 말 1930년대 초의 공

---

92) 朝鮮總督府財務局,『朝鮮金融事項參考書(1939年調)』, 142쪽.
93) 이 시기 통계에 나와있지 않은 조선저축은행의 상업대출액까지 포함하면 그
    간격은 더 벌어질 것이다. 당시 조선저축은행의 자금융통은 보통은행의 영역
    을 침해하여 당국으로부터 경고를 받기도 했다(『東亞日報』 1935년 5월 28일
    자,「朝鮮特殊金融機關 各自의 領域을 離脫」).

황으로 더욱 저하했다가 1933년경 공황 회복으로 상승하나, 조선식산
은행과의 차이는 좀처럼 좁혀지지 않았다.

이 시기 조선총독부가 보통은행을 위해 배려했던 유일한 것은 「부동
산융자급손실보상령(不動産融資及損失補償令)」(1932. 12. 制令 제4호)이었
다. 보통은행의 부동산담보로 인한 자금고정을 완화하기 위해 조선식
산은행이 대장성 예금부의 자금을 받아 부동산을 재담보하여 보통은행
에게 융통하는 것이다.[94] 이는 보통은행측이 1920년대부터 경영난을
타개하기 위해 제기했던 것으로[95] 300여만 엔이 보통은행에 대부되었
다.[96] 그러나 부동산융자의 금리가 당시 예금금리보다 비싸고 융자절
차도 번잡하여 보통은행측은 차입을 꺼렸으며, 차입자금도 금융정세의
호전과 부동산가격의 상승으로 빨리 상환했다.[97] 불황에 따른 응급조
치였을 뿐이다. 보통은행, 특히 경성의 보통은행들은 한편으로 특수은
행에 거래처를 빼앗기지 않으려고 대출금리를 인하하고,[98] 다른 한편
으로 지방진출을 꾀하는 등[99] 자구책을 강구했다.

(3) 대은행 중심 은행합동과 조선인 보통은행의 쇠퇴

1935년에 들어서면서 '은행분업론'이 재등장했다. 1928년 신 「은행령」

---

94) 『二十年志』, 81쪽 ; 朝鮮總督府 編, 『施政三十年史』, 1940, 354쪽.

95) 주 78) 참조.

96) 『東亞日報』 1933년 1월 28일자, 「不動産融資 被融通銀行」.

97) 『東亞日報』 1933년 3월 29일자, 「不動産融資 銀行側 拒絶 預金利子보다 비
싸다 融資條件도 煩雜」 ; 『東亞日報』 1934년 5월 9일자, 「低金利時代에 適應
토록 融資令改正을 要望」 ; 『東亞日報』 1935년 12월 27일자, 「不動産融資 大
部分 償還」 ; 『二十年志』, 81쪽.

98) 『東亞日報』 1933년 7월 30일자, 「甲乙兩銀의 地盤戰猛烈 金利의 差를 縮小
하라고 乙銀代表不遠會合」 ; 『東亞日報』 1935년 5월 5일자, 「一流銀行間의 競
爭激化 普通銀行에도 波及 普通銀行 統制論 擡頭」.

99) 『東亞日報』 1933년 1월 29일자, 「普銀 自活策으로 地方進出積極化 大信託
無盡等의 側面壓迫으로」 ; 『東亞日報』 1933년 12월 6일자, 「市內普通銀行 支
店統制策協定? 對外的 不利로 自衛策을 講究 相互勢力範圍 不侵」.

실시 이후 금융기구 정비를 중심으로 한 1차 통제는 완료되었으나, 이
제 각 은행의 분야 확립을 중심으로 2차 통제가 실행되어야 한다는 것
이다.[100] 그 주요 내용은 보통은행의 기능 강화와 신흥산업인 광공업분
야의 금융 강화였다.[101] 전자는 1920년대와 거의 비슷한 내용으로 '은
행분업론'에 입각한 특수금융기관의 겸업 폐지에 중점이 놓여있었
다.[102] 후자는 광공업 육성을 위해 기존에 조선은행, 조선식산은행, 동
양척식주식회사 금융부 등이 분산하여 담당했던 광공업금융을 통폐합
하되, 기존 금융기관 중 하나가 전담하느냐 아니면 새로운 신설 금융기
관을 세우느냐가 문제였다.[103] 기존에 제기된 '은행분업론'이 주로 보
통은행과 특수금융기관 간의 문제였다면 이 시기의 '은행분업론'은 특
수금융기관들 사이의 업무조정 문제도 포함되었다.

---

100) 朝鮮經濟新報社,「內外批判－鮮內金融の統制」,『朝鮮經濟新報』1936년 1
월 25일자, 4~5쪽 ;『東亞日報』1936년 5월 2일자,「朝鮮金融統制强化」; 朝
鮮經濟新報社,「內外批判－金融制度の改善」,『朝鮮經濟新報』1936년 6월 25
일자, 5쪽 ;『東亞日報』1936년 7월 19일자,「朝鮮金融體系再整備」;『東亞日
報』1936년 8월 23일자,「朝鮮金融機關의 全面的 整備 必要」.

101) 이외에도 지점보통은행의 철수, 중소상공업 금융 문제 등이 거론되었다.

102) 朝鮮經濟新報社,「內外批判－鮮內金融の統制」,『朝鮮經濟新報』1936년 1
월 25일자, 4~5쪽. "… 조선의 금융통제는 1차 완성되었지만 제2단계 공작으
로서 은행분야의 확립은 전혀 손을 못대고 남아있다.… 당시 경제사정에 응하
기 위해 鮮銀 및 殖銀이 공히 보통은행업무를 행하여 … 이는 명확히 변칙
또는 불합리함과 동시에 이것 때문에 鮮內의 보통은행은 얼마간 경과해도 신
장할 수 없다. 경제정도가 낮은 조선에서 一方에는 유력한 내지은행의 지점망
이 있고 他方으로는 2대 특수은행이 동업을 영위하므로 조선에서 生拔 銀行
은 신장하려 해도 신장할 수 없다. 은행분야의 확립으로부터 말하면 鮮銀은
발권은행으로서 "은행의 은행"인 본래의 사명에 立歸하고 殖銀은 오로지 부
동산금융에 국한하고, 내지의 지점은행을 조선으로부터 철퇴하여 鮮內의 상
업금융은 오로지 鮮內의 보통은행으로 하여금 장악케 하는 것이 本則이다.
금후 금융통제는 모름지기 이 경지의 개척에 향해야 한다.… 이미 은행분야
확립의 시기는 도래했다고 생각된다.…"

103)『東亞日報』1936년 1월 23일자,「朝鮮殖銀을 母胎로 工鑛銀行創立說」; 朝
鮮經濟新報社,「內外批判－鮮內金融の統制」,『朝鮮經濟新報』1936년 1월 25
일자, 5쪽.

1936년 10월에 개최된 '조선산업경제조사회'에서도 이 문제가 토론되
었으나, 조사기관을 설치하여 "기업금융 개선"과 "금융기구 개선"에 대
해 구체안을 수립한다는 선에서 마무리되었다.[104] 아무것도 해결되지
않은 채 모든 것이 뒤로 미루어졌다.

1937년에 들어서면 상황이 일변하여 문제해결에 가속도가 붙는다. 그
배경은 첫째, '만주'에서 철수한 조선은행의 조선 내에서의 지위 문제,
주로 조선식산은행과의 갈등이었다. 조선은행은 그동안 주력 업무지역
이었던 '만주'에 만주흥업은행(滿洲興業銀行, 1937. 1. 1. 개업)이 설립됨
에 따라 북중국 등지로 진출을 꾀하는 한편, 조선에서의 지위 확보에
노력했다. 그 주된 내용은 보통은행의 중앙기관으로서 조선 내 상업금
융을 장악하는 것으로, 이에 가장 걸림돌이 되었던 것은 같은 특수은행
인 조선식산은행의 보통은행업무였다.[105] 둘째, 1937년 일본에서 입안

---

104) 朝鮮産業經濟調査會 編, 『朝鮮産業經濟調査會議事要項』, 朝鮮敎育圖書出
版部, 1936, 82~85쪽. 원래 총독부의 안은 起業金融, 즉 광공업금융을 전담할
새로운 금융기관을 설치한다는 것이었으나, 당시 조선식산은행장 有賀光豊의
반대로 "起業金融機關 설치"가 아니라 "起業金融 개선"으로 조정되었다. 有
賀光豊은 상업금융은 양보할 수 있어도 광공업금융을 전담하는 새로운 금융
기관이 설치되면 조선식산은행을 비롯한 여타 금융기관이 약해진다고 하며
강하게 반대했다(朝鮮總督府, 『朝鮮産業經濟調査會會議錄』, 1936. 10, 493~
494, 501쪽). 보통은행 문제에 대해서는 주로 조선상업은행 이사였던 朴榮喆이
중소상공업금융과 관련하여 발언했다. 그는 식산계와 금융조합의 관계처럼
상공조합을 결성하여 보통은행과 연결하고 보통은행에 대장성 예금부가 저리
자금을 공급해줄 것을 요청했다. 이는 특수금융기관의 저리자금 운용으로 압
박받던 보통은행측 입장을 대변하여 저리자금 운용 이익을 공유하자는 주장
이다(朝鮮總督府, 같은책, 507~508, 517~520쪽 ; 『東亞日報』 1932년 7월 17일
자, 「都市金組의 中小金融業 乙種銀行에 頭痛」 ; 『東亞日報』 1935년 11월 8일
자, 「低資流入旺盛으로 普通銀行 苦悶」).

105) 『東亞日報』 1937년 7월 9일자, 「金融機構整備 어떠케 되어왓는가③(全弘
鎭)」 ; 『東亞日報』 1937년 7월 10일자, 「金融機構整備 어떠케 되어왓는가④(全
弘鎭)」 ; 李健赫, 「朝鮮의 金融統制(上)」, 『朝光』 21호, 1937. 7, 133쪽 ; 李健赫,
「朝鮮의 金融統制(下)」, 『朝光』 22호, 1937. 8, 148~149쪽 ; 矢尾板正雄, 『昭和
金融政策史』, 皇國靑年敎育協會, 1943, 321~322쪽 ; 『朝鮮銀行史』, 489~502
쪽.

된 '중요산업5개년계획'과 발맞추기 위해서도 광공업금융기관 문제가 시급히 해결되어야 했다.[106] 먼저 일본 대장성을 중심으로 1937년 초에 작성된 안은 다음과 같았다.

1. 조선은행 : 현재대로 발권은행으로 하고 또한 보통은행업무도 행하여 의연 전선(全鮮) 금융기관의 중추로 한다.
2. 조선식산은행 : 종래 상업금융업무에 현저히 진출했던 것을 억제하고 오로지 부동산금융업무에 한정한다.
3. 동양척식주식회사 : 주로 부동산 이외의 산업금융업무에 한정한다.
4. 보통은행 : 보통은행업무의 촉진을 도모하기 위해 총독부에서 현존은행의 활동을 조장(助長)할 방책을 강구한다.
5. 금융조합 : 일본의 신용조합과 같이 오로지 조합원에 대한 금융업무에 한정시키고 현재 보통은행업무를 압박하는 제점(諸點)을 시정한다.[107]

보통은행의 입장에서는 특수금융기관의 보통은행업무가 조선은행을 제외하면 모두 철폐(조선식산은행) 또는 제한(금융조합)되어 환영할만했다. 광공업금융은 새로운 기구를 수립하는 것보다 동양척식주식회사가 전담하는 방향으로 가닥이 잡혔다. 이 안에 가장 불만인 쪽은 조선식산은행이었다. 보통은행업무 철폐로 상업금융에서 멀어졌으며, 동척의 광공업금융 담당으로 활동범위가 부동산담보에 의한 농업금융으로 축소되었다. 여태껏 조선은행이 "야유(夜遊)"하는 동안 충실히 조선을 지키면서 총독부의 "입의 혀" 역할을 담당했던 조선식산은행으로서는 반발하지 않을 수 없었다.[108] 그래서인지 1937년 7월경이면 특수은행의

---

106) 『東亞日報』 1937년 7월 4일자, 「朝鮮內金融機構 整備改善決定」; 『東亞日報』 1937년 7월 7일자, 「金融機構整備 어떠케 되여왓는가①(全弘鎭)」.
107) 矢尾板正雄, 앞의 책, 1943, 323~324쪽. 다른 자료에는 동양척식주식회사는 "공업금융업무에 한정한다"고 했다(李健赫, 「朝鮮의 金融統制(下)」, 『朝光』 22호, 1937. 8, 150쪽).

겸업도 계속 유지되는 쪽으로 기울어졌으며,[109] 또한 중일전쟁 발발로 모든 특수금융기관이 광공업금융에 달라붙어야 했다.[110] 당시 재무국장이었던 미즈타(水田直昌)는 "전쟁 때문에 엉망이 되어버렸다"고 회고한다.[111]

그러나 모든 것이 엉망은 아니었다. 총독부가 1920년대 이래 꾸준히 추구했던 '은행합동론'은 전쟁에도 불구하고, 아니 전쟁으로 더욱 힘을 얻어 계속 추진되었다. 신「은행령」의 유예기간이 끝난 1933년 본점보통은행은 8행으로 정리되었음에도 이에 만족하지 않고 1935년 부산상업은행을 조선상업은행에 합병시켰다. 다시 1936년 일본에서 대장성이 '1현 1행주의'에 입각하여 보통은행에 대한 통제를 꾀하자 총독부는 이에 힘입어 보통은행간의 합동안을 마련하기 시작했다.[112] 이에 대해 반

---

108) 水田直昌・土屋喬雄 編述, 앞의 책, 88쪽 ; 李健赫, 「朝鮮의 金融統制(下)」, 『朝光』 22호, 1937. 8, 148~150쪽.

109) 『東亞日報』 1937년 7월 18일자, 「金融機構改革에 新機關은 不設立 世傳되는 大體要旨」 ; 『東亞日報』 1937년 7월 25일자, 「朝鮮, 殖産兩行의 商業金融이 問題 機構改革上 一難關」. 戰時期에 조선식산은행의 보통은행업무가 계속 유지된 데 대해 당시 조선식산은행 조사과에 근무했던 日淺不加之는 "시국의 요청" 때문이었다고 한다[日淺不加之, 「近代朝鮮に於ける普通銀行の創生と發展の過程」, 『朝鮮近代史料研究集成 第4號 財政・金融關係重要文獻特集』(財團法人友邦協會 朝鮮史料研究會 編), 1961, 146쪽]. 이로 볼 때 조선총독부는 민간 보통은행보다 제어하기 쉬운 조선식산은행에서 상업금융을 계속 담당케 하여 자금통제를 꾀하였다고 볼 수 있다.

110) 당시 조선 내 지위 문제로 조선은행과 마찰을 빚었던 조선식산은행장 有賀光豊이 퇴진하고 총독부 재무국장 林繁藏이 그 후임으로 취임하자(1937. 10), 이를 계기로 금융기구의 개선이 기대되었다(『東亞日報』 1937년 10월 28일자, 「有賀頭取辭任으로 金融機構問題再展」 ; 『東亞日報』 1937년 11월 9일자, 「轉換期에 立한 殖銀 商業金融問題等 林頭取 對策注目 金融機構問題에도 相通」 ; 朝鮮經濟新報社, 「經濟槪觀－金融機構改善の時機到來」, 『朝鮮經濟新報』 1937년 11월 15일자, 6쪽). 그러나 이후에도 조선식산은행은 계속 보통은행업무를 겸업했으며 광공업금융의 중심이 되었다. 단 1940년 한성은행에 대한 지배권을 조선은행에게 양도함으로써 조선은행의 보통은행에 대한 일원적 통제가 이루어졌다.

111) 水田直昌・土屋喬雄 編述, 앞의 책, 88쪽.

대가 없었던 것은 아니다. 이미 1차 합동이 완료되어가는 1933년 당시
에도 이제 "대합동"보다 "합리적 경영"이 더 필요하다는 주장이 제기
되었으며,[113] 이후에도 보통은행측은 합동보다 지방진출을 선호했
다.[114] 지방진출을 모색했던 것은 조선상업은행, 한성은행, 동일은행과
같은 경성의 대은행이었다. 그러나 지방 곳곳에 이미 조선식산은행과
금융조합이 포진하고 있어 얼마나 효과를 얻었는지는 미지수이다.[115]
지방진출을 꾀할 수 없었던 경성의 소은행 또는 지방은행의 입장은 어
떠했을까. 다음 글은 이들의 입장을 가장 잘 대변해준다.

　…… 종래 당국의 금융통제 역사를 회고컨대 그것은 곧 군소 금융기
관을 정리 도태하는 역사 …… 금융기관 집중의 역사이었다.…… 물론
당국은 이것을 설명하여 가로되 다수의 군소 금융기관이 분산적으로 존
재하야 각각 영세한 자금을 수집하야 이 박약한 기초 위에서 경영을 계
속하기 때문에 쓸데없는 경쟁을 함으로써 예금자에게 불측(不測)의 손실
을 끼치게 되는 것이니 차등(此等) 군소 금융기관을 정리 도태하지 않으
면 아니된다고 한다. 확실히 사리의 일면을 포착했다. 그러나 우리는 다
른 일면을 간과할 수 없는 것이다. 즉 중소금융기관은 당국이 말한 바와
같은 폐해를 나타내고 있는 동시에 그것은 자금이 적다 할지라도 견실
한 경영하에서 중소상공농의 금융수행에 적지 않은 임무를 행하여왔다
는 공적의 일면을 간과하고 그 폐해의 일면만을 들추어 집중적 의의 외
에 아무것도 아닌 통제를 강행하여보라. 중소상공농의 금융은 경색하지

112) 『東亞日報』 1936년 7월 9일자, 「朝鮮內서도 銀行統制 大藏省의 一縣一行
　　主義에 追隨해 統制形式如何가 注目」 ; 『東亞日報』 1936년 8월 2일자, 「朝鮮
　　內普銀 第二次統制斷行? 財務當局에서 考慮中」.
113) 『東亞日報』 1933년 3월 31일자, 「말성만혼 乙銀大合同 經營의 合理化로 反
　　對說 擡頭」.
114) 주 99) 및 『東亞日報』 1936년 2월 25일자, 「苦悶打開策으로 普銀地方進出
　　加勢, 殖銀과 金融組合의 挾攻中에서 注目되는 그 維持와 發展」 ; 『東亞日
　　報』 1936년 8월 9일자, 「普銀更生策은 合同보다 地方進出」.
115) 『東亞日報』 1936년 5월 21일자, 「銀行支店設置 飽和狀態에 到達」.

않을 수 없다는 큰 문제를 파생 …… 군소 은행 내지 기타 군소 금융기
관을 대은행 내지 기타 대금융기관의 일개의 지점으로 만들어버린다면
자연 대경영의 특질로서 경영은 획일적에 흘러 대인적(對人的) 신용과 같
은 것은 도저히 기대할 수 없는 것이니 대인적 신용밖에 아무것도 가지
지 못한 중소상공농의 금융은 어떻게 될 것인가? 그러므로 당국은 모름
지기 금융통제에 있어서 군소 은행, 기타 군소 금융기관의 정리 도태를
능사로 삼을 것이 아니라 차등 군소체의 기초로 하여금 박약케 하는 다
른 중대한 사실에 좀더 착안하야 이 사실을 시정함에 노력함으로써 그
경영을 적의(適宜)히 보호유액(保護誘掖)하야 종래의 그 임무를 더욱 효과
적으로 발휘케 하는 것이 타당함이 아닐까 한다. 주지한 바와 같이 조선
내 군소 금융경영체의 기초를 박약케 하는 것은 횡적 경쟁보다도 종적
경쟁에 있는 것이다. 물론 차등 군소체는 그들의 적(敵)을 횡단면에서도
발견하지 않는 것은 아니로되 그들은 그보다도 몇 배의 강적을 횡단면
의 상(上)에서 하(下)에서 맞고 있다. 요컨대 그들의 경영기초의 박약성은
조선 내의 난마와 같은 금융기구 그것에서 필연적으로 파생한 것이니
모름지기 이 점을 시정하야 각 금융기관으로 하여금 각자의 영역을 고
수케 하는 것이 선결문제일 것이다. 이 점에 먼저 통제의 일봉을 가한다
면 당국이 염려함과 같은 군소 금융경영체의 폐해의 일면은 상당한 정
도로 해소될 것을 우리는 믿는 바이며 그 다음에 당국이 적의히 보호 조
성한다면 여기에 사반공배(事半功倍)의 효과를 얻을 수 있을 줄로 믿는
바이다.……116)

군소 은행은 중소상공농(中小商工農) 금융이라는 고유 역할이 있는데
대은행에 합병되면 그 역할을 수행할 수 없다. 합병만이 능사는 아니
다. 군소 은행의 기초를 박약케 하는 것은 횡적 경쟁보다 종적 경쟁에
있다. 보통은행 간의 경쟁보다 위로 특수은행, 아래로 금융조합 같은
특수금융기관과의 경쟁이 더욱 군소 은행을 압박한다. 따라서 각 금융

---

116) 『東亞日報』 1936년 7월 19일자, 「(社說)朝鮮內의 金融統制問題 群小體의
淘汰만이 能事 아니다」.

기관이 각자의 영역을 고수하는 것이 합병보다 더 중요하다는 것이다. 소은행 입장에서 '은행분업론'을 전개한 것이라고 볼 수 있다.

그러나 총독부는 전쟁으로 금융 전반에 대해 통제를 가했으며 보통은행도 예외는 아니었다. 특히 경성의 소은행인 해동은행이 1938년 한성은행에 합병된 후 지방은행에 대한 합병이 집중적으로 거론되었다. 주된 논리는 공채소화(公債消化)를 위한 금리인하와 평균화였다. 전비 마련을 위해 발행한 공채를 원활히 소화하기 위해서는 금융적으로 공채보다 유리한 투자처가 없어야 했다. 이에 따라 금리인하와 평균화가 추진되었는데, 중앙과 달리 금리도 높고 각 지방의 사정에 따라 다른 금리를 적용했던 지방은행이 걸림돌이 되었던 것이다.[117] 결국 1942년 5월 호남은행이 동일은행에 합병되는 것을 끝으로 지방은행은 완전히 소멸되었다.

<표 1 - 8>을 보면 1937년에서 1945년 9월 사이의 예금증가율은 특수은행이 4.2배로 보통은행 2.6배에 비해 높다. 그러나 1945년 9월의 수치는 일제 패망 후 일본인의 예금인출을 반영한 것으로 전시기(戰時期) 예금증가 추세를 보기 위해서는 1944년과 1937년의 수치를 비교할 필요가 있다. 1944년까지 예금증가율은 본점보통은행(9.9배) 〉 조선식산은행(8.0배) 〉 조선저축은행(6.3배) 〉 조선은행(5.1배) 〉 지점보통은행(4.0배) 순으로 본점보통은행의 증가율이 높다. 이를 반영하여 보통은행 전체가 8.0배로 특수은행 전체 6.7배를 능가한다. 전시기에 들어서면서 본점보통은행이 강제저축을 통해 예금을 증대시키고 있었음을 알 수 있다. 이러한 증가를 배경으로 본점보통은행의 평균예금점유율은 이전 시기 27.1%에서 28.5%(1944년까지는 28.7%)로 약간 상승했다. 그러나 여전히 조선식산은행의 29.6%(30.1%)보다 낮은 비중이며, 특수은행 대 보통은

---

117) 『東亞日報』 1938년 7월 15일자, 「朝鮮內各普銀 資金의 原價問題 當面引下論 이 有力」; 『東亞日報』 1938년 8월 5일자, 「조선내 금융기관 정비단행을 예상」; 『東亞日報』 1938년 9월 13일자, 「지방은행합동론 금융관계 방면에 대두」; 『東亞日報』 1939년 1월 17일자, 「지방은행 존재가치 자주적 의의 희박」.

행은 62.4%(61.0%) 대 37.5%(38.9%)로 이전 시기보다 그 간격이 더 벌어
졌다. 이는 주로 지점보통은행분의 감소에 따른 것이다.

이 시기 상업대출의 추이는 증가율이나 평균비중에서 특수은행의 비
약적 증가, 보통은행의 부진 또는 감소로 특징지어진다. 이는 전시기에
들어서면서 총독부가 군수산업 육성을 위해 자금통제를 강행한 결과
본점보통은행은 자금조달을 위한 저축기관으로, 특수은행은 자금공급
기관으로 이원화되었기 때문이다. 본점보통은행은 예금이 증가되어도
그 자금을 마음대로 융통할 수 없는 상황이었다.

농공은행에 이어 조선식산은행도 보통은행업무를 겸업했다. 1920년
대 중반 이후 보통은행의 경영이 악화되자 금융제도 개선의 방향으로
'은행합동론'과 '은행분업론'이 제시되었다. '은행합동론'은 보통은행이
겪는 경영난의 원인을 주로 본점보통은행 자체의 부실경영에서 구했으
며, 자본의 충실·경쟁완화·경비절감을 꾀하기 위해 본점보통은행 간
의 합동을 제기하는 것이다. '은행분업론'은 경영난의 원인을 주로 금
융제도의 결함에서 찾았으며, 보통은행의 영업기반을 잠식하는 특수은
행 또는 특수금융기관의 겸업을 철폐 또는 제한해야 한다는 것이다. 이
두 가지 논의는 각각 분업이나 합동의 중심으로 경성의 보통은행을 내
세우는 '중앙주의' 또는 '대은행제', 지방은행 나름의 고유 기능을 강조
하는 '지방주의' 또는 '소은행제'와 결합되어 전개되었다.

보통은행은 대부분 금융제도의 결함을 문제삼는 '은행분업론'을 주
장했으나, 특수은행은 이에 반대했다. 조선식산은행의 경우처럼 보통
은행업무는 특수은행 발전의 한 축으로서 포기할 수 없는 기득권이었
던 것이다. 조선총독부는 '은행분업론'을 구상하긴 했으나 현실에서는
보통은행 자체의 부실경영을 문제삼는 '은행합동론'을 추진하여 특수
은행의 편을 들었다. 특히 1930년대 중반 이후 전시기에 들어서면서부
터는 금융통제상의 이유로 중앙의 대은행을 중심으로 은행합동이 추진
되었다.

특수은행의 보통은행업무가 유지되고 중앙 대은행 중심의 은행합동
이 전개됨에 따라 대부분 지방의 소은행으로 존재하던 조선인 보통은
행은 소멸했다. 경성의 대은행 중에서 유일하게 조선인 은행으로 살아
남은 조흥은행(朝興銀行)[118]도 '내선일체' 정책에 따라 일본인 보통은행
인 조선상업은행과 합병이 고려되었다.[119] 조선총독부가 '은행분업론'
을 추진한다 해도[120] 그 혜택을 누릴 수 있는 조선인 보통은행이 얼마
나 남았을지는 의문이다.

---

118) 조흥은행은 1943년 漢城銀行과 東一銀行의 합병으로 설립되었다. 이 두 은
   행이나 조흥은행은 자본참여나 자금운용면에서 비교적 조선인 비중이 높았던
   조선인 은행이라고 볼 수 있다. 그러나 경영권은 이미 일본인 손에 있었다.
   한성은행은 경영위기를 틈타 1928년부터 조선식산은행 출신 일본인이 경영권
   을 장악했다. 韓一銀行과 湖西銀行의 합동으로 1931년에 설립된 동일은행도
   1934년 총독부가 경영위기를 빌미로 일본인 상무이사를 파견했으며, 1937년
   조선인 중역이 대거 퇴진함에 따라 일본인 경영권이 확립되었다. 두 은행이
   합쳐져서 설립된 조흥은행의 은행장[頭取]도 日本銀行 출신인 岩坪友至였다
   (尹錫範 外, 앞의 책, 245~247, 257~259, 269쪽).
119) 조선식산은행장으로 취임한 林繁藏을 대신하여 1937년 말 재무국장이 된
   水田直昌은 은행합병 방침으로 우선 조선인 은행의 합병을 꾀하고, 그 다음
   에 "內鮮人의 銀行"을 합병하려 했다고 한다(水田直昌·土屋喬雄 編述, 앞의
   책, 1962, 76쪽). 조선상업은행은 대한천일은행이 1911년에 개칭된 것으로 1910
   년대에 이미 자본이나 경영면에서 일본인 은행이 되었다. 1920, 30년대를 거
   치면서 조선총독부의 대은행 중심 '은행합동론'을 구현했으며, 1941년 大邱商
   工銀行을 합병함으로써 유일한 일본인 본점보통은행이 되었다(尹錫範 外, 앞
   의 책, 213~214, 266쪽).
120) 水田直昌은 戰時期에도 '은행분업론'을 구상했으나 전쟁 때문에 실현되지
   않았다고 한다(水田直昌·土屋喬雄 編述, 앞의 책, 87쪽).

제2부 농공은행·조선식산은행의 자금조달과 운용

제1장 자금조달의 한계와 상업금융(1906~1917)

1. 자금조달과 운용의 근대성·식민지성

조선식산은행의 자금조달과 운용에 관한 기존 연구 중 대표적인 것은 호리 가즈오(堀和生)와 배영목의 논문이다.[1] 이들의 연구에 의해 조선식산은행이 주로 채권발행을 통해 일본자본을 도입했으며, 1937년 이후 강제저축을 통해 조선에서 조달한 자금의 비중도 높아졌다는 대략의 윤곽이 밝혀졌다. 일본에서 자금을 도입했던 배경으로 식민지 경제정책, 일본의 유휴자본 형성, 조선의 자금부족, 일본과 조선을 연결했던 일본금융업자·대장성 예금부의 활동이 강조되었다. 자금운용에 대해서는 두 연구 모두 농업에 한정하여 5~6정보 이상의 토지를 소유한 지주가 대출받을 수 있었다고 한다.

이러한 연구성과를 바탕으로 제2부에서는 '수신(受信)의 사회화'와 '여신(與信)의 집중화'라는 분석틀에 의해 농공은행·조선식산은행의 자금조달과 운용의 특성을 파악하려고 한다. 수신의 사회화는 자금조달 측면에서, 여신의 집중화는 자금운영 측면에서 발현되는 금융의 근대적 요소로 상호 모순, 발전한다.[2] 전근대금융은 자기자본을 주요 자금원으로 삼지만, 근대금융은 광범위하게 조달된 타인자본에 기반하고

---

1) 堀和生,「植民地産業金融と經濟構造―朝鮮殖産銀行の分析を通じて」,『朝鮮史研究會論文集』第20集, 1983 ; 裵永穆, [植民地 朝鮮의 通貨金融에 관한 硏究], 서울대 경제학과 박사학위논문, 1990.
2) 은행에 국한해볼 때 전근대와 크게 구별되는 근대적 요소는 은행권, 예금통화 같은 신용화폐를 창출한다는 점이다. 신용화폐 창출과 관련된 업무는 주로 발권은행과 일반 상업은행에서 이루어진다.

있다. 이렇게 수신의 범위를 전사회적으로 확대하는 것이 근대금융의 한 특성이라고 할 수 있다.[3] 여신의 집중은 기본적으로 은행의 이윤추구 때문에 발생하고 독점기업의 이해와도 맞닿아있다. 은행은 수신과정에서 지불해야 할 자금조달 비용과 이익 확보를 위해 안전한 투자처를 찾게 되고, 그 과정에서 여신은 이윤을 극대화할 수 있는 곳으로 집중된다. 금융자본과 독점대기업의 결합도 여신 집중화의 한 현상이라고 볼 수 있다. 이러한 수신의 사회화와 여신의 집중화를 동시에 파악할 때 금융부문에 나타난 근대성의 양상과 모순에 접근할 수 있다고 생각한다.[4]

　이러한 수신과 여신의 근대적 특성이 식민지 조선에서 어떻게 발현되는가, 그 식민지성은 무엇인가를 조선식산은행을 통해 살펴보겠다. 1906~1917년, 1918~1936년, 1937~1945년 세 시기로 나누어 첫째, 자금조달 과정에 나타난 '수신의 사회화'의 특성과 식민지적 조건을 파악하고, 이런 맥락에서 일본자본 도입이 갖는 의미를 고찰할 것이다. 둘째, 자금운용상에 나타난 '여신의 집중화'에 대해서는 일정 계층 이상만이 대출받을 수 있었다는 차원을 넘어, 시기별로 각 산업부문에서 나타나는 변화양상을 조선경제 및 민족별 동향과 연결하여 규명할 것이다. 셋째, 자금조달과 운용에서 큰 비중을 차지하는 일본과의 자금유출입 실상을 밝히고, 그것이 조선경제에서 갖는 의미를 파악해보겠다. 특

---

3) '수신의 사회화'에 대해서는 루돌프 힐퍼딩, 김수행·김진엽 공역, 『금융자본』, 새날, 1994, 117쪽 참조.
4) 이와 관련하여 '수신의 사회화'와 '여신의 집중화'를 '公共性'과 '營利性'의 모순으로 파악한 野田正穗의 글을 참조할 수 있다. 그는 은행이 국민의 저축기관으로서, 또한 화폐자본의 배분기관으로서 강한 사회적 성격[公共性]을 띰에도 불구하고 영리를 위해 대기업 본위로 자금을 운용하는 점을 비판하고, 이러한 은행의 公共性과 營利性의 모순에서 금융민주화의 필요성을 제기하며 여러 나라의 역사적 경험을 검토했다(野田正穗, 「金融の民主的改革とその展望」, 『講座　今日の日本資本主義　6 : 日本資本主義と金融・證券』, 大月書店, 1982).

히 일본인의 은행 지배가 지속되는 1945년 9월경까지를 다룸으로써 금융 차원에서 식민지배의 귀결을 드러내고자 하였다.[5]

2. 예금 중심의 자금조달과 조선총독부의 지원

농공은행의 자금은 조달방식에 따라 크게 자기자본(납입자본과 적립금) 축적, 예금 수신, 채권발행, 차입으로 나누어볼 수 있다. <표 2 - 1>과 <그림 2>는 1906년부터 1917년까지 농공은행의 자금조달 상황을 나타낸 것이다.

이 시기 농공은행의 자금조달액은 1906년 110.6만 엔에서 1917년 2166.3만 엔으로 19.6배 증가했다. 예금은 이 기간 동안 59.7배 증가하여 자금 증가를 주도했다. 전체 자금조달액 중에서 차지하는 비중도 1908년 이후 줄곧 수위를 점했으며, 이 기간 평균 42.9%의 비중을 점했다.

예금 다음으로 큰 비중을 차지했던 것은 채권발행이다. 채권발행고는 이 기간 동안 6.7배 증가했으며, 전체 자금조달액에서 차지하는 비중은 평균 24.2%로 예금 다음으로 높았다. 그러나 다소 등락은 있지만 예금의 비중이 상승추세라면 채권발행의 비중은 하락추세였다. 이러한 상승과 하락의 교차로 전체 자금조달액 중 예금과 채권발행 양자가 차지하는 비중은 이 기간 내내 60~70%를 유지했다. 예금과 채권발행으로도 부족한 자금은 차입금으로 충당했다. 주로 상급 금융기관인 조선은

---

5) 조선 전체의 자금유출입을 다룬 연구로 山本有造, 『日本植民地經濟史硏究』, 名古屋大學出版會, 1992 ; 金洛年, 『日本の植民地投資と朝鮮經濟の展開』, 東京大 博士學位論文, 1992가 있다. 그러나 자금유출입이 가장 격렬했던 1945년 8월 15일 전후는 다루지 않았다. 금융기구에 한정했지만 해방 전후까지 포괄하여 자금유출입의 실상을 밝힌 것으로 정병욱, 「식민지 금융기구를 통한 자금의 유출입과 성격」『일본의 본질을 다시 묻는다』, 한길사, 1996(이 책의 제2부 보론)이 있다.

<표 2 - 1> 농공은행의 자금조달 추이(1906~1917)

연도말	자기자본	(납입자본)	(적립금)	예금고	채권발행고	차입금	합
(금액)							단위 : 천엔
1906	493	493	0	163	450		1,106
1907	574	559	15	511	450		1,535
1908	639	555	84	752	750		2,141
1909	669	555	114	1,650	1,050	215	3,584
1910	669	555	144	3,205	1,010	731	5,645
1911	1,003	818	185	4,100	1,970	1,115	8,188
1912	1,728	1,348	380	4,469	1,780	1,877	9,854
1913	1,946	1,467	479	4,599	2,990	1,700	11,235
1914	2,019	1,469	550	4,718	2,910	1,955	11,602
1915	1,956	1,469	487	6,456	2,320	1,709	12,441
1916	1,686	1,469	499	8,017	1,739	2,856	14,580
1917	2,021	1,469	552	9,734	3,000	6,908	21,663
증가율	4.1배	3.0배	36.8배	59.7배	6.7배	32.1배	19.6배
(비중)							단위 : %
1906	44.6	44.6	0.0	14.7	40.7	0.0	100.0
1907	37.4	36.4	1.0	33.3	29.3	0.0	100.0
1908	29.8	25.9	3.9	35.1	35.0	0.0	100.0
1909	18.7	15.5	3.2	46.0	29.3	6.0	100.0
1910	12.4	9.8	2.6	56.8	17.9	12.9	100.0
1911	12.2	10.0	2.3	50.1	24.1	13.6	100.0
1912	17.5	13.7	3.9	45.4	18.1	19.0	100.0
1913	17.3	13.1	4.3	40.9	26.6	15.1	100.0
1914	17.4	12.7	4.7	40.7	25.1	16.9	100.0
1915	15.7	11.8	3.9	51.9	18.6	13.7	100.0
1916	13.5	10.1	3.4	55.0	11.9	19.6	100.0
1917	9.3	6.8	2.5	44.9	13.8	31.9	100.0
평균비중	20.5	17.5	3.0	42.9	24.2	12.4	100.0

* <부표 1> 참조.
* 적립금과 차입금의 증가율은 각각 1907년, 1909년 기준 수치이다.

행에서 조달한 차입금은 1910년대에 들어 증가했으며, 특히 농공은행
이 경영난에 빠졌던 1916, 1917년에는 예금 다음의 비중을 점했다.[6]

---

6) 농공은행은 이외에도 정부의 보조를 받았다. 貸下金의 연도말 잔고를 보면
1907년 100.3만 엔, 1908년 114.4만 엔, 1909~1911년 113.4만 엔, 1912년 147.9
만 엔, 1913년 146.9만 엔, 1914~1917년 145.9만 엔이었다[朝鮮總督府財務局,
『朝鮮金融事項參考書(1939年調)』, 33쪽]. 뒤의 조선식산은행의 자금조달 분석

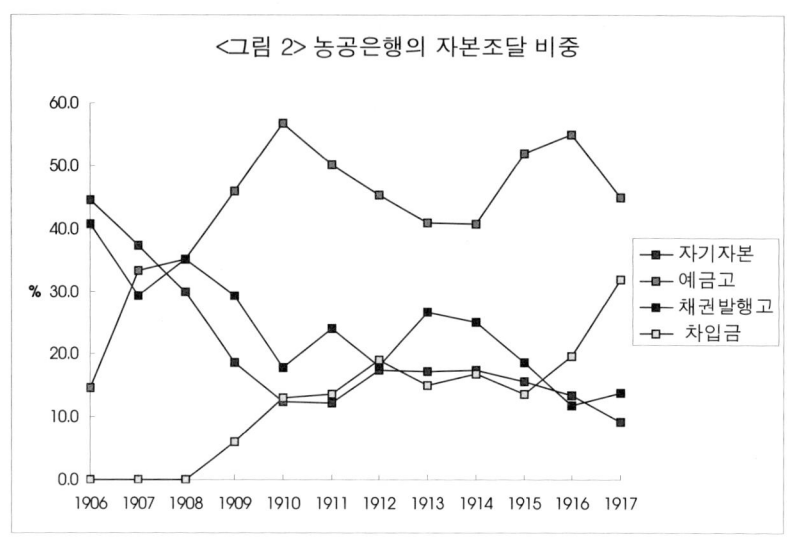

농공은행의 자금조달을 지역별로 나누어보면, 조선 내의 비중이 70
~80%를 차지했다(<그림 7> 참조). 채권발행을 통해 도입된 조선 외의
자금 중에는 상당수가 조선에서 일본으로 유출되었던 우편저금이 환원
된 것으로 간주할 수 있으므로,[7] 실제 조선 내의 비중은 더 높다고 할
수 있다. 일제는 농공은행을 통해 이 시기 유통부문 재편에 필요한 자
금을 '현지조달(現地調達)'했던 것이다.

　전체적으로 농공은행은 예금을 주(主)로 하고 채권발행을 종(從)으로
하면서 자금을 조달했다. 농공은행의 주된 자금원이었던 예금의 주요
내역을 정리한 것이 <표 2‐2>이다. 예금종류별로 보면 상대적으로
장기자금인 정기예금의 비중이 낮았다. 전체 예금액 중 정기예금은
20% 전후의 비중을 점했다. 나머지는 당좌예금, 특별당좌예금 같은 단
기자금이었다. 예금주를 민족별로 나누어 보면 조선인은 대략 30~40%

　　과 일관성을 유지하기 위해 貸下金을 자금조달 내역에 포함시키지 않았으나
　　농공은행 초기에는 주된 자금원이었다.
　7) 농공은행의 채권발행 상황에 대해서는 이 책의 제2부 보론 1장 참조.

<표 2 - 2> 농공은행의 예금내역(1906~1917) (단위 : 천엔, %)

연도 말	예금액	예금종류별 비중				예금주별 비중			민족별 비중		농은 예금/ 자기자본	보은 예금/ 자기자본
		정기	당좌	특별 당좌	기타	관공서	동업 자	민간	조선 인	일본 인		
1906	163	8.0	77.3	11.0	2.5	?	?	?	?	?	0.33	2.95
1907	511	22.7	52.3	19.6	5.3	1.2	?	?	?	?	0.89	2.77
1908	752	22.5	44.7	27.3	5.3	0.1	?	?	41.9	55.2	1.18	1.91
1909	1,650	24.5	37.8	23.4	14.2	5.5	?	?	42.7	55.8	2.47	2.65
1910	3,205	19.3	28.8	21.2	30.7	19.7	?	?	34.9	64.1	4.59	3.75
1911	4,100	17.0	25.3	25.4	32.2	23.1	?	?	30.2	55.7	4.09	1.70
1912	4,469	12.9	21.7	28.4	37.0	25.0	?	?	24.1	73.3	2.59	0.91
1913	4,599	14.2	20.9	33.6	31.3	18.3	?	?	41.0	56.8	2.36	0.79
1914	4,718	13.8	19.8	34.1	32.3	18.7	?	?	41.9	56.8	2.34	0.77
1915	6,454	17.0	22.4	37.5	23.1	14.2	?	?	40.8	57.5	3.30	1.00
1916	8,017	20.7	19.4	37.2	22.7	13.1	1.0	85.9	35.4	63.6	4.07	1.50
1917	9,734	22.6	19.8	38.7	19.0	10.5	0.5	89.1	32.6	66.2	4.82	1.77

* <부표 2> 참조.

를 차지한 반면, 일본인은 50~60%를 차지하여 일본인의 예금에 더 많이 의존하고 있었다.

자금조달 측면에서 근대금융의 특성은 광범위하게 타인자본을 모으는 '수신의 사회화'가 이루어진다는 데 있다. '수신의 사회화'의 척도인 '예금 / 자기자본'비를 보면 농공은행은 설립 초기인 1906, 1907년을 제외하면 1을 넘어서고 있어 자기자본보다 많은 예금을 흡수했음을 알 수 있다. 1910년대에는 다소 기복은 있지만 자기자본에 비해 2~4배 정도 많은 예금을 흡수했다. 본점보통은행과 비교하면 농공은행 쪽이 1910년 이후 '예금 / 자기자본'비가 높았다.[8] 상대적으로 농공은행이 '수신의 사회화'가 잘 이루어졌다고 할 수 있다.

이 시기 농공은행이 본점보통은행에 비해 상대적으로 '수신의 사회화'

---

8) 본점보통은행의 경우 1912년 이후 다수의 신설은행이 설립됨에 따라 초기 현상으로서 '예금／자기자본'비가 낮아졌다는 점을 감안해야 할 것이다. 1918년 이후의 상황을 보면 본점보통은행의 '예금／자기자본'비는 꾸준히 증가하고 있다(<표 2 - 8> 참조).

<표 2-3> 경성의 은행별 예금금리(1912~1917)

연도	조선은행	제일은행	백삼십은행	십팔은행	한호농공	조선상업	한성은행	한일은행
정기예금 (단위 : 分)								
1912	53	55	55	55	60	63	53	60~53
1913	60	62	60	65~55	63	63	63	63~55
1914	60	62	62	60	65	65	65	65~55
1915	55	55	55	62~50	65	60	60	60
1916	50	50	50	50	60	55	55	55
1917	50	50	50	50	60	55	55	55
당좌예금 (단위 : 厘)								
1912	8	8	8	8	10	10	10	10
1913	9	10	10	10	11	12	10	10
1914	9	10	10	10	11	10	10	10
1915	7	7	7	7	10	8	8	8
1916	5	5	5	6	8	6	6	6
1917	5	5	5	5	8	6	6	6

* 朝鮮總督府京畿道, 『朝鮮總督府京畿道統計年報』 해당연도판.

가 잘 이루어졌던 원인은 무엇일까. 우선 금리의 측면을 보면 농공은행의 예금금리는 본점보통은행과 비슷하거나 낮았다. 1916~1917년 평양의 각 은행별 금리를 보면 평안농공은행은 정기예금금리(6개월 이상, 年利, 평균) 5.5%, 당좌예금금리(日步, 평균) 7리로 지점보통은행인 백삼십은행 (百三十銀行), 본점보통은행인 한성은행과 같았다. 반면에 조선은행은 각각 5.0%, 5리였으며, 본점보통은행인 삼화은행(三和銀行)은 각각 6.0%, 8리였다.[9]

1915년 원산의 각 은행별 금리를 보면 함경농공은행은 정기예금 6.0%, 당좌예금 7리인 반면, 조선은행과 지점보통은행인 십팔은행(十八 銀行)은 각각 5.5%, 7리였으며, 본점보통은행인 칠성은행(七星銀行)은 각각 12.2%, 1전9리였다.[10] 평양과 원산의 경우 농공은행의 금리는 조선 은행 및 지점보통은행보다 높았지만, 본점보통은행에 비해서는 낮은

9) 朝鮮總督府平安南道, 『朝鮮總督府平安南道統計年報』 1916년판, 263쪽 ; 朝鮮 總督府平安南道, 『朝鮮總督府平安南道統計年報』 1916년판, 225~226쪽.
10) 朝鮮總督府咸鏡南道, 『朝鮮總督府咸鏡南道統計年報』 1915년판, 320쪽.

편이었다. 금리 측면에서 본점보통은행보다 예금흡수에 유리하지는 않
았다.

물론 예외의 경우도 있다. 경성의 한호농공은행은 여타 은행보다 예
금금리가 높았다. <표 2-3>을 통해 1912~1917년 경성의 각 은행별
금리를 보면, 식민지 중앙은행인 조선은행과 지점보통은행인 제일은행,
백삼십은행, 십팔은행의 금리가 낮은 편이었으며, 한호농공은행과 본
점보통은행인 조선상업은행, 한성은행, 한일은행의 금리가 높은 편이
었다. 농공은행과 본점보통은행은 1910년대 초에는 비슷한 금리였으나,
당좌예금은 1914년 이후, 정기예금은 1915년 이후 농공은행의 금리가
더 높아졌다. 결국 1910년대 중반 이후 금리는 농공은행 〉 본점보통은
행 〉 지점보통은행 및 조선은행 순으로 높았다. 그러나 1910년대 중반
이후 한호농공은행의 예금금리가 본점보통은행보다 높았던 것은 당시
경영난에 빠졌던 한호농공은행이 이에 대한 타개책으로 금리를 인상하
여 적극 예금을 유치했기 때문으로,[11] 전체 농공은행의 현상으로 보기
어렵다.

농공은행이 본점보통은행에 비해 '수신의 사회화'가 잘 이루어졌던
것은 금리 외의 다른 원인을 찾아야 할 것이다. 첫째, 농공은행은 광범
위한 지점망을 갖고 있었으며, 이를 통해 전국적으로 예금을 흡수할 수
있었다. 조선식산은행으로 통합되기 직전인 1918년 6월 말 농공은행의
점포는 47개소로 당시 조선 내 은행점포 수 112개소의 42%나 차지했다
(<표 1-9> 참조). 특히 농공은행의 47개소 점포 중 34개소는 그 지역의
유일한 은행이었기 때문에 예금업무를 독점할 수 있었다.

둘째, 농공은행의 예금업무는 본점보통은행과 달리 관청·공공단체
·금융기관의 협조를 받아 진행되었다. <표 2-2>를 보면 1910년 '합
방' 이후 농공은행의 예금에서 관공서가 차지하는 비중이 상승하여 10
~20%를 점했다. 1910년대 보통은행의 예금 중 관공서 비중이 1% 미만

---

11) 朝鮮總督府, 『農工銀行支配人會同諮問事項答申書』(1915. 10), 35쪽.

이었다는 점[12]과 비교해보면 특수은행으로서 농공은행에 대한 조선총독부의 지원을 엿볼 수 있다.

관공서의 공금을 직접 예금으로 흡수했을 뿐만 아니라 학교·도청·군청 같은 공공단체와 관청의 지원을 받아 예금을 증대시켰다. 각 농공은행은 교원의 협조를 받아 학생에게 통장 또는 저금통을 배포하고 이를 통해 예금을 흡수했다. 관청의 지원과 관련된 대표적 사례로는 함경농공은행을 들 수 있다. 이 은행은 지방군청과 교섭하여 이 지역 철도공사와 관련된 토지매수자금 중 약 3만 엔을 토지방매자들의 예금으로 흡수했으며, 예금자는 도장관의 인가를 받아야 예금을 찾을 수 있도록 했다. 이외에도 한호농공은행에서는 도청의 장려에 의해 조직된 저금계(貯金契)로부터 예금을 유치했다. 경상농공은행은 관공리의 예금을 취급했으며, "행정상의 저축장려책"과 연결하여 군수,면장 및 지방유력자를 통해 일반 조선인의 예금을 유치하려 했다. 광주농공은행은 정기예금 수신을 목적으로 지방에 산재해 있는 관헌과 연락을 꾀했으며, 관청·공공단체의 일반저축금을 단체예금으로 수집했다.[13]

또한 특수금융기관인 지방금융조합을 통해서도 예금을 모을 수 있었다. 1912년 6월 탁지부장관 통첩에 의해 지방금융조합은 농공은행의 예금업무를 중개하여 농촌말단으로부터 예금을 흡수했다. 1914년 공포된 「금융조합령(金融組合令)」(1914. 5. 制令 제22호)에 의해 지방금융조합이 자체적으로 예금업무를 취급함에 따라 농공은행을 위한 대리예금액은 감소했다. 그러나 지방금융조합의 여유금은 농공은행에 예금되어 여전히 농공은행의 예금증대에 기여했다.[14]

이 시기 농공은행이 본점보통은행에 비해 상대적으로 '수신의 사회화'가 잘 이루어졌던 배경에는 조선총독부의 지원이 있었다. 광범위한

---

12) 朝鮮總督府財務局, 『朝鮮金融事項參考書(1923年調)』, 149쪽.
13) 이상의 내용에 대해서는 朝鮮總督府, 『農工銀行支配人會同諸問事項答申書』 (1915. 10), 59~64쪽 참조.
14) 秋田豊, 『朝鮮金融組合史』, 朝鮮金融組合聯合會, 1929, 317~320쪽.

지점망 설치도 대하금으로 이루어졌으며,[15] 관청·공공단체·금융기관의 협조도 조선총독부의 비호없이는 불가능한 것이었다. 특히 조선인 예금은 대부분 행정적 지원을 받아 흡수된 것으로 보인다.

농공은행이 비록 식민지권력의 지원을 받아 예금증대를 꾀했어도, 주된 자금원이 예금이었다는 점은 농공은행이 표방했던 "농공업의 개량발달"과는 맞지 않는 것이었다. 농공업에 대한 자금융통을 위해서는 장기성자금이 필요하나 예금으로 획득된 자금은 대부분 단기성이었다. <표 2-2>를 보면 예금 중에서도 비교적 장기자금인 정기예금은 20% 전후에 불과했다. 이러한 단기성자금 위주의 자금조달은 이 시기 일제의 유통부문 재편과 맞물려 농공은행의 자금운용이 상업부문에 치중되는 한 요인이 되었다.

3. 상업금융 위주의 여신과 민족별 편차

농공은행의 대출액은 1906년에 비해 1918년 6월 말 약 20배가 증가했다. <표 2-4>를 보면 1914, 1915년의 감소 내지 정체와 그 이후의 증가가 대조적이다. 전자는 일본의 미가폭락에 따른 불황 및 농공은행의 경영악화를, 후자는 제1차 세계대전에 따른 호황을 반영한 것이다.[16]

농공은행의 대출액을 산업별로 보면 절반 이상이 상업대출이었다. 1912년 이전은 70~80%, 그 이후는 50~60%를 차지한다. 1912년 이후 상업대출 비중이 감소한 것은 1914, 1915년 불황기를 제외하면 농업대출의 증가에 따른 상대적인 것이다. 1912년 데라우치(寺內正毅) 총독의 「미작, 양잠의 개량 장려, 육지면의 재배 장려 및 축우의 증식 장려에

---

15) 朝鮮殖産銀行設立事務所, 「(極秘)朝鮮殖産銀行設立理由」, 『設立事務重要書類』, 1918, 3쪽.

16) 朝鮮銀行史硏究會 編, 『朝鮮銀行史』, 東洋經濟新報社, 1987(이하 『朝鮮銀行史』로 줄임), 120, 212쪽.

<표 2-4> 농공은행 대출금의 산업별 추이(1906~1918. 6) (단위 : 천엔, %)

연말	대출액	산업별			대출 종류별				민족별	
		상업	농업	공업	연정 대부	보통 대부	어음 할인	당좌 대월	조선인	일본인
1906	919	?	?	?	2.9%	80.0%	16.0%	1.2%	?	?
1907	2,203	1,947(88.5%)	142 (6.5%)	54 (2.5%)	10.8	44.2	42.7	2.3	83.0%	16.4%
1908	2,681	2,225 (83.0)	207 (7.7)	107 (4.0)	3.8	53.9	41.1	1.1	78.2	19.1
1909	4,116	3,144 (76.4)	275 (6.7)	514 (12.5)	10.5	42.5	46.1	0.9	63.2	33.3
1910	6,344	4,790 (75.5)	673 (10.6)	719 (11.3)	17.2	27.4	54.5	0.9	59.7	37.7
1911	8,509	6,122 (72.0)	1,317 (15.5)	816 (9.6)	19.1	23.9	56.5	0.6	54.2	44.8
1912	10,456	7,288 (69.7)	1,695 (16.2)	952 (9.1)	20.1	25.7	53.0	1.1	53.0	46.5
1913	11,583	7,514 (64.9)	2,060 (17.8)	1,262 (10.9)	23.8	27.3	45.8	3.0	52.0	47.8
1914	11,554	6,291 (54.5)	2,678 (23.2)	1,229 (10.6)	33.6	31.1	30.8	4.5	50.6	49.1
1915	11,462	6,416 (56.0)	2,950 (25.7)	887 (7.7)	30.5	37.7	29.2	2.6	44.2	55.6
1916	12,713	7,887 (62.0)	2,972 (23.4)	518 (4.1)	25.0	39.0	33.8	2.3	45.2	54.3
1917	17,686	10,903 (61.7)	4,265 (24.1)	496 (2.8)	24.8	37.2	35.3	2.7	50.2	48.9
1918.6	18,097	10,493 (58.0)	5,085 (28.1)	584 (3.2)	38.6	26.1	32.4	2.9	57.3	42.4

* 朝鮮總督府財務局,『朝鮮金融事項參考書(1923年調)』, 168~194쪽.
* 산업별에서 雜業, 민족별에서 외국인은 생략했다. '연정대부'는 年賦償還 및 定期償還 貸付를 말한다.

관한 중요한 훈시」에 의해 식민농정의 기본방침이 수립되자,[17] 이를 지원하는 농업금융이 늘었던 것이다. 불황기에 상업대출은 절대액이 감소했지만, 1916년 이후 호황의 영향으로 가장 큰 폭으로 증가했다.[18] 이 시기 농공은행의 대출 동향을 좌우했던 것은 상업대출이었다고 할 수 있다.

상업대출의 높은 비중은 대출종류별 추이에도 반영되었다. 농공은행은 설립 당시부터 연부상환 및 정기상환 대부 외에도 탁지부의 인가를 받아 보통대부, 어음할인, 당좌대월과 같은 보통은행업무를 취급했다. 주로 농업대출에 이용되는 연부상환 및 정기상환 대부의 비중은 20~

17) 小早川九郎 編,『補訂 朝鮮農業發達史(政策編)』, 友邦協會, 1959, 190쪽.
18) 농공은행 업무를 인계한 조선식산은행의 1918년 말 산업별 대출액을 보면 상업 1888.8만 엔(63.3%), 농업 654.6만 엔(21.9%), 공업 62.7만 엔(2.1%)이었다 (朝鮮總督府財務局,『朝鮮金融事項參考書(1923年調)』, 192쪽). 1915년과 비교해보면 상업 2.9배, 농업 2.2배, 공업 0.7배 증가했다.

30%에 불과했으며, 나머지는 보통은행업무인 보통대부, 어음할인, 당
좌대월이 차지했다. 보통대부의 경우 1910년 이전은 상업 또는 잡업(雜
業) 부문에 대출되었으며, 그 이후 농공업 부문에도 대출되어 어느 한
부문의 경향을 대변한다고 할 수 없다. 반면 어음할인과 당좌대월은
1910년 이전에는 상업 부문에만 대출되었으며, 이후에도 다른 방면의
대출은 적어 상업금융의 동향을 잘 알 수 있는 지표이다.[19]

<표 2 - 4>를 보면 어음할인의 경우 상업대출의 추이와 거의 일치하
며 1914, 1915년 대출감소는 상업대출 감소, 특히 어음할인 감소에 따
른 것이었다. 한 예로 함경농공은행은 1915년 8월 대출액이 전해 같은
달에 비해 13만 5,975엔이 줄었으며, 같은 기간 어음할인은 12만 4,826
엔이 줄었다. 이에 대해 "대출금 감소의 주인(主因)은 어음할인의 감소
에 기초한 것으로서 일반경제계의 부진으로 상거래가 한산하기 때문이
다"고 했다.[20]

어음할인에 비해 절대액은 적지만 상업대출의 주요한 방법이었던 당
좌대월은 오히려 1914년경에 비중이 높아진다. 이는 불황시 상인들의
자금조달상의 곤란을 반영하는 것으로 농공은행이 자금난을 겪는 상인
들에게 당좌대월을 통해 자금을 지원하고 있는 것이다. 함경농공은행
의 보고에 따르면, "당좌대월은 금융의 완급과 평행한 것으로서 자금부
족을 느낄 때는 대월고(貸越高)가 항상 팽대(膨大)"했던 것이다.[21] 농공
은행의 상업대출은 당시 상황(商況)과 밀접한 연관을 맺으며 변동했다
고 할 수 있다.

이 시기 농공은행의 자금운용상 특징은 보통은행에 비해 고금리로

---

19) 1910년까지 농공은행의 대출종류별 산업대출 상황에 대해서는 度支部,『韓
國財務經過報告』의 각 분기별「農工銀行景況一覽」참조. 1910년 이후 농공은
행 전체의 상황을 알 수 있는 자료가 없으나 1916년 평안도지역 농공은행의
통계를 통해 추측해볼 수 있다(이 책의 제3부 1장, <표 3 - 10> 참조).
20) 朝鮮總督府,『農工銀行支配人會同諮問事項答申書』(1915. 10), 54쪽.
21) 위의 책, 58쪽.

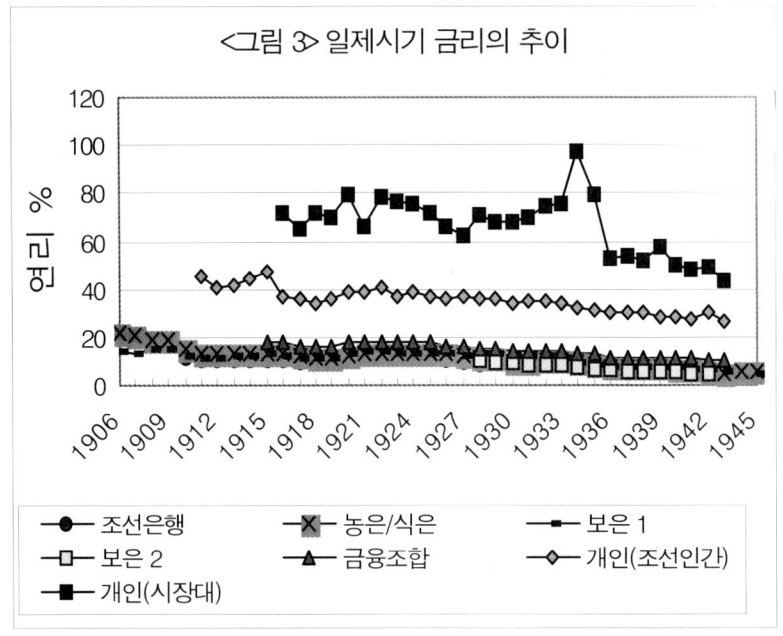

<그림 3> 일제시기 금리의 추이

자료 : 朝鮮總督府財務局, 『朝鮮金融事項參考書』(1939年調), 10~28쪽 ; 朝鮮總督府財務局, 『朝鮮金融年報』, 6~11쪽 ; 南朝鮮過渡政府編, 『朝鮮統計年鑑』(1943), 136~138쪽 ; 朝鮮銀行調査部, 『朝鮮經濟年報』(1948), Ⅲ‐102~103쪽.

대출했다는 점이다. 우선 <그림 3>의 조선 내 각 금융기관의 대부금리를 보면 조선은행, 보통은행보다 높았다.[22] 농공은행은 1910년 이전에는 연리 18~21%의 고금리로 대출했으며, 1910년 이후에도 연리 12~13%로 대출했다.

<그림 4>는 조선은행, 농공은행, 보통은행의 수여신 금리차를 도표화한 것이다. 어음할인과 보통대부의 금리에 정기예금의 금리를 뺀 값을 보면, 농공은행은 7% 이상인 반면 보통은행은 6% 이상, 조선은행은

---

22) <그림 3>의 1928년 이전 보통은행 수치는 지점보통은행과 본점보통은행을 합한 것으로 본점보통은행만을 보면 농공은행과 비슷한 수준의 금리였을 것이다.

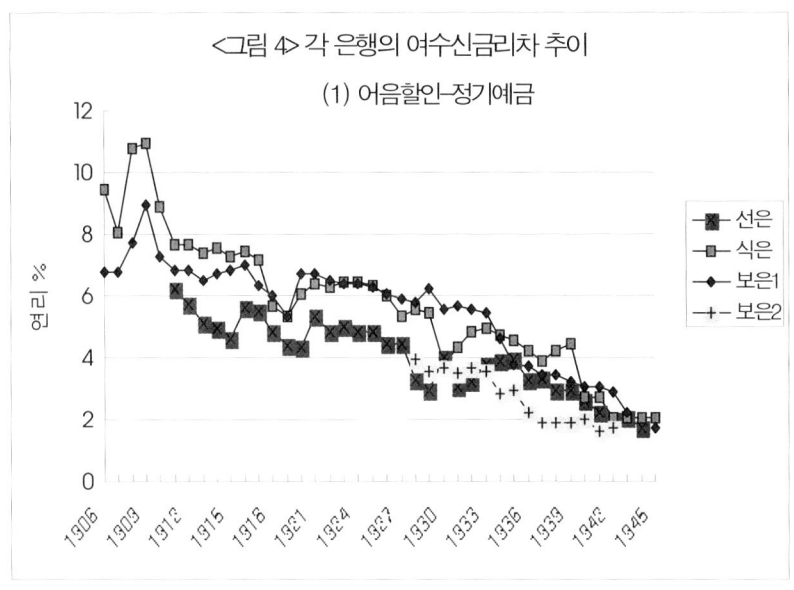

<그림 4> 각 은행의 여수신금리차 추이

(1) 어음할인-정기예금

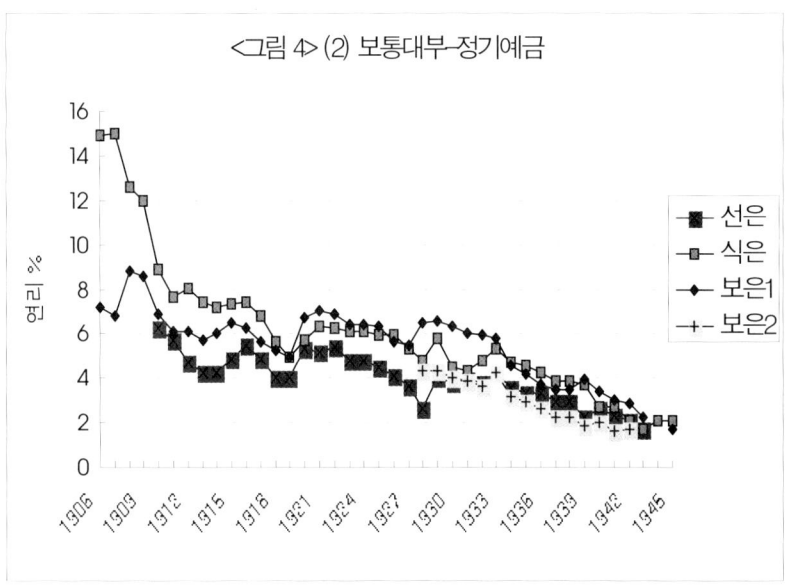

<그림 4> (2) 보통대부-정기예금

* <그림 3>과 동일 자료.
* '보은 1'은 1928년 이전은 보통은행 전체의 수치이며, 1928년 이후는 본점은행만의
  수치이다. '보은 2'는 지점은행만의 수치이다.

4~5% 정도였다. 농공은행의 수여신 금리차가 가장 높았다. 따라서 1910년대 농공은행이 여타 은행에 비해 고리로 자금을 운용할 수 있었던 것은 농공은행의 점포가 해당 지역의 유일한 은행인 경우가 많아 독점 이익을 누릴 수 있었기 때문이다. 평안농공은행은 1916년 이전까지 동업자(은행)가 없는 곳에서는 대출시 최고의 이자를 적용했다고 한다.[23]

농공은행의 대출금리가 높았다 하더라도 <그림 3>에서 보듯이 개인 간의 고리대나 금융조합에 비해서는 낮았기 때문에 대출받을 수 있는 자는 근대 금융의 혜택을 받은 자라고 할 수 있다. <표 2-4>의 민족별 대출추이를 보면, 설립 초기에는 조선인 대출이 70~80%를 차지했으나 1910년대에 들어서면 일본인 대출이 상승하여 절대액에서 비슷해진다. 조선인 은행으로 출범한 농공은행이 한일'합방' 이후 일본인의 자금수요에 적극적으로 응하고 있음을 말해주는 것이다.

절대액에서 비슷했다고 해서 조선인과 일본인이 동등하게 대출을 받은 것은 아니었다. <그림 5>는 각 은행의 조선인 대출액과 일본인 대출액을 각각 조선인 호수와 조선거주 일본인 호수로 나누어 상호 비교한 것이다. 농공은행은 일본인 1호당 대출액이 조선인 1호당 대출액보다 대략 40배 정도 많았다. 이 수치는 보통은행이나 조선은행에 비해 낮은 수치이지만 조선인 은행으로 출범한 농공은행조차 상대적으로 일본인이 더 많이 이용할 수 있었으며, 조선인으로서 농공은행을 이용하는 자는 소수였다는 점을 말해준다.

자금운용의 측면에서 근대금융은 '여신의 집중화'라는 특성을 보인다. 구좌별 추이를 알 수 있는 한호농공은행의 수치를 정리한 것이 <표 2-5>이다. 여신의 집중화율을 가늠하기 위해 예금구좌수를 대출구좌수로 나누어보면(a/c), 1912~1916년간 3.5~6.1를 기록했다. 이는 예금구좌수가 대출구좌수에 비해 3.5~6.1배 많다는 것이다. 바꾸어 말하면 많

---

23) 朝鮮總督府,『農工銀行支配人會同諮問事項答申書』(1916. 6), 29쪽.

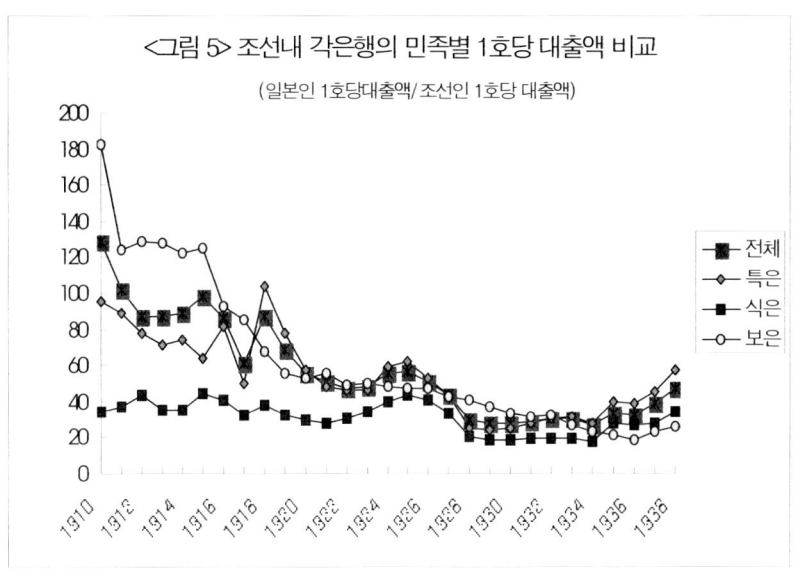

<그림 5> 조선내 각은행의 민족별 1호당 대출액 비교

(일본인 1호당대출액/조선인 1호당 대출액)

자료 : 朝鮮總督府財務局, 『朝鮮金融事項參考書』(1939年調), 93~94쪽 ; 朝鮮總
督府, 『朝鮮總督府統計年報』(1939), 16~17쪽.

은 수의 구좌로 예금을 흡수하여 적은 수의 구좌로 자금을 대출했다는
것으로 여신의 집중화가 어느 정도 진행되었음을 반영하는 것이다.[24]
경기도 내 은행 전체와 비교해보면 농공은행의 수치가 더 높아 다른
은행보다 '여신의 집중화' 정도가 높았음을 알 수 있다.

　1구좌당 대출액에서도 한호농공은행은 4,000~5,000엔을 기록하여 경
기도내 여타 은행에 비해 2배 이상 많았다. '여신의 집중화' 강도도 여
타 은행에 비해 높았던 것이다. 이는 농공은행이 예금 외에도 채권발행
을 통해 자금을 획득할 수 있었기 때문이기도 하지만, 소수에게 다액의
자금이 대출되었으며 대출과정에서 상당한 선별작업이 이루어졌음을

---

24) 1구좌를 통해 여럿이 대출받을 수 있으며, 반대로 1명이 여러 구좌로 대출
　을 받을 수 있다. 따라서 구좌수는 여신의 집중화 정도를 정확히 반영하는 것
　은 아니다. 다만 예금자수나 차수자수를 알 수 없는 상황에서 구좌수를 통해
　대강의 추세를 파악하려 한다.

<표 2-5> 한호농공은행 예·대출금의 구좌수별 비교 (단위 : 엔)

연도	예금			대출			a/c	d/b	경기도내 은행 전체		
	구좌수 a	금액	1구좌당 b	구좌수 c	금액	1구좌당 d			1구좌당 대출액	a/c	d/b
1912	2961	463,403	157	488	2,153,856	4,414	6.1	28	?	?	?
1914	2005	651,730	325	565	2,750,681	4,868	3.5	15	?	?	?
1915	2276	603,795	265	480	2,474,625	5,155	4.7	19	?	?	?
1916	2454	787,294	321	421	2,461,626	5,847	5.8	18	2521	3.6	4
1917	2585	1,053,120	407	483	2,518,759	5,215	5.4	13	2522	3.2	3

자료 : 朝鮮總督府京畿道, 『朝鮮總督府京畿道統計年報』 각년판.

의미한다.

1인당 민족별 대출액을 알 수 있는 전주농공은행의 경우를 보면, 조선인 1인당 대출액은 1913년 833엔, 1914년 961엔, 1915년 936엔, 1916년 910엔이었다. 반면 일본인 1인당 대출액은 각각 4,506엔, 2,593엔, 2,463엔, 2,123엔이었다.[25] 일본인 1인당 대출액이 평균 3.2배 많았다. 황해도 지역 평안농공은행의 경우를 보면, 조선인 1인당 대출액은 1913년 1217엔, 1914년 485엔, 1915년 132엔, 1916년 149엔이었으며, 일본인 1인당 대출액은 각각 1,043엔, 1,892엔, 1,525엔, 1,278엔이었다.[26] 1913년만 조선인 1인당 대출액이 많았으며 그 이후로는 일본인 1인당 대출액이 급증했다. 일본인 1인당 대출액은 조선인 1인당보다 평균 6.2배 많았다. '여신의 집중화'도 민족별 편차를 띠고 진행되었던 것이다.

---

25) 朝鮮總督府全羅北道, 『朝鮮總督府全羅北道統計年報』 해당연도판.
26) 朝鮮總督府黃海道, 『朝鮮總督府黃海道統計年報』 해당연도판.

제2장 일본자본 도입과 농업금융(1918~1936)

1. '수신의 사회화'의 한계와 채권발행을 통한 일본자본 도입

조선식산은행은 산업금융기관으로서 역할하기 위해 필요한 자금은 주로 채권발행을 통해 조달했다. <표 2‐6>과 <그림 6>은 1918년부터 1936년까지 조선식산은행의 자금조달 상황을 나타낸 것이다. 이 시기 조선식산은행의 자금조달액은 1917년 2166.3만 엔에서 1936년 5억 2687.8만 엔으로 24.3배 증가했다. 그 중에서 채권발행고는 108.7배 증가하여 조선식산은행의 자금조달을 주도했다. 전체 자금조달액 중에서 차지하는 비중도 1921년부터 수위를 점했으며, 1922년부터는 50% 이상을 차지했다. 이 기간 채권발행고의 평균비중은 54.8%였다.

예금은 이 기간 13.4배 증가했으며, 그 비중은 채권발행액 증가에 따라 하락했으나, 1930~1932년간을 제외하고는 20% 이상을 유지했다. 절대액에서도 조선저축은행 설립에 따른 저축업무의 분리와 공황의 영향으로 1928~1932년 사이에 감소한 경우를 제외하면 꾸준히 늘어났다. 전체 자금조달액에서는 채권발행고 다음의 비중을 차지했으며, 평균비중도 28.5%였다. 이 기간 조선식산은행은 채권발행과 예금을 통해서만 80% 이상의 자금을 조달하여 농공은행 시기보다 더 양자에 의존했다. 달라진 것은 예금과 채권발행의 비중이 역전되어 농공은행은 예금 중심이었으나 조선식산은행은 채권발행이 중심이 되었다는 점이다.

자기자본도 은행설립에 따른 납입자본의 증가, 영업호전에 의한 적립금의 증가를 반영하여 이 기간 17.0배 증가했다. 특히 적립금은 1928년 이후 매년 100만 엔 이상 증대되었다. 차입금도 이 기간 4.4배 증가했는데, 특히 설립 초기에 비중이 높았다. 이는 조선식산은행의 경영정

<표 2-6> 조선식산은행의 자금조달 추이(1918~1936)

연도말 (금액)	자기자본	(납입금)	(적립금)	예금고	채권발행고	차입금	합 (단위 : 천엔)
1918	4,803	4,197	606	15,215	3,000	10,136	33,184
1919	8,683	8,058	625	34,883	17,500	18,254	79,320
1920	15,943	15,000	943	38,104	33,450	18,200	105,607
1921	16,108	15,000	1,108	59,515	49,550	13,059	138,232
1922	16,403	15,000	1,403	55,764	82,550	4,965	159,682
1923	17,003	15,000	2,003	47,852	100,250	17,562	182,667
1924	17,553	15,000	2,553	52,970	118,800	9,288	198,611
1925	18,153	15,000	3,153	59,208	135,976	4,910	218,247
1926	19,003	15,000	4,003	65,677	144,837	7,558	237,075
1927	19,953	15,000	4,953	68,132	173,445	5,188	266,718
1928	21,003	15,000	6,003	81,764	177,223	4,734	284,724
1929	27,043	20,000	7,043	67,510	199,685	4,623	298,861
1930	28,083	20,000	8,083	52,624	242,158	3,312	326,177
1931	29,123	20,000	9,123	65,689	247,558	3,304	345,674
1932	30,163	20,000	10,163	73,587	260,992	18,153	382,895
1933	31,203	20,000	11,203	84,777	253,482	25,619	395,081
1934	32,243	20,000	12,243	105,320	244,955	41,401	423,919
1935	33,283	20,000	13,283	127,786	278,674	25,156	464,899
1936	39,483	25,000	14,483	130,502	326,230	30,663	526,878
증가율	19.5배	17.0배	29.2배	13.4배	108.7배	4.4배	24.3배
(비중)							(단위 : %)
1918	14.5	12.6	1.8	45.9	9.0	30.5	100.0
1919	10.9	10.2	0.8	44.0	22.1	23.0	100.0
1920	15.1	14.2	0.9	36.0	31.7	17.2	100.0
1921	11.7	10.9	0.8	43.1	35.8	9.4	100.0
1922	10.3	9.4	0.9	34.9	51.7	3.1	100.0
1923	9.3	8.2	1.1	26.2	54.9	6.6	100.0
1924	8.8	7.6	1.3	26.7	59.8	4.7	100.0
1925	8.3	6.9	1.4	27.1	62.3	2.2	100.0
1926	8.0	6.3	1.7	27.7	61.1	3.2	100.0
1927	7.5	5.6	1.9	25.5	65.0	1.9	100.0
1928	7.4	5.3	2.1	28.7	62.2	1.7	100.0
1929	9.0	6.7	2.4	22.6	66.8	1.5	100.0
1930	8.6	6.1	2.5	16.1	74.2	1.0	100.0
1931	8.4	5.8	2.6	19.0	71.6	1.0	100.0
1932	7.9	5.2	2.7	19.2	68.2	4.7	100.0
1933	7.9	5.1	2.8	21.5	64.2	6.5	100.0
1934	7.6	4.7	2.9	24.8	57.8	9.8	100.0
1935	7.2	4.3	2.9	27.5	59.9	5.4	100.0
1936	7.5	4.7	2.7	24.8	61.9	5.8	100.0
평균비중	9.3	7.4	1.3	28.5	54.8	7.5	100.0

* <부표 1> 참조. / * 증가율은 1917년 기준 수치이다.

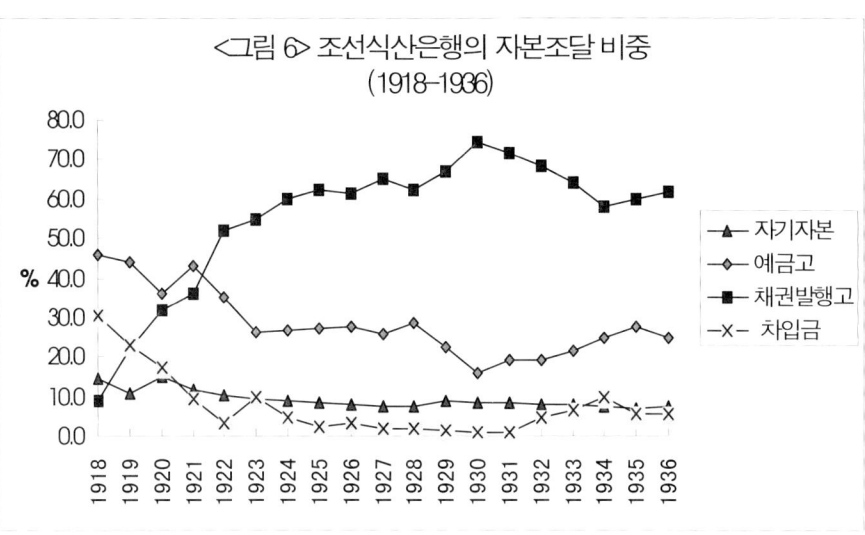

<그림 6> 조선식산은행의 자본조달 비중
(1918-1936)

상화를 위한 조선은행의 원조와 관계된 것으로 보인다.[27] 1930년대에 들어 증가했던 것은 뒤에서 보듯이 주로 일본 대장성 예금부에서 차입한 것으로 농업위기를 타개하기 위한 자금으로 쓰였다. 그러나 자기자본과 차입금의 이 기간 평균비중은 각각 9.3%, 7.5%로 자금조달상 큰 역할을 했던 것은 아니다.

이 기간 조선식산은행의 자금조달 방식 중 가장 큰 변화는 채권발행이 증대되어 수위를 차지했다는 점이다. 농공은행은 납입자본의 5배까지 채권을 발행할 수 있었던 반면, 조선식산은행은 1918년 설립 당시 납입자본의 10배까지 채권발행을 할 수 있었으며, 1924년 이후에는 납입자본의 15배까지 발행 한도를 확장했다(<표 1 - 6> 참조). 이러한 채권발행 한도의 확장과 연속되는 증자(增資)에 의해 1922년이면 조선식산은행의 총자금조달액 중 50%를 넘어섰으며, 1924년 이후 60%를 넘어서고, 1930년 74.2%를 정점으로 이후 하락, 정체하나 여전히 가장 큰 비

27) 조선식산은행은 설립 당시 조선은행으로부터 초기 영업자금으로 300만 엔을 차입할 계획이었다(朝鮮殖産銀行設立事務所, 앞의 글, 51쪽).

<표 2 - 7> 조선식산은행의 채권발행 추이(1918~1936) (단위 : 천엔, %)

연도	발행고	상환고	현재고	채권이자 a	지역별분포		유출이자액 (a×b)	인수처별분포		
					조선	일본 b		공모	특수인수	
									예금부	기타
1918	-	-	3,000	177	0	100	177	-	-	100
1919	14,500	-	17,500	311	0	98.3	306	57.1	25.7	17.2
1920	16,000	50	33,450	1,306	4.2	95.8	1,251	76.2	13.5	10.3
1921	17,000	900	49,550	2,640	3.6	96.4	2,545	78.3	15.1	6.6
1922	37,300	4,300	82,550	3,827	7.1	92.9	3,555	75.1	18.4	6.5
1923	28,800	11,100	100,250	6,534	5.6	94.4	6,168	75.5	19.0	5.5
1924	25,800	7,250	118,800	7,422	5.9	94.1	6,984	79.8	15.1	5.1
1925	41,450	24,274	135,976	9,597	9.2	90.8	8,714	71.6	14.9	13.4
1926	29,293	20,432	144,837	9,620	11.7	87.9	8,456	68.4	24.7	6.9
1927	51,192	22,584	173,445	10,616	12.5	87.2	9,257	68.5	25.8	5.7
1928	68,810	65,032	177,223	10,864	8.4	91.3	9,919	63.6	34.8	1.6
1929	91,464	69,002	199,685	9,434	?	?	8,849	58.4	23.1	9.5
1930	55,278	12,805	242,158	11,543	?	?	10,827	52.6	34.6	12.8
1931	37,731	32,331	247,558	13,196	?	?	12,378	57.6	35.6	6.8
1932	19,715	6,280	260,993	13,740	?	?	12,888	57.0	36.6	6.4
1933	80,390	87,901	253,482	13,497	?	?	12,660	49.8	40.8	9.4
1934	62,315	70,841	244,956	11,736	?	?	11,008	43.4	44.2	12.4
1935	95,870	62,151	278,674	11,111	?	?	10,422	50.2	39.0	10.8
1936	97,864	50,307	326,231	11,996	?	?	11,252	58.1	35.9	6.0
합계	870,772	547,540	326,231	159,167			147,616			

* 朝鮮總督府財務局,『朝鮮金融事項參考書(1939年調)』, 58~62쪽 ; 朝鮮殖産銀行,『朝鮮殖
  産銀行二十年志』, 1938, 237~247, 232쪽 ; 朝鮮殖産銀行,『朝鮮殖産銀行年鑑』(第1次分),
  1929, 66~73쪽 ; 朝鮮殖産銀行計算課,「損益計算書」.
* 1929~36년 유출이자액은 1928년(91.3%)과 1937년(96.3%)의 일본분포 비중 평균치인
  93.8%로 계산했음.

중을 유지했다. 농공은행이 예금, 그것도 단기성예금에 자금을 의존했
던 반면 조선식산은행은 채권발행을 통해 장기자금을 확보할 수 있었
으며, 유통부문을 넘어 생산부문에 투자할 수 있게 되었다.

<표 2 - 7>는 이 시기 조선식산은행의 채권발행 상황을 정리한 것이
다. 1918~1936년 간 조선식산은행은 총 8억 7077.2만 엔의 채권을 발행
했다. 지역별로는 90% 이상이 일본에서 인수되었으며, 인수처별로는
공모(公募)가 반 이상을 차지했으며, 나머지는 특수인수(特殊引受)였다.

공모는 일반인을 대상으로 한 것으로 야마이치(山一), 후지모토(藤本) 등
의 증권회사가 일괄적으로 인수하여 민간인에게 판매했다.[28] 특수인수
는 대장성 예금부, 일본권업은행(日本勸業銀行), 부동산저축은행(不動産
貯蓄銀行) 등 일본의 국가기관 또는 금융기관이 인수한 것이다. 농공은
행의 채권이 대부분 특수인수였던 반면, 조선식산은행의 채권은 공모
비중이 높아졌다. 이 시기에 들어서면 조선에서 발행된 채권이 일본의
일반금융시장에서 투자대상으로 인정되었음을 알 수 있다.

조선식산은행의 채권발행고 전체액은 1918년에서 1937년 사이에 꾸
준히 증가하는데, 그 중에서도 1930년까지의 급속한 증가와 이후 1935
년까지의 증가 둔화 및 정체가 주목된다. 이를 인수처별로 보면 일반공
모채권은 그 비중이 1928년경까지 60~70%를 차지하나, 1929년 이후
40~50% 수준으로 떨어졌다. 이에 반해 특수채권 중 대장성 예금부의
인수고 비중이 1928년 이후 증대되어 30~40% 수준을 유지하고, 나머
지 특수기관의 인수고 역시 간헐적이나마 1929년 이후 비중이 확대되
었다. 따라서 조선식산은행의 채권발행은 1920년대는 일반공모채권, 즉
민간자본 부분이 그 증대를 주도했으며, 이후 1930년대 중반까지는 국
가자본 부분인 특수채권에 의해 이전의 수준을 유지했다고 볼 수 있다.

조선식산은행이 채권발행을 통해 일본자금을 도입함에 따라 전체 자
금조달액 중 조선 외(주로 일본)의 비중이 높아졌다(<그림 7> 참조). 이
는 일반적으로 조선 내 자본축적의 저위성, 금융시장의 미발달에 기인
하는 것이지만 농공은행과 조선식산은행 초기의 '수신의 사회화'가 제
약되었던 식민지적 조건을 간과해서는 안된다. 첫째, 이미 대장성 예금
부·일본인 지점보통은행·일본인 보험회사 같은 일본 금융기구의 활
동으로 조선 내에 축적된 자금이 일본으로 유출되는 구조가 형성되었
다.[29] 이를 통해 주로 일본인이 조선 내에서 축적한 자금이 유출되었다.

---

28) 中川龜三,『朝鮮殖産街史』, 朝鮮公論社, 1938, 11~20쪽.
29) 대장성 예금부를 통한 자금유출에 대해서는 이 책의 제2부 보론 2장 참조.

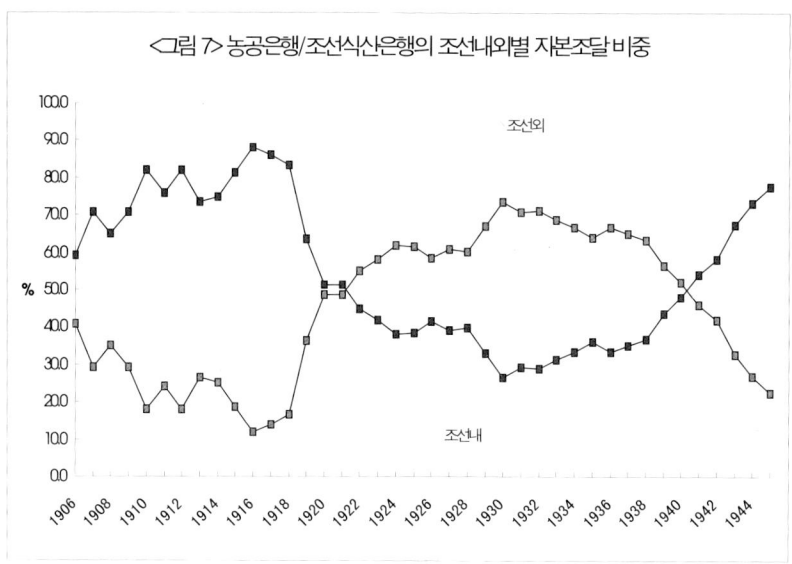

<그림 7> 농공은행/조선식산은행의 조선내외별 자본조달 비중

* <부표 1>에 의거함.
* '조선외'는 다음 세 부분으로 추산했다. ① 납입자본금 중 조선외 주주의 몫 : 1906~
1917년은 전부 조선 내, 1918~1927년은 『朝鮮殖産銀行年鑑』(第1次分), 33~34쪽에 의거
해 계산, 이후는 1927년 조선 외 주주 비중 62.8%을 적용. ② 채권발행고 중 조선 외에서
소화된 부분 : <표 2 - 22> <표 2 - 23> <표 2 - 27> <표 2 - 34> 참조. ③ 차입금 중
대장성 예금부에서 차입한 부분 : <표 2 - 28> <표 2 - 36> 참조.

둘째, 자본을 축적할 수 있었던 조선인도 자신의 유휴자금을 주로 농
공은행·조선식산은행 같은 식민지 금융기관보다는 조선인 보통은행
에 예금했다.[30] 식민지권력의 낮은 사회통합력은 그 비호 아래서 설립
된 금융기관의 자금조달에도 한계로 작용했던 것이다. 이러한 식민지
적 조건에서 비롯된 '수신의 사회화'의 한계가 일본자금 유입의 또 다

일본인 은행과 보험회사의 자금유출에 대해서는 주 26) 참조.
30) 당시 보통은행의 경우 설립주체가 조선인이냐 일본인이냐에 따라 고객이 민
족별로 분리되었다. 즉 조선인 은행에는 예금과 대출에서 조선인의 비중이 높
았으며 일본인 은행에는 일본인의 비중이 높았다(尹錫範 外, 『韓國近代金融
史硏究』, 延世大學校 經濟硏究所, 1996, 220~222쪽). 조선인 자산가들은 일본
인이 경영권을 장악한 농공은행이나 완전 일본인은행으로 변한 조선식산은행
보다는 조선인이 경영하는 보통은행을 더 쉽게 이용했을 것이다.

른 배경이라 할 수 있다.

또한 일본자금의 도입은 일본으로의 자금유출을 동반한다는 점에도 주목해야 한다. <표 2-7>에서 보듯이 1918~1936년간 채권이자 형태로 일본으로 유출된 자금을 추산해보면 총 1억 4,761.6만 엔에 달한다. 이는 1936년 조선식산은행의 예금액을 능가하는 수치이며, 전은행 예금액 4억 1,553만 엔의 35.5%에 해당한다. 일본자본이 유입되어 조선의 생산력이 증진되고 새로운 부의 축적이 이루어졌을 것이다. 새로운 부가 누구에게 귀속되었는지 규명해야되겠지만, 일정 부분은 채권이자로서 일본에 유출되었음을 알 수 있다. 조선식산은행의 경영진은 조선 내에서 축적된 부를 일본으로 유출시킨다고 일본인 지점은행·일본인 보험회사를 비판했으나,[31] 일본자본 도입을 도모하는 조선식산은행의 채권발행 자체가 자금의 유입통로만이 아니라 유출통로로서 기능했다.

2. 일본인 예금의 증가와 식민지적 배경

1918~1936년간 조선식산은행의 자본조달액에서 채권발행 다음으로 비중이 높았던 것은 예금이었다. <표 2-8>은 예금의 주요 내역을 정리한 것이다. 예금종류별로 보면 농공은행 시기와 달리 정기예금의 비중이 높아졌다. 정기예금은 1918년 설립 당시 총예금액 중 14.3%에 불과했으나, 그 다음해에 30%를 넘어섰으며, 1929년 이후 1935년까지는 40~50%나 차지했다. 채권발행과 함께 예금에서도 장기성자금이 증가

---

31) 조선식산은행의 초대 은행장이었던 三島太郎은 조선에 지점을 둔 일본인 은행·보험회사가 조선에서 자금을 흡수하고서도 그 자금을 조선개발에 쓰지 않고 일본으로 유출시킨다고 비판하면서 일본에서의 자금도입을 적극 추진했다(有賀さんの事蹟と思い出編纂會, 『有賀さんの事蹟と思い出』, 硏文社, 1953, 116~117쪽). 이외에도 『東亞日報』 1920년 6월 3일자, 「財界에 對하야 朝鮮의 金融益益梗塞 流出防止가 救濟의 捷徑(殖銀某有力者談)」 참조.

<표 2-8> 조선식산은행의 예금내역(1918~1936) (단위 : 천엔, %)

연도말	예금액	예금종류별 비중				예금주별 비중			민족별 비중		농은 예금/자기 자본	보은 예금/자기 자본
		정기	당좌	특별당좌	기타	관공서	동업자	민간	조선인	일본인		
1918	15,245	14.3	28.6	33.2	23.8	15.5	0.6	83.9	24.9	72.4	3.17	1.99
1919	34,883	31.6	18.8	20.6	29.1	9.1	22.6	68.3	18.2	78.6	4.02	2.89
1920	38,014	28.7	15.6	19.2	36.6	11.8	25.1	63.1	14.9	82.9	2.38	1.83
1921	59,515	27.4	16.6	15.8	40.2	13.5	31.1	55.4	14.5	83.6	3.69	2.42
1922	55,764	29.0	16.3	20.0	34.8	15.2	27.9	56.9	15.4	85.2	3.40	2.31
1923	47,852	29.7	2.4	29.3	16.8	16.9	6.6	76.5	11.6	86.3	2.81	2.38
1924	52,970	33.3	19.8	28.2	18.8	14.3	8.9	76.8	13.9	84.6	3.02	3.06
1925	59,208	34.0	18.4	26.9	20.7	16.6	10.7	72.7	13.2	85.4	3.26	3.32
1926	65,677	34.7	16.8	27.5	21.1	11.9	16.5	71.6	16.1	82.0	3.46	3.15
1927	68,132	36.1	14.6	35.7	13.6	12.9	11.1	76.0	16.0	82.2	3.41	3.04
1928	81,764	33.6	9.7	13.7	43.0	10.3	19.0	70.7	20.0	78.0	3.89	3.58
1929	67,510	47.5	14.7	22.0	15.8	10.2	28.2	61.6	18.7	78.1	2.50	3.58
1930	52,624	48.7	16.1	21.5	13.8	13.5	17.3	69.2	16.7	80.2	1.87	3.50
1931	65,689	47.8	16.1	18.2	17.7	20.6	20.6	58.7	18.9	79.8	2.25	3.45
1932	73,587	47.2	19.7	18.4	14.7	15.8	27.7	56.5	18.7	80.0	2.44	3.68
1933	84,777	52.7	17.1	17.5	12.7	16.2	29.6	54.3	19.4	79.7	2.72	4.27
1934	105,320	49.7	19.8	16.8	13.7	19.2	31.3	49.5	22.9	76.1	3.27	4.90
1935	127,786	50.2	17.3	14.9	17.6	15.3	26.9	57.9	26.6	72.9	3.84	6.04
1936	130,502	38.6	20.8	18.0	22.6	16.6	15.9	67.5	26.3	73.3	3.31	6.23

* <부표 2> 참조.
* 1919년 이후 민족별 비중은 민간인 대출에 대한 비중이다. 민족별 비중에서 '외국인' 항목은 생략했다.

하여 조선식산은행의 산업금융 활동을 뒷받침했던 것이다

예금주별로 보면 관공서의 비중이 10% 이상을 차지하여 여전히 식민지권력의 지원을 받고 있음을 알 수 있다. 주목되는 점은 동업자의 비중이 상승했다는 점이다. 다소 기복이 있지만, 1930년대에 들어서면 20~30%의 비중을 차지했다. 동업자는 대부분 금융조합이나 조선저축은행과 같이 조선식산은행과 관련있는 금융기관의 여유금이 예치된 것이다. 각도금융조합연합회가 조선식산은행에 예치한 금액은 1928년 3월 말 현재 939.7만 엔이었다.[32] 이는 조선식산은행의 1927년 말 동업자예

---

32) 秋田豊, 『朝鮮金融組合史』, 朝鮮金融組合協會, 1929, 181쪽.

금액 759.5만 엔을 능가하는 수치이며, 1928년 말 동업자예금액 1,557.3
만 엔의 60.3%에 해당한다. 조선식산은행의 저축업무를 계승하여 1929
년에 설립된 조선저축은행[33]도 1930년 이후 100만 엔 이상, 1934년 이
후 200만 엔 이상을 상급금융기관에 예치했는데,[34] 자본이나 인적인
면에서 관계가 밀접한 조선식산은행에 예치되었을 것이다.

동업자와 관공서의 비중이 상승함에 따라 민간인 예금비중은 1918년
83.9%에서 1920년대 대략 70%대로 낮아졌으며, 1930년대에는 50~60%
대로 하락했다. 조선식산은행의 '수신의 사회화'는 민간예금을 주축으
로 하면서도 관청이나 관련 금융기관의 협조를 통해 상당부분 이루어
졌음을 알 수 있다.

민간예금을 민족별로 보면 조선인은 10~20%를 차지한 반면, 일본인
70~80%를 차지하여 농공은행 시기에 비해 일본인의 예금비중이 더
높아졌다. 일본인 예금이 증대된 이면에는 다음과 같은 요인을 생각해
볼 수 있다. 첫째, 이미 식민지배하에서 일본인과 조선인의 경제력 차
이가 벌어져 조선인보다 일본인의 부가 더 증가했음을 반영한 것이다.
구좌별, 민족별 예금상황을 알 수 있는 자료를 보면, 1918~1928년까지
구좌수로는 조선인과 일본인 사이에 별 차이 없으나 1구좌당 예금액은

---

33) 1928년 12월에 공포된 「貯蓄銀行令」(制令 제7호)에 의하여 "영세자금을 흡
수하는 저축업무에 의해 예금자를 보호한다"는 이유로 다른 은행의 저축업무
를 일거에 폐지하고, 1929년 7월 朝鮮貯蓄銀行이 자본금 500만 엔으로 저축예
금과 그와 관련된 소액대출을 주요 업무로 하여 출범했다. 저축은행은 1회 5
엔 미만의 영세자금을 맡는 기관으로 '預金通貨'를 창출할 수 없다는 점에서
보통은행과 달랐다(鈴木武雄, 『朝鮮金融論十講』, 帝國地方行政學會朝鮮本部,
1940, 93~94쪽 참조). 조선저축은행은 출발부터 조선식산은행과 밀접한 관계
였다. 조선식산은행의 모든 저축예금업무를 계승하여 개업했고, 동시에 지점
이 없는 지역에서는 조선식산은행 영업소를 이용했으며, 설립 당시 조선식산
은행 은행장이었던 有賀光豊이 조선저축은행장을 겸임했다(朝鮮殖産銀行,
『朝鮮殖産銀行二十年志』, 1938(이하 『二十年志』로 줄임), 223~225쪽). 또한
조선식산은행은 조선저축은행의 총주식 중 47%를 보유하여 최대 주주였다(中
村資郎 編, 『朝鮮銀行會社組合要錄』 1933년판, 東亞經濟時報社, 4~5쪽).

34) 朝鮮總督府財務局, 『朝鮮金融事項參考書(1939年調)』, 86~91쪽.

일본인이 조선인보다 3~8배 가량 많았다.[35] 예금액만을 척도로 조선
인과 일본인의 경제력을 비교하는 것은 문제가 있지만 조선식산은행의
예금 중 액수가 많은 구좌는 주로 일본인이었던 것이다. 둘째, 조선식
산은행의 조선인에 대한 포섭의 한계를 드러내는 것이다. 당시 조선인
이 설립한 보통은행의 경우 1925년 말 예금액 중 조선인 비중은 52.9%
를 차지했다.[36] <표 2 - 8>을 보면 1925년 말 조선식산은행의 예금액
중 조선인 비중은 13.2%에 불과했다. 조선식산은행은 조선인 보통은행
에 비해 예금여력이 있는 조선인을 고객으로 유치하지 못했던 것이다.

  '예금/자기자본'비를 보면 조선식산은행은 1929~1933년을 제외하면
자기자본보다 대략 3배 이상의 예금을 흡수했다. 본점보통은행과 비교
해보면 1928년까지는 농공은행 시기와 같이 조선식산은행측이 '예금/
자기자본'비가 높았으나 1929년 이후에는 본점보통은행측이 높았다.
이는 주로 다음 두 가지 요인에서 기인한 것이었다.

  첫째, 조선식산은행이 1919년 이후 조선 내 '수신의 사회화'를 위해
주력했던 저축예금업무를 1929년 조선저축은행에 양도했기 때문이다.
이로 인해 조선식산은행은 1930, 1931년에 예금의 절대액이 감소했다.
둘째, 1929년부터 신「은행령」(1927. 12. 制令 제6호)이 실시되어 경영난에
빠진 보통은행들이 합병을 통해 정리됨에 따라 자기자본이 감소되었기
때문이다. 1928년 본점보통은행의 납입자본은 1505.6만 엔인 반면 1936
년은 1,348.1만 엔으로 1,57.5만 엔이 줄었다.[37] 같은 시기 조선식산은행
의 납입자본은 1,500만 엔에서 2,500만 엔으로 증가했다.

  1929년 이후 본점보통은행의 '예금/자기자본'비가 높아진 것은 이러
한 자본감축에 의한 것이 컸으며, 적극적 의미에서 '수신의 사회화'가
조선식산은행보다 잘 이루어졌다고는 볼 수 없다. 1928~1936년간의

---

35) 朝鮮殖産銀行調査課, 『朝鮮殖産銀行年鑑』(第一次分), 1929, 86~91쪽.
36) 尹錫範 外, 앞의 책, 222쪽.
37) 朝鮮總督府財務局, 『朝鮮金融事項參考書(1939年調)』, 45~48쪽.

<표 2 - 9> 조선식산은행과 보통은행의 예금금리 추이(1918~1936) (단위 : 연리, %)

연도	식산은행		보통은행		(지점보통은행)	
	당좌예	정기예	당좌예	정기예	당좌예	정기예
1918	2.56	6.0	2.56	5.7		
1919	2.56	6.0	2.92	6.0		
1920	3.65	6.7	3.65	6.8		
1921	2.56	6.4	3.29	6.8		
1922	2.56	6.5	3.29	7.0		
1923	2.56	6.7	3.29	7.1		
1924	2.56	6.7	3.29	7.1		
1925	2.56	6.8	3.29	7.2		
1926	2.56	6.8	2.92	7.1		
1927	2.19	6.7	2.92	6.9		
1928	2.19	6.5	2.56	7.0	1.83	5.9
1929	1.83	5.5	2.19	6.2	1.46	5.2
1930	1.46	5.0	2.19	6.1	1.46	5.1
1931	1.46	4.8	1.83	6.0	1.10	4.9
1932	1.83	5.4	2.19	6.1	1.46	5.1
1933	1.46	4.9	1.83	5.5	1.10	4.5
1934	1.10	4.4	1.46	4.9	1.10	4.1
1935	1.10	4.2	1.46	4.6	1.10	4.0
1936	1.10	3.8	1.10	4.3	0.73	3.6

* <그림 3>과 동일 자료.

실제 예금증가액을 보면 본점보통은행은 4,906.7만 엔이었으며, 조선식산은행은 4,873.8만 엔이었다. 조선식산은행 1행이 본점보통은행 7행과 비슷한 예금증가를 이루었다.

이 시기 조선식산은행의 예금증가는 여전히 금리보다는 식민지권력의 지원에 힘입은 바 크다. <표 2 - 9>를 통해 알 수 있듯이 금리면에서는 오히려 조선식산은행보다 본점보통은행의 예금금리가 높았다. 조선식산은행의 1921년 지점장회의에서는 예금을 증가시키기 위한 방책이 토의되었는데,[38] "근본책으로서는 국가행정 및 교육의 힘"을 빌릴

---

38) 이하 조선식산은행의 예금업무에 대해서는 朝鮮殖産銀行, 「第十三問 一般ニ貯蓄思想ヲ普及シ現在實施ノ各種貯蓄預金ノ增進ヲ計ル方策如何竝ニ有效ナル新規方法ノ考案ア」, 『第二回支店長會議諮問事項答申書』, 1921 참조.

수밖에 없다는 점이 지적되었다(군산지점). 행정의 힘을 빌린 경우를 보면 각 관공서 및 공공단체 관련자들의 자금을 흡수하는 것은 기본이었다. 상급관청이 군청 및 경찰관서에 강제적으로 조선식산은행에 저금하라는 통첩을 내린 지역도 있었다(남원지점). 면과 협의하여 시장세(市場稅) 징수와 동시에 시장상인으로 하여금 얼마씩 저축시키는 방안도 모색되었다(인천지점). 학생저축은 거의 모든 지역에서 실시되었는데, 가난한 학생·학부모의 부담으로 교육상의 문제를 일으키기도 했다. 이외에도 조선식산은행의 각 지점은 예금증대를 위해 전문 권유원을 두거나 은행원들에게 책임구좌수를 할당했다.

이 시기 예금증대의 또 한 요인으로 지적할 수 있는 것은 대출이 증대됨에 따라 늘어난 거래선이었다. 조선식산은행은 거래관계가 있는 자들에게 예금을 적극 권유했으며(강릉지점), 무담보 어음할인 거래선에 대해서는 담보의 의미로 예금을 받았다(평양지점). 또한 주요 거래자들을 통해 예금증대를 꾀하기도 했는데, 지주의 도움을 받아 일용인부의 임금이나 소작인의 소작료 일부를 강제적으로 예금시킨 경우도 있었다(영산포 지점).

3. 농업금융 증대와 '여신의 집중화'의 변화

조선식산은행의 대출액은 1918년 2,983.7만 엔에서 1936년 4억 5,735.3만 엔으로 25.9배 증가했다. <표 2-10>과 <그림 8>을 통해 대출액의 산업별 비중을 보면 농·공업대출금이 1922년부터 상업대출금을 능가했으며, 1923년부터는 농업대출금만으로도 상업대출금을 앞섰다. 이는 상업중심으로 투자했던 농공은행과 달리 채권발행을 통해 조달한 장기성자금을 바탕으로 조선식산은행이 식민지초과이윤의 원천인 생산부문에 대한 투자·수탈을 본격화하였음을 보여준다.

<표 2 - 10> 조선식산은행 대출금의 산업별 추이(1918~1936) (단위 : 천엔, %)

	농업		공업		상업		잡		합계
	금액	비중	금액	비중	금액	비중	금액	비중	
1918	6,546	21.9	627	2.1	18,888	63.3	3,776	12.7	29,837
1919	12,161	19.4	3,195	5.1	40,371	64.4	6,916	11.0	62,643
1920	20,988	30.7	4,107	6.0	32,082	46.9	11,171	16.3	68,348
1921	31,647	21.0	4,469	4.4	46,265	45.3	19,697	19.3	102,078
1922	42,554	34.9	9,857	8.1	43,597	35.7	25,971	21.3	121,979
1923	56,951	39.8	4,749	3.3	48,567	33.9	32,892	23.0	143,159
1924	60,953	39.1	5,485	3.5	51,330	32.9	38,240	24.5	156,008
1925	74,200	41.9	5,554	3.1	57,886	32.7	39,430	22.3	177,070
1926	91,904	47.7	5,573	2.9	61,344	31.8	33,810	17.6	192,631
1927	106,637	49.8	8,518	4.0	63,977	29.9	34,972	16.3	214,104
1928	124,746	52.4	4,635	1.9	81,833	34.4	26,947	11.3	238,161
1929	144,108	58.7	5,771	2.4	67,916	27.7	27,516	11.2	245,311
1930	162,804	62.2	6,600	2.5	62,826	24.0	29,541	11.3	261,771
1931	168,909	59.8	8,718	3.1	70,251	24.9	34,668	12.3	282,546
1932	178,036	57.3	10,383	3.3	80,416	25.9	41,983	13.5	310,818
1933	175,127	56.4	25,660	8.3	73,139	23.6	36,511	11.8	310,437
1934	172,652	51.8	32,603	9.8	94,339	28.3	33,632	10.1	333,226
1935	199,975	52.3	45,931	12.0	97,685	25.5	39,073	10.2	382,664
1936	219,662	48.0	57,058	12.5	125,131	27.4	55,502	12.1	457,353
증가율	51.5배		115.0배		11.5배		27.5배		25.9배
평균비중	45.0		5.2		34.7		15.2		100.0

* <부표 3> 참조

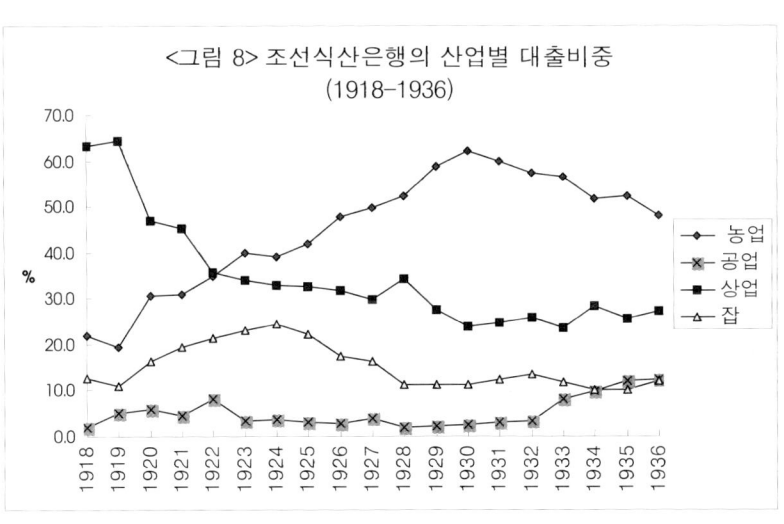

<그림 8> 조선식산은행의 산업별 대출비중
(1918-1936)

<표 2 - 11> 각종 금융기관의 농업대출액 (단위 : 천엔)

연말	조선은행	조선식산은행	보통은행	동양척식	금융조합	합계
1918	6,884	6,546	514	9,668	5,967	24,579
1920	245	20,988	630	31,757	21,167	74,787
1922	167	42,554	1,217	32,314	32,414	108,666
1924	547	60,953	1,064	32,153	32,741	127,458
1926	669	91,904	2,086	23,425	?	118,064
1928	599	124,746	5,490	28,628	?	159,463
1930	1,298	162,804	9,632	?	?	173,734
1932	695	178,036	11,995	34,175	88,125	313,026
1934	1,520	172,652	15,445	31,485	101,767	322,869
1936	65	219,662	21,792	35,877	150,564	428,554

* 小早川九郎 編, 『補訂 朝鮮農業發達史(政策篇)』, 友邦協會, 1959, 123쪽.

산업부문 중에서도 농업부문에 대한 투자가 압도적으로 많았다. 이 기간 농업대출은 51.5배 증가하여 전체 대출증가를 주도했으며, 평균비중도 45.0%를 차지했다. 공업부문도 이 기간에 115배나 증가했으나 절대액이 적어 평균비중은 5.2%에 그쳤다. 1930년대에 들어서면 농업대출의 신장은 둔화되기 시작했고, 공업대출액은 절대액으로는 적었지만 가파르게 신장되었다. 1931년을 기준으로 양 부문의 지수를 비교해보면 농업대출이 1932년 105, 1934년 102, 1936년 130인 반면, 공업대출은 1932년 119, 1934년 373, 1936년 654, 1937년 554였다. 1930년대 조선총독부의 공업화정책에 따라 공업대출도 증가했던 것이다.

조선식산은행의 농업대출액을 여타 금융기관과 비교해본 것이 <표 2 - 11>이다. 1924년 이후 각종 금융기관의 농업투자액 중 절반 이상이 조선식산은행의 것이었다. 이 시기 조선총독부의 '산미증식계획'을 비롯한 농업정책을 뒷받침했던 핵심적 금융기관이 바로 조선식산은행이었다고 할 수 있다.

조선식산은행의 산업부문, 특히 농업에 대한 대출증가는 대출종류별 추이에도 반영되었다. <표 2 - 12>를 보면 이 기간 조선식산은행은 농공은행 시기와 달리 연부상환 및 정기상환에 의한 산업공공대부의 비

<표 2 - 12> 조선식산은행 대출금의 구좌수별 추이(1918~1936) (단위 : 엔, %)

	합계			산공대부			상업대부		
	금액	구좌수	1구좌당 금액	금액 (%)	구좌수 (%)	1구좌당 금액	금액 (%)	구좌수 (%)	1구좌당 금액
1918	29,839,818	18,141	1,645	27.2	23.1	1,935	72.8	76.9	1,558
1919	72,055,719	29,011	2,449	41.3	27.8	3,640	58.7	72.2	1,990
1920	85,949,437	29,919	2,873	61.5	39.2	4,513	38.5	60.8	1,817
1921	131,183,906	42,096	3,116	59.4	39.8	4,646	40.6	59.8	2,113
1922	151,616,946	44,679	3,393	68.4	44.1	5,267	31.4	53.9	1,977
1923	172,069,227	46,489	3,701	69.5	44.1	5,835	29.7	48.9	2,250
1924	182,198,977	47,198	3,860	69.3	40.4	6,618	29.5	48.7	2,335
1925	197,458,591	52,000	3,797	70.3	38.0	7,029	28.5	53.1	2,034
1926	214,785,018	53,497	4,019	70.2	38.0	7,074	28.2	47.7	2,371
1927	240,030,010	58,843	4,079	72.9	42.0	7,080	25.3	43.3	2,284
1928	253,654,732	64,703	3,920	73.7	42.9	6,737	24.4	42.3	2,259
1929	269,080,176	56,432	4,768	77.1	55.5	6,621	22.9	44.5	2,458
1930	301,956,705	59,412	5,082	81.7	58.5	7,097	18.3	41.5	2,238
1931	319,830,317	59,916	5,338	78.3	58.6	7,128	21.7	41.4	2,804
1932	346,845,674	61,780	5,614	77.6	57.2	7,617	22.4	42.8	2,938
1933	357,245,433	66,352	5,384	74.6	48.3	8,320	25.4	51.7	2,642
1934	391,234,916	77,865	5,025	67.2	38.8	8,711	32.8	61.2	2,689
1935	440,777,411	92,209	4,780	65.4	36.5	8,573	34.6	63.5	2,604
1936	513,184,996	111,855	4,588	69.5	41.1	7,761	30.5	58.9	2,376
(증가지수)									
1918	100	100	100	100	100	100	100	100	100
1919	238	160	149	362	192	188	192	150	128
1920	288	165	175	652	297	233	152	130	117
1921	440	232	189	960	400	240	245	181	136
1922	508	246	206	1,277	469	272	219	173	127
1923	577	256	225	1,472	488	302	235	163	144
1924	611	260	235	1,555	455	342	247	165	150
1925	662	287	231	1,710	471	363	259	198	131
1926	720	295	244	1,858	508	366	279	183	152
1927	804	324	248	2,155	589	366	279	183	153
1928	850	357	238	2,302	661	348	285	196	145
1929	902	311	290	2,555	747	342	284	180	158
1930	1,012	328	309	3,041	829	367	254	177	144
1931	1,072	330	324	3,084	837	368	320	178	180
1932	1,162	341	341	3,316	842	394	358	190	189
1933	1,197	366	327	3,284	764	430	417	246	170
1934	1,311	429	305	3,241	720	450	590	342	173
1935	1,477	508	291	3,551	801	443	702	420	167
1936	1,720	617	279	4,393	1,095	401	721	473	152

* 朝鮮殖産銀行, 「財産目録」.

중이 증가하여 60~70%를 차지했다.[39] 산업공공대부는 이 기간 43.9배 증가하여 전체 증가율 17.2배를 상회했다. 이에 반해 농공은행 시기 주요 대부 형태였던 보통대부, 어음할인, 당좌대월 같은 '상업대부'는 7.2배 증가하는 데 그쳤다. 다만 '상업대부'는 1930년대 중반에 들어 급격히 증가했는데, 이는 1930년대 공업화에 따른 운전자금의 수요증대를 반영한 것이었다.[40] 이 기간 조선식산은행의 산업공공대부 증가는 채권발행을 통해 획득한 자금을 바탕으로 장기성자금이 소요되는 생산부문, 특히 농업부문에 투자했음을 말해준다.

이 시기 조선식산은행의 자금운용은 어떠한 특징을 띠었는가. 우선 '여신의 집중화' 정도를 알기 위해 <표 2 - 12>을 통해 금액, 구좌수, 1구좌당 대출액의 변화를 살펴보자. 1918년부터 1936년 사이에 대출액은 17.2배, 구좌수는 6.2배, 1구좌당 대출액은 2.8배 증가했다. 대출액 〉구좌수 〉1구좌당 대출액 순으로 증가하여, 증대된 자금조달력을 바탕으로 대출범위가 확산되었으나 대출액만큼 구좌수가 증대되지 않아 1구좌당 대출액도 증가했던 것이다. 여신대상의 확산과 함께 여신의 집중화도 동시에 진행되었다고 볼 수 있다. 산업공공대부의 경우 대출액이 43.9배, 구좌수가 약 11배 증가하여 '상업대부'보다 대출액과 구좌수 증가폭의 차이가 커서 '여신의 집중화'는 주로 산업공공대부를 통해 진행되었음을 알 수 있다. 산업공공대부가 주로 농업대출이었다는 점을 감안하면, 이 시기 대지주 위주의 농업투자 양상을 엿볼 수 있다.

1918년에서 1936년까지를 1928년을 전후로 하여 나누어보면, 그 이전 시기는 대출액(8.04배) 〉구좌수(3.24배) 〉1구좌당 대출액(2.48배) 순으로 증가하여 전체 동향과 비슷했다. 그러나 1928년 이후를 보면 대출액(2.14배) 〉구좌수(1.90배) 〉1구좌당 대출액(1.12배) 순으로 증가하여 대출

---

39) <표 2 - 10>과 <표 2 - 12>의 대출액 합계에 차이가 있는 것은 후자가 引受債券高를 포함한 수치이기 때문이다.
40) 『二十年志』, 210쪽.

<표 2-13> 조선식산은행 대출금의 민족별 비중(1918~1938) (단위 : %)

연도말	1918	1919	1920	1921	1922	1923	1924	1925	1926	1927
조선인	49.0	52.8	52.9	49.5	46.1	42.1	40.8	41.9	46.0	57.8
일본인	52.0	48.9	46.1	46.3	49.2	52.7	56.7	57.8	56.9	53.0
연도말	1928	1930	1931	1932	1933	1934	1935	1936	1937	1938
조선인	50.7	60.4	59.1	59.4	58.1	60.1	49.1	49.2	47.8	42.8
일본인	40.8	39.1	38.4	40.4	40.2	39.0	50.3	50.4	52.2	57.1

* 朝鮮總督府財務局, 『朝鮮金融事項參考書(1939年調)』, 96~97쪽.
* 조선인과 일본인 이외에도 외국인 항목이 있으나 생략했다.

액 증가와 비슷하게 구좌수도 증가하여 1구당 대출액이 거의 증가하지 않았다. 1928년 이전에 비해 이후는 여신대상의 확산이 두드러졌다. 이러한 변화는 1920년대 말 농업공황의 여파로 식민지가 체제 위기에 빠짐에 따라 대출의 범위를 확대하여 농촌, 특히 지주구제금융을 펼쳤기 때문이다. 농업경영난에 봉착한 지주들을 체제 내로 묶어두기 위한 금융정책의 한 단면을 읽을 수 있다.

이러한 측면은 민족별 대출동향을 통해서도 찾아볼 수 있다. <표 2-13>을 보면 1920년 '산미증식계획'이 실시된 이후 일본인 대출비중이 높아져 1925년에는 57.8%의 비중을 차지했다.

그러나 1926년 '산미증식갱신계획'이 실시된 이후로 조선인 대출비중이 높아지기 시작하여 농업공황이 정점에 달했던 1930년에는 60.4%의 비중을 차지했다. '산미증식갱신계획'이 중단되는 1934년까지 60% 전후의 비중을 계속 유지했다. '산미증식계획'은 초기에 일본인 위주로 진행되다 사업부진으로 인해 계획이 수정되고, 농업공황을 겪으면서 조선인에 대한 대출이 증가했다. 이는 농업공황의 여파로 인한 조선인 지주의 몰락을 방치하면 식민지배의 기반이 흔들리기 때문에 조선식산은행이 적극적으로 조선인 대출에 나섰던 것이다. 이 시기 여신대상의 확산 과정은 이러한 맥락에서 이해될 수 있을 것이다.

이 시기 조선식산은행의 대출금리는 보통은행보다 낮아졌다(<그림

3> 참조). 수여신 금리차도 보통은행보다 많지 않았다(<그림 4> 참조). 그럼에도 불구하고 수익률은 보통은행이 10% 이하인 반면, 조선식산은행은 15% 전후였다(<그림 1> 참조). 이는 1920년대 중반 금융공황으로 인해 보통은행이 경영난에 빠진 반면, 조선식산은행은 채권발행을 통해 획득한 저리자금을 보통은행에 약간 못미치는 고리로 대출함으로써 높은 수익을 올릴 수 있었기 때문이다.

제3장 조선 내 자금조달 강화와
광공업금융(1937~1945)

1. 발행채권의 조선 내 인수 증가

전시기(戰時期) 조선식산은행은 군수산업금융기관으로서 역할을 수행하기 위해서 필요한 자금을 어떻게 조달했을까. <표 2 - 14>과 <그림 9>를 보면 전시기에도 주된 자금조달 통로는 채권발행과 예금이었다. 양자는 총 자본조달액의 80~90%를 점했다. 1922년 이후 양자의 비중이 80% 이상이었다는 점과 비교해보면(<표 2 - 6>와 <그림 6> 참조), 전시기에도 자금조달 통로에는 큰 차이가 없었다고 할 수 있다. 그러나 그 내용은 상당한 변화가 보인다.

이 시기 조선식산은행의 자금조달액은 1936년 5억 2,687.8만 엔에서 1945년 9월 28억 9,76.8만 엔으로 5.3배 증가했다. 이 시기 채권발행액은 1937년 3억 4,465.6만 엔에서 1945년 9월 10억 5,802.9만 엔으로 3.2배 증가했다. 채권발행액의 증가율은 전체 자금조달액의 증가율에 미치지 못했으며, 전체에서 차지하는 비중도 1937년 57.9%에서 1945년 9월 37.7%로 하락했다. 그러나 이전 시기에 이어 1943년까지는 자금조달액 중 수위를 차지했으며, 이 기간 평균비중도 50.7%로 가장 높았다. 따라서 전시기에도 채권발행은 여전히 조선식산은행의 주요 자금원이었다고 할 수 있다.

이 시기 조선식산은행의 채권발행 상황을 정리한 것이 <표 2 - 15>과 <표 2 - 16>이다. 조선식산은행은 약 9년간 9억 6,628.6만 엔의 채권을 발행했다. 1918년에서 1936년까지 19년간 8억 7,077.2만 엔의 채권을 발행했던 것에 비하면 급격히 증가된 수치이다. 조선식산은행은 우선

<표 2 - 14> 조선식산은행의 자금조달 추이(1937~1945. 9)

연도말	자기자본	(납입자본)	(적립금)	예금고	채권발행고	차입금	합
금액							(단위 : 천엔)
1937	45,683	30,000	15,683	131,419	344,656	73,719	595,477
1938	47,183	30,000	17,183	191,125	389,572	37,660	665,540
1939	56,491	37,500	18,991	254,606	440,328	110,703	862,128
1940	66,741	45,000	21,741	333,560	577,019	60,399	1,037,719
1941	77,491	52,500	24,991	410,693	645,933	86,028	1,220,145
1942	85,041	52,500	35,241	560,396	765,687	105,600	1,516,724
1943	85,041	52,500	32,541	803,193	946,009	32,000	1,872,243
1944	87,341	52,500	34,841	1,056,471	968,891	199,382	2,312,085
1945.9	88,491	52,500	35,991	434,381	1,058,029	1,228,867	2,809,768
증가율	2.2(2.2)배	2.1(2.1)배	2.5(2.4)배	3.3(8.1)배	3.2(3.0)배	40.1(6.5)배	5.3(4.3)배
비중							(단위 : %)
1937	7.7	5.0	2.6	22.1	57.9	12.4	100.0
1938	7.1	4.5	2.6	28.7	58.5	5.7	100.0
1939	6.6	4.3	2.2	29.5	51.1	12.8	100.0
1940	6.4	4.3	2.1	32.1	55.6	5.8	100.0
1941	6.4	4.3	2.0	33.7	52.9	7.1	100.0
1942	5.6	3.5	2.1	36.9	50.5	7.0	100.0
1943	4.5	2.8	1.7	43.2	50.5	1.7	100.0
1944	3.8	2.3	1.5	45.7	41.9	8.6	100.0
1945.9	3.1	1.9	1.3	15.5	37.7	43.7	100.0
평균비중	5.7	3.7	2.0	31.9	50.7	11.6	100.0

* <부표 1> 참조.
* 증가율은 1936년을 기준으로 한 1945년 9월 수치. 괄호안은 1944년까지의 증가율.

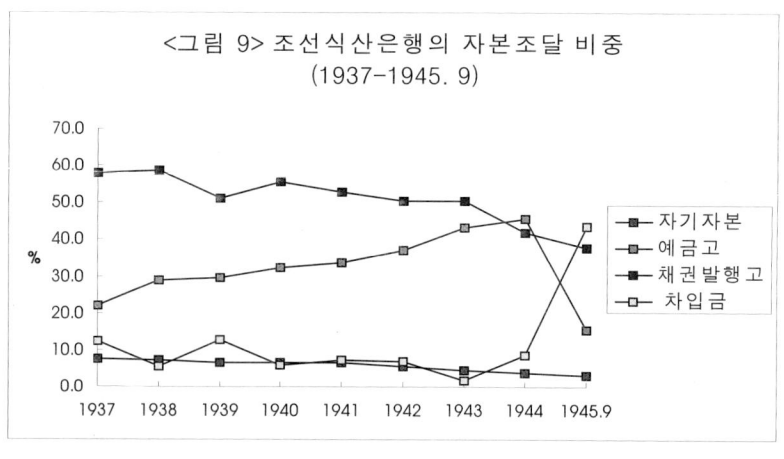

<그림 9> 조선식산은행의 자본조달 비중 (1937-1945. 9)

<표 2 - 15> 조선식산은행의 채권발행 추이(1937~1945. 9) (단위 : 천엔, %)

연말	발행고	상환고	현재고	채권이자 a	지역별 분포(%)		유출이자액 (a×b)
					조선	일본b	
1937	24,280	5,885	344,656	14,033	3.7	96.3	13,514
1938	53,925	9,008	389,573	15,203	3.2	96.8	14,717
1939	61,340	10,584	440,328	25,739	2.7	97.3	25,044
1940	159,181	22,490	577,019	32,447	17.7	82.3	26,704
1941	97,747	28,834	645,932	38,232	24.2	75.8	28,980
1942	144,806	25,051	765,687	44,004	31.1	68.9	30,319
1943	253,293	72,973	946,009	66,138	40.2	59.9	39,617
1944	69,799	46,917	968,891	51,807	43.1	56.9	29,478
1945. 9	101,915	12,776	1,058,029	19,935	45.0	55.1	10,984
합계	966,286	234,518	1,058,029	307,538			219,357

* 朝鮮殖産銀行調査部, 『朝鮮金融事情槪觀』(1943上), 70쪽 ; 朝鮮殖産銀行計算課, 「損益計算書」 ; 朝鮮殖産銀行計算課, 「貸借對照表」.
* 일본분포 비중은 '해당연도 현재고 중 일본분=전년도 현재고 중 일본분+해당연도 발행고 중 일본 인수분-해당연도 상환고 중 일본분'으로 계산했다. 해당연도 발행고 중 일본인수분은 1938~1939년까지는 전액, 1940년 이후는 각년도 발행액의 43%로 상정(일본인수가 1938~1945년 채권발행액의 50% 정도였다는 점과 조선 내 인수는 1940년부터 이루어졌다는 점을 감안), 상환고는 1937년 분포비율(일본 : 조선=96.3 : 3.7)대로 1945년까지 상환되었다고 봄.

증자를 통해 납입자본의 15배를 한도로 하는 채권발행의 여력을 확대했다. 1939년 3,000만 엔에서 6,000만 엔으로 증자를 단행하여 1941년 납입자본은 5,250만 엔으로 증대되었다. 이로써 조선식산은행은 납입자본의 15배인 최대 7억 8,750만 엔까지 채권을 발행할 수 있었으며, 그 채권은 일본정부가 보증했다.[41] 전시하의 전반적인 자금경색 상황에서도 이렇게 증자를 단행했던 것은 채권발행을 증가시켜 군수 관련 '생산력확충' 자금을 마련하기 위해서였다.[42]

1940년부터는 납입자본과 상관없이 일본정부 보증하에 2억 엔을 한도로 채권을 발행할 수 있었다. 상환기한은 발행일로부터 20년 이내로, 이를 통해 획득한 장기성자금은 철강, 석탄, 경금속, 비철금속, 석유 및

41) 鈴木武雄, 『朝鮮金融論十講』, 帝國地方行政學會朝鮮本部, 1940, 215~216쪽.
42) 本田秀夫, 「朝鮮に於ける生産力擴充と金融機關の役割」, 위의 책, 275쪽.

<표 2 - 16> 조선식산은행 채권의 지역별, 인수처별 상황(1938~1945)

(단위 : 천엔, %)

	정부보증 채권	보통 채권	기타	합계
일본 내 인수	207,000	64,500	36,110	307,610 (32.9)
(예금부)	110,000	–	36,110	146,110 (47.5)
(기타 특수인수)	97,000	64,500	–	161,500 (52.5)
조선 내 인수	168,000	238,000	45,000*	451,000 (48.3)
(朝金聯)	78,000	154,500		232,500 (51.6)
(기타 특수인수)	90,000	83,500		173,500 (38.5)
일반 공모	30,000	145,000		175,000 (18.7)
합계	405,000 (43.4)	447,500 (47.9)	81,110 (8.7)	933,610 (100)

* 有賀さんの事蹟と思い出編纂會,『有賀さんの事蹟と思い出』, 研文社, 1953, 123~124쪽.
* ① 우변의 합계 중 일본 내 인수, 조선 내 인수, 일반공모의 괄호안은 전체 합계에서 차지하는 비중. 대장성 예금부, 기타 특수인수, 조선금융연합회의 괄호안은 각각 일본 내 인수와 조선 내 인수에서 차지하는 비중. 하변의 합계 중 괄호안은 전체 합계에서 차지하는 비중임. ② 일본 내 인수 중 '기타 특수인수'는 富國徵兵保險, 農林中央金庫, 勸業銀行 등의 인수이고, 조선 내 인수 중 '기타 특수인수'는 朝鮮貯蓄銀行, 朝鮮商業銀行, 朝興銀行 등의 인수이다. ③ 기타의 *는 할인채권이다.

그 대용품, 공작기계, 철도차량, 선박, 자동차, 전력 등을 생산하는 사업체와 이를 지원하는 기초산업에 융통할 계획이었다.[43]

또한 1942년부터는 할인채권을 발행하여 자금동원력을 높였다. 할인채권은 상환기일까지 이자로 지불해야 될 금액을 원금에서 제외한 할인가격으로 채권을 판매하고 상환기일에 원금 전액을 상환하는 것으로 채권인수자에게 일정한 혜택을 주어 자금흡수를 원활히 하기 위한 채권발행 방법이었다.[44] 조선식산은행은 1945년까지 총 4,500만 엔의 할인채권을 발행했다(<표 2 - 16> 참조).

이 시기 조선식산은행의 채권발행에서 가장 두드러진 특징은 조선내 인수비중이 높아졌다는 점이다. <표 2 - 16>을 보면, <표 2 - 15>의

43) 朝鮮銀行調査課, 「殖銀賦與の生擴資金貸付重要産業指定さる」,『鮮滿支財界彙報』 1940년 1월호, 1쪽.
44) 朝鮮銀行調査課, 「殖銀初の割引債券」,『鮮滿支財界彙報』 1942년 2월호, 12~13쪽.

합계와 약간 차이가 있지만 조선 내 인수분이 적어도 48.3%였으며, 일
반공모까지 감안하면 50% 이상을 차지했을 것이다.[45] 종전에 조선식산
은행의 채권발행은 주로 일본에서 자금을 유입하는 통로였으나, 전시
기에는 그러한 기능과 함께 조선 내의 자금을 흡수하는 기능도 강화되
었다.

조선 내 인수액 4억 5100만 엔 중 51.6%가 조선금융조합연합회가 인
수한 것이며, 나머지 38.5%는 조선저축은행, 조선상업은행, 조흥은행
등이 인수한 것이다. 이들 금융기관은 조선금융단의 통제 아래서 공동
으로 인수했다.[46] 한 예로 1942년 10월 조선식산은행 채권 5,000만 엔
중 조선 내 소화분 1300만 엔은 조선금융단을 통해 소속 금융기관이 공
동인수한 것이다. 이외에도 1942년 3월 조선식산은행 보통채권 4,000만
엔 중 2,000만 엔, 1943년 조선식산은행 보통채권 2,500만 엔과 정부보
증채권 1,500만 엔이 조선금융단을 통해 공동인수되었다.[47] 하위금융기
관에서 강제저축된 자금이 채권발행과 인수를 통해 조선식산은행에 집
중되었던 것이다. 특히 조선 내 인수 중 가장 큰 비중을 차지했던 조선
금융조합연합회는 금융조합을 통해 농촌과 도시의 말단에서 강제저축
된 자금을 조선식산은행의 채권인수에 사용하였다. 사회 말단에서 이
루어진 강제저축이 군수산업에 대한 자금융통과 어떻게 연결되었는지
를 잘 보여준다.[48]

---

45) 堀和生은 <표 2 - 16>의 동일한 자료를 분석하면서 일반공모 중에는 조선 내
   인수분도 있었을 것이라며 전체 조선 내 인수비중을 50% 이상으로 보았다(堀
   和生, 「植民地産業金融と經濟構造」, 『朝鮮史硏究會論文集』 20, 1983, 180쪽). 한
   편 김낙년은 일반공모를 일본 내 인수로 파악했는데, 그의 계산에 따르면 일
   본인수분은 50.7%, 조선인수분은 49.3%이다(金洛年, 「日本の植民地投資と朝鮮
   經濟の展開」, 東京大 經濟學硏究科 博士學位論文, 1992, 13쪽). 그러나 당시 일
   본의 자금형편상 일반공모 전부가 일본 내에서 인수되었다고 보는 것은 무리
   일 것이다.
46) 조선금융단에 대해서는 이 책의 제1부 제1장 참조.
47) 木村健二, 「朝鮮の金融統制と朝鮮金融團」, 『戰時體制下の金融構造』(伊牟田
   敏充 編著), 日本評論社, 1991, 124~125쪽.

전시기 조선식산은행은 여전히 자금의 주요 부문을 채권발행을 통해
조달했다. 그러나 이전의 채권발행이 일본자본을 도입하는 주요 통로
였다면, 이 시기 채권발행은 50% 이상이 조선에서 소화됨으로써 조선
내 자금을 동원하는 기능이 강화되었다. 전시기에는 전쟁수행을 위한
자금동원으로 일본 금융시장의 여력이 고갈되는 가운데 조선에서의
'현지조달'이 강조되었다.[49] 이에 따라 조선식산은행의 채권도 일본 내
인수보다 조선 내 인수가 증가했던 것이다. 조선식산은행 채권의 조선
내 인수를 조직적으로 수행했던 것은 조선금융단이었다. 조선금융단은
금융조합, 조선저축은행, 보통은행 등으로 하여금 강제저축을 통해 형
성된 여유자금을 조선식산은행 채권인수에 충당하게 함으로써 '강제저
축 → 군수산업 융자'라는 자금흐름을 유도했다.

2. 강제저축을 통한 자금의 집중

전시기 조선 내 모든 금융기관은 강제저축을 통해 예금을 증대시켜
나갔다. 강제저축은 인플레이션 억제, 소비생활 억제의 효과를 가지면
서 궁극적으로는 이를 통해 형성된 자금으로 전비(戰費)를 조달할 수
있었다. 이 시기에 조선식산은행도 강제저축을 통해 예금증대를 꾀하
였다.

일본정부는 전비 및 '생산력확충'자금을 조달하고, 아울러 인플레이
션을 방지하기 위해 종래의 저축 외에 전시 정부자금 살포로 인한 증
가소득 전부를 저축시킨다는 방침 아래, 1938년부터 저축목표액을 설

---

48) 戰時期 금융조합의 강제저축에 의한 여유자금 발생과 운용에 대해서는 文
　暎周, 「日帝末 戰時體制期(1937~1945) 村落金融組合의 活動」, 고려대 사학과
　석사학위논문, 1995 참조.
49) 朝鮮殖産銀行調査部, 「朝鮮經濟情報－朝鮮金融の方向を語る, 津島日銀副總
　裁談」, 『殖銀調査月報』 제13호, 1939. 6, 83~84쪽.

정하고 저축운동을 전개했다.[50] 이에 따라 조선의 저축목표액도 일본 대장성에 의해 설정되었는데, 1938년 2억 엔에서 매년 50~92%씩 늘려 잡아 1944년에는 1938년보다 11.5배 늘어난 23억 엔으로 급증했으며, 실적액은 통계가 나와 있는 1943년까지 매년 목표액을 넘어섰다.[51]

강제저축을 조직적으로 뒷받침했던 것은 저축조합이었다. 1938년부터 임의단체로 설립되기 시작하여, 1941년 10월 「조선국민저축조합령(朝鮮國民貯蓄組合令)」(制令 제31호)에 의해 법적 단체로 전환되었던 저축조합은 공공단체, 회사와 상점, 부락단위로 조직되었는데, 전체 저축조합 중 공공단체와 부락단위 비중이 89.1%였다. 대부분의 저축조합은 행정기구의 지원 아래 조직되었던 것이다. 저축조합은 면리(面里)할당, 각호(各戶)할당 등을 통해 강제저축을 수행했는데, 이를 통해 흡수한 자금 중 70~85%는 금융기관에 예금했으며, 나머지는 직접 국채 또는 유가증권 인수에 충당했다. 따라서 저축조합은 금융기관의 저축업무를 대행하는 기관이었다고 할 수 있다.[52] 금융기관은 매월 일정 기일에 저축조합에 은행원을 파견하여 예금을 취급했다.[53]

저축조합을 통한 강제저축 외에도 농산물 공출과정에서 일정액 이상을 원천공제하거나 임금지급 과정에서 소득의 일정액을 원천공제하는 소위 '천인저축(天引貯蓄)'도 성행했다. 이와 같은 방식으로 얼마만한 예금이 형성되었는지는 정확히 알 수 없지만, 1941~1943년간 미곡공

---

50) 裵永穆, 「植民地 朝鮮의 通貨金融에 관한 硏究」, 서울대 경제학과 박사학위 논문, 1990, 354쪽.

51) 조선 내 저축목표액과 실적률은 다음과 같다(정태헌, 「일제하 자금유출구조와 조세정책」, 『역사와현실』 제18호, 한국역사연구회, 1995, 205~206쪽).

연도	1938	1939	1940	1941	1942	1943	1944
저축목표액	2억엔	3억엔	5억엔	6억엔	9억엔	12억엔	23억엔
저축실적률	134%	130%	113%	125%	110%	127%	?

52) 이상 '저축조합'에 대해서는 裵永穆, 앞의 논문, 354~360쪽 참조.

53) 朝鮮殖産銀行調査部, 「朝鮮經濟情報 - 朝鮮の貯蓄3億円 具體方策」, 『殖銀調査月報』 제14호, 1939. 7, 57~60쪽.

출대금 중 대략 13~27%가 원천공제되었다.[54] 주로 농민이나 노동자 같은 저소득층의 강제적 생활수준 저하를 초래했던 원천공제 형태의 강제저축은 저축목표액을 달성하기 위한 주요 방법이었다.[55]

전시기 조선식산은행도 강제저축을 통해 예금증대를 꾀했다. 여타 금융기관과 같이 저축조합의 도움을 받는 외에도 은행 나름의 저축증강 방안이 강구되었다. 각 지점에 목표액이 설정되었으며, 각 지점장은 종업원을 독려했다. 종업원은 업무시간 외에도 가가호호를 방문하면서 새로운 예금자를 찾아다녔다. 또한 신흥공업지구에는 예금취급소(預金取扱所)라 불리는 출장소를 설치하여 신흥소득층의 자금흡수를 꾀하였다. 아울러 조선인 자금을 흡수하기 위해 조선인 고용을 증대시키기도 했다.[56]

또한 조선식산은행은 일반예금 외에 '할증금부정기예금(割增金付定期預金)'이나 '애국채권(愛國債券)'과 같이 사행심을 이용한 방법으로 저축증강을 꾀했다. '할증금부정기예금'은 1943년 6월에 창설된 것으로 100엔을 1구좌로 한 1년거치 정기예금 등에 대해 추첨을 통해 1등 1만 엔 이하의 할증금을 주는 제도이다.[57] 1944년 6월까지 3회에 걸쳐 실시되어 총 3억 5200만 엔, 응모구좌수 44.6여만 건으로 예상 이상의 성적을 거두었다.

'애국채권'은 평소 금융기관을 이용하지 않거나 이용할 수 없었던 노동자층이 전시산업에 동원되면서 생긴 수입을 흡수하기 위하여 1943년 말부터 조선식산은행에서 발행한 것이다. '애국채권'은 일종의 복권으

54) 文暎周, 앞의 논문, 29쪽.

55) 朝鮮殖産銀行調査部, 「5億貯蓄 勵行について政務總監 通牒」, 『殖銀調査月報』 제26호, 1940. 7, 122~123쪽.

56) 이상에 대해서는 Karl Moskowitz, *The Employees of Japanese Banks in Colonial Korea*, Harvard University Ph.D. Thesis, 1979(殖銀行友會 譯, 『植民地朝鮮における日本の銀行の從業員達』, 1986), 148쪽 참조.

57) 近藤釖一 編, 「第85回 帝國議會 說明資料」(1944. 8), 『太平洋戰下終末期 朝鮮の治政』, 巖南堂書店, 1961, 185쪽.

로 할증금이 많으면서도 당첨률이 매우 높았다. 제1회는 1943년 12월 500만 엔을 발행하여 전액 소화했으며, 제2회는 1944년 4월 2500만 엔 발행하여 2240만 엔을 소화했다.[58] 1943년 이후 전쟁말기로 접어들면서 강제력만으로 더이상 예금증가를 기할 수 없게 되자 이러한 사행심을 이용한 자금흡수책이 실시되어 상당한 효과를 거둔 것으로 보인다.

조선식산은행의 강제저축은 이상과 같은 은행 자체의 직접적인 것 외에 여타 금융기관이 강제저축한 자금을 흡수하는 간접적인 것도 있었다. 앞에서도 보았듯이 보통은행이나 금융조합은 강제저축으로 예금이 증대되었으나, 「임시자금조정법」, 「은행등자금운용령」 등으로 자금운용이 통제되고 금리저하로 채산성이 악화됨에 따라[59] 상위 금융기관인 조선은행, 조선식산은행에 여유자금을 예치했다. 특히 조선금융조합연합회는 산하 금융조합이 강제저축으로 흡수한 자금 중 여유금을 조선식산은행에 예금했다.

> 금조연합회(金組聯合會)는 현재 5,200만 원의 여유금을 갖게 되어 식은(殖銀)에 연 4분(分)으로 예금했으나 그 일부는 4분3리의 식은사채를 매입하여 채산에 유리하게끔 했다. 금후 실제로 이 5천만 원은 조선의 생산력확충에 큰 힘이 될 것……[60]

> 조선 내 저축의 권장과 자금의 운용제한으로 각 금융기관의 수중에 여유자금이 생기게 되었다. 작년 저축은행과 금융조합이 식은사채를 인수한 것이 이의 하나로 나타났고, 최근 금융조합연합회가 약 6천만 원이라는 거액의 여유금을 식은에 예치하여 식은관계 생산력확충자금의 운용이 현저히 완화된 것을 간과할 수 없다.……[61]

---

58) 近藤釰一 編, 위의 글, 185~186쪽.
59) 朝鮮殖産銀行調査部, 「朝鮮産業情報-貯蓄奬勵と鮮內銀行の立場」, 『殖銀調査月報』 제1호, 1938. 6, 彙 27쪽 ; 朝鮮殖産銀行調査部, 「朝鮮經濟情報-地場銀行 放資難の原因」, 『殖銀調査月報』 제10호, 1939. 3, 118~119쪽.
60) 『京城日報』 1940년 5월 3일자(裵永穆, 앞의 논문, 363쪽에서 재인용).

조선금융조합연합회의 여유자금 중 상급 금융기관에 예치한 금액은
1937년 3월 1,129.9만 엔에서 1938년 3월 2,469.8만 엔, 1939년 3월
5,022.2만 엔, 1940년 3월 5,216만 엔, 1941년 3월 1억 125.9만 엔, 1942년
3월 1억 6,745.7만 엔, 1943년 3월 8,903.3만 엔이었다.[62] 이 예치금은 조
선금융조합연합회와 "역사적 특수관계"가 있는 조선식산은행에 대부
분 예입(預入)되었다.[63] 통계집계 시기가 일치하지 않지만, 1942년 3월
조선금융조합연합회의 예치금 1억 6,745.7만 엔은 1941년 12월 조선식
산은행의 예금액 5억 6,039.6만 엔의 29.9%에 해당하므로 조선금융조합
연합회의 예치금이 조선식산은행의 예금에서 차지하는 비중이 얼마나
컸는지를 알 수 있다(<표 2 - 17> 참조).

조선금융조합연합회 외에도 조선저축은행이나 보통은행의 여유자금
도 조선식산은행에 예치되었다. 조선식산은행의 동업자예금액이 1937
년 1,764만 엔에서 1942년 1억 3,718.1만 엔으로 증가했던 것은 이를 반
영한다. 이 시기 조선식산은행 채권의 조선 내 인수증대와 마찬가지로
하위 금융기관이 강제저축한 자금이 조선식산은행으로 집중되고, 조선
식산은행은 이 자금을 군수산업에 융자하는 자금흐름의 구조가 형성되
었다.

이상과 같이 조선식산은행은 은행 자체의 저축증강책이나 저축조합

---

61) 『朝鮮新聞』 1941년 1월 25일자(裴永穆, 앞의 논문, 363쪽 재인용).
62) 朝鮮金融組合聯合會, 『朝鮮金融組合聯合會十年史』, 1944, 90~91쪽.
63) 조선금융조합연합회의 예치금이 조선식산은행에 예입되었다는 점은 본문의
   신문자료 외에 다음을 통해서도 확인할 수 있다. "… 현재 조금련이 당면한
   중요 문제는 실로 여유금을 어떻게 운용할 것인가에 있다. 적어도 지금까지의
   운용상황에서 보면 조금련과 역사적 관계를 갖는 조선식산은행으로의 예치금
   운용이 중요한 비중을 점하고 있는데…"(朝鮮金融組合聯合會, 『金融組合年
   鑑』 1942년판, 4쪽). 또한 大雄郎一, 「朝鮮金融團と組合金融」, 『朝鮮』 1942. 8,
   52~54쪽에서도 조선금융조합연합회의 예치금이 "역사적 특수관계"에 있는
   조선식산은행에 전부 예입된 것으로 파악하고 있으며, 이로써 금융조합을 통
   해 축적된 자본이 간접적으로 조선식산은행을 통해 시국산업 융자에 쓰이고
   있다고 했다.

·금융조합·보통은행과 같은 저축대행기관 또는 하위 금융기관의 도움을 받아 전시기 예금을 증대시켜나갔다. <표 2 - 14>를 보면 1937년부터 1945년 9월까지 조선식산은행의 예금은 3.3배 증가하여, 전체 자금조달액 증가율 5.3배에는 미치지 못하였다. 그러나 이는 1945년 8월 일제가 패망하면서 많은 예금인출이 이루어졌기 때문이다. 1944년까지를 보면 예금은 8.1배 증가하여 다른 여타 부문을 앞서고 있으며, 전제 증가율 4.3배를 상회했다. 계속된 증가로 예금은 1944년경 채권발행액을 앞서 전체 자금조달액 중 45.7%를 차지했다.[64] 전시기 조선식산은행의 자금 증가는 예금이 주도했다고 볼 수 있다.

전시기 조선식산은행의 예금내역을 정리한 것이 <표 2 - 17>이다. 예금종류별로 보면, 정기예금이 다소 기복은 있지만 40% 전후를 차지하며 수위를 점하여 앞 시기와 같은 양상을 보였다. 예금주별로도 자료로 확인되는 1942년까지 보면 앞 시기와 비슷하여 관공서 10% 전후, 동업자 20% 전후, 민간인 60% 전후를 기록했다. 그러나 민간인예금액의 상당부분은 저축조합과 같은 준(準)행정기구의 도움을 받아 강제저축된 것으로 여전히 조선식산은행의 예금증대는 식민지권력의 지원에 힘입어 진행되었으며, 전시기에는 그러한 양상이 좀더 강화되었을 것이다.

민간인 예금의 민족별 분포에 관한 자료는 1938년까지 공표되었는데, 대략 조선인 20% 전후, 일본인 80% 전후였다. 전시 말기로 갈수록 강제저축을 통해 조선인의 예금이 증대했을 것이다.

조선식산은행의 예금액이 최고를 기록한 것은 1945년 7월 말 12억

---

64) 1945년 9월 조선식산은행의 자본조달비중 수위를 차지하는 것은 차입금이었다. 이는 1945년 8월 이후 조선은행이 일본인의 퇴각비용을 조달하기 위해 은행권을 남발했으며, 그 일부를 조선식산은행에 대출했기 때문이다. 1945년 8월 25일 현재 조선식산은행이 조선은행으로부터 차입한 금액은 9억 8700만 엔이었다(『朝鮮銀行史』, 736~737쪽). 1945년을 제외하면 자금조달상의 차입은 그다지 큰 비중을 차지하지 못했다. 1944년까지는 6.5배 증가했으며, 이 기간 평균비중도 11.6%에 불과했다(<표 2 - 14> 참조).

<표 2 - 17> 조선식산은행의 예금내역(1937~1945. 9) (단위 : 천엔, %)

연도말	예금액	예금종류별 비중				예금주별 비중			민족별 비중		농은 예금/ 자기 자본	보은 예금/ 자기 자본
		정기	당좌	특별 당좌	기타	관공 서	동업자	민간	조선 인	일본인		
1937	131,419	40.1	25.0	20.5	14.4	15.0	13.4	71.6	18.7	80.9	2.88	6.25
1938	191,125	48.3	21.3	17.9	12.6	13.4	27.1	59.6	20.1	79.6	4.05	8.83
1939	254,606	40.7	26.1	19.8	13.3	11.7	21.6	66.7	?	?	4.51	12.93
1940	333,560	38.7	31.3	18.8	11.3	9.4	20.6	69.9	?	?	5.00	15.96
1941	410,693	38.2	29.8	16.8	15.2	10.8	15.7	73.5	?	?	5.33	20.01
1942	560,396	48.2	20.5	16.2	15.1	9.7	24.5	65.8	?	?	6.59	30.23
1943	809,193	49.1	19.7	15.5	15.7	?	?	?	?	?	9.52	39.63
1944	1,056,471	49.6	16.8	20.5	13.1	?	?	?	?	?	12.10	59.50
1945.9	434,381	30.1	24.9	19.5	25.5	?	?	?	?	?	4.91	21.93

* <부표 2> 참조

<표 2 - 17 - 1> 조선식산은행 및 보통은행의 예금금리 추이(1937~1945)

(단위 : 연리, %)

연도	식산은행		보통은행		(지점보통은행)	
	당좌예금	정기예금	당좌예금	정기예금	당좌예금	정기예금
1937	0.73	3.8	1.10	4.2	0.73	3.6
1938	0.73	3.8	1.10	4.2	0.73	3.6
1939	0.73	3.6	1.10	4.1	0.73	3.6
1940	0.73	3.5	1.10	3.9	0.73	3.5
1941	0.73	3.5	1.10	3.9	0.73	3.5
1942	0.73	3.4	1.10	3.7	0.73	3.4
1943	0.73	3.4	1.10	3.6	?	
1944	0.37	3.4	?	?	?	
1945	0.00	3.4	0.37	3.4	?	

* <그림 3>과 동일 자료.

9,263.9만 엔이었다.[65] 1945년 9월 말 4억 3,438.1만 엔이었으므로 이해 8~9월 사이에 총 8억 5,825.8만 엔이 인출된 것이다. 인출된 예금에는 조선인분도 포함되었겠지만 모두 일본인분으로 간주하고, 여기에 일본 인 예금으로서 인출되지 않아 해방 후 조선식산은행의 대일부채(對日負

---

65) 朝鮮銀行調査部, 『朝鮮經濟年報』(1948), III - 76쪽.

債)로 상정된 예금액 9,471.9만 엔[66]을 더하면 총 9억 5,297.7만 엔이 일본인 예금액이었다고 볼 수 있다. 이는 1945년 7월 말 예금액의 73.7%에 해당한다. 인출된 예금에는 조선인분도 포함되어있었을 것이므로 조선인 예금액은 26.3%보다 많았을 것이다. 이는 1938년 조선인 예금액 20.1%에 비해 약간 증대된 수치이다. 조선인을 고용하여 조선인 예금을 증대시킨다는 조선식산은행의 정책이 어느 정도 효과를 보았다고 할 수 있다.

조선식산은행의 '예금 / 자기자본'비는 이 시기에 계속 증가하여 1944년 최고 12.1을 기록했다. 이는 강제저축에 의해 예금흡수가 증대되었기 때문이다. 이러한 강제저축의 반영은 본점보통은행에서 더 잘 드러난다. 이 시기 본점보통은행의 '예금/자기자본'비는 1939년에 이미 10을 넘어섰으며, 1940년대에 들어서면 20~30을 기록했으며, 1944년에는 59.5를 기록했다. 예금이 자기자본보다 59.5배 많았던 것이다. 이 시기에도 본점보통은행간의 합병은 계속되어 전체 납입자본이 1936년 1,348.1만 엔에서 1945년 9월 1,095.6만 엔으로 252.5만 엔이 감소했던 반면, 조선식산은행의 납입자본은 같은 기간 3,750만 엔 증가했다. 따라서 본점보통은행의 '예금 / 자기자본'비가 급증했던 요인으로는 앞시기와 같이 이러한 자본감축을 지적할 수 있을 것이다. 또한 전시기 본점보통은행이 자금흡수기관으로 변모하여 강제저축에 치중했던 점도 '예금 / 자기자본'비를 높였던 요인이라고 할 수 있다.

이상 전시기 조선식산은행이 군수산업금융기관으로 전환되면서 자금조달상에 나타난 특징은 조선 내 자금조달의 비중이 높아졌다는 점이다. 강제저축을 통해 예금으로 흡수한 자금은 물론이고 채권발행을 통해 흡수한 자금도 대략 50% 이상이 조선 내에서 조달되었다. 조선식산은행의 자금조달을 조선 내외별로 추산해보면, 1941년경부터 조선 내 비중이 조선외 비중을 능가했다(<그림 7> 참조). 전시기에는 전쟁수

---

66) 韓國殖産銀行淸算委員會, 『對日資産(殖銀所有)請求資料表(二)』, 1958.

행에 필요한 자금의 "현지조달"이 강조되었다.[67] 조선식산은행도 1937
년 이전에는 일본자본을 도입하는 주요 통로였으나, 전시기에 들어서
면서 자금의 "현지조달"을 강화했다.

조선식산은행이 자금을 "현지조달"할 수 있었던 원동력은 강제저축
에 있었다. 이 시기 은행의 예금 증가는 자체의 직접적 강제저축과 금
융조합·보통은행과 같은 하위 금융기관에서 강제저축으로 형성된 여
유자금을 흡수하는 간접적 강제저축에 의한 것이었다. 채권의 조선 내
인수도 궁극적으로는 금융조합·보통은행과 같은 하위 금융기관의 강
제저축에 의존했다. 따라서 강제저축을 통해 형성된 조선 내 자금이 예
금이나 채권발행을 통해 조선식산은행으로 집중된 것이다. 이렇게 집
중된 자금을 조선식산은행은 주로 일본의 전쟁수행을 뒷받침하는 군수
산업에 융자했다. 이는 조선 내 축적된 자금이 일본의 전쟁수행을 위해
유실되었음을 의미한다.

3. 광공업금융 증대와 증폭된 '여신의 집중화'

조선식산은행의 대출액은 1945년 9월 17억 6,683.4만 엔으로 1936년
에 비해 3.44배 증가했다. <표 2 - 18>을 보면 산업공공대부는 같은 기
간 동안 2.04배 증가한 반면, 상업대부는 6.63배 증가하여 이 시기 대출
증가는 상업대부가 주도했음을 알 수 있다.

그런데 상업대부는 어음할인이나 증서대부와 같은 방식으로 대출되
는 것을 말하며, 상업부문에 대한 대출을 의미하는 것은 아니다. 이 시

---

67) "국민저축운동은 산업자금의 現地調達主義에 따라 조선 내 축적자금을 증
가할 필요에서 중요한 의미를 가진다. 일본 장기자금시장의 경색상태에 의해,
특히 장기자금 이입이 원활히 행해지지 않는 사정에서 장기자금의 현지조달
이 문제가 되는 것이다"(下川春海, 「資金動員計劃と國民貯蓄」『金融組合』
155호, 1941. 9, 24쪽).

<표 2 - 18> 조선식산은행 대출금의 구좌수별 추이(1937~1945. 9)

연도말	합계			산공대부			상업대부		
	금액	구좌수	1구좌당 금액	금액 (%)	구좌수 (%)	1구좌당 금액	금액 (%)	구좌수 (%)	1구좌당 금액
1937	555,348,039	98,606	5,632	69.1	49.2	7909	30.9	50.8	3,427
1938	599,595,848	97,866	6,127	68.7	50.1	8390	31.3	49.9	3,851
1939	809,959,450	91,394	8,862	62.1	62.0	8879	37.9	38.0	8,835
1940	969,148,539	78,935	12,278	53.0	73.1	8912	47.0	26.9	21,404
1941	1,120,801,405	78,646	14,251	47.7	71.3	9531	52.3	28.7	26,004
1942	1,266,597,480	75,697	16,732	43.9	70.5	10423	56.1	29.5	31,825
1944.3	1,629,895,493	63,846	25,529	47.1	72.4	16614	52.9	27.6	48,916
1945.3	1,895,322,124	53,610	35,354	44.4	73.9	21214	55.6	26.1	75,456
1945.9	1,766,834,095	31,042	56,918	41.2	77.2	30393	58.8	22.8	146,509
(증가지수)									
1937	108	88	123	108	106	102	110	76	144
1938	117	87	134	115	107	108	120	74	162
1939	158	82	193	141	123	114	196	53	372
1940	189	71	268	144	126	115	291	32	901
1941	218	70	311	150	122	123	374	34	1,094
1942	247	68	365	156	116	134	454	34	1,339
1944.3	318	57	556	215	101	214	550	27	2,059
1945.3	369	48	771	236	86	273	673	21	3,176
1945.9	344	28	1,241	204	52	392	663	11	6,166

* 朝鮮殖産銀行, 「財産目錄」.

기에 증폭된 상업대부의 대부분은 시국관계 광공업자금이었다. 조선식
산은행이 매기별 주주총회에 제출하기 위해 작성한 영업보고서를 보면
1937년 하반기부터 두드러졌던 상업대부 증가의 요인으로서 광공업 방
면의 왕성한 자금수요가 지적되었다.[68] 이외에도 미곡통제자금이 상업

68) 朝鮮殖産銀行, 『第三十九期(1937. 7~12)營業報告書』, 12쪽 ; 朝鮮殖産銀行, 『第四十期 (1938. 1~6)營業報告書』, 13쪽 ; 朝鮮殖産銀行, 『第四十一期(1938. 7 ~12)營業報告書』, 7쪽 ; 朝鮮殖産銀行, 『第四十二期(1939. 1~6)營業報告書』, 7쪽 ; 朝鮮殖産銀行, 『第四十三期(1939. 7~12)營業報告書』, 7쪽 ; 朝鮮殖産銀行, 『第四十四期(1940. 1~6)營業報告書』, 8쪽 ; 朝鮮殖産銀行, 『第四十五期 (1940. 7~12)營業報告書』, 6쪽 ; 朝鮮殖産銀行, 『第四十六期(1941. 1~6)營業報告書』, 10쪽 ; 朝鮮殖産銀行, 『第四十七期(1941. 7~12)營業報告書』, 9쪽 ; 朝鮮殖産銀行, 『第四十八期(1942. 1~6)營業報告書』, 10쪽 ; 朝鮮殖産銀行, 『第四十

대부를 통해 융통되었다.

이 시기 산업공공대부의 증가는 전시 식량증산을 위한 농업자금과 함께 광업자금, 수산자금 등에 의한 것이었다.[69] 광업과 수산업은 군수 관련 중화학공업에 원료를 제공하기 위해 전시기에 급팽창한 산업이었다. 이외에도 1940년대에 들어서면 상공업조합 등 각종 공공단체에 대한 대출이 증가하여 전시통제기구에 대한 자금융통이 증대되었음을 알 수 있다.[70] 이 시기 자금운용의 중심은 상업대부나 산업공공대부 모두 군수관련 광공업부문과 전시통제기구에 대한 자금융통에 있었다. 이는 산업별 대부를 통해서 좀더 명확히 알 수 있다.

조선식산은행의 산업별대출은 1942년까지는 조선총독부에서 발간한 『조선금융사항참고서(朝鮮金融事項參考書)』와 『조선금융연보(朝鮮金融年報)』, 1943년 이후는 해방 후 조선은행에서 발간한『조선경제연감(朝鮮經濟年鑑)』(1949)을 통해서 알 수 있다. 앞시기의 통계와 다른 점은 1938년 이후 광업, 수산업, 교통업이 따로 분류되었다는 점이다. 이러한 산업들은 모두 전쟁수행상 긴요한 부문들이다.

<표 2 - 19>와 <그림 10> 을 통해 1942년까지 산업별 대출증가 상황을 보면 농업과 상업은 각각 1.1배, 1.6배로 거의 정체한 반면, 공업과 광업은 각각 5.7배, 5.2배로 증가했다. 이를 반영하여 산업별 대출비중에서도 농업과 상업의 비중 저하, 공업과 광업의 비중 상승이 나타났다. 광공업의 비중은 1939년 이후 농업의 비중을 능가하여 조선식산은

九期(1942. 7~12)營業報告書』, 9쪽 ; 朝鮮殖産銀行, 『第五十期(1943. 1~6)營業報告書』, 10쪽 ; 朝鮮殖産銀行, 『第五十一期(1943. 7~9)營業報告書』, 2쪽 ; 朝鮮殖産銀行, 『第五十二期(1943. 10~1944. 3)營業報告書』, 3쪽.

69) 朝鮮殖産銀行, 『第四十一期(1938. 7~12)營業報告書』, 6쪽 ; 朝鮮殖産銀行, 『第四十三期(1939. 7~12)營業報告書』, 6쪽 ; 朝鮮殖産銀行, 『第四十五期(1940.7~12)營業報告書』, 7쪽 ; 朝鮮殖産銀行, 『第四十九期(1942. 7~12)營業報告書』, 8쪽.

70) 朝鮮殖産銀行, 『第四十七期(1941. 7~12)營業報告書』, 8~9쪽 ; 朝鮮殖産銀行, 『第四十九期(1942. 7~12)營業報告書』, 8쪽 ; 朝鮮殖産銀行, 『第四五十期(1943. 1~6)營業報告書』, 9쪽.

<표 2 - 19> 조선식산은행 대출금의 산업별 추이(1937~1945. 9) (단위 : 천엔. %)

	농업		공업		상업		광업		수산업		교통업		잡		합
	금액	%	금액	%	금액	%	금액	%	금액	%	금액	%	금액	%	
1937	149,466	36.2	48,267	11.7	123,714	29.9		0.0		0.0		0.0	92,003	22.3	413,450
1938	165,875	28.6	115,526	19.9	105,445	18.2	23251	4.0	13881	2.4	19383	3.3	137,127	23.6	580,488
1939	191,136	24.2	188,738	23.9	156,367	19.8	42,017	5.3	18,520	2.3	29,188	3.7	163,318	20.7	789,284
1940	219,235	23.1	221,442	23.4	169,064	17.8	48,868	5.2	26,559	2.8	30,183	3.2	232,905	24.6	948,256
1941	228,368	20.7	301,610	27.3	184,898	16.7	80,642	7.3	38,905	3.5	45,294	4.1	225,806	20.4	1,105,523
1942	237,128	19.0	327,488	26.2	196,964	15.8	120,310	9.6	50,698	4.1	52,494	4.2	263,743	21.1	1,248,825
1943	155,058	10.5	43,939	3.0	801,570	54.1	73,680	5.0	52,986	3.6	4,932	0.3	349,173	23.6	1,481,338
1944	155,952	8.8	68,680	3.9	1,017,697	57.4	86,533	4.9	53,214	3.0	26,333	1.5	363,347	20.5	1,771,756
1945.9	134,282	7.7	59,368	3.4	1,082,087	62.4	50,959	2.9	25,341	1.5	26,709	1.5	354,272	20.4	1,733,018
증가율	0.61배		1.04배		8.65배		2.19배		1.83배		1.38배		6.38배		3.79배
평균비중	19.9		15.8		32.5		4.9		2.6		2.4		21.9		100.0

* <부표 3> 참조.

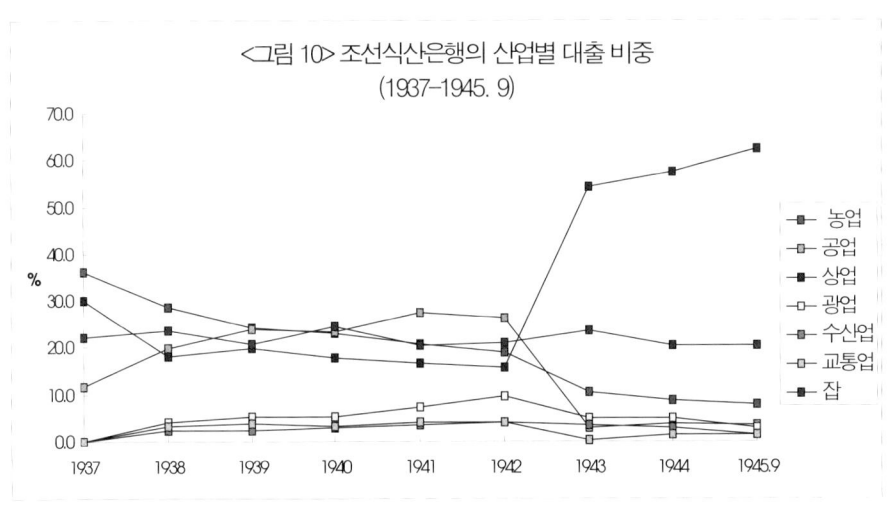

<그림 10> 조선식산은행의 산업별 대출 비중
(1937-1945. 9)

행이 농업금융기관에서 광공업금융기관으로 변모했음을 알 수 있다.

조선식산은행의 공업 및 광업대출액이 조선 내 은행 전체에서 차지하는 비중도 1938~1942년간 각각 41~49%, 48~67%로 다른 은행을 능가했다. 조선식산은행은 중일전쟁 이후 대출의 중심을 농업에서 광공업으로 전환했으며, 조선 내 광공업금융에서 핵심적 역할을 담당했다고 볼 수 있다.

그런데 1943년 이후 조선식산은행의 산업별 대출액을 보면, 상업대출
액이 큰 폭으로 상승하는 반면, 기타('雜')나 수산업을 제외한 부문은 절
대액이나 비중 모두 감소한다. 상업이나 기타 부문의 대출증대는 전시
말기 각종 물자통제와 관련된 것으로 볼 수 있다. 그러나 이를 감안하
더라도 <표 2 - 19>에서 보이는 1943년 이후 여타 부문, 특히 광공업부
문의 대출정체와 감소는 신빙성이 떨어진다. 다른 자료에 의하면 이 시
기 광공업대출은 결코 줄어들지 않았다.

첫째, 당시 조선식산은행 은행장이었던 하야시(林繁藏)를 회고하며
은행업무를 정리한 글에 의하면, 1945년 5월 말 현재 주로 광공업개발
자금에 해당하는 특별금융액이 7억 8000여만 엔 정도였다고 한다. 앞에
서도 살펴보았듯이 전시기에 대출증가를 주도했던 것은 상업대부 방식
에 의한 것이었다. 회고록에 의하면 상업대부가 이렇게 증가한 것은 상
업대부에 군수산업을 지원하기 위한 특별금융부의 광공업개발자금이
포함되었기 때문이며, 순(純)상업대부는 거의 증가하지 않았다고 한다.
최종 연도의 상업대부액 중 80%가 특별금융이었다고 한다. 회고록에
제시된 자료에 의하면, 최종 연도(1945. 5)의 상업대부액은 9억 8480만
엔으로, 따라서 그 80%인 7억 8784만 엔 정도가 특별금융에 의해 광공
업부문에 대출된 것이다.[71] 이는 <표 2 - 19>의 1945년 3월과 1945년 9
월의 광공업대출액 1억 5521.3만 엔, 1억 1032.7만 엔과 큰 차이를 보인

---

71) 林繁藏回顧錄編集委員會, 『林繁藏回顧錄』, 1962, 46~51쪽. 회고록에 제시된
   자료는 아래와 같다.

조선식산은행의 대출방식별 대출액 추이 (단위 : 천엔)

	산업대부	공공대부	상업대부	계
1937	218,900	144,700	171,800	535,400
1939	307,400	179,400	302,100	788,900
1941	282,500	228,600	594,200	1,105,300
1943	291,900	307,200	710,400	1,309,500
1945.5	241,100	578,500	984,800	1,804,400

다. 실제 광공업대출액은 7억 8784만 엔에 산업공공대부 중 광공업대출
에 해당하는 액수를 합친 값일 것이다.

둘째, 해당시기 조선식산은행 영업보고서의 「영업의 경황(景況)」을 보
면, 1943년에 들어서도 대출증가를 주도했던 것으로 "시국관계 광공업
자금", "시국의 요청"이나 "결전체제하의 산업사정"을 반영한 광공업방
면의 자금수요가 지적되고 있다.[72]

셋째, 조선식산은행의 광공업기업체에 대한 자금융통 사례를 보면,
1943년 이후 급격한 대출감소를 발견할 수 없다. 이원철산(주)이나 소림
광업(주)의 경우 오히려 1944년 말, 1945년의 대출액, 특히 설비자금대
출액이 크게 증가했다.[73]

따라서 <표 2-19>의 1943년 이후 공업 및 광업대출액은 현실을 반
영한 것으로 보기 어려우며, 상업대출액의 상당부문이 광공업 관련 대
출액일 가능성이 크다.[74] 조선식산은행의 광공업 대출증가 경향은
1945년까지 계속되었다고 볼 수 있다.

이 시기 조선식산은행의 자금운용은 대출을 기본으로 하면서도 유가
증권 인수액이 증대했다는 점에 그 특징이 있다. <표 2-20>을 보면
유가증권의 비중이 1930년대 중반부터 상승하기 시작하여 전쟁말기에
는 20%를 넘어섰다. 전시기 조선식산은행이 인수한 유가증권의 80~
90%는 전비 마련을 위한 국채였다(<표 2-37> 참조). 해방 후 조선식
산은행이 보유했던 일본 유가증권은 총 5억 2,811만 엔이었으며, 이 중

---

72) 朝鮮殖産銀行, 『第五十期(1943. 1~6)營業報告書』, 10쪽 ; 朝鮮殖産銀行, 『第
   五十一期(1943. 7~9)營業報告書』, 2쪽 ; 朝鮮殖産銀行, 『第五十二期(1943. 10
   ~44.3)營業報告書』, 3쪽.
73) 두 회사에 대한 사례는 이 책의 제3부 3장 참조.
74) 본문 <표 2-19>의 산업별 분류항목인 '상업'에는 대부방식별 분류인 <표
   2-18>의 상업대부 금액이 포함되었던 것 같으며, 따라서 상업대부 중에서
   광공업과 관련된 특별금융부의 대부액도 '상업'으로 분류되었을 것이다. 당시
   特別金融部의 대부액을 상업대부에 포함시켰던 것은 "戰時下라는 특수사정에
   의해 본 대부 숫자는 공표를 피했기 때문"이라고 한다(林繁藏回顧錄編集委員
   會, 앞의 책, 49쪽).

<표 2 - 20> 조선식산은행의 자금운용 추이(1918~1945. 9) (단위 : 천엔, %)

	대출금	%	유가증권	%	합계
1918	29,839	95.6	1,372	4.4	31,211
1919	71,055	98.5	1,054	1.5	72,109
1920	85,986	98.8	1,074	1.2	87,060
1921	131,183	98.1	2,533	1.9	133,716
1922	151,616	99.0	1,544	1.0	153,160
1923	172,069	98.4	2,761	1.6	174,830
1924	182,198	97.9	3,915	2.1	186,113
1925	197,093	96.5	7,134	3.5	204,227
1926	213,725	96.1	8,606	3.9	222,331
1927	233,959	95.2	11,912	4.8	245,871
1928	253,111	94.1	15,947	5.9	269,058
1929	266,680	94.3	16,126	5.7	282,806
1930	298,494	95.8	13,140	4.2	311,634
1931	312,359	94.3	19,056	5.7	331,415
1932	338,338	93.6	23,014	6.4	361,352
1933	335,393	89.3	40,125	10.7	375,518
1934	360,917	88.0	49,386	12.0	410,303
1935	412,334	89.3	49,410	10.7	461,744
1936	488,221	88.9	60,923	11.1	549,144
1937	527,866	89.3	63,041	10.7	590,907
1938	580,488	87.3	84,135	12.7	664,623
1939	789,284	90.1	86,573	9.9	875,857
1940	948,256	90.0	104,780	10.0	1,053,036
1941	1,105,523	87.4	158,841	12.6	1,264,364
1942	1,248,824	81.3	287,468	18.7	1,536,292
1943	1,449,398	78.6	393,510	21.4	1,842,908
1944	1,647,736	74.6	561,534	25.4	2,209,270
1945.9	1,733,017	75.4	565,239	24.6	2,298,256

* 朝鮮總督府財務局, 『朝鮮金融事項參考書(1939年調)』, 77~79쪽 ; 朝鮮銀行調査部,
  『朝鮮經濟年報』(1948), III - 76~77쪽. 朝鮮殖産銀行計算課, 「貸借對照表」.
* 유가증권액은 인수채권액과 소유유가증권액의 합계이며, 1943년과 1944년은 이듬해
  3월 수치이다.

일본국채가 97.3%를 차지했다(<표 4 - 3> 참조). 이렇게 인수한 일본 유
가증권은 해방 후 이자는 물론이고 원금도 상환받지 못하였다. 해방 이
전 유가증권의 이자로 일본에서 유입된 금액을 감안해도,[75] 조선식산

75) <표 2 - 37>의 방법으로 조선식산은행에 유입된 유가증권 이자액을 추산해

은행은 유가증권 인수를 통해 대략 4억 5,000만 엔 이상을 일본으로 유출시킨 셈이다.

조선식산은행은 국채 이외에도 각종 회사의 설립이나 자금조달을 지원하기 위해 주식 및 사채에 투자했다. 그 액수는 대출에 비해 적지만 조선식산은행은 주식을 소유한 관계회사에 주로 대출했다는 점76)에 비추어볼 때 유가증권 소유실태를 통해 이 시기 자금운용의 대략적 흐름을 살필 수 있을 것이다.

<표 2 - 21>은 조선식산은행이 소유한 유가증권 중 국채나 지방채를 제외한 회사관련 유가증권의 수치이다. 1935년 507만여 엔에서 1940년 2,951만여 엔, 1945년 4,828만여 엔으로 증가했다. 산업별 비중을 보면, 1935년 금융기관이 총액의 66.1%를 차지했으며, 광공업(13,5%), 교통·전기(11.7%)가 뒤를 이었다. 1940년에는 교통·전기가 총액의 54.1%로 가장 많았으며, 광공업(21.0%), 금융기관(11.4%)이 뒤를 이었다. 1945년은 광공업이 41.3%로 수위를 차지했으며, 그 다음은 특수 및 통제회사(22.9%), 교통·전기(17.6%) 순이었다.

전시기(戰時期)로 들어가면서 광공업회사와 이를 지원하기 위한 교통·전기회사에 대한 투자가 증대했으며, 전쟁말기에는 특수 및 통제회사에 대한 투자도 급증했음을 알 수 있다.

금융기관 주식의 보유는 조선식산은행이 조선에서 갖는 지위를 반영해준다. 1940년 관계회사 지주수(持株數)를 보면 조선저축은행, 조선화재해상보험주식회사, 조선신탁주식회사를 방계회사로 거느렸음을 알 수 있다. 1945년 금융기관 유가증권 소유액이 증가했던 것은 일본 전시금융금고에 대한 주식과 사채를 인수했기 때문이며, 전시금융금고 관계분을 제외하면 금융기관에 대한 투자는 정체되었다. 이는 「임시자금

보면 5,176만 엔이다.
76) 全國經濟調査機關聯合會朝鮮支部 編, 『朝鮮經濟年報』 1940년판, 改造社, 412쪽.

<표 2 - 21> 1930 · 40년대 조선식산은행 소유 유가증권(주식 · 사채)(단위 : 엔, 株)

종류	회사명	1935. 12			1940. 12	1945		비고
		帳簿가격	持株數	拂入總額	帳簿價格	拂入總額		
금융기관	朝鮮銀行	47,750	668 (0.2%)	58,450	35,070	75,000		
	朝鮮商業銀行	73,750	1,800 (0.9)	73,750	27,900	73,750		
	朝鮮貯蓄銀行	1,229,000	50,570 (50.6)	1,896,375	1,939,126	1,923,750		
	朝鮮火災保險	393,063	31,445 (31.4)	393,063	270,427	330,000		
	朝鮮信託	750,000	60,000 (30.0)	750,000	720,000	750,000		
	漢城銀行	860,088						
	無盡會社 (中央,咸南,平南)		7,770	157,125	157,935	185,000		1945년 朝鮮中央無盡
	*日本勸業銀行		500	25,000	43,250	25,000		
	*戰時金融金庫					100,000		
	*戰時金融債券					800,000		채권
	소계	3,353,651 (66.1%)		3,353,763 (11.4%)	3,193,708	4,262,500 (8.8%)		
농업 · 수산업 · 상업	鮮滿拓殖		60,000 (15.0)	1,200,000	810,000			
	成業社		40,000 (100.0)	500,000	440,000	3,000,000		
	朝鮮畜産		10,000 (5.0)	150,000	120,000	250,000		
	朝鮮水産開發					830,000		
	大興貿易		2,000 (10.0)	750,000	40,000	100,000		1945년 大興鮮蒙貿易
	소계			2,600,000 (8.8%)	1,290,000	4,180,000 (8.7%)		
교통 · 전기	多獅島鐵道	10,000	2,000 (3.3)	50,000	30,000	500,000		
	京春鐵道		30,000 (15.0)	750,000	570,000	750,000		
	京春鐵道債券			7,000,000	7,000,000			채권
	咸南鐵道					1,700,000		
	朝鮮郵船		80,000 (40.0)	4,000,000	3,960,000	2,500,000		
교통 · 전기	元山北港					2,400,000		
	*日本電力	583,300	43,000	166,250	137,700	166,250		1945년 日本發送電 74,300엔, 日電興業 91,950엔

교통·전기	漢江水電		80,000 (16.0)	2,000,000	1,472,000		·
	南鮮合同電氣			2,000,000	2,000,000		채권
	朝鮮鴨綠江水力發電					500,000	채권
	소계	593,300 (11.7%)		15,966,250 (54.1%)	15,169,700	8,516,250 (17.6%)	
광업·공업	朝鮮製鍊	625,000	50,000 (25.0)	1,875,000	1,520,000		
	北鮮製紙化學	62,500	5,000 (1.3)	125,000	125,000	125,000	
	*東京自動車		15,000	562,500	610,500	2,645,312	1945년 チゼ~ル自動車
	國産自動車		8,000 (16.0)	200,000	160,000	200,000	
	朝鮮重工業		15,165 (25.3)	433,313	380,650	974,875	
	日本高周波重工業		60,000 (6.0)	3,000,000	3,000,000	4,860,000	
	京城紡織					160,000	
	朝鮮鑿巖機製作所					1,000,000	
	東亞窯業					1,690,000	
	朝鮮航空機					1,750,000	
	朝鮮造船工業					500,000	
	東洋電線					1,550,000	
	朝鮮金屬計器					212,500	
	朝鮮飛行機					4,250,000	
	소계	687,500 (13.5%)		6,195,813 (21.0%)	5,796,150	19,917,687 (41.3%)	
특수 및 통제 회사	朝鮮米穀倉庫	308,875	15,710 (15.7)	467,750	463,250	815,875	
	朝鮮貿易振興		3,000	75,000	75,000	200,000	1945년 朝鮮交易
	朝鮮鑛業振興		50,000 (25.0)	625,000	625,000	2,343,750	
	朝鮮農地開發營團					3,500,000	
특수 및 통제 회사	朝鮮食糧營團					273,200	
	朝鮮度量器					164,500	
	朝鮮衡器					1,505,000	
	朝鮮石炭					187,500	
	朝鮮蠶絲					43,750	
	朝鮮電業					2,016,100	채권
	소계	308,875 (6.1%)		1,167,750 (4.0%)	1,283,250	11,512,175 (22.9%)	

기타	朝鮮書籍印刷	133,563	10,685 (26.7)	133,563	130,357	132,500	
	每日新報		4,000 (10.0)	100,000	36,000	225,000	
	소계	133,563 (2.6%)		233,563 (0.8%)	166,357	357,500 (0.7%)	
합계		5,076,889 (100%)		29,517,139 (100%)	26,899,165	48,283,612 (100%)	

* 1935년 → 朝鮮殖産銀行計算課, 「財産目錄」 / 1940년 → 朝鮮殖産銀行, 『有價證券殘高 帳』 / 1945년 → 朝鮮殖産銀行, 『所有有價證券利殖配當金記入帳』 ; 朝鮮殖産銀行, 『所 有有價證券關係綴』 ; 韓國殖産銀行淸算委員會, 「殖銀 및 殖銀傍系會社 所有有價證券明 細表」.
* 회사명에 '*' 표시된 회사는 일본에 본점이 있는 회사이다. 비고란의 '채권'이라 기재된 것 외에는 모두 주식이다. 회사명이 변경된 경우는 연도와 회사명을 기재했다.

조정법」에 의해 금융기관은 병종(丙種 : 생산력 과잉사업, 사치품, 기타 국가 전반의 견지에서 필요도가 낮은 물품에 관련된 것)으로 분류되어 신 설이나 증자가 억제되었기 때문이다.[77]

농업, 수산업, 상업관련 회사의 유가증권 소유액이 적었던 것도 이 부문들이 대부분 「임시자금조정법」에 의해 병종으로 분류되었기 때문 이다. 이 부문에서 유일하게 갑종(甲種 : 군수와 직접 관련있는 산업 및 그 기초산업)으로 분류되었던 축산업의 '면양(綿羊)'과 관련하여 1939년 동양척식주식회사가 주도하여 조선축산(주)[78]을 설립하였으며, 조선식 산은행도 주주로 참여했다. '특수 및 통제회사' 항목을 보면 물자의 매 집(買集) 및 배급을 담당하는 농업 및 상업회사에 대한 투자가 많아 전 시말기로 갈수록 이들 산업부문에 대한 통제가 강화되고 있었음을 알 수 있다.

---

77) 「임시자금조정법」에 따른 사업분류에 대해서는 朝鮮金融組合聯合會調査課, 『朝鮮け於る資金調整の現況』, 1939, 15~35쪽 참조.
78) 朝鮮畜産(株)은 羊毛의 수입두절이란 상황에서 축산자원의 군사상 중요성을 감안하여 축산의 증산, 生牛무역, 피혁제조 등을 목적으로 설립된 회사이다 (朝鮮殖産銀行調査部, 「畜産資源の增産と朝鮮畜産開發會社の使命」, 『殖銀調 査月報』 제21호, 1940. 2, 109~112쪽).

이 시기 조선식산은행이 가장 큰 폭으로 투자를 확대하였던 교통·전기부문과 광공업부문은 서로 연결된 경우가 많다. 한 예로 자동차운수사업을 겸하고 있는 경춘철도(주)는 강원도 및 인근 지역의 광물자원 수송과 관련된 회사이며, 한강수력전기(주)의 댐공사에 필요한 물자수송도 담당했다.[79] 한강수력전기(주)는 일본고주파중공업(주)을 비롯하여 경인지역 회사·공장에 필요한 전력을 공급하기 위해 한강 상류지역(청평 및 화천)에 댐을 건설했던 회사이다.[80] 일본고주파중공업(주)의 금속제련 제품을 공급받아 군용자동차를 생산·판매했던 것이 동경자동차(주) 및 국산자동차(주)였다.[81] 조선식산은행의 교통·전기부문에 대한 투자는 광공업부문을 지원하기 위한 것이었으며, 이들 부문에 대한 투자가 궁극적으로 군수산업 육성과 관련된 것이었다.

'특수 및 통제회사'는 조선총독부가 특수목적을 위해 조선은행, 조선식산은행 같은 기관투자기관들을 동원하여 설립한 회사이다. 조선식산은행은 농업부문에서 양곡을 비롯한 통제물자의 보관을 담당하는 조선미곡창고(주),[82] 전시 식량확보를 위해 토지개량사업을 담당하는 조선농지개발영단,[83] 식량의 국가관리 강화를 위해 설립된 조선식량영단,[84]

79) 東洋經濟新報社, 『年刊朝鮮 昭和十七年版 朝鮮産業の共榮圈參加體制』, 1942(이하 『年刊朝鮮』으로 줄임), 154쪽 ; 東洋經濟新報社編, 『朝鮮産業年報 昭和十八年版－朝鮮産業の決戰再編成』, 1943(이하 『朝鮮産業年報』로 줄임), 140쪽 ; 有賀さんの事蹟と思い出編纂會, 앞의 책, 199쪽.

80) 朝鮮殖産銀行調査部, 「朝鮮經濟情報」, 『殖銀調査月報』 제8호, 1939. 1, 121~123쪽 ; 『年刊朝鮮』, 82~83쪽 ; 『朝鮮産業年報』, 70쪽. 漢江水力電氣(株)의 총 50만 주 중 조선식산은행, 日本高周波重工業, 京春鐵道 3社가 대략 50% 정도를 소유했다.

81) 高杉東峰, 『朝鮮金融機關發達史』, 實業タイムス社, 1940, 716~717쪽 ; 『年刊朝鮮』, 116쪽 ; 『朝鮮産業年報』, 104쪽.

82) 朝鮮米穀倉庫(株)는 일본 내 미곡시장에서 朝鮮産米와 日本産米의 경쟁, 그로 인한 미가하락을 방지하기 위해 朝鮮産米의 移出統制를 목적으로 1930년 11월애 설립된 회사인데, 1940년경부터 수이출양곡은 물론이고 공출배급양곡 및 일반물자 등 모든 통제물자의 보관을 전담하면서 전시기 물자배급통제의 제일선을 담당했다(『朝鮮産業年報』, 144쪽).

잠사(蠶絲)의 배급통제를 담당하는 조선잠사(주)[85]에 투자했다. 상업에서는 제3국무역 통제기구인 조선무역진흥(주)[86]에 투자했다. 광공업부문에서는 금 이외의 군수관련 중요 광물의 생산을 촉진하기 위해 성립된 조선광업진흥(주),[87] 중요 연료인 석탄의 배급통제를 위해 설립된 조선석탄(주)[88]에 투자했다. 이외에도 조선총독부의 전매품인 도량형기(度量衡器) 제조 및 수이입을 담당했던 조선도량기(주) 및 조선형기(주)[89]와 전력의 단일한 국가관리를 위해 설립된 조선전업(주)[90]에도 투자했다.

이상 대출 및 유가증권 투자를 통해서 볼 때, 이 시기 조선식산은행의 자금은 군수관련 광공업부문과 이를 뒷받침하는 교통·전기 등 기초산업부문에 집중적으로 융통되었음을 알 수 있다. 또한 전쟁말기로 갈수록 전시경제를 유지하기 위해 설립된 각종 통제기구에 대해서도 자금융통을 확대해 나갔다. 조선식산은행은 일제의 전쟁수행을 위한

83) 『朝鮮産業年報』, 55쪽 ; 朝鮮殖産銀行調査部, 「朝鮮經濟情報－朝鮮農地開發營團」, 『殖銀調査月報』 제57호, 1943.2, 28～30쪽.

84) 朝鮮殖産銀行調査部, 「朝鮮經濟情報－食糧管理營團」, 『殖銀調査月報』 제63호, 1943. 8, 23쪽.

85) 京城商工會議所, 『朝鮮主要會社表』, 1944, 57쪽.

86) 1941년 3월에 설립된 朝鮮貿易振興會社(공칭자본금 300만 원, 납입자본금 150만 원)는 일제의 무역통제기구로 주로 조선의 제3국 무역에 대한 통제를 담당했다. 1944년 엔블록권 무역을 통제했던 朝鮮東亞貿易會社와 합병하면서 회사명을 朝鮮交易(株)으로 변경했다(송규진, 『日帝下의 朝鮮貿易 硏究』, 고려대학교 민족문화연구원, 2001, 188～193쪽 ; 朝鮮殖産銀行調査部, 「朝鮮經濟情報－交易機構の改革と朝鮮」, 『殖銀調査月報』 제65호, 1943. 10, 7쪽).

87) 『年刊朝鮮』, 96쪽 ; 『朝鮮産業年報』, 81～82쪽. 조선광업진흥(주)의 주요 출자자는 조선식산은행 외에 조선은행, 동양척식주식회사, 日鐵鑛業, 三井鑛山, 住友本社, 日本鑛業, 三菱鑛業, 日本高周波重工業, 鐘淵實業, 日窒鑛業開發, 小林鑛業 등이다.

88) 朝鮮殖産銀行調査部, 「朝鮮經濟情報－朝鮮石炭株式會社の設立」, 『殖銀調査月報』 제64호, 1943. 9, 45～48쪽 ; 京城商工會議所, 『朝鮮主要會社表』, 1944, 55쪽.

89) 京城商工會議所, 위의 책, 58쪽.

90) 朝鮮殖産銀行調査部, 「朝鮮經濟情報－朝鮮電業設立」, 『殖銀調査月報』 제60호, 1943. 5, 26쪽 ; 堀和生, 『朝鮮工業化の史的分析』, 有斐閣, 1995, 221～226쪽.

군수산업 육성, 전시통제경제의 유지를 금융면에서 지원했던 것이다.

전시기 조선식산은행의 자금운용상의 특성은 어떠했을까. 우선 '여신의 집중화'를 보면 이 시기에 그 정도가 증폭되었다. 1937년부터 1945년 9월 사이에 대출액은 3.44배 증가한 반면, 구좌수는 0.28배, 즉 대략 1/4 감소했다. 따라서 1구좌당 대출액은 12.41배 증가했다(<표 2 - 18> 참조). 전시자금통제 속에서 극도로 제한된 범위에 대출하였던 것이다. 이러한 현상은 산업공공대부보다는 시국관련 광공업자금과 관련된 상업대부가 주도했다. 산업공공대부의 대부액은 2.04배 증가한 반면, 구좌수는 대략 1/2로 감소하여 1구좌당 대출액은 3.92배 증가했다. 상업대부는 대부액이 6.63배 증가한 반면, 구좌수는 대략 1/10로 줄어 1구좌당 대출액이 무려 61.66배 증가했다(<표 2 - 18> 참조). 따라서 이 시기에 증폭된 '여신의 집중화'는 군수관련 광공업부문에 대한 집중적인 자금지원과 관련된 것이었다고 할 수 있다.

'여신의 집중화'가 증폭되는 가운데 민족별 대출동향은 어떠했을까. 조선식산은행의 민족별 대출은 1938년까지만 알 수 있다. 그 이후로 민족별 대출액은 공표되지 않았다. <표 2 - 13>을 보면 조선식산은행 대출액의 조선인 대 일본인 비중은 1937년 47.8 : 52.2, 1938년 42.8 : 57.1이었다. 1934년 '산미증식계획'이 중단된 이후로 높아졌던 일본인 대출비중이 1937년 전시기로 접어들면서 더욱 높아져 일본인과 조선인의 격차가 커지는 상황이었다. 전시기 전체의 동향을 알 수 없지만 대부분의 군수 관련 광공업회사는 일본인이 경영했으므로 일본인 대출비중은 더욱 늘어났을 것이다.

해방 후 조선식산은행이 일본인관계 대출금으로서 회수하지 못한 금액은 11억 8,236.9만 엔이었다(<표 4 - 3> 참조). 이는 1945년 9월 현재 수치로 당시 총대부액 17억 3,301.7만 엔의 68.2%에 해당한다. 기존의 민족별 대출금 통계는 관공서나 동업자대출금을 제외한 민간인 대출금을 민족별로 나눈 것이었다. 1938년 조선식산은행의 민족별 대출액 합계 4억 7,516.3만 엔은 총대출액 5억 8,048.8만 엔의 81.9%에 해당한다.
따라서 이 비율이 전시기에도 그대로 유지되었다고 가정한다면, 1945
년 9월 총대부액의 81.9%인 14억 1,934.1만 엔이 민간인 대출액이라고
볼 수 있다. 이 추정 민간인 대출액에 대한 일본인관계 대출 미회수금
11억 8,236.9만 엔의 비중은 83.3%이다. 1937년 47.8 : 52.2였던 조선인
대 일본인의 대출비중이 1945년 9월경이면 16.7 : 83.3으로 그 간격이
더 벌어졌다.[91] 추산에 의한 것이지만, 전시기에 증폭된 '여신의 집중
화'는 일본인에 대한 집중적 자금지원을 의미하며, 조선인은 일부를 제
외하고는 조선식산은행에서 자금을 융통받을 수 없었다.

　이 시기 조선식산은행의 자금운용상의 또 다른 특징은 저금리대출에
있었다. 조선식산은행의 대출금리는 여타 금융기관과 마찬가지로 계속
저하했다(<그림 3> 참조). 따라서 수여신의 금리차도 계속 줄어들었다
(<그림 4> 참조). 이러한 저금리시대의 출현은 어떠한 의미를 갖는 것
일까.

　첫째, 예금금리 저하는 광범위한 예금자들의 희생을 강요한 것이었
다. 대출금리 저하에 따라 예금금리도 저하하여 조선식산은행의 경우
정기예금금리가 1937년 연 3.8%에서 1945년 3.4%까지 인하했다. 그런
데 1937년에서 1945년 6월까지 공식 도매물가는 2.7배 상승했다(<표 3
-19> 참조). 따라서 실질예금금리는 마이너스 상태였다. 실제물가가
공식물가에 비해 훨씬 높았다는 점을 감안하면 마이너스 값은 더욱 커
질 것이다. 따라서 예금한다는 것 자체가 예금자의 손실을 의미했다.
이 시기 대부분의 예금이 강제성에 의존할 수밖에 없었던 것도 이 때
문이었다.

　둘째, 대출금리 저하는 대출받는 소수 사람들의 자금조달 비용을 절
약해주었다. 조선식산은행의 평균대부이자율은 1937년에서 1945년 6월

---

91) 이상의 수치에 대해서는 <표 2-13>, <표 2-20> 참조. 해방 당시 외국인
　에 대한 대출은 없었던 것으로 간주했다.

까지 연리 7.7%에서 5.5%로 감소했다(<표 3‒19> 참조). 물가상승률을 감안하면 대출금리는 없는 것이나 마찬가지였다. 조선식산은행에서 대출받은 자들은 이러한 양질의 저리자금을 기반으로 부를 축적할 수 있었다. 물론 이는 광범위한 예금자의 희생 위에 이루어진 것이었다.

셋째, 조선의 금리저하는 이 시기 일본으로의 자금유출을 측면에서 지원했다. 종래 조선의 금리가 일본의 금리에 비해 높아서 식민지초과 이윤을 노리고 일본자본이 들어왔으나, 이 시기에는 일본과 조선의 금리격차가 줄어들어 자금유입이 감소했다. 도리어 금리격차가 축소됨에 따라 자금유출이 일어났다. 앞에서도 살펴보았듯이 1938년 이후 조선금융단이 줄곧 예금금리 인하를 도모했던 것은 전비 조달을 위해 발행되었던 일본국채를 조선에서 소화하기 위한 것이었다. 저금리정책에 의해 일본으로의 자금유출이 이루어진 것이다.

넷째, 금리가 저하되었다고 해서 모든 사람들에게 혜택이 돌아간 것은 아니었다. '여신의 집중화'가 증폭되는 가운데 근대금융으로부터 소외된 대다수 사람들은 여전히 전근대금융에 의존했다. <그림 3>에서 보듯 전시기에도 개인간 대부와 같은 전근대금융은 근대금융과 일정한 금리차를 유지하며 존속했다. 이는 그만큼 근대금융에서 소외되어 전근대금융에 의지할 수밖에 없었던 자들이 많았음을 의미한다.[92]

전시기 조선식산은행은 군수 관련 광공업부문 및 전시통제기구에 집중적으로 자금을 융통하여 일제의 전쟁수행을 금융면에서 뒷받침했다. 더욱이 이러한 자금운용은 극단적 '여신의 집중화' 속에서 저금리로 이루어졌다. 이 시기 일본인에 대한 대출액이 증가했다는 점을 감안하면 전시 자금운용의 최대 수혜자는 일본인이 경영하는 군수산업체였을 것이다. 피해자는 자금운용 대상에서 소외된 자, 즉 광범위한 예금자라고 할 수 있다.

---

92) 戰時期 근대 금융에 소외된 자들을 대상으로 한 고리대의 발흥에 대해서는 이 책의 제3부 3장 참조.

<보론> 식민지 금융기구의 자금유출입과 그 성격

1. 머리말

이 글의 목적은 일제하 금융기구를 통해 일본과 식민지 조선간에 전개되었던 자금유출입의 실상과 성격을 밝히는 것이다. 이를 통해 "일제가 조선경제를 발전시켰으며 그 원동력은 일본에서 유입한 자금이다"라는 견해[1]에 대해 재검토하려고 한다. 물론 자금은 금융기구 이외에도 재정기구, 회사 등을 통해서도 유출입되었으며, 그 자금이 조선에 끼친 영향을 파악하기 위해서는 조선경제 전체를 다루어야 할 것이다.

---

1) 이러한 견해는 일제시기는 물론 해방 이후에도 끊이지 않고 제기되었다. 1920년대 말 경성제국대학 교수 시가타(四方博)는 한일'합방' 후 20여 년 동안 조선사회는 "산업혁명"을 경험했으며 그 원동력은 "타동적인 힘", 즉 "일본의 자본과 내지인의 지식, 경험"에 있다고 했다(四方博, 「市場を通じ見たる朝鮮の經濟」, 『朝鮮經濟の研究』(京城帝國大學 法文學會), 刀江書院, 1929, 257~262쪽). 일제말기 경성상공회의소는 일본자본의 대조선투자를 조사하면서 "조선에서 산업경제의 발달이 금일과 같이 성황을 이루었던 원동력"은 "내지자본의 대선투하(對鮮投下)"였으며 "조선산업의 개발이 일한합병 당시부터 계속해서 내지자본의 공헌에 의해 초래되었듯이 금후에도 또한 주로 내지자본의 활약에 의해 일층 진전"을 기대할 수 있다고 했다(京城商工會議所, 『朝鮮に於る內地資本の投下現況』, 1944, 1쪽). 일본 패전 후에도 전 경성제국대학 교수인 스즈키(鈴木武雄)는 "조선경제가 그토록 비참한 상태에서 병합 후 불과 30여 년 사이에 지금과 같이 일대 발전을 이루게 된 것은 분명 일본이 지도한 결과"이며, "재정면에서 일본의 조선에 대한 원조는 정산해보면 플러스"였다고 한다(大藏省管理局 編, 『日本人の海外活動に關する歷史的調査』通卷11冊 朝鮮編第10分冊, 1950. 2, 57쪽). 이러한 인식을 바탕으로 한일회담 당시 구보다(久保田貫一郎)는 "일본의 조선통치는 조선인에게 은혜를 베푼 면도 있다", 일본은 "조선의 철도나 항만을 만들고 농지를 조성하고 大藏省이 당시 많은 해는 2천만 엔도 내놓았다"고 했다. 이러한 견해는 한국이 신흥공업국으로 성장하면서 이를 일제시기의 경험과 연결해보려는 시각이 대두되는 1980년대부터 다시 학문적으로 부각되기 시작했다.

나아가 '발전'의 개념을 어떻게 이해하느냐에 따라 해석도 달라지게 마련이다. 그러나 자금이 얼마나 들어오고 나갔는지에 대한 기초조사도 제대로 되어있지 않은 상황에서 총체적인 분석은 무리일 것이다. 따라서 이 글에서는 자금유출입에 대한 총체적 분석을 위한 기초작업으로서 우선 금융기구에만 한정하여 자금이 얼마나, 또 어떻게 유출입되었으며, 그 귀결이 무엇이었는가를 살펴보고자 한다.

금융기구에 한정된 것은 아니지만 조선 전체의 자금유출입을 다룬 몇 편의 조사 및 연구가 있다.[2] 그러나 주로 자금유입에 초점이 맞추어졌으며, 과도한 추계에 의존했고, 1940년대, 특히 해방 전후의 자금유출입에 대해서는 다루지 못했다. 이 글에서는 기존의 성과를 참조하면서 새로 수집한 자료를 바탕으로 금융기구를 통한 자금유출입의 실상을 파악해보겠다.[3]

일제시기 금융기구는 주로 채권발행과 차입에 의해 자금을 유입했으며, 자금유출은 채권·차입금의 원리금상환과 유가증권 인수를 통해 이루어졌다.[4] 이 글에서는 일제시기 자금 유출입을 주도했던 조선은행, 조선식산은행, 조선금융조합연합회, 동양척식주식회사[5]를 분석대상으

---

2) 조선 전체의 자금유출입에 대한 조사 및 연구로는 다음 글들이 있다. 朝鮮銀行京城總裁席調査課, 『朝鮮に於ける內地資本の流出入につ就て』, 1933 ; 朝鮮殖産銀行調査部, 「朝鮮投下內地資本とえによる事業」, 『殖銀調査月報』 第25號, 1940. 6 ; 京城商工會議所, 『朝鮮に於る內地資本の投下現況』, 1944 ; 山本有造, 『日本植民地經濟史研究』, 名古屋大學出版會, 1991 ; 金洛年, 「日本の植民地投資と朝鮮經濟の展開」, 東京大學 經濟學研究科 博士學位論文, 1992.

3) 재정을 통한 자금유출입에 관해서는 다음의 글들을 참조. 우명동, 『일제하 조선재정의 구조와 성격』, 고려대 경제학과 박사학위논문, 1987 ; 정태헌, 「일제하 자금유출 구조와 조세정책」 『역사와현실』 제18호, 한국역사연구회, 1995.

4) 금융기구의 자금유출입에는 이외에도 예금, 환거래, 송금 등의 방법이 이용되었다. 그러나 가장 많은 양을 차지했던 것은 채권발행, 차입, 유가증권 인수였으며, 이를 통해 일제시기 자금유출입의 전체상을 파악하는 데는 무리가 없을 것이다.

5) 동양척식주식회사는 사내에 금융부를 두어 금융업에도 종사했는데, 1917년 본사를 조선에서 일본으로 옮기며 '만주' 등지로 사업을 확장했다. 따라서 이

로 했다. 또한 이들 식민지 금융기구[6]의 자금유출입에 깊이 관여했던 일본의 대장성 예금부도 관련된 상황에 한하여 언급하겠다.

　분석시기는 1905년부터 1945년 9월까지로, 1905년은 일제가 '화폐정리사업'을 바탕으로 조선 전체의 금융망을 장악하기 시작한 시점이다. 1945년 9월은 8·15해방 이후에도 일제가 여전히 금융기구를 장악했음에 비추어 적어도 이 시기까지 다루어야 자금유출입의 규모를 정확히 파악할 수 있기 때문이다. 자금유출 및 유입의 규모와 성격에 따라 1905~1917년 '현지조달'기, 1918~1937년 자금유입기, 1938~1945년 자금유출기로 나누어 각 시기별로 자금유출입의 통로와 규모, 자금의 용도를 살펴보겠다.

2. '현지조달'기(1905~1917)

1) 외자(外資)와 유출된 자금의 유입

　일제가 조선을 보호국화하면서 실시한 '화폐정리사업'은 조선의 통화와 일본의 통화를 고정적 등가관계로 연결하여 상품·자본의 이동을

　　후의 채권발행액과 차입액을 전부 조선에 투자했다고 볼 수 없다. 이 글에서
　　는 1917년 이전에는 채권발행액과 차입액을, 이후에는 조선 내 대출액과 조선
　　내 회사에 대한 투자액을 동양척식주식회사를 통해 조선으로 유입된 자금으
　　로 파악했다. 동양척식주식회사는 금융업무 외에 농장경영이나 이민사업 등
　　직영사업을 통해 조선에 투자했으나, 이 글에서는 금융업무에 국한하여 살펴
　　보겠다.

　6) 여기서 '식민지 금융기구'란 식민지 본국과의 자금유출입을 담당하는 금융기
　　구를 말한다. 제국주의시대 식민지경영의 가장 전형적인 형태가 '자본수출'과
　　결합된 것이라고 할 때, 식민지내 금융기구 중 식민지적 특성을 가장 잘 구현
　　하고 있는 기구이다. 종래에는 국가와의 관련성을 중시하여 국가자본의 한 범
　　주로서 '특수금융기관'이란 용어가 주로 사용되었으나 이는 일본과 식민지를
　　구별하지 않은 일본제국 전체를 대상으로 한 개념이다. '특수금융기관'에 대
　　해서는 石濱知行, 『特殊金融機關史論』, 育生社, 1937, 4~12쪽 참조.

자유롭게 하는 것이었다. 이는 개항 후 일본이 한반도에서 줄곧 추진해 왔던 금융침투의 완결이며, 식민지 통화제도의 확립이라 할 수 있다.

'화폐정리사업'과 함께 식민지 통화를 정착시키고, 상품과 자본의 이 동을 원활하게 하기 위해서 식민지 금융기구의 설립이 잇달았다. 1906 년 농공은행, 1907년 지방금융조합, 1908년 동양척식주식회사, 1909년 한국은행(1911년 '조선은행'으로 변경) 등 '한일합방' 이전에 이미 중앙은 행과 주요 금융기관의 설립이 완료되었다. 이후 이들 금융기관간의 계 통화가 추진되어 금융조합은 농공은행의 자금을 대리대부했으며(1911 년), 농공은행으로 예금을 중개했다(1912년). 또한 농공은행은 동양척식 주식회사 금융부의 자금을 대리대부할 수 있게 되어(1914년) 1914년경 '동양척식주식회사-농공은행-지방금융조합'으로 식민지 금융기구가 계통화되었다.[7]

이 시기 일본과 조선 간의 자금유출입은 주로 위의 식민지 금융기구 들을 통해 이루어졌다. 우선 장기자금 도입과 관계있는 채권발행 내역 과 추이를 정리해보면 <표 2 - 22>, <표 2 - 23>과 같다.

농공은행은 "농공업의 개량발달"을 위한 대부를 주목적으로 설립되 었으며, 이에 필요한 자금을 조달하기 위해 납입자본금의 5배까지 채 권을 발행할 수 있었다.[8] 1917년까지 총 5회에 걸쳐 535만 엔을 발행했 는데, 대부분 일본흥업은행, 동척이 인수했으며 이를 뒷받침했던 것은 대장성 예금부 자금과 외자(外資)였다.

제1회 45만 엔은 일본흥업은행이 인수했으며, 제2회 60만 엔은 일반 인에게 응모했으나 6만여 엔을 제외하고는 모두 정부(대한제국)가 인수

---

7) 1910년대 초 식민지 금융기구의 계통화에 대해서는 波形昭一, 『日本植民地金融政策史の硏究』, 早稻田大學出版部, 1985, 432~439쪽 ; 정태헌, 「1910년대 식민농정과 금융수탈기구의 확립과정」, 『3·1민족해방운동연구』, 청년사, 1989, 170~177쪽 참조.

8) 朝鮮殖産銀行, 『朝鮮殖産銀行二十年志』, 1938(이하 『二十年志』로 줄임), 부록 51~ 56쪽.

<표 2 - 22> 농공은행·동양척식주식회사의 채권발행 내역

	회별	발행연월	발행액	연리	인수선	원자(原資)
농공은행	1회	1907. 1	45만 엔	8%	일본흥업은행	일본흥업은행
	2회	1908. 12	60만 엔	7%	일반모집(정부인수)	대장성 예금부-일본흥업은행
	3회	1911. 11	100만 엔	6.3%	동양척식주식회사	대장성 예금부-일본흥업은행
	4회	1913. 10	130만 엔	7.5%	동양척식주식회사	외채(프랑스)
	5회	1917. 4	200만 엔	5.7%	동양척식주식회사	대장성 예금부
동양척식	1회	1913. 3	1935만 엔	5%	외채(프랑스)	외채(프랑스)
	2회	1917. 4	200만 엔	5.3%	대장성 예금부	대장성 예금부

* 朝鮮殖産銀行設立事務所,「(極秘)朝鮮殖産銀行設立理由」,『設立事務重要書類』, 1918, 6
~7쪽 ; 東洋拓殖株式會社,『東洋拓殖株式會社二十年誌』, 1928, 138, 155쪽.

<표 2 - 23> 농공은행·동양척식주식회사의 채권발행 추이(1906~1917)

(단위 : 천엔)

연도	농공은행				동양척식주식회사				합계			
	발행액	상환액	현재고	이자액	발행액	상환액	현재고	이자액	발행액	상환액	현재고	이자액
1906	450	-	450	-	-	-	-	-	450	-	450	-
1907	-	-	450	36	-	-	-	-	-	-	450	36
1908	300	-	750	36	-	-	-	-	300	-	750	36
1909	300	-	1,050	78	-	-	-	-	300	-	1,050	78
1910	-	40	1,010	76	-	-	-	-	-	40	1,010	76
1911	1,000	40	1,970	73	-	-	-	-	1,000	40	1,970	73
1912	-	190	1,780	122	-	-	-	-	-	190	1,780	122
1913	1,300	90	2,990	115	19,350	-	19,350	968	19,350	90	20,040	1,019
1914	-	80	2,910	206	-	-	19,350	968	-	80	19,960	1,013
1915	-	591	2,319	162	-	-	19,350	968	-	91	19,869	1,006
1916	-	580	1,739	118	-	-	19,350	968	-	80	19,789	1,000
1917	2,000	739	3,000	177	2,000	-	21,350	1,074	2,000	439	21,350	1,074
합계	5,350	2,350	3,000	1,199	21,350	0	21,350	4,946	22,400	1,050	21,350	5,533

* 朝鮮總督府財務局,『朝鮮金融事項參考書(1939年調)』, 33쪽 ; <표 2 - 22>의 자료
* ① 농공은행 채권의 발행시기는 자료마다 약간의 차이가 있다. 이 표에서는 朝鮮總督府
財務局,『朝鮮金融事項參考書(1939年調)』의 '발행고'(현재고)를 따랐다. ② 이자액은 '현
재고×해당이자율'임. 상반기에 발행된 것은 그해부터, 하반기에 발행된 것은 다음해부
터 계산했음. 농공은행의 1910년 이후 이자액 중 제1, 2회 채권분은 평균이자율인 7.5%
로 계산했음. ③ 합계 중 1913년 이후 농공은행 제 3, 4, 5회 채권분에 관한 수치는 동양
척식주식회사와 중복되는 것으로 간주하여 제외함.

했다. 정부의 인수자금은 당시 대장성 예금부와 일본흥업은행에서 유
입한 공채자금이었던 것 같다.[9] 제3, 4, 5회는 모두 동양척식주식회사

가 인수했는데, 그 인수자금을 보면 제3회 100만 엔은 '대장성 예금부
-일본흥업은행'을 통해 차입한 자금이,[10] 제4회 130만 엔은 채권발행
을 통해 프랑스로부터 유입한 외자가 사용된 것으로 보이며, 제5회 200
만 엔은 채권발행을 통해 대장성 예금부로부터 획득한 자금이었다.[11]

납입자본의 10배 이내에서 채권을 발행할 수 있었던 동양척식주식회
사는 1908년 창립 후 1917년 10월에 본사를 일본으로 옮기기 전까지 제
1회 1935만 엔, 제2회 200만 엔 합 2135만 엔의 채권을 발행했다. 제1회
는 1913년 프랑스에서 인수되었는데, 이 자금으로 '대장성 예금부-일
본흥업은행'으로부터 차입한 750만 엔을 상환했으며, 나머지는 조선은
행에 예금해두고 필요할 때마다 인출하여 사업자금으로 사용했다.[12]
제2회는 1917년 3월 대장성 예금부가 인수했으며 전액 농공은행 채권
을 인수하는 데 쓰였다.[13]

차입금은 채권과 달리 대부기한도 짧으며 거래가 빈번하여 정확한
총액을 파악하기 어렵다. 대강의 윤곽을 보면 <표 2 - 24>와 같다. 이
중 내역이 알려진 것을 보면, 조선은행의 경우 1909년 50만 엔과 1911
년 200만 엔은 일본은행으로부터 차입한 것으로 각각 산금(産金)흡수자
금, 총독부대상금(貸上金) 등에 사용된 것으로 보이며, 1912년 차입액

9) 1908년 12월에 韓國起業公債 100만 엔을 대장성 예금부에서 인수했으며, 대
   한제국은 이 공채금을 각종 금융기관을 통해 농공업자금으로 放資했다(大藏
   省 編纂, 『明治大正財政史 第13卷-通貨·預金部資金』, 財政經濟學會, 1939
   (이하 『明治大正財政史 第13卷』으로 줄임), 812~813쪽]. 또한 1908년 12월 한
   국정부의 第二起業資金債 1,296.3만 엔을 일본흥업은행이 인수했다(朝鮮總督
   府財務局, 『朝鮮金融事項參考書(1939年調)』, 개설 8쪽, 188쪽).
10) 대장성 예금부는 1909년 12월에서 1912년 5월까지 3회에 걸쳐 일본흥업은행
   의 채권 750만 엔을 인수했고 일본흥업은행은 이 자금을 동양척식주식회사에
   대부했다(『明治大正財政史 第13卷』, 948쪽).
11) 『明治大正財政史 第13卷』, 933~934쪽.
12) 『明治大正財政史 第13卷』, 948쪽 ; 朝鮮銀行史研究會 編, 『朝鮮銀行史』, 東
   洋經濟新報社, 1987(이하 『朝鮮銀行史』로 줄임), 111~112쪽.
13) 『明治大正財政史 第13卷』, 993~994쪽.

<표 2-24> 조선은행·동양척식주식회사의 차입금 추이(1908~1917)

(단위 : 천엔)

연도	조선은행			동양척식주식회사			합계		
	차입액	상환액	현재고	차입액	상환액	현재고	차입액	상환액	현재고
1908	-	-	-	52	-	52	52	-	52
1909	500	-	500	-	52	-	500	52	500
1910	1,000	1,500	-	1,500	-	1,500	2,500	1,500	1,500
1911	2,000	-	2,000	3,500	-	5,000	5,500	-	7,000
1912	10,976	9,976	3,000	2,500	6,730	770	13,476	16,706	3,770
1913	3,000	3,000	3,000	-	770	-	3,000	3,770	3,000
1914	4,952	3,000	4,952	-	-	-	4,952	3,000	4,952
1915	4,952	6,904	3,000	-	-	-	4,952	6,904	3,000
1916	3,111	3,111	3,000	-	-	-	3,111	3,111	3,000
1917	3,700	3,700	3,000	6,281*	-	6,281*	3,700	3,700	3,000
합계	34,191	31,191	3,000	7,552	7,552	0	41,743	38,743	3,000

* 朝鮮總督府, 『朝鮮總督府統計年報』 1932년판, 283쪽 ; 東洋拓殖株式會社, 『東洋拓殖株式
會社 二十年誌』, 155쪽.
* ① 조선은행의 상환액과 동양척식주식회사의 차입액, 상환액은 자료에 의거하여 계산한
수치임. ② 동양척식주식회사의 1917년 차입액은 본사를 옮긴 이후의 영업확장과 관련
된 것으로 간주하고 합계에서 제외했음.

중 300만 엔은 '대장성 예금부-일본흥업은행'을 통해 차입한 것이
다.14) 동양척식주식회사의 1910~1912년간 차입금 750만 엔은 앞에서
보았듯이 사업자금으로 '대장성 예금부-일본흥업은행'을 통해 차입한
것이다. 농공은행이 직접 일본의 금융기관으로부터 차입한 경우는 없
었던 것 같다.15)

---

14) 『朝鮮銀行史』, 109~112쪽. 1912년 대장성 예금부는 800만 엔의 일본흥업은
행 채권을 인수했고 일본흥업은행은 이 자금을 조선은행에 대부했는데, 그 중
300만 엔은 차입으로 처리되고, 나머지 500만 엔은 예금으로 처리되었다. 이
시기에는 예금 형식으로 조선은행에 유입되는 자금이 상당수 있었다. 1910년
일본국고 여유금으로 예입된 500만 엔(1911년 상환), 1911년 역시 일본국고금
에서 예입된 보조화보급기금 50만 엔(1925년 상환) 등이 있다.
15) 당시 농공은행은 주로 조선은행에서 차입했으므로 조선은행을 경유하여 자
금이 유입되었을 가능성은 있다. 예를 들어 1912년 조선은행이 '대장성 예금
부-일본흥업은행'을 통해 차입한 800만 엔은 농공은행을 경유하여 공공단체,
금융조합 등 조선 각지에 융통되었다고 한다(『明治大正財政史 第13卷』, 949,
1003~1004쪽). 당시 농공은행의 상황을 볼 때, 이 자금이 농공은행에 전부 대

이 시기 식민지 금융기구를 통해 유출입된 자금 상황을 보면, 채권의
경우 총 2240만 엔이 유입되었으며, 원리금상환액 105만 엔, 이자 553.3
만 엔, 합 658.3만 엔이 유출되었다. 차입금은 위에서 파악한 것만으로
총 4174.3만 엔이 유입되었으며, 상환액 3874.3만 엔, 이자 201.5만 엔[16]
합 4075.8만 엔이 유출되었다. 이자로 유출된 금액은 1917년 조선 내 전
금융기관 예금액 4667만 엔의 16%에 달한다.

1907년에서 1917년까지 조선 내 전 금융기관의 자본형성은 5.5배 증
가했다. 전체 자본형성의 증가율을 상회하는 항목은 차입금 57.7배, 채
권발행 47.4배, 자기자본 40.5배이다. 차입금과 채권의 증가율이 높은
것은 기준액이 워낙 적었던 탓이며, 자기자본의 증가율을 이 시기에 활
발한 금융기관의 설립을 반영한다. 양적 비중을 보면 예금과 은행권에
의한 '현지조달'분이 1907년 95%에서 1917년 57%로 저하하지만 계속
우위를 점했으며, 채권발행과 차입에 의해 유입된 자금은 1910년대 초
반부터 상승하여 1913년 27%를 기록하나 이후 하락하여 1917년 17%를
차지했다. 절대액에서 채권은 1913년 이후 거의 정체했으며 차입금은
1911년 이후 하락 내지 정체했다. 자금형성상 이 시기는 예금과 은행권
에 의한 '현지조달'이 중심이었으며, 자금의 유입은 1910년대 초반에
비로소 본격화되었으나, 중반 이후에는 정체되었다.

부되었다고 보기 어렵지만(『朝鮮銀行史』, 135쪽), 1918년 조선식산은행 설립
당시 초기 영업자금으로 조선은행이 조선식산은행에 대장성 예금부 자금 300
만 엔을 원조했던 것으로 보아(朝鮮殖産銀行設立事務所, 「(極秘)朝鮮殖産銀行
設立理由」, 『設立事務重要書類』, 1918, 51쪽) 조선은행을 경유하여 농공은행
또는 조선식산은행에 상당수 자금이 유입되었다고 볼 수 있다.

16) 차입금은 각각의 내역과 차입 및 상환기일을 알아야 정확한 이자액을 구할
수 있으나 현재의 자료상태로는 불가능하다. 따라서 대체적인 윤곽이나마 파
악하기 위해 차입금이 보통 1년 상환임을 감안하여 '총상환액×평균이자율'로
이자액을 구했다. 평균이자율은 '대장성 예금부─일본흥업은행'을 통해 1910
~1912년과 1912년에 각각 동양척식주식회사와 조선은행이 차입했던 자금 이
자율(각각 연 5.3%, 연 5.1%)의 중간값 5.2%를 취했다(『朝鮮銀行史』, 110쪽 ;
『明治大正財政史 第13卷』, 948쪽).

유입된 자금 중에서는 외자의 비중이 가장 높았다. 1917년 채권 현재고의 86%가 동양척식주식회사가 유입한 프랑스 외자였으며, 동양척식주식회사가 '대장성 예금부－일본흥업은행'을 통해 차입한 자금도 이 자금으로 상환되었다. 이는 당시 일본의 미약한 자본력을 반영하는 것으로 외자에 의존한 식민지 투자가 동양척식주식회사를 매개로 전개되었음을 알 수 있다.[17]

외자 다음으로 큰 부분을 차지한 것은 대장성 예금부 자금으로 1917년 현재 조선은행 차입금 800만 엔(同은행 예금분 포함), 농공은행채권 300만 엔 등 합 1100만 엔이 유입되었다. 그러나 이는 대장성 예금부가 조선에서 우편저금으로 흡수한 자금을 환원한 것으로,[18] 1917년 조선 내 우편저금고 1200.3만 엔[19]을 넘지 못했다. 자금유입 자체도 원활하지 못했지만, 유입된 자금도 일본의 자본보다는 외자와 일종의 '현지조달'인 우편저금의 환원이 중심이었다.

반면 자금공급은 1917년에 대폭 증가했다. 이는 1915년 이후 제1차 세계대전에 따른 호황의 영향으로 자금수요가 급증했던 결과이다. 그러나 이 시기 채권발행과 차입을 통한 자금유입은 정체되었으며, 주로 예금과 조선은행권 발행에 의해 자금이 조달되었다. 조선은행권 발행은 인플레이션의 위험이 따르며, 예금은 단기자금으로서 한계를 갖는다. 새로운 자금유입을 위해서는 식민지 금융기구의 재정비가 필요하였다.

---

17) 당시 식민지 금융기구의 자금유입에서 중요한 매개 역할을 했던 일본흥업은행도 "외자에 의한 식민지 투자"를 담당한 일본 내 대표적 은행이었다(波形昭一, 앞의 책, 280~284쪽).

18) 1908년 대한제국 탁지국과 일본 대장성간에 협정이 체결되어 한국 내에서 형성된 우편저금은 자금환원의 취지에서 한국공채 또는 채권에 운용하는 방침이 세워졌다(『明治大正財政史 第13卷』, 1003쪽).

19) 朝鮮總督府, 『朝鮮總督府統計年報』 1917년판, 396쪽.

<표 2 - 25> 일제하 금융기관의 자본형성과 공급(1907~1917) (단위 : 천엔, %)

연도	자본형성	자기자본	예금	채권	차입	은행권	자본공급	대출	유가증권
1907	26,067	3.3	63.4 (3.1)	1.7	0.0	31.6	17,540	100 (12.7)	-
1909	34,645	17.9	53.4 (48.5)	3.0	1.4	24.2	18,405	99.2 (46.2)	0.8
1911	56,233	22.2	33.1 (48.7)	3.5	12.5	28.8	38,217	85.5 (60.1)	14.5
1913	85,524	27.6	25.9 (49.5)	23.4	3.5	19.6	61,527	88.4 (65.9)	11.6
1915	100,975	26.7	28.1 (52.9)	19.7	3.0	22.6	62,911	87.9 (65.9)	12.1
1917	144,342	24.1	32.3 (50.2)	14.8	2.1	26.7	107,527	85.6 (68.4)	14.5
증가율	5.5배	40.5배	2.8배	47.4배	57.7배	4.7배	6.1배	5.2배	103.6배

* <부표 4> 참조.
* ① 자본형성과 자본공급은 금액, 나머지는 각각에서 차지하는 비중. 예금과 대출의 괄호안은 전 금융기관의 예금 및 대출에서 식민지 금융기구(조선은행, 농공은행, 동양척식주식회사, 금융조합)가 차지하는 비중임. ② 자기자본은 납입자본과 적립금의 합계. ③ 증가율은 1907 년을 기준으로 한 1917년 수치. 차입금은 1908년, 유가증권은 1909년 기준.

2) 식민지 금융기구의 기반 확보와 간접 유입

비록 자금유입이 많았던 것은 아니지만 유입된 자금은 설립된 지 얼마 안되는 식민지 금융기구가 조선에서 기반을 확보하는 데 기여했다. 앞의 <표 2 - 25>를 보면 식민지 금융기구의 대출액이 전체 금융기관에서 차지하는 비중은 외부자금이 본격적으로 유입되는 1910년 이후 65% 전후를 기록한다. 예금에서도 한국은행이 설립되는 1909년 이후 50% 전후를 차지했다.

식민지 금융기구의 기반 확보에는 자금의 양만이 아니라 질도 중요했다. 조선 내 일반대부금리는 1910~1917년간 조선은행이 연리(年利) 10.95~9.86%, 농공은행은 14.97~12.41%이었던 반면,[20] 유입된 자금에

---

20) 朝鮮總督府財務局, 『朝鮮金融事項參考書(1939年調)』, 10~11, 18~19쪽. 해당 은행의 대부금 보통금리(日步)를 연리로 환산했다.

지불해야 할 이자는 조선은행이 연리 5%, 농공은행은 연리 7% 내외였
다.[21] 조선은행과 농공은행은 5% 전후의 금리차익을 누릴 수 있어 자
금유입을 담당하지 않았던 여타 금융기관에 비해 상대적으로 유리한
입장이었다.

이 시기의 자금유입 통로는 두 가지로 대별할 수 있다. 첫째는 동양
척식주식회사에 의한 외자 도입이며, 둘째는 '대장성 예금부-일본홍
업은행-조선은행·동양척식주식회사-농공은행'의 통로이다. 이 중
후자는 대장성 예금부가 일본홍업은행의 사채를 인수하고, 일본홍업은
행은 이로써 형성된 자금을 채권구입 또는 대부를 통해 조선은행 및
동양척식주식회사에게 융통하고, 조선은행 및 동양척식주식회사는 이
자금을 자사의 사업자금으로 사용하거나 대부나 채권인수의 형태로 다
시 농공은행에게 융통했다. 이를 통해 1917년 채권고의 14%가 인수되
었으며, 차입금에서도 밝혀진 것만으로 1917년 조선은행 차입금 현재
고의 100%, 1908~1917년간 동양척식주식회사 차입액의 99%가 유입되
었다.

이와 같은 복잡한 유입통로는 필연적으로 자금조달 비용을 상승시킨
다.[22] 그럼에도 불구하고 간접유입 방식을 취했던 이유는 첫째, 식민지
금융기구가 아직 경험과 신용면에서 미약했기 때문이다. 대장성 예금
부는 체신기구를 이용하여 광범한 지역에서 우편저금을 모집했으나 각
지역에 자금을 공급할 기구를 갖고 있지 않았다. 따라서 주로 국가와
밀접한 관련이 있는 특수금융기관을 매개로 자금을 공급하고 그 매개
기관의 경험과 신용에 의지하여 자금의 적절한 관리와 회수의 안전을

---

21) 『朝鮮銀行史』, 110쪽 ; <표 2 - 22> 참조.
22) 예를 들어 1911년 동양척식주식회사 차입금의 경우 대장성 예금부는 연리
    5.1%로 일본홍업은행의 채권을 인수했고, 일본홍업은행은 연리 5.3%로 동양
    척식주식회사에 대부했으며, 동양척식주식회사는 연리 6.3%로 농공은행의 채
    권을 인수했다. 대장성 예금부에서 농공은행으로 자금이 유입되는 과정에서
    연리 1.2%의 자금조달 비용이 증가했다.

도모했다.[23] 식민지의 경우 아직 이러한 경험과 신용을 갖춘 금융기관이 없었기 때문에 일본 내 특수금융기관을 경유하여 자금을 공급했던 것이다. 이 시기 대장성 예금부가 공급한 자금 중 1917년 제2회 동양척식주식회사 채권을 제외하면 모든 유입자금이 일본 내 금융기관을 경유했던 것은 조선의 식민지 금융기구에 자금을 독자적으로 유입할 정도의 신용기반이 없었음을 말해준다.

둘째, 식민지 금융기구의 위약성과 연관하여 이 시기에는 식민지 금융기구를 매개로 한 대규모 식민정책이 전개되지 않았으며, 따라서 중첩된 매개과정에서 발생하는 자금조달 비용의 상승도 식민지 금융기구의 기반 확보를 저해하지 않는 수준이면 감내할 수 있는 것이었다. 이 시기에 유입된 대부분의 자금은 "일반대부자금", "지방저리자금" 등 포괄적인 목적이 제시되고 있을 뿐이며, 구체적인 용도가 지정되어있지 않았다. 이후 시기의 자금유입은 특정 정책, 특정 산업과 긴밀히 연계되어 이루어졌으며, 그러한 식민정책의 효과를 높이기 위해서 유입통로가 단순해진다.

3) 농산물 유통을 위한 대출

이 시기 자금의 유입은 특정 부문에 투자하기 위한 것보다는 식민지 금융기구에 대한 지원의 의미가 강했다. 식민지 금융기구는 '화폐정리사업' 이후 발생한 금융경색의 완화, 한일'합방' 후 새로운 자금수요 등에 유입자금을 바탕으로 주도적으로 대응하여 조선 내 기반을 확보할 수 있었다.

그러나 식민지 금융기구의 기반도 조선의 경제상황 속에서 형성되는 것이므로 자금융통의 내용에는 당시 상황이 반영되게 마련이다. 유입

---

23) 大藏省昭和財政史編集室 編, 『昭和財政史 第12卷－大藏省預金部·政府出資』, 東洋經濟新報社, 1962(이하 『昭和財政史 第12卷』으로 줄임), 140쪽.

<표 2 - 26> 조선은행·농공은행의 산업별 대출금 추이(1905~1917)

(단위 : 천엔, %)

연도	조선은행					농공은행				
	대출액	농업	공업	상업	잡업	대출액	농업	공업	상업	잡업
1909	3,627 (21)	0.0	4.1	71.4	24.5	4,115 (23)	6.7	12.5	76.4	4.4
1911	9,141 (30)	0.0	6.1	65.9	28.0	8,506 (28)	15.5	9.6	72.0	3.0
1913	18,343 (38)	0.0	6.4	76.1	17.5	11,581 (24)	17.8	10.9	64.9	6.4
1915	16,995 (36)	0.1	12.5	65.8	21.6	11,461 (24)	25.7	7.7	56.0	10.5
1917	33,201 (41)	5.4	11.2	76.2	7.3	17,685 (22)	24.1	2.8	61.7	11.4

* 朝鮮總督府財務局, 『朝鮮金融事項參考書(1939年調)』, 106~110쪽.
* 대출액은 금액, 나머지는 각각에서 차지하는 비중. 대출액의 괄호안은 각종 은행 대출액
  에서 차지하는 비중임.

자금만의 용도를 알 수 있는 자료는 없지만, 해당 금융기구의 전체 대출내역을 통해 간접적으로 유추해볼 수 있다. <표 2 - 26>를 보면 조선은행과 농공은행의 산업별 대출액에서 가장 높은 비중을 점하는 것은 상업으로 두 은행 모두 60~70%를 차지한다.

유통부문에 대한 대출은 당시 주된 생산부문이 무엇이었느냐에 따라 내용이 달라지는데, 1910년대는 농산물 유통에 관계된 대출이 중심이었다. 조선은행의 경우 1912~1917년까지 중요 상품관련 대출고를 보면, 미곡류, 면포, 두류(豆類)가 줄곧 1, 2, 3위를 점하고 있다.[24] 미곡과 두류는 당시 조선의 수출액 1, 2위였으며, 면포는 수입액 1위였다.[25] 따라서 조선은행은 농산물 중 주요 수출품의 수집자금 및 수출자금과 면포와 같은 공업제품의 수입자금을 공급했으며, 이를 통해 일본인 상인들의 조선 내 유통과 무역 장악에 일조했을 것이다.[26]

농업과 공업에 대한 대출은 전체적으로 미미한 편이지만 1915년 이

24) 朝鮮銀行, 『鮮滿經濟十年史』, 1919, 216쪽.
25) 朝鮮總督府財務局, 『朝鮮金融事項參考書(1939年調)』, 209~217쪽.
26) 조선은행의 일반대출액(총대출액 중 동업자와 관공서에 대한 대출액 제외)
    중에서 일본인에 대한 대출액은 1912~1917년간 평균 74%를 점한다(朝鮮總督
    府財務局, 『朝鮮金融事項參考書(1939年調)』, 95쪽).

후 증가하고 있었다. 농공은행은 주로 정기대부 및 연부대부를 통해 농공업자금을 융통하는데, 1917년 7월 말 총대출고 1,373만 1,000여 엔 중 정기 및 연부대출액은 26%였다.[27] 동일 시점의 정기 및 연부대출액을 관련된 상품별로 나누어놓은 자료를 보면, 가장 높은 비중을 점하는 것은 84%의 '농산품'이었으며, 그 다음은 연초 4.0%, 과수 3.9%, 누에 2.8% 순이었다.[28] 자료에는 '농산품'이 무엇인지를 명시하지 않았지만 당시 농산품의 중심이 미곡, 두류였음을 감안하면 농공은행의 자금융통도 당시 대표적인 상업적 농업에 집중되었다고 볼 수 있다. 농공은행의 상업적 농업에 대한 지원은 일정정도 조선인 지주를 포섭하면서 일본인 지주를 중심으로 진행되었으며,[29] 이들을 중심으로 한 조선농업의 재편, 식민지지주제의 성립에 기여했을 것이다.

이 시기 외자로 최대 자금을 유입한 동양척식주식회사는 본래 회사 자체가 이민사업과 농업경영에 목적을 둔 관계로 금융에서도 농업부문에 대한 대출의 비중이 높았다. 1912년 말에는 대부고 247.3만 엔(전액 조선대출) 중 농림업자금이 77%를 차지했으며, 1917년에는 대부고 1,227.8만 엔(조선대출 69.1%) 중 63% 정도가 농림업에 대출되었다(<표 2 -33> 참조).

1905~1917년 식민지 금융기구를 통해 유입된 자금은 조선 내 자본 형성상 비중이 크지 않았으며, 대부분 일본 내 자금보다는 외자와 조선 내에서 형성된 우편저금에 의한 것이었다. 유입된 자금은 식민지 금융

---

27) 『二十年志』, 30쪽.

28) 朝鮮殖産銀行設立事務所, 앞의 글, 1918, 27~28쪽.

29) 1917년 말 농공은행 일반대출액의 민족별 비중은 조선인 50%, 일본인 49%이었다(朝鮮總督府財務局, 『朝鮮金融事項參考書(1939年調)』, 97쪽). 그러나 이를 각각 조선인 호수와 조선 내 일본인 호수로 나누어 보면 일본인 1호당 대출액이 조선인의 그것보다 약 40배 많았다(<그림 5> 참조). 농업대출금만의 민족별 분포를 알 수 있는 자료가 없으나 전체의 추세와 비슷했을 것이다. 참고로 당시 일본인 농업호수는 조선인 농업호수의 0.4%를 넘지 못했다(朝鮮總督府, 『朝鮮總督府統計年報』 1917년판, 103쪽).

기구의 기반 확보를 위해 사용되었으며, 그 과정에서 농산물 유통부문
과 일부 상업적 농작물을 중심으로 한 생산부문에 융통되었다.

3. 자금유입기(1918~1937)

1) 채권발행과 차입의 증대

제1차 세계대전으로 인한 일본의 호황은 조선에도 영향을 미쳐 1910
년대 후반 조선의 산업계는 한일'합방' 이래 최대 활황을 맞이했다.[30]
이러한 활황에 따라 자금수요는 증대했으며 이에 부응하여 1915년 11행
에 불과했던 일반은행이 1920년 21행으로 증가했다. 그러나 앞에서 보
았듯이 식민지 금융기구의 자금유입은 정체상태에 있었다. 더욱이 이
무렵 조선은행과 동양척식주식회사는 만주로 진출하여 엔블록 확장에
주력했다.[31] 따라서 금융상의 공백을 메우고 증가하는 자금수요에 응하
기 위해 식민지 금융기구의 재정비는 불가피했다. 또한 일제는 제1차
세계대전 이후 고양된 자본수출 능력[32]과 조선 내 기간설비 확보 및 전
국적 등기(登記)제도 실시를 바탕으로 유통부문을 넘어 생산부문을 장악
하기 위해서도 적극적으로 식민지 금융기구를 강화할 필요가 있었다.

이러한 배경 아래 1918년 기존의 6개 농공은행을 합병하여 설립된 조
선식산은행은 채권발행 한도의 확대, 일본에서 주주모집 등을 통해 일
본의 금융자본을 적극 유치했으며, 이를 바탕으로 업무를 대폭 확장했

---

30) 『朝鮮銀行史』, 212쪽 ; 『二十年志』, 27쪽.

31) 裵永穆, 「植民地 朝鮮의 通貨金融에 관한 硏究」, 서울대 경제학과 박사학위
논문, 1990, 160~164쪽.

32) 일본은 제1차 세계대전을 계기로 호황을 맞이하여 1916년 11억 엔의 채무국
이었지만 1920년 28억 엔의 채권국이 되었다(山崎隆三 編, 『兩大戰期の日本資
本主義』上, 大月書店, 1978, 102~107쪽).

다. 한편 같은 해에 기존의 지방금융조합 외에 도시금융조합과 도단위 금융조합연합회가 신설되었다. 조선식산은행은 각도 금융조합연합회를 통해 금융조합에 자금을 공급하고 금융조합의 자금을 흡수할 수 있게 되었다. 1918년경 식민지 금융기구는 '조선식산은행-각도 금융조합연합회-금융조합'으로 재정비되었으며, 이를 주된 통로로 하여 자금유출입을 확대해나갔다.[33]

동양척식주식회사가 본점을 일본 도쿄로 옮긴 이후 조선 내 금융기관으로서 채권발행의 특권을 가진 곳은 조선식산은행과 조선금융조합연합회였다. 조선식산은행은 설립 당시 납입자본의 10배, 1924년부터는 15배까지 채권을 발행할 수 있었다. <표 2-27>을 보면 1918~1937년간 조선식산은행은 총 8억 9,505.2만 엔의 채권을 발행했다. 지역별로는 90% 이상이 일본에서 인수되었고, 인수처별로는 일반공모가 반 이상을 차지했으며 나머지는 특수인수였다. 공모는 일반인을 대상으로 한 것으로 야마이치(山一), 후지모토(藤本) 등의 증권회사가 일괄적으로 인수하여 민간인에게 판매했다.[34] 특수인수는 대장성 예금부, 일본권업은행 등 일본의 국가기관 또는 금융기관이 인수한 것이다. 농공은행의 채권이 대부분 특수인수였던 반면, 조선식산은행은 공모의 비중이 높아져, 이 시기에 들어서면 일본의 일반금융시장 내에서도 조선에서 발행된 채권이 투자대상으로 인정되었음을 알 수 있다.

조선식산은행이 채권발행으로 유입한 자금은 1922년 이후 자본구성의 절반을 넘어섰다. 1930년 최고 75%에 이르렀으며, 이후 1937년까지 60% 전후를 유지했다. 농공은행이 예금, 그것도 단기성예금에 자금을 의존했던 반면, 조선식산은행은 채권발행을 통해 장기자금을 확보할 수 있었으며, 유통부문을 넘어 생산부문에 투자할 수 있게 되었다.

---

33) 이상에 대해서는 정병욱, 「1918~1937년 朝鮮殖産銀行의 資本形成과 金融活動」, 『韓國史硏究』 제79집, 1992, 61~64쪽 참조.
34) 中川龜三, 앞의 책, 11~20쪽.

<표 2 - 27> 조선식산은행의 채권발행 추이(1918~1937) (단위 : 천엔, %)

연도	발행고	상환고	현재고	채권이자 a	지역별분포		유출이자액(a×b)	인수처별분포		
					조선	일본		공모	특수인수	
									예금부	기타
1918	-	-	3,000 (9.6)	177	0	100	177	-	-	100
1919	14,500	-	17,500 (23.8)	311	0	98.3	306	57.1	25.7	17.2
1920	16,000	50	33,450 (34.1)	1,306	4.2	95.8	1,251	76.2	13.5	10.3
1921	17,000	900	49,550 (36.5)	2,640	3.6	96.4	2,545	78.3	15.1	6.6
1922	37,300	4,300	82,550 (52.4)	3,827	7.1	92.9	3,555	75.1	18.4	6.5
1923	28,800	11,100	100,250 (55.5)	6,534	5.6	94.4	6,168	75.5	19.0	5.5
1924	25,800	7,250	118,800 (60.9)	7,422	5.9	94.1	6,984	79.8	15.1	5.1
1925	41,450	24,274	135,976 (63.0)	9,597	9.2	90.8	8,714	71.6	14.9	13.4
1926	29,293	20,432	144,837 (61.7)	9,620	11.7	87.9	8,456	68.4	24.7	6.9
1927	51,192	22,584	173,445 (65.7)	10,616	12.5	87.2	9,257	68.5	25.8	5.7
1928	68,810	65,032	177,223 (62.0)	10,864	8.4	91.3	9,919	63.6	34.8	1.6
1929	91,464	69,002	199,685 (67.5)	9,434	?	?	8,849	58.4	23.1	9.5
1930	55,278	12,805	242,158 (74.7)	11,543	?	?	10,827	52.6	34.6	12.8
1931	37,731	32,331	247,558 (72.0)	13,196	?	?	12,378	57.6	35.6	6.8
1932	19,715	6,280	260,993 (68.6)	13,740	?	?	12,888	57.0	36.6	6.4
1933	80,390	87,901	253,482 (64.7)	13,497	?	?	12,660	49.8	40.8	9.4
1934	62,315	70,841	244,956 (57.8)	11,736	?	?	11,008	43.4	44.2	12.4
1935	95,870	62,151	278,674 (60.0)	11,111	?	?	10,422	50.2	39.0	10.8
1936	97,864	50,307	326,231 (61.9)	11,996	?	?	11,252	58.1	35.9	6.0
1937	24,280	5,855	344,656 (57.9)	14,033	3.7	96.3	13,514	57.8	33.8	8.4
합계	895,052	553,395	344,656	173,200			161,130			

* 朝鮮總督府財務局, 『朝鮮金融事項參考書(1939年調)』, 58~62쪽 ; 『二十年志』, 237~247, 232쪽 ; 朝鮮殖産銀行, 『朝鮮殖産銀行年鑑』(第1次分), 1929, 66~73쪽 ; 朝鮮殖産銀行計算課, 「損益計算書」.
* ① 현재고의 괄호안은 조선식산은행의 자본구성(납입자본금, 적립금, 채권발행고, 예금, 차입금) 중 채권의 비중임. ② 1929~36년 유출이자액은 1928년과 1937년의 일본분포 비중 평균치인 93.8%로 계산.

한편 금융조합은 1930년대 농촌진흥운동의 금융적 담당자로 나서면서 자금동원력을 제고하기 위해 1933년 각도 금융조합연합회를 해산하고 조선금융조합연합회라는 중앙기구를 신설하여 독자적으로 채권을 발행했다. 1937년까지 총 6회 2,654만 엔을 발행했는데, 1936년 조선식산은행이 인수한 제2, 3회 1,200만 엔을 제외하고는 모두 대장성 예금부에서 인수했다(<표 2 - 35> 참조). 종래에 금융조합은 대장성 예금부 자금을 조선식산은행을 거쳐 유입했으나, 이제 조선금융조합연합회에서 직접 자금을 도입할 수 있게 되었다. 이는 '사회정책적' 농정을 위해 필요한 저리자금을 매개기관 없이 직접 유입하여 자금조달 비용을 줄이기 위한 조치로 볼 수 있다.

차입금의 양적 증가도 두드러졌다. <표 2 - 28>을 보면 조선은행은 이 시기에 총 80억 5,047.8만 엔을 차입했다. 주로 일본은행, 대장성 예금부에서 유입한 것으로 1920년대에는 경영부실에 따른 정리구제자금 및 '만주', 시베리아 등에 대한 투자자금과 관련된 것이 많았다. 1926, 1927년에 다량으로 유입된 차입금도 이와 관련된 것으로 보인다. 1930년대에는 미가폭락을 저지하고 일본으로의 쌀 이출을 조절하기 위해 대장성 예금부에서 '미곡응급자금', '벼(籾)저장자금'을 유입했다.[35]

조선식산은행과 조선금융조합연합회의 차입금 중 대장성 예금부에서 들여온 자금도 유입자금으로 볼 수 있는데, 조선식산은행은 1931년부터 조선금융조합연합회는 1935년부터 대장성 예금부에서 직접 차입하기 시작했다. 양 기관을 합쳐 1937년까지 총 1억 9,900만 엔을 차입했으며, 그 내역은 조선은행과 같이 '미곡응급자금' '벼저장자금'이 주된 항목이었다. 이외에도 1935년부터 '비료자금'이 들어왔다.[36]

동양척식주식회사는 1917년 10월 본사를 도쿄로 이전했기 때문에 조선 내 대출과 조선 내 회사에 대한 투자(주식 및 사채인수)를 통해 조선투자의 규모를 파악할 수 있을 것이다. 그러나 조선 내 대출총액을 알수 있는 자료가 없어 대체적 추세만이라도 파악하기 위해 기간별 증가액을 계산했다. <표 2 - 29>를 보면 1918~1937년간 조선 내 대출증가액에서 예금증가액을 뺀 순대출증가액은 8232.4만 엔으로, 이는 일본에서 유입된 자금으로 간주할 수 있다. 한편 조선관계 유가증권 소유액은 1937년 현재 2,965.5만 엔으로 앞의 대출액과 합하면 총 1억 1,197.9만

---

35) 이상 조선은행의 차입금에 대해서는 『朝鮮銀行史』, 294~297, 381~382, 390
~391쪽 참조.

36) 『昭和財政史 第12卷』, 339~340쪽.

<표 2 - 28> 조선은행 · 조선식산은행 · 조선금융조합연합회의 차입금 추이
(1918~1937) (단위 : 천엔, %)

연말	조선은행			조선식산은행 (예금부 관계분)			조선금융조합연합회 (예금부 관계분)		
	차입액	상환액	현재고	차입액	상환액	현재고	차입액	상환액	현재고
1918	3,000	3,000	3,000	-	-	-	-	-	-
1919	3,000	2,560	3,440	-	-	-	-	-	-
1920	0	440	3,000	-	-	-	-	-	-
1921	0	0	3,000	-	-	-	-	-	-
1922	4,170	6,740	430	-	-	-	-	-	-
1923	20,670	5,700	15,400	-	-	-	-	-	-
1924	490	1,930	13,960	-	-	-	-	-	-
1925	118,000	51,440	80,520 (85.7)	-	-	-	-	-	-
1926	2,326,317	2,326,557	80,280 (86.0)	-	-	-	-	-	-
1927	2,220,583	2,228,443	72,420 (95.3)	-	-	-	-	-	-
1928	292,000	286,420	78,000 (88.5)	-	-	-	-	-	-
1929	370,000	299,800	148,200 (46.6)	-	-	-	-	-	-
1930	314,541	312,000	150,741 (47.1)	-	-	-	-	-	-
1931	316,000	316,541	150,200 (48.9)	17,500	5,000	12,500	-	-	-
1932	337,452	315,000	172,652 (42.8)	9,900	12,500	9,900	-	-	-
1933	325,900	314,500	184,052 (42.4)	21,000	9,900	21,000	-	-	-
1934	378,250	381,400	180,902 (44.1)	39,800	43,500	17,300	-	-	-
1935	324,520	324,428	180,994 (44.0)	23,400	27,300	13,400	5,000	-	5,000
1936	338,907	340,866	179,035 (44.6)	39,200	28,400	24,200	4,000	5,000	4,000
1937	356,678	372,762	162,951 (48.9)	35,200	45,200	14,200	4,000	4,000	4,000
합계	8,050,478	7,890,527	162,951	186,000	171,800	14,200	13,000	9,000	4,000

* 『朝鮮總督府統計年報』 해당연도판 ; 『昭和財政史 第12卷』, 자료 II 2~21쪽.
* ① 조선은행 현재고의 괄호안은 현재고 중 예금부 차입금의 비중임. ② 조선은행은 해당
  연도 12월 말, 조선식산은행과 조선금융조합연합회는 해당연도 다음해 3월의 수치임.

엔이 유입되었다. 동양척식주식회사를 통해 유입된 자금 중에는 '산미
증식자금'이나 '미곡응급자금' '벼저장자금' 등의 대장성 예금부 자금
이 상당수 포함되어있다.[37]

유출입된 자금을 종합해보면, 채권의 경우 조선식산은행 8억 4,237.3
만 엔(발행총액×일본분포비중 평균값 0.938), 조선금융조합연합회 145.4

---

37) 대장성 예금부가 동양척식주식회사의 사채를 인수하거나 직접 대부했던 자금
    은 1937년 말 현재 4703.7만 엔이었다(『昭和財政史 第12卷』, 부록 II 20~21쪽).

<표 2 - 29> 동양척식주식회사의 대(對)조선투자 (단위 : 천엔, %)

	1918~1937	1938~1945	1918~1945
조선 내 대출증가액 a	92,318	124,562	216,880
조선 내 예금증가액 b	9,994	7,210	17,204
순대출증가액(a - b)	82,324 (73.5)	117,352 (55.5)	199,676 (61.7)
조선관계 유가증권 증가액	29,655 (26.5)	94,165 (44.5)	123,820 (38.3)
합계	111,979 (100)	211,517 (100)	323,496 (100)

* 朝鮮總督府財務局, 『朝鮮金融事項參考書(1939年調)』, 160~161쪽 ; 『朝鮮銀行統計月報』, 1946. 2, 3쪽 ; 水田直昌 監修 『資料選集東洋拓殖會社』, 友邦協會, 1976, 144~165쪽.
* 대출과 예금의 1918~1937년 수치는 '1937년 현재고-1917년 현재고', 1937~1945년 수치는 '1945. 2월 현재고-1936년 현재고'. 유가증권은 각각 '1937년 현재고' '1945년 6월 말 -1937년 현재고'임.

만 엔, 합 8억 4,382.7만 엔이 유입되었으며, 원리금으로 조선식산은행은 상환액 5억 1,908.5만 엔(상환총액×0.938), 이자액 1억 6,113만 엔, 조선금융조합연합회는 이자액 105.8만 엔으로 합 6억 8,127.3만 엔이 유출되었다. 차입금은 조선은행, 조선식산은행, 조선금융조합연합회 합하여 82억 4,947.8만 엔이 유입되었으며, 상환액 80억 7,132.7만 엔, 이자액 1억 6,142.7만 엔,[38] 합 82억 3,275.4만 엔이 유출되었다. 이외에도 동양척식주식회사에 의해 1937년 현재 1억 1,197.9만 엔 정도가 조선에 유입되어있는 상태였다. 채권과 차입금의 이자액으로 유출된 금액 3억 2,361.5만 엔은 1937년도 조선 내 금융기관 예금액 7억 1,577.6만 엔의 45.2%에 달한다. 자금의 유입이 증대될수록 이자로 유출되는 자금도 큰 폭으로 증대되었다.

이 시기 자본형성은 8.4배 증가했다. 전체 증가지수를 상회하는 항목은 채권 123.7배, 차입금 61.7배, 예금 10.4배로, 이 세 부분이 증가를 주도했다. 양적으로는 예금의 비중이 지속적으로 높은 가운데 채권과 차입금을 통한 유입자금의 비중이 상승했으며, 은행권과 자기자본은 한

---

38) 계산방법은 주 16)을 참조. 대장성 예금부에서 차입한 경우 금리는 보통 연리 4.0~4.5%이나, 이 시기 차입금의 주요 부분인 조선은행 정리구제자금이 연리 2%이므로 평균이자율은 2%로 상정했다.

<표 2 - 30> 일제하 금융기관의 자본 형성과 공급(1918~1937) (단위 : 천엔, %)

연도	자본형성	자기자본	예금	채권	차입금	은행권	자본공급	대출	유가증권
1918	182,806	22.1	37.7 (45.4)	1.6	1.6	37.0	167,682	89.2 (69.9)	10.8
1920	312,043	30.0	42.3 (58.8)	10.7	1.0	16.0	306,418	90.8 (75.8)	9.2
1922	428,040	24.0	41.5 (60.4)	19.3	0.0	15.3	423,659	86.9 (77.4)	13.1
1924	513,084	21.3	38.9 (58.5)	23.2	0.0	16.6	521,732	85.4 (78.8)	14.6
1926	615,221	13.1	40.1 (58.3)	23.5	11.4	11.8	590,197	85.1 (78.8)	14.9
1928	695,370	12.2	44.0 (61.5)	25.5	11.2	7.2	696,098	80.4 (80.4)	19.6
1930	842,493	11.9	35.6 (55.1)	28.7	17.9	5.9	823,342	81.0 (82.9)	19.0
1931	913,423	11.5	35.6 (58.7)	27.1	18.5	7.3	871,941	80.9 (83.7)	19.1
1933	1,082,947	10.6	40.8 (59.9)	23.4	20.7	4.6	998,461	76.8 (83.0)	23.2
1935	1,258,943	10.1	47.7 (60.0)	22.4	16.0	3.8	1,225,650	79.1 (80.9)	21.0
1937	1,530,290	9.6	46.8 (60.0)	24.3	12.1	7.2	1,692,595	79.7 (79.2)	20.3
증가율	8.4배	3.7배	10.4배	123.7배	61.7배	1.6배	10.1배	9.0배	19.0배

* <부표 4> 참조.
* ① 증가율은 1918년을 기준으로 한 1937년 수치. ② 자본형성과 자본공급은 금액, 나머지는 각각에서 차지하는 비중, 예금과 대출의 괄호안은 전금융기관의 예금 및 대출에서 식민지 금융기구(조선은행, 조선식산은행, 동양척식주식회사, 금융조합)가 차지하는 비중임.

자리수 이하로 하락했다. 채권과 차입금은 각각 1924년, 1929년 이후 자본형성 중 줄곧 2위와 3위를 차지했으며, 1930~1932년간은 양자 합쳐 45% 전후에 달하여 예금과 은행권의 비중을 능가했다. 자본형성상 이 시기는 예금에 의한 '현지조달'이 꾸준히 전개되면서도 채권발행과 차입을 통한 자금유입이 증대되었던 시기이다.

유입자금의 증대로 조선에서 식민지 금융기구의 지위가 공고해졌다. 예금에서는 60% 전후, 대출에서는 80% 전후를 차지하여 앞 시기보다 각각 10%, 15% 정도 상승했다. 또한 식민지 금융기구 내에서도 유입자금의 종류와 양에 따라 그 지위가 달라졌다. 조선식산은행은 주로 채권발행을 통해 장기성자금을 유입했으며 1937년 말 총유입 현재고(조선은행, 조선식산은행, 조선금융조합연합회의 채권 및 차입금) 5억 1,451.2만 엔 중 67.3%를 차지한 반면, 조선은행은 차입을 통해 단기성자금을 유입했으며, 1937년 말 총유입 현재고의 31.7%를 점했다. 이를 반영하여 조선식산은행은 이 기간 동안 조선 내 각종 은행의 대출총액 중 50~60%

를 차지했던 반면, 조선은행은 10～20%를 점하는 데 그쳤다(<표 2-32> 참조). 조선은행의 비중 하락은 금융공황과 부실대출에 따른 경영위기, 이를 반영한 은행권 발행의 축소·정체 등의 영향도 컸다.

유입자금은 이전 시기와 달리 일본 내 자금이 대부분을 차지했다. 조선에서 형성된 자금인 우편저금과 간이생명보험 적립금[39]은 1937년 말 현재 각각 6,830.3만 엔, 3,736.1만 엔으로,[40] 같은 시점 대장성 예금부의 대조선투자액 현재고 2억 7,911.8만 엔[41]의 약 37.9%에 해당된다.

2) 직접유입과 식민지 체제 유지

이 시기 자금유출입 통로는 일본 내 특수금융기관을 경유하지 않고 곧바로 자금원과 식민지 금융기구가 연결되었다. 자금원이 대장성 예금부이건 일본 금융시장이건, 유입형식이 채권이건 차입금이건 일본의 자금이 곧바로 조선 내 식민지 금융기구로 유입되었다. 이러한 직접유입은 식민지 금융기구가 경험과 신용을 쌓아 자금관리와 회수의 안전을 담보할 수 있게 되었음을 반영한다. 또한 이 시기에는 식민지 금융기구를 매개로 본격적인 식민정책이 실시됨에 따라 직접유입을 통해 자금조달 비용을 줄여 식민정책의 효과를 높일 필요가 있었다.

직접유입을 통해 두 계통의 자금이 조선으로 들어왔는데, 하나는 일본 내 일반 금융시장을 통해 유입된 민간자금이며, 다른 하나는 대장성 예금부로 대표되는 국가자본적 성격의 자금이다. 각 자금이 유입되었

---

39) 1929년부터 조선에서 실시된 간이생명보험은 여유금 및 적립금을 대장성 예금부에 예입했는데, 대장성 예금부는 1932년부터 그 예입총액을 한도로 식민지 금융기구를 거쳐 조선의 공공단체, 비영리법인, 조합에 융통했다(『昭和財政史 第12卷』, 237～238쪽).

40) 朝鮮總督府, 『朝鮮總督府統計年報』 1937년판, 191쪽 ; 朝鮮總督府遞信局, 『朝鮮簡易生命保險統計年報』(1938), 44쪽.

41) 『昭和財政史 第12卷』, 부록 II 2～21쪽에서 계산함.

던 배경을 살펴보자.

우선 민간자금은 주로 조선식산은행의 채권발행을 통해 유입되었다. 이 시기 조선식산은행 채권 중 50~70%가 일반공모에 의해 인수되었는데, 그 대부분은 일본에서 이루어졌다. 조선식산은행이 일본 금융시장을 통해 민간자본을 유치할 수 있었던 배경으로 일본 자본주의가 독점단계로 진입하면서 발생한 상대적 유휴자본을 들 수 있다.[42]

그러나 유휴자본이 생겨도 그것이 조선식산은행 채권의 인수로 이어질 수 있었던 직접적 배경은 조선식산은행 채권 자체의 투자가치 때문이었다. 당시 일본의 기채시장에서는 은행채, 회사채 등 사채(社債)는 제2종소득세의 적용을 받아 제3종소득세의 적용을 받았던 주식에 비해 투자가치가 높았다.[43] 더욱이 조선은 1927년에 비로소 이자소득세가 시행되었으며, 이자소득세율도 대략 일본의 2분의 1에 불과했다.[44] 이러한 세제상의 특혜는 조선식산은행이 채권발행을 통해 일본 금융시장에서 자금을 유입할 수 있었던 중요한 배경이었다.

대장성 예금부 자금으로 대표되는 국가자본적 성격의 자금은 식민지 금융기구의 채권발행 및 차입을 통해 유입되었다. 조선식산은행 채권의 경우 1920년대 중반 이후 특수인수의 비중이 높아져 1933~35년에는 대장성 예금부만으로도 40% 전후, 특수인수 전체로는 50% 전후를 차지했다. 1937년까지도 대장성 예금부와 특수인수 전체는 각각 30%와 40%를 상회했다.

조선식산은행 채권의 특수인수 비중이 높아지는 계기를 대장성 예금

---

42) 이 시기 일본 금융계에는 기채시장이 발달했는데, 그 원인으로는 은행, 재계 및 금융시장의 자금윤택과 세제상의 혜택, 현물단의 활약 등이 지적되고 있다 (明石照男·鈴木憲久, 『日本金融史』 제2권(大正編), 東洋經濟新報社, 1958, 175~180쪽).

43) 위의 책, 178쪽.

44) 정태헌, 『일제의 경제정책과 조선사회-조세정책을 중심으로』, 역사비평사, 1996, 299~300쪽.

<표 2 - 31> 대장성 예금부의 조선식산은행 채권 인수상황(1919~1937)

(단위 : 천엔, %)

	지방저리	산미증식	고리채 교환	금융조합연합회	전체 인수액
1919~1925	28,000 (100)	0	0	0	28,000
1926~1930	13,341 (15.5)	22,328 (26.0)	19,274 (22.4)	26,000 (30.2)	86,057
1931~1937	13,606 (12.9)	11,041 (10.5)	53,441 (50.6)	3,000 (2.8)	105,590
합 계	54,947 (25.0)	33,369 (15.2)	72,715 (33.1)	29,000 (13.2)	219,647

* 『二十年志』, 237~247쪽 ; 朝鮮總督府財務局, 『朝鮮金融事項參考書(1939年調)』, 58~62쪽.
* ① 위의 통계자료에 나온 수치를 朝鮮殖産銀行秘書課, 『重要書類』; 朝鮮殖産銀行, 『第七十九回帝國議會說明資料』; 『明治大正財政史 第13卷』; 『昭和財政史 第12卷』의 기술자료와 대조하여 항목별로 분류했음. ② '지방저리'는 지방저리자금과 재해복구자금의 합. '고리채 교환'은 토지개량·수리조합고리채 교환자금, 수리조합세입결손 보전자금, 농촌 및 중소상공업 원리지급자금의 합. 전체 인수액에는 위의 항목 외에 차환, 미곡응급자금, 未詳 등의 기타액이 포함됨.

부를 중심으로 살펴보면, 1920년대 후반에는 '산미증식갱신계획'자금, 1930년대에는 '고리채교환'자금이었다. <표 2 - 31>을 보면 1926년 이전에는 전부 '지방저리자금'이었던 반면, 1926~1930년에는 '산미증식갱신계획'과 '고리채교환'자금의 비중이 높아졌다. '금융조합연합회' 자금의 비중도 높으나 모두 6개월 이하의 단기자금으로 자본형성에서 큰 비중을 차지하지 않았다. 1931~1937년에는 단연 '고리채교환'자금의 비중이 높아져 전체 인수액의 반 이상을 차지했다.

1920년대 초반 조선식산은행을 통해 들어온 연리 7~8%의 민간자본은 3~4%의 이윤이 보태져서 조선 내 농업자본가 또는 지주에게 연리 10~12%로 대부되었다.[45] 그런데 당시 경지이윤율은 1920년이 12.4%, 1928년이 8.7%로[46] 대략 10% 전후였다. 따라서 지주나 농업자본가의 입장에서 금리부담이 가벼운 것은 아니었다. 이러한 금리부담은 산미

---

45) 조선식산은행의 1918~1925년 대부금금리는 보통 연리 10.95~12.78%였다(朝鮮總督府財務局, 『朝鮮金融事項參考書(1939年調)』, 16쪽). 실례로는 秋田豊, 『朝鮮金融組合史』, 金融組合聯合會, 1929, 338쪽 ; 洪性讚, 「日帝下 金融資本의 農企業 支配」, 『東方學志』 65, 1990. 3, 197~200쪽 참조.
46) 裵永穆, 앞의 논문, 215쪽.

증식계획에 차질을 주었다.[47]

1926년에 수립된 '산미증식갱신계획'은 대장성 예금부의 저리자금을 공급하여 조선 내 농업자본가 또는 지주의 금리부담을 덜어주려는 정책이었다. 이를 통해 이윤의 원천인 생산부문을 안정시켜 조선 내 농업자본가의 생산을 촉진하고, 간접적으로 식민지 금융기구의 중간이득과 투자된 일본 민간자본의 이윤을 보장하려는 것이었다.

'산미증식갱신계획'은 여전히 농업생산의 증대에 의지하여 자본 각 분파의 이윤을 보장하려는 정책이었으나, 1920년대 말부터 시작된 농업공황으로 이러한 기대는 빗나갔다. 1920년대 말부터 1930년대 초까지 미가폭락으로 경지이윤율은 더욱 낮아졌고,[48] 고금리는 농업자본가나 지주의 농업경영을 더욱 압박했다.[49] 이에 다시 대장성 예금부 저리자금의 공급을 통해 고리채를 교환하여 조선 내 농업자본가 또는 지주를 구제했다. 결국 이는 고금리로 들여왔던 일본 민간자본을 대장성 예금부가 직접 상환해주었음을 의미한다. 이 과정에서 식민지 금융기구는 농업투자에 따른 대부의 고정화를 미연에 방지하여 경영의 안전을 도모할 수 있었다.

'산미증식갱신계획'의 저리자금 융통이 여전히 생산에 의지하여 우회적으로 일본 민간금융자본, 식민지 금융기구와 조선 내 산업(농업)자

---

47) 小早川九郎 編, 『補訂 朝鮮農業發達史(政策篇)』, 友邦協會, 1959, 437쪽.

48) 경지이윤율은 1928년 8.7%에서 1931년 7.7%까지 하락한다(裵永穆, 앞의 논문, 215쪽).

49) 당시 지주의 농업경영상 장애요인으로는 경영자의 자금난과 금리의 과중이 지적되었다(三好豊太郎, 「農場經營の犧牲的改良事業に就て當局の理解を求む」, 『朝鮮農會報』 1930. 2, 42쪽). 한편 1931년 東津水利組合에서는 독자적으로 수리조합구제에 대한 진정서를 올렸는데, 그 내용은 '① 기채 및 상환제도의 개정, ② 금리인하 및 상환기간 연장, ③ 금융기관의 임의이용 및 원조방책'으로 전부 고리채와 금융에 관한 것이었다(小早川九郎 編, 앞의 책, 475~477쪽). 일제시기 대표적 일본인 농장이었던 不二興業(株)은 이러한 고리채의 부담을 이기지 못하고 경영권을 주거래은행인 조선식산은행에 넘겼다(洪性讚, 앞의 논문 참조).

본의 이익을 보장하려 했던 것이라면 '고리채교환'의 저리자금 융통은 생산중심의 정책을 중단하고,[50] 직접적으로 조선 내 농업자본가의 구제, 일본 민간금융자본의 안전한 회수를 꾀했던 것이다.

1930년대에 차입금 형태로 유입되었던 대장성 예금부 자금도 동일한 맥락에서 이해할 수 있다. 대장성 예금부의 '미곡응급자금'과 '벼저장자금'의 융통은 농업공황으로 인한 미가폭락, 일본산미(日本産米) 과잉으로 인한 조선산미 판로의 협애화 등에 대한 금융적 대책이었다. 식민지 금융기구는 저리의 대장성 예금부 자금을 벼(籾)와 현미 저장자에게 융통하여 미곡수확기의 투매(投賣)로 인한 미가하락을 방지하고 일본으로의 조선미 이입을 감소시키려 했다. 이를 통해 조선 내 미곡유통을 담당했던 일본인 미곡상 및 일부 지주를 보호했던 것이다.[51]

이 시기 민간자본의 유입배경은 무엇보다 식민지 초과이윤을 보장했던 세제상의 특혜였다. 한편 대장성 예금부 자금을 중심으로 한 국가자본적 성격의 자금은 식민지정책과 연관된 특수 목적을 띠고 도입되어 식민지체제의 발전 내지 유지를 꾀했으며, 그 과정에서 자금유출입을 둘러싼 자본 각 분파의 이익을 보장했다.

3) 농업투자와 변화상 - 생산에서 구제로

이 시기 조선은행의 산업별 투자는 이전 시기와 같이 상업 중심이었다. <표 2 - 32>에서 알 수 있듯이 1935년경까지 70~80%를 유지한다. 그러나 채권발행을 통해 장기성자금을 유입한 조선식산은행은 농업부

---

50) 1931년 동양척식주식회사의 토지개량부가 폐지되었으며, 1934년 '산미증식 계획'이 중지되었다.

51) 조선의 '미곡응급자금'은 농민이 아니라 오사카 상인에게 융통되므로 상인에게 혜택을 준다는 비난을 피하기 위해 대장성 예금부는 일본 내 같은 종류의 자금보다 이율이 1% 높은 연리 4.5%로 대부했다고 한다(『昭和財政史 第12卷』, 339~340쪽).

<표 2 - 32> 조선은행·조선식산은행의 산업별 대출금 추이(1918~1937)

(단위 : 천엔, %)

연도	조선은행					조선식산은행				
	대출액	농업	공업	상업	잡업	대출액	농업	공업	상업	잡업
1918	52,159 (41)	13.2	11.3	72.4	3.2	29,837 (23)	21.9	2.1	63.3	12.7
1920	45,669 (25)	0.5	8.2	88.3	2.9	68,348 (38)	30.7	6.0	46.9	16.3
1922	43,386 (17)	0.4	5.4	78.0	16.3	121,979 (49)	34.9	8.1	35.7	21.3
1924	52,854 (17)	1.0	3.7	73.1	22.2	156,008 (52)	39.1	3.5	32.9	24.5
1926	42,324 (12)	1.6	2.3	76.6	19.6	192,631 (57)	47.7	2.9	31.9	17.6
1928	27,594 (7)	2.2	7.3	84.1	6.5	238,161 (64)	52.4	2.0	34.4	11.3
1930	32,472 (8)	4.0	21.1	61.3	13.6	261,771 (65)	62.2	2.5	24.0	11.3
1931	43,586 (10)	1.9	14.9	78.1	5.2	282,546 (65)	59.8	3.1	24.9	12.3
1933	62,372 (13)	3.0	15.4	55.1	26.5	310,437 (63)	56.4	8.3	23.6	11.8
1935	83,143 (13)	0.7	17.4	70.0	11.9	382,664 (60)	52.3	12.0	25.5	10.2
1937	175,440 (22)	3.7	51.3	35.4	9.7	413,450 (51)	36.2	11.7	29.9	22.3

* 朝鮮總督府財務局, 『朝鮮金融事項參考書(1939年調)』, 106~110쪽.
* 대출액은 금액, 나머지는 각각에서 차지하는 비중. 대출액의 괄호안은 각종 은행대출액
  에서 차지하는 비중임.

문에 대한 투자를 확대하여 1924년경이면 투자의 중심을 상업에서 농
업으로 전환했다. 1930년경에는 전체 대출액의 60% 이상을 농업에 대
출했으며, 이후 1935년경까지 50% 이상을 유지한다.

동양척식주식회사도 이 시기 농림업부문 투자를 증가시켰다. <표 2
-33>을 보면 모두 조선 내에 투자된 것은 아니지만 전체 대출액 중
농림업부문의 투자가 차지하는 비중은 1922년 39%에서 1932년 56%까
지 상승했으며, 1937년 약 54%를 유지한다. 금융조합은 본래 농촌을 대
상으로 한 지방금융조합이 주축이므로 농업에 대한 투자의 비중이 높
아 1932~1937년에는 69~66%나 차지했다.[52]

조선은행을 제외한 모든 식민지 금융기구가 농업투자에 중점을 두었
다. 1910년대는 유통부문, 특히 농산물 유통에 투자했다면 1920년대부
터 1930년대 중반까지 유입된 자금을 바탕으로 본격적으로 생산부문,
특히 농업에 투자했다.

52) 朝鮮總督府財務局, 『朝鮮金融事項參考書(1939年調)』, 152쪽.

<표 2 - 33> 동양척식주식회사 대부금의 용도별 추이(1912~1941) (단위 : 천엔, %)

연말	1912	1917	1922	1927	1932	1937	1941.6
대부액	2,473	12,278	126,927	122,236	133,882	159,572	173,529
농림업	77.0	62.7	39.0	44.7	56.1	53.8	62.0
(농사·비료)	(100)	(14.1)	(35.8)	(33.2)	(37.9)	(49.0)	(65.5)
(토지개량)	(0)	(79.4)	(57.2)	(61.4)	(57.9)	(44.1)	(32.5)
공업	-	4.0	11.5	13.6	12.0	8.4	14.9
(전기가스)	-	(0)	(49.6)	(47.2)	(55.5)	(25.0)	(80.4)
광업	-	0.9	0.3	0.8	0.8	0.2	9.0
수산업	-	0.7	0.2	0.3	0.1	0.2	0.3
교통	-		5.5	9.5	5.4	0.3	0.0
기타	23.0	31.7	43.5	31.1	25.5	37.1	13.9
조선분	100	69.1	42.9	50.0	66.9	64.0	100

* 東洋拓殖株式會社, 『東洋拓殖株式會社三十年誌』, 1939, 95~96쪽 ; 東洋拓殖株式會社, 『第79回 帝國議會說明資料業務槪要』, 1941, 45~47쪽.
* ① 대부액은 금액, 나머지는 각년도 대부액에서 차지하는 비중, 괄호안은 농림업과 공업에서 해당부분이 차지하는 비중, 조선분은 대부액 중 조선 내 대부액 비중. ② 농림업은 '토지개량 및 개간', '수리사업', '농사경영', '임업', '잠업', '과실재배', '비료', '인삼재배', '축산업'의 합계. (농사·비료)는 '농사경영'과 '비료'. (토지개량)은 '토지개량 및 개간' '수리사업'의 합계. 공업은 '제지업', '製材', '방직업', '정미업', '製油業', '제당업', '요업', '양조업', '제공업', '전기가스'의 합계. 기타는 '시가토지건물', '재해구제', '위생', '교화', '잡자금', '이주비대부' 등이다. ③ 1912~1937년은 동척의 총대출액이며, 1941. 6은 조선 내 대부액만 기재.

이러한 농업투자는 1920년대 '산미증식계획'과 연관을 맺으면서 대규모 자본이 투하되는 토지개량과 수리조합 사업을 중심으로 전개되었다. <표 2 - 33>을 보면 동양척식주식회사의 농림업투자 중 토지개량사업(수리조합사업 포함)의 비중이 1927년 61.4%나 차지했다.

그러나 1930년대에 들어서면 농업투자의 양상은 변했다. 전체적으로 농업투자의 비중이 조선식산은행은 1930년을, 동양척식주식회사는 1932년경을 기점으로 하락하는 가운데 그 내용도 토지개량사업보다는 자금이 적게 들고 자본회전율이 빠른 농사개량 쪽의 비중이 높아진다. <표 2 - 33>을 보면 1927년 동양척식주식회사의 농림업대부액 중 61.4%를 차지하던 토지개량사업의 비중은 1937년경이면 44.1%까지 저하했으며, 반면 농사경영 및 비료의 비중이 같은 기간 33.2%에서 49%로 상승했다.

이러한 경향은 전시기에 들어서면 더욱 뚜렷해진다.

　조선식산은행의 경우도 산업공공대부 중 토지개량사업('토지개량' 및 '수리사업' 항목)의 비중이 같은 기간 34.4%에서 25.5%로 저하했으며, 비료자금을 주축으로 한 농사개량자금('농업' 항목)은 28%에서 33%로 상승했다.[53] 1930년대 농업을 둘러싼 환경은 더 이상 대규모 투자에 의한 농업개발을 불가능하게 했으며 식민지 금융기구의 입장에서도 자금회전이 빠른 농사개량 투자를 선호하게 되었다.

　앞에서 본 대장성 예금부에서 유입된 자금의 변화와 연관해보면 1930년 전후의 농업공황을 기점으로 식민지 금융기구는 한편으로 농업투자를 확대하지 않으면서 소규모이며 자본회전이 빠른 농사개량사업 중심으로 투자방향을 전환했으며, 다른 한편으로 농업의 파탄에 따른 체제위기를 모면하기 위해 농업구제자금을 융통했다.[54]

　식민지 금융기구의 체제유지적 기능은 금융조합의 경우 일층 명료하다. 농업공황의 피해는 지주층보다 농민에게 더욱 심각한 것이었다. 생존의 한계점에 달한 농민의 혁명적 분출을 막고 그들을 체제내화하기 위해서는 농민을 토지와 결합시켜 안정적인 소농체제를 수립할 필요가 있었다.[55] 이에 따라 '자작농지설정사업' '농가부채정리사업' 등이 실시되었다. 금융조합은 주로 대장성 예금부 자금을 유입하여 이러한 사업을 금융적으로 뒷받침했다. 1937년 금융조합의 농업대출금 중 자작용토지구입자금과 부채정리자금은 77%를 점했으며, 이 중 42%가 대장성 예금부에서 유입한 자금이었다.[56]

　한편 1930년대 중반 전후로 식민지 금융기구의 농업투자 비중이 하

---

53) 『二十年志』, 87~88쪽.

54) 이상 1930년대 농업투자의 변화상에 대해서는 이 책의 제1부 1장 참조.

55) 이에 대해서는 정태헌, 「1930년대 식민지농업정책의 성격전환에 관한 연구」, 『일제말 조선사회와 민족해방운동』, 일송정, 1991 참조.

56) 문영주, 「일제말 전시체제기(1937~1945) 촌락금융조합의 활동」, 고려대 사학과 석사학위논문, 1995, 44~45쪽.

락하면서 공업투자가 증대하였다. <표 2 - 32>를 보면 조선은행의 경
우 벌써 1937년이면 공업부문에 대한 대출이 50%를 넘어섰으며, 조선
식산은행도 1933년경부터 상승하기 시작하여 1937년경이면 12%에 이
른다. 이는 당시 조선총독부의 공업화정책에 따른 것으로 전시기의 공
업대출 증대로 이어진다.

1918~1937년 식민지 금융기구는 채권발행과 차입을 통해 일본으로
부터 자금유입을 증가시켰으며, 식민지정책과 밀접한 연관을 맺으며
농업을 중심으로 한 생산부문에 투자했다. 유입된 자금은 식민지 초과
이윤을 획득하려는 민간자본과 자금유출입을 둘러싼 각 자본 분파의
이해를 조정하며 전체적으로 식민지체제 유지를 도모했던 국가자본으
로 대별해볼 수 있다.

4. 자금유출기(1938~1945)

1) 채권과 차입금의 원리금상환 증가

1937년 중일전쟁 발발로 조선의 경제는 전시통제체제로 전환되었다.
금융부문에서도 1937년 10월 「임시자금조정법(臨時資金調整法)」, 1940
년 12월 「은행등자금운용령(銀行等資金運用令)」이 실시되었으며, 통제
단체로서 1938년 12월 조선금융단(朝鮮金融團)이 결성되었다. 전시금융
(戰時金融)의 주요 방향은 전비 조달을 위한 국공채 인수와 군수산업 지
원에 있었으며, 이를 위해 조선은행권 증발, 강제저축, 금리인하, 금융
기관 합병 등이 강행되었다. 이에 따라 조선 내 금융기구는 일반은행과
금융조합 등 자금흡수기관과 조선은행과 조선식산은행 등 자금공급기
관으로 이원화되었다.[57]

---

57) 조선의 전시금융체제에 대한 자세한 내용은 배영목, 앞의 논문(1990), 제5

<표 2 - 34> 조선식산은행의 채권발행 추이(1938~1945) (단위 : 천엔, %)

연말	발행고	상환고	현재고	채권이자 a	지역별 분포		유출이자액 (a×b)
					조선	일본b	
1938	53,925	9,008	389,573 (58.5)	15,203	3.2	96.8	14,717
1939	61,340	10,584	440,328 (51.1)	25,739	2.7	97.3	25,044
1940	159,181	22,490	577,019 (55.6)	32,447	17.7	82.3	26,704
1941	97,747	28,834	645,932 (52.9)	38,232	24.2	75.8	28,980
1942	144,806	25,051	765,687 (50.6)	44,004	31.1	68.9	30,319
1943	253,293	72,973	946,009 (50.5)	66,138	40.2	59.9	39,617
1944	69,799	46,917	968,891 (39.7)	51,807	43.1	56.9	29,478
1945. 9	101,915	12,776	1,058,029 (37.7)	19,935	45.0	55.1	10,984
합계	942,006	228,633	1,058,029	293,505			205,843

* 朝鮮殖産銀行調査部, 『朝鮮金融事情槪觀』(1943上), 70쪽 ; 朝鮮殖産銀行計算課, 「損益計
  算書」 ; 朝鮮殖産銀行計算課, 「貸借對照表」.
* ① 현재고의 괄호안은 조선식산은행의 자본구성(납입자본금, 적립금, 채권발행고, 예금,
  차입금) 중 채권의 비중. ② 일본분포 비중은 '해당연도 현재고 중 일본분=전년도 현재
  고 중 일본분+해당년도 발행고 중 일본인수분-해당년도 상환고 중 일본분'으로 계산
  했다. 해당년도 발행고 중 일본인수분은 1938~1939년까지는 전액, 1940년 이후는 각년
  도 발행액의 43%로 상정(일본인수가 1938~1945년 채권발행액의 50% 정도였다는 점과
  조선 내 인수는 1940년부터 이루어졌다는 점을 감안), 상환고는 1937년 분포비율(일본 :
  조선=96.3 : 3.7)대로 1945년까지 상환되었다고 봄.

이 시기 조선식산은행은 약 8년간 총 9억 4,200.6만 엔의 채권을 발행
했다. 1918~1937년 20년간 8억 9,805.2만 엔의 채권을 발행했던 것에
비하면 급격한 증가였다. 조선식산은행은 기존의 납입자본 15배를 한
도로 하는 보통채권의 경우 증자를 통해 발행증대를 꾀했다.[58] 아울러
보통채권 이외에도 1940년부터 정부보증채권, 1942년부터 할인채권 등
특수채권을 발행하여 자금동원력을 제고했다.[59]

조선식산은행의 채권발행에서 가장 두드러진 특징은 조선 내 인수비
중이 높아졌다는 점이다. 앞의 <표 2 - 16>를 보면 <표 2 - 34>와 합

장 ; 木村健二, 「朝鮮の金融統制と朝鮮金融團」, 『戰時體制下の金融構造』(伊牟
田敏充 編著), 日本評論社, 1991 참조.
58) 1939년 조선식산은행은 3000만 엔에서 6000만 엔으로 증자를 단행하여 1941
년경 납입자본은 3000만 엔에서 5250만 엔으로 증대되었다.
59) 이에 대해서는 이 책의 제2부 3장 참조.

<표 2-35> 조선금융조합연합회의 채권발행 추이(1935~1945) (단위 : 천엔, %)

연말	발행고	상환고	현재고	지역별 분포		유출이자액
				조선	일본	
1935	3,280	-	3,280	0	100	
1936	21,360	-	24,640	48.7	51.3	492
1937	1,900	-	26,540	45.2	54.8	566
소계	26,540	0	26,540			1,058
1938	84	-	26,624	45.1	54.9	521
1939	4,700	1	31,323	38.3	61.7	688
1940	600	163	31,760	37.8	62.2	703
1941	5,200	263	36,697	32.7	67.3	879
1942	4,605	643	40,659	29.5	70.5	1,020
1943	4,750	7,766	37,643	13.3	86.7	1,162
1944	-	1,077	6,566	13.7	86.3	1,124
1945	-	542	36,024	13.9	86.1	1,104
소계	19,939	10,455	36,024			7,201
합계	46,479	10,455				8,259

* 『朝鮮金融組合聯合會十年史』, 102~103쪽 ;『朝鮮金融組合統計年報』각년판.
* 유출이자액은 '일본현재고×평균이자율(1937년까지 3.89%, 이후는 3.56%)'

계에서 약간 차이가 있지만, 조선 내 인수분이 적어도 48.3%였으며, 일반공모까지 감안하면 50% 이상을 차지했을 것이다.[60] 종전에 조선식산은행의 채권발행은 주로 일본에서 자금을 유입하는 통로였으나, 전시기에는 그러한 기능과 함께 조선 내 자금을 흡수하는 기능도 강화되었다. 조선 내 인수 중에서 조선금융조합연합회의 비중이 52%로 가장 높았다. 금융조합을 통해 농촌과 도시의 말단에서 형성된 자금이 조선금융조합연합회를 거쳐 조선식산은행으로 흡수되었던 것이다. 이는 무엇보다도 강제저축에 힘입어 금융조합의 여유자금이 증가했기 때문이다.

또 하나, 이전 시기와 다른 점은 정부보증채권, 할인채권 등 특수채권이 발행되었다는 점이다. <표 2-16>을 보면 특수채권은 이 시기의 전체 채권발행액 중 48%나 차지했다. 이러한 특수채권은 조선식산은행이 「은행등자금운용령」에 의해 시국과 관련된 중요 산업, 즉 군수산업

60) 이에 대해서는 이 책의 제2부 3장 주 45) 참조.

에 자금을 공급하는 금융기관으로 지정되면서 이에 필요한 자금을 동원하기 위해 발행되었다.

조선금융조합연합회는 이 시기에 1,993.9만 엔의 채권을 발행했으며, 전액 대장성 예금부에서 인수했다. 그러나 이는 1935∼1937년간 발행액의 75%에 불과한 것이며, 1943년 이후에는 발행조차 되지 않았다. 금융조합의 저축증가에 따라 자금유입의 필요성이 감소했던 것이다. 대장성 예금부의 인수자금도 1936년 12월부터 조선 내 간이생명보험 적립금으로 전액 충당되었음을 감안하면,[61] 이 시기 조선금융조합연합회의 채권발행은 사실상 자금유입의 통로로서 역할하지 않았다고 할 수 있다.

차입금을 통한 자금유입은 절대액이 감소했다. <표 2 - 36>을 보면 조선은행, 조선식산은행, 조선금융조합연합회를 합쳐서 총 53억 6,123.6만 엔이 차입되었으나, 현재고를 보면 1938년 1억 7,292.1만 엔에서 1945년 3,485.6만 엔으로 감소했다. 조선은행은 1944년을 예외로 하면 1939년 이후 줄곧 감소했으며 조선식산은행과 조선금융조합연합회는 1943년 이후 감소했다. 일본의 패전이 가까워짐에 따라 기존에 차입된 자금이 회수되는 상황이었다.

이 시기 채권발행과 차입을 통해 유출입된 자금액을 보면, 채권의 경우 조선식산은행 4억 7,100.3만 엔(발행총액×0.5), 조선금융조합연합회 1,993.9만 엔, 합 4억 9,094.2만 엔이 유입되었으며, 원리금으로 조선식산은행은 상환액 2억 2,017.4만 엔(상환총액×0.963), 이자액 2억 584.3만 엔, 조선금융조합연합회는 상환액 345.5만 엔(상환총액－조선식산은행분), 이자액 720.1만 엔으로 합 4억 3,667.3만 엔이 유출되었다.

차입금은 조선은행, 조선식산은행, 조선금융조합연합회 모두 합하여 53억 6,123.6만 엔이 유입되었으며, 상환액 55억 7,53.1만 엔, 이자액 1억 9,276.4만 엔(총상환액×0.035)[62] 합 57억 29.5만 엔이 유출되었다. 원리금

---

61) 裵永穆, 앞의 논문, 361쪽.

<표 2 - 36> 조선은행 · 조선식산은행 · 조선금융조합연합회의 차입금 추이

(1938~1945) (단위 : 천엔, %)

연말	조선은행			조선식산은행 (예금부 관계분)			조선금융조합연합회 (예금부 관계분)		
	차입액	상환액	현재고	차입액	상환액	현재고	차입액	상환액	현재고
1938	273,747	282,277	154,421 (51.3)	24,200	24,200	14,200	5,300	5,000	4,300
1939	225,749	214,904	165,266 (41.9)	51,000	29,200	36,000	3,000	4,300	3,000
1940	190,195	228,884	126,577 (52.2)	52,430	79,000	9,430	8,410	3,000	8,410
1941	52,978	89,542	90,013 (70.9)	40,550	41,430	8,550	8,550	8,410	8,550
1942	97,019	112,402	74,630 (57.8)	76,000	33,550	51,000	9,000	8,550	9,000
1943	114,145	100,971	87,804 (136.3)	99,500	140,500	10,000	14,000	9,000	14,000
1944	3,949,222	999,163	3,037,863 (0.9)	34,730	10,308	34,422	5,000	10,000	9,000
1945	14,271	3,041,156	10,978 (58.2)	11,490	31,784	14,128	750	0	9,750
합계	4,917,326	5,069,299	10,978	389,900	389,972	14,128	54,010	48,260	9,750

* 朝鮮總督府,『朝鮮總督府統計年報』 각년판 ; 朝鮮銀行調査部,『朝鮮經濟年報』(1948), Ⅲ -
75쪽 ;『昭和財政史 第12卷』, 자료 Ⅱ 20~33쪽.
* ① 조선은행은 해당연도 12월 말, 조선식산은행과 조선금융조합연합회 및 조선은행의 대
장성 예금부 관계분은 다음해 3월 수치임. ② 조선은행 현재고의 ( )은 현재고 중 대장성
예금부 차입금의 비중임. ③ 1942~1945년 조선은행의 차입액과 상환액을 알 수 있는 자
료가 없어 1938~1941년 현재고에 대한 차입액의 비율(1.3배)을 감안하여 '해당연도 현재
고×1.3'으로 차입액을 구하고, 이에 따라 상환액을 계산했음.

상환의 증가로 채권발행과 차입을 통해 2억 8,479만 엔의 유출초과가
발생했다. 이 시기 동양척식주식회사의 대조선투자 증가액 2억 1,151.7
만 엔(<표 2 - 29> 참조)을 제하더라도 여전히 유출초과이다.

2) 일본 유가증권 인수를 통한 자금유출 증대

전시기에는 채권과 차입금의 원리금상환 외에도 유가증권 인수를 통
한 자금유출이 있었다. 강제저축과 조선은행권 증발을 통해 형성된 자
금의 상당부분은 국공채 등 일본 유가증권 인수에 충당되었다.

---

62) 계산방법은 주) 16을 참조. 평균이자율은 이 시기 대장성 예금부 차입금의
평균금리인 연리 3.5%를 적용하였다.

    <표 2 - 37>의 금융기관별 유가증권 보유액 중 정확히 어느 정도가 일본 유가증권이었는지는 명확하지 않다. 다만 일본 유가증권임이 확실한 국채의 비중이 70% 전후를 차지하고 있음을 알 수 있다. 해방 후 대일배상(對日賠償) 청구를 위해 조사되었던 자료인 <표 2 - 37 - 1>을 보면, 해방 후 한국의 금융기관은 총 74억 3,510.4만 엔의 일본 유가증권을 보유했다. 이는 1945년 9월 금융기관이 보유했던 유가증권액 78억 3,043.3만 엔의 95%에 해당한다.[63]

---

63) 엄밀히 말해 이 두 자료는 직접적으로 비교할 수 있는 성질의 것은 아니다. 그러나 전체적인 추세를 파악하는 데는 무리가 없을 것이다. 일본 유가증권 보유액에 대한 통계는 자료마다 약간의 차이가 있다. 간단히 정리해보면 우선 본문의 <표 2 - 37>의 자료는 각 금융기관이 공표했던 수치상에 나타난 유가증권액이다. 그런데 해방 후 대일배상을 청구하기 위해 1947년경부터 각 금융기관이 보유하고 있었던 실제 일본 유가증권액을 조사했는데, 최고 91억 1700만 엔까지 집계되었다(아래 표 참조).

일본 유가증권 보유액(1945년 9월 30일 현재) (단위 : 백만엔, %)

금융기관	국채	지방채, 증권, 주식	합계
조선은행	5,883	344	6,227
조선식산은행	470	53	523
기타 은행	465	441	906
무진(조선상호은행)	5	11	16
신탁(조선신탁은행)	16	6	22
조선금융조합연합회	176	1,247	1,423
소 계	7,015 (93.1)	2,102 (78.2)	9,117 (89.6)
민간보유	1,000	500	1,500
합 계	8,015 (81.5)	2,602 (63.2)	10,617 (77.0)

* 朝鮮銀行調査部, 『朝鮮經濟年報』(1948), 1 - 279쪽.
* 괄호안은 해당 수치에 대한 조선은행, 조선식산은행, 조선금융조합연합의 비중임.

이러한 금융기관의 조사자료를 취합하여 외무부에서는 1954년 『對日賠償要求調書』(1949. 9. 1일 조사를 바탕으로 함)를 펴냈는데, 이 중 금융기관의 유가증권 보유액은 74억 3510.4만 엔이었다(본문의 <표 2 - 37 - 1> 참조). 금융기관 조사자료와 외무부자료 사이에 상당한 차이가 있는데, 외무부자료는 증빙서류가 완벽히 구비된 '확정채권'액만을 계산했기 때문이다. 8・15 전후 혼란으로 인해 증빙서류가 소실되었을 경우 확정채권액에서 제외되었을 것이다. 따라서 위의 표는 최대수치이며 <표 2 - 37 - 1>은 최소수치라고 할 수 있다. 위의 표와 본문의 <표 2 - 37>을 비교해보면 가장 큰 차이가 나는 것은 조선

<표 2-37> 일제하 금융기관의 유가증권 보유액 추이(1938~1945)

(단위 : 천엔, %)

	조선은행a	조선식산은행b	기타은행	조선금융조합연합회c	신탁	무진	합d	a+b+c/d	유입이자액
1938	282,488 (77.9)	68,638 (86.1)	82,475 (24.9)	9,962 (39.2)	22,956 (35.2)	25 (80.0)	466,544 (66.8)	77.4 (90.8)	16,399
1939	502,430 (85.4)	70,377 (81.6)	99,614 (31.0)	22,419 (40.4)	34,782 (31.2)	377 (11.7)	729,999 (73.6)	81.5 (92.3)	25,659
1940	594,661 (85.5)	84,702 (78.9)	169,126 (33.3)	49,749 (19.2)	36,887 (35.6)	800 (11.1)	935,925 (69.9)	77.9 (89.4)	32,898
1941	1,056,305 (85.2)	135,331 (85.3)	215,549 (36.4)	95,126 (10.0)	47,423 (34.2)	1,983 (7.6)	1,551,717 (72.2)	82.9 (91.5)	54,543
1942	1,564,194 (87.7)	260,905 (89.6)	260,876 (47.8)	278,107 (14.4)	57,482 (30.5)	4,120 (4.7)	2,425,684 (73.7)	86.7 (92.0)	85,263
1943	2,128,859	351,572	415,413	556,189	72,156	5,722	3,529,911	86.0	124,076
1944	3,352,020	501,008	728,710	1,236,542	100,858	6,103	5,925,241	85.9	208,272
1945.6	4,317,298 (87.0)	522,278 (90.0)	877,117 (44.0)	1,417,127 (20.0)	107,253 (18.0)	15,728 (?)	7,256,801 (67.7)	86.2 (91.7)	유입이자액 합
1945.9	4,786,069	525,822	886,777	1,511,607	104,430	15,728	7,830,433	87.1	547,110

* <부표 4>의 자료 ; 朝鮮總督府財務局, 『朝鮮金融年報(1943年調)』; 大藏省管理局編, 『日本人の海外活動に關する歷史的調査』朝鮮編 第7分冊, 1950, 113쪽.
* ① ( )은 유가증권 중 국채가 차지하는 비중으로 1942년까지는 『朝鮮金融年報(1943年調)』, 1945. 6은 『日本人の海外活動に關する歷史的調査』에 의함. ② 유입이자액은 다음과 같이 추산함. '합×0.95(일본 유가증권 비율)×0.037(국채이자율). 1945년도는 이자가 지불되지 않은 것으로 간주함. ③ 조선은행의 1945년 9월은 1945년 7월 수치.
* * 朝鮮經濟年報』(1948), Ⅲ-75쪽에는 1945년 9월 수치가 2억 812.1만 엔으로 기록되어있으나, 이는 일제가 1945년 8월 25일 조선은행 본점소유 일본 유가증권을 동경지점으로 이관했기 때문이다[조선은행청산위원회, 『대일민간청구권현황』, 7쪽 ; 朝鮮銀行, 『朝鮮銀行의 對日債權一覽表(南朝鮮)』(1947. 9. 30 조사), 4쪽]. 이 글에서는 이관 전인 7월 수치를 사용했다.

전체 유가증권 보유액에서 조선은행, 조선식산은행, 조선금융조합연합회가 차지하는 비중은 <표 2-37>을 보면 1942년 이전에는 80% 전

은행이다. 다른 자료를 보면 朝鮮銀行淸算事務局, 『對日本財産請求權內譯』(1947. 9. 30 현재)에서는 49억 7236.3만 엔, 朝鮮銀行, 『朝鮮銀行의 對日債權一覽表(南朝鮮)』(1947. 9. 30 조사)에는 70억 758.9만 엔으로 수정, 집계되어있다. 후자는 전자의 액수에 일본정부국채 추가분(10억 2295.2만 엔), 食糧證券(1억 5200.6만 엔), 在日本支店投資證券(8억 6026.7만 엔)을 더한 것이다.

<표 2 - 37 - 1> 해방 후 금융기관의 일본 유가증권 보유액(1949. 9. 1. 조사)

(단위 : 천엔, %)

유가증권 종류	금 액
일본 국채	5,836,250 (78.5)
일본 공채(지방채)	1,632 (0.0)
일본 정부보증증권	1,048,048 (14.1)
(1)일본 정부보증 사채 / (2)일본 정부기관 사채	(937,695 / 110,353)
일본 일반증권	303,627 (4.1)
(1)일본 일반사채 / (2)일본 일반주권(株券)	(216,477 / 87,151)
중국·만주국내 일본계 공채 및 주식	242,637 (3.3)
기타 유통증권	2,909 (0.0)
합 계	7,435,104

* <부표 5> 참조.
* 괄호안은 합계에 대한 비중임.

후, 이후에는 85% 이상이었다. 또한 각주 63)의 표를 보면, 위의 세 금융기관의 일본 유가증권 보유액이 전체 금융기관의 89.6%를 차지했다. 전시기에 식민지 금융기구는 유가증권, 특히 일본 유가증권 인수를 주도했다.

이 시기 자본형성은 7.2배 증가했다. 전체 증가율을 상회하는 항목은 은행권 71.3배뿐이다. 그러나 은행권이 본격적으로 남발되었던 1943년 이전에는 예금도 항상 전체 증가율을 상회했다. 따라서 이 시기 초반에는 은행권과 예금이, 후반에는 은행권이 자본형성 증가를 주도했다고 볼 수 있다. 양적 비중에서도 예금과 은행권의 비중 증대와 채권과 차입금의 감소가 두드러진다. 예금은 일제의 패망으로 인출사태가 시작되는 1945년 7월 이전까지는 50% 전후를 유지했으며, 조선은행권은 1942년 이후 비약적으로 증대하여 1945년 9월 70%에 육박한다.

채권과 차입금은 1938년 양자를 합쳐 30%를 넘었으나, 1945년 9월에는 10% 미만으로 떨어졌다. 더욱이 채권의 대부분을 차지하는 조선식산은행 채권의 절반 정도가 조선에서 인수되었음을 감안하면, 이 시기는 예금과 은행권에 의한 '현지조달'이 강화되고 채권발행과 차입에 의한 일본에서의 자금유입은 퇴색했다고 할 수 있다.

<표 2 - 38> 일제하 금융기관의 자본 형성과 공급(1938~1945) (단위 : 천엔, %)

연 도	자본형성	자기자본	예금	채권	차입금	은행권	자본공급	대출	유가증권
1938	1,786,300	8.7	52.0 (60.9)	23.3	9.3	6.8	1,960,804	75.7 (79.0)	24.3
1940	2,943,263	6.8	57.6 (60.3)	20.7	5.1	9.9	3,513,869	73.1 (79.4)	26.9
1942	4,513,860	5.4	60.4 (60.1)	17.9	3.1	13.2	5,674,890	57.0 (77.3)	43.0
1944	12,744,667	2.2	41.7 (62.8)	7.6	24.1	24.5	10,389,274	42.8 (76.4)	57.2
1945.6	11,982,540	2.4	52.0 (62.9)	8.8	0.3	36.5	12,218,622	39.7 (73.7)	60.3
1945.9	12,684,209	2.0	20.6 (72.1)	8.6	0.3	68.4	15,002,779	50.9 (92.0)	49.1
증가율	7.2배	1.6배	2.8배	2.8배	0.2배	71.3배	7.7배	5.1배	15.5배

* <부표 4> 참조.
* ① 증가율은 1938년 기준으로 한 1945년 9월 수치. ② 자본형성과 공급은 금액, 나머지는
　　각각에서 차지하는 비중, 예금·대출의 괄호안은 전금융기관의 예금·대출에서 식민지
　　금융기구(조선은행, 조선식산은행, 동양척식주식회사, 금융조합)가 차지하는 비중임.

반면 자본공급을 보면 전체적으로 7.7배 증가했다. 특히 유가증권은
전체의 증가율을 훨씬 상회하여 15.5배 증가했으며, 비중도 점점 높아
져 1944년경이면 대출을 앞지른다. 앞서 보았듯이 유가증권의 대부분
이 일본 유가증권이었음을 감안하면 이 시기에는 유가증권 인수를 통
해 일본으로 자금유출이 격증했다고 볼 수 있다.

3) 전비 조달과 군수산업 지원

이 시기에 식민지 금융기구가 가장 역점을 두었던 자금융통 부문은
유가증권 인수였다. 그 중에서도 일본국채 인수가 가장 큰 비중을 차지
했다. <표 2 - 37>을 보면 조선은행, 조선식산은행은 자사의 유가증권
인수액 중 80~90% 정도를, 조선금융조합연합회는 20~40% 정도를 국
채에 할당했다. 위의 세 금융기구가 인수한 국채액은 전 금융기관 국채
인수액의 90% 이상을 차지했다. 1938~1945년간 발행된 일본국채 중
전비 조달과 관련된 것이 70~80%였으므로[64] 식민지 금융기구는 일제

---

64) 大藏省昭和財政史編集室 編, 『昭和財政史 - 第6卷 國債』, 東洋經濟新報社,

의 전비 조달을 위해 자금을 유출시켰다고 할 수 있다.

일본국채 이외에 사채 및 주식을 통한 유가증권 인수도 상당한 비중을 차지했다. <표 2 - 37 - 1>을 보면 전체 일본 유가증권 보유액 중 18.2%인 13억 5167.5만 엔이 일본소재 회사의 사채 및 주식이었다. 식민지 금융기구 중 사채 및 주식의 인수비중이 높았던 조선금융조합연합회는 일본질소비료(주), 조선전업(주) 등의 주식[65]과 일본흥업은행, 전시금융금고, 일본제철(주), 일본발송전(주), 도시바(東芝)전기(주) 등의 사채[66]를 인수했다. 대부분 군수산업 또는 이를 위한 기초산업과 관련된 기업들이다. 특히 일본흥업은행과 전시금융금고는 당시 군수산업을 지원하는 금융기관으로 조선금융조합연합회의 자금이 이들 금융기관을 거쳐 군수산업에 융통되었다.[67]

이 시기 대출의 가장 두드러진 특징은 광공업부문의 증대였다. <표 2 - 39>를 보면 1942년경까지 조선은행은 50% 전후를 광공업에 대출하여 산업별 최고의 비중을 차지했다. 조선식산은행도 1940년경이면 공업만으로도 최고의 비중을 차지했으며, 1942년경이면 광공업을 합쳐 35% 이상을 차지했다. 조선은행은 주로 광업에서는 채광 방면, 공업에서는 전기가스, 화학, 방직, 금속방면에 대출했다.[68] 조선식산은행은 일본고주파중공업(주), 조선제련(주) 등과 같은 자회사(子會社)와 소림광업(주), 이원철산(주)과 같은 군수광업회사에 대출했다.[69]

이 표에서 1942년 이후 조선은행은 잡업·상업부문이, 조선식산은행

1954, 292, 389쪽.

65) 農業協同組合中央會, 『韓國農業金融史』, 1963, 101쪽.

66) 閉鎖機關整理委員會, 『閉鎖機關とその特殊淸算』, 1954, 160~161쪽.

67) 이 시기 일본흥업은행과 전시금융금고에 대해서는 伊牟田敏充, 「日本興業銀行と戰時金融金庫」, 『戰時體制下の金融構造』, 日本評論社, 1991 참조.

68) 오두환, 「조선은행의 발권과 산업금융」, 『國史館論叢』 第36輯, 168쪽.

69) 조선식산은행의 자회사에 대해서는 東洋經濟新報社, 『年刊朝鮮 昭和十七年版 朝鮮産業の共榮圈參加體制』, 1942, 33쪽 참조. 소림광업(주)과 이원철산(주)에 대한 대출사례는 이 책의 제3부 3장 참조.

<표 2 - 39> 조선은행 · 조선식산은행의 산업별 대출금 추이(1938~1945)

(단위 : 천엔, %)

연 도	조 선 은 행							
	대출액	농림	공업	상업	광업	수산	교통	잡업
1938	235,778 (22)	2.6	45.7	28.7	7.3	1.8	2.2	11.9
1940	549,570 (29)	2.2	41.5	33.6	5.5	2.2	5.7	9.3
1942	560,248 (23)	2.0	50.5	30.9	5.7	1.5	6.3	3.1
1945.3	19,252,927 (88)	0.2	5.0	27.5	0.4	0.7	0.7	65.6
1945.9	4,881,399 (68)	0.4	12.7	46.3	1.4	0.5	1.1	37.6
연 도	조 선 식 산 은 행							
	대출액	농림	공업	상업	광업	수산	교통	잡업
1938	580,488 (55)	28.6	19.9	18.2	4.1	2.4	3.3	23.6
1940	948,256 (50)	23.1	23.4	17.8	5.2	2.8	3.2	24.6
1942	1,248,825 (51)	19.0	26.2	15.8	9.6	4.1	4.2	21.1
1945.3	1,771,756 (8)	8.8	3.9	57.4	4.9	3.0	1.5	20.5
1945.9	1,733,018 (24)	7.8	3.4	62.4	2.9	1.5	1.5	20.4

* 『朝鮮金融年報(1943年調)』, 28쪽 ; 『經濟年鑑』(1949), IV - 103쪽.
* 대출액은 금액, 나머지는 각각에서 차지하는 비중. 대출액의 괄호안은 각종 은행 대출액
  에서 차지하는 비중.

은 상업부문이 대폭 증가하여 각각 최고의 비중을 점한다. 전쟁말기 광
공업대출의 감소추세와 상업 · 잡업부문의 상승은 어떻게 이해할 수 있
을까.[70] 우선 조선식산은행의 경우 1942년 이후 '상업' 항목에는 '상업
대부'에 의한 광공업대출액이 상당수 포함되었을 것이다.[71] 조선은행
의 경우 1945년 3월 대출액 자체가 다른 자료와 달리 지나치게 많아 신
빙성이 떨어지지만, 비중 자체는 현실을 반영하는 것으로 보면 상업에
서는 미곡자금과 군수산업자금을 지원하기 위한 동업자대출, 잡업에서
는 산업별로 분류하기 어려운 자금, 즉 전비 조달과 관련있는 정부대상

---

70) 배영목은 다른 자료를 인용하며 이러한 광공업대출의 감소추세에 대해 물자
    난, 인력난으로 이 부문의 생산력기반이 약화됨에 따라 자금수요의 비중이 상
    대적으로 감소했던 반면, 배급통제기구의 강화에 따라 상업부문의 자금수요
    가 급팽창함으로써 일어난 현상으로 해석했다(裵永穆, 앞의 논문, 337쪽).
71) 이에 대한 논증은 이 책의 제2부 3장 참조.

금(貸上金), 조선식량영단·조선중요물자영단 등 물자배급통제기구에
대한 융통 등이 증가하여 잡업과 상업의 비중이 높아졌던 것 같다.[72]
전쟁말기 조선은행과 조선식산은행의 대출은 광공업을 중심으로 한 군
수산업과 전시통제기구에 집중되었다고 할 수 있다.

1938~1945년 식민지 금융기구는 채권발행과 차입을 통해 지속적으
로 일본에서 자금을 유입했으나, 그보다 더 많은 자금이 채권 및 차입
금의 원리금상환, 일본 유가증권 인수를 통해 일본으로 유출되었다. 이
러한 자금유출을 뒷받침했던 것은 강제저축과 조선은행권의 증발이었
다. 식민지 금융기구를 통해 일본 유가증권 인수로 유출된 자금과 조선
내에서 대출된 자금은 주로 일제의 전비 조달과 군수산업 지원을 위해
쓰였다.

5. 맺음말

일제하 식민지 금융기구를 통한 자금유출입을 총괄해보면, <표 2-
40>과 같다. 1905~1937년간은 유입초과였으나 1938~1945년간은 유출
초과였다. 자금유출입의 추이를 보면 몇몇 일본인이 주장하듯 일본에
서 유입된 자금이 조선의 경제를 성장시켰던 것만은 아니라는 점을 알
수 있다. 유입 자금은 조선의 부를 일본으로 유출시키는 지렛대 역할을
하였다. 이러한 점은 일제말기로 갈수록 극명하게 드러나는데, 이 시기
식민지 금융기구는 자금유입통로보다는 자금유출통로로서 기능하였다.

일제말기 일본으로의 자금유출은 해방 후 금융기관의 자본부족을 초
래했다. 독립된 민족국가건설의 물적 기반으로서 해방 당시 금융기관
은 자금유출로 인해 취약한 상태였다.

---

72) 오두환, 앞의 논문, 168~169쪽 ; 『朝鮮銀行史』, 631쪽.

<표 2 - 40> 일제하 식민지 금융기구의 자금유출입 총괄 (단위 : 천엔)

기 간	유 입				유 출				a-b
	채권	차입	동척	합 a	채권 원리금	차입 원리금	유가 증권	합 b	
1905~ 1917	22,400	41,743	-	64,143	6,583	40,758	-	47,341	16,802
1918~ 1937	843,827	8,249,478	111,979	9,205,284	681,273	8,232,754	-	8,914,027	291,257
1938~ 1945	490,942	5,361,236	211,517	6,063,695	436,673	5,700,295	5,998,705	12,135,673	- 6,071,978

* 유가증권 유출액은 <표 2 - 37 - 1>의 합계액에서 주 63)의 표 중 기타 은행, 무진, 신탁 등 식민 금융기구 이외의 것과 <표 2 - 37>의 유입이자액 중 식민지 금융기구분(총유 입이자액×0.9)를 뺀 수치임.

위의 식민지 금융기구를 통한 것 이외에도 확인가능한 유출액을 살펴보면 1945년경 조선 내 우편저금, 간이생명보험, 우편연금을 통해 대장성 예금부로 유출된 자금이 대장성 예금부가 조선에 융통한 자금보다 3억 3,525.9만 엔 많았다.73) 또한 주 63)의 표에서 알 수 있듯이 기타 은행, 무진회사, 신탁회사 및 민간의 일본 유가증권 보유액 24억 4,400만 엔도 유출된 자금으로 볼 수 있다. 생명보험금으로 유출된 금액도 4억 6,733.6만 엔에 달했다.74)

해방 후 한국 금융기관이 부족한 자본을 보충하기 위해 취할 수 있는 조치는 다음 두 가지였다. 첫째는 일본인이 철수하기 전에 일본인에게 융통되었던 자금을 회수해야 했다. 그러나 해방 후에도 1945년 9월까지 일본인이 여전히 금융기관을 장악하고 있었으며,75) 이 과정에서 회수는커녕 일본인의 철수를 위한 자금융통이 급증했다. 이러한 자금이 회

---

73) 大藏省管理局編, 『日本人の海外活動に關する歷史的 調査』朝鮮編 第7分冊, 1950, 96, 116쪽.

74) 신수식, 『한국보험사』, 무역경영사, 1974, 67쪽 ; 外務部 政務局, 『對日賠償要求調書』, 1954, 204 ~207쪽.

75) 미군정이 조선은행 총재에 스미스(Roland D. Smith) 해군소령을 임명했던 것은 1945년 10월 13일이었다(『朝鮮銀行史』, 744쪽). 대략 1945년 9월경까지는 일본인이 실질적으로 금융기관을 운영하고 있었다.

수불가능해짐에 따라 금융기관의 피해액은 증폭되었다. 해방 후에도 여전히 일본인이 금융기관을 장악함으로 인해 증폭된 미회수금(未回收金)은 ① 일본인대출액, ② 국고미수금, ③ 환거래채권만으로도 모두 47억 6,984.2만 엔이나 되었다.76) 이 자금 중에는 엄밀히 말해 일본으로 유출된 것이라고 할 수 없는 부분도 있지만, 앞의 유출액과 함께 식민지 유산으로 떠안은 금융기관의 피해액이라고 볼 수 있다.

두번째는 적절히 일본인의 금융자산을 동결했어야 했다. 그러나 미 점령군의 금지법령에도 불구하고 여전히 일본인이 금융기구를 장악한 상태에서 체신기구를 통해 일본으로 송금된 금액이 14억 7,596.7만 엔이었다.77)

식민지 시기의 자금유출초과를 떠안으면서 8·15를 맞이했던 금융기구는 해방에도 불구하고 여전히 일제의 지배하에 있었으며, 그 과정에서 엄청난 피해를 입었다.78) 해방은 되었으나 금융기구는 자금부족으로 제대로 기능할 수 없었으며, 결국 다시 조선은행권 발행에 의존하게 되었고, 이는 인플레이션의 격화로 이어졌다. 금융의 측면에서 해방은 감격과 환희가 아니라 식민지의 연속이었으며 고난의 출발이었다.

---

76) <부표 5> 중 4의 3)항 참조.

77) <부표 5> 중 5의 1)항 참조.

78) 이상의 피해액 47억 6,984.2만 엔에 일본계 은행을 접수하면서 금융기구가 떠안은 채무액과 일본계통화액 등 기타 피해액 17억 4,177.3만 엔을 더하면(<부표 5> 중 1의 1)항, 4의 3)항 참조), 총피해액은 65억 1,161.5만 엔에 달한다.

제3부 농공은행 · 조선식산은행과 식민지 경제

제1장 1910년대 상업금융과 조선인 상인의 주변화

1. 상업전(商業戰)과 은행

······ 상업에서 가장 긴요한 것은 금융기관이다. 그런데 그 기관인 조선은행, 동척, 식산은행 등은 일본인에 대해서는 매우 편리를 잘 봐주나 우리 조선인에 대해서는 실로 냉혹하다. 경우에 따라서는 거의 융통되지 않는다. 따라서 일본인과는 이러한 핸디캡 때문에 도저히 상업전(商業戰)에서 대항할 수 없다.······

이것은 1922년 조선의 민정(民政)을 시찰한 일본인이 조선인의 궁핍상을 지적하며 상업에 관해 조선인에게서 들은 이야기를 정리한 것이다.[1] 상인 활동은 간단히 말해 싸게 사서 비싸게 파는 것이다. 따라서 가격이 낮을 때 가능한 많이 구입할 수 있는 자금, 가격이 높아질 때까지 기다릴 수 있는 자금이 필요하며, 또한 신속한 결제를 통해 자금의 순환을 원활히 해야 한다. 근대로 넘어오면서 이러한 상인의 자금조달 및 순환을 지원했던 것이 은행을 중심으로 한 금융기관이다.

식민지 경제체제가 확립되었다고 할 수 있는 1920년대에 들어서면 조선인 상인과 일본인 상인의 '상업전(商業戰)'은 대략 마무리되었다고 할 수 있다. 위의 이야기는 주로 1905년 '보호국화' 또는 1910년 '합방' 이후의 경험이 반영된 것으로 보인다. 위에 나오는 식민지 금융기구, 또는 그 전신(前身)은 모두 1905년 이후에 설립되기 시작했다. 이 장에

---

1) 同光會本部, 『朝鮮民政視察報告』, 1923, 11쪽. 同光會는 '日鮮融化'를 위해 만들어진 단체로 東京에 본부를 두고 있었다. 이 보고를 한 사람은 政友會 소속 衆議院議員인 上塚司였다.

서는 조선식산은행의 전신인 농공은행이 전개한 상업금융의 실상과 조선인 상인에 끼친 영향을 밝혀보려 한다.

농공은행이 존립했던 1906년에서 1918년간은 흔히 일제가 식민지배를 위해 한반도에 기간시설을 구축했던 시기로 불린다. 철도, 도로, 항만, 통신망으로 대표되는 기간시설은 상업의 측면에서 볼 때 공간적, 시간적 단축을 통해 상품의 이동을 촉진한다. 또한 상품이동의 이면에는 화폐이동이 있게 마련이다. 화폐의 이동을 원활하게 하기 위한 금융정책도 이 시기에 본격화되었다. 1905년부터 실시된 '화폐정리사업'은 기본적으로 일본과 등가(等價)의 화폐제도를 마련하여 자금이동상의 장벽을 제거하기 위한 것이었다. 당시 농공은행을 필두로 설립되기 시작한 식민지 금융기구의 주된 영업분야도 상업금융이었다. 따라서 이 시기 기간시설과 금융정책은 일제의 유통부문 재편이라는 맥락에서 이해할 수 있을 것이다.

당시 유통부문 재편의 주된 공간적 대상은 개항장을 넘어선 내륙이었다. 1905년 일본인 재정고문 메가타(目賀田種太郎)가 조선의 재정·금융을 장악함에 따라 일본인 상인은 개항 이후 확보된 거점인 개항장을 발판으로 내륙진출을 본격화할 수 있었다. 따라서 농공은행 점포의 대부분이 내륙에 설립된 최초의 은행이라는 점을 감안하면, 농공은행의 상업금융 분석을 통해 이 시기 일제가 전개한 유통부문 재편의 실상에 좀더 접근할 수 있을 것이다.

그간 연구에서 농공은행은 '화폐정리사업'의 연장선에서, 또는 1910년대 식민지 금융기구 계통화작업의 일부로서 다루어졌다.[2] 그 내용도 농공은행임에도 불구하고 왜 농공업대출이 부진했는가에 집중되어 정작 주요 영업분야였던 상업금융에 관한 분석은 미흡했다.[3] 이에 따라

---

[2] 전자의 대표적 성과로는 羽鳥敬彦, 『朝鮮における植民地幣制の形成』, 未來社, 1986이 있으며, 후자로는 波形昭一, 『日本植民地金融政策史の研究』, 早稻田大學出版部, 1985 ; 정태헌, 「1910년대 식민농정과 금융수탈기구의 확립과정」, 『3·1민족해방운동 연구』, 청년사, 1989가 있다.

대부분의 연구에서 언급하는 농공은행의 정치적 의미, 즉 일제가 농공
은행 설립을 통해 전국적 범위에서 조선인 상층을 포섭하려 했다는
점[4]도 농공은행의 영업내용과 연결되지 않아 그 구체적 실태를 파악하
지는 못하였다.

이 장에서는 이러한 연구성과를 바탕으로 다음 두 가지에 초점을 맞
추었다. 첫째, 농공은행이 전개한 상업금융의 내용은 무엇이며, 일제의
유통부문 재편과 어떠한 관련을 맺는가. 둘째, 농공은행의 상업금융에
나타난 민족별 특징은 어떠하며, 포섭의 구체적 양상 및 그 의미는 무
엇인가. 이러한 질문에 답하면서 농공은행의 상업금융과 유통부문 재
편의 구체적 관계, 그것이 조선인 상인에 끼친 영향을 살펴보려 한다.

2. 전국적 지점망 구축과 환업무

1) 일본인 거점 중심의 점포 설치

농공은행의 금융활동은 크게 법정업무와 인가업무(보통은행업무)로
나눌 수 있으며, 주로 인가업무를 통해 상업금융이 이루어졌다. 상업금
융은 자금융통 방법에 따라 대출과 환업무로 나뉜다. 대출은 대부·당
좌대월·어음할인 등의 방법으로 직접 자금을 융통하는 것이다. 환업

---

3) 다만 裵永穆은 한호농공은행의 환거래를 분석하여 내륙지방과 개항장, 내륙
   지방들간의 자금순환에 기여했음을 밝혔다(「漢湖農工銀行에 관한 研究」, 『社
   會科學研究』 第9卷 1號, 忠北大, 1992. 8).
4) 波形昭一, 앞의 책, 202~205쪽. 이에 더하여 조선인측에서도 "마음놓고 드나
   들 은행"으로서 농공은행 설립에 적극 나섰다는 견해도 있다(尹錫範 外, 『韓
   國近代金融史研究』, 延世大學校 經濟硏究所, 1996, 119쪽). 그러나 둘 다 농공
   은행의 주주에 대한 분석에 의한 것으로 영업내용에 의해 뒷받침되지 않아
   포섭의 구체적 양상을 밝히지는 못하였다. 포섭된 조선인 주주나 중역의 은행
   내에서 위치와 역할에 대해서는 이 책의 제1부 2장 참조.

무는 원격지간 상거래에서 발생하는 자금이동을 전국의 지점망을 통해
중개하여 간접적으로 상업활동을 지원하는 것이다. 우선 농공은행의
지점망 개설과 이를 통한 환업무를 살펴보겠다.

　농공은행은 1906년 이래 전국 주요지에 본·지점을 설치하기 시작하
여 1918년 10월 조선식산은행으로 합병되기까지 본점 6, 지점 및 출장
소 41 총 47개소의 점포를 소유했다. 이는 1918년 6월 말 조선 내 은행
점포수 112개소의 40%를 넘는 수이며,[5] 더구나 전체 점포 중 34개소는
그 지역의 유일한 은행이었다. 나머지 13개소 중에서도 5개소는 타 은
행보다 앞서서 그 지역에 설치되었다.[6] 농공은행은 전국에 최대의 지
점망을 갖고 있었으며, 점포의 대다수는 개설된 지역에서 독점 또는 선
점의 이익을 누릴 수 있었다.[7]

　<표 3-1>은 농공은행 점포를 세 부류로 나누어 '합방' 전후의 설치
상황을 정리한 것이다. 우선 '도청소재지'의 점포들은 거의 은행설립
초기인 1906~07년에 개설된 것으로 당시 재정·금융의 실권을 쥐고
있던 재무감독국의 위치와 대부분 일치하며, 모두 국고금을 취급했다.[8]
일차적으로 행정기능이 집중된 지역에 재정·금융의 중심기관으로서
설립되었다고 할 수 있다.

---

　5) 朝鮮銀行,『朝鮮銀行月報』第9卷 7號, 1918. 7, 42~43, 106~107쪽.
　6) 타 은행의 점포와 중복되는 13개소는 경성, 평양, 대구, 부산, 원산, 목포, 마
　　 산, 진남포, 대전, 개성, 강경, 신의주, 통영이다. 이 중 뒤의 5개소는 타 은행
　　 보다 앞서 개설된 점포이다. 개성의 경우 1905년에 대한천일은행과 일본 제일
　　 은행이 지점을 설치하나, 전자는 1909년 폐쇄되었고, 후자는 한국은행을 거쳐
　　 1910년 농공은행 개성지점(1907년 개설)에 인계되었다. 그 후 1915년 한성은행
　　 이 이곳에 지점을 설치했다.
　7) 1916년 이전까지 동업자(은행)가 없는 곳에서는 대출시 최고의 이자를 적용했
　　 다는 점으로 볼 때 농공은행이 해당 지역에서 독점적 이익을 누렸다고 할 수
　　 있다[朝鮮總督府,『農工銀行支配人會同諮問事項答申書』(1916. 6), 29쪽].
　8) 1910년 '합병'으로 폐쇄되기까지 재무감독국은 경성, 평양, 대구, 원산, 전주,
　　 공주, 광주에 위치했다. 또한 1910년 말 경성, 공주, 청주, 춘천, 진주, 대구, 전
　　 주, 광주, 평양, 의주, 해주, 함흥, 鏡城의 점포가 국고금을 취급했다.

<표 3-1> 농공은행의 점포 설치 상황

	1906~1910			1911~1918.9
	도청(관찰부) 소재지	철도역·항구 소재지	기타	철도역·항구 소재지
한호	경성(본)*, 공주, 춘천, 청주	개성, 대전	충주, 강경×	논산, 철원, 조치원
평안	평양(본)*, 해주, 의주	진남포, 사리원	영변, 박천	안주, 신의주, 선천
경상	대구(본)*, 진주	마산, (초량), 김천	상주	포항, 부산, 통영
전주	전주(본)	−	남원, 고부(정읍×)	이리, 김제,
광주	광주(본)	−	제주, 벌교포, 영산포×	여수, 목포
함경	鏡城°, 함흥°	원산(본)×, 청진×	(회령)	북청, 성진, 강릉
店數	13	9	11	16

* 朝鮮總督府,『朝鮮總督府統計年報』1910년판, 318~319쪽 ; 朝鮮殖産銀行,『朝鮮殖産銀行十年志』, 1928, 46~50쪽.
* 도청 소재지와 기타의 ' * '는 1910년 현재 철도역 소재지를, '×'는 1918년 현재 철도역 소재지를, ' ° '는 항구 소재지를 말한다. '(본)'은 해당 농공은행 본점이다. 초량과 회령의 점포는 1910년 이후 폐쇄되었으며, 고부지점은 1915년 정읍지점으로 변경되었다. 이외에도 줄포 및 원산리에 파출소가 있었다.

 '기타'의 점포들도 은행설립 초기, 특히 1907년에 집중적으로 설치되었다. 이 지역들은 대부분 조선인 상권이 강한 전통적 상업중심지로, 주로 '화폐·재정정리사업'으로 경색된 지방금융을 완화하여 조선인을 포섭하고 신화폐를 지방 구석구석에 유통시키려는 정책 차원에서 점포가 설치되었다. 한 예로 상주에서는 금융구제 차원에서 조선인 상인 9명에게 3,000엔을 대출하고, 이후로는 신화폐로만 거래할 것을 약속받기도 했다.[9]
 '철도역·항구 소재지'의 점포들도 초기부터 꾸준히 설치되나, 특히 1908년 이후 다른 지역에 비해 많이 개설되었다.[10] 1908년은 농공은행

---

9) 統監府財政監査廳,「金融逼迫救濟ニ關スル報告」,『財務週報』第17號, 1907. 8. 5, 921~923쪽.
10) '철도역·항구 소재지'의 점포는 1906년 2곳(진남포, 마산), 1907년 3곳(개성, 사리원, 원산), 1908년 2곳(대전, 청진), 1909년 2곳(초량, 김천)에 설치되었다. 1908~1910년간에 설치된 농공은행 점포 7개소 중 나머지는 '도청 소재지' 2곳(1909년 청주, 의주), '기타' 1곳(1910년 고부)이다.

간의 합병이 마무리되는 시점이다. 합병이유는 경제 및 교통의 관계를 고려하여 동일 경제권에 있는 본점들을 통합하고, 이를 통해 증대된 자금을 바탕으로 지방경제권의 확대에 부응한다는 것이었다.[11] '합병' 이후 '철도역·항구 소재지'의 점포 설치가 증대되는 것으로 볼 때, '합병'에서 강조된 경제적 역할은 일제의 유통부문 재편과 관련된 것으로 보인다.[12] 점포가 설치된 '철도역·항구 소재지'는 전통적 상업지역도 있으나 대부분 철도 부설과 항만 구축에 따라 새롭게 부각된 상업지역들이다.

'철도역·항구 소재지'의 점포 설치는 1910년대에 들어서면 더욱 증가한다. <표 3 - 1>을 보면 1911년 이후 모든 점포가 '철도역·항구 소재지'에 개설되었으며, 이에 따라 총점포에서 차지하는 비중도 높아졌다. 1910년 점포 중 '철도역·항구 소재지'의 비중은 27%(9/33)였으며, 나머지 부류 중 '철도역·항구 소재지'에 해당하는 것까지 합하면 42%(14/33)였던 반면, 1918년에는 각각 51%(24/47), 78%(32/47)로 증가했다. 특히 철도역 소재지 점포의 증가가 두드러지는데, 대부분 이러한 지역들은 일본인 상인들이 내륙진출의 거점으로 삼았던 곳이다.[13] 이러한 움직임과 대조적으로 1911년 이후 전통적 상업중심지인 '기타'에는 점포가 개설되지 않았다.[14]

농공은행 점포 개설의 중심이 '도청 소재지' → '기타' → '철도역·

---

11) 度支部, 『韓國財務經過報告』第1回(1908年 上半期), 192쪽 ; 朝鮮殖産銀行, 『朝鮮殖産銀行二十年志』, 1938, 20～21쪽.

12) 波形昭一은 이 시기 농공은행의 합병을 설립 초기의 정치적 임무(조선인 포섭)에서 한 걸음 더 나아가 척식적 산업금융기구 정비를 위한 기초작업으로 파악하고 있다(波形昭一, 앞의 책, 205쪽).

13) 鄭在貞,「韓末·日帝初期(1905～1916년) 鐵道運輸의 植民地的 性格(下)」, 『韓國學報』29, 1982년 겨울, 158～166쪽.

14) 이에 비해 당시 조선인이 설립한 은행들은 '기타' 지역에도 점포를 개설했다. 예를 들면 1913년에 설립된 湖西銀行은 예산과 광천에, 같은 해에 설립된 大邱銀行은 안동과 왜관에 점포를 개설했다.

<표 3 - 2> 농공은행·조선식산은행 각 점포의 민족별 대출액 (단위 : 만엔, %)

지점	1908년 말			1924년 말		
	대출액	조선인	일본인	대출액	조선인	일본인
철도역·항구	153.7	71.0	24.5	1,0328.9	36.9	61.8
기타	115.4	87.2	12.6	1798.8	70.8	29.0
전체 합계	269.1만엔	77.9%	19.4%	1,2127.7만엔	42.1%	56.7%
철도역·항구 소재지						
개성	14.5	98.3	1.7	150.0	85.1	14.8
대전	3.3	46.9	53.1	183.3	36.1	63.7
진남포	15.8	88.5	5.8	340.9	68.1	30.4
사리원	4.7	77.8	22.2	162.9	80.4	19.6
마산	6.2	57.2	41.3	356.5	48.4	51.0
원산	16.0	60.2	39.8	222.9	43.3	56.7
청진	0.9	-	100.0	58.9	26.4	56.0
경성	25.4	69.0	7.6	3487.4	17.2	81.0
평양	29.2	80.7	19.3	398.4	42.1	56.1
대구	25.9	65.0	35.0	419.8	63.0	35.7
鏡城羅南)	7.1	29.3	70.7	258.9	7.4	91.8
함흥	4.0	49.7	50.3	186.2	60.2	39.7
합계	153.7	71.0	24.5	6226.8	32.2	66.2
기 타						
충주	11.7	100.0	-	91.9	82.9	17.1
강경	12.2	77.5	20.9	124.2	39.2	60.2
영변	1.0	90.3	9.7	11.1	93.9	6.1
박천	3.9	99.1	0.9	55.7	67.6	32.4
상주	3.3	95.9	4.1	128.8	79.9	19.7
남원	6.4	99.1	0.9	60.2	78.9	21.0
제주도	2.8	87.6	12.4	18.7	83.8	16.2
벌교	3.4	92.8	7.2	96.1	56.3	43.5
영산포	4.3	65.7	34.3	99.9	45.8	54.2
회령	5.5	69.2	30.8	76.5	73.1	26.6
공주	7.0	76.4	23.5	171.5	89.4	10.3
춘천	0.9	98.1	1.9	26.7	85.4	14.6
해주	12.3	97.0	3.0	134.5	84.1	15.9
진주	11.8	82.6	17.4	128.0	57.5	42.3
전주	16.8	85.7	14.3	228.6	69.9	30.1
광주	11.4	88.8	11.2	327.2	66.1	33.8
합계	115.4	87.2	12.6	1780.5	69.3	30.5
1911~1918년 9월 신설 점포				2853.5	43.4	56.0

* 度支部, 『韓國財務經過報告』 第2回(1908년 하반기), 257~259쪽 ; 朝鮮總督府, 『朝鮮金融
經濟調査資料 其一』, 1927, 79~86쪽.
* 원자료에는 조선인 및 일본인 이외에도 외국인 항목이 있으나 생략했다. 표의 합계가 각
항목의 합과 불일치하는 것은 천엔 미만은 '버림'처리했기 때문이다.

항구 소재지'로 변화한 것은 민족별 이용에도 상당한 영향을 끼쳤다.

<표 3 - 2>는 농공은행 모든 점포(28개소)의 민족별 대출액을 알 수 있는 1908년 말 상황을 1924년 말 조선식산은행의 동일 지점 수치와 비교해본 것이다. 1908년의 상황은 전체적으로 조선인 대출비중이 높은 가운데(조선인 : 일본인=78 : 19), 조선인이 '기타' 지역에서 87%, 일본인이 '철도역·항구 소재지'에서 25%의 비중을 점하여 각각 평균 이상의 대출을 받았다. 철도나 항구와 직접 연결되지 않았던 '기타' 지역에서 조선인의 우위는 더욱 뚜렷했으며, 반면 철도역·항구 소재지에서 미약하나마 일본인의 진출을 엿볼 수 있다. 1908년에 신설된 대전과 청진에서는 일본인 대출비중이 각각 53%, 100%를 기록할 정도였다.

1908년 이후 농공은행의 일본인 대출비중은 높아져 1910년대에 들어서면 40~50%를 점했으며, 1915, 1916년은 조선인 대출을 능가하기도 한다(<표 3 - 5> 참조). 이러한 흐름의 연장선에서 1924년 조선식산은행의 민족별 대출비중은 일본인이 우위를 점했다(조선인 : 일본인=42 : 57). 1908년과 비교해보면 '기타' 지역의 대출액은 약 16배 증가한 반면, '철도역·항구 소재지'는 약 67배 증가했다. '철도역·항구 소재지'의 대출액을 민족별로 보면, 조선인은 37%를 차지한 반면 일본인은 62%를 차지했다. 민족별 대출비중 역전 현상은 주로 '철도역·항구 소재지'에 자금을 집중하고 그곳의 일본인에게 더 많이 대출함으로써 나타난 것이었다.

구체적으로 1908년 말 점포의 1924년의 변화상황을 보면, '철도역·항구 소재지'에서 1924년 일본인 우위를 보였던 지역은 경성, 평양, 원산, 마산, 대전, 청진, 경성(鏡城)이었다. 이 중 경성, 평양, 원산, 마산은 1908년 조선인이 우위를 보였으나, 1924년에 일본인 우위로 변화했던 곳이다. 이들 지역은 대부분 농공은행이 설립되기 이전에 일본인 은행이 지점을 설치한 곳으로 일찍부터 일본인 거점이 형성되어 일본인 위주의 대출이 이루어졌던 곳이다. 이런 상황에서 1908년경 농공은행이

이 지역 조선인에게 더 많이 대출했던 것은 조선인 구제·포섭과 관련된 것이었다. 그러나 1910년대를 거치면서 농공은행이 조선식산은행으로 전환되자 이들 지역에서도 일본인 편중 대출이 이루어졌다.

대전, 청진, 경성(鏡城)은 1908년에도 일본인 우위를 보였던 지역으로 1905년 이후 철도 부설과 항만 구축에 따라 새롭게 일본인 거점으로 부각된 지역들이다. 이 지역들 외에 1911년 이후에 설치된 '철도역·항구 소재지'의 점포들도 1924년 말 현재 일본인 대출액(56%)이 조선인 대출액(43%)보다 많았다. 결국 농공은행의 '철도역·항구 소재지' 중심의 점포 설치는 일본인 대출증가로 귀결되었고, 해당 지역에 새롭게 일본인 거점이 형성되고 있었음을 반영한다.

'기타' 지역을 보면 전체적으로 조선인 대출액(69%)이 여전히 일본인 대출액(31%)보다 앞서고 있으나, 1908년에 비하면 그 간격이 좁혀졌다. 영변, 회령, 공주를 제외하고는 모두 조선인 비중 하락, 일본인 비중 상승을 보이고 있다. 특히 강경과 영산포는 일본인 대출액이 조선인 대출액을 능가했는데, 두 곳 모두 1910년대 호남선 개통으로 철도역이 부설된 곳이다. 철도역을 중심으로 한 내륙거점을 발판으로 일본인의 진출이 '기타' 지역으로 확대되고 있었다.

1908년에서 1924년 사이의 변화를 요약해보면, 첫째, 농공은행 설립 이전에 일본인 거점으로 확보된 지역(개항장과 대도시)에서 일본인 대출이 증대됨에 따라 기존의 일본인 편중 대출이 증폭되었으며, 둘째, 농공은행 설립 이후 철도 부설과 항만 구축에 따라 새롭게 형성된 일본인 거점지역에서 일본인 대출이 우위를 점했고, 셋째, 이상의 거점을 발판으로 일본인 진출이 지방 구석구석으로 확대됨에 따라 전통적 상업중심지에서도 일본인 대출이 증가했다. 1910년대를 거치면서 일본인은 농공은행을 매개로 기존 거점의 공고화(鞏固化), 새로운 거점 마련, 기타 지역으로 확대를 꾀했던 것이다.[15]

---

15) 농공은행이 일본인 거점 형성에 기여했던 측면은 일본인 농공은행 관계자가

농공은행과 조선식산은행을 연결해보면 민족별 대출액이 조선인 우위에서 일본인 우위로 변화해가며, 이러한 역전 현상은 주로 농공은행이 '철도역·항구 소재지'에 점포개설 및 자금배분을 집중하고, 그곳 일본인에게 더 많이 대출함으로써 나타난 것이었다. 은행이 교통이 편리한 곳에 점포를 설치하는 것은 경제적으로 당연한 일이라 할 수 있다. 그러나 이러한 경제적 효율성 이면에는 농공은행의 성격 전환을 엿볼 수 있다. 교통시설 배치 자체가 조선의 식민지적 재편 및 일본인의 거점 확보와 연결되어있는 상황에서 '철도역 및 항구 소재지'를 중심으로 한 점포 설치는 애초에 조선인 구제·포섭을 위하여 '조선인 은행'으로 출발했던 측면을 점점 형해화시키고, 일본인의 내륙진출을 지원하는 역할을 강화시켰다.

2) 환업무와 대일무역

환업무는 금융기관이 원격지간의 거래당사자를 중개하여 결제를 행하는 것으로 현금수송비를 절약하기 위한 것이다.[16] 이러한 편리 때문에 우리나라에서도 이미 18세기 후반이면 대규모 상인들 사이에 환거

해당지역 일본인 사회에서 중심 역할을 했던 것에서도 찾아볼 수 있다. 진주 농공은행 초기에 감리관, 지배인을 역임했던 米山喜源太는 1907년 진주지역에 조직된 '日本人會' 회장이었다(勝田伊助, 『晋州大觀』, 晋州大觀社, 1940, 15～16쪽). 1910년대 중반 전주지역의 일본인 경제인모임인 '達磨會' 회장은 당시 농공은행 지배인인 岩崎虎次郎이었으며, 농공은행 조사과장 上野登一郎도 간사 중 한 명이었다(全北日日新聞社, 「全州郡勢一斑」, 『全羅北道案內』, 1914, 10쪽).

16) 이외에도 환업무를 통해 거래속도를 촉진시켜 시세하락에 따른 손해를 방지할 수도 있다. 1909년 당시 평택의 일본인 미곡수집상은 조선인에게서 쌀을 매입하면 즉시 화물환[荷爲替]으로 경성, 인천의 곡물상에게로 보내 결코 자기가 보관하지 않았다고 한다. 이는 보관시 시세하락으로 인해 입을 수 있는 손실을 방지하기 위해서였다(度支部, 「平澤地方經濟狀況」, 『財務彙報』 第9號, 1909. 2. 25, 60쪽).

래가 있었으며, 객주에서도 환업무를 취급했다.[17] 한편 개항 이후 한반도에 진출한 일본 금융기관은 개항장과 일본을 연결하는 환업무를 통해 일본인 상인의 수출입무역을 지원했다.[18] 일제는 1905년 통신권(通信權)을 장악한 후 전국의 우편국·우편소를 통해 환업무의 범위를 조선 내륙까지 확장했다. 그러나 체신기관은 주로 소액송금을 취급했으므로 대량의 상거래에는 불편했다.[19]

따라서 농공은행이 전국에 설립되자 환업무 개시 및 확장이 기대되었다. 몇 가지 예를 들면, 1908년 11월에 설치된 함경농공은행 청진출장소에는 청진과 거래가 많은 부산 및 오사카(大阪)와의 환거래가 요망되었다.[20] 1909년 초 대전에서는 상인들이 기존에 한호농공은행 대전지점과 환거래가 개설된 부산, 오사카 지역 외에 도기(陶器) 및 잡화의 수입선인 시모노세키(下關) 지역과의 환거래를 희망했다.[21]

농공은행도 이러한 요구에 부응하여 적극적으로 환업무를 확장했다. 설립 당시부터 인가업무로 환업무를 취급했으며, 1907년 4월 '농공은행장 및 지배인회의'에서는 아직 환업무를 개시하지 않은 농공은행 점포도 일정한 한도를 두어 개시하도록 했다.[22] 또한 같은 회의에서 각 지역간의 환 수수료를 일정하게 할 것이 가결되었으며, 각 은행간의 환결제를 원활히 하기 위해 환결제조합 결성이 모색되기도 했다.[23] 1914

---

17) 尹錫範 外, 앞의 책, 25~32쪽.

18) 高嶋雅明, 『朝鮮における植民地金融史の研究』, 大原新生社, 1978, 180~181쪽.

19) 체신기관의 환업무에 대해서는 遞信部, 『韓國郵政100年史』, 1984, 249~253쪽 참조.

20) 大韓關稅局, 『隆熙二年韓國外國貿易要覽』, 1908, 543쪽. 1909년 2월 자료를 보면 농공은행 청진출장소는 회령, 鏡城, 원산, 함흥, 부산, 경성, 인천, 군산, 목포, 마산 및 大阪과의 환수수료를 책정하고 있어 이들 지역과 환거래를 시작했음을 알 수 있다(關稅局, 『貿易月報』 第8號, 1909. 2, 115쪽).

21) 度支部, 「太田經濟狀況」, 『財務彙報』 第13號, 1909. 4. 25, 36~37쪽.

22) 統監府財政監査廳, 「農工銀行長及支配人會議」, 『財務週報』 第2號, 1907. 4. 22, 32쪽.

<표 3-3> 농공은행의 환거래 추이 (단위 : 만엔, %)

연도말	조선 내			대(對)일본			합계	전(全) 은행 중 비중		
	거래액	수입	불출	거래액	수입	불출		합계	조선내	대일본
1906	12 (100%)	65%	35%	0 (0%)	0%	0%	12	0%	0%	0%
1907	271 (100)	51	49	0 (0)	0	0	271	1	3	0
1908	581 (96)	53	47	25 (4)	72	28	606	3	6	0
1909	1125 (93)	53	47	79 (7)	75	25	1204	6	11	1
1910	2180 (92)	53	47	182 (8)	65	35	2379	10	16	2
1911	3580 (92)	54	46	300 (8)	67	33	3896	13	20	3
1912	4849 (93)	56	44	371 (7)	62	38	5241	14	20	3
1913	5398 (90)	58	42	535 (9)	55	45	5967	13	20	3
1914	4763 (89)	56	44	537 (10)	52	48	5337	15	22	4
1915	4886 (87)	52	48	676 (12)	40	60	5607	15	21	5
1916	7036 (88)	53	47	902 (11)	35	65	7992	16	22	6
1917	11071 (87)	53	47	1443 (11)	34	66	12660	17	23	6
1918.9	12575 (90)	53	47	1278 (9)	27	73	14007	—	—	—

* 朝鮮總督府財務局, 『朝鮮金融事項參考書(1923年調)』, 199, 209쪽.
* 원자료에는 對外國分이 있으나 합계에만 포함시켰다. 거래액의 괄호안 수치는 합계에서 차지하는 비중이다.

년 5월 「농공은행령」(制令 제21호)에 의해 환업무는 농공은행의 법정업무로 명문화되었다.[24] 조선식산은행으로 합병될 때까지 각 농공은행은 300에서 600여 곳의 환 거래선이 있었으며, 이를 통해 조선 내 주요 지역은 물론 일본의 10여 곳과도 환거래를 했다.[25]

농공은행 전체의 환거래 추이는 <표 3-3>과 같다. 은행설립 이래 환거래는 꾸준히 확대되어, 1906년 12만 엔에서 1918년 9월 1억 4007만 엔으로 1167여 배 증가했다. 환거래 확대를 바탕으로 1910년대에 들면 조선 내 은행 전체의 환거래액 중 15% 전후의 비중을 점했다. 대일본

23) 統監府財政監査廳, 「農工銀行長及支配人會議經過」, 『財務週報』 第3號, 1907. 4. 29, 51~52쪽.
24) 朝鮮殖産銀行, 『朝鮮殖産銀行二十年志』, 1938, 24~25쪽.
25) 각 농공은행의 환거래선은 한호농공은행 601, 평안농공은행 460, 경상농공은행 561, 전주농공은행 328, 광주농공은행 308, 함경농공은행 427 합 2,685곳이었다(朝鮮殖産銀行設立事務所, 「(極秘)朝鮮殖産銀行設立理由」, 『設立事務重要書類』, 1918, 21쪽).

환거래액 비중(5% 전후)에 비해 조선 내 환거래액 비중(20% 이상)이 상대적으로 높아, 농공은행의 환거래는 주로 조선 내 상품유통을 촉진했다고 볼 수 있다.

그런데 조선 내 거래 중 상당수는 조선 내륙과 개항장의 거래로, 그 내용은 일본과의 수출입을 중계하는 것이었다. 앞에서 예로 든 대전지역 상인의 경우 인천과는 곡물거래로, 부산과는 수입품거래로 환거래가 빈번했다.[26] 광주농공은행의 경우 목포지역 일본 제일은행, 십팔은행 등과의 환거래를 통해 목포지역 상인이 내륙과 거래하는 데 큰 편리를 주었다고 한다.[27]

지역간 환거래액을 구체적으로 알 수 있는 한호농공은행 공주지점의 상황을 <표 3 - 4>를 통해 보면, 총환거래액 중 개항장(인천, 군산, 부산)과의 거래는 송금에서 무려 65%나 차지했다. 송금이란 상품을 구입하고 대금을 지불하는 것으로 타 지역에서 공주로 물품이 반입되는 경우이다. 당시 인천과 군산을 통해 공주지역으로 반입되는 물품 중에는 일본의 면직물·방적사·잡화·석유가 많았으며, 송금도 이와 관련된 것으로 보인다.

입금(入金)은 송금과 반대로 상품판매대금이 타 지역에서 공주로 들어오는 것으로 공주에서 타 지역으로 물품이 반출되는 경우이다. 입금에서 개항장의 비중은 13%에 불과하다. 그러나 입금에서 1위를 차지한 경성과의 환거래는 공주지역에서 채굴된 사금(砂金)이 경성을 경유하여 일본으로 수출되는 것과 관련되었다. 사금 외에도 쌀(米), 대두(大豆), 우피(牛皮)가 강경 등을 경유하여 군산, 인천, 부산으로 반출되었고, 그곳에서 다시 일본으로 수출되었다. 경성이나 강경의 경우처럼 개항장과의 환거래가 아니더라도 대일본 식량·원료 수출과 관련된 것이 많았다.[28]

---

26) 度支部, 「太田經濟狀況」, 『財務彙報』 第13號, 1909. 4. 25, 39쪽.

27) 木浦府, 『木浦府史』, 1930, 755~756쪽.

<표 3 - 4> 한호농공은행 공주지점의 환거래 상황(1908. 7 ~ 1909. 6)

	총거래액	개항장	1위	2위	3위	4위	5위
송금	132,250엔	65.3%	인천 62,998엔	경성 24,386엔	군산 13,988엔	강경 12,190엔	부산 9,421엔
입금	89,388엔	12.9%	경성 50,071엔	강경 17,668엔	군산 10,512엔	대전 7,359엔	인천 938엔

* 度支部, 『貿易彙報』 4, 1910. 6, 121~122쪽.

전체적으로 농공은행의 조선 내 환거래 중 상당부분은 대일본 수출입무역을 중계했다고 볼 수 있다. 대일본 수출입무역의 주된 담당자는 일본인 상인이었으므로, 농공은행은 그들을 위해 개항장이나 대도시에 국한되었던 일본인 은행의 한계를 보완하여 조선 내륙을 연결하는 가교 역할을 했던 것이다.

<표 3 - 3>을 보면 대일본 환거래액도 전체적으로 미미하지만 계속 증가했다. 농공은행의 점포가 대부분 조선 내륙에 있었다는 점을 감안하면, 이는 철도 부설에 따라 개항장 상인을 거치지 않는 조선 내륙과 일본간의 직거래가 증가하고 있음을 반영한다. 특히 1915년 이후에는 수입보다 불출(拂出)[29]이 많아져 조선 내륙에서 일본으로 직수출하는 물품이 증대되었음을 알 수 있다.

개항장을 거치거나 직거래를 통해 일본과 조선 내륙을 연결했던 농공은행의 환거래는 당시 조·일무역을 장악했던 일본인 상인이 주로 이용했을 것이다.[30] 또한 농공은행의 환업무는 기존 개항장 객주의 환

---

28) 이상의 공주지역 경제사정에 대해서는 度支部, 『貿易彙報』 4, 1910. 6, 109~ 123쪽 참조.

29) 受入과 拂出은 은행의 입장에서 환거래자와의 자금유출입을 설명하는 개념으로 내용상 각각 <표 3 - 4>의 送金과 入金에 해당된다.

30) 농공은행 환거래의 민족별 이용상황을 구체적으로 알 수 있는 자료는 없지만, 공주의 경우 개항장의 일본인 상인과 공주의 일본인 상인(雜貨, 石油, 紡績絲) 또는 조선인 상인·청국상인(면직물, 紡績絲)의 거래를 통해 일본산 물품이 들어왔다. 적어도 농공은행 환거래의 한편에는 언제나 일본인 상인이 있었다.

업무를 대체하는 것으로 조선인 객주의 존립기반에 일정한 타격을 주
었을 것이다.[31] 물론 일률적으로 객주가 쇠퇴했던 것은 아니며, 지역
및 물품에 따라 기존의 세력을 유지하거나 새로운 활로를 모색할 수도
있었을 것이다.[32] 그러나 전체적으로 개항장과 내륙을 연결하여 중간
이득을 취했던 조선인 객주는 일본인 상인의 내륙진출에 따라 쇠퇴했
으며, 농공은행의 환업무는 이를 매개했다고 할 수 있다.

농공은행의 환업무는 전국의 광범위한 지점망을 통해 일차적으로 조
선 내륙의 상품이동을 촉진했으며, 이를 바탕으로 조선과 일본간의 상
품이동을 직접·간접으로 지원했다. 조선 내 환거래의 상당부분이 개
항장 소재 금융기관과의 거래였다는 점, 대일본 환거래가 꾸준히 증가
했다는 점은 이를 말해준다. 따라서 농공은행은 개항장과 일본의 환거
래에 국한되었던 일본인 은행의 한계를 보완하여 조선 내륙으로 환거
래를 확대했으며, 이를 통해 조선지역 전체를 일본경제권에 아우르는
역할을 했던 것이다. 아울러 이러한 환거래의 확대과정은 일본인 상인
의 조선 내륙 진출, 개항장 객주를 중심으로 한 조선인 상인의 쇠퇴와
맞물려 진행되었다.

---

31) 당시 개항장 객주의 쇠퇴경향에 대해서는 李炳天, 「開港期 外國商人의 侵入
    과 韓國商人의 對應」, 서울대 경제학과 박사학위논문, 1985, 215~216쪽 참조.
32) 수입품보다는 수출품 및 조선 내 거래물품에서 조선인 객주가 유리했을 것
    이다. 인천의 경우 수입품거래에서 배제되었던 조선인 객주도 수출품, 특히
    곡물거래에서는 1910년대 이후에도 상당한 힘을 발휘했다(李炳天, 위의 논문,
    216~217쪽). 원산의 경우 1910년대 중반 조선인 객주가 철도와 은행의 환업
    무를 이용, 명태 등 지역특산물을 조선 각지로 반출하여 활황을 누렸다[朝鮮
    總督府, 『農工銀行支配人會同諮問事項答申書』(1915. 10), 26~27쪽].

3. 상업대출과 조선인 상인의 주변화

1) 상업대출과 농산물 수이출

농공은행 대출액 전체는 <표 3-5>를 보면 1906년에 비해 1918년 6
월 말 약 20배가 증가했다. 시기별로 보면 1914, 1915년의 감소 내지 정
체와 그 이후의 증가가 대조적이다. 전자는 일본의 미가폭락에 따른 불
황 및 농공은행의 경영악화를, 후자는 제1차 세계대전에 따른 호황을
반영한 것이다.[33] 불황과 호황의 영향은 농공은행의 환거래액에도 반
영되어 대출액과 마찬가지로 1914, 1915년 감소 내지 정체, 이후 증가
를 보이고 있다(<표 3-3> 참조).

대출액을 산업별로 보면 반 이상이 상업대출이었다. 시기별로 보면
1912년 이전은 70~80%, 그 이후는 50~60%를 차지한다. 1912년 이후
상업대출 비중이 감소한 것은 1914, 1915년 불황기를 제외하면 1912년
식민지 농정의 기본방침이 수립된 이후 농업대출이 증가함에 따른 상
대적인 것으로 상업대출액 자체가 줄어든 것은 아니었다. 불황기에 상
업대출은 절대액이 감소했지만 1916년 이후 호황의 영향도 크게 받아
가장 큰 폭으로 증가했다.[34] 농공은행 대출전체의 동향은 상업대출에
따라 좌우되었다고 할 수 있다.

상업대출은 대출종류별로 보면 주로 인가업무인 보통대부, 어음할인,
당좌대월을 통해서 이루어졌다. 보통대부의 경우 1910년 이전은 상업
또는 잡업부문에 대출되었으며, 그 이후 농업, 공업부문에도 대출되어

---

33) 朝鮮銀行史硏究會 編, 『朝鮮銀行史』, 東洋經濟新報社, 1987, 120, 212쪽.

34) 농공은행 업무를 인계한 조선식산은행의 1918년 말 산업별 대출액을 보면
상업 1,888.8만 엔(63.3%), 농업 654.6만 엔(21.9%), 공업 62.7만 엔(2.1%)이었다
(『朝鮮金融事項參考書(1923年調)』, 192쪽). 1915년과 비교해보면 상업 2.9배, 농
업 2.2배, 공업 0.7배 증가했다.

<표 3 - 5> 농공은행의 대출금 추이 (단위 : 만엔, %)

연말	대출액 (만엔)	산업별(%)			대출종류별(%)				민족별(%)	
		상업	농업	공업	연정 대부	보통 대부	어음 할인	당좌 대월	조선 인	일본 인
1906	91.9	?	?	?	2.9	80.0	16.0	1.2	?	?
1907	220.3	194.7 (88.5)	14.2 (6.5)	5.4 (2.5)	10.8	44.2	42.7	2.3	83.0	16.4
1908	268.1	222.5 (83.0)	20.7 (7.7)	10.7 (4.0)	3.8	53.9	41.1	1.1	78.2	19.1
1909	411.6	314.4 (76.4)	27.5 (6.7)	51.4 (12.5)	10.5	42.5	46.1	0.9	63.2	33.3
1910	634.4	479.0 (75.5)	67.3 (10.6)	71.9 (11.3)	17.2	27.4	54.5	0.9	59.7	37.7
1911	850.9	612.2 (72.0)	131.7 (15.5)	81.6 (9.6)	19.1	23.9	56.5	0.6	54.2	44.8
1912	1,045.6	728.8 (69.7)	169.5 (16.2)	95.2 (9.1)	20.1	25.7	53.0	1.1	53.0	46.5
1913	1,158.3	751.4 (64.9)	206.0 (17.8)	126.2 (10.9)	23.8	27.3	45.8	3.0	52.0	47.8
1914	1,155.4	629.1 (54.5)	267.8 (23.2)	122.9 (10.6)	33.6	31.1	30.8	4.5	50.6	49.1
1915	1,146.2	641.6 (56.0)	295.0 (25.7)	88.7 (7.7)	30.5	37.7	29.2	2.6	44.2	55.6
1916	1,271.3	788.7 (62.0)	297.2 (23.4)	51.8 (4.1)	25.0	39.0	33.8	2.3	45.2	54.3
1917	1,768.6	1,090.3 (61.7)	426.5 (24.1)	49.6 (2.8)	24.8	37.2	35.3	2.7	50.2	48.9
1918.6	1,809.7	1,049.3 (58.0)	508.5 (28.1)	58.4 (3.2)	38.6	26.1	32.4	2.9	57.3	42.4

* 朝鮮總督府財務局, 『朝鮮金融事項參考書(1923年調)』, 168~194쪽.
* 이 표는 <표 2 - 4>와 동일한 것이다. 이 장과도 관련이 많아 찾아보기에 편리하도록 옮겨놓았다.

어느 한 부문의 경향을 대변한다고 할 수 없다. 반면에 어음할인과 당좌대월은 1910년 이전에는 상업부문에만 대출되었으며, 그 이후로도 다른 방면의 대출이 적어 상업금융의 동향을 잘 알 수 있는 지표이다.[35]

<표 3 - 5>를 보면 어음할인의 경우 상업대출의 추이와 거의 일치하며 1914, 1915년 대출감소는 상업대출의 감소, 특히 어음할인의 감소에 따른 것이었다. 한 예로 함경농공은행은 1915년 8월 대출액이 전년도 같은 달에 비해 13만 5975엔이 줄었으며, 같은 기간 어음할인은 12만 4826엔이 줄었다. 이에 대해 "대출금 감소의 주인(主因)은 어음할인 감소에 기초한 것으로서 일반경제계의 부진으로 상거래가 한산하기 때문

---

35) 1910년까지 농공은행의 대출종류별에 따른 각 산업대출 상황에 대해서는 度支部, 『韓國財務經過報告』의 각 분기별 '農工銀行景況一覽'표 참조. 1910년 이후 구체적 상황을 알 수 없으나 1916년 평안도지역 농공은행의 상황을 통해 추측해볼 수 있다(<표 3 - 10> 참조).

<표 3 - 6> 경상도지역 농공은행과 어음조합의 상업금융(1908)

		보통대부액	1위	2위	3위	4위
1908년 상반기	대구	99, 029엔	곡물 51.5%	잡화 8.1%	연초 5.5%	목면 1.8%
대구농공은행	상주	31, 720엔	쌀 65.2%	반물(反物) 7.1%	생선(魚) 6.3%	잡화 5.9%
1908년 하반기	대구	218, 905엔	미곡 24.6%	대두 12.6%	생선11%	소금(鹽) 8.7%
어음조합	진주	74, 820엔	미곡 30.3%	마포(麻布) 30.1%	저(苧)16.7%	견8.7%

* 大邱財務監督局, 『隆熙二年財務一斑』, 273~274, 298~299쪽.
* 어음조합란의 보통대부액은 보증어음액을 말한다.

이다"고 했다.[36]

어음할인에 비해 절대액은 적지만 상업대출의 주요한 방법이었던 당 좌대월은 오히려 1914년경에 비중이 높아진다. 이는 불황시 상인들의 자금조달 곤란을 반영하는 것으로 농공은행이 그러한 상인들에게 당좌 대월을 통해 자금을 지원했던 것이다. 함경농공은행의 보고에 따르면, "당좌대월은 금융의 완급(緩急)과 평행한 것으로서 자금부족을 느낄 때 는 대월고(貸越高)가 항상 팽대(膨大)"했다.[37]

상업대출의 내용은 해당 시기의 주된 산업이 무엇이냐에 따라 그 내 용이 달라진다. 농공은행이 존립했던 시기의 주된 산업은 농업이었으 며, 농공은행의 상업대출도 주로 농산물 유통과 관련된 것이었다. <표 3 - 6>은 1908년 상반기 대구농공은행의 보통대부액을 용도별로 나누 어 상위 4종을 기입한 것이다.

대구본점은 곡물매입자금이 전체 보통대부액 중 51.5%를 차지했으 며, 나머지 연초나 목면 같은 농산물매입자금도 상당한 비중을 점했다. 상주출장소의 경우 쌀매입자금이 60%를 넘어서고 있다. 쌀을 중심으로 한 농산물이 집중적으로 출하되는 하반기가 아님에도 이 정도의 비중 을 차지했던 것은 당시 보통대부를 통한 상업금융이 농산물 유통과 얼 마나 밀접한 관련을 맺고 있었는지를 말해준다.

---

36) 朝鮮總督府, 『農工銀行支配人會同諸問事項答申書』(1915. 10), 54쪽.
37) 위의 책, 58쪽.

<표 3-7> 농공은행 대출의 월별 추이

연도	대출종류	1월	2월	3월	4월	5월	6월	7월	8월	9월	10월	11월	12월
1911	어음할인	92	90	89	91	89	88	90	97	105	115	123	133
	대출합계	92	93	94	94	92	92	93	97	102	108	116	125
1912	어음할인	98	92	97	91	93	97	95	97	103	112	114	111
	대출합계	93	92	97	96	95	96	97	101	104	107	110	112
1913	어음할인	107	103	104	100	99	96	93	92	95	102	105	105
	대출합계	99	97	97	97	97	97	98	100	108	111	112	114
1914	어음할인	115	121	118	112	108	102	99	99	88	80	79	79
	대출합계	100	103	101	100	99	100	99	100	101	99	99	100
1915	어음할인	113	111	104	100	96	92	87	92	97	96	100	114
	대출합계	105	104	102	101	99	97	96	97	98	99	99	104
1916	어음할인	95	90	92	91	91	89	90	91	99	106	139	126
	대출합계	101	99	99	98	95	94	94	95	98	101	113	113
1917	어음할인	82	89	90	91	93	91	95	96	99	111	133	132
	대출합계	87	89	89	90	93	96	98	101	103	109	119	126

* 朝鮮總督府財務局, 『朝鮮金融事項參考書(1923年調)』, 169~171쪽

* 월별 각 수치는 '해당연도 평균대출잔고(월말 평균잔고합/12)'=100을 기준으로 한 지수임.

　　농공은행 어음할인의 용도별 통계는 나와있지 않으나 대부분이 어음조합보증어음이므로,[38] 이 지역 어음조합보증어음의 용도별 액수를 통해 추측해볼 수 있다. 1908년 하반기 대구 및 진주어음조합의 보증어음액을 용도별로 보면 ,미곡이 상위를 점했으며 나머지도 옷감류와 대두 같은 농산물이 주종을 이루고 있었다. 보통대부와 마찬가지로 어음할인도 주로 농산물 유통과 관련된 것이었다.

　　농공은행의 상업대출이 주로 미곡을 중심으로 한 농산물 유통자금이었다는 점은 월별 대출액 추이에서도 확인할 수 있다. <표 3-7>을 보면 한 해 중 미곡출하가 시작되는 9월 이후 연말까지가 가장 많은 대출액을 기록하였다. 불황기인 1914, 1915년을 제외하면 미곡출하기의 대출집중은 농공은행의 일반적 현상이었다. 구체적으로 1911년 11월경의

---

38) 1908년 하반기 경상농공은행의 총어음할인액은 36만 2,660엔이며, 이 중 어음조합보증어음액은 28만 4,750엔으로 78.5%를 차지했다(大邱財務監督局, 『隆熙二年財務一班』, 275쪽).

경상농공은행의 상황은 다음과 같았다.

> …… 경상농공은행의 최근 대금(貸金) 상황을 들으니 …… 초량, 마산, 진주의 각 지점은 본월에 들어서 대출(이) …… 전월보다 점차로 증가하여 …… 이는 대부분 동물(冬物)구입자금과 미곡매입자금에 충당된 것인데 초량만은 무역자금이 다액을 점하고, 대구는 연초매입 및 그 재배자를 위한 것을 주(主)로 하고 …… 다음달에 들어서면 대구도 미곡출하에 따라 자금의 수요가 증가할 것이라고 한다.[39]

농공은행 상업대출이 미곡을 중심으로 한 농산물 유통자금이었다는 점은 조선의 식량·원료기지화와 밀접한 관련을 맺고 있다. 일제가 조선의 식량·원료기지화정책을 처음으로 체계화했던 것은 1912년 「미작, 양잠의 개량 장려, 육지면의 재배 장려 및 축우의 증식 장려에 관한 중요한 훈시」였다.[40] 농공은행은 이에 따라 1912년경부터 증자와 채권발행을 통해 자금을 증대시켜 미작·면작·양잠·축우 등 수이출용 농산물의 개량증식을 위한 농업금융을 증대시켜나갔다. 그리고 생산된 물자의 원활한 수이출을 위해 1914년 「농공은행령」을 공포, 생산물에 대한 대부·환·화물환을 법정업무화하여 농산물 유통을 지원하는 상업금융을 확대했다.[41] 1915년 말 광주농공은행의 지방특산물에 대한 방자금(放資金) 중 농업부문에서는 위의 훈시에 나타난 네 가지 농산물이 74%를 차지했으며, 상업부문에서는 미곡자금이 86%를 차지했다.[42]

농공은행 대출에서 상업대출은 항상 절반 이상을 차지했으며, 전체 대출동향을 좌우했다. 상업대출은 주로 보통대부, 어음할인, 당좌대월

---

39) 『朝鮮新聞』 1911년 11월 29일자, 「各地通信·金融(大邱)」(波形昭一, 앞의 책, 218쪽에서 재인용).

40) 小早川九郎 編, 『補訂 朝鮮農業發達史(政策篇)』, 友邦協會, 1959, 190, 422~423쪽 참조.

41) 朝鮮銀行史研究會 編, 앞의 책, 123~124쪽.

42) 朝鮮總督府, 『農工銀行支配人會同諮問事項答申書』(1916. 6), 81~82쪽.

을 통해 이루어졌으며, 그 주된 내용은 미곡을 중심으로 한 농산물 유통자금이었다. 이는 일제가 전개한 조선의 식량·원료기지화정책을 뒷받침하는 것이었다. 농공은행의 점포 대부분이 조선 내륙에 위치해있었던 점을 감안하면, 결국 농공은행의 상업대출은 식량·원료공급기지화의 유통망이 개항장을 넘어 전국적으로 확장되는 데 기여했다고 할 수 있다.

2) 조선인 상인의 주변화

농공은행의 상업금융이 구체적으로 일본인 상인과 조선인 상인의 향방에 어떠한 영향을 끼쳤을까. 민족별 상업금융의 실태를 알 수 있는 몇몇 지역의 자료를 통해 살펴보겠다.

황해도에는 평안농공은행 해주지점과 사리원지점이 유일한 은행이었다. 해주는 행정의 중심지이자 전통적 상업중심지였지만 진남포 개항과 경의선 부설에 따라 1907년 무렵 해주만(灣)을 통한 인천과의 거래, 교통이 불편한 인근 지역과의 거래로 상권이 축소되었다.[43] 사리원은 경의선 부설에 따라 부각된 화물집산지로 재령강 유역의 곡창지대를 끼고 있으며 위로는 평양, 진남포 아래로는 개성, 경성과 연결되는 요지였다. 농공은행은 특히 곡물상의 미곡수집 활동을 돕기 위해 이곳에 지점을 설치했다.[44]

<표 3-8>을 보면 사리원은 전체 대출액에서 90% 가량이 상업대출이었으며, 해주는 50% 전후가 상업대출이었다. 우선 사리원의 경우를 보면 불황의 여파로 민족별 구분없이 1913년에 비해 1914년 이후 대출인원이 대략 반으로 줄었다. 그러나 조선인 대출액은 줄어든 반면, 일

---

43) 統監府財政監査廳, 「貨物集散狀態ノ變遷ニ關スル件 其十八 (海州)」, 『財務週報』 第15號, 1907. 7. 22, 145~147쪽.
44) 統監府財政監査廳, 「砂利院視察報告」, 『財務週報』 第12號, 1907. 7. 1, 625~626쪽.

<표 3 - 8> 황해도지역 농공은행의 상업대출 상황(1913~1916) (단위 : 엔, %)

연도말	상업대출액	조선인			일본인		
		대출액	인원	1인당	대출액	인원	1인당
		평안농공은행 해주지점					
1913	165,179(84%)	110,816(67%)	69	1,606	54,363(33%)	53	1,026
1914	51,264 (55)	18,179 (35)	29	627	33.085 (65)	32	1,034
1915	61,392 (37)	17,905 (29)	49	365	43,487 (71)	76	572
1916	109,149 (56)	41,240 (38)	67	616	67,909 (62)	123	552
		평안농공은행 사리원지점					
1913	94,442 (95)	45,546 (48)	49	930	48,896 (52)	44	1,111
1914	83,735 (89)	14,652 (18)	23	637	69,083 (83)	11	6,280
1915	131,559 (99)	21,394 (16)	22	972	110,165 (84)	16	6,885
1916	133,742 (91)	20,976 (16)	25	839	112,766 (84)	17	6,633

* 朝鮮總督府黃海道, 『朝鮮總督府黃海道統計年報』 각년판.
* 상업대출액의 괄호안 수치는 전체 대출액에서 차지하는 비중이다.

본인 대출액은 대폭 증가하여 불황을 계기로 민족별 상인간에 분화가 생겼음을 알 수 있다. 1914년 이후 일본인 1인당 대출액이 조선인 1인당 대출액의 7~10배에 달해 양자간의 계층화가 이루어졌다. 종래 사리원에서 미곡수집은 개성상인이 독점했으나 1908년경이면 일본인 상인의 활동으로 크게 타격을 받았다는 기록으로 볼 때,[45] 1907년 이곳에 설립된 농공은행의 역할이 무엇이었는가를 짐작할 수 있다. 농공은행의 상업대출을 통해 볼 때 1915, 1916년경에는 일본인 상인의 우위가 확실해졌다.

전통적 상업지라 할 수 있는 해주에서도 1914년 이후 일본인 상업대출액이 조선인 상업대출액을 능가했다. 1인당 대출액에서는 양자가 비슷하여 사리원과 같은 분화, 계층화의 조짐은 나타나지 않았다. 그러나 조선인의 경우 1913년 대출인원이 69명을 기록한 이후로 1916년이 되도록 그 이상을 넘어서지 못하고 있으나, 일본인의 경우 1913년 53명에서 1915년 76명, 1916년 123명으로 대폭 증가하고 있다. 상업대출액과

---

45) 統監府財政監査廳, 「沙利院經濟狀況調査報告書」, 『財務週報』 第49號, 1908. 4, 2373~2378쪽.

대출인원으로 볼 때 1914, 1915년 불황과 이후 호황을 계기로 조선인 상인의 정체와 일본인 상인의 대거 진출이 대조적이다.

다음으로 전라북도의 상황을 보면, 황해도와 달리 군산이라는 개항장을 끼고 있어서 일찍부터 일본인 은행이 군산에 지점을 설치했다. 그러나 군산 이외 지역에는 전주, 남원, 고부에 설치된 농공은행 점포가 유일한 은행이었다. 이 세 곳은 모두 전통적 상업중심지라 할 수 있으며, 다만 고부지점은 1915년부터 호남선 철도역 소재지인 정읍으로 이전했다.

<표 3 - 9>를 보면 전주는 전체 대출액 중 40% 전후가 상업대출이었으며, 남원은 90% 이상, 고부는 70% 전후가 상업대출이었다. 세 곳 모두 조선인 대출비중이 높았다. 다만 고부지점은 정읍으로 이전한 1915년 이후 일본인 대출비중이 급격히 상승하여 철도역을 중심으로 한 일본인 상인의 내륙진출을 엿볼 수 있다. 대출인원을 보면 전체적으로 불황기에서 급격한 감소가 없어 황해도와 달리 불황의 영향을 덜 받았던 듯하다. 1913년에서 1916년 사이에 조선인 대출인원은 전주에서 배 이상 증가했고 고부에서 약간 증가했으나 남원에서는 감소했다.

반면에 일본인 대출인원은 세 곳 모두에서 배 이상 증가했다. 세 곳 모두 1인당 대출액에서는 민족별로 별 차이가 없어 아직 사리원과 같은 민족별 분화현상은 나타나지 않았다. 전통적 상업중심지인 전주, 남원, 고부에서는 조선인 대출이 우위를 점하는 가운데 일본인 대출이 증대되고 있는 상황이었다.

비록 농공은행에서 조선인 대출이 우위를 점하였다고 해서 이 지역 일본인 상인이 미약했다는 것은 아니다. 일본인 상인은 이 지역 유통의 중심지인 군산에서 십팔은행, 조선은행에서 집중적인 자금지원을 받았다. 이 은행들의 상업대출액 중 거의 대부분이 일본인에게 융통되었으며, 대출액·대출인원·1인당 대출액에서도 농공은행을 훨씬 능가했다.

<표 3-9> 전라북도지역 각 은행의 상업대출 상황(1913~1916)

(단위 : 엔, %, 名)

연도말	상업대출액	조선인			일본인		
		대 출 액	인원	1인당	대 출 액	인원	1인당
전주농공은행 본점							
1913	241,811(35%)	158,141(65%)	114	1,387	83,670 (35%)	55	1,521
1914	369,949 (44)	219,376 (59)	200	1,097	150,573 (41)	129	1,167
1915	374,366 (47)	233,504 (62)	211	1,107	140,862 (38)	118	1,194
1916	421,388 (43)	289,430 (69)	275	1,052	131,958 (31)	138	956
전주농공은행 남원지점							
1913	95,416 (92)	78,466 (82)	152	516	16,950 (18)	15	1,130
1914	71,144 (93)	52,994 (74)	89	595	18,150 (26)	19	955
1915	55,593 (91)	43,616 (78)	103	423	11,977 (22)	22	544
1916	71,155 (93)	54,514 (77)	108	505	16,641 (23)	38	438
전주농공은행 고부지점(1915년 정읍으로 이전)							
1913	81,758 (86)	59,452 (73)	76	782	22,306 (27)	20	1,115
1914	99,817 (84)	75,483 (76)	83	909	24,334 (24)	46	529
1915	122,610 (76)	70,843 (58)	58	1,221	51,767 (42)	37	1,399
1916	146,068 (64)	80,405 (55)	107	751	65,663 (45)	72	912
십팔은행 및 조선은행 군산지점							
1913	2,036,002(94)	0(0)	0	–	2,036,002 (100)	88	23,136
1914	2,189,280(84)	1,500(0)	2	750	2,187,780 (100)	238	9,192
1915	2,024,055(74)	26,880 (1)	1	26,880	1,997,175 (99)	324	6,164
1916	2,221,764(76)	43,495 (2)	10	4,350	2,177,309 (98)	313	6,956

* 朝鮮總督府全羅北道, 『朝鮮總督府全羅北道統計年報』 각년판.
* 상업대출액의 괄호안 수치는 전체 대출액에서 차지하는 비중이다.

따라서 전라북도 전체의 상업금융 상황을 보면 일본인 상인은 전반적인 우위를 확보한 가운데 농공은행을 매개로 개항장에서 내륙으로 진출해갔다. 이에 반해 조선인 상인은 개항장에서 배제되었고, 그나마 내륙에서 농공은행을 통해 자금을 지원받고 있었다.

대출액수에서 조선인이 일본인 보다 많거나 비슷하더라도 대출조건에서 민족별 차이가 있을 수도 있다. <표 3-10>은 대출종류별 상황을 구체적으로 알 수 있는 1916년 평안도 지역 농공은행의 상황이다. 보통대부, 어음할인, 당좌대월을 통해 상업대출이 이루어짐을 알 수 있다. 보통대부는 담보에서 부동산의 비중이 높으며(68%) 이자율이 연 16.4~

<표 3 - 10> 평안도지역 농공은행의 대출종류별 상황(1916) (단위 : 엔, %)

대출 종류	대출액(엔)	산업별(%)			담보별(%)			민족별(%)	
		상업	농업	공업	부동산	상품	신용	조선인	일본인
연정대부	354,947	0	92	8	99	0	1	9	91
보통대부	1,719,268	63	9	7	68	8	23	65	34
어음할인	242,695	74	0	0	21	11	66	40	57
당좌대월	49,117	83	4	3	79	0	7	7	93
합계	2,366,027	55	21	6	68	7	24	53	46

* 朝鮮總督府平安南道, 『朝鮮總督府平安南道統計年報』 1916년판, 256~260쪽.
* 산업별에서 잡업, 담보별에서 유가증권, 민족별에서 외국인은 생략했다.

10.9%인 반면, 어음할인은 신용의 비중이 높으며(66%) 이자율이 연 12.4%~8.7%이다.[46] 따라서 대출조건은 어음할인이 보통대부에 비해 상대적으로 좋다고 할 수 있다. 그런데 민족별 대출상황을 보면 보통대부는 조선인이 더 많이 대출받은 반면(조선인 : 일본인=65 : 34), 어음할인은 반대로 일본인이 더 많이 대출받았다(조선인 : 일본인=40 : 57). 상대적으로 일본인이 좀 더 나은 조건으로 자금을 융통받았다고 할 수 있다.

당좌대월의 경우 일본인이 92%를 점하여 일본인 상인에 의해 독점되었다. 당좌대월은 농공은행 초기부터 조선인 상인에 비해 일본인 상인이 더 많이 이용했다. 1908년 상반기의 전체 대출액을 민족별로 보면 조선인(80%)이 일본인(19%)에 비해 높았으나, 당좌대월의 경우는 일본인(59%)이 조선인(41%)을 능가했다.[47] 상인에게 불황시 긴요한 당좌대월이 농공은행 초기부터 일본인에게 편중대출되었던 것이다. 이는 일본인 상인이 조선인 상인에 비해 1914, 1915년의 불황을 잘 견딜 수 있었던 한 요인이었을 것이다.

농공은행의 상업금융에 나타난 민족별 특징은 상업인구의 동향에 어

---

46) 이자율은 朝鮮總督府, 『農工銀行支配人會同諮問事項答申書』(1916. 6), 附參考諸表 3쪽 참조.
47) 度支部, 『韓國財務經過報告』 第1回(1908年 上半期), 181쪽.

<표 3 - 11> 전라북도 · 황해도의 상업호수 및 상업대출 인원(1913~1916)

(단위 : 戶, %)

| 연도 말 | 전라북도 | | | | 황해도 | | | |
| | 조선인 | | 일본인 | | 조선인 | | 일본인 | |
	상업 호수a	대출 인원/a	상업 호수b	대출 인원/b	상업 호수c	대출 인원/c	상업 호수d	대출 인원/d
1913	15,257	2.25%	2.2%	1,319戶	6.8%	13.5%	16,711戶	0.7%	741戶	13.1%
1914	15,828	2.4	2.4	1,317	14.7	32.8	13,374	0.4	772	5.6
1915	11,132	3.3	3.4	1,494	11.9	33.5	15,567	0.5	755	12.2
1916	11,550	4.2	4.3	1,768	14.0	31.7	14,735	0.5	790	15.6

* 朝鮮總督府全羅北道, 『朝鮮總督府全羅北道統計年報』 각년판 ; 朝鮮總督府黃海道, 『朝鮮總督府黃海道統計年報』 각년판.
* 전라북도의 '대출인원 / a' 및 '대출인원 / b' 항목 뒤의 수치는 군산지역 은행을 포함한 것임.

떠한 영향을 주었을까. <표 3 - 11>은 전라북도와 황해도의 상업호수를 <표 3 - 8>, <표 3 - 9>의 상업대출 인원수와 비교해본 것이다.

전라북도 조선인 상업호수 중 농공은행의 대출을 받는 경우는 2~4%, 황해도는 1% 미만이었다. 반면 일본인 상업호수 중 농공은행의 대출을 받은 경우는 전라북도에서 1914년 이후 14% 전후(군산지역 은행분을 합하면 30% 이상), 황해도에서 14년을 제외하면 13% 전후였다.[48]

전체적으로 일본인 상인에 대한 자금지원이 두드러지며, 농공은행의 자금을 융통받을 수 없었던 대다수 조선인 상인은 대출조건이 열악한 고리대에 의존할 수밖에 없었다. 이러한 금융상의 불리함은 상업호수의 감소로 귀결된다. 두 도(道) 모두 일본인 상업호수는 불황을 넘어 1915년 이후 증대한 반면, 상대적으로 금융상 불리했던 조선인의 상업호수는 감소했다.[49]

48) 상업대출은 상업자가, 해당지역 은행에서는 그 지역 거주자가 대출받는 것으로 간주했다. 물론 그렇지 않는 경우도 있을 것이나, 대략의 동향을 파악하는데 무리가 없을 것 같다.
49) 이러한 지역별 동향을 바탕으로 1910년에서 1920년 사이에 식민지 조선 전체의 일본인 상업호수가 1만 4568호에서 2만 801호로 증가한 반면, 조선인 상

조선인 상인의 전체적인 감소 또는 몰락 속에서도 일부는 식민지 유통체계에 적응하여 성장했을 것이다. 이들은 대부분 농공은행 등 금융기관을 이용할 수 있었던 자들일 것이다. 예를 들면 평양지역 조선인 상인들은 농공은행, 어음조합, 평양창고(平壤倉庫) 등을 이용하여 다량의 물품을 구입하고 가격이 오를 때까지 기다려 종전보다 더 많은 이익을 얻을 수 있었다.[50] 농공은행이 1911년에서 1918년간 '철도역·항구 소재지'에 개설했던 점포에서 비록 일본인보다는 적지만 대출을 받았던 43%의 조선인들이나(<표 3 - 2> 참조), 철도와 농공은행을 통해 새로운 활로를 모색했던 원산지역 객주들도[51] 이 시기 일제의 유통부문 재편에 적응했던 자들이라고 할 수 있다.

그러나 조선인 상인이 농공은행과 같은 금융기관을 이용하여 성장했다 하더라도 내용과 규모면에서 일본인 상인과는 큰 차이를 보인다. 철도역 소재지인 사리원의 경우 1914년경 전체 주요 상점수에서 이미 일본인이 우위를 점했다. 조선인은 곡물상에서만 숫적으로 앞서고 있을 뿐이다.[52] 규모까지 알 수 있는 1920년대 중반의 자료를 보면 사리원의

업호수는 17만 8780호에서 17만 3463호로 절대수가 감소했다(朝鮮總督府, 『朝鮮總督府統計年報』 1910년판, 84쪽 ; 朝鮮總督府, 『朝鮮總督府統計年報』 1920년판, 第1編 附錄 23쪽).

50) 농공은행, 어음조합 및 平壤倉庫 같은 금융기구 설립이 평양지역 조선인 상인에 주는 영향에 대해 "그들은 거래범위를 점차 확장하고 또 그 방법을 변경한 즉, 종래 미곡과 같은 것은 당지 상인이 지방상인에게서 매입함과 거의 동시에 이를 일본상인에 매도하여 그간의 적은 차익에 만족해왔다. 그러나 근래에 이르러서는 종래보다 다액을 매입하며, 이를 쉽게 매각하지 않고 상당한 가격이 형성될 때까지 담보로 제공, 代金지불을 함으로써 투기를 시도하는 자가 적지 않다.…… 교통통신기관의 발달과 금융기관의 설치 등의 관계로 인해 당 지방의 조선인이 점차 일본인의 손을 벗어나 독립적으로 거래를 개시하는 징후가 현저"하게 되었다고 한다(統監府財政監査廳, 「貨物集散狀態ノ變遷ニ關スル件 其十七(平壤)」, 『財務週報』 第15號, 1907. 7. 22, 134~137쪽).

51) 주 32) 참조.

52) 1914년경 사리원지역 중요 상점수를 민족별로 보면 조선인은 穀物商 7, 일본인은 穀物商 3, 木材商 3, 雜貨商 8, 自轉車商 2였다(朝鮮總督府鐵道局, 『朝鮮鐵道驛勢一斑』 下, 1914, 107쪽).

주요 상인 중 일본인 상인의 1년간 총거래액은 20만 1,000엔이었으나, 조선인 상인의 그것은 4만 6,000엔에 불과했다. 일본인 상인은 소매업뿐만 아니라 도매업에도 종사했으나 조선인 상인은 소매업에만 종사했다.[53] 사리원에서 나타나는 상인간의 민족별 분화 현상과 농공은행 사리원지점의 일본인 편중 대출은 결코 무관하지 않을 것이다.

전통적 상업중심지인 해주에서는 조선인 도매업자도 보인다. 1920년대 중반 해주지역 도매업자는 민족별 구분없이 인천, 경성에서 일용잡화와 옷감류를 들여왔으며 군내 각 면에서 곡물을 수집했다. 그러나 1년간 총거래액을 보면 조선인 상점이 인천, 경성과는 1만 5,992엔, 군내 각 면과는 26만 9,510엔이었으며, 일본인 상점은 각각 8만 8,455만 엔, 59만 8,370만 엔이었다.[54] 같은 도매업이라도 규모면에서 큰 차이를 보이고 있다. 해주는 1914년부터 조선인에 비해 일본인의 농공은행 상업대출액이 많았던 지역이다.

몇몇 지역사례를 통해 농공은행의 상업금융이 조선인 및 일본인 상인에게 어떠한 영향을 끼쳤는가 살펴보았다. 대부분 지역에서 일본인의 상업대출액이 증가했으며, 대출조건도 일본인에게 유리했다. 이러한 금융상의 민족별 편차가 한 요인이 되어 조선인 상업호수의 감소, 일본인 상업호수의 증가현상이 나타났을 것이다. 물론 조선인 상인의 몰락 속에서도 일부는 농공은행과 같은 금융기관을 이용, 식민지 유통체계에 적응하며 성장했을 것이다. 그러나 일본인 상인에 비해 그 규모가 훨씬 적었으며, 일부 지역에서는 일본인은 도매업, 조선인은 소매업이라는 분화현상도 나타났다.[55] 농공은행의 상업금융을 통해 볼 때 일

---

53) 朝鮮總督府, 『市街地の商圈』, 1926, 308~309쪽. 이 자료에는 1910년대에 보이는 곡물상이 나와있지 않다. 다만 진남포에 관한 기술에서 이 지역 일본인 곡물도매상이 황해도 일대의 미곡을 조선인에게서 사들이고 있었다는 점으로 볼 때(위의 책, 319쪽) 대강의 상황을 추측해볼 수 있다.

54) 위의 책, 295~297쪽.

55) 지역과 물품에 따라 다르겠지만 1910년대에 들어서면 대도시와 철도역·항

본인의 진출에 따라 조선인 상인은 지역적으로 개항장에서 내륙 중심
지로, 내륙 중심지에서 주변 배후지로 후퇴할 수밖에 없었으며 내용상
으로도 소매업에 머물렀다. 이러한 조선인 상인의 주변화가 농공은행
이 추구했던 조선인 포섭의 결과였다고 할 수 있다.

구소재지를 중심으로 일본인은 도매업, 조선인은 소매업으로 분화되어가는
모습을 발견할 수 있다. 경성의 경우는 韓相龍, 「銀行業者より見たる朝鮮商
人」, 『地方金融組合』 3-12, 1916. 12, 5쪽 참조. 대전은 李炳天, 앞의 논문, 210
쪽 참조.

제2장 1920·30년대 농업금융과 식민지지주제

1. 1920년대 고금리 대출과 지주의 부담 전가

1) '산미증식계획'과 지주부담의 과중

일본은 자국 자본주의의 발전을 위해 식민지 조선의 미곡을 대량 이입하여 저미가에 바탕한 저임금구조를 꾀했다. 이를 구현하기 위해 조선에서 실시된 대표적인 정책이 1920·30년대 '산미증식계획'이었다. '산미증식계획'은 미곡생산량을 늘리고 그 증가분을 훨씬 초과하는 미곡을 일본에 이출시킴으로써 일본의 요구를 충족시킬 수 있었지만, 이로 인해 식민지지주제가 확대되었고, 농촌모순은 격화되었다. 이 장에서는 이 시기 조선식산은행의 농업금융을 식민지지주제의 향방과 관련하여 고찰하겠다.

기존 조선식산은행의 농업금융에 관한 연구[1]를 통해 조선식산은행이 '산미증식계획'을 뒷받침한 핵심적 농업금융기관이었음이 밝혀졌다. 그러나 이 시기 조선식산은행의 농업금융상에 나타난 변화와 그 의미, 조선식산은행을 정점으로 농업에서 형성된 총제적 수탈구조가 좀더 해

---

1) 金斗宗, 「植民地朝鮮における1920年代の農業金融について~朝鮮殖産銀行, 村落金融組合を中心として」, 『經濟學研究』(東京大) 5號, 1965 ; 權大雄, 「朝鮮殖産銀行 研究-1905~1930年까지의 日本獨占金融資本의 農業浸透에 對하여」, 영남대 사학과 석사학위논문, 1979 ; 堀和生, 「植民地産業金融と經濟構造-朝鮮殖産銀行の分析を通じて」, 『朝鮮史研究會論文集』 第20集, 1983 ; 申熙俊, 「日帝下 農業金融의 展開」, 서울대 농업경제학과 석사학위논문, 1984 ; 蔡錫賢, 「朝鮮殖産銀行에 對한 研究-1918年~1937年의 經營實態分析을 中心으로」, 숙명여대 사학과 석사학위논문, 1988 ; 裵永穆, 「朝鮮殖産銀行과 農業」, 『國史館論叢』 第36輯, 1992.

명되어야 할 것이다. 이와 관련하여 생산단위인 수리조합의 경영상태
에 주목한 김두종, 배영목의 연구, 지주경영의 동태화와 소작농의 노동
자화에 관한 홍성찬의 여러 사례연구²)는 많은 시사점을 준다.

이 장에서는 우선 1920년대 말 1930년대 초 '농업공황'을 분기점으로
조선식산은행의 농업금융상에 나타난 변화과정을 구체적으로 살펴보
고, 그 의미를 당시 일제의 식민지체제 안정화정책과 관련하여 파악하
려고 한다. 다음으로 조선식산은행의 농업금융을 통해 '일본금융시장
↔ 조선식산은행 ↔ 지주 ↔ 소작농'이란 농업개발·수탈망이 어떻게
형성되며, 각 매개항은 어떠한 상관관계를 맺으며 시기별 변천을 겪는
지를 밝히려 한다. 이는 일제하 식민지지주제의 역할과 향방을 규명하
는 작업이기도 하다.³)

---

2) 洪性讚,「日帝下 企業家的 農場型 地主制의 歷史的 性格」,『東方學志』63,
   1989. 9 ;「日帝下 金融資本의 農企業 支配－不二興業(株)의 經營變動과 朝鮮
   殖産銀行」,『東方學志』65, 1990. 3 ;「日帝下 金融資本의 農企業 支配－朝鮮
   殖産銀行의 成業社 設立과 그 運營」,『東方學志』68, 1990. 10 ;「日帝下 金融
   資本의 農企業 支配－朝鮮開拓(株)의 經營變動과 朝鮮殖産銀行」,『國史館論
   叢』第36輯, 1992 ;「日帝下 朝鮮開拓(株)의 農場支配」,『東方學志』77·78·
   79, 1993. 6.

3) 기존 지주제 연구동향 중에서 본 연구와 관련하여 다음 두 가지 논의가 주목
   된다. 하나는 지주제의 유형론이다. 연구 초기에는 소위 兩分論으로 조선인
   지주＝정태적 지주(봉건적 지주), 일본인 지주＝동태적 지주(기업가적 지주)로
   보는 견해(東畑精一·大川一司,『朝鮮米穀經濟論』, 日本學術振興會, 1935 ; 久
   間健一,『朝鮮農政의 課題』, 成美堂書店, 1943)가 있었으나, 정체론적 시각이라
   는 비판을 받으며 조선인 지주 중에도 상품화폐경제에 대응하며 성장한 새로
   운 형태의 지주가 있었음이 밝혀졌다. 이에 전북형 지주와 경기형 지주(宮嶋
   博史,「植民地下朝鮮人大地主의 存在形態에 關하는 試論」,『朝鮮史叢』5·6호,
   1982), 신흥지주(河合和男,『朝鮮에 있어서의 産米增殖計劃』, 未來社, 1986), 자본
   가적 기업농(金容燮,『韓國近現代農業史研究』, 일조각, 1992), 경영형 지주(장
   시원,「일제하 大地主의 存在形態에 대한 연구」, 서울대 경제학과 박사학위논
   문, 1989), 기업가적 농장형 지주(洪性讚,『韓國近代農村社會의 變動과 地主
   層』, 지식산업사, 1992) 라는 유형이 제기되었다.
   다른 하나는 1930년대 이후 지주제의 추이이다. 우선 '1930년대 확대론'(淺田
   喬二,「1930年代植民地(朝鮮)地主制의 存在形態－全羅北道地主制의 事例分析」,

'산미증식계획'은 일본에서 자본도입하는 것을 전제로 수립되었다. 이 점은 당시 계획을 입안했던 조선총독부 식산국의 다음과 같은 계획 설명에 잘 드러나 있다.

······ 토지개량사업의 창립 당초는 수익을 보지 못하며, 그 투하자금의 상각(償却)은 대개 장기를 요하는 까닭에 당국은 장기저리의 자금공급을 알선할 필요가 있다...조선의 금융은 왕왕 핍박을 면치 못하고 항상 소요 사업자금을 충족시키지 못하는 상태에 있기 때문에 주로 이를 내지에서 구하며······[4]

당시 조선식산은행장이었던 아루가(有賀光豊)도 '산미증식계획'은 "실로 약 3억의 거자(巨資)를 필요로 하여 내외의 시장에서 가급적 저리자금을 얻어야 한다. 총자금을 연(事業所要 年數 : 15개년 – 인용자)으로 나누어 보면 1개년 약 2000만 엔이 예상되는데, 이 정도의 저리자금을 내지에서 얻는 것은 그다지 난사(難事)는 아니라고 자신한다"고 했다.[5] '산미증식계획'은 일본자본 도입을 전제로 수립되었으며, 조선식산은행이 자본

『經濟學論集』 21 - 3, 駒澤大學, 1990)은 1930년대 조선의 지주제는 1920년대에 이어 지주이익이 계급적 · 제도적 · 권력적으로 보장되며 강화되었다는 견해다. 이에 반해 '1930년대 정체(약화)론'(宮嶋博史, 「朝鮮における植民地主制の展開」『近代日本と植民地3 - 植民地化と産業化』, 岩波書店, 1993 ; 주봉규 · 소순열 공저, 『근대 지역농업사 연구』, 서울대출판부, 1996 ; 이송순, 「日帝末期 戰時農業統制政策과 朝鮮農村經濟 變化」, 고려대 사학과 박사학위논문, 2003)는 통계와 양적 수치로 보면 1932년까지는 지주제가 급속히 확대되었으나, 이후는 지주적 토지소유가 정체되었다고 한다. 또한 농정의 변화, '조선공업화'정책 등 일제 식민정책의 변화와 소작쟁의 등 농민저항은 이 시기 식민지지주제를 정체 내지 축소시켰다고 보았다. 일제하 조선의 식민지지주제 연구에 대한 정리는 주봉규 · 소순열 공저, 같은 책, 4~18쪽 ; 장시원, 「植民地期 農業史 硏究의 성과와 과제」, 『한국방송대학교논문집』 24, 1997 참조.

4) 朝鮮總督府殖産局, 「朝鮮産米增殖基本計劃」, 『朝鮮産米增收計劃』(柳川勉編), 朝鮮事情社, 1925, 14쪽.

5) 有賀光豊, 「産米增殖と低利資金」, 위의 책, 17쪽.

도입의 역할을 자임했음을 알 수 있다. 결국 일본자본에 의존한 '산미증식계획'으로 인해 일본과 조선 사이에, 조선 내에서 금융기관과 농촌 사이에 아래와 같은 자금유출입 통로가 형성되었으며, 이후 식민지지주제의 향방은 이 통로와 밀접한 관련을 맺었다.

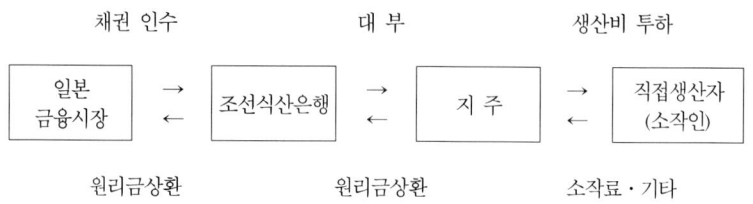

'산미증식계획'은 수익자부담 원칙에 의해 토지소유자인 지주가 많은 사업비를 조달했다. <표 3 - 12>를 보면 1920년 '산미증식계획'에서 지주는 총사업비 2억 3,621만 엔 중 73.3%인 1억 7,320만 엔을 조달해야 하며, 1926년 '산미증식갱신계획'에서는 총사업비 3억 25,334만 엔 중 80.0%인 2억 6,026.4만 엔을 조달해야 했다. 물론 지주가 조달해야 할 자금 중에는 정부알선자금이 '산미증식계획' 7,500만 엔(지주부담액 중 43.3%), '산미증식갱신계획' 2억 3,819.7만엔(同 91.5%)이 포함되어있으나, 정부알선자금도 궁극적으로 지주가 원리금을 지불해야 한다.

이러한 사업비 조달이 지주에게 얼마나 부담이 되었는지는 양적 측면과 질적 측면에서 살펴볼 수 있다. 우선 양적 측면에서 '산미증식계획'은 국고보조금의 비율이 낮아 지주부담의 증가를 초래했다. <표 3 - 12>를 보면 총사업비 중 국고보조금 비율이 '산미증식계획'의 경우 26.7%였으며, '산미증식갱신계획'은 20.0%였다. '산미증식계획' 중 핵심사업이었던 토지개량의 경우도 사업비 중 국고보조금 비중은 '산미증식계획' 22.9%, '산미증식갱신계획' 22.8%였다. 반면에 일본의 토지개량 사업은 국고보조금 비중이 70~80%였다.[6] 일본의 지주는 총 사업비 중 20~30%만 부담하면 되었으나 조선의 지주는 70~80%를 자신이 부담

<표 3 - 12> 산미증식계획 사업비와 예상 미곡증수량 (단위 : 천엔, 石)

	사업비 총액	국고 보조금	지주부담 사업비			산미증수 수량(석)	지주취득분 (석)
			합 계	(정부알선)	(사업자조달)		
增殖計劃 (1920~1934)	236,210	63,010 (26.7%)	173,200 (73.3%)	75,000 (43.3%)	98,200 (56.7%)	8,995,000	4,497,500
토지개량사업	168,000	38,550 (22.9%)	129,450 (77.1%)	45,000 (34.8%)	84,450 (65.2%)	3,487,500 (5,838,750)	1,743,750 (2,919,375)
更新計劃 (1926~1937)	325,334	65,070 (20.0%)	260,264 (80.0%)	238,197 (91.5%)	22,067 (8.5%)	8,167,875	4,083,938
토지개량사업	285,334	65,070 (22.8%)	220,264 (77.2%)	198,197 (90.0%)	22,067 (10.0%)	2,800,000 (4,720,000)	1,400,000 (2,360,000)

* 小早川九郎編, 『補訂 朝鮮農業發達史(政策篇)』, 友邦協會, 1959, 425~427, 439~440쪽.
* '토지개량사업' 중 증수량수치는 토지개량공사 결과 증수량이며, 괄호안 수치는 공사지역에 시비증가 · 경종법개량을 실시하여 그로 인한 증수분까지 더하였을 경우의 증수량이다. '지주취득분'은 당시 소작관행상 소작료율이 50%인 점을 감안하여 증수량의 반으로 계산했다.

해야 했다.

더욱이 일본 내 토지개량사업이 국가에 의한 치수사업을 통해 측면 지원을 받았던 반면, 조선의 토지개량사업에서는 원칙적으로 국가가 담당해야 할 부분인 치수 관련사업도 지주가 담당했다. 조선의 수리조합 총면적의 20%에 가까운 조합이 방수(防水) 사업을 겸영하고 있었다.[7] '산미증식계획'은 국고보조금 자체도 적었으며, 본래 국가가 부담

6) 菱本長次, 『朝鮮米の硏究』, 千倉書房, 1938, 66쪽. 1937년경 조선과 일본의 토지개량사업에 대한 보조금 비율을 비교하면 다음과 같다(農林省 米穀局, 『朝鮮米關係資料』, 1937, 257~258쪽).
   일본 1. 國庫補助 1) 用排水幹線改良事業 50%, 2) 暗渠排水改良工事 50%, 3) 開墾 40%.
      2. 地方費補助 : 20~30%.
   조선 1. 國庫補助, 1) 灌漑排水 20% 이내, 2) 地目變換 25%, 3) 開墾 30% 이내, 4) 埋立 · 干拓 50% 이내(1928년까지는 30% 이내).
      2. 地方費補助 : 土地改良事業補助規則의 규정에 해당하지 않는 30町步 미만의 소규모 토지개량에 한해서 50%.
   조선의 지방비 보조는 1930년부터 시행된 것으로 1935년까지 총 40만 엔이 보조되었다 (農林省 米穀局, 같은 책, 264쪽).

해야 할 치수사업 비용까지 토지소유자에게 전가됨으로써 지주의 부담
이 증가했다.

계획상으로도 지주가 부담해야 할 사업비가 많았지만 계획실행 과정
에서 사업비는 더욱 증가했다. '산미증식계획'의 토지개량사업을 보면
시행면적은 42만 7,500정보로 이를 위해 1억 6,800만 엔을 투자하려 했
으므로 1단보(段步)당 39.3엔의 사업비를 예상한 것이다. 그러나 1920년
부터 1925년까지 수리조합의 실제 소요된 1단보당 사업비는 59.8엔이
었다.[8] 이렇게 사업비가 증가했던 요인으로 첫째 물가상승, 둘째 설치
공사비의 비중 상승을 지적할 수 있다.[9] 이외에도 자연재해에 의한 재
해복구비, 부실설계에 의한 추가공사비 등이 사업비를 상승시켰다.[10]

질적 측면에서는 자금조달 비용, 즉 금리가 높아 지주의 사업비 부담
을 가중시켰다. 지주는 국고보조금 이외의 사업비를 정부알선에 의해
조선식산은행이나 동양척식주식회사 같은 금융기관에서 대부를 받거

---

7) 松本武祝, 『植民地朝鮮の水利組合事業』, 未來社, 1991, 112~113쪽. 富平수리
   조합에 관한 사례연구에 의하면, 이 조합의 총공사비 중 58%가 본래 국가가
   담당해야 할 치수사업비 또는 사회간접자본의 성격을 갖는 비용이었다고 한
   다(張矢遠, 「富平水利組合의 財政構造」, 『近代朝鮮水利組合研究』, 일조각,
   1992, 207쪽).

8) 장시원, 「산미증식계획과 농업구조의 변화」, 『한국사 13』, 한길사, 1994 241쪽.

9) 장시원, 위의 논문, 260~261쪽. 설치공사비가 예상외로 많이 소요되었던 것
   은 수리조합의 경우 조선의 지형과 기후의 특성상 평수위와 홍수위의 차이가
   커서 하천상류에 저수지를 설치할 수밖에 없었고, 이 때문에 저수지 및 장거
   리 용수로 설치·저수로 및 용수로용 토지확보를 위한 비용이 증대되었기 때
   문이다(松本武祝, 앞의 책, 111~112쪽).

10) 1930년대 초 불량수리조합을 원인별로 나누어본 글에 의하면 臨津面·陽東
    ·陽川·文幕·旌善·新灘津 등의 수리조합은 수해로 인해, 高城·安鶴·白
    陽·迎日·慶山·利川 등의 수리조합은 조사(설계)부실로 인해 불량수리조합
    이 되었다고 한다(朝鮮經濟日報社, 「不良水利意見交換會(第四回)」, 『朝鮮經濟
    日報附錄"水利事業號"』, 1931. 7, 61~62쪽). 따라서 자연재해와 부실설계로 인
    해 사업비는 예상외로 증가했을 것이다. 부평수리조합의 경우 총공사비 중 수
    해로 인한 복구공사비와 부실설계로 인한 추가개량 공사비가 각각 17%, 9%를
    차지했다(張矢遠, 앞의 논문(1992), 211쪽).

<표 3 - 13> 조선식산은행의 토지개량사업 대부이자율 (단위 : 年利, %)

항목		1920~1925	1926~1930	1931~1936
水利組合 貸付 (1년이내 상환 단기대부)		9.5~8.5% (12.0~9.0%)	9.0~8.1% (9.5~8.5%)	8.1~5.5% (8.5~7.2%)
産米增殖 土地改良 資金			7.4~7.0% (보통 8.9~8.1%) (저리 5.9%)	7.0~6.1% (보통 8.1~7.9%) (저리 5.9~4.3%)
産米增殖 農事改良 資金			7.9~7.5% (보통 9.9~9.1%) (저리 5.9%)	7.5~5.8% (보통 9.1~6.8%) (저리 5.9~4.8%)
채권발행 이자율	公募債券	8.0~7.0%	7.0~5.5%	6.0~4.0%
	대장성 예금부 인수채권	5.5~5.1%	5.5~4.5%	4.2~3.5%

* 朝鮮總督府財務局, 『朝鮮金融事項參考書(1939年調)』, 14~15쪽 ; 朝鮮殖産銀行, 『朝鮮殖産銀行二十年志』, 1938, 237~247쪽.
* 산미증식 토지개량자금과 농사개량자금의 '보통'은 조선식산은행이 자체적으로 조달한 자금 금리이며, '저리'는 조선식산은행이 대장성 예금부에서 조달한 자금 금리이다. 수리조합 대부 중 1년 이내 단기대부의 1931년 이후 이자율은 1933년까지 수치이다.

나 자신이 조달해야 했다. 자기자본이 부족한 경우는 자신이 조달해야 할 부분도 금융기관에 의존해야 했다. <표 3 - 13>은 1920~1936년간 조선식산은행의 토지개량사업 대부이자율을 나타낸 것이다.

조선식산은행의 토지개량사업 대부이자율은 '산미증식갱신계획'이 수립되었던 1926년과 일본의 재정인플레이션 정책에 의해 저금리시대를 맞이했던 1931년을 기점으로 변화했다.[11] 수리조합 대부의 인가이자율(연리)은 1920~1925년 9.5~8.5%, 1926~1930년 9.0~8.1%, 1931~1936년 8.1~5.5%였으며, 1년 이내 상환되는 단기대부의 인가이자율(연리)은 각각 12.0~9.0%, 9.5%~8.5%, 8.5~7.2%였다.[12] '산미증식갱신계획'이 실시되었던 1926년 이후 대장성 예금부의 저리자금이 포함된 토지개량자금의 인가이자율은 1926~1930년 연리 7.9~7.5%, 1931~1936

11) 朝鮮殖産銀行, 『朝鮮殖産銀行二十年志』, 1938, 249쪽.
12) 朝鮮總督府財務局, 『朝鮮金融事項參考書(1939年調)』, 15쪽을 보면 1934년 이후에는 수리조합 단기대부 이자율이 따로 기록되지 않았다. 저금리추세에 비추어볼 때 1936년경 이자율은 年利 7.2%보다 낮았을 것이다.

년 7.5~5.8%였다. 1925년까지 연리 10% 전후로 높았던 금리가 1926년 이후 대장성 예금부의 저리자금이 도입되고 1931년 이후 저금리시대를 맞이하여 점차 하락하였다.

이상에서 '산미증식갱신계획'이 수립되기 전인 1925년까지의 금리가 특히 높았음을 알 수 있다.[13] 그러나 '산미증식갱신계획' 이후의 금리도 일본과 비교하면 높은 편이었다. 일본에서는 총사업비에서 국고보조금을 제외한 자금은 거의 대부분 대장성 예금부에서 조달되었는데, 1933년 말 대장성 예금부가 직접 대부하는 자금은 연리 3.2%, 은행을 경유하는 경우는 연리 3.9%였다. 반면 조선은 국고보조금을 제외한 사업비 중 정부알선자금의 절반만이 대장성 예금부에서 조달되었으며, 1933년 말 그 금리는 조선식산은행·동양척식주식회사를 경유하면서 연리 4.8%로 높아졌다. 정부알선자금의 나머지 반은 조선식산은행·동양척식주식회사가 공급했는데, 그 금리는 연리 7.5%였다. 양자 합쳐서 연리 6.1%로 일본의 연리 3.2~3.9%에 비해 훨씬 높은 편이었다.[14]

또한 자금상환 방식도 지주의 부담을 가중시켰다. 조선식산은행의 토지개량사업자금은 대체로 공사기간을 거치기간으로 하여, 그 후 원리금 균등상환 방식으로 대부되었다. 대략 수리조합의 공사기간은 2~3년, 간척사업은 5년이 소요되었다. 그러나 공사완료 후에도 예상수확을 거두기 위해서는 수리조합은 3~5년, 간척사업은 7~10년이 지나야 했다.[15] 그러나 공사로 인한 실효를 보기 이전에 원리금을 균등상환해야

---

13) 이러한 점은 조선총독부 관리도 인정했다. 1932년경 조선총독부 토지개량부장이었던 中村寅之助는 다음과 같이 말했다[中村寅之助,「土地改良事業問答」,『朝鮮總攬』, 朝鮮總督府, 1933(1932. 1 初出), 398쪽]. "···갱신계획전의 (수리-인용자)조합은 대개 은행의 보통자금을 빌렸으며, 평균이율도 8%~9% 내외의 것이 많았다. 원래 이윤이 박한 농업자금에 이러한 고금리의 자금을 빌려서는 수지가 맞지 않는 것도 당연하여, 불량발생의 일원인을 이루었다."

14) 朝鮮總督府農林局 編,『朝鮮産米增殖計劃の實績』1933년판, 63~64쪽 ; 菱本長次,『朝鮮米の研究』, 千倉書房, 1938, 67쪽.

15) 藤井寬太郎,「水利組合に對する世評とその眞相」,『朝鮮』제183호, 1930. 8,

했다. 1930년 11월 조선농회 주최 전선농업자대회에서 지주들이 수리조합 문제에 관해 국고보조율 인상, 금리저하와 함께 차입금의 상환기한 연장, 조합채(組合債)의 체감상환을 주장했던 것도 상환방식에 따른 부담이 컸음을 반영한 것이었다.[16]

지주의 사업비 부담을 가중시켰던 고금리는 조선식산은행이 일본에서 자금을 도입하는 상황에 규정되었다. 조선식산은행은 채권발행을 통해 '산미증식계획'에 필요한 자금을 도입했는데, <표 3 - 13>을 보면 채권발행의 이자율에 따라 토지개량사업 대부이자율이 변화하고 있었다. 공모채권의 경우 채권발행 이자율(연리)은 1920~1925년 8.0~7.0%, 1926~1930년 7.0~5.5% 1931~1936년 6.0~4.0%였다. 여기에 각각 2.6~1.5%, 2.0~2.6%, 2.1~1.5%의 금리가 더해져 수리조합에 대출되었다. 1926년부터 본격적으로 도입된 대장성 예금부 인수채권의 경우 채권발행 이자율(연리)은 1926~1930년 5.5~4.5%, 1931~1936년 4.2~3.5%였으며, 여기에 각각 0.4~1.4%, 1.7~1.3%의 금리가 더해져 토지개량저리자금, 농사개량저리자금으로 대출되었다. 채권발행 이자율과 대부이자율 사이의 금리차는 조선식산은행의 발행비용과 이익분이라고 할 수 있다. 따라서 지주의 사업비 부담을 가중시켰던 고금리는 궁극적으로 일본자본의 이윤, 이를 도입했던 조선식산은행의 이윤을 안정적으로 확보하기 위한 장치였다.

1920년대 '산미증식계획'을 통해 광범위한 규모로 조선식산은행과 지주 사이에 대차관계(貸借關係)가 형성되었다. 외부자본에 의존하여 산미증식을 꾀했던 지주는 은행에 대해 채무를 이행해야 했다. 그러나 첫째, 국가가 부담해야 할 부담이 전가됨으로써, 둘째, 부족한 자본이

97~98쪽 ; 朝鮮總督府土地改良部, 『朝鮮の干拓事業』, 1929, 36~37쪽.

16) 李勳求, 『朝鮮農業論』, 漢城圖書株式會社, 1935, 241~242쪽. 이외에도 지주들의 상환방식 개선요구에 대해서는 三好豊太郎, 「産米增殖計劃の建直しと水利組合制度の變改希望」, 『朝鮮農會報』 4 - 11, 1930. 11 ; 小早川九郎 編, 『補訂 朝鮮農業發達史(政策編)』, 友邦協會, 1959, 475~477쪽 참조.

일본자본에 의해 충당됨으로써 자금조달의 양과 비용이 상승하여 지주
의 부담은 가중되었다. 이제 지주는 '산미증식계획'을 실행함으로써 자
신의 이익뿐만 아니라 일본자본 및 조선식산은행의 이익까지 확보해야
했다.

2) 지주의 부담 전가와 동태화

'산미증식계획'은 사업효과의 지체, 자연재해, 설계부실로 인한 추가
공사 등으로 인해 예상했던 미곡증산을 달성할 수 없었다. 지주는 조선
식산은행 및 일본자본과의 대차관계에서 발생한 부담을 직접생산자인
소작농에게 전가했다.

지주가 소작농에게 부담을 전가하는 가장 일반적인 형태는 소작료율
을 인상시키는 것이었다.[17] 한 예로 불이흥업(주)의 전무취체역이었던
후지이(藤井寬太郞)의 주도로 1922년에 설립되어 1923년부터 공사에 착
수했던 강원도 철원의 중앙수리조합에서는 수리조합 구역 내의 지주들
이 담합하여 공사비 부담을 구실로 1925년부터 소작료율을 종래의 50%
에서 60%로 변경했다.[18]

---

17) "내지에서는 국가 또는 지방의 사업으로 되어야 할 것이 조합의 손에 의해
서 이루어지고 있다. 이것은 조선수리조합에 있어서 근본적인 문제로서 구역
을 부당하게 확장하고자 하는 경향도 이로부터 나오고 있고...다소의 보조금이
있다고 하더라도 대부분은 결코 저리가 아닌 저리자금에 의해 사업이 경영되
지 않으면 안된다. 이것은 식민지 농민에 대한 높은 착취율상에서만 가능한
방식이다"(近藤康男, 『農業經濟論』, 1932, 443쪽).

18) 『東亞日報』 1924년 12월 28일자, 「第二東拓 不二興業의 橫暴-수리조합을
맨드러 작인을 못살게. 竝作을 四對六으로 변경」. 기사에 의하면 중앙수리조
합은 1924년 말까지 공사비 420만 엔을 투자했는데 관개시설이 완비되어 실
효를 거둘 때까지는 27,8년이 걸릴 것으로 예상하고 있다.

<표 3 - 14> 수리조합구역의 소작관행 (1930)

지 역	소작방법(방식, 소작료율)	공과 · 수세	판매비료(金肥)
京城	打租, 60%	지주 부담	절반 또는 지주 60% 부담
水原	打租, 50% 일본인 농장은 執租, 60%	打租는 公課-지주, 水稅-절반, 執租는 지주부담	절반
淸州	執租, 60%	지주부담	절반
群山	定租 단보당 벼 1石5斗내외	지주부담	소작인부담
大邱	執租, 50% 또는 60%	지주부담. 소작료율 50%인 경우 公課는 소작인 부담	소작인부담
洛東江	打租, 60% 定租는 벼 2石1斗 내외	지주부담	절반 定租는 소작인부담
海州	打租, 60%	지주부담. 소작료율 50%인 경우 組合費-절반	절반
平壤	打租, 50%	公課-지주, 水稅-절반	절반
鴨綠江	打租, 50% 일본인 농장은 50% 이상	公課-지주, 水稅-절반 일본인 농장은 지주 부담	보통 소작인부담 일부 지주부담
鐵原	打租, 60%	지주부담	절반
咸興	打租, 50%	절반	소작인부담
豆滿江	打租, 50%	지주부담	金肥 사용 안함

* 朝鮮殖産助成財團, 『水利組合と小作慣行』, 1931, 2~3쪽에서 정리, 작성함.
* 표에서 '절반'이란 지주와 소작인이 50%씩 부담한다는 뜻이다.

이러한 소작료율 인상은 1920년대 '산미증식계획'에 의해 설립된 수리조합에서 일반적 현상이었다. <표 3 - 14>는 조선식산은행이 설립한 조선식산조성재단에서 1930년 조선 내 167개 수리조합 중 79개 조합을 대상으로 조사한 소작관행을 지역별로 정리한 것이다.[19)]

---

19) 朝鮮殖産助成財團측은 조사배경에 대해서 다음과 같이 말하고 있다. "수리조합 내의 토지는 일반경지와 달리 보통공과 외에 수리조합비가 부과되며 그 액은 事業費起債의 상환기간중 20개년 내외에 걸쳐서 매년 反當 수십전에서 많게는 십수 엔에 이르는 것도 있다. 평균하면 6엔 전후이다.… 조합의 설치에 의해 얻는 이익은 현저할지라도 신규의 부담증가도 결코 경소하다고 할 수 없다. 이러한 부담이 수리조합 내의 토지에 새로이 더해지기 때문에 그 소작제도 형세상 조합의 설립을 一期劃으로 하여 종래의 관행에 변혁을 초래하지 않을 수 없다. 본편은 그 최근의 실태를 살피기 위하여 각 지방의 주요한 조합을 번거롭게 하여 얻는 자료를 편록한 것…"(朝鮮殖産助成財團, 『水利

대부분의 수리조합에서 지주가 60%의 소작료를 걷고 있었으며, 50% 인 경우는 공과나 수세(수리조합비)의 형태로 소작인에게 부담이 전가 되었다. 조선총독부가 전국의 소작관행을 조사한 자료를 봐도 수리조 합 지역의 지주는 수리조합비 부담과 수확증가를 구실로 수리조합비를 대략 50% 정도 소작인에 부담지우거나, 소작료를 50%에서 60%로 인상 했다. 이러한 소작료율 인상은 일반 경지의 소작료율까지 높이는 근거 로 작용하였다.[20]

조선총독부는 소작료율 인상이나 수리조합비·공과 형태로 소작인 에게 지주의 부담을 전가하는 것을 합법화하거나 묵인했다. 1927년 종 래의 토지개량에 관한 제법규가 통합되어 제정되었던 「조선토지개량 령」(1927. 12. 28 制令 제16호) 제32조에는 "토지개량의 시행에 의해 현저 하게 임대지(소작지-인용자. 이하 동일)의 이용이 증가할 때는 임대인 (지주)은 차임(借賃, 소작료)의 상당한 증액을 청구"할 수 있는 것으로 규 정했다.[21] 실제 조선총독부는 지주의 수리조합비 부담능력을 계산할 때 소작료율을 60% 또는 2/3로 상정하여 지주의 소작료 인상을 공인했 으며,[22] 수리조합비 및 공과를 소작인이 반액 부담해도 부족할 경우 소 작료로 충당하면 된다고 했다.[23] 이는 조선총독부가 '산미증식계획'을

組合と小作慣行』, 1931, 1쪽).

20) 朝鮮總督府, 『朝鮮ノ小作慣行』上卷, 1932, 696~698쪽.

21) 朝鮮總督府, 「第十一輯 土地·林野·治水·土木」, 『朝鮮法令輯覽』上卷, 1940, 40쪽.

22) 羽鳥敬彦, 「朝鮮産米增殖計劃のその實績」, 『朝鮮民族運動史研究』5, 靑丘 文庫, 1988, 187~188쪽.

23) 조선총독부 토지개량과는 1927년 수리조합의 성적을 평가하면서 수리조합 사업으로 인한 미곡증수만으로는 조합비 및 공과를 지불할 수 없는 조합이 25개 조합이라며 다음과 같이 설명하고 있다. "… 그러나 이들 25조합도 실제 의 관행과 같이 조합비 및 공과를 지주 및 소작인이 반액씩 부담한다면 대개 여유가 생기는 계산이 되므로 부족한 것은 겨우 4조합에 불과하다. 그리고 이 들 4조합도 단순히 증수의 소작료로는 조합비 및 공과를 지출하기에 부족하 다라는 것이지 소작료 전액으로 (지출-인용자) 한다면 모두 조합비 및 공과 에 충당하고도 여유가 있다."(朝鮮總督府 土地改良課, 「土地改良事業實施の

지주의 소작인에 대한 높은 착취율에 의존하여 시행했음을 반증하는 것이다.

소작료 인상, 수리조합비 및 공과의 소작인 부담 외에도 지주는 농업경영의 기업화·동태화 과정을 통해 소작인에게 각종 부담을 전가했다. '산미증식계획'을 통해 자금의 많은 부분을 금융기관에 의존해야 했던 지주는 금융기관에 원리금을 지불하고 자신의 이익도 확보하기 위해서는 농업경영에서 최대한 이윤을 획득해야 했다. 이를 위해 생산·분배·유통 전과정에서 소작인을 철저히 지배·통제하는 농업경영의 동태화·기업화가 촉진되었다.[24]

지주의 동태화는 소작인에게는 노동강화뿐만 아니라 농업경영비 부담증가를 의미하는 것이었다. 비료를 예로 들면 대부분의 수리조합 지역에서는 미곡증산을 위해 판매비료[金肥]의 사용이 강제되어 일반경지에 비해 그 소비량이 많았다. 조선식산조성재단의 1930년 28개 수리조합에 대한 조사를 보면, 조사 수리조합의 단보당 판매비료 사용량과 금액은 16.8관(貫), 5엔9전인 반면, 조선 전체의 그것은 각각 1.5관, 50전이었다.[25] 수리조합 지역이 조선 전체에 비해 10배 이상의 판매비료를 사용했던 것이다. 그런데 <표 3 - 14>를 보면 그 비용의 전부 또는 50%를 소작농이 부담해야 했다. 이는 소작인의 생산비용부담으로 쌀생산량을 늘리고, 그에 따라 자연히 지주의 소작료 수취분을 증가시키는 효과를 가져왔다. 또 다른 소작인에 대한 지주의 부담전가라고 할 수 있다.

成績」,『朝鮮』 제158호, 1928. 7, 74〜75쪽).

24) 일제시기 지주경영의 주요한 특징으로서 동태화 과정에 주목했던 것으로 당시 조선총독부 도소작관이었던 久間建一의 연구가 있다(久間建一,「巨大地主の農民支配」,『朝鮮農政の課題』, 1943, 成美堂). 이러한 지주의 동태화, 기업가화과정의 주요 동인으로서 지주와 금융자본과 관계에 주목했던 것으로는 홍성찬의 연구를 참조할 수 있다(洪性讚, 앞의 논문, 1989. 9).

25) 朝鮮殖産助成財團,『水利組合と肥料の配給』, 1931, 4쪽.

지주의 부담은 소작인에게만 전가된 것은 아니었다. 수리조합을 주
도했던 대지주는 기존의 관개우량지 또는 관개혜택을 받을 수 없는 지
역을 조합구역에 강제로 편입시켜 그 땅의 소유자인 중소지주에게 조
합비를 부담하게 했다.[26] 또한 조합비 부과를 위한 등급사정(等級査定)
의 불공평성에 의해 중소지주에게 부담이 전가되기도 했다.[27] 중소지
주는 이러한 대지주의 부담전가에 저항했지만 그것이 여의치 않을 때
에는 다시 소작농에게 부담을 떠넘겼다.[28]

지주의 소작인에 대한 부담전가는 소작농의 빈농화 및 몰락, 대지
주의 중소지주에 대한 부담전가는 중소지주, 특히 조선인 중소지주의
몰락을 촉진시켰다. 이는 소작농과 중소지주의 광범위한 저항을 초래
했으며, 일제의 대지주 중심의 농업개발은 위기에 봉착했다.[29] 결국 문
제의 발단은 지주의 부담전가를 강제한 조선총독부의 정책, 일본자
본·조선식산은행의 이윤추구에 있었다고 할 수 있다.

---

26) 田剛秀, 「日帝下 水利組合事業이 地主制 展開에 미친 影響」, 『經濟史學』
　　제8호, 1984, 161~167쪽.
27) 張矢遠, 앞의 논문(1992), 222~227쪽 ; 라창호, 「일제하 수리조합에서 조합비
　　전가에 관한 연구」, 『京畿史論』 創刊號, 1997, 194~199쪽.
28) "… 중소지주로서도 때로는 일치케 단결하여 조합비과중의 항의를 조합에
　　대하여 제출한다는 등, 도당국에 진정한다는 등, 불납동맹을 조직한다는 등의
　　모든 운동을 다하여 자가리익의 옹호에 급급하여 마지아니하지마는, 만일 이
　　러한 모든 운동이 조금도 그 효과를 주치 못하는 때에는 그 최후의 실제부담
　　은 언제든지 도로 소작농의 머리 위에 떨어지고 말게 되는 것이다."(『東亞日
　　報』 1929년 5월 13일자, 「水利組合論(一野農生)」).
29) 수리조합 지역에서 중소지주 및 소작농의 저항에 대해서는 西條晃, 「1920年
　　代朝鮮における水利組合反對運動」, 『朝鮮史研究會論文集』 第8集, 1971 ; 徐
　　承甲, 「日帝下 水利組合 區域內 增收量의 分配와 農民運動」, 『史學研究』 41,
　　1990 ; 朴秀炫, 「植民地時代 水利組合反對運動」, 『中央史論』 7, 1991 참조.

2. 1930년대 고리채 교체와 농지관리회사의 설립

1) 지주경영 악화와 고리채 교체

1930년대는 쌀값 하락과 함께 시작되었다. 1920년 100을 기준으로 한 벼의 가격지수를 보면 1925년 106이었으나, 이후 하락하여 1931년은 45까지 떨어졌다. 1934년부터 다시 상승하나 1936년 86으로 1920년대 전반의 수준을 회복하지 못했다.[30] 쌀값 하락은 '산미증식계획'으로 금융기관의 자금에 의존하여 미곡증산을 꾀했던 지주의 채산성을 더욱 악화시켰다. 자연재해, 공사지연 등으로 예정대로 미곡을 증수하지 못했던 지주에게 쌀값 하락은 그나마 증수된 쌀을 판매하여 이윤을 실현하는 것조차 곤란하게 만들었다. 또한 쌀값 하락은 소작농의 몰락과 저항을 촉진시켜 지주의 소작농에 대한 부담전가도 한계에 이르렀다.

지주의 채산성 악화, 소작농의 몰락과 저항은 궁극적으로 지주에게 많은 자금을 융통했던 조선식산은행 및 일본자본의 이윤 확보를 위협했다. 1920년대 '산미증식계획'을 통해 형성되었던 일본 금융시장에서 조선의 지주로 이어지는 자금의 유입·유출 관계가 그 기저에서부터 흔들리고 있었던 것이다. 이는 자금의 유입·유출과 관계된 각 자본분파의 이해뿐만 아니라 농업을 근간으로 하는 식민지 경제정책, 나아가 식민지체제 전반의 위기와 관련된 문제였기 때문에 대책수립이 시급했다.

1930년대 조선식산은행의 금융활동상에 나타난 그 대책은 첫째, 고리채를 저리채로 교체하여 지주의 채산성을 높여주는 것이었으며, 둘째, 그래도 회생불가능한 지주의 토지에 대해서는 농지관리회사를 세워 토지의 생산적 기능을 유지하는 것이었다.

---

30) 小早川九郎 編, 『補訂 朝鮮農業發達史－資料篇』, 友邦協會, 1959, 121쪽.

고리채 교체는 먼저 수리조합을 대상으로 이루어졌다. 1929년 말부터 1931년 말까지 '산미증식갱신계획' 이전에 설립되었던 수리조합에 대해 고리채 교체를 실시했으며, 1932년 이후에는 '산미증식갱신계획' 이후 설립되었던 수리조합에 대해 고리채 교체를 실시했다.[31] 이를 통해 전체 수리조합 기채(起債)의 평균이자율은 1928년 3월 연리 8.2%에서 1936년 말 5.1%으로 저하되었다.[32]

고리채 교체에 사용되었던 자금은 대부분 조선식산은행을 경유한 대장성 예금부 자금이었다. 이에 따라 1920년대 말부터 조선식산은행의 채권발행액 중 대장성 예금부 인수액의 비중이 높아졌으며, 대장성 예금부 인수액 중 고리채 교체를 목적으로 한 것의 비중이 높아졌다.[33] 조선식산은행은 고리채 교체 외에 조합비 납부의 연기, 세입결손보전 자금 대출을 통해 수리조합의 경영난을 완화하는 데 주력했다.[34]

1934년 '산미증식계획'이 중지된 후 1935년부터는 '불량수리조합정리계획'이 수립되었다. 정리대상 조합은 전체 수리조합(196조합)의 34.7%에 해당하는 68개 조합으로 재정의 불량정도에 따라 폐지되어야 할 갑(甲)조합 5개소, 채무상환을 위해 국고보조가 필요한 을(乙)조합 35개소, 채무상환 연장이 필요한 병(丙)조합 28개소였다. 이들 조합은 대부분 대하천 유역, 산간벽지, 냉해지역에 설립된 조합으로 입지조건상 자연재해와 미가하락 때문에 차입금이 급증했음에도 불구하고 예정대로 수확을 거두지 못해 경영난에 빠졌던 곳이다.[35]

31) 中村寅之助, 「水利組合の高利債借替に就て」, 『朝鮮』 제204호, 1932. 5, 58쪽.
32) 朝鮮總督府土地改良部, 『朝鮮土地改良事業要覽』 1927년판, 83쪽 ; 朝鮮總督府土地改良部, 『朝鮮土地改良事業要覽』 1936년판, 137쪽. 개별 수리조합의 고리채 교체 사례에 대해서는 張矢遠, 앞의 논문(1992), 215~218쪽 참조.
33) 이 책의 제2부 2장 참조.
34) 朝鮮殖産銀行, 『朝鮮殖産銀行二十年志』, 126쪽.
35) 정리대상 조합의 면적은 6만 4,330정보로 전체 수리조합 면적(22만 정보)의 29.2%이지만, 그 起債額은 5,300만 엔으로 전체 수리조합 총 기채액(1억 900만 엔)의 48.6%를 차지했다(碓井忠平, 「不良水利組合の整理計劃に就て」, 『朝鮮經

'불량수리조합정리계획'의 내용을 요약하면 다음과 같다. 우선 갑조합은 차입금 총액 89만 2,000엔 중 조합측이 부담해야 할 13만 4,000엔을 제외한 75만 8,000엔의 절반은 국고에서 부담하고 나머지 절반은 금융기관의 손실로 처리한다. 을조합은 첫째, 조합채 2,900만 엔 중 대장성 예금부 자금 2,700만 엔은 금리를 연리 5.2%에서 4.1%로 인하하고, 나머지 조선 내 금융기관의 자기자금융통액 200만 엔은 금리를 연리 7.0%에서 5.0%로 인하한다. 둘째, 위와 같은 금리인하에도 적자를 면하지 못하는 조합에 대해서 30년에 걸쳐 국고에서 1,600만 엔을 보조한다. 셋째, 정리계획 실행을 위해 갱생수리조합연합회를 조직하여 을조합의 재정 전반을 관리하고, 몽리면적(蒙利面積) 200정보 이상의 조합에는 이사·주임·기사(技師)를 관선 파견하며 그 봉급을 국고에서 보조한다. 병조합은 첫째, 조합채의 상환기한을 평균 18개년에서 30개년으로 연장한다. 둘째, 이사·주임·기사는 도지사가 임명한다. 아울러 을·병조합의 개량공사를 위해 특별보조(乙組合에 대해서는 공사비의 2/3, 丙組合은 공사비의 1/5~2/3)와 저리자금을 융통한다.[36]

정리대상 조합 중 기존에 조선식산은행과 거래관계가 있던 조합의 자금융통은 계속 조선식산은행이 담당했다.[37] 조선식산은행 거래조합이 어느 정도 비중을 차지했는지는 정확히 알 수 없지만, 조선식산은행이 1935년 4월 '수리조합장기차체(借債)'을 위해 2,961.5만 엔의 저리(연리 3.9~4.0%) 채권을 발행하고 대장성 예금부가 인수한 것으로 볼 때[38] 정리계획의 주된 담당은행이었음을 알 수 있다.

濟新報』 1935. 4. 25, 17쪽).

36) 碓井忠平, 「不良水利組合の整理計劃に就て」, 『朝鮮經濟新報』 1935. 4. 25, 18~19쪽 ; 藤田强, 「朝鮮産米增殖計劃の經過と新增米計劃の檢討」, 『殖銀調査月報』 제22호, 1940. 3, 14~19쪽.

37) 朝鮮殖産銀行, 『朝鮮殖産銀行二十年志』, 1938, 127쪽.

38) 朝鮮殖産銀行秘書課, 「第百五十二回乃至百五十六回發行の件」, 『重要書類』 (1935년 상반기).

수리조합 외에도 농업회사에 대한 고리채 교체가 이루어졌다. 일제
시기 동양척식주식회사 다음으로 대규모 토지를 경영했던 후지이(藤井
寬太郞)의 불이흥업(주)은 1930년 초 경영위기에 봉착했다. 그 이유는
첫째, 서선(西鮮), 옥구(沃溝), 철원(鐵原) 등 간척 및 개간사업지의 제염
및 용수에 예상 외의 거액이 소요되었으며, 둘째, 각종 장해 때문에 실
제 수확도 계획에 비해 순연되거나 감소하였고, 셋째, 계획은 벼 1석당
16, 17엔으로 수립했으나 12엔으로 가격이 폭락했기 때문이다. 결국 지
출은 많아진 반면 수입이 뒷받침해주지 않아 점점 투자잔고와 차입금
을 격증시켰고, 회사경영은 심각한 위험에 빠졌다.[39] 불이흥업(주)은 이
에 대한 대책으로 주주배당 중지, 자사 소유의 부동산 처분 등과 함께
주 채권은행이었던 조선식산은행에 <표 3 - 15>와 같이 금리인하를 요
구했다.

<표 3 - 15>를 보면 불이흥업(주)은 1930년 7월 15일 현재 총차입액
1278만 7,650엔 중 조선식산은행에서 대략 99.4%인 1,271만 2,650엔(사채
부분을 제외한 차입금 778만 7,650엔 중 조선식산은행의 비중은 99.0%인 771
만 2,650엔)을 차입하였다.[40] 조선식산은행에 거의 모든 자금을 의존하
여 농업경영을 했다고 볼 수 있다. <표 3 - 16>의 1922년 7월 불이흥업
(주)의 차입상황과 비교해보면, 차입액(사채 제외)은 5.6배 증가했으며 조
선식산은행의 비중은 48.2%에서 99.0%로 높아졌다. 불이흥업(주)은 '산
미증식계획'하에 간척 및 개간과 같은 토지개량사업을 전개하면서 차입
금을 증대시켰으며, 주요 자금공급원은 조선식산은행이었다.

---

39) 不二興業株式會社,「1930. 8. 7. 當社整理ニ就テノ御願」,『重役會決議錄綴』.
40) <표 3 - 15>의 근거자료인「1930.8.7 當社整理ニ就テノ御願. 朝鮮殖産銀行
殿」은 不二興業(株)이 조선식산은행에 대해 금리인하를 요구한 문건이다. 따
라서 금융기관이 명시되어있지 않은 차입금 중 금리인하가 요구된 것은 모
두 조선식산은행에서 차입한 것으로 간주했다. 當座借越의 경우 같은 자료
를 보면 不二興業(株)은 1930년 6월 말 조선식산은행에서 4만 3752엔을 당좌
차월한 것으로 나타나 <표 3 - 15>의 5만 1648엔도 조선식산은행에서 차입
한 것으로 간주했다.

<표 3 - 15> 불이흥업(주)의 차입금과 금리인하 요구안(1930. 7. 15)

(단위 : 円, 年利)

	금 액	現行率	整理率	
2~4회 사채(식산은행 인수)	5,000,000	7.3~6.2	7.3~6.2	보증료 및 수수료 면제
식산은행 재해복구연부상환	98,572	6.1	6.1	연 2회 상환
〃	414,609	6.5	6.5	〃
식산은행 연부상환	462,000	6.0	6.0	〃
〃	678,000	8.5	6.0	〃
1928~29년도 차입	4,172,124	8.5	6.0	
조선은행 연부상환	40,000	7.0	7.0	연 1회 상환
십팔은행 연부상환	35,000	8.0	8.0	연 2회 상환
1929년도 벼담보 차입	988,697	8.0	5.0	
당좌차월	51,648	9.5	-	8월 1일부터 8.8%로 개정
1930년도 사업자금 차입	847,000	8.5	5.0	
합 계	12,787,650			

* 不二興業株式會社, 「1930. 8. 7. 當社整理ニ就テノ御 願. 朝鮮殖産銀行殿」, 『重役會決議
  錄綴』.

그런데 대부분 토지개량사업에 쓰였을 연부 및 정기상환자금의 이자
율을 보면 1926년경은 연리 12~11%로(<표 3 - 16> 참조) 고금리였으
며,[41] '산미증식갱신계획'의 경과에 따라 1930년경이면 연리 8.5~6.0%
로 하락했으나(<표 3 - 15>의 현행률 참조), 미가하락으로 인해 경영난
에 빠진 불이흥업(주)으로서는 그나마도 고금리였다. 이에 불이흥업(주)
은 연부 및 정기상환자금 중 금리 8.5%의 자금은 6.0%로 인하해줄 것
을 요구했다. 또한 연리 8.5~8.0%의 벼담보 차입금이나 1년 이내 상환
차입금 같은 단기자금도 5.0%로 인하해줄 것을 요구했다(<표 3 - 15>의
정리율 참조).

조선식산은행은 불이흥업(주)의 요구를 수용하면서 후지이를 경영일
선에서 퇴진시키고 조선총독부 농무과 기사인 미츠이(三井榮長)을 전면

41) 1926년 3월 말 차입금 중 이민과 재해복구자금은 조선식산은행이 대장성 예
금부의 저리자금을 받아 不二興業(株)에 대출한 것이다(大藏省 編纂, 『明治大
正財政史 第13券—通貨·預金部資金』, 財政經濟學會, 1939, 1005~1006쪽). 나
머지 차입금 중 조선식산은행의 비중은 정확히 알 수 없다.

<표 3 - 16> 불이흥업(주)의 차입 상황 (단위 : 円, %)

차입금 및 차입금 이자지불 상황						
연 도	조선식산은행	연부 및 정기	(어음)	(벼담보 어음)	他금융기관	합계
1922.7현재 차입액	1,369,900 (48.2%)				1,469,337	2,839,237
1932. 4~1933. 3 차입금 이자지불액	358,961 (99.6%)	267,100	74,391	17,469	1,403	360,364
1934.3현재 차입액	10,146,616 (100%)	7,120,604	1,379,396	1,646,616	0	10,146,616
1934. 3~1935. 3 차입금 이자지불액	421,562 (100%)	298,068	92,665	30,829	0	421,562
1936.3현재 차입액	9,232,702 (100%)	8,116,104	1,116,597		0	9,232,702

1926년 3월 말 차입금 내역			
종별	금액	이자율 (年利)	비 고
저리자금	1,800,000	6.1%	일본인 이민(불이농촌) 저리자금
〃	561,000	6.5%	서선농장 재해복구비
연부상환	668,703	12%	73만 엔 차입분 상환잔고
정기상환	2,915,458	11%	각종 정기차입금
연부상환	474,789	11%	50만 엔 차입분 상환잔고
계	6,419,950		

* 不二興業株式會社, 『所得申告書稅・所得稅決定書綴』 중 「1922. 7. 1. 直第三七八號回答 京城府廳 御中」 ; 「1926. 10. 27 不二興業(株)發 京城府直係 御中」 ; 「1933. 5. 25. 所得稅 申告書提出ニ關スル件 京城府尹殿」 ; 「1935. 6. 22. 1933. 4~1934. 3. 事業年度支拂利息 及借地借家料ノ件 京城稅務署長殿」 ; 「1936. 5. 4. 第22期 所得申告書提出ノ件. 京城稅 務署長殿」.
* '조선식산은행'의 괄호안 수치는 전체 차입액 또는 이자지불액 중 조선식산은행의 비중 임. 표의 차입액과 이자지불액을 불이흥업(주)의 영업보고서에 나타난 수치를 비교해보 면 1936년 3월 경우만 일치하고, 나머지는 영업보고서의 수치가 더 많다. 따라서 1936년 이전 수치는 실제액보다 과소평가되었을 가능이 많다. 불이흥업(주) 영업보고서의 수치 는 洪性讚, 앞의 논문(1990), 257~263쪽 참조.

에 내세워 경영권을 장악했고, 1935년경에는 자회사인 성업사(成業社) 를 최대 주주로 만듦으로써 소유권까지 장악했다.[42] 이러한 경영권 및 소유권 변동에 따라 불이흥업(주)의 금융거래처는 1934년 이후 조선식 산은행으로 단일화되었다.

---

42) 조선식산은행의 不二興業(株) 인수과정은 洪性讚, 앞의 논문(1990. 3), 223~ 232쪽 참조.

2) 농지관리회사 설립과 식민지지주제의 변화

1930년대에 들어서면 고리채 교체에도 불구하고 파산하는 지주가 속출함에 따라 지주들에게 자금을 융통했던 조선식산은행에 그 담보물인 농지가 대규모 유입되었다.[43] 조선식산은행의 부동산담보 대출액을 보면 1920년 말 3,403.6만 엔에서 1930년 말 1억 4,911.6만 엔으로 약 4.4배 증가했다.[44] 조선식산은행의 부동산담보대출은 보통 담보물가격의 2/3를 대출했으므로 1930년 말 대략 2억 2,367.4만 엔의 부동산에 대출을 한 셈이다. 부동산의 대부분은 '산미증식계획'하에 농업대출이 증가하면서 담보물로 제공된 지주들 소유의 농지였다. 1930년 말 조선 전체 논(畓)·밭(田)·터(垈)·잡종지의 법정지가가 9억 2,144만여 엔이었으므로[45] 조선식산은행은 이 중 대략 24%를 담보로 대출했던 것이다.

이렇게 부동산담보대출이 증가하는 가운데 농업경영이 악화되자 지주들은 채무액 대신에 부동산의 소유권 또는 질권(質權)을 조선식산은행에 넘겼다. 조선식산은행에 소유권이 이전된 경우는 조선식산은행 재산목록에 유입물로 기재되는데, <표 3 - 17>은 '산미증식계획' 실시 이후 1936년까지의 부동산 유입상황을 정리한 것이다. 부동산 유입액은 1924년 말 203만여 엔으로 급증했고 1930년 말에는 319만여 엔까지 증가하여 1920년 말에 비해 23배 증가했다. 유입부동산 중 농경지를 보면 역시 1924년 말 논 333만여 평, 밭 289만여 평으로 급증했고, 1931년

---

43) 이 시기 파산한 지주 중 조선식산은행이 주된 거래처였던 경우는 不二興業(株) 외에 황해도 옹진군의 川左農場, 강원도 통천군의 岩永農場, 朝鮮開拓株式會社(舊 鮮滿開拓) 등이 있다(洪性讚, 「日帝下 地主層의 存在形態」, 『韓國近現代의 民族問題와 新國家建設』(金容燮教授停年紀念 韓國史學論叢刊行委員會 編), 1997, 345쪽).

44) 矢鍋永三郎, 「朝鮮に於ける不動産金融に就て」, 『朝鮮總攬』(朝鮮總督府 編), 1933(1931 初出), 155~156쪽.

45) 위의 글, 157쪽.

<표 3 - 17> 조선식산은행의 유입부동산 추이(1920~1936)

연 도	금 액 (円)	(유입농지) (坪)	연 도	금 액 (円)	(유입농지) (坪)
1920. 12	138,488	畓 157,405 田 68,073	1931. 12	2,230,737	畓 2,457,796 田 3,489,854
1922. 12	315,433	畓 572,761 田 194,838	1932. 6	1,692,077	畓 3,636,662 田 4,533,100
1924. 12	2,037,353	畓 3,338,072 田 2,899,088	1932. 12	543,587	畓 1,636,846 田 1,438,568
1926. 12	2,719,989	畓 3,774,838 田 5,057,450	1933. 12	365,958	畓 662,649 田 1,113,839
1928. 12	2,718,523	畓 3,350,066 田 4,944,511	1934. 12	277,583	畓 331,819 田 2,047,174
1930. 12	3,192,028	畓 3,560,553 田 6,620,817	1935. 12	271,723	畓 376,787 田 2,085,634
1931. 6	3,018,378	畓 4,408,846 田 7,639,254	1936. 12	454,845	畓 388,260 田 1,997,070

* 朝鮮殖産銀行 計算課, 「財産目錄」.
* 「財産目錄」을 보면 1930년 6월까지는 '유입토지'·'유입건물'·'기타(주로 유가증권)'로
  구분되어있어 부동산만의 수치를 구할 수 있으나, 1930년 12월 이후는 '所有動産不動産'
  항목으로 통합되어 부동산만의 수치를 구할 수 없다. 따라서 표의 1930년 12월 이후 금
  액에는 약간의 동산분이 포함되어있다. 참고로 1930년 6월 전체 유입액에서 동산이 차
  지하는 비중은 1.9%였다.

6월 말에는 논 440만여 평, 밭 763만여 평까지 증가하여 1920년 말에 비
해 논은 28배, 밭은 112배 증가했다. 이는 '산미증식계획'이 지주들에게
결코 순탄한 성장을 보장하는 것은 아니었다는 점을 말해준다.

일본자본을 도입하여 농업에 투자했던 조선식산은행에게 지주의 파
산에 따른 유입농지의 증대는 자신과 일본자본의 이윤실현을 위협하는
것이었다. 따라서 증가된 유입농지를 효과적으로 관리하여 생산적 기
능을 유지할 필요가 있었다. 조선식산은행은 1931년 5월 전액 출자하여
농지관리회사로 성업사(成業社)를 세웠다. <표 3 - 17>에서 1931년 6월
이후 유입농지가 급격히 준 것은 성업사에서 유입농지를 인수, 관리했
기 때문이다. 또한 조선식산은행은 암영농장(岩永農場) 같은 불량채무
자의 토지를 성업사가 직접 인수하게 했다. 이에 따라 성업사의 소유농
지는 1933년 최고 2,954만여 평에 이르렀다. 1934년 이후 쌀값 상승에

따라 상당량의 농지를 처분했고, 전시기로 들어서면서 유가증권 투자
를 확대했지만, 1944년에도 1,253만여 평의 농지를 소유했을 정도로 줄
곧 농지관리회사로서 기능했다.

성업사는 소유농지에 대한 관리·경영만이 아니라 조선식산은행의
위탁을 받아 타인의 농지에 대해서도 관리·경영했다. 조선식산은행을
주거래은행으로 하여 간척사업을 벌이다 경영난에 빠져 1930년에 조선
식산은행에 질권(質權)을 설정한 황해도 옹진군의 말영농장(末永農場)과
귀두농장(鬼頭農場)은 그 후로도 사업성적이 부진했다. 이에 조선식산
은행은 1939년 이들 농장을 성업사가 위탁관리하도록 했다. 이외에도
성업사는 1934~1935년경 조선식산은행에서 자금을 융통받아 농업경
영을 하다가 파산한 불이흥업(주), 조선개척(주)과 같은 대규모 농사회
사의 소유권·경영권을 장악하여 자회사로 거느렸다.[46] 성업사는 주로
조선식산은행의 자금을 융통받아 농업경영을 하다가 1930년대에 들어
서면서 파산한 지주들의 농지를 인수하거나 위탁받아 관리·경영함으
로써 조선식산은행의 영업기반을 뒷받침했다. 이를 통해 주거래처인
지주들의 파산에도 불구하고 조선식산은행 및 조선식산은행이 도입한
일본자본의 이윤은 안전하게 보장될 수 있었다.

조선식산은행이 참여하여 1932년에 설립된 조선신탁(주)도 농지관리
회사의 성격을 띠었다.[47] 조선신탁(주)은 금전신탁, 유가증권신탁과 함
께 부동산신탁을 주요 업무로 취급했다. 회사의 '설립취의서'를 보면,
"특히 농업의 경영, 아울러 사회사정의 현정(現情)에 비추어 부동산신탁
의 개척에 노력함이 요절실(要切實)한 것"이라 했다.[48] 여기서 '사회사
정'이란 바로 1930년대 초 지주들의 농업경영난을 말한다. 위기에 처한

46) 이상 成業社에 대해서는 洪性讚, 앞의 논문(1990. 10) 참조.

47) 朝鮮信託(株)은 총 20만 株 중 조선은행이 6만 주, 조선식산은행이 5만 9800
주를 소유하여 양 은행이 기관투자가로 참여한 국책회사라고 할 수 있다(中村
資郎 編, 『朝鮮銀行會社組合要錄』 1937년판, 東亞經濟時報社, 44~45쪽).

48) 朝鮮信託株式會社, 『朝鮮信託株式會社十年史』, 1943, 58쪽.

지주들의 농지를 전문적으로 관리하여 지주를 구제하려는 '사회정책적' 견지에서 부동산 신탁이 강조되었던 것이다.[49]

조선신탁(주)의 농지관리 규모를 보면, 1942년 말 수탁면적(受託 面積) 4만 882정보(町步) 중 86.2%인 3만 5,250정보가 논·밭 등의 농지였다. 또한 수탁면적 중 72.4%인 2만 9,606정보는 조선신탁(주)이 직접 관리하는 갑종 신탁이었다. 이들 농지관리를 위해서 조선신탁(주)은 21개소의 농장을 설치하고 기술직원을 배치하여 생산증대 및 효율적인 생산물 처리를 꾀하였다.[50]

1930년대 성업사나 조선신탁(주) 같은 농지관리회사의 출현은 이 시기 지주제의 변화를 암시하는 것이었다. 성업사는 주로 파산한 지주의 농지를 인수·경영했으며, 조선신탁(주)은 경영난에 빠진 지주의 농지를 수탁·경영했다는 차이점은 있다. 그러나 양자 모두 농업경영에서 지주가 자의든 타의든 배제되고 있다는 점에서는 공통점을 보인다.[51] 1930년대 농업위기를 계기로 금융자본이 소작농을 직접 장악·지배하게 되었던 것이다. 지주는 파산하거나 수탁자의 경영상황에 따라 '신탁지료(信託地料)'를 분배받는 처지가 되었다. 또한 전시기로 들어서면서

---

49) 이 점은 朝鮮信託(株) 설립배경에 대한 다음과 같은 기술을 보면 명확히 알 수 있다 "조선의 특수사정, 환언하면 조선에서 부의 대부분은 농경지인데, 종래 권리의 보전 내지 관리방법의 유치 불완전 때문에 작일의 부자도 금일의 빈자로 전락하여 기다의 사회문제를 야기하는 導因이 되었을 뿐만 아니라 소중한 부동산이 관리 및 처분의 졸렬함으로 입는 손실은 또한 막대했다. 이러한 사정에 비추어 소유지를 신탁재산으로하여 유치 불완전한 관리 및 처분방법에 일대개선을 시행함은 필경 지주 본인을 위해서뿐만 아니라 국가사회를 神益케하는 바가 심대하다라는 사회정책적 견지에서도 또한 강력한 신탁회사의 출현이 요망되었던 것이다"(朝鮮信託株式會社, 위의 책, 55~56쪽).

50) 朝鮮信託株式會社, 위의 책, 109, 113쪽. 朝鮮信託(株)의 농장경영에 대해서는 金容燮, 「朝鮮信託의 農場經營과 地主制 變動」, 『韓國近現代農業史硏究』, 一潮閣, 1992 참조.

51) 지주는 경영난과 같은 경제적 이유 외에 소작농민과의 마찰, 모순관계를 피하기 위해 신탁회사에 토지를 신탁했다(金容燮, 위의 논문, 342~343쪽 ;『東亞日報』 1935년 8월 4일자).

조선신탁(주)이 직접 관리하는 농지가 증대했다.

조선신탁(주)의 부동산 수탁면적 중 회사가 직접 관리하는 갑종 신탁의 비중이 1939년 말 59.1%에서 1942년 말 72.4%로 증대했으며, 그 신탁기간도 10년 이상 50년 미만이 70%를 넘어섰다. 이에 대해 조선신탁(주)은 다음과 같이 설명하고 있다.

…… 갑종 신탁은 생산에서 생산물의 처리에 이르기까지 당사(當社)가 일관적으로 관리담당하는 때문에 근시(近時) 각종 통제령이 발동되어 농사에 종사하는 자라도 어느 정도 법령에 대한 지식과 이해가 없다면 국가가 희구하는 농사의 유효적 경영은 도저히 바랄 수 없기 때문에 갑종 신탁의 증가를 촉진하고 있는 것이다. 즉 당사 설립의 사명에 비추어본다면 당사는 수익자를 위하여 각종의 재산 중 주로 부동산의 옹호기관으로서 발족했지만 지금 전시하 식량증산, 농사개량, 농촌재편성의 일익을 담당하는 공적 기관으로서 그 성격을 일변하기에 이르렀던 것이다.[52]

조선신탁(주)은 지주를 옹호하는 기관에서 식량증산 등 전시농정을 수행하는 공적 기관으로 변모했던 것이다. 지주제에 대한 국가관리의 강화현상은 성업사에서도 찾아볼 수 있다. <표 3 - 18>은 성업사가 지배했던 불이흥업(주)의 황해도 연백군 연해농장(延海農場)[53]의 공출성적을 소속 면의 공출성적과 비교한 것이다.

1944년 황해도 연백군은 가뭄으로 수확량이 감소하여 실제 수확량이 공출할당량에 못 미치는 경우도 발생했으며, 이에 따라 이 지역 농민은 과대 공출할당량에 상당한 고통을 겪었다. 연해농장도 총수확량이 1943년 17만 1,218석(石)에서 1944년 9만 763석으로 감소했다. 이러한 상

---

52) 朝鮮信託株式會社, 앞의 책, 113쪽. 이외에도 戰時期 부동산신탁의 증가추세에 대해서 朝鮮殖産銀行調査部, 「朝鮮經濟情報－不動産信託の趨勢」, 『殖銀調査月報』 제61호, 1943. 6, 35쪽 참조.

53) 延海農場은 원래 朝鮮開拓(株)의 농장이었으나, 1944년 朝鮮開拓(株)이 不二興業(株)에 흡수합병됨에 따라 不二興業(株)의 농장이 되었다.

<표 3 - 18> 불이흥업(주) 연해농장의 양곡공출 상황(1945. 1~2)

분장(分場)명		송봉	부현	청계	초양	해남	용도	영양	일신
할당대비 실제 공출량 비율	면 전체	60%	60%	60%	50%	48%	80%	72%	80%
	분장 전체	70%	70%	70%	53%	53%	85%	87%	80%

* 門田協之介(不二興業企劃課長) 外, 「昭和二十年二月 延海農場業務調査 復命書」.

황에서도 1945년 1~2월 조사에 의하면 할당량에 대한 실제 공출량 비율은 면 전체보다 농장의 분장(分場) 쪽이 3~15% 높았다. 이에 대해 조사자는 농장이 "당국의 방침에 순응 협력"하였음을 강조하고 있다.[54]

농장은 생산에서 유통까지 철저히 소작농을 장악·관리했기 때문에 좀더 효과적으로 전시통제에 부응할 수 있었던 것이다. 이러한 이유 때문에 총독부는 전시말기에 부재지주의 토지를 농장, 수리조합 등에서 수탁관리하는 방안을 적극 추진했던 것이다.[55]

'산미증식계획'이 실시되었던 1920년대와 1930년대 중반 조선식산은행은 일본자본을 도입하여 지주제를 매개로 농업에 투자했다. 이 과정에서 개별 지주들의 경영상태는 파산·몰락하기도 하고, 호전되기도 했으나 조선식산은행의 수익은 꾸준했다. 일제시기 대표적 농업회사였던 불이흥업(주)의 수익률은 1920~1928년까지는 약간의 기복이 있으나 8~9% 수준을 유지했다. 그러나 1920년대 말부터 수익률이 저하하여 쌀값이 폭락하는 1930, 1931년은 마이너스를 기록했고, 결국 파산하여 조선식산은행에 인수되었다. 불이흥업(주)의 조선 전체 중등답(中等畓) 수익률인 7~8%에도 못 미치는 수준이었다. 반면 조선식산은행의 수익률은 다소 기복은 있으나, 1922년 이후 1936년까지 15~18% 수준을 유지하여 불이흥업(주)이나 중등답의 수익률보다 두 배 정도 높았다.[56] 이

---

54) 門田協之介(不二興業企劃課長) 外, 「昭和二十年二月 延海農場業務調査復命書」.

55) 朝鮮殖産銀行調査部, 「朝鮮經濟情報-農業增産强化へ三要綱發表」, 『殖銀調査月報』 제72호, 1944. 5, 37~38쪽.

56) 朝鮮總督府財務局, 『朝鮮金融事項參考書(1939年調)』, 32~33쪽 ; 洪性讚, 앞

는 개별 지주의 성패와 상관없이 농업투자를 통해 조선식산은행의 이윤과 조선식산은행이 도입한 일본자본의 이윤이 안정적으로 확보되었음을 의미한다.[57]

결국 '산미증식계획'은 일본 본국의 식량확보에 기여했으며, 그 과정에서 우선적으로 금융자본의 이윤이 실현되었던 것이다. 지주는 금융자본의 이윤실현과 자신의 이윤 확보를 위해 농업경영의 동태화, 소작농에 대한 부담전가를 추진했다. 따라서 조선식산은행의 농업투자는 "상층으로부터 주입된 다액의 자본이 최하층에서 모세관적 접촉으로 농민경제에 작용하여, 다시 이윤을 내포하고 상층으로 복귀 상승해가는 과정"[58]을 잘 보여준다고 할 수 있다.

또한 지주제는 1930년대 초 농업공황을 계기로 변모하여 지주가 농업경영에서 배제되고 농지관리회사를 통해 금융자본이 소작농을 직접 장악·지배하게 되었다. 이러한 현상은 전시기에 들어서면 가속화되어 이제 지주제는 지주의 성패와 상관없이 미곡을 생산하는 기구로서 금융자본 및 국가의 관리가 강화되었다.

의 논문(1990), 255~260쪽 ; 이규수, 『近代朝鮮における植民地地主制と農民運動』, 信山社, 1996, 155~162쪽 ; 朝鮮殖産銀行, 『全鮮畓田賣買價格及收益調(第15回)』, 1942.

57) 이를 상징적으로 보여주는 것이 不二興業(株)이 주도했던 강원도 철원의 中央水利組合과 조선식산은행 철원지점의 대조적인 경영실적이다. 중앙수리조합은 사업효과 지연, 고금리 부담, 소작농의 저항으로 1930년대 초 경영난에 빠져 불량수리조합으로 전락, 1935년 이후 '불량수리조합정리계획'을 받았다. 반면 수리조합과 거래했던 조선식산은행 철원지점은 조선식산은행 전체 지점 중 부산지점 다음으로 좋은 영업성적을 거두었으며, 그 원인의 하나는 수리조합이었다고 한다(朝鮮經濟日報, 「文化を齊す水利組合」, 『朝鮮經濟日報附錄 "水利事業號"』 1931. 7, 9쪽). 당시 조선총독부 토지개량부장이었던 中村寅之助는 경영난에 빠진 수리조합에서 예정대로 조합비를 가렴주구하려는가라는 질문에 명백히 "은행에 대해서 일정의 연부금 상환의무가 있기 때문"이라고 했다(中村寅之助, 「土地改良事業問答」, 『朝鮮總攬』(朝鮮總督府編), 1933, 400쪽). 총독부 관리도 일차적으로 은행의 이윤확보를 고려했던 것이다.

58) 久間健一, 「農業機構の基底を流れるもの」, 『朝鮮農政の課題』, 成美堂, 1943, 17쪽.

제3장 일제말기(1937~1945) 광공업금융과
조선인 자본가의 존재방식

1. 전시금융의 식민지적 특성

1) 전비 조달을 위한 금리인하

일본이 1937년 7월 중국으로, 다시 1941년 12월 태평양으로 침략전쟁을 확대함에 따라 일본의 지배하에 있던 조선도 전시에 맞게 체제를 정비해갔다. 전시경제의 목표는 전쟁수행을 위해 물자, 인력을 동원하고 군수품을 생산하는 것이었으며, 금융은 이러한 동원을 자금면에서 뒷받침해야 했다. 1918년에 설립되어 일제의 식민지 경제정책을 구현해왔던 조선식산은행도 1937년 이후 자금운용의 중심을 전쟁수행에 필요한 광공업부문에 두었다.

1937년 이후 조선식산은행에 대한 본격적인 연구는 없으며 대부분 조선식산은행사의 일부 또는 전시금융의 일부로서 다루었다.[1] 그 내용도 광공업대출액이 많았고, 관련 회사로 어떠한 것들이 있었다는 정도이다. 이 장에서는 조선식산은행 및 관련 회사에 관한 새로운 자료를 발굴하여[2] 광공업금융의 실태를 분석하고, 이를 통해 전시기 조선식산

---

1) 朝鮮殖産銀行史의 일환으로 戰時期를 다룬 것으로 堀和生, 「植民地産業金融と經濟構造－朝鮮殖産銀行の分析を通じて」, 『朝鮮史研究會論文集』 20, 1983 이 있으며, 戰時金融 연구의 일환으로 조선식산은행을 다룬 것으로 裵永穆, 「植民地 朝鮮의 通貨金融에 관한 研究」, 서울대 경제학과 박사학위논문, 1990 ; 김호범, 「식민지하 전시금융체제의 구조와 성격에 관한 연구」, 『역사연구』 3, 역사학연구소, 1994 ; 吳斗煥, 「戰時工業化와 金融」, 『近代朝鮮工業化의 研究』, 一潮閣, 1993이 있다.

은행의 역할을 규명하려 한다. 이는 금융 측면에서 이 시기에 형성되었던 전시수탈구조의 일면을 밝히는 작업이기도 하다.

또한 조선식산은행을 이용할 수 있었던 층을 포함하여 전시기 조선인 자본가의 존재방식을 금융면에서 추적하고 분류해보겠다. 조선인 자본가가 처한 금융상황을 분석함으로써 전시금융통제의 실태를 밝히고 조선인 자본가의 실상과 성격을 파악하려 한다.

전시경제에서 금융의 역할은 전쟁수행에 필요한 비용을 조달하는 것이다.「임시자금조정법시행규칙(臨時資金調整法施行規則)」(1937. 10. 府令 제157호), 「은행등자금운용령시행규칙(銀行等資金運用令施行規則)」(1940. 12. 府令 제303호) 등 금융통제법과 조선자금자치조정단(朝鮮資金自治調整團)(1937. 10. 설립), 조선금융단(朝鮮金融團)(1938. 12. 설립)과 같은 금융통제기구를 통해 조선 내 금융기관의 자금은 일본정부가 전쟁수행을 위해 발행한 국채(國債)를 소화하거나 군수산업체에 융통하도록 통제되었다.[3]

1938년부터 1945년 9월까지 조선의 금융기관은 대출액이 5.1배 증가한 반면 유가증권 인수액은 15.5배 증가하였고, 인수된 유가증권의 70% 정도가 일본국채였다.[4] 대출에서도 금융기관에 대한 자금운용통제에 의해 조선은행과 조선식산은행에 집중된 자금이 광공업을 중심으로 한 군수산업과 조선식량영단(朝鮮食糧營團)과 같은 전시통제기구에 융통되었다.[5]

---

2) 새로 발굴한 조선식산은행 및 관련 회사 자료는 대부분 成業公社가 소장했던 자료이다. 1954년 韓國産業銀行의 설립으로 朝鮮(韓國)殖産銀行이 청산되는 과정에서 관계서류가 방계회사였던 성업공사에 보존되었던 것 같다. 현재 이 자료는 정부기록보존소에 보관되어있다.

3) 이 책의 제1부 1장 3절 참조.

4) 이 책의 제2부 보론 4절 참조.

5) 吳斗煥,「朝鮮銀行의 發券과 産業金融」,『國史館論叢』 36, 1992, 167~170쪽 ; 이 책의 제2부 제3장 참조.

<표 3 - 19> 전시기 국채·예금·대출의 이자율 추이 (단위 : 年利, %)

연도	日本國債	정기예금				일반대출				개인대부 (조선인간)	물가지수 (1936=100)
		東京의 은행	朝鮮銀行	朝鮮殖産銀行	普通銀行	東京의 은행	朝鮮銀行	朝鮮殖産銀行	普通銀行		
1937	3.69	3.42	3.60	3.80	4.20	2.74	6.57	7.67	7.67	30.00	116
1939	3.69	3.41	3.60	3.60	4.10	2.74	5.84	7.30	8.03	28.80	163
1941	3.69	3.35	3.50	3.50	3.90	2.90	5.84	6.21	6.94	27.60	187
1943	3.66	3.35	3.40	3.40	3.60	2.20	5.11	5.11	5.84	26.40	215
1945	3.66	3.30	?	3.40	3.40	2.13	?	5.48	5.11	?	272

* 大藏省昭和財政史編集室編,『昭和財政史 第6卷－國債』, 東洋經濟新報社, 1954, 358쪽, 자료 II, 56~63쪽; 後藤新一,『日本の金融統計』, 東洋經濟新報社, 1970, 273~274쪽; 朝鮮總督府,『朝鮮總督府統計年報』각년판; 南朝鮮過度政府編纂,『朝鮮統計年鑑』(1943), 1948, 136~138쪽; 朝鮮銀行調査部,『朝鮮經濟年報』(1948), III‐102~103, 121쪽; 朝鮮銀行調査部,『經濟年監』(1949), IV‐157~159쪽.
* 일본국채의 이자율은 액면이자율이며, 세금을 공제한 이자율은 대략 3.5% 정도이다. 물가지수는 1936년을 기준으로 한 京城(서울)의 도매물가지수이다.

이러한 전비 조달을 원활하게 이루기 위해 일본의 재정금융 당국이 취한 조치가 금리인하였으며, 일차적으로 국채를 소화하기 위해 국채의 이자율보다 낮게 예금금리를 책정하는 것이었다.[6] 조선금융단도 "저금리의 촉진을 도모하여 국채 소화에 협력할 것"을 결의하고 수차례 예금협정이율(預金協定利率)을 정해 예금금리를 낮추었다.[7]

<표 3‐19>에서 보듯이 국채의 금리 수준은 1937년 이후 연리(年利) 3.69%를 넘지 않았는데, 1937년 조선은행을 제외한 은행의 예금금리는 연리 3.80% 이상이었다. 그러나 계속된 저금리정책에 의해 1943년 경 모든 은행의 예금금리가 국채의 이자율보다 낮아져서 국채 소화를 통해 조선 내에 축적된 자금이 일본으로 유출될 수 있는 구조가 만들어졌다. 일본과 조선 사이의 자금유출입을 추산해 보면 1938년부터 1945년간 60

6) 日本銀行(調査局),「戰時金融統制の展開」(1943), 日本銀行調査局 編,『日本金融史資料 昭和編 第二十七卷』, 大藏省印刷局, 1970, 429~434쪽.
7) 朝鮮銀行調査課,「第1回朝鮮金融團大會開催さる」,『鮮滿支財界彙報』3‐6, 1939. 6, 1쪽. 조선금융단의 금리조정에 대해서는 木村健二,「朝鮮の金融統制と朝鮮金融團」,『戰時體制下の金融構造』(伊牟田敏充 編著), 日本評論社, 1991, 111~113, 121~122쪽 참조.

억여 엔의 유출초과가 발생했는데, 주요 원인은 일본국채의 소화였다.[8]

또한 예금금리 인하는 대출금리 인하를 가능케 하여 군수산업체가 저금리로 융통받을 수 있게 하였다. 1937년 연리 6~7%대였던 일반대출금리는 1943년경이면 모두 5%대로 저하되었다. 대출금리 인하는 예금금리 인하보다 그 폭이 커서 자금수요자에게 혜택을 주는 금리정책이었다. 1937년에서 1945년 사이 조선식산은행과 보통은행의 대출금리는 예금금리에 비해 대략 1.7~1.8% 더 인하되었다.

적은 비용으로 국채 소화와 군수산업 대출을 가능하게 했던 것은 광범위한 예금자들의 희생이 있었기 때문이다. 1937년에서 1945년 6월까지 예금금리가 지속적으로 하락한 반면, 공식 도매물가는 2.7배 올랐는데(<표 3 - 19> 참조), 실제 물가는 공식 물가에 비해 훨씬 가파르게 상승했을 것이다. 1944년 5~6월경의 조사에 의하면 암시장의 가격은 공정가격의 6~7배였다.[9] 따라서 이 시기 예금을 한다는 것은 실질가치 하락으로 인해 손해를 보는 것이었다. 당시 대부분의 예금이 강제성에 의존할 수밖에 없었던 것도 이 때문이었다.

2) 여신 집중과 만연한 고리대

인플레가 진행되는 가운데 대출금리가 인하되었기 때문에 사업자의 입장에서는 금융기관에서 자금을 공급받으면 받을수록 유리한 상황이었다. 그러나 조선 내에서 형성된 자금은 일차적으로 국채 소화를 통해 일본으로 유출되었으며, 남은 자금도 소수에게 집중되었다.

<표 3 - 20>은 조선식산은행의 대출금을 구좌수와 구좌당 대출액 추이에 따라 정리해본 것인데, 차수자수(借受者數)를 알 수 없는 상황에서

---

8) 이 책의 제2부 보론 참조.
9) 金東昱, 「1940~1950년대 韓國의 인플레이션과 安定化政策」, 연세대 경제학과 박사학위논문, 1994, 27쪽.

<표 3 - 20> 조선식산은행의 대출종류별 구좌수 추이 (단위 : 엔, 口座)

연도말	합 계			산업공공대부			상업대부		
	대출액	구좌수	1구좌당	대출액	구좌수	1구좌당	대출액	구좌수	1구좌당
1937	555,348,039	98,606	5,632	383,671,826	48,512	7909	171,676,213	50,094	3427
1938	599,595,848	97,866	6,127	411,672,481	49,065	8390	187,923,367	48,801	3851
1939	809,959,450	91,394	8,862	503,085,253	56,662	8879	306,874,197	34,732	8835
1940	969,148,539	78,935	12,278	513,891,522	57,665	8912	455,257,017	21,270	21404
1941	1,120,801,405	78,646	14,251	534,785,439	56,110	9531	586,015,966	22,536	26004
1942	1,266,597,480	75,697	16,732	556,385,985	53,381	10423	710,211,495	22,316	31825
1944.3	1,629,895,493	63,846	25,529	767,988,577	46,226	16614	861,906,916	17,620	48916
1945.3	1,895,322,124	53,610	35,354	840,831,457	39,635	21214	1,054,490,667	13,975	75456
1945.9	1,766,834,095	31,042	56,918	727,938,972	23,951	30393	1,038,895,123	7,091	146509
기간별 증가지수(각각 1918년, 1927년, 1936년 기준)									
1918~1927	804	324	248	2155	589	366	279	183	153
1928~1936	214	190	112	204	186	110	258	259	100
1937~1945.9	344	28	1241	204	52	392	663	11	6166

* 朝鮮殖産銀行計算果, 「財産目錄」.
* 산업공공대부는 공공연부대부, 공공정기대부, 금융조합당좌대월, 금융조합중앙금고제대부, 산업연부대부, 산업정기대부, 인수채권이며 상업대부는 어음할인, 화물환어음, 어음대부, 증서배두, 당좌대월, 통지대부, 콜론, 저금담보대부, 저금신용대부를 말한다.

이를 통해 여신의 밀도를 추측해볼 수 있을 것이다.[10]

1937년 이전은 증가폭에 변화는 있지만 대체로 대출총액이 증가했고, 그보다 적은 폭으로 구좌수가 증가함에 따라 1구좌당 대출액도 약간 증가하는 추세였다(<표 3 - 20> 하단 참조). 이에 비해 1937년부터 1945년 9월 사이에 대출총액은 3.44배 증가한 반면 구좌수는 0.28배, 즉 약 1/4 감소함에 따라 1구좌당 대출액이 큰 폭(12.41배)으로 증가하여 여신

10) 1구좌로 여럿이 대출받을 수 있으며, 반대로 1명이 몇 구좌를 대출받을 수 도 있다. 조선식산은행의 경우 10명 이상 연대채무를 지는 농업자 또는 공업 자에게 5년 이내 정기상환 방법에 의해 무담보대부하는 것을 법정업무의 하 나로 규정했다(朝鮮殖産銀行, 『朝鮮殖産銀行二十年志』, 1938, 부록 21). 따라 서 정기상환 방식을 사용하는 산업공공대부 중에는 1구좌로 여럿이 대출받는 경우도 있었을 것이다. 반면 뒤에서 보듯 日本高周波重工業(株), 小林鑛業(株) 은 산업대부나 상업대부(어음대부) 방식에 의해 10여 구좌의 대출을 받았으며, 이 경우 1명(사업체)당 대출액은 1구좌당 대출액을 훨씬 상회했다.

의 극단적 집중이 일어났다. 이러한 여신집중화를 주도했던 것은 '상업대부' 방식에 의한 대출로 액수가 6.63배 증가한 반면 구좌수는 0.11배, 즉 약 1/10로 줄어 1구좌당 대출액이 무려 61.66배 증가했다. 뒤에서 보듯이 전시기 '상업대부' 방식에 의한 대출은 주로 군수 관련 광공업 부문에 대한 융자였다. 대출총액의 3.44배 증가는 실질 물가증가율을 감안하면 그다지 증가한 것이 아니었으므로 전시기 자금유출로 제한된 자금을 중점부문인 군수사업체에 공급하는 과정에서 극단적인 여신집중화가 일어났다고 할 수 있다.

전시기 여신집중화 현상은 다른 은행에서도 발견된다. 상업부문에 대한 대출을 주업무로 하는 한성은행·조흥은행(朝興銀行)[11]의 경우 1926~1936년간(대출총액 1.65배, 구좌수 1.58배)에 비해 1937~1943년간(대출총액 6.28배, 구좌수 1.86배)의 대출총액 증가폭이 구좌수의 그것을 크게 상회하여 1구좌당 대출액의 증가폭(3.37배)이 구좌수의 증가폭보다 높았다.[12] 1937~1943년간 대출총액이 6.28배 증가한 것은 그 사이에 몇 차례 합병과정을 통해 은행의 규모가 커졌기 때문이며, 이를 감안하면 구좌수는 거의 확대되지 않은 셈이다.[13] 따라서 조선식산은행과 같이 두드러진 것은 아니지만 여신대상(구좌수)의 확산보다 집중화가 우세했으며, 특히 '어음할인'의 경우 구좌수 감소에 따라 1구좌당 대출액이 큰 폭으로 증가했다.[14] 전시기 한성은행·조흥은행 같은 보

---

11) 일제는 전시금융통제강화의 일환으로 보통은행의 합동과 대형화를 추진했는데, 한성은행은 1943년 10월 東一은행과 합병되어 새롭게 조흥은행으로 출범했다. 이에 대해서는 尹錫範 外,『韓國近代金融史硏究』, 연세대 경제연구소, 1996, 268~270쪽 참조.

12) 漢城銀行,『營業報告書』해당기 ; 朝興銀行,『第一期 業務報告書』(1943. 10 ~1943. 12).

13) 한성은행은 1938년 海東銀行, 1941년 慶尙合同銀行을 합병했으며, 1943년에는 東一銀行과 합쳐서 조흥은행이 되었다. 이 사이에 자본금은 300만 엔에서 925만 엔으로 증가했다(尹錫範 外, 앞의 책, 263~269쪽).

14) 漢城銀行,『營業報告書』해당기 ; 朝興銀行, 앞의 책.

통은행은 강제저축에 힘입어 예금이 증대되었으나 일제의 금융통제에 의해 자금운용이 제약되는 가운데[15] 중소상공업자의 정리재편 또는 배급통제에 관련된 각종 통제조합과 소수의 시국사업체에 대해 자금을 집중 융통했다.[16]

전시기에 금리가 인하되었지만 은행과 같은 근대 금융기관[17]이 여신 대상을 소수의 군수산업체나 전시통제기구로 국한함에 따라 근대 금융에서 소외된 대다수 사업자는 여전히 고금리의 전근대 금융에 의존해야 했다. 1940년 10월경의 다음 기사는 이러한 상황을 잘 보여준다.

최근 금융정세가 고리차(高利借)의 추세로 향하고 있는 일은 크게 주목된다. 즉 부내(府內)의 중소상공업자는 은행의 긴축에 의해 보유자금의 불원활과 운용자금의 고갈에 따라 자연히 고리로 향하게 되었던 것이다.…… 결국 은행이 대출을 엄중히 하는바, 거래는 모두 현금주의(現金主義)가 되어 이러한 고리차 시대를 재현시켰다고 할 수 있다. 종래 시중 금리고(金利高)는 은행금리 인하에 의해 시정되었지만, 금일의 정세는 은행의 대출긴축과 기대하는 만큼의 금리인하가 안되었기 때문에 결국 이 고리차 추세는 금후 상당히 심각화될 것으로 보인다.[18]

---

15) 朝鮮殖産銀行調査部, 「朝鮮産業情報-貯蓄奬勵と鮮内銀行の立場」, 『殖銀調査月報』 제1호, 1938. 6, 彙 27쪽 ; _____, 「朝鮮經濟情報-地場銀行 放資難の原因」, 『殖銀調査月報』 제10호, 1939. 3, 118~119쪽.

16) 한성은행의 이 시기 영업보고서를 보면 "대출은…그 용도를 엄선하여 아무쪼록 투기나 不急한 자금은 피하고 시국산업의 자금은 힘써 금융을 계획"[漢城銀行, 『第六十九期 營業報告書』(1939. 7~12), 3쪽]한다는 식의 표현이 자주 보이며, 1942년부터 '중소상공업자금대부'를 담당하면서 "시국하 이들 중소상공업자의 정리재편성이 당면 긴요한 과제임에 따른 것"[漢城銀行, 『第七十五期 營業報告書』(1942. 7~12), 5쪽]이라고 했다.

17) 여기서 '근대 금융기관'이란 주로 타인자본을 조달하여 융통하는 기관으로 <표 3 - 25>의 은행, 신탁회사, 보험회사를 말한다. 다만 표에서 '협동조합적 기구'로 분류된 금융조합은 주요 자금원을 비조합원의 예금이나 타인자본 차입에 두고 있어 근대 금융기관적 요소도 강했다.

18) 朝鮮殖産銀行調査部, 「朝鮮産業情報－個人金融は高利借傾向」, 『殖銀調査月報』 제29호, 1940. 10, 142쪽.

고리대 수요층의 증가는 자연히 고리대금업을 만연시켰다. 1940년 11월경의 기사를 보면 중소상공업자의 자금난이 심각한 상황에서 결제자금이 집중적으로 필요한 연말을 앞두고 고리대가 발호하고 있다며, 그 원인으로 대출제한에 의한 수요자측의 금융난과 함께 통제경제의 강화에 따른 "유자측(遊資側)의 대금업화(貸金業化)"를 동시에 지적하고 있다.[19] 1937년부터 1943년까지 개인간 보통의 대부금리를 보면 조선인들 사이는 연 30.0%~26.4%(<표 3 - 19> 참조), 조선인과 일본인 사이는 연 30.0%~25.2%, 시장대(市場貸)는 연 57.6%~43.2%였다.[20] 전시기에 개인간 대부는 하향추세이긴 하지만 여전히 높은 금리로 이루어졌으며 은행권 금리와 일정한 차이를 유지하며 존속했다. 전시통제경제 아래에서 유산층에게 전근대적 고리대는 부를 축적하거나 유지할 수 있는 좋은 방법이었던 것이다.

<표 3 - 21>은 조선식산은행에서 전국 각지 금융조합에 의뢰하여 설문조사한 결과에 바탕하여 추산한 개인간 대부고의 추이인데, 자금수요가 완만한 4월 현재 수치이므로 자금수요가 급증하는 연말의 대부고는 표의 수치를 상회했을 것이다. 전체적으로 1937년경 최저로 떨어졌다가 전시기에 들어서면서 계속 증가하는데, 특히 농촌지역에 비해 도시지역의 개인간 대부고는 절대액은 적지만 증가율이 높아 전체 대부고의 증가를 주도했다. 뒤에서 보듯이 1939년부터 조선총독부가 '중소상공업융자손실보상제(中小商工業融資損失補償制)'를 통해 경영난에 빠진 중소상공업자에 대한 자금공급을 유도했음에도 불구하고 중소상공업자가 주로 이용하는 도시지역의 개인간 대부고는 계속 증가했다.[21]

---

19) 『每日新報』 1940년 11월 8일자(4면), 「金融闇取人引橫行, 市中에 高利貸 跋扈, 法的制裁强化가 必要, 投資對象喪失에서 遊資側이 貸金業化」.

20) 南朝鮮過度政府 編纂, 『朝鮮統計年鑑』(1943), 1948, 138쪽.

21) 당시 부동산저당에 의한 개인대부의 증가요인으로서 상공업자의 현금결제대금, 물가등귀에 따른 사업자금 증가 등이 지적되었다(朝鮮殖産銀行調査部, 『不動産抵當個人間貸借金利調』 해당연도판 참조).

<표 3 - 21> 1930 · 40년대 개인간 대부고 추이 (단위 : 천엔)

월말	촌락		도시		합계	
	대부고	증가지수	대부고	증가지수	대부고	증가지수
1930. 4	76,905	103	39,278	204	116,183	123
1931. 4	86,796	116	34,166	177	120,962	128
1932. 4	84,793	113	35,154	182	119,947	127
1933. 4	82,777	110	26,767	139	109,544	116
1934. 4	80,626	108	25,726	133	106,352	113
1935. 4	74,526	99	30,689	159	105,215	112
1936. 4	72,721	97	22,617	117	95,338	101
1937. 4	74,954	100	19,296	100	94,250	100
1938. 4	75,806	101	19,632	102	95,438	101
1939. 4	74,680	100	21,868	113	96,548	102
1940. 4	85,060	113	28,206	146	113,266	120
1941. 4	98,689	132	60,187	312	158,876	169
1942. 4	98,442	131	66,904	347	165,346	175
1943. 4	93,400	125	75,593	392	168,993	179

* 朝鮮殖産銀行調査部, 『不動産抵當個人間貸借金利調』 각년판.
* 촌락은 '촌락금융조합구역내'를, 도시는 '도시금융조합구역내'를 말한다. 증가지수는 1937년 4월을 기준으로 한 수치이다.

이랗듯 만연한 고리대는 전쟁말기까지 지속되었던 것 같다. 1944년 한 보고자료[22]에 의하면, 평양지역에는 개인간 대차 중에서 조선인 사이에 '삭채(朔債)'가 중소상공업자의 영업자금으로 성행했는데, 금리는 최저 일보(日步) 3전(연리환산 10.95%) 최고 10전(연리환산 36.50%)이며, 당시 총대부액은 1천만 엔에서 2천만 엔 정도로 추정되었다. '삭채'는 1939, 1940년을 경계로 하강국면 속에서 약간 활기를 띠다가 1944년에 들어 위축되었지만, 유휴자금의 고리대자금화로 인한 저축실적 부진, 고리를 갚기 위한 중소상공업자들의 밀수출과 암거래 성행 등을 이유

---

22) 平壤檢事正報告, 「平壤に於ける所謂朔債の狀況に就て」, 『朝鮮檢察要報』 1(高等法院檢事局 編), 1944. 3, 20~22쪽 ; 平壤檢事正報告, 「平壤地方に於ける金融部面を通して見たる經濟治安槪況」, 『朝鮮檢察要報』 6(高等法院檢事局 編), 1944. 8, 20~21쪽. '삭채'의 특징은 항상 채권자와 채무자 사이에 '居間'이란 중개인이 존재하여 채무자는 채권자가 누구인지 모르며, 담보없이 신용으로 대부한다는 점이다. 이하 '삭채'에 대한 기술은 위의 자료에 의거함.

로 규제법 수립이 촉구되었다. 또한 평양부 내에 널리 알려진 유산자 대부분이 삭채를 융통하고 있는데 약 3,000명으로 추산되며, 이용자는 약 5,000명이라고 한다. 안주(安州)에도 대부자 50~60명, 이용자 200~300명 정도가 있었다고 한다.

삭채는 중소상공업자의 유일한 간이금융기관 역할을 했기 때문에 "일거에 박멸하는 것은 혼란을 야기하고 질서를 파괴"한다고 보고되었다. 전시기 금융통제상황에서 근대 금융으로부터 소외된 중소상공업자는 고리대가 필요했고, 그 수요에 응하여 고리대에 기생하는 유산층이 존재했다. 총독부도 '질서'를 유지하기 위해서 통제를 가했던 다른 유휴자본과 달리 일정 정도 고리대를 방조했다. 전시금융과 고리대의 공존관계를 잘 보여준다. 전시기 이전에는 일본에서 자금을 유입하기 위해 형성된 근대 금융의 고금리체계와 연동하여 고리대가 성행했다면, 전시기에는 일본으로 전쟁비용을 유출시키기 위해 형성된 저금리체계와 관련하여 고리대가 만연했다고 할 수 있다.

2. 군수산업 지원과 전시수탈

1) 군수광공업회사 대출사례

전시기 조선식산은행의 자금은 군수관련 광공업부문에 집중적으로 융통되었다. 그러면 구체적으로 조선식산은행의 광공업금융이 군수산업체에서 어떠한 역할을 했는지, 그로 인해 형성되는 이 시기 군수산업의 수탈구조는 어떠한 특징을 갖는지 몇 가지 사례를 통해 살펴보도록 하자.

1937년 이후 일본 병참기지로서 조선에서 부각되었던 중점산업 중하나가 지하자원 개발과 그 공업화였다. 이러한 '지하자원공업화'는 일본의 전력(戰力) 증강을 위해 조선이 할 수 있는 가장 큰 역할로 기대되었다.23) 사례로 살펴볼 일본고주파중공업(日本高周波重工業), 이원철산(利原鐵山), 소림광업(小林鑛業)은 모두 지하자원 개발과 그 공업화를 담당했던 회사들이다.

1936년에 설립된 일본고주파중공업(주)은 제철 및 고속도강(高速度鋼)을 비롯한 특수강을 제조하는 회사로 조선의 성진, 일본의 토야마(富山) 및 기타시나가와(北品川)에 공장을 두었다. 원료는 이원철산(주)이 철광을, 금강산특종광산(주)과 소림광업(주)이 텅스텐을 공급했으며, 제련에 필요한 전력은 한강수력전기(주), 조선수력전기(주)가 공급했다. 이 회사가 제련한 철강의 일부는 일본으로 이출되었으며, 나머지는 회사에서 텅스텐과 배합하여 특수강을 만드는 데 쓰였다. 특수강의 주된 판매처는 와사전공(瓦斯電工), 동경자동차공업(東京自動車工業), 일산자동차(日産自動車), 인천육군공창(仁川陸軍工廠)과 같이 항공기, 병기(兵器), 공작기(工作機), 자동차 등을 제조하는 회사였다.24) 일본고주파중공업(주)은 일본의 전력 증강에 필수적인 철강과 특수강을 생산하는 군수회사였으며, 특히 이 회사에서 생산하는 특수강 중 하나인 고속도강은 일본 내 전체 수요량의 60% 이상을 담당할 정도였다.25) 이러한 전쟁수행상의 중요성에 비추어 1939년 성진공장은 육군관리공장으로, 일본의 토야마 및 기

23) 東洋經濟新報社編, 『朝鮮産業年報 昭和十八年版 －朝鮮産業の決戰再編成』, 1943(이하 『朝鮮産業年報』로 줄임), 43쪽.

24) 朝鮮鑛業新報社, 「日本高周波重工業」, 『朝鮮鑛業』 1938. 12, 57~58쪽 ; 宮田 節子 解說, 『十五年戰爭極秘資料集 第十五集 朝鮮軍槪要史』, 不二出版社, 1989(원자료는 필자불명, 1951년경 집필 추정), 116쪽. 일본고주파중공업(주)과 원료나 제품면에서 관련을 맺었던 회사들은 대체로 이 회사의 전무였던 高橋省三이 중역인 회사였다. 그는 利原鐵山(株), 日本마그네사이트化學工業, 國産自動車(株), 川口製鐵(株), 金剛山特種鑛山(株), 漢江水力電氣(株)의 사장 또는 중역을 겸임하였다(高杉東峰, 『朝鮮金融機關發達史, 實業タイムス社, 1940, 712쪽).

25) 東洋經濟新報社, 『年刊朝鮮 昭和十七年版 朝鮮産業の共榮圈參加體制』, 1942 (이하 『年刊朝鮮』으로 줄임), 103쪽.

타시나가와 공장은 육·해군 공동관리공장으로 지정되었다.[26]

원래 이원철산(주)의 분광(粉鑛)을 처리하기 위해 설립되었던 이 회사는 초기부터 조선식산은행과 관련을 맺어왔지만, 1938년 전(前) 조선식산은행장 아루가(有賀光豊)를 사장으로 영입하면서 관계가 더욱 가까워졌다. 조선식산은행은 자신은 물론이고 방계회사로 하여금 주식을 인수하게 했으며, 관련회사의 주식인수자금을 지원하여 일본고주파중공업(주)의 자본형성을 도왔다. 인적으로 볼 때도 아루가 외에 조선식산은행 출신 인사가 다수 중역진에 포진했다. 상무였던 기무라(木村和水)는 조선식산은행을 거쳐 그 방계 금융기관인 조선저축은행에 근무했던 자이며, 중역 야스이(安井清)는 조선식산은행 비서역 출신이었다.[27]

조선식산은행의 일본고주파중공업(주)에 대한 자금융통 실태는 『소화17년 일본고주파사채관계서(昭和十七年 日本高周波社債關係書)』를 통해 일부 알 수 있다. 이 자료에 나타난 자금융통 실태를 정리한 것이 <표3 - 22>이다. 조선식산은행은 1942년 8월 2일 현재 총 1억 1,264.8만여 엔을 어음대부 방식으로 일본고주파중공업(주)에 대출했다. 대출내용은 크게 장기자금인 설비자금 및 투자자금과 단기자금인 운전자금으로 나눌 수 있다. 우선 설비자금은 주로 성진공장 제2기 확장공사에 관련된 것이다. 자체 광산개발과 수송을 위한 선박건조자금까지 합쳐 설비자금은 전체 대출액의 21.0%를 차지한다.

주식의 인수·매수에 쓰인 투자자금은 주로 원료, 생산재 및 동력 확보와 관계된 것이다. 금강산특종광산(주)은 텅스텐을,[28] 일본마그네사이트화학공업(주)과 일본탄소공업(주)은 특수강 제련에 필요한 연와(煉瓦)와 전극(電極) 같은 생산재를,[29] 조양광업(주)[30]과 한강수력전기(주)는

26) 朝鮮殖産銀行, 「1942. 8. 3. 株式會社朝鮮殖産銀行頭取 林繁藏 → 朝鮮總督府財務局長 水田直昌 殿」, 『昭和十七年 日本高周波社債關係書』.

27) 高杉東峰, 앞의 책, 714~715쪽.

28) 『年刊朝鮮』, 98~99쪽 ; 『朝鮮産業年報』, 80~81쪽.

29) 『年刊朝鮮』, 100, 127쪽 ; 『朝鮮産業年報』, 87~88, 112쪽. 日本マグネサイト

<표 3 - 22> 조선식산은행의 일본고주파중공업(주) 대출실태(1942. 8. 3 현재)

(단위 : 엔)

용 도		종류	대출현재고	비 고
설비자금	설비자금(제2기 설비추가)	어음 대부	6,344,136	
	〃	〃	4,710,000	
	〃	〃	10,063,000	
	선박건조자금(第一高周丸)	〃	290,000	
	선박건조자금(第二高周丸)	〃	685,000	
	광산자금	〃	1,575,500	
	소 계		23,667,636 (21.0%)	
투자자금 (주식매수 및 인수)	정전사제작소(整電社製作所)	〃	800,000	일본.기계제조.100%
	금강산특종광산 (金剛山特種鑛山)	〃	2,258,000	조선.광업. 100%
	일본마그네사이트화학공업 (日本マグネサイト化學工業)	〃	1,567,850	조선.화학공업. 32%
	조양광업(朝陽鑛業)	〃	250,000	조선.광업. 26%
	한강수전(漢江水電)	〃	2,000,000	조선.전기.16%
	조선광업진흥(朝鮮鑛業振興)	〃	250,000	조선.광업.10%
	일본탄소공업(日本炭素工業)	〃	1,750,000	조선.전극제조.50%
	약산니켈(若山ニッケル)	〃	1,100,000	조선.광업.33%
	운송광업(雲松鑛業)	〃	650,000	조선.광업. 70%
	소 계		10,625,850 (9.4%)	
운전자금		〃	78,355,447 (69.6%)	
합계			112,648,933 (100.0%)	

* 朝鮮殖産銀行,「1942. 8. 3. 株式會社朝鮮殖産銀行頭取 林繁藏 → 朝鮮總督府財務局長 水田直昌」,『昭和十七年 日本高周波社債關係書』;「關係會社一覽」(8. 20), 같은 책.
* ①'용도'는 회사의 자금용도를 의미하며, '종류'는 조선식산은행의 대부방식을 의미한다.
  ②비고란의 회사관련 내용은 본점 소재지, 산업별 분류, 일본고주파중공업(주)의 소유주식 비중을 말한다.

무연탄과 전력 같은 동력을 일본고주파중공업에 제공하는 회사이다. 이러한 투자자금은 전체 대출액의 9.4%에 해당한다. 조선식산은행의

化學工業(株)과 日本炭素工業(株)은 모두 城津에 있었다.
30)『年刊朝鮮』, 104쪽 ;『朝鮮産業年報』, 92쪽.

대출액 중 가장 큰 비중을 차지하는 것은 운전자금으로 전체 대출액의
69.6%를 점한다. 운전자금은 일본고주파중공업(주)이 보유하고 있는 유
동자산(광석, 반제품, 완제품, 외상판매금 등)의 범위 내에 대출했으며, 당
시 대출한도는 8050만 원이었다.

일본고주파중공업(주)의 경영에서 조선식산은행 차입금은 필수불가
결한 요소였다. 1942년 일본고주파중공업(주)의 총사용자본(주주자본＋
사외부채) 중 사외부채는 68%를 차지하며, 그 사외부채의 전부를 조선
식산은행에서 차입했다.[31] 주주자본 중에는 조선식산은행이 직접 납입
한 자본이나 성업사와 같은 방계회사[32]나 이원철산(주)과 같은 관련회
사를 통해 간접적으로 납입한 자본이 상당수 포함되어있었다는 점을
감안하면, 일본고주파중공업의 총사용자본 중 조선식산은행분의 비중
은 더욱 높아질 것이다. 조선식산은행의 자금지원 없이는 회사운영이
불가능했다고 볼 수 있다.

조선식산은행이 1942년 8월 현재 일본고주파중공업(주)에 어음대부
형식으로 대출했던 1억 1,264.8만 엔은 1942년 말 조선식산은행의 총어
음대부고 6억 2,294.2만 엔의 18.1%에 해당하는 금액이다. 일본고주파

---

31) 일본고주파중공업의 1942년 자본구성을 보면 다음과 같다.

	주주자본 (천엔)	사외자본 (천엔)			총사용자본 (천엔)
		장기	단기	합	
1942. 5.	61,484 (32%)	25,468	102,975	128,443 (68%)	189,927
1942. 11.	61,065 (32%)	23,668	103,864	127,532 (68%)	188,597

* 朝鮮殖産銀行調査部, 『朝鮮事業成績(昭和十七年)』, 1943, 20쪽.
* 주주자본은 불입자본금・납세적립을 제외한 제적립금, 전기조월금, 당기이익금의
  합계이다.

32) 성업사의 1942년 말 일본고주파중공업(주) 관련 소유주식 및 납입금은 각각
    7만 5,000주, 375만 엔이었다. 이외에도 성업사는 일본고주파중공업(주)과 관련
    된 회사로 일본마그네사이트화학공업(주) 2,000주 10만 엔, 한강수력전기(주)
    1,050주 2만 6,250엔, 국산자동차(주) 1,100주 2만 7,500엔의 주식과 납입금을
    가지고 있었다(成業社, 『所有有價證券殘高帳』).

중공업(주)에 대한 대출액을 총구좌수(16구좌)로 나누어보면, 1구좌당 대출액은 704.1만여 엔으로 1942년 말 조선식산은행의 전체 어음대부 1구좌당 대출액 7.9만여 엔의 약 88.7배에 달한다.[33] 앞절에서 1937년 이후 조선식산은행의 '여신의 집중화'가 전체적으로 증폭되었음을 보았는데, 그 중에서도 일본고주파중공업(주)과 같은 군수산업체에 대한 여신 집중이 극심했음을 알 수 있다.[34]

이원철산(주)은 철광채굴 광업회사로 1918년에 설립되었다. 그 다음해 철가격 폭락으로 가동정지를 겪기도 했으나 중일전쟁 이후 일본의 철강증산정책에 따라 그 중요성이 부각되었으며, 1940년대에는 조선에서 미츠비시광업(주)과 일본제철(주)이 공동경영하는 무산철광개발(주) 다음으로 철광채굴량이 많았다. 채굴된 철광은 종래 주로 일본 야하타제철소(八幡製鐵所)에 공급되었으나,[35] 1940년대로 들어오면 조선 내 공급량과 일본 내 공급량이 비슷해진다. 주요 판매선은 일본고주파중공업(주)을 필두로 와니시제철소(輪西製鐵所), 야하타제철소, 아마가사키제철(尼ケ崎製鐵), 미츠비시상사(三菱商社) 등이었다.[36]

이원철산(주)과 조선식산은행의 관계는 1933년경 이 회사의 재건자금을 조선식산은행이 담당하면서 맺어졌다.[37] 조선식산은행의 이원철산

---

33) 이상 전체 어음대부금액 및 1구좌당 대출액은 朝鮮殖産銀行, 「財産目錄」에 의거해 계산함. 이하 利原鐵産(株) 및 小林鑛業(株)의 경우도 마찬가지이다.

34) 조선식산은행 입장에서도 일본고주파중공업(주)에 대한 여신집중은 규모가 너무 커서 부담스러웠다. 『昭和十七年 日本高周波社債關係書』는 일본고주파중공업(주)으로 하여금 저리의 회사채를 발행하여 조선식산은행이 대출한 운전자금의 일부를 갚게 하고, 금리부담도 경감시키려는 의도에서 작성된 것이었다. 조선식산은행의 무리한 여신집중을 보여주는 좋은 사례이다.

35) 1931년 1월에서 8월까지 이원철산(주)의 채광고는 5만 3376톤이었으며, 같은 기간 일본 八幡製鐵所로 보낸 양은 6만 1295톤이었다(『朝鮮鑛業會會報』 109, 1932. 1. 1, 14쪽). 즉 전년도 저장량과 함께 이 시기 생산량 전부가 八幡製鐵所에 공급되고 있음을 알 수 있다.

36) 『年刊朝鮮』, 95쪽 ; 『朝鮮産業年報』, 78쪽.

37) 有賀さんの事蹟と思い出編纂會, 『有賀さんの事蹟と思い出』, 1953, 361쪽.

(주)에 대한 대출실태는 『이원철산주식회사서류(利原鐵山株式會社書類)』를 통해서 1937년 이후의 상황을 알 수 있다. 그 내용을 정리한 <표 3 -23>을 보면 이원철산(주)은 1942년 이전까지 차입금의 절반 이상을 투자자금으로 사용했다. 이는 주로 이 회사가 원료를 공급하는 일본고주파중공업(주)과 그 방계회사인 국산자동차(주), 일본마그네사이트화학공업(주)의 주식인수 및 납입과 관련된 것이다. 조선식산은행의 자금융통을 매개로 철광채굴에서 철강 및 특수강 생산에 이르는 일련의 회사가 결합되었음을 알 수 있다. 이외에도 가와구치제철(주)의 주식인수·납입자금이 대출되었는데, 이 회사는 이원철산(주)의 철광석을 원료로 일본에서 제철작업을 하는 이원철산(주)의 방계회사였다.[38)

1939년 이후 이원철산(주)은 설비자금 차입이 증대하여 1942년 이후 전체 차입금의 반 이상을 차지하게 되는데, 이는 1940년 일본이 미국에서 설철(屑鐵)을 수입할 수 없게 됨에 따라 일본지배 영역 내의 철광자급자족정책에 따라 철광생산을 강화시켰기 때문이다. 이원철산(주)도 1939년부터 50만 톤 생산계획을 수립했으며, 1943년부터 다시 50% 증산을 계획했다. 이에 따라 설비자금 차입이 증대했다. 특히 1943년 이후 전체 차입금의 70~80%를 차지하는데, 그 대부분은 소형용광로 제철사업과 관련된 것이다. 생산물을 내기까지 많은 자금과 기간이 소요되는 대형용광로 대신 철광산지 부근에 소형용광로를 설치하여 긴급히 철강을 증산하려는 것이었다.[39)

---

38) 朝鮮殖産銀行, 「1937. 3. 29. 有價證券見返貸出取扱の件」, 『利原鐵山株式會社書類』. 1. 川口製鐵(株)은 이원철산이 중심이 되어 일본 埼玉縣 川口市에 1937년 초에 설립된 것 같다. 1940년 이후 日本鐵鑛工業(株)으로 명칭이 변경되었으며, 그 후에도 이원철산(주)은 계속 이 회사 주식납입자금을 조선식산은행에서 차입했다.

39) 이 사업은 철광산지 부근에 소형용광로를 설치하여 채광에서 선철 작업까지 일관공정을 갖추려는 것으로, 수송난에 봉착한 일제가 조선 내에서 철강증산을 꾀하기 위해 마련한 고육지책이었다. 전쟁말기로 접어들면서 수송난, 특히 미국의 해상공격에 의해 초래된 해상수송의 제약은 전쟁수행에 필수적인 철

<표 3 - 23 > 조선식산은행의 이원철산(주) 대출실태 (단위 : 엔)

용도	종류	1937.3.	1939.1	1940.2	1941.7	1942.7	1943.6	1943.11	1944.11	1945.5
설비 자금	어음대부	305,000 (9.8%)	890,000 (22.7%)	1,010,000 (38.1%)	950,000 (23.6%)	1,400,000 (47.4%)	1,350,000 (56.9%)	1,820,000 (71.3%)	3,330,000 (77.9%)	6,070,000 (90.2%)
투자 자금	어음대부	2,657,900 (85.2%)	2,803,750 (71.5%)	1,503,975 (56.8%)	2,655,000 (66.1%)	1,055,000 (35.7%)	740,000 (31.2%)	180,000 (7.0%)	180,000 (4.2%)	180,000 2.7%)
운전 자금	어음대부 당좌대월 공채대부	155,704 (5.0%)	226,514 (5.8%)	133,714 (5.1%)	412,337 (10.3%)	500,436 (16.9%)	280,912 (11.8%)	553,665 (21.7%)	766,699 (17.9%)	478,200 (7.1%)
합 계		3,118,604	3,920,264	2,647,689	4,017,337	2,955,436	2,370,912	2,553,665	4,276,699	6,728,200

* 朝鮮殖産銀行, 『利原鐵山株式會社書類』 1~4.
* '용도'는 회사의 자금용도를, '종류'는 조선식산은행의 대부방식을 의미함.

일제는 조선에 소형용광로 75기를 설치하려 했으며, 그에 필요한 자
금은 일본의 산업설비영단[40]이 지원하기로 했다. 이원철산(주)에 배당
된 소형용광로는 5기였으나 일제가 패망하기 직전까지 3기만 추진되었
다. 조선식산은행의 대출금은 산업설비영단에서 자금을 지원하기 이전
에 이원철산(주)에 전대(前貸)한 것이다.

운전자금 차입도 꾸준히 이루어져 1944년경에는 70만 엔을 넘어섰다.
그러면 이원철산(주)의 차입금 중 조선식산은행의 대출액이 차지하는
비중은 어느 정도였을까.

강증산의 최대 장애요인이었다. 수송난은 일본이나 만주에 대한 조선산 철광
석 공급을 어렵게 했으며, 또한 조선 내 제철작업에 필요한 일본, 만주, 북중
국의 粘結炭 공급도 곤란하게 만들었다. 이에 조선 내에는 매장량이 적은 小
鐵鑛床이 많고, 무연탄 매장량이 풍부하다는 점에 착안하여 무연탄을 粘結炭
으로 이용할 수 있는 소형용광로를 개발, 조선 내에서 철강생산을 증대시키려
했다(『朝鮮産業年報』, 44~45쪽 ; 遠藤鐵夫・穗積眞六郎述, 『朝鮮の鐵鑛開發
と製鐵事業』, 財團法人 友邦協會, 1968, 32~38쪽).
40) 産業設備營團은 1942년 일본정부가 2억 엔을 전액 출자하여 설립한 회사이
다. 태평양전쟁 발발과 함께 군수산업, 생산확충산업, 기타 국가긴요산업의 대
규모 증산이 급박히 요청되는 상황에서 이들 산업 중 민간기업이 담당하기
어려운 부문의 설비・건설・유지를 담당했던 일본의 국책회사였다(大藏省昭
和財政史編集室 編, 『昭和財政史 第12卷－大藏省預金部・政府出資』, 東洋經
濟新報社, 1962, 769~777쪽).

이원철산(주)의 1944년 3월 말 총사용자본(942.9만 엔) 중 사외부채(721.6만 엔)의 비중은 76.5%로 일본고주파중공업(주)의 경우보다 높았다. 이는 주로 소형용광로 사업과 관련하여 일본의 산업설비영단에서 335만 엔의 차입이 이루어졌기 때문이다.[41] 이를 제외한 사외부채액은 386.6만 엔인데, 1943년 11월 현재 조선식산은행이 이 회사에 대출한 255.3만 엔은 대략 이것의 66%에 해당한다. 산업설비영단의 자금도 일단 조선식산은행의 전대금(前貸金)으로 충당되었다는 점을 감안하면, 이원철산(주) 역시 회사경영상에서 조선식산은행 자금의 역할이 컸음을 알 수 있다. 한편 이원철산(주)에 대한 조선식산은행의 여신집중도 평균 이상이었다. 1945년 5월 현재 대출금은 모두 어음대부에 의한 것으로 1구좌당 대출액은 65.3만 엔이었다. 이는 1945년 3월 말 조선식산은행의 전체 어음대부 1구좌당 대출액 7.9만 엔의 약 8.3배에 해당한다.

소림광업(주)은 1934년에 설립된 회사로 초기에는 조선총독부의 산금장려정책에 따라 홍천광산(洪川鑛山)을 중심으로 금광채굴에 종사했으나, 1937년 백년광산(百年鑛山)을 매입하면서 텅스텐채굴에 주력했다. 텅스텐은 고속도강(高速度鋼), 각종 병기(兵器), 공구강(工具鋼) 등의 원료로서 전차, 대포, 군함제조에 없어선 안될 재료이기 때문에 최상의 군수광물로 불린다.[42] 조선의 텅스텐채굴량은 일본 지배권 전체의 90% 전후를 차지했으며,[43] 소림광업(주)은 조선 내 생산량의 70% 정도를 담당했다.[44] 이 회사는 텅스텐을 일본고주파중공업이나 일본 내 특수강 제조회사에 원료를 공급하는 것 외에 1939년경부터 직접 텅스텐의 제련·가공도 담당했다.

---

41) 利原鐵山株式會社,『第四拾參期 營業報告書』(1943. 4~1944. 3). 사외부채는 부채항목의 차입금(371.8만 엔), 산업설비영단 수입금(335만 엔), 차입유가증권(2.3만 엔), 지불어음(12.5만 엔)의 합계이다.

42) 近藤忠三,『朝鮮の鑛業』, 東都書籍, 1943, 84쪽.

43) 조선 내 텅스텐생산량이 일본제국 전체에서 차지하는 비중과 이를 알 수 있는 통계자료는 다음과 같다.

조선식산은행의 이 회사에 대한 대출실태는『소림광업주식회사관계
서류(小林鑛業株式會社關係書類)』를 통해 1943년 이후 상황을 알 수 있
다. <표 3 - 24>를 보면 전체적으로 설비자금과 운전자금이 각기 40~
50%를 차지하며 투자자금이 10% 이내를 점했다.

설비자금의 내용을 보면, 기존 소유의 백년(百年) 및 상동(上東) 같은
텅스텐광산의 설비시설 확충자금과 순경산(順鏡山), 도엽(稻葉), 돈산(敦
山) 등과 같은 텅스텐광산 매수자금이 큰 비중을 차지하고, 텅스텐 원
료를 제련·가공하는 공장 건설자금도 상당수 있다. 조선식산은행 대
출금이 텅스텐 광산의 독점과 증산, 채굴에서 제련과 가공에 이르는 일
관체계 정비에 쓰이고 있음을 알 수 있다.

투자자금은 조선광업진흥(주)을 제외하면 소림광업(주)의 방계회사였
다. 조선순철(주)은 소림광업(주)의 제철사업 확대와 관련된 것으로 보
이며, 활성백토공업(주)은 항공기용 연료생산에 필요한 활성백토를 제
조하는 회사로 소림광업(주)이 조선석유(주)와 제휴하여 만들었다.[45]

소림광업(주)의 1944년 1월 말 현재 총사용자본(6,997.4만 엔) 중 사외
부채(2391.4만 엔)의 비중은 34%로 일본고주파중공업(주)이나 이원철산
(주)에 비해 외부자본 의존율이 낮은 편이다. 그러나 사외부채 중 조선
식산은행 차입금은 총 1,725.3만 엔으로(<표 3 - 24> 참조), 전체 사외부

1935년	90.8%	朝鮮鑛業新報社,『朝鮮鑛業』, 1940. 11, 119쪽
1936년	92.4%	
1943년(계획)	83.3%	近藤釰一 編,『太平洋戰下の朝鮮及び臺灣』, 巖南堂書店, 1961, 54쪽(원자료는 內務省,『朝鮮及ビ臺灣ノ現況』, 1944)
1944년(계획)	85.7%	近藤釰一 編,『太平洋戰下の朝鮮(5)』, 巖南堂書店, 1964, 4쪽(원자료는『第86回帝國議會說明資料』)

　이외에도 조선의 텅스텐생산량이 일본제국 전체의 95%를 차지한다는 기술
자료가 있다(『朝鮮産業年報』, 79쪽).
44)『朝鮮産業年報』, 79쪽 ; 朝鮮總督府工局鑛山課,「昭和十九年度生山實績表」.
45) 朝鮮殖産銀行,「1943. 8. 26. 朝鮮活性白土工業株式會社ノ設立ニ就テ」,『小
林鑛業株式會社關係書類』2.

<표 3 - 24> 조선식산은행의 소림광업(주) 대출실태 (단위 : 엔, %)

용도	종류	1943. 2	1944. 1	1944. 5	1944. 9	1945. 5	1945.6~8	비고
百年鑛山 설비자금	산업정기 대부	1,250,000						
프에로텅스 텐공장자금	〃	500,000						
금속텅스텐 공장자금	〃	500,000						
北支텅스텐 개발자금	〃	300,000						
百年選鑛場 건설자금	〃	250,000						
프에로텅스 텐공장확장 설비자금	〃	300,000						
素砂제련 공장 부속 노무자주택 건설자금	〃	300,000	300,000	300,000				
燒結合金공 장건설자금	〃	1,410,000						
順鏡山鑛山 매수자금	〃	3,900,000	3,900,000	3,900,000	3,900,000			
稻葉鑛山 매수자금	어음 대부	2,890,000						
上東選鑛場 건설자금	〃	3,000,000	3,000,000	3,000,000	3,000,000			
低品位광석 처리공장 건설자금	〃		1,800,000	1,800,000	3,000,000	3,000,000	3,000,000	年5.48% →4.75%
京城製鍊所 주택건설 자금	어음 대부				650,000			年5.11% →4.75%
경성제련소 노무자주택 건설자금	산업정기 대부				300,000			
耐火煉瓦공 장건설자금	어음 대부					1,500,000	2,000,000	年5.11% →4.75%
赤煉瓦 건설자금	〃					400,000	400,000	年5.11% →4.75%
電極공장 건설자금	〃							
製鍊所附屬 설비자금	〃					2,550,000	2,550,000	年5.11% →4.75%

위 표의 왼쪽 세로축에는 "설비자금"이 표기되어 있음.

설비자금	義林鑛山 매수자금						3,500,000	3,500,000	年5.11% →4.75%
	敦山鑛山 매수 및 설비자금	〃					2,080,000	2,080,000	年5.11% →4.75%
	重要物資營團기계구입자금	〃						1,500,000	
	炭化硅素製造工場매수 및 증설자금	〃						1,000,000	
	소 계		14,600,000 (50.5%)	9,000,000 (52.2%)	9,000,000 (36.7%)	10,850,000 (47.2%)	13,030,000 (44.1%)	16,030,000 (46.2%)	
투자자금	朝鮮鑛業振興(株) 납입자금	어음 대부	250,000						
	活性白土工業(株) 납입자금	〃		500,000	500,000	500,000	1,000,000		年4.93% →4.56%
	朝鮮純鐵(株) 납입자금	〃		1,500,000	1,500,000	1,500,000	1,500,000		年4.93% →4.56%
	池田佐忠轉貸資金	〃					1,000,000		
	소 계		250,000 (0.9%)		2,000,000 (8.2%)	2,000,000 (8.7%)	2,000,000 (6.8%)	3,500,000 (10.1%)	
운전자금		어음대부/당좌 대월등	14,042,495 (48.6%)	8,253,313 (47.8%)	13,492,415 (55.1%)	10,137,185 (44.1%)	14,500,000 (49.1%)	15,200,000 (43.8%)	年4.93% →4.56~ 4.38%
합 계			28,892,495	17,253,313	24,492,415	22,987,185	29,530,000	34,730,000	

* 朝鮮殖産銀行, 『小林鑛業株式會社關係書類』1~4.
* '1946. 6~8'의 수치는 1945년 6월 현재 총대부액에 7, 8월의 신규대부액을 합한 것이다. 비 교란의 이자율 변화는 1945년 5월 17일 이자율 인하에 따른 것이다.

채의 72%에 해당한다. 특히 장기부채(900만 엔)는 조선식산은행에서 100% 차입하고 있어 조선식산은행에 대한 자금의존도가 높음을 알 수 있다.[46]

한편 조선식산은행은 소림광업(주)에 대해 1943년 2월 현재 산업정기

46) 이상 소림광업(주)의 총사용자본, 사외부채, 장기부채는 小林鑛業株式會社, 『第拾七回決算報告書』(1943. 8~1944. 1), 6~7쪽에 의거하여 계산했음.

대부 방식으로 총 871만 엔을 대출하여 1구좌당 96.8만 엔을 기록했다. 1942년 말 조선식산은행의 전체 산업정기대부 1구좌당 대출액 7211엔에 비하면 무려 134.2배나 되었다.

2) 저리자금의 집중과 부의 유실

이상의 군수광공업회사 대출사례를 통해 다음과 같은 사실을 알 수 있다. 첫째, 조선식산은행의 군수산업 또는 이와 관련된 기초산업을 지원하기 위한 대출이 이 시기에 증폭된 '여신의 집중화'를 주도했다는 점이다. 여신집중을 반영하여 이 시기 조선식산은행의 1구좌당 대출액은 앞시기에 비해 큰 폭으로 상승했음에도 불구하고, 일본고주파중공업(주), 이원철산(주), 소림광업(주)에 대한 1구좌당 대출액은 전체 평균보다 8~134배나 많았다. 이 시기 증폭된 '여신의 집중화'는 군수관련 광공업회사에 대한 집중적 자금융통에서 비롯된 것이었다.

둘째, 군수산업체의 입장에서 볼 때, 조선식산은행 차입금은 양적으로나 질적으로 회사경영상 필수불가결한 요소였다는 점이다. 우선 양적으로 볼 때, 사례로 든 위의 3회사는 총사용자본 중 사외부채 의존율이 34~77%로 높았으며, 사외부채 중 66~100%는 조선식산은행에서 차입한 자금이었다.

사외부채가 많은 경우 그 이자율이 높으면 회사경영에 큰 부담으로 작용할 것이다. 그러나 1937년에서 1945년 6월까지 공식 도매물가는 2.7배 상승한 반면, 같은 기간 조선식산은행의 평균 대부이자율은 0.7배 감소했다. 저리의 자금을 제공함으로써 회사측의 자금조달 비용을 줄여주었던 것이다. 더욱이 이자율을 확인할 수 있는 소림광업(주)의 경우 조선식산은행의 평균 대부이자율보다 낮은 금리의 자금을 공급받았다. 조선식산은행의 평균 대부금리는 1944, 1945년 모두 연 5.48%인 반면, 소림광업(주)의 경우 1945년 5월을 전후해서 설비자금은 연 5.11%에서 연 4.75%로, 투자자금은 연 4.93%에서 4.56%로 금리가 인하되었다(<표 3 - 24> 참조). 군수산업체는 조선식산은행으로부터 양질의 저리자금을 제공받을 수 있었다.

나아가 조선식산은행의 대출내용을 보면 이 시기 군수산업을 중심으로 한 수탈구조의 일면을 파악할 수 있을 것이다. 보통 전시기 수탈의 대표적인 예로 물적 수탈과 인적 수탈을 든다. 일제가 전쟁수행을 위해 조선 내 물적 자원과 인적 자원을 고갈 또는 허비시켰다는 것이다. 위의 대출사례를 보면 조선식산은행은 설비자금이나 투자자금을 통해 군수회사가 지하자원을 집적할 수 있도록 지원했다. 텅스텐을 예로 들면 일본고주파중공업(주)과 소림광업(주)은 조선식산은행에서 차입한 자금으로 텅스텐광산에 투자하거나 광산을 매수했다. 이러한 자금지원을 바탕으로 소림광업(주)은 텅스텐생산량을 1938년 127만여 톤에서 1944년 537만여 톤으로 증대시킬 수 있었다.[47]

인적 수탈의 측면에서 조선식산은행의 대출금에서 주목되는 것은 소림광업(주)의 노무자주택 건설자금이다.[48] 노무자주택건설은 확보된 노동자의 이동률을 줄여 생산설비의 가동률을 높이기 위한 것이다. 또한 운전자금의 세부용도는 나와있지 않으나 일정 부분은 노동자의 임금으로 지불되었을 것이다. 조선식산은행은 군수산업의 생산증대를 위한 노동력 동원을 자금면에서 지원했던 것이다.[49]

---

47) 朝鮮總督府殖産局鑛山課, 『朝鮮鑛業の趨勢』 1938년판, 200~206쪽 ; 朝鮮總督府鑛工局鑛山課, 「昭和十九年度生産實績表」.

48) 조선식산은행의 노무자주택 건설자금 대부는 대장성 예금부의 자금을 중개한 것이었다. 대장성 예금부는 1939년부터 군수 및 생산력확충계획산업에 종사하는 노무자의 주택건설자금을 융통했다. 비교적 규모가 큰 공장과 광산을 대상으로 한 이 자금은 조선을 포함한 '외지'에 1939년 700만 엔, 1940년 500만 엔, 1941년 500만 엔, 1942년 1549.4만 엔이 대출되었으며, 그 이후는 '외지'만의 통계가 없으나 1945년까지 계속 융통되었던 것 같다(大藏省昭和財政史編集室編, 앞의 책, 418~419, 502~504, 자료 II 통계 42~43쪽 참조).

49) 사례로 든 세 회사의 노동자실태를 전체적으로 파악할 수 있는 자료는 아직까지 발견하지 못했다. 다만 소림광업(주)과 이원철산(주)의 경우 단편적인 자

지하자원과 노동력 외에도 이 양자를 결합시켜 생산물을 만들어낼 생산설비에 대한 자금지원도 있었다. 소림광업(주)과 이원철산(주)의 경우 조선식산은행의 설비자금 대출이 전쟁말기까지 계속 증대되었는데, 설비자금이 대출된다는 것은 설비자재의 공급이 이루어진다는 것을 의미한다. 전시의 자재난 속에서도 이들 중요 군수광물을 생산하는 기업체에는 설비자재가 우선 배급되었으며, 조선식산은행은 이에 필요한 자금을 지원하였다.

전쟁과 이를 수행하기 위한 군수산업 육성은 조선의 자원 고갈과 노동자 착취를 수반한 것이었다. 이러한 수탈구조를 지탱했던 것 중 하나가 조선식산은행과 같은 금융기관의 자금지원이었다.[50] 1937년 이후

료가 남아있어 저임금(柳承烈, 「日帝의 朝鮮鑛業 支配와 勞動階級의 성장」, 서울대 국사학과 석사학위논문, 1989, 115쪽. 원자료는 金田世權, 「利原鑛山實習報告書」, 1941), 勤勞報國際의 갱내작업 동원(朝鮮鑛業會, 「鑛山聯盟主催鮮內主要鑛山視察報告會速記錄」, 『朝鮮鑛業會誌』 26‐2, 1943. 2, 49쪽), 군대식 노동통제(朝鮮鑛業會, 「鑛山聯盟主催鮮內主要鑛山視察報告會速記錄 (2)」, 『朝鮮鑛業會誌』 26‐3, 1943. 3, 25~27쪽) 등의 상황을 알 수 있다. 또한 조선식산은행이 자체적으로 조사한 자료(朝鮮殖産銀行調査部, 「朝鮮に於ける主要工場鑛山の勞務事情」, 『殖銀調査月報』 제50호, 1942. 7)에는 회사명이 명기되어 있지 않으나 '鐵山'이나 '텅스텐광산' 중에는 이원철산이나 소림광업이 포함되어있을 가능성이 높다. 이 시기 노동력수탈 전반에 대해서는 허수열, 「조선인 노동력의 강제동원실태」, 『일제의 한국식민통치』, 정음사, 1985 ; 강정숙·서현주, 「일제말기 노동력수탈정책」, 『한일간의 미청산 과제』, 아세아문화사, 1997 참조.

50) 군수산업 지원을 자금의 측면에서 검토할 때 금융기관의 자금융통과 함께 중요한 것은 각종 세제상의 혜택과 보조금 지급이었다. 특히 보조금 지급은 군수물자의 가격을 억제하면서도 군수사업체를 유지·육성하는 방법이었다. 전시말기로 갈수록 이윤실현이 통제되는 상황에서 세제상의 혜택과 보조금 지급은 군수산업의 중요한 존립기반이었다. 철광은 1918년부터, 텅스텐광은 1938년부터 광산세가 면제되었다. 또한 보조금으로 금 이외에 텅스텐 같은 특수광물에 대해서도 1938년부터 채광장려금, 광업설비장려금, 1940년부터 증산장려금이 교부되었다(近藤忠三, 앞의 책, 15~17쪽). 제철업에 대한 보조금은 1937년부터 1940년까지 매년 1만 엔씩 교부되다가 1941년 370.4만 엔, 1942년 565.4만 엔, 1943년 548.2만 엔이 교부되었다(朝鮮鑛業會, 『朝鮮鑛業會誌』 26‐5, 1943. 5, 28쪽). 이와 같은 보조금은 1945년까지 계속 지급되었던 것으로 보

조선식산은행의 자금조달액 중 조선 내 비중이 높아졌다는 점을 감안
하면 조선식산은행의 군수산업체에 대한 자금지원은 조선에서 축적된
부(富)가 전쟁수행을 위해 유실됨을 의미한다. 위의 대출사례는 일제가
전쟁수행을 위해 조선의 부, 지하자원, 노동력을 수탈하는 현장이라고
할 수 있다.

3. 조선인 자본가의 존재방식

1) 군수 관련 기업가와 은행 이용

극단적인 여신 집중화가 진행되는 가운데 조선식산은행과 같은 조선
총독부의 정책금융기관으로부터 자금을 지원받았던 조선인 기업가도
있었다. 1945년 현재 조선식산은행이 주식소유 형태로 투자했던 회사
중 조선인이 경영하는 기업은 대홍무역(大興貿易), 조선비행기공업(朝鮮
飛行機工業), 경성방직(京城紡織)이었다.[51]

1939년 자본금 100만 엔, 납입자본금 50만 엔으로 설립된 대홍무역
(주)은 몽골·신강 지역과 조선간의 수출입을 담당하는 회사였다. 박흥
식(朴興植)의 화신무역(주)[52]이 최대 주주였으며 경성방직(주), 조선식산
은행, 조선은행 등이 주주로 참여했다. 일본인이 전무이사였지만 박흥
식도 이사를 맡았다.[53] 「임시자금조정법」에 의해 회사설립 자체가 통

인다.

51) 朝鮮殖産銀行, 『所有有價證券利殖配當金記入帳』; 朝鮮殖産銀行, 『所有有
價證券關係綴』.

52) 和信(株)의 박흥식은 1938년 화신백화점에 무역부를 설치했고, 1939년 4월
이를 모체로 자본금 275만 엔의 和信貿易(株)을 신설하여 사장을 맡았다(오진
석, 「일제하 한국인 자본가의 성장과 변모-朴興植의 和信百貨店 경영을 중
심으로」, 연세대 경제학과 석사학위논문, 1998, 45쪽).

53) 中村資郎 編, 『朝鮮銀行會社組合要錄』 1940년판, 東洋經濟時報社, 1941, 532쪽.

제받았던 시기에 이러한 무역회사가 설립될 수 있었던 것은 일제의 외화부족 때문이었다. 일본과 엔블록권은 자원자급도가 낮아 제3국으로부터의 수입에 의존해야 했고, 늘 무역적자, 외화부족에 시달려야 했다. 특히 전쟁수행과 직결된 철, 원유 등을 해외로부터 원활히 수입하기 위해서는 꾸준한 외화획득이 필요했다.[54) 따라서 이 시기 조선의 무역정책도 수입억제와 수출장려에 의한 외화획득에 중점이 놓여졌다.[55) 대흥무역(주)도 이러한 외화획득 차원에서 설립되었으며, 조선식산은행, 조선은행 같은 정책금융기관의 지원을 받을 수 있었다.

조선비행기공업(주)은 박흥식이 1944년 10월 설립한 자본금 5,000만엔의 회사로 그해 12월 '군수공장'으로 지정되었다. 이 회사는 1944년 조선인에 대한 징병제 실시를 기념하여 "반도 곳곳에서 팽배하는 애국열의의 총결산적 성과"로서 "반도의 혼"을 담은 비행기를 전선으로 보내기 위해 설립되었다.[56) 총독부와 조선군사령부의 후원 아래 자재를 획득하고 기술을 지원받았으며,[57) 설립된 해로부터 6년간 소득세와 사업세가 면제되었다.[58) 이 회사의 발기인과 대주주로는 조선인측에서 박흥식과 화신(주) 외에 백천낙승(白川樂承, 본명 백낙승), 김연수(金季洙), 한상룡(韓相龍), 장원직상(張元稷相, 본명 장직상), 민규식(閔奎植), 두산청(頭山淸, 본명 方奎煥), 박춘금(朴春琴), 박충중양(朴忠重陽, 본명 박중양) 등 자본가·금융인·친일정치가가 참여했다. 일본인측에서는 전시금융금고,[59) 만주비행기제조(주), 조선식산은행, 동양척식주식회사 등이

54) 金子文夫,「資本輸出と植民地」,『日本帝國主義史 2 世界大恐慌期』, 東京大學出版會, 1987, 356~358쪽.

55) 송규진,『日帝下의 朝鮮貿易 硏究』, 高麗大學校 民族文化硏究院, 2001, 188~193, 200~203쪽.

56) 朝鮮飛行機工業株式會社,「設立趣意書」.

57) 朝鮮殖産銀行,「朝鮮飛行機工業株式會社株式引受ニ關スル件」(1944. 8. 22),『所有有價證券關係綴』; 한국일보사,『財界回顧』 2, 한국일보사출판국, 1981, 221~227쪽.

58) 朝鮮飛行機工業株式會社,「朝鮮飛行機工業株式會社株式募集」.

참여했다.[60] 조선비행기공업(주)에 대해 전시금융금고와 조선식산은행 같은 정책금융기관이 자금을 지원했던 것은 급박한 전세(戰勢)에 따른 비행기 증산의 절박성, '내선일체(內鮮一體)'에 대한 선전의 필요성 때문이었다.

조선식산은행이 경성방직(주)의 주식을 인수했던 것은 이 회사가 1942년 500만 엔에서 1,000만 엔으로 증자(增資)할 때였던 것 같다. 경성방직(주)은 1920년 이래 조선식산은행의 고객으로 일상적 자금융통을 받아왔으며, 전시기에는 군수피복용 원료와 제품을 생산하며 병참기지의 일익을 담당했기 때문에 주식인수를 통한 자금지원도 받았을 수 있었을 것이다.[61]

이상의 조선인 회사들은 군수와 관련된 기업으로서 회사나 책임자는 일상적으로 은행과 거래했으며, 이를 바탕으로 성장을 꾀했던 존재였다. 박흥식의 경우 주로 조선식산은행과 한성은행에서 융자를 많이 받았으며, 그 액수는 몇만 원에서부터 백만 원까지였다고 한다. 조선비행기공업(주)과 관련해서도 개인 명의로 2만 주, 화신(주) 명의로 14만 주의 1차 주식납입에 필요한 400만 엔을 군부의 주선으로 조선식산은행(300만 엔)과 삼화은행(三和銀行)(100만 엔)에서 융자받았으며, 전시금융금고 차입금의 전대금(前貸金)으로서 조선식산은행에서 2000만 원을 융통받았다. 그는 조선식산은행, 조선은행, 한성은행의 중역·담당과장·지배인과 긴밀한 관계를 맺었으며, 그들로부터 은행거래상 특별한 원

---

59) 戰時金融金庫는 다른 금융기관이 공급하기 힘든 "생산확충과 산업재편성" 자금을 공급하고 유가증권의 시가를 안정시키기 위해 자본금 3억 엔(이 중 2억 엔은 일본정부 출자)으로 1942년에 설립되었다(大藏省昭和財政史編集室 編, 앞의 책, 784~789쪽).

60) 朝鮮飛行機工業株式會社, 「發起人名簿·引受株數, 贊成人名簿·引受株數」. 주식 公募는 조선식산은행이 대행했다.

61) 경성방직(주)과 조선식산은행의 자금관계, 경성방직(주)의 전쟁협력에 대해서는 Carter J. Eckert, *Offspring of Empire* (University of Washington Press, 1991), pp. 84~102, 114~125 참조.

조를 받았다. 이러한 관계를 위해 연말연시나 기회가 있는 대로 상당한 선물을 제공했으며, 응해준다면 연회를 열어 교제했다고 한다.[62]

2) 중소상공업자와 고리대 의존

조선인 기업가 중에서 군수관련 사업체를 운영하며 은행을 편하게 이용할 수 있는 자는 극히 일부였다. 대부분은 중소상공업체를 경영했는데 이들의 금융상황은 어떠했을까. 경성상공회의소(京城商工會議所)에서 1942년 9월 말 현재 경성부 내 상시 사용직공 5명 이상의 본점공장 또는 사업장을 소유한 제조업자 1,682명(또는 회사)의 금융상황을 조사하여 그 중 1470명(또는 회사)의 통계를 작성했다.

<표 3 - 25>는 조사내용에서 주요 항목을 정리한 것이다. 총 1,470명(또는 회사) 중 62%인 907명(또는 회사)이 1942년 9월 말 현재 외부로부터 자금을 차입하고 있었다. 민족별로 보면 조선인 차입자의 비중이 68%로 일본인(51%)에 비해 높았다. 조사자료에 의하면, 이는 조선인측 공장이 창업된 지 얼마 안되어 자본축적이 빈약했기 때문이라고 했다.[63] 조선인 차입자의 1인당 자기자본(b/a)이 3.7만 엔인 반면 일본인 차입자의 1인당 자기자본은 15만 엔이었다. 1인당 차입액(c/a)도 일본인은 9.2만 엔인 반면 조선인은 2.5만 엔으로 자기자본의 취약성이 대출규모에도 그대로 반영되었다.

차입선별 비중을 보면 민족별 구분없이 은행, 신탁회사, 보험회사 같은 근대 금융기구 이용률이 가장 높았는데, 일본인(83.7%)이 조선인

---

62) 이상에 대해서는 反民族行爲特別調査委員會, 「調査報告書」; 反民族行爲特別檢察部, 「被疑者訊問調書(第2回)」(1949. 2. 14); 反民族行爲特別檢察部, 「被疑者訊問調書(第7回)」(1949. 2. 23) 참조(다락방 편, 『反民特委裁判記錄 5 - 朴興植』, 1993에 수록). 전쟁 이전 시기 박흥식과 조선식산은행의 자금거래에 대해서는 한국일보사, 앞의 책, 186~190쪽 참조.

63) 京城商工會議所調査課, 『朝鮮に於る中小工業金融の現況』, 1943. 9, 11쪽.

<표 3-25> 경성부 내 공업자 금융 상황(1942. 9) (단위 : 人(社), 천엔, %)

차입자수 및 차입액							
조사대상 (人, 社)		차입자 a	자기자본b	b/a	차입액 c	c/a	c/b
조선인	919	626(68%)	23,174	37	15,934	25	68.8%
일본인	551	281(51%)	42,014	150	25,736	92	61.3%
계	1470	907(62%)	65,188	72	41,670	46	63.9%

借入先別 比重						
		차입액	근대금융기구	협동조합적 기구	동업자 및 거래처	전근대금융기구
개인경영	조선인	3,209	48.5%	16.2%	6.3%	29.1%
	일본인	5,933	60.7%	14.9%	4.9%	19.5%
회사조직	조선인	9,195	82.9%	0.4%	3.5%	13.2%
	일본인	22,590	86.9%	1.1%	4.6%	7.3%
합계	조선인	15,128	69.4% / 32.7%	6.6% / 57.5%	4.6% / 36.7%	19.8%/56.4%
	일본인	25,799	83.7% / 67.3%	2.9% / 42.5%	4.7% / 63.3%	8.8%/43.6%

借入先別 이자율(日步) 단위 : 錢							
	은행	신탁·보험	금융조합	무진회사	동업자	동업조합	親戚知人	個人金貸業者
조선인	1.73	1.76	1.88	1.85	3.41	2.24	10.0	4.20
일본인	1.86	1.87	1.83	1.80	2.25	1.85	5.0	3.04

* 京城商工會議所調査課, 『朝鮮に於る中小工業金融の現況』, 1943. 9, 5~6, 15, 35쪽.
* 1) '차입선별 비중'의 차입액은 각 항목의 수치를 합산한 것으로 자료상의 합계와 불일치한다. 또한 이들 액수와 '차입자수 및 차입액'의 차입액도 불일치한다. 각 항목의 비중을 알기 위해 합산액을 따랐다. '차입선별 비중'의 '근대 금융기구'는 은행·신탁회사·보험회사를, '협동조합적 기구'는 금융조합·무진회사, '동업자 및 거래처'는 동업자 또는 기타 공업자, 동업조합 또는 기타 단체, 거래관계가 있는 백화점·무역상·도소매상을, '전근대 금융기구'는 親戚知人·質屋(전당포)·個人金貸業를 말한다.
  2) %는 각 차입액의 차입선별 비중이다. 단 합계항목 뒤의 %는 각 차입선의 대출액 중 민족별 비중이다.

(69.4%)에 비해 상대적으로 근대 금융기구를 더 많이 이용했다. 근대 금융기구의 민족별 대출액 비중을 보면 일본인은 67.3%인 반면 조선인은 32.7%였다. 근대 금융기구 다음으로 많이 이용했던 것도 민족별 구분 없이 전근대 금융기구였는데, 조선인(19.8%)이 일본인(8.8%)에 비해 많이 이용했다. 전근대 금융기구의 민족별 대출액 비중은 조선인이 56.4%, 일본인이 43.6%였다. 근대 금융기구로부터 전근대 금융기구로 갈수록

이자율이 높아졌으므로 조선인 중소공업자가 자금조달을 위해 좀더 많은 비용을 지불했다고 할 수 있다.

이상의 조사에 나오는 은행은 거의 모두 조선은행이나 단기상업금융이 주업무인 보통은행이었다.[64] 따라서 중소공업자들은 보통은행으로부터 단기고리자금을 차입하여 설비자금 같은 고정자본에 사용하는 고통을 감수해야 했고, 이것도 여의치 않으면 좀더 고리인 전근대금융기구에 손을 벌릴 수밖에 없었다.[65] 경성상공회의소는 위의 조사를 바탕으로 경성부 내 중소공업자들의 열악한 금융상황을 당국에 알리고 장기저리자금의 융통을 호소했는데, 일본인보다 조선인 중소공업자들의 금융상황이 좀더 열악했음을 알 수 있다.

조선총독부는 전시기 경영난에 빠진 중소상공업자의 유지·육성을 위해 1939년부터 중소상공업융자손실보상제(中小商工業融資損失補償制)를 실시했다. 이에 기초하여 각 금융기관이 대장성 예금부 자금과 자기자금으로 1939년 9월부터 1942년 11월까지 총 2,936건 993만 5,310엔을 중소상공업자에게 대출했다.[66] 그러나 <표 3-21>에서 보듯이 거의 같은 기간인 1939년 4월부터 1943년 4월까지 도시지역의 개인간 대부고는 7,244.5만엔 증가했는데, 이 중 상당수는 근대금융에 소외되어 전근대금융에 의지할 수밖에 없었던 중소상공업자가 빌렸을 것이다.[67] 조선총독부의 중소상공업 금융대책이 미흡했고 선별적으로 이루어졌던 것이다.

전시기 초반에 호황을 누렸던 광업부문에서도 상황은 비슷했다. 1943년 4월부터 실시된 금광산(金鑛山) 정비와 관련하여 광업권자가 총독부 산금과(産金課)에 제출한 서류에 의하면, 일본인 광산에 비해 조선인 광

---

64) 위의 책, 29쪽.

65) 위의 책, 52~53쪽.

66) 京城商工會議所,「朝鮮中小商工業融資損失補償制の檢討」,『經濟月報』325, 1943. 2, 7쪽.

67) 주 21) 참조.

산의 개인간 대부이용률이 더 높았다.[68] 뒤에서 살펴볼 최남주(崔南周)
의 경우 조선식산은행으로부터 자금지원을 받기 전의 부채 중 79.4%가
고리의 개인대부에 의한 것이었다. 은행으로부터 자금융통을 받는 데
한계가 있었던 조선인 중소광업가들은 자연히 고리대에 의존할 수밖에
없었다.[69]

3) 성장조건과 존속의 방편

자금조달의 상당부분을 고리대에 의존하는 중소상공업자층에서 일
상적으로 근대금융기관과 거래할 수 있는 기업가층으로 진입했던 사람
도 있었다. 1933년부터 소규모의 금광산을 개발·경영했던 최남주[70]는
1943년 총독부의 금광업정비(金鑛業整備)[71]에 따라 금광산을 정리하고,
이때 받은 정리자금으로 구리광산인 경기도 고양군의 천일동산(天—銅

---

68) 朴基炷, 「朝鮮에서의 金鑛業의 發展과 朝鮮人鑛業家」, 서울대 경제학과 박
　　사학위논문, 1998, 240～243쪽.
69) 金相珏, 「朝鮮鑛業과 資金問題」, 『鑛業朝鮮』 3-5, 1938. 5, 16쪽.
70) 최남주는 1911년 지주집안에서 태어나 普城中學校를 거쳐 1930년 동경 日本
　　大學 文藝科를 졸업하고 곧바로 목포에서 丸福延米取仁店을 경영하다 십수
　　만 엔의 손실을 보고 1932년 5월 폐업했다. 1933부터 광업으로 전업하여 전남
　　河南砂金鑛, 從耳珍鑛山을 경영하여 동업자들 사이에서 명성을 쌓았으며, 위
　　의 광산을 朝鮮製鍊(株)에 매각한 대금 60만 엔으로 1937년 南光鑛業(株)을 설
　　립, 전국 각지에 소규모 금광산 또는 사금광구를 경영했다(朝鮮殖産銀行特別
　　金融第二部, 「端川鐵山株式會社調査書」; 朝鮮殖産銀行特別金融第二部, 「端
　　川鐵山株式會社借入附屬書類綴」, 두 서류 모두 朝鮮殖産銀行, 『端川鐵山株
　　式會社完濟貸付書類』에 수록). 최남주는 광업 외에도 朝鮮映畵(株)(1937. 7. 설
　　립), 學藝社(1939. 11), 人文社(1942. 6)에 사장 또는 중역으로 참여했다(中村資
　　郎 編, 『朝鮮銀行會社組合要錄』 해당연도판 참조).
71) 조선의 광업을 선도했던 금광업은 1940년대 전쟁이 확대됨에 따라 일본의
　　대외교역이 봉쇄되면서 그 중요성이 줄어들었다. 결국 1943년 4월부터 금광업
　　정비가 단행되어 휴폐광산에 대해 정비자금과 보상금이 교부되었다(朝鮮殖産
　　銀行調査部, 「金鑛業整備斷行」, 『殖銀調査月報』 제59호, 1943. 4, 22쪽 ; 朝鮮
　　殖産銀行調査部, 「金鑛業の整備」, 『殖銀調査月報』 제61호, 1943. 6, 38～39쪽).

山), 경상남도 고성군의 경봉동산(慶峰銅山)을 매수했으며 1943년 3월 함경남도 단천군의 철광산 개발에 착수했다. 예상외로 철광매장량이 많은 것으로 밝혀지자 조선총독부는 개인기업으로서는 도저히 개발을 완수할 수 없다고 판단하고, 최남주를 종용하여 1944년 11월 납입자본금 200만 엔의 단천철산(주)을 설립하게 했다.[72]

최남주의 금융거래는 단천철산(주) 설립 이전과 그 이후가 극명하게 대비된다. <표 3 - 26>는 단천철산(주)을 설립하여 조선식산은행으로부터 자금지원을 받기 이전 최남주의 자금운용과 부채상황이다. 표의 좌측을 보면 최남주는 1943년 총독부의 금광업정비에 따라 금광산을 정리하고 받은 자금 107만여 엔 중 42만여 엔을 차입금 상환에 충당했는데, 그 중 40만여 엔이 개인대금업자에게 상환한 것이었다. 금광산 경영에 필요한 자금의 상당부분을 고리대에 의존했던 것이다. 표의 우측은 1944년 12월 단천철산(주) 건으로 조선식산은행에서 대출받기 직전의 부채상황으로, 총 41만 3,000엔의 부채 중 토지를 담보로 은행에서 차입한 것은 20.6%인 8만 5,000엔에 불과하고 79.4%인 32만 8,000엔을 개인대금업자에게서 차입했다.

개인대금업자에게서 차입한 자금의 금리는 최고 연 36.5%에서 최저 연 7.3%였다. 최남주는 금광산 정비자금으로 100만 엔 이상 받을 정도로 비교적 규모가 큰 광업가인데도 늘 고리대에 의존했다는 점에서 여

---

72) 이 회사의 중역은 대표이사 최남주, 이사 具田直會, 野口德衛, 朴準奎, 伊藤太郎, 監查 吳亨南이었다. 이들은 또한 이 회사의 대주주로서 총 4만 주 중 최남주 3만 주, 野口德衛 2000주, 吳亨南 2000주, 伊藤太郎 1500주, 具田直會 1000주였다. 具田直會는 京城工科學校 土木科를 졸업하고 1940년 말부터 최남주의 사업에 참여했다. 朴準奎는 호남은행 취체역, 南光鑛業(株) 취체역을 역임했으며, 이 회사에서는 주로 경리부문을 담당했다. 吳亨南은 최남주의 義父로 지주이면서 전라남도평의원, 全羅南道酒麯(株) 감사, 全南鮮光商事(株) 감사를 역임했다. 일본인 이사들은 단천광산의 광석을 가공하는 정련사업과 관계된 자들이다(朝鮮殖産銀行特別金融第二部, 「端川鐵山株式會社調査書」 1944. 12, 9~11쪽 ; 朝鮮殖産銀行特別金融第二部, 「端川鐵山株式會社借入附屬書類綴」).

<표 3 - 26> 최남주의 자금운용과 부채 상황(1943~1944) (단위 : 엔, %)

1943년 金山整備金사용 내역			1944년 12월부채 내역			
용도		금액	차입선		금액	이자율(연리)
차입금 상환	저축은행	23,073	은행 (토지담보)	조선은행	55,000	5.8%
	개인대금업	405,587		식산은행	30,000	
	소계	428,660		소계	85,000	
金山整理		114,100	개인대금업 (신용)		328,000	36.5%(금액의 16.2%)
금 이외 광산투자		532,000				29.2%(〃 19.8%)
						18.3%(〃 12.2%)
						11.0%(〃 21.3%)
						7.3%(〃 30.5%)
합 계		1,074,760	합 계		413,000	

* 朝鮮殖産銀行, 『端川鐵山株式會社完濟貸付書類』.

타 조선인 중소광업가의 처지를 짐작할 수 있다.

단천철산(주)이 설립되자 상황은 일변했다. 조선식산은행은 1944년 12월에서 1945년 8월까지 이 회사에 총 390만 엔을 대출해주었다(<표 3 - 27> 참조). 1구좌당 대출액은 97.5만 엔으로 1945년 3월 조선식산은행 어음대부 평균 1구좌당 대출액 7.9만 엔[73]에 비해 12배 많은 액수였다.

단천철산(주) 관련자료를 보면 조선식산은행이 이 회사에 대출을 결정할 때 상당히 신중했던 것 같다. 이 회사가 전력(戰力) 증강과 직결된 철광석을 채굴하지만, 회사설립이 일천하고 담보로 제공할만한 자산이 부족하며, 이 분야에서는 보기 드물게 경영주가 조선인이었기 때문이다.[74] 사업계획서 검토와 함께 광산에 대한 현지시찰, 흥신소(興信所)를 동원한 최남주 개인에 대한 철저한 내사 등을 거친 후에 결국 전시금융금고의 대출을 주선하고, 그에 앞서 전대금(前貸金)으로 160만 엔의 대출을 결정했다. 대출 이유로 철광석의 품위(品位)가 우량하다는 점,

---

73) 朝鮮殖産銀行計算果, 「財産目錄」.
74) 1944년 철광석의 민족별 생산액 비중은 조선인 1%, 일본인 99%였다. 1945년 7월 철광석의 민족별 稼行 광구수는 조선인 6, 일본인 20이었다[朝鮮銀行調査部, 『朝鮮經濟年報』(1948, I - 86쪽)].

<표 3 - 27> 조선식산은행의 단천철산(주) 대출실태 (단위 : 엔, %)

대출연월	금액	용도	종류	이자율	비 고
1944. 12	1,600,000	설비자금 (端川鐵山)	어음대부	연 5.47%	戰時金融金庫 前貸
1945. 3	400,000	운전자금	어음대부	연 5.11%	勞賃 및 勞務者生計物資 購入資金
1945. 5	400,000	운전자금	어음대부	연 5.11%	勞務者生計物資購入 資金
1945. 6~8	1,500,000	설비자금 (大遠鐵山)	어음대부	연 5.11%	戰時金融金庫 前貸

* 朝鮮殖産銀行, 『端川鐵山株式會社完濟貸付書類』.

건설자재가 적게 든다는 점, 건설소요기간이 짧다는 점과 함께 경영자가 조선인이라는 점이 열거되었다. 당시 극도로 핍박된 노무상황에서 사업담당자가 조선인이라는 점은 노무동원에 호조건으로 작용할 것으로 보았다. 또한 최남주가 사업에 "열의기백(熱意氣魄)"을 보이고 있어 "반도사업가"를 원조하여 전력 증강에 기여시킨다는 것도 의의가 있다고 했다.[75] 전력 증강에 관련된 군수산업을 조선인 경영자가 담당한다는 것은 '내선일체'를 증명하는 좋은 예가 될 수 있었다.[76]

최남주처럼 식민정책에 부합되어 대규모 광업회사를 운영할 기회가 있었던 조선인 광업가는 드물었으며, 대부분 식민정책에 희생되어 사업을 정리해야 했다. 앞에서 보았듯이 조선총독부의 금광업 정비에 따라 희생되었던 광업가들이 대표적인 경우이며, 텅스텐광업의 경우도

75) 朝鮮殖産銀行 特別金融第二部, 「端川鐵山株式會社調査書」, 1944. 12, 33~37쪽.

76) 최남주가 관계한 군수회사로는 단천철산(주) 이외에도 1943년 3월 일본인과 함께 매수한 동경의 英工社가 있다. 이 회사는 군수용 기계를 제작했으며, 같은 해 4월 군수회사로 지정되었다(朝鮮殖産銀行特別金融第二部, 「端川鐵山株式會社借入附屬書類綴」). 또한 최남주는 1941년 6월 國民總力朝鮮聯盟 문화부 문화위원으로 선정된 경력이 있다(民族政經文化研究所, 『親日派群像』, 三省文化社, 1948, 124쪽). 그는 8·15 이후 1945년 10월에 결성된 朝鮮鑛業會에 참여했으며, 1946년 10월 결성된 조선영화사 창립발기인이었다(국사편찬위원회 편, 『資料大韓民國史』, 1968~2001 참조(http://history.go.kr의 '한국사데이터베이스' 최종검색일 2003. 1. 20)].

그러했다.[77) 조선총독부와 금융기관의 대광산 편중지원은 대부분 중소광산을 경영했던 조선인 광업가의 도태로 귀결되었다.[78)

때로는 텅스텐광산을 경영했던 원윤수(元胤洙)처럼 광산매각자금을 바탕으로 변신을 꾀하며 존속을 도모했던 경우도 있었다. 그는 1930년대 중반 가장 많은 텅스텐을 생산했던 백년광산(百年鑛山)을 1937년 3월경 조선식산은행의 자금지원을 받은 소림광업(주)에 매각했다.[79) <표 3 - 28>은 원윤수가 백년광산을 매각했던 1937년 전후의 참여회사를 정리한 것이다.

원윤수는 개업시기가 명확하지 않지만 남대문시장에서 과물(果物)위탁업에 종사하다 1922년 생과물(生果物) 위탁 및 중개사업을 하는 경성흥업(주)의 설립에 참여했으며, 1932년부터 광업계에 뛰어들어 일화광업상회(합자)를 세우고 주로 중석을 채광하고 판매했다. 이외에도 1935년 대창상회(大昌商會)를 세워 해산물모피를 거래했는데, 이 세 회사가 그의 주요 사업이라고 할 수 있다.[80)

1937년 이후 주요 중석광산인 백년광산을 소림광업(주)에 매각하고 받은 대금 250만 엔을 바탕으로 여러 부분에 투자했다. <표 3 - 28>을 보면 크게 금융신탁, 제조공업, 상업, 요식업에 투자했으며 그 중 화약류를 매매하는 서선화약(합자)은 사장을 역임했다.[81) 그러나 1939년 조

---

77) 정병욱, 「日帝下 朝鮮殖産銀行의 産業金融에 관한 硏究」, 고려대 사학과 박사학위논문, 1998, 224~226쪽.

78) 대광산 편중의 금융정책, 이에 대한 조선인 광업가들의 불만과 독자적 광업 금융기관 설립 움직임에 대해서는 朴基炷, 앞의 논문, 236~239쪽 참조.

79) 有賀さんの事蹟と思い出編纂會, 『有賀さんの事蹟と思い出』, 1953, 248~249쪽.

80) 劉犀星, 「鑛山王 元胤洙와 氏의 事業全貌」, 『鑛業朝鮮』 3 - 4, 1938. 4, 62~65쪽.

81) 백년광산 매각이 이루어진 것은 1937년 3~4월경인데 <표 3 - 28>의 조사 시점인 1937년 4월 당시 원윤수가 참여한 회사는 대부분 1936년에 설립되었다. 처음부터 매각대금을 이용하여 참여했는지 명확하지 않지만 1937년 이후의 투자나 경영확대는 매각대금 없이는 불가능했을 것이다. 그는 <표 3 - 28>의 회사 외에 이태원에 성남중학과 이태원심상소학교를 창립했고, 재단법

<표 3 - 28> 1937년 전후 원윤수의 참여회사

조사시점	1935. 4	1937. 4	1939. 4	1942. 9
회 사 명	京城興業(株) 1922 상업	京城興業(株)	京城興業(株)	
	日華鑛業商會(合資) 1932 광업	日華鑛業商會(合資)		
	大昌商會(合資) 1935 상업	大昌商會(合資)	大昌商會(合資)	
		大和商會(合資) 1936 금융신탁	大和商會(合資)	-(원인수, 원동규)
		同志社(合資) 1936 금융신탁	同志社(合資)	(원동규)
		朝鮮고무工業所(合資) 1936 제조공업	朝鮮고무工業所 (合資)	?
		世界護謨工業(合資) 1936 제조공업	世界護謨工業 (合資)	?
		西鮮火藥(合資) 1936 상업	西鮮火藥(合資)	(원인수)
		天香閣(株) 1936 요식업	天香閣(株)	-
		京城食料品(株) 1936 상업	京城食料品(株)	-(원인수)
		朝鮮券番(株) 1936 요식업	朝鮮券番(株)	-(원인수)
		京城天銀房(合資) 1935 상업	-	
			朝鮮建物(株) 1937 금융신탁	-

* 中村資郎 編, 『朝鮮銀行會社組合要錄』 해당연도판.
* 1) 굵은 글씨는 원윤수가 사장이나 대표인 회사이며, 처음 나오는 회사 옆에는 설립연도
  와 업종을 기입했다. 2) '-'는 자료에 동일회사가 나오나 원윤수가 참여하지 않은 경우,
  '?'는 '外 몇 명'으로 기술되어있어 참여 여부를 확인할 수 없는 경우, 빈칸은 회사 자체
  가 기록되지 않은 경우를 의미한다.

사에는 그의 중심사업인 광업회사 일화광업상회(합자)가 등장하지 않으
며 1942년 9월 조사에는 나머지 두 주력 사업체인 경성흥업(주), 대창상

인 元錫學院을 설립하여 교육사업에도 투자했다(劉犀星, 위의 글, 64~67쪽).
또한 1937년 6월 현재 경기도에 113町步의 토지를 소유했다(張矢遠, 「日帝下
大地主의 存在形態에 관한 研究」, 서울대 경제학과 박사학위논문, 1989, 251
~252쪽).

회가 등장하지 않았다. 중석 채굴과 판매가 주요 업무였던 일화광업상회(합자)는 1938년 조선텅스텐수연광업조합과 조선텅스텐수연상협회의 설립, 1939년 10월 「조선텅스텐광급수연광배급조정규칙(朝鮮タングステン鑛及水鉛鑛配給調整規則)」(府令 제179호) 공포 등 조선총독부의 일련의 통제정책[82]에 타격을 입은 것 같다. 1942년 9월 조사에는 기존 관련회사에서 본인의 이름 대신 가족으로 보이는 원인수(元仁洙), 원동규(元東圭)의 이름만 보인다. 원윤수는 1939년 이후 주력 업종의 쇠퇴와 함께 투자와 경영일선에서 물러났던 것 같다.

조선총독부의 광업통제정책으로 인해 더이상 광업자본가로 성장할 수 없었던 원윤수는 광산매각대금을 바탕으로 여러 분야에 투자했다. 개인적 차원에서는 결코 실패했다고 할 수 없지만 요식업, 금융신탁업에 대한 투자는 기업가로서는 퇴영적 모습이었다. 특히 전근대적 고리대금업을 영위하는 금융신탁회사에 대한 투자는 고리대에 대한 광범위한 수요층이 존재하고 높은 금리가 보장되는 전시기 금융구조에서 존속을 도모하는 한 방편이었다.

일제말 전시금융의 목적은 일본의 전비 조달이었다. 이를 위해 금리 인하를 통한 일본국채 소화가 이루어져 대량의 자금이 일본으로 유출되었으며, 나머지 제한된 자금은 조선 내 군수산업에 집중되었다. 군수산업을 제외한 대다수 사업체는 여전히 고금리의 전근대 금융에 의존해야 했으며, 고리대금업이 만연했다. 이러한 금융환경 아래 조선인 자본가의 존재방식은 몇몇 사례를 통해 볼 때 다음 세 가지로 분류해볼 수 있을 것이다.

첫째 부류는 '여신의 집중화'가 증폭되는 가운데서도 조선식산은행, 한성은행 같은 근대금융기관으로부터 자금을 융통받았을 수 있었던 소수의 자본가들이다. 박흥식으로 대표되는 이 부류는 대부분 군수산업

---

82) 近藤忠三, 『朝鮮の鑛業』, 東都書籍, 1943, 92~93쪽 ; 朝鮮總督府企畫部編, 『朝鮮重要物資配給統制要覽』, 帝國地方行政學會朝鮮本部, 1940, 75~82쪽.

이나 일제의 전시통제와 관련된 기업가였다. 조선총독부와 그 통제하의 은행은 급박한 전시상황 속에서 하나라도 더 군수물자를 생산하고, 그러한 사업에 조선인을 참여시킴으로써 '내선일체'를 과시하기 위해 이들에 대해 자금을 지원했다. 전시기에 이 대열에 들어서려 했던 최남주의 사례에서 보듯이 성장의 조건은 전쟁에 이바지하고 '내선일체'를 구현하는 철저한 예속이었으며, 그 선택권도 전적으로 식민지배 당국이나 금융기관이 쥐고 있었다. 이들은 일본의 침략전쟁과 흥망을 같이하며 일제의 보호 아래 성장을 꾀했던 자들로 그 과정에서 돈버는 기회는 잡을 수 있었다. 반면 자본가로서 사회적 지배력을 갖추는 기회는 상실했기 때문에 8·15 이후에도 그들의 정치력은 제약당할 수밖에 없었다.

둘째 부류는 근대금융으로부터 소외되어 일정 부분을 고금리의 전근대금융에 의존해야 했던 대다수 중소자본가들이다. 전시하 금융통제 속에서 이들에게는 금융지원이라는 예속의 물적 토대마저 허물어져 갔으며, 따라서 번영이나 성장보다 살아남는 것이 지상과제였다. 단순재생산이라도 하며 생존하기 위해서는 전근대금융에 의존할 수밖에 없었고, 고리자금을 갚기 위해 암거래, 밀수출도 마다하지 않았다. 이들 중 몰락하지 않고 연명하거나 휴지상태에 들어갔던 층이 해방 이후 각 지역에서 영세하나마 지역적 수요에 기반하여 '족출(簇出)'했을 것이다.

셋째 부류는 근대금융의 극단적인 여신집중과 그에 따른 광범위한 고리대 수요자층 양산이라는 전시금융구조에 기대어 고리대금업으로 존속을 도모했던 층이다. 평양의 '삭채(朔債)'를 운영했던 유산층, 최남주가 조선식산은행과 관계맺기 이전에 그에게 대부했던 대금업자, 광산매각 뒤의 원윤수와 그가 투자했던 금융신탁업자 등이 이에 속한다. 이들은 전시통제의 열악한 상황 속에서 어느 정도 타협과 변신에 필요한 물적 기반을 갖춘 존재로서 그들에게 고리대금업은 존속을 도모하는 주요한 방편이었다. 개인적 차원에서는 결코 실패했다고 할 수 없지만 사회적 차원에서 성공했다고도 할 수 없을 것이다. '삭채'의 경우처럼 사회적으로는 얼굴을 숨겨야 했던 존재이며, 존속 이상을 도모하기 위해서는 다른 차원의 변화가 필요했던 층이다.

<보론> 1910년대 한일은행과 경성의 조선인 상인

1. 머리말

전근대 경제에서 근대 경제로 이행하는 과정에서 은행은 자금의 동원과 배분을 사회적 차원으로 확대하여 자본의 축적을 돕는 기구로서 부각되었다. 특히 후발국에서는 자본주의를 조속히 이입하기 위해 막대한 자금이 필요했으며, 이러한 자금을 조달하기 위해 국가권력과 연결된 각종 은행이 중요한 역할을 했다.[1] 한국의 경우도 개항 이후 근대적 금융제도 및 금융기구를 수립하려 했으며, 그 일환으로 은행 설립이 추진되었다. 그러나 그 과정에서 한반도 침략의 첨병 역할을 한 일본의 은행과 맞서야 했으며, 결국 일제의 교란에 의해 자주적인 근대 화폐제도 수립과 중앙은행 설립은 좌절되었다. 다만 재정·금융의 주권을 상실한 가운데 몇몇 보통은행이 설립되었으며, 그 중 하나가 1906년 서울의 상인들이 중심이 되어 설립했던 한일은행(韓一銀行)이다.

한일은행은 보통은행 설립 역사에서 독특한 위치를 차지한다. 1897년부터 설립되기 시작하여 1920년 말 21개까지 늘어났던 보통은행 중 조선인이 설립했던 은행은 크게 두 부류로 나누어볼 수 있다. 하나는 19세기 말에 설립된 한성은행(漢城銀行)과 대한천일은행(大韓天一銀行, 1911년 朝鮮商業銀行으로 개칭)으로 설립주체는 정부와 고위관료였으며, 설립지역은 한성이었다. 다른 하나는 1910년 한일'합방' 이후 설립된

---

1) 金宗炫, 『近代經濟史』, 經文社, 1984, 127~130쪽. 일본의 경우는 石濱知行, 『特殊金融機關史論』, 育生社, 19370, 4~5쪽 ; 大藏省昭和財政史編集室編, 『昭和財政史 第十二卷－大藏省預金部·政府出資』, 東洋經濟新報社, 1962, 589~590쪽 참조.

대구은행(大邱銀行), 호서은행(湖西銀行) 같은 은행으로 설립주체는 민
간인, 특히 지주였으며 설립지역은 지방이었다. 1905년부터 시작된 '화
폐·재정정리사업'과 그로 인한 화폐공황에 대처하기 위해 상인이 중
심이 되어 설립한 한일은행은, 설립지역은 그 이전의 보통은행처럼 한
성이었으나 설립주체는 1910년대에 설립된 보통은행처럼 민간인이 중
심이었다. 한일은행은 한성에서 민간인이 주도하여 설립한 최초의 보
통은행이었다. 한일은행을 통해서 1905년 '보호국'으로 전락한 후 한성
이란 공간을 무대로 일제의 금융망 장악 기도와 조선인의 대응양상을
포착할 수 있을 것이다.

그간 한일은행에 관한 연구는 인물사 위주로 진행되었다. 대표적으
로 고승제[2]는 한일은행은 한성은행이나 대한천일은행과 달리 '실업인
은행'으로 출발했으나 내분을 겪고 그 와중에 1915년경 민영휘(閔泳徽)
가 실권을 장악하면서 '귀족 은행'으로 전환되었다고 본다. 전환의 원
인으로 실업인의 경영미숙, 인간관계 악화를 지적한다. 그러나 1943년
한성은행과 합병되기까지 한일은행·동일은행(東一銀行, 1931년 한일은
행과 湖西銀行의 합병을 통해 설립)은 여타 은행과 달리 조선은행이나
조선식산은행에 예속되지 않은 대표적 '민족자본 은행'이라 한다.[3]

인물사 위주를 넘어 한일은행의 경영과 여타 산업의 관계에 접근한
연구는 없다. 다만 보통은행 전체를 분석대상으로 삼아 이러한 접근을
한 것으로 호리 가즈오, 배영목(裵永穆)의 글이 있다. 호리[4]는 1910년대

---

2) 高承濟, 『韓國金融史硏究』, 一潮閣, 1970, 34~41쪽.
3) 高承濟는 조선인 보통은행 전체에 대해 통제받기 쉽다는 금융의 속성상 식민
   지 개발이나 전쟁수행에 공헌했을 뿐, 민족자본 자체의 정상적 발전에는 오히
   려 저해요인이 되었다고 평가한다(高承濟, 위의 책, 299~302쪽). 동일한 인물
   사적 접근으로 1910년 이전의 한일은행을 다룬 韓百興은 은행의 내분에 일제
   가 개입되었다고 주장했다(韓百興, 『舊韓末 民族銀行生成史 硏究』, 시나리오
   알타, 1996, 467~491쪽). 한편 閔泳徽 가문의 금융업(한일은행·동일은행)을
   조선총독부와 맺은 관계를 중심으로 조명한 것으로 Dennis. L. McNamara, *The
   colonial origins of Korean enterprise, 1910~1945*(Cambridge Univ. Press, 1990)가 있다.

조선이 일본경제에 편입되어가는 과정에서 새로 생겨난 상업자금의 수요를 기반으로 다수의 보통은행이 설립되었으나, 농업이나 공업의 식민지적 구조 때문에 필요충분한 예금을 흡수하지 못하여 대출초과 상태를 면할 수 없었다고 한다. 이러한 모순을 메운 것이 조선총독부·조선은행의 정책적 융자였고, 이를 통해 보통은행은 종속이 심화되면서 유통경제에 자금공급이라는 식민지 경제구조의 일단을 담당했다고 한다. 보통은행의 발생조건과 성장 저해요인, 양자 모두 일본이 조선경제를 종속적으로 재편하는 가운데 생겨났던 것으로 파악한다.

호리가 일본제국주의의 규정성을 강조한 반면 배영목5)은 그에 대한 조선인의 대응이라는 입장에서 보통은행에 접근했다. 그에 의하면 조선은행, 농공은행·조선식산은행, 동양척식주식회사 등과 같은 식민지 금융기구의 일본인 편중 운용과 미약한 자본력을 배경으로 1910년대에 조선인 보통은행이 설립되었는데, 이들 보통은행은 조선인의 자립적 금융기구 구축이라는 측면도 있지만 식민지 금융기구의 취약점을 보완하는 주변적 금융기관에 불과한 것이었다고 본다. 1920년대 이후 식민지 금융기구의 성장, 조선총독부의 합병정책에 따라 조선인 은행은 정체와 쇠퇴를 면치 못하다가 전시기 강권적 은행합병정책으로 소멸하게 되었다고 한다.6) 호리와 배영목의 연구에 의하면, 일제시기 조선인 보통은행은 식민지 금융정책·식민지 금융기구에 의해 자립적 발전의 길이 막히면서 '주변화'와 '종속'을 피할 수 없었던 것이다.

이상 기존 연구를 통해 한일은행에 대한 상반된 평가를 접할 수 있

---

4) 堀和生,「朝鮮における普通銀行の成立と展開」,『社會經濟史學』 49-1, 社會經濟史學會, 1983. 4.

5) 裵永穆,「植民地 朝鮮의 通貨 金融에 관한 研究」, 서울대 경제학과 박사학위논문, 1990.

6) 裵永穆 외에도 조선인의 대응이라는 측면에서 보통은행의 동향을 상세히 정리한 것으로 尹錫範 外,『韓國近代金融史研究』, 延世大學校 經濟研究所, 1996가 있다.

다. 한편에서는 '민족성'이 강조되었으며, 다른 한편에서는 한일은행에 국한된 것은 아니지만 '종속성'이 강조되었다. 시기에 따라 한일은행의 성격이 변화했던 것인가. '민족성'을 주장하든 '종속성'을 주장하든 은행의 경영실태 속에서 그 구체적 내용을 밝힌 것은 아니었다.

이 글은 한일은행의 경영실태를 분석하여 그 성격을 식민지 금융구조와 경제구조 속에서 파악하려 한다. 이를 위해 우선 자금조달과 자금운용을 중심으로 1910년대 한일은행의 경영 전반을 다른 은행과 비교하면서 분석하였다. 다음으로 이 시기 한일은행의 주요 고객이었던 포목상과 곡물상을 중심으로 한일은행의 자금융통실태 및 한일은행을 매개로 벌인 각 상인들의 활동이 갖는 의미를 파악하려 한다. 특히 대부분 경성이라는 대소비지를 중심으로 활동하던 상인들이므로 당시 경성의 유통구조, 상인들의 역할을 고찰하는 데 도움이 될 것이다. 이러한 작업을 통해 궁극적으로 한일은행이 갖는 '민족성' 또는 '종속성'의 내용과 그 의미에 좀더 다가설 수 있을 것이다.

연구대상 시기를 한일은행 설립부터 1910년대까지로 국한한 것은 자료적인 문제도 있지만, 이 시기는 식민지 경제의 틀이 짜여지는 시기로서 일제의 지배와 조선인의 대응이라는 역동성을 잘 보여주기 때문이다. 1920년대 이후 식민지 경제는 기본적으로 1910년대에 깔아놓은 레일 위를 달려가는 것이었다. 자료로는 한일은행 관계 기술자료 및 통계자료와 함께 『취체역회결의록(取締役會決議錄)』, 『대출에 관하난 취체역회결의록(貸出에 關하난 取締役會決議錄)』 같은 한일은행 내부자료를 이용했다.

2. 한일은행의 자금조달과 운용

1) 예금에서 차입금으로 – 식민지 금융체계로 포섭

1905년부터 시작된 '화폐·재정정리사업'으로 화폐공황이 초래되고 외획(外劃), 어음 등 전통적 금융관행이 와해되는 가운데 조선인 상인 은 자금의 숨통을 트기 위해 두 가지 자구책을 강구했다. 하나는 '화폐·재정정리사업'을 주도했던 대한제국 재정고문 메가타(目賀田種太郎)가 금융경색에 대한 대책으로 설립했던 식민지 금융기구, 즉 한성 공동창고(주), 어음(手形)조합, 농공은행에 참여하는 것이었다.[7] 다른 하나는 독자적인 금융기구를 설립하는 것이었다. 이는 경성상업회의 소(京城商業會議所)에 참여했던 한성 상인들이 중심이 되어 한일은행을 설립하는 것으로 결실을 보았다.[8] <표 3 - 29>는 한일은행의 1910년 대 영업상황을 알기 위해 주요 지표를 정리한 것이다.

우선 자금조달 상황을 보자. 은행은 자금조달면에서 주로 자기자금 에 의존하는 전근대 금융과 달리 타인자금을 광범위하게 수집하는 '수신의 사회화'에 그 특색이 있다. 타인자금을 수집하는 가장 일반적인 방법이 예금이다. 한일은행의 예금을 보면, 1906년 4만여 엔에서 1920 년 27만여 엔으로 약 66배 증가했다. 그 추이를 보면 1910년까지 증가, 1915년까지 감소, 1916년 이후 증가로 나누어볼 수 있다. 1906년에서 1910년까지 한일은행은 64만여 엔의 예금이 증가했는데, 동일기간 한성은행은 63만여 엔, 대한천일은행은 42만여 엔이 증가했다.[9]

---

7) 尹錫範 外, 앞의 책, 105~119쪽.
8) 京城商業會議所와 한일은행 설립에 대해서는 趙璣濬, 『韓國企業家史』, 博英 社, 1973, 234~238쪽 ; 尹錫範 外, 앞의 책, 99~101쪽 참조.
9) 統監府, 『第一次統監府統計年報』 1906판, 140쪽 ; 朝鮮總督府, 『朝鮮總督府統 計年報』 1910년판, 308~309쪽.

<표 3 - 29> 한일은행의 자금조달과 운용 추이(1906~1920) (단위 : 천엔, %)

연도말	공칭자본	자금조달				자금운용		예대율
		납입자본	적립금	예금	차입금	대출	유가증권	
1906	150	38	–	42(52.5)	0	48	–	1.14
1907	500	38	1	156(80.0)	0	191	–	1.22
1908	500	125	10	294(68.5)	0	317	–	1.08
1909	500	125	24	540(78.4)	0	524	6	0.97
1910	500	125	40	685(80.6)	0	663	5	0.97
1911	500	125	60	560(57.6)	228(23.4)	864	30	1.54
1912	500	250	80	483(46.8)	219(24.1)	940	10	1.95
1913	500	250	100	486(47.0)	197(19.1)	939	11	1.93
1914	500	250	120	384(34.1)	373(33.1)	1,030	12	2.68
1915	500	250	140	369(32.7)	370(32.8)	965	10	2.62
1916	500	250	145	647(44.9)	399(27.7)	1,329	10	2.05
1917	500	250	196	711(39.6)	639(35.6)	1,587	12	2.23
1918	500	375	210	1751(57.9)	688(22.8)	2,384	13	1.36
1919	1,500	750	237	3,197(61.2)	1,036(19.8)	4,409	19	1.38
1920	2,000	1,625	435	2,765(46.6)	1,114(18.8)	5,008	46	1.81

* 朝鮮總督府財務局, 『朝鮮金融事項參考書(1939年調)』, 35~40쪽 ; 朝興銀行, 『朝興銀行百年史』, 1997, 1118~1121쪽

* '예금'과 '차입금'의 괄호안 수치는 전체 자금조달액에서 차지하는 비중이다.

당시 두 은행에 비해 예금금리가 높지 않은 상황에서[10] 한일은행은 두 은행을 능가하는 예금증가를 기록했다. <표 3 - 31>을 보면 이 시기 한일은행의 예금은 전부 조선인의 것이었다. 따라서 초기 한일은행은 금리의 측면보다도 조선인 독자의 은행이라는 측면에서 조선인의 지지를 받아 예금을 증가시켜나갔던 것 같다.

1911년 이후 예금감소는 두 가지 요인에 의한 것으로 보인다. 하나는 이 시기의 경제침체이다. 1913년 초부터 상거래가 계속 부진한 가운데 1914년 일본의 미가폭락은 조선경제를 불황의 늪에 빠뜨렸다.[11] 다른 하나는 한일은행의 내부사정이다. 이 시기 한일은행은 은행장 조병택

---

10) 1907년 통계를 보면 정기예금 중 3개월 이상 6개월 미만의 경우만 한일은행 금리가 한성은행, 대한천일은행에 비해 높았으며, 다른 정기예금과 당좌예금·소액예금·기타 예금의 금리는 한일은행이 가장 낮은 수준이었다(統監府, 『第二次統監府統計年報』 1907년판, 232쪽).

<표 3-30> 한일은행 예금의 종류별 추이(1906~1917) (단위 : %, 천엔)

연도말	정기예금(%)	당좌예금(%)	소액예금(%)	기타(%)	비고(천엔)
1906	11.9	73.8	–	14.3	
1908	45.2	34.0	16.3	4.4	
1910	31.5	46.6	18.7	3.2	
1912	53.5	24.9	18.9	2.8	438
1914	15.5	30.5	31.9	22.1	326
1916	24.4	24.3	43.0	8.3	598
1917	20.5	29.6	39.1	10.9	649

* 『統監府統計年報』, 『朝鮮總督府統計年報』, 『朝鮮總督府京畿道統計年報』의 해당연도 판
* 1912년 이후는 경기도지역 점포(본점, 東幕, 동대문, 서대문)만의 통계이다. 이 지역만의 예금총액을 비고란에 명기했다.

(趙秉澤)과 전무이사 백인기(白寅基)의 경영권 다툼이 있었으며, 결국 민영휘가 은행경영주로 영입되었다. 이 내분 과정에서 대량의 부실채권이 발생하여 1915년에는 일시 영업을 중단하기도 했다.[12] 이러한 내분과 휴업은 은행의 신용을 떨어뜨렸으며, 이에 따라 예금이 감소한 것으로 보인다. 동일 시기 한성은행과 조선상업은행은 다소 부침이 있었지만 한일은행과 같은 예금감소를 겪지 않았던 것으로 보아,[13] 이 시기 한일은행의 예금감소는 경제침제라는 외적 요인보다 은행내분이라는 내적 요인의 영향이 더 컸다고 할 수 있다. 1916년 이후부터 민영휘 체제가 자리를 잡고 조선은행으로부터도 자금을 지원받아 경영이 안정되었으며,[14] 때마침 발생한 제1차 세계대전으로 호황을 맞아[15] 예금이

11) 朝鮮銀行史硏究會 編, 『朝鮮銀行史』, 東洋經濟新報社, 1987, 120쪽 ; 漢城銀行의 該當期 『營業報告書』, 「營業의 景況」란 참조.
12) 이 시기 한일은행의 內紛과 休業에 대해서는 高承濟, 앞의 책, 39~40쪽 ; 朝興銀行, 『朝興銀行百年史』, 179~182쪽 참조. 내분 과정에서 발생한 대표적 부실채권으로 백인기의 28만 9,017엔이 있다(韓一銀行, 「1916. 7. 1. 臨時取締役會」, 『貸出에 關하난 取締役會決議錄』).
13) 한성은행의 1915년 말 예금액은 156만 2,468엔으로 1910년 말에 비해 84만여 엔 증가했고, 대한천일은행·조선상업은행의 1915년 말 예금액은 102만 4,293엔으로 1910년 말에 비해 29만여 엔 증가했다(朝興銀行, 앞의 책, 978쪽 ; 韓國商業銀行, 『韓國商業銀行八十年史』, 1979, 642쪽).

증가했다.

예금을 종류별로 보면 장기성 자금인 정기예금이 1910년을 전후에 30~50%를 차지했다. 그러나 1910년대 중반 이후 정기예금은 10~20%에 불과했고, 나머지는 당좌예금·소액예금 같은 단기성 자금이 차지했다. 뒤에서 보겠지만, 이러한 단기성 자금 위주의 자금조달은 자금운용을 농업·공업보다 상업에 치중하게 하는 요인이었다.

<표 3 - 31>을 통해 예금의 민족별 상황을 보면, 1910년 이전은 전부 조선인 예금이었다. 1920년대에 들어서도 조선인 예금의 비중은 여전히 90% 이상이었다. 한성은행과 대한천일은행·조선상업은행의 조선인 예금비중이 1920년대에 들어 10~30%대로 감소했다는 점과 비교해 보면 한일은행의 예금원(預金源)은 줄곧 조선인 사회였다고 할 수 있다. 한일은행은 예금을 통해 주로 조선인의 단기자금을 흡수했던 것이다.

예금은 한일은행의 주요 자금원이었지만 그것만으로는 부족했다. 예금액을 자금운용의 주요 부문인 대출액과 비교해본 것이 <표 3 - 29>의 '예대율'(대출액/예금액)이다. 1을 넘으면 대출액이 예금액을 초과한 상황이다. 한일은행은 1909, 1910년 두 해를 제외하면 모두 대출초과 상태였다. 1910년까지는 부족한 자금을 자기자본(납입자본과 적립금)으로 메울 수 있었으나, 1911년 이후에는 예금감소에 따라 자기자본과 예금액을 합쳐도 대출액보다 많지 않았다. 한일은행은 상급 금융기관인 조선은행에서 차입함으로써 자금부족을 해결했다.[16] 1911년 이후 차입

---

14) 韓一銀行, 「1919. 11. 6. 臨時取締役會」, 『取締役會決議錄』 第七을 보면 조선은행은 백인기(연대채무자 白南信)의 채무가 완제될 때까지 1919년 10월 31일을 기한으로 한일은행에 35만 엔의 구제자금을 융통했다. 조선은행이 구제자금을 언제부터 융통했는지는 명확하지 않지만, 대략 백인기의 채무정리건이 결정되는 1916년 7월 이후였던 것 같다(韓一銀行, 「1916. 7. 1. 臨時取締役會」, 『貸出에 關하난 取締役會決議錄』 참조).

15) 朝鮮銀行史硏究會 編, 앞의 책, 212쪽.

16) 韓一銀行, 「1911. 12. 15. 定例取締役會」, 『取締役會決議錄』 第三을 보면 은행 중역이 보증을 서고 조선은행에서 20만 엔을 차입하기로 결정했다.

<표 3 - 31> 조선인 보통은행의 민족별 예금·대출 상황(1907~1925)

(단위 : 천엔, %)

연도말	예금액	조선인	일본인	대출액	조선인	일본인
한일은행						
1907	156천엔	100%	0%	191천엔	100%	0%
1908	294	100	0	317	100	0
1909	540	100	0	524	100	0
1922.9	?	?	?	2,090	98.0	0.4
1924	4,856	91.9	4.6	5,445	96.4	2.1
1925	4,941	91.5	5.3	5,338	96.1	0.4
한성은행						
1907	303	87.5	12.5	425	79.8	19.1
1908	329	90.9	8.2	492	94.5	5.7
1909	435	86.0	12.6	509	82.9	7.3
1922.9	?	?	?	4,867	74.8	11.2
1924	9,278	37.7	60.5	10,256	77.9	19.3
1925	9,770	35.8	62.1	11,276	79.0	18.8
대한천일은행·조선상업은행						
1907	118	75.4	24.6	401	61.1	38.2
1908	115	51.3	46.1	490	51.2	45.5
1909	401	31.9	66.3	695	39.4	51.5
1922.9	?	?	?	4,202	38.3	61.1
1924	8,746	12.6	85.4	11,360	16.0	83.3
1925	10,137	14.7	83.6	12,273	20.1	79.5

* 統監府, 『統監府統計年報』 해당연도판 ; 『東亞日報』 1922년 10월 23일자, 「三銀貸出현상,
　內外國人別로」 ; 朝鮮總督府, 『朝鮮金融經濟調査資料 其一』, 1927, 79~80, 87, 95, 102쪽
* 조선인, 일본인 외에도 외국인분이 있으나 생략했다. 1924, 1925년은 경성지역만의 수치
　이다.

금이 증대되어 자금조달에서 차지하는 비중이 20~30%가 되었다. 특히
한일은행이 경영난에 빠졌던 1914, 1915년은 예금과 비슷한 수준에 이
를 정도였다. 더욱이 예금 중 장기성 자금인 정기예금의 비중이 줄어드
는 추세에서 차입금은 긴요한 역할을 했을 것이다. 1919년 이후 자기자
본과 예금증대에 의해 그 비중이 다소 하락하나, 여전히 차입금 없이는
당시의 자금운용 규모를 유지할 수 없었다.

　이렇게 한일은행의 자금조달에서 주요 부문으로 자리잡은 차입금의
구체적 내용은 무엇이었을까? 1919년 8월 한일은행은 조선은행과 교섭

하여 차입금 한도를 다시 약정했다.[17] 그 내용을 보면 당좌차월(當座借越) 10만 엔, 구제정리자금(救濟整理資金) 35만 엔, 어음재할인 55만 엔, 합 100만 엔을 한도로 차입하기로 했으며, 이외에도 한일은행 강경지점이 조선은행 군산지점에서 종래의 방식대로 최고 10만 엔의 미곡자금(米穀資金)을 융통받기로 했다. 이로써 한일은행은 조선은행에서 대략 110만 엔을 차입할 수 있게 되었다.[18]

한일은행이 조선은행에서 차입했던 배경으로는 다음 세 가지를 지적할 수 있다. 첫째, 앞서 살펴본 은행의 내분, 그로 인한 예금감소와 경영난이다. 1911년 이후 1915년까지 예금이 감소하면서 차입금이 증대했다는 점이나 차입금의 상당부분이 구제정리자금이었다는 점은 이를 반영한다. 둘째, 영업망의 확대이다. 조선은행에서 차입하기 시작하는 1911년은 종래 동막(東幕)지점 외에 강경에 새로 지점이 설치된 해이다. 1912년에는 이현(梨峴)에 파출소가 설치되었다. 1916년에는 이현파출소가 동대문출장소로 승격되었고, 서대문출장소가 신설되었다. 1919년에는 남대문지점과 관훈동파출소가 신설되었다.[19] 이렇게 확대된 영업망을 운영하기 위해서는 새로운 자금이 필요했으며, 이에 따라 조선은행에 자원을 요청했다고 할 수 있다. 셋째, 경영진의 교체이다. 차입이 시작되는 1911년은 은행장 조병택이 일선에서 물러나면서 백인기 체제가 형성되었고,[20] 은행휴업을 겪은 1915년 이후에는 민영휘 체제가 확립

---

17) 韓一銀行, 「1919. 8. 2. 臨時取締役會」, 『取締役會決議錄』 第七.

18) 韓一銀行, 「1919. 11. 6. 臨時取締役會」, 『取締役會決議錄』 第七을 보면, 구제정리자금 차입한도는 백남신이 채무를 일부 반납함에 따라 15만 엔으로 축소되었고, 강경지점 미곡자금 차입한도는 15만 엔으로 늘어났다. 그런데 <표 1>을 보면 차입금이 그 이상 늘어나고 있어 전체 차입금 한도는 계속 증가했던 것 같다.

19) 이상 한일은행 점포설치에 대해서는 朝興銀行, 앞의 책, 185쪽 참조.

20) 조병택은 1912년 8월에 공식적으로 은행장직에서 물러났으나, 이미 1911년 7월경부터 取締役會에 참석하지 않았으며, 1912년 1월에는 白周鉉이 은행장 대리[頭取事務臨時代辨]로 선출되었다(韓一銀行, 「1911. 7. 21. 定例取締役會」, 『取締役會決議錄』 第三 ; 「1912. 1. 4. 臨時取締役會」, 같은 책 ; 韓一銀行, 「1912.

되었다. 상인 출신으로 독자적인 조선인 은행을 설립하기 위해 한일은
행에 참여했던 조병택에서 매판자본가로 분류되는 백인기,[21] 다시 일
본'천황'에게 작위를 받은 민영휘[22]로 은행지도부가 교체되었던 것이
다. 이러한 변화는 한일은행이 정책금융기관인 조선은행과 관계를 맺
을 수 있는 요인이 되었을 것이다.

한일은행은 1910년까지는 정부나 상급 금융기관으로부터 자금지원을
받지 않았으며, 예금을 통해 조선인 사회에서 자금을 조달했다.[23] 이러
한 자금조달 양상은 1910년대에 들어서면서 변화했다. 여전히 조선인
예금이 많았지만 경영난, 영업망의 확대, 경영진 교체를 배경으로 조선
은행에서 차입하기 시작했으며, 그 차입금이 한일은행의 주요 자금원
이 되었다. 이는 차입을 통해 조선은행과 한일은행 사이에 상하관계가
형성되었고 초기 한일은행이 표방했던 조선인의 "독자적인 금융기구"
라는 명분이 퇴색했음을 의미한다. 1910년대에 들어서면 한일은행은
대차관계에 의해 '조선은행-보통은행'이라는 통일적 수직관계, 식민
지 금융체계에 포섭되었던 것이다.[24]

2) 금리의 위계질서와 고금리 자금운용

자기자본(납입자본과 적립금), 예금, 차입금을 통해 조달된 자금은 대

---

8. 16. 臨時取締役會」,『取締役會決議録』第五).

21) 全遇容,「19世紀末~20世紀初 韓人會社 研究」, 서울대 국사학과 박사학위논
문, 1997, 269쪽.

22) 大垣丈夫 編,『朝鮮紳士大同譜』, 1913, 20~21쪽.

23) 한일은행에 비해 한성은행과 대한천일은행은 '화폐·재정정리사업' 이후 일
본인이 파견되었으며, 자금조달에서도 '政府貸下金', '주식인수' 형태의 국가
자본이 상당부분을 차지했다(尹錫範 外, 앞의 책, 92~99쪽).

24) 堀和生은 1920년대에 보통은행이 금융공황과 경영난, 조선은행에서 제공된
구제금융·차입금의 증대 등으로 인해 조선은행과 종속적 관계를 맺게 되
었다고 한다(堀和生, 앞의 논문, 42~43쪽). 1910년대 한일은행은 이러한 모습의
선구적 형태를 보여준다고 할 수 있다.

출, 유가증권 인수에 쓰였다. <표 3 - 29>를 보면 자금운용의 대부분이 대출에 쓰였음을 알 수 있다. 유가증권 인수가 적었다는 점은 한일은행의 장기성 자금 부족, 조선 내 주식시장의 미발달을 반영하는 것이다.[25] 대출은 1906년 4만여 엔에서 1920년 500만여 엔으로 약 104배 증가했다. 불황과 경영난에 따라 부침을 보였던 1912년에서 1915년까지를 제외하면 대체적으로 증가추세였다.

대출의 종류별, 산업별, 담보별, 민족별 상황을 정리한 것이 <표 3 - 31>과 <표 3 - 32>이다. 대출을 종류별로 보면 어음할인이 70% 이상의 비중을 차지했으며, 1916년경 이후 50%대로 떨어지나 줄곧 수위를 점했다. 대부분 단기성 자금융통이었음을 알 수 있다. 대부금도 연부 및 정기상환대부 같은 장기성 대부는 없어 대부분 1년 이내의 자금융통이었을 것이다. 담보별 비중을 보면 '신용'이 70~90%로 가장 많았다. 1910년대 보통은행 전체와 은행 전체의 '신용'비중이 각각 연평균 49.5%, 55.8%였던 것[26]과 비교해보면 한일은행 고객은 여타 은행에 비해 담보가 덜 필요했다고 할 수 있다.

산업별로 보면 1914년경까지 100% 상업부문 대출이었다. 1916, 1917년 통계에서 기타의 비중이 60~30%를 차지하나, 나머지는 대부분 상업부문 대출이었다. 농업부문은 통계에 나와있지도 않으며, 공업은 1% 정도였다. <표 3 - 31>을 통해 민족별 대출액을 보면 1910년 이전은 100% 조선인에 융통되었으며, 1910년대 통계는 구할 수 없으나 1920년대 초반 및 중반을 보면 여전히 조선인 대출이 96% 이상을 차지했다. 1910년대에도 조선인 대출이 주종을 이루었으며, 중국인에 대한 대출도 있었던 것 같다(<부표 6> 참조). 한일은행과 대조적으로 조선상업은

---

25) 韓一銀行, 「1911.6.2 定例取締役會」, 『取締役會決議錄』 第三을 보면, 백인기가 참여했던 일본인회사 日韓瓦斯(株)의 주식 400주를 2만 4,400엔에 매입하기로 결의하였다. 한일은행의 유가증권투자는 대부분 은행중역이 관련된 회사였을 것이다.

26) 李碩崙, 『우리나라 金融史 1910~1945』, 博英社, 1990, 137, 181쪽.

<표 3 - 32> 한일은행의 대출 추이(1906~1917) (단위 : %, 천엔)

연도말	종류별(%)			담보별(%)				산업별(%)			비고 (천엔)
	대부금	당좌대월	어음할인	부동산	유가증권	상품	신용	상업	공업	기타	
1906	75.0	14.6	10.4	?	?	?	?	?	?	?	
1908	15.8	5.4	78.9	6.0	3.8	6.9	83.6	100	~	~	
1910	17.2	3.5	79.3	?	?	?	?	?	?	?	
1912	8.1	16.9	75.0	0.7	2.9	3.2	93.2	100	~	~	765
1914	5.2	21.8	73.0	2.3	0.1	2.2	95.4	100	~	~	793
1916	40.7	6.5	52.8	19.7	0.1	3.9	76.3	35.2	1.1	63.8	1,066
1917	33.5	7.0	59.4	9.9	0.6	8.3	81.3	63.3	1.5	35.2	1,267

* 『統監府統計年報』, 『朝鮮總督府統計年報』, 『朝鮮總督府京畿道統計年報』의 해당연도판.
* 대출금 중 1912년 이후는 경기도지역 점포(본점, 東幕, 동대문, 서대문)만의 통계이다. 이 지역만의 대출금 총액은 비고란에 명기했다.

행은 1920년대에 들어서면 예금은 물론 대출에서도 일본인 은행으로 변모했음을 알 수 있다.

이상을 종합해보면 한일은행은 주로 신용있는 조선인 상인이 물품을 판매하고 받은 어음을 할인해주는 은행이었다고 할 수 있다. 한일은행은 조선인 상업계에 그 영업기반을 두었으며, 조선인 상인의 자금회전을 원활하게 해주는 역할을 했다.

한 가지 주목할 점은 대출금리의 변화이다. 1907년 자료를 보면 한일은행의 대출금리는 신용대부가 보통 3전(錢) 3리(厘)(100원에 대한 하루금리, 이하 동일), 어음할인이 보통 3전이었던 반면 한성은행은 각각 6전5리, 4전 3리, 대한천일은행은 각각 4전 8리, 4전 5리였다.[27] 당시 제일은행(第一銀行)을 비롯한 일본인계 은행의 한성에서 대부 및 어음할인금리가 각각 3전 5리(최고)~3전(최저), 3전 3리(최고)~2전 4리(최저)였던 점[28]에 비추어보면, 한일은행이 지향했던 바는 한성은행이나 대한천일은행과 같은 다른 민족계 은행보다 조선인 상인에게 좀더 싼 금리의 자금을 융통하여 주로 일본인계 은행을 이용하는 일본인 상인에 대해

27) 統監府, 『第二次統監府統計年報』 1907년판, 233쪽.
28) 위의 책, 212, 214쪽.

<표 3 - 33> 경성지역 각 은행의 대출금리 추이(1912~1917) (단위 : 錢厘, 日步)

은행명	1912		1914		1916		1917. 12	
	諸대부	어음할인	諸대부	어음할인	신용대부	어음할인	신용대부	어음할인
朝鮮銀行	30	30	28	28	28		25	24
第一銀行	30	30	30	29	28	25	27	23
百三十銀行	32	32	33	33	30	26	26	24
十八銀行	30	30	28	30	31	29	30	24
漢城銀行	33	30	34	33	33	32	30	30
朝鮮商業銀行	33	33	33	33	32	33	29	26
韓一銀行	32	32	35	35	33	32	33	32

* 『朝鮮總督府京畿道統計年報』 해당연도판 ; 京城商業會議所, 『朝鮮經濟雜誌』 제27호, 1918.
1, 통계 5~6쪽.

경쟁력을 갖출 수 있도록 하는 데 있었다.

　그런데 1910년대에 들어서면 상황은 일변한다. <표 3 - 33>은 1910년
대 한성 소재의 조선은행과 보통은행의 대출금리(보통)를 정리한 것이다.
전체적으로 조선은행 · 일본인계 은행과 민족계 은행의 간격은 좁혀졌
지만 은행들 사이에 위계질서가 형성되었음을 알 수 있다. 즉 1910년대
말엽으로 갈수록 '조선은행 - 일본인계 은행 - 민족계 은행' 순으로 금
리체계가 형성되면서 식민지 중앙은행으로서 조선은행이 조선 내 보통
은행을 지휘하는 위치를 점했다. 민족계 은행 내에서도 '조선상업은행
-한성은행-한일은행' 순의 금리체계가 형성되어갔다. 한일은행은
1912년까지만 해도 민족계 은행 중에서는 비교적 낮은 금리로 대출했
다. 그러나 불황과 경영난, 조선은행에서 차입한 자금증대 등을 겪으면
서 식민지 금융체계에 포섭되었고 1917년경이면 민족계 은행 중 가장
높은 금리로 자금을 융통했다.

　조선은행에서 한일은행까지 금리상 위계질서는 민족별 이용도와 밀
접한 관련을 맺는다. 즉 금리가 싼 은행일수록 일본인의 이용도가 높았
고, 금리가 높은 은행일수록 조선인의 이용도가 높았다.[29] 조선인 이용

29) 1910년대 조선은행의 대출 중 일본인 비중은 60~70%였다(朝鮮總督府財務
　　局, 『朝鮮金融事項參考書(1939年調)』, 95쪽). 1924년 자료를 보면 일본계 보

도가 가장 높았던 한일은행이 가장 높은 금리를 적용했다. 한일은행이 1910년대에 조선은행을 정점으로 하는 식민지 금융체계 내에 포섭되면서, 그 주요 고객이었던 조선인 상인은 상대적으로 고금리를 감수해야만 했다.

3. 한일은행과 경성의 상인

1) 포목상과 자금의 대외순환 구조

1910년대 한일은행을 이용했던 경성지역의 상인은 어떤 사람들이었을까. 한일은행은 고액대출에 관해서는 중역회의에서 결정 또는 사후 승인했으며, 그 결과를 『취체역회결의록』에 남겼다. 고액대출이 빈번해짐에 따라 1916년부터 1920년까지 고액대출에 관한 결정사항을 『대출에 관하난 취체역회결의록』에 따로 정리했다.[30] 두 자료를 통해 1910년대 한일은행에서 대출받았던 주요 고객을 파악할 수 있다. 또한 한일은행의 주요 대출방식이 어음할인이었기 때문에 자료에는 은행에서 어음을 할인받는 자 외에도 어음을 발행했던 자가 기재되어있어, 이를 통해 한일은행의 고객이 어떠한 자들과 거래했는지도 알 수 있다.

물론 한일은행 자료에 나타난 어음거래 중에는 실제 물품거래를 동반하지 않은 경우도 있을 것이다. 특히, 어음발행자와 어음할인자가 동일인인 경우나 가족간 또는 사내(社內) 거래에서 그럴 가능성이 높다. 본 논문에서는 물품거래를 동반하지 않았더라도 상인이 어음할인을 통해 대출받은 자금은 그의 영업과 관련된 것으로 간주했다. 이는 상인측

통은행의 민족별 대출액 중 일본인 비중은 80~90%였다(尹錫範 外, 앞의 책, 221쪽). 민족계 은행의 민족별 대출비중에 대해서는 <표 3-31> 참조.

30) 필자는 두 자료를 조흥은행 금융박물관에서 姜霽植 님의 도움으로 열람할 수 있었다. 이 자리를 빌어 감사드린다.

자료를 발굴, 분석함으로써 보완되어야 할 것이다.

면포를 중심으로 한 포목생산은 개항 이후 국가권력의 자의적 수탈, 일본 방적자본의 침투에 의해 발전하지 못하고 자급자족적 경영으로 퇴행했다. 한일'합방' 이후에도 일본 방적자본에 압도되어 정상적인 발전의 길이 막혀버렸으며, 그나마 틈새시장을 노린 몇몇 직물업자의 예속적 성장, 농촌의 광범위한 자급자족적 가내직물업의 존속이 있었을 뿐이다.[31] 이러한 상황은 경성지역 포목상들의 활동에도 반영되었다.

경성거주민의 주된 의복원료인 면(綿), 견(絹), 저마(苧麻) 등의 포목은 지방산이거나 외국산으로 모두 외부에서 반입되었다. 1910년대 초반 경성지역의 포목유통 과정과 그 수량을 정리해보면 <표 3－34>와 같다. 경성으로 반입되는 포목 중에는 국내산도 다수 있었으나 점차 외국산의 비중이 늘어났다. 몇 가지 예를 보면, 면포 중 경목(慶木)은 1890년경 10만 필 들어왔으나 금건(金巾) 수입으로 반입량이 3만 필 정도로 감소되었으며,[32] 견포 중 곡생초(曲生綃)는 중국산 견포 수입으로 반입이 두절되었다.[33] 저포도 예전에 5～6만 필 반입되던 것이 중국산 마포(麻布)수입으로 반입량이 약 3만 필로 감소되었다.[34]

경성의 조선인 포목상들은 뒤에서 살펴볼 곡물상들과 달리 한일은행 설립 초부터 활발히 은행을 이용했다. 1916년 이전의 『취체역회결의록』에 나타난 조선인 포목상 중 거래량이 많았던 자는 백윤수(白潤洙), 유재명(柳在明)이다. 두 사람의 어음거래를 정리해보면 <표 3－35>와 같다.

백윤수는 시전(市廛)상인 출신으로 주요 취급품은 견직물이었다. 주로 자금이 풍부한 중국상인을 상대로 거래했으며, 한성의 상류층이 수요자인 고급견직물을 취급하여 '화폐·재정정리사업'에도 큰 타격을 받지 않았던 대상인이다. 한일'합방' 이후 그는 1916년 대창무역(주),

---

31) 梶村秀樹, 「李朝末期 綿業의 流通 및 生産構造」, 『韓國近代經濟史研究』, 사계절, 1983(初出 1968) ; 權泰檍, 「韓國 近代의 綿業과 織物業」, 서울대 국사학과 박사학위논문, 1988 ; 권혁태, 「일제하 朝鮮의 農村織物業의 전개와 특질」, 『韓國史學報』 창간호, 고려사학회, 1996. 9.

<표 3 - 34> 1911년경 경성지역 포목유통 과정과 유통량

外國産 : 외국제조회사 – 외국도매상 – 수입업자 – 조선인 포목상(도·소매 겸업) – 소매업자(경성시내, 한강상류, 경기도관내) – 소비자				
종류	유통량	산지별 비중	주요 수입업자	비고
金巾	1,201만 5,653方碼	일본산 87.9%	三井物産, 共益社, 彰信社, 高瀨支店	
		영국산 12.1%	인천과 경성의 淸商	
綿絲	50만 5,157斤	일본산	共益社, 安盛商店, 高瀨支店	
日本木棉	25만 779段	일본산	丸一, 升屋, 三越 등의 吳服店	일본인용 58.4% 조선인용 41.6%
中國麻布	25만 2,528方碼	중국산	인천 및 경성의 淸商, 共益社	
絹布	19만 9,577方碼	중국산 64.8%	인천 및 경성의 淸商, 共益社	소포우편물 수입은 제외한 수치
		일본산 34.9%	三越, 山口, 高島屋 등 吳服店	일본인용
國內産 : 각 지방 산지 – 산지 수집상 – 경성 객주 – 조선인 포목상 – 소비자				
종류	유통량	산지별 반입량	주요 객주	주요 포목상
綿布	약 6만 필	慶木(경남산) 3만 필 全木(전남) 3만 필弱	彰信旅館 蔡亨默 泰昌號 東仁泰 順信昌 朴敬三 朴尙悅	朴承稷, 車永薰, 李亨善, 金弘俊, 金泓模, 崔德裕, 尹順命, 金演相, 金東殷, 金禹三, 李鼎煥, 閔弘植, 李春善, 李彰夏, 梁在爀, 崔俊煥, 朴受定, 金潤冕, 崔潤錫, 金潤秀, 金元植, 崔大植, 李秀榮, 吳錫泳, 方元植, 崔仁成, 張寅淳, 安義淳, 車駿淵, 金愚植, 金得珠, 朴慶浩, 白潤秀, 朱性根
絹布	약 2만 6천 필	京義·京元線 沿道		
苧布	약 3만 필	長苧(전남북) 2만 5,000필 山苧(충남) 5,000필		
麻布	약 2만 6~700필	北布(함경도) 1만 필 강원 5,000필 경남·전남 5,000필 평남 6~700필		

* 朝鮮總督府, 『京城商工調査』, 1913, 91~107, 158~165쪽.

1924년 대창직물(주)을 설립하여 외국과 직거래를 꾀하였고, 견포 직조
에까지 사업을 확장했다.[35] <표 3 - 35>에서 백윤수가 발행한 어음을

32) 朝鮮總督府, 『京城商工調査』, 1913, 160쪽.

33) 위의 책, 161쪽.

34) 위의 책, 161쪽.

35) 백윤수와 大昌貿易(株)·大昌織物(株)에 대해서는 趙璣濬, 『韓國企業家史』,

<표 3 - 35> 백윤수·유재명의 어음거래 상황 (단위 : 엔)

연월일	柳在明 → 柳在德		연월일	白潤洙 → 趙鼎泰	
1910. 4. 6.	5,000	(3개월)	1910. 8. 5.	10,000	(10.11. 2)
1910. 9. 29.	5,000	(10.12.14)	1910. 11. 4.	20,000	(11. 1.10)
1910. 11. 18.	5,000	(11. 2. 4)	1911. 1. 4.	10,000	(11. 3.25)
1910. 12. 22.	5,000	(11. 1.29)	1911. 1 24.	20,000	(11. 4.11)
1911. 3. 3.	5,000	(11. 5.28)	1911. 8. 30.	30,000	(11.11.27)
1911. 4. 26.	5,000	(11. 6.26)	1912. 6. 19.	5,000	(12. 9. 3)
1911. 7. 1.	5,000	(11. 9.26)	합 계	95,000	
1911. 9. 26.	5,000	(11.12.20)			
1911. 12. 22.	5,000	(12. 2.17)			
1912. 7. 23.	5,000	(12.10. 2)			
합 계	50,000				

* 韓一銀行,『取締役會決議錄』第一～『取締役會決議錄』第四.
* 1) 연월일은 중역회의에서 인가된 날짜이므로 실제 대출일과는 다소 차이가 있다(이하 모든 표 동일). 2) '→'의 좌측은 어음발행자, 우측은 어음인수자(한일은행으로부터 어음할인을 받은 자)를 말하며, 괄호안은 어음지급 기한이다.

인수한 조정태(趙鼎泰)를 백윤수에게 견직물을 공급하는 상인으로 추정하면, 백윤수는 조정태로부터 1910년 8월에서 1912년 6월 사이에 총 9만 5000엔의 물품을 건네받고 대략 2～3개월 기한의 어음을 발행한 셈이다. 1911년 한 해만 해도 6만 엔에 달한다. 여기에 같은 해 6월 백윤수가 자신이 발행한 어음을 한일은행으로부터 할인받은 4만 엔[36]을 더하면 10만 엔으로, 이를 같은 해 중국산 수입견포액 61만여 엔[37]과 비교하면 대략 1/6에 해당한다. 백윤수의 거래규모가 얼마나 컸는지를 가늠해볼 수 있다.

유재명도 백윤수와 같이 주로 견직물을 취급하는 종로의 포목상이었

186～190쪽 ; 朝鮮總督府, 『京城商工調査』, 107쪽 ; 內外商品新報社 編輯部, 『朝鮮商業總覽』, 1915, 광고 37쪽 ; 京城副業世界社 編, 『朝鮮人會社·商店辭典』, 1927, 82～83쪽 참조.

36) 韓一銀行, 「1911.6.2 定例取締役會」, 『取締役會決議錄』第三.

37) 소포우편물에 의한 중국산 견포수입액은 1911년 4월부터 12월까지 53만 7988엔이었다(朝鮮總督府, 『京城商工調査』, 118쪽). 이를 <표 3 - 34>에 나와 있는 중국산 수입견포액 7만 5301엔과 합하면 61만 3289엔이다.

다. 1892년경부터 동일 업종에 종사한 그는 1910년대 초반에 이르면 백
윤수와 함께 중국상인과 견포를 거래하는 주요 조선인 상인으로 꼽히
게 되었으며, 1923년경에는 남대문에 유재명상점(柳在明商店)을 경영했
다.[38] <표 3 - 35>를 보면 유재명은 유재덕(柳在德)에게 1910년 4월부
터 1912년 7월까지 2~3개월 기한의 어음 총 5만 엔을 발행했다. 유재
덕은 확실하지 않으나 유재명의 집안사람으로 추정되며, 따라서 둘 사
이에 거래된 어음은 물품거래를 동반하지 않은 융통어음일 가능성이
높다. 유재명 일가는 이러한 어음을 은행으로부터 할인받아 자금을 조
달했으며, 그 자금으로 중국산 견포를 구입했던 것 같다.

백윤수, 유재명 외에도 당시 견직물 취급 포목상으로 유명했던 백운영
(白運永)도 1910년에 이순환(李淳煥)과 2만 3,000엔의 어음을 거래했다.[39]
백윤수, 유재명, 백운영 3명은 주로 어음발행자로서 자료에 나오므로 가
족간의 거래로 보이는 유재명을 제외하면 한일은행에서 어음할인을 받는
주요 고객은 아니었던 것 같다. 이들은 1916년 이후의 거래상황을 알 수
있는『대출에 관하난 취체역회결의록』에는 거의 등장하지 않는다.[40]

1915년까지의『취체역회결의록』에 나타나지 않지만 1916년 이후 상
황을 알 수 있는『대출에 관하난 취체역회결의록』에 빈번히 등장하는
포목상들이 있다. 대표적으로 박승직(朴承稷) 일가, 최인성(崔仁成), 김윤
면(金潤冕)을 꼽을 수 있다. 1898년경 종로에서 포목상을 시작한 박승직

---

38) 유재명에 대해서는 朝鮮總督府,『京城商工調査』, 107쪽 ; 內外商品新報社
   編輯部, 앞의 책, 광고 2쪽 ; 京城商業會議所,『京城商工名錄』, 1923, 商工名錄
   307쪽 참조.

39) 韓一銀行, 「1910.9.15 臨時取締役會」,『取締役會決議錄』第二 ; 「1910.11.4 定例
   取締役會」, 같은 책 ; 「1910.12.22 臨時取締役會」, 같은 책.

40) 다만 유재명의 경우 1918년 12월경 育業이 발행한 어음 1만 233엔 12전을
   한일은행으로부터 할인받았으며, 1919년 10월경 유재덕에게 5,000엔의 어음을
   발행하였고 유재덕이 그 어음을 한일은행으로부터 할인받았다. 育業은 중국
   인 주단포목상 傅利號와 거래하고 있는 것으로 볼 때, 중국상인으로 유재명과
   견직물을 거래했던 것 같다(이상 <부표 6> 참조).

은 조선 포목상계를 대표하는 인물로 "기민(機敏)이 과인(過人)"하다는
평가에 걸맞게 일찍부터 포목수입에 종사하여 1905년 일본인 상인 니
시하라(西原龜三)와 합동으로 공익사(共益社)를 설립했다.

<표 3 - 34>에서 알 수 있듯이 공익사는 일본산 금건, 면사뿐만 아니
라 중국산 마포, 견포도 수입했으며 국내산 개량저포도 지방금융조합
의 도움을 받아 일괄 인수하여 판매했다.[41] 일종의 포목수집·판매카
르텔로서 부산, 평양, 대구, 군산, 인천, 원산, 성진, 청진에 지점과 출장
소를 두어 전국적 수집·판매망을 갖추고 있었다.[42] 공익사와 자신의
상점을 통해 박승직은 포목을 전국적으로 도소매했으며, 1918년에 설
립된 경성포목상조합(京城布木商組合)의 조합장을 맡기도 했다.[43]

박승직 일가의 한일은행을 통한 금융거래 상황을 정리해보면 <표 3
- 36>과 같다. 우선 박승직 일가는 1916년 9월에서 1920년 5월까지 약
4년 사이에 한일은행으로부터 대부나 어음할인을 통해 4만 3,000여 엔
의 자금을 융통받았다. 여기에 박승직과 그의 형인 상신상회(相信商會)
의 주인 박승기의 어음거래도 자금조달의 한 방법으로 이루어진 가족
간의 어음발행으로 보면, 약 10만 엔을 한일은행에서 융통받은 셈이다.
이러한 자금은 국내외에서 포목을 수집하는 데 쓰였을 것이다.

이외에도 박승직은 양재혁(梁在爀), 최인성(崔仁成) 같은 포목상[44]에

---

41) 朝鮮總督府,『京城商工調査』, 1913, 162~164쪽.

42) 中村資郎 編,『朝鮮銀行會社要錄』1921年판, 東亞經濟時報社, 1921, 164쪽.

43) 이상 박승직에 대해서는 趙璣濬, 앞의 책, 196~204쪽 ; 內外商品新報社 編
輯部, 앞의 책, 광고 22쪽 ; 京城商業會議所, 앞의 책, 商工名錄 305쪽 ; 京城
副業世界社 編, 앞의 책, 66쪽 참조.

44) 양재혁은 남대문지역에서 '梁在爀商店'을 경영하던 포목상이며(朝鮮總督府,
『京城商工調査』, 165쪽 : 京城商業會議所, 앞의 책, 商工名錄 307쪽), 최인성은
유명한 포목상으로 박승직과 함께 共益社에 관여했다(內外商品新報社 編輯
部, 앞의 책, 광고 23쪽 ; 京城商業會議所, 앞의 책, 商工名錄 311쪽). 최인성도
한일은행의 주요 고객으로 <표 3 - 36>에 나타난 것 외에 1917년 8월부터
1920년 5월까지 2만 5,000엔의 어음을 발행했으며, 3만 5,368엔 98전의 어음을
할인받았다(<부표 6> 참조). 이 중에는 高瀨政太郎 같은 일본인 포목상과의

<표 3 - 36> 박승직 일가의 금융거래 상황 (단위 : 엔)

연월일	對박승직 일가 대부	朴承稷 ↔ 相信商會 (朴承爕)		朴承稷 ↔ 포목상 기타		相信商會 ↔ 포목상 기타 (朴承爕)	
1916.9.20	朴斗秉 15,000						
1917.8.22						5,460 6,000*	崔仁成, 三昌社, 史一煥
1919.3.21		9,000 9,000			梁在爀 5,500 梁在爀 5,500		韓駿鎬 11,300 車仁台 11,650 金永斗 5,000
1919.4.12		9,000					5,950 9,510 6,166	金命洙 5,220 廣信商會 金文煥 廣信商會 金文煥 趙純用
1919.5.21				9,480	金熙俊	8,820 10,645	開城社 聚成號
1919.11.19					崔仁成 10,822		
1920.2.25	朴承爕 18,124 朴承稷 10,255						
1920.5.5			30,000				
합계	43,379	27,000	30,000	9,480	21,822	52,551	33,170

* <부표 6>에 의거하여 정리했음.
* 1) '對박승직 일가 대부' 항목 중 1920. 2. 25. 朴承爕의 경우 자신이 발행한 어음을 할인받은 경우이다. 朴斗秉은 박승직의 아들이며, 朴承爕는 박승직의 친형이다. 2) '↔'는 액수가 기록된 쪽이 어음인수자(한일은행에서 어음할인받은 자)이며 반대쪽이 어음발행자이다. 1917. 8. 22. 史一煥이 발행한 6,000엔 어음은 朴承爕 외에 崔仁成, 李康爀, 金永斗가 함께 인수했다. 1엔 미만은 버림처리했다.

게도 각각 1만 엔 이상의 어음을 발행하고 있는 것으로 보아 이들에게서도 포목을 수집했던 것 같다. 이렇게 수집된 포목은 다시 도소매업자에게 판매되었을 것이다. 한 예로 <표 3 - 36>에 나오는 종로의 포목 도소매업자인 김희준(金熙俊)45)과 박승직의 어음거래를 들 수 있다. 김

거래도 포함되어있다.

희준은 박승직에게 포목을 건네받고서 9,480엔의 어음을 발행해주었다.

박승직의 형 박승기는 각종 포목과 소금을 취급하며 함남·북, 인천, 개성, 안성, 김천 등지에 거래망을 가진 상신상회를 운영했다.[46] 그는 한일은행에서 융통받은 자금으로 각종 포목을 수집하는 외에 한준호(韓駿鎬), 차인태(車仁台), 김영두(金永斗), 김명수(金命洙) 등[47]으로부터 포목을 조달받고, 이렇게 수집된 포목을 전국 각지의 도소매상에게 판매했던 것 같다. <표 3 - 36>을 보면 최인성, 조순용(趙純用), 개성사(開城社), 취성호(聚成號) 등[48]은 박승기에게 6,000엔에서 1만 엔 정도의 물품을 건네받고 어음을 발행했다.

박승직과 함께 조선을 대표하는 포목상이었던 김윤면(金潤冕)도 『대출에 관하난 취체역회결의록』에 자주 등장했다. 그는 갑오개혁 이후 시전상인으로 출발하여 1927년경 자본금 30만 엔에 이를 정도로 번성했으며, "개인 면포의 대왕"으로 불리었다.[49] 1919년에는 조선인 포목

---

45) 김희준에 대해서는 京城商業會議所, 앞의 책, 商工名錄 311쪽 ; 京城副業世界社 編, 앞의 책, 73쪽 참조.

46) 朝鮮總督府, 『朝鮮人の商業』, 1925, 72쪽.

47) 한준호는 일본, 중국에서 포목을 직수입하기 위해 1919년에 설립되었던 東洋物産(株)의 상무이사였다(中村資郎 編, 앞의 책, 181쪽). 차인태는 남대문의 포목상이다(京城商業會議所, 앞의 책, 商工名錄 314쪽). 김영두는 『貸出에 關하난 取締役會決議錄』을 보면 주로 최인성, 박승기를 상대로 어음거래를 하고 있어 포목상으로 추정된다. 김명수는 未詳이다.

48) 조순용은 남대문에서 廣昌商會를 경영하는 포목상이다(京城商業會議所, 앞의 책, 商工名錄 306쪽). 개성상인들이 설립한 開城社는 각종 직물과 잡화의 판매, 위탁판매를 주로 취급하였다(內外商品新報社 編輯部, 앞의 책, 광고 90쪽 ; 中村資郎 編, 앞의 책, 163쪽). 聚成號는 중국산 직물을 취급하는 경성거주 중국상인이다(朝鮮總督府, 『京城商工調査』, 96쪽). 金文煥은 미상이다. 史一煥은 貸金業者로(京城商業會議所, 앞의 책, 商工名錄 362쪽) <표 3 - 36> 외에도 『貸出에 關하난 取締役會決議錄』에 주로 박승기, 최인성, 李康赫, 金永斗 등과 거래한 것으로 나타나는데, 이것이 직물거래와 관련된 것인지 고리대자금 운영과 관련된 것인지 명확하지 않다.

49) 김윤면에 대해서는 조기준, 앞의 책, 191~196쪽 ; 京城商業會議所, 앞의 책, 商工名錄 311쪽 ; 京城副業世界社 編, 앞의 책, 1927, 72쪽 참조.

상들과 함께 동양물산(주)을 설립하여 외국인 수입업자를 거치지 않고
일본·중국과 직거래를 꾀하기도 했다.[50]

　김윤면의 한일은행을 통한 어음거래를 정리한 <표 3 - 37>을 보면,
주요 거래파트너는 동양물산(주)의 상무이사였던 한준호(韓俊鎬)이다.
김윤면은 한준호에게 총 6만 2,000엔의 어음을 발행했으며 한준호는 김
윤면에게 총 7만 1,000엔의 어음을 발행하여 쌍방이 수급상황에 따라
포목을 주고받는 관계였던 것 같다. 다만 1919년 10월 동양물산(주)이
설립된 후 거래가 빈번한데, 이것은 한일은행에서 자금을 조달하기 위
한 사내의 어음발행으로 볼 수도 있다. 김윤면은 한준호 외에 김동은
(金東殷), 이흥식(李興植), 김봉모(金鳳模), 유병수(柳棅秀)[51]와 거래했는
데, 이흥식을 제외하면 모두 김윤면이 물품(포목)을 공급하는 관계였다.

　이상 살펴본 포목상 외에도 길인수(吉仁洙), 김동민(金東敏), 주성근
(朱性根), 이강혁(李康爀) 등의 포목상이 한일은행에서 어음을 할인하거
나 대부를 받았다. 한일은행에 나오는 조선인 포목상은 대부분 조선인
포목상과 어음거래를 하고 있었다. 일본인 포목수입업자는 조선은행
등 일본인계 은행에서 자금을 조달했으며, 조선인 포목상에게 물품을
건네주고 받은 어음도 일본인계 은행에서 할인받았을 것이다.[52] 중국

---

50) 東洋物産(株)에 대해서는 中村資郎 編, 앞의 책, 181쪽 ; 京城商業會議所, 앞
　　의 책, 商工名錄 306쪽 참조. 동양물산(주)의 중역진은 사장 金潤冕, 전무이사
　　金東殷, 상무이사 金潤秀·韓駿鎬·崔俊煥, 이사 金得珠·張斗鉉·張春梓,
　　監査役 李德裕·朴承夔였다. 총 4만 주 중 대주주는 金東殷(5980주), 張春梓
　　(5000주), 金潤冕(4580주), 金得珠(2000주), 張斗鉉(1950주), 韓駿鎬 (1060주), 金
　　潤秀·李德裕·李宰均·李昌翼·尹秉爕·崔俊煥·崔昌煥(각 1000주), 柳棅秀
　　·李載厚·李賢在·韓奎相(각 500주)이었다. 위의 책에 의하면 이들 대부분은
　　포목상이었다고 한다.

51) 김동은은 대한제국의 중하급 관료 출신으로 퇴직 후 포목업에 종사하면서
　　여러 조선인 회사에 참여했던 자이다(全遇容, 앞의 논문, 352, 357쪽 ; 朝鮮總
　　督府, 『京城商工調査』, 164쪽). 유병수는 동양물산(주)의 대주주이다. 이흥식과
　　김봉모는 미상이다.

52) 조선은행의 1912~1917년까지 중요 상품관련 대출고 중 미곡 다음으로 많은
　　것이 수입면포였다(朝鮮銀行, 『鮮滿經濟十年史』, 1919, 215~216쪽).

<표 3 - 37> 김윤면의 어음거래 상황 (단위 : 엔)

연월일	金潤冕	↔	韓駿鎬	金潤冕	↔	포목상
1917. 12. 24.			7,000			
1918. 9. 18.				8,000		金鳳模
1918. 11. 27.				5,000		李興植
1918. 12. 18.			30,000			
1919. 10. 11.	8,000					
1919. 10. 29.	15,000			12,500		金東殷
1919. 11. 19.	8,000		15,000			
1920. 2. 25.	10,000		10,000	5,000		柳棟秀
1920. 5. 5.	30,000					李興植 40,000
합 계	71,000		62,000	25,500		40,000

* <부표 6>에 의거해 정리.
* '↔'는 액수가 기록된 쪽이 어음인수자(한일은행에서 어음할인받은 자)이며, 반대쪽이
  어음발행자이다.

인 상인들은 상당한 신용이 있는 조선인 포목상이 아니면 대부분 현금
거래를 했다.[53] 따라서 한일은행은 <표 3 - 34>의 경성지역 포목유통
과정에서 조선인 포목수입상들간의 거래 또는 조선인 포목수입상과 소
매업자의 거래(외국산)나 경성객주와 조선인 포목상의 거래(국내산)[54]에
서 발생하는 어음을 할인해줌으로써 그들의 자금순환을 도왔다. 또한
대부, 본인이 발행한 어음의 할인, 가족 내 또는 회사에서 발행된 어음
의 할인을 통해 조선인 포목상이 국내외에서 포목을 수집하는 데 기여
했다.

1910년대 조선인 포목상의 활동에서 주목되는 것은 유통되는 포목의
중심이 한국산에서 외국산으로 이동함에 따라 외국수입상의 손을 거치
지 않고 외국과 직거래하는 방안을 모색했다는 점이다. 이 부분의 선두
주자인 박승직을 좇아 백윤수도 1916년 대창무역(주)을 설립했으며, 김
윤면도 1919년 동양물산(주)을 설립했다. 이외에도 대동무역(大同貿易),

---

53) 朝鮮總督府, 『京城商工調査』, 91~107쪽.
54) 경성객주와 조선인 포목상의 거래에는 보통 30~50일 기한의 약속어음이 수
   수되었다(朝鮮總督府, 『京城商工調査』, 163쪽).

공동무역(共同貿易) 등의 주식회사가 외국과 직거래를 목적으로 1919년에 설립되었다. 위에서 살펴본 김윤면과 한준호의 어음거래 중 상당부분은 동양물산(주)의 자금조달과 관계된 것으로 보인다. 이외에도 동양물산(주)이 발행한 6,680엔의 어음을 한준호가 한일은행에서 할인받았다(<부표 6> 1919. 11. 19. 참조).

내외국 물산의 수출입무역, 매매, 위탁판매를 목적으로 설립된 대동무역(주)이 발행한 총 3만 엔의 어음도 이 회사 사장 김종국(金宗國), 전무이사 김성환(金聖煥)이 한일은행으로부터 할인받았다(<부표 6> 1919. 12. 8과 1920. 5. 5. 참조). 이때 담보물이 포목인 것으로 보아 포목수입과 관련된 자금조달로 보인다. 대동무역(주)의 제2기(1920. 2～1921. 2) 결산에서 자산을 보면, '직물부(織物部)'가 '당기결손금(當期缺損金)' 다음으로 큰 비중(14.8%)을 차지하여 주로 직물수입을 취급했던 회사임을 알 수 있다.[55] 포목류, 모직류, 기타 무역 · 위탁판매를 목적으로 설립된 공동무역(주)도 1919년 10월에서 1920년 5월 사이에 한일은행을 통해 총 10만 3140엔의 어음을 거래했다(<부표 6> 참조). 이 중 회사측이 발행한 어음이 9만 엔으로 모두 이 회사의 전무이사인 김규원(金圭源)이 한일은행에서 할인받았다. 나머지는 김규원과 중국상인 동순태(同順泰)가 발행한 어음을 회사측이 은행에서 할인받은 것이다. 이러한 거래의 상당부분은 포목수입과 관련되었을 것이다.

포목수입 관련 무역회사에 대한 한일은행의 자금융통은 조선인 포목상의 활동범위를 국내에서 외국으로 넓히는 데 일정한 기여를 했을 것이다. 당시 조선인 포목상에게 외국과 직거래는 주요한 축재의 수단이었을 것이다. 아울러 이러한 조선인 포목상의 활동은 외국 방적자본에게도 이익을 안겨다주었다. 생산된 제품이 조선 내 소비자에 도달되는 전체 유통과정을 외국 방적자본, 유통 카르텔이 완전히 장악하는 것은 불가능하다. 특히 포목처럼 조선인 소비를 위한 제품은 조선인 위탁판매상, 도소

---

55) 中村資郎 編, 앞의 책, 182쪽.

매상이 오랜 기간 소비자들 사이에 구축한 판매망, 거래관행에 의지하지 않고서는 판매확대를 꾀할 수 없었다.[56]

따라서 1910년대 한일은행 자료에 나타난 조선인 포목상들의 활발한 활동은 개별적인 부의 축적을 가져왔을지라도 그것이 국내 생산과 연관을 갖지 않는 한 한계는 명확했다. 그들이 상호 경쟁하며 유통망을 확대하면 할수록 상품시장으로서 식민지 조선의 역할은 강화되어갔다. 1919년 조선의 생금건·생시팅 수입액을 1910년과 비교해보면 수량으로 2.1배, 가격으로 6.9배 증가했다. 이 중 일본제품의 비율은 가격대비 61.3%에서 94.7%로 상승했다.[57] 이에 따라 국내산 포목은 점점 도시에서는 찾아보기 힘들어졌으며, 농촌에서 자급자족용으로 단순재생산될 수밖에 없었다.

2) 곡물상과 자금의 대내순환 구조

당시 경성은 조선 최대의 쌀 소비지로 전국 각지에서 철도나 한강수운, 육로를 통해 필요한 쌀이 반입되었다. 1911년 한해 동안 철도편으로 26만 2,682석, 배편으로 21만 5,926석이, 우마(牛馬)편으로는 정확한 숫자는 알 수 없지만 대략 2만 4,000석이 들어왔다. 대략 50만 석 이상이 반입된 셈이다.[58] 이렇게 반입된 쌀은 일부 주변지역으로 다시 반출

---

56) 한일은행 자료에 나타난 대표적인 조선인 포목상들(백윤수, 유재명, 박승직, 김윤면)의 거래자는 중복되는 경우가 거의 없다. 이는 각자가 독자적인 유통망을 갖고 있었음을 반영한다.

57) 송규진, 「1910년대 관세정책과 수이출입구조」, 『역사문제연구』 제2집, 역사문제연구소, 1997, 58~59쪽.

58) 朝鮮總督府, 『京城商工業調査』, 126~127쪽. 단, 배편에 의한 반입액은 과소 평가되었을 가능성이 있다. 자료에서도 배편에 의한 반입액은 면장의 보고에 따른 것으로 정확성을 보장하지 못한다고 했다. 철도 이용이 1910년대보다 더욱 빈번했을 것으로 보이는 1936년경에도 서울로 반입되는 쌀은 철도편 약 60만 석, 배편 약 70만 석, 육로 우마차·트럭편 30만 석, 합계 약 167만 석으로 배편의 비중이 철도편에 비해 높았다(李洪洛, 「植民地期 朝鮮內米穀流通」,

되거나 일본으로 수출되는 경우를 제외하면 대부분 경성 및 인근 지역
에서 소비되었다.

한강 포구나 철도역 주변의 위탁판매업자와 정미업자는 각 교통기관
을 통해 쌀을 수집하고 일정한 가공(搗精, 精米)을 하여 남대문시장, 동
대문시장 등의 도매상이나 소매상에게 판매하였다. 소매상은 그 쌀을
경성과 인근 지역 거주민에게 팔았다.

경성지역 쌀 유통에서 주목되는 것은 민족별로 유통과정이 구별되었
다는 점이다. 경성 거주 일본인이 소비하는 쌀은 경상북도, 충청남도,
경기도의 철도 주변지역에서 주로 현미로 수집되어 철도편에 의해 경
성으로 반입되었고, 다시 일본인 위탁판매업자나 정미업자의 손을 거
쳐 석발미(石拔米)로 정미되어 일본인 소매상에 의해 유통되었다.[59]

반면 경성과 인근 지역 거주 조선인이 소비하는 쌀은 황해도, 충청남
도, 전라도 등 서해안 지역과 충청북도, 경기도 등 한강 연안에서 주로
벼로 수집되어 배편으로 경성부근 포구에 반입되었으며, 다시 조선인
정미업자나 도매상의 손을 거쳐 중백미(中白米, 韓白米)로 정미되어 조
선인 소매상에 의해 유통되었다.[60] 물론 두 유통과정이 교차되는 경우
가 없었던 것은 아니지만 대체로 쌀의 최종 소비자가 조선인인가 일본
인가에 따라 원료구입지와 운송경로, 정미공정과 제품의 종류, 정미업
자나 유통업자가 민족별로 확연히 구별되었다.[61]

『經濟史學』第19號, 經濟史學會, 1995. 12, 192쪽. 원자료는 朝鮮米穀事務所,
『京城府ニ於ケル米穀事情』, 1936. 6이다).

59) 1911년 철도편 반입의 대부분 담당했던 平田運送店의 경우 전체 반입 쌀 중
현미가 78.7%였다(朝鮮總督府, 『京城商工業調查』, 130쪽). 같은 해 서울지역
일본인 정미소에서 쓰인 원료미 중 현미는 80.7%였으며, 일본인 정미소에서
가공된 쌀 중 71% 가량이 일본인에 의해 소비되었다(같은 책, 30쪽).

60) 1911년 한강수운편에 의해 반입된 쌀 중 70.2%가 벼였다(위의 책, 127쪽). 같
은 해 서울지역 조선인 정미소의 원료미 중 97.7%가 벼였으며, 조선인 정미소
에서 가공된 쌀 전부가 조선인에 의해 소비되었다(같은 책, 30쪽).

61) 1936년 경 서울지역 쌀 유통과정을 분석하여 생산에서 소비에 이르는 전과
정이 민족별로 구분되었으며, 조선인이 주도한 유통과정은 식민지 민중의 재

한일은행의 『대출에 관하난 취체역회결의록』에 나오는 곡물상들은 대부분 경성지역 조선인의 미곡유통을 담당하는 중간고리, 즉 산지로부터 미곡을 반입하여 소매상에 넘기는 객주, 정미업자, 도매상이었다. 산지로부터 미곡을 반입하는 한강 포구는 크게 한강 상류에서 반입되는 '상수미(上水米)'를 주로 취급했던 한강동(漢江洞, 지금의 한남동), 서빙고, 뚝섬 등과 한강 하류에서 반입되는 '하수미(下水米)'를 주로 취급했던 마포, 동막(東幕), 현석리 등으로 나누어볼 수 있다.[62]

우선 '상수미'를 취급했던 한강동과 서빙고의 곡물상들을 살펴보자. 한강동은 1개월 평균 출입선박수가 300척에 달하는 포구로 한강 상류지방(양평, 충주, 춘천, 가평)에서 벼, 현미, 콩(大豆), 팥(小豆), 땔나무, 숯(木炭) 등을 반입하여 경성으로 공급하고, 경성과 서해의 남양(南陽)에서 각각 석유와 소금을 반입하여 상류지방으로 공급하는 통로였다.[63] 한강동보다 좀더 하류에 있는 서빙고는 특히 콩의 집산지로 유명했다. 한강 상류의 충주, 제천, 원주 방면에서 배편으로 반입되는 것과 연천(漣川) 방면에서 철도편으로 반입되는 것이 여기에 모여 대부분 일본으로 수출되었다.[64]

<표 3-38>은 한일은행의 『대출에 관하난 취체역회결의록』에 나타난 이 지역 곡물상의 어음거래 상황을 정리한 것이다. 한일은행을 통해 가장 많은 어음거래를 했던 이종묵(李宗默)과 박순형(朴淳亨)에 상점을

생산활동과 밀접한 관련을 맺었음을 밝힌 것으로 李洪洛, 앞의 논문이 있다.

62) 배편으로 서울로 반입되는 쌀은 한강 상류에서 오는 쌀인 '上水米'와 하류에서 오는 쌀인 '下水米'로 구별됐다. 이러한 구별은 용산 부근에 수심이 얕은 곳이 있어 배가 통과하기 어려웠기 때문에 생긴 것으로 '상수미'는 주로 한강동, 서빙고, 뚝섬, 한강동 등에서 부려졌으며 '하수미'는 마포, 東幕, 현석리 등에서 부려졌다(李洪洛, 앞의 논문, 193쪽).

63) 京城商業會議所, 「京城に隣接せし漢江沿岸の津浦」, 『朝鮮經濟雜誌』, 1918년 1월호, 29~30쪽.

64) 위의 글, 26쪽. 1917년 10월 서빙고역 개설과 함께 이곳에 콩의 대일수출을 위해 '大豆檢査所'가 설치되었다.

두었던 곡물상이다. 이종묵은 1895년경부터 이곳에서 곡물상을 했으며, 주로 미곡과 소금(鹽)을 취급했다. 서빙고역이 생긴 후에는 역앞에 서빙고곡물상회(西氷庫穀物商會)를 열어 콩도 취급했다. 전국적 판로망을 갖추고 있었으며, 1927년경 운용자금이 약 40만 엔에 이를 정도로 "전선(全鮮) 곡물계의 대왕"이라 불리었다.[65] 박순형은 1885경부터 한강동에서 곡물상을 했던 자로 주로 곡물과 소금을 취급했다. 매일 수백 명의 내객(來客)이 끊이지 않을 정도로 번창하여 역시 "무곡계(貿穀界) 대왕"이라 불리었다.[66]

이 '대왕'들은 동업자로서 상호 거래가 빈번하여 각자 수집한 물품을 상황에 따라 상대방에게 건네주고 어음을 받았던 것 같다. 1916년 3월에서 1920년 2월까지 약 4년간 이종묵은 박순형에게 5만 5,000엔의 물품을 건네고 어음을 받았으며, 반대로 박순형은 8만 9,000엔의 물품을 건네고 어음을 받았다. 주요 취급품이 쌀이라는 점을 감안하면 박순형 쪽은 산지수집면에서, 이종묵은 판로면에서 장점을 갖고 있어 자신이 판매미를 자체 조달할 수 없을 정도로 구매자, 구매계약이 많을 경우에는 때로 박순형에게 미곡을 지원받았던 것 같다.

이종묵은 박순형과의 거래 이외에 그다지 고액의 어음거래를 찾아볼 수 없다.[67] 반면 박순형은 많은 수집곡물을 바탕으로 정미업자나 곡물상과 고액 어음거래를 했다. <표 3-38>에서 보이는 이만응(李晚

---

65) 李宗默에 대해서는 朝鮮總督府, 『京城商工業調査』, 134쪽 ; 內外商品新報社 編輯部, 앞의 책, 광고 53쪽 ; 京城副業世界社 編, 앞의 책, 103쪽 참조. 그는 1919년부터 발행된 한일은행 新株 30주를 소유했다(韓一銀行, 『第三十三期營業報告書(1922年下半期)』, 21쪽).

66) 內外商品新報社 編輯部, 앞의 책, 광고 55쪽.

67) 이종묵은 박순형 외에 林昊相·朴元信과 어음을 거래했다. 1916년 3월경 임호상에게 5,000엔의 어음을 발행해주었으며, 1919년 11월경 박원신이 발행한 어음 5,000엔을 인수하여 한일은행에서 할인받았다(<부표 6> 참조). 임호상은 박순형과도 거래하는 것으로 보아 곡물상 또는 정미업자인 것 같다. 박원신은 이종묵에게 물품을 공급받던 곡물상인 것 같다. 그는 1922년경 한일은행 新株 150주를 소유했다(韓一銀行, 『第三十三期營業報告書(1922年下半期)』, 18쪽).

<표 3-38> 한남동·서빙고지역 곡물상인의 어음거래 상황 (단위 : 엔)

연월일	李宗默 ↔ 朴淳亨		朴淳亨 ↔ 李晩應		李晩應 ↔ 金天裕		金天裕 ↔ 李承駿	
1916. 3. 5.	5,000							
1916. 2. 9.		10,000						
1917. 3. 3.			5,000					
1917. 4. 4.	5,000						5,000	
1917. 6. 2.		9,000						5,000
1917. 10. 24.								5,000
1917. 12. 24.		5,000	5,000					
1918. 2. 27.	5,000	5,000	5,000	5,000				5,000
1918. 5. 6.				10,000				5,000
1918. 5. 29.	10,000	5,000	5,000					
1918. 6. 22.								5,000
1918. 8. 21.								5,000
1918. 11. 27.			7,000					5,000
1918. 12. 18.		10,000						5,000
1919. 3. 21.	10,000	10,000			5,000 5,000		5,000	
1919. 4. 12.		5,000 10,000						
1919. 10. 11.	5,000 5,000							
1919. 11. 19.		10,000			10,000			
1920. 2. 25.	10,000	10,000			10,000			
합계	55,000	89,000	27,000	15,000	30,000		10,000	40,000

* <부표 6>에 의거하여 정리.
* '↔' 는 액수가 기록된 쪽이 어음인수자(한일은행에서 어음할인받은 자)이며, 반대쪽이
  어음발행자이다.

應)은 한강동에서 1908년경부터 정미업에 종사했던 자68)로서 박순형에게 원료미를 공급받아 정미한 쌀(중백미)을 도매상 또는 소매상에게 판매하거나, 일부는 다시 박순형에게 건넸던 것 같다. 박순형은 이종묵, 이만응 외에 서빙고의 곡물상 이승준(李承駿)69)에게도 곡물을 공급

---

68) 內外商品新報社 編輯部, 앞의 책, 광고 55쪽. 그는 1922년경 한일은행 新株
  120주를 소유했다(韓一銀行, 『第三十三期營業報告書(1922年下半期)』, 18쪽).
69) 이승준은 1900년경부터 가업을 계승하여 貿穀에 종사했다. "경성은 물론하
  고 기타 各地方港灣都會之地에 散布한 곡물이 擧皆 同店으로부터 배분한"
  것으로 "거액의 금으로 곡물을 다수매입하야 機를 隨하고 時에 應하야 散賣"

했다.[70]

한강동과 서빙고지역의 곡물상 중 동업자가 수집한 곡물을 서울의 도·소매상에 중계판매하는 일에 열심이었던 자는 서빙고 곡물상 김천유(金天裕)였다.[71] 어음거래 상황을 볼 때 그는 1917년 6월부터 1918년 12월까지 같은 지역의 곡물상 이승준에게 4만 엔 상당의 곡물을 공급받았으며, 1919년 3월부터 1920년 2월까지 약 1년 동안 한강동 정미업자 이만응에게 3만 엔의 쌀을 공급받았다.[72] 김천유가 취급하는 곡물 중 콩은 일본수출용도 있었을 것이다. 그는 서빙고로 집산되어 일본으로 수출되는 콩을 취급했으며,[73] 수출입무역을 주로 담당하는 해동물산(주)[74]이 1920년 2월경 그에게 1만 엔의 어음을 발행해준 것도 콩 수출과 연관된 것으로 보인다.

한일은행은 1908년 동막에 출장소를 신설하여, '하수미'를 주로 취급했던 지역의 상인들이 이용할 수 있었다. 마포보다 하류에 있었던 동막은 마포와 함께 국유지 소작미의 수납소(收納所)가 있었던 곳으로 예전부터 미곡거래가 성행했다.[75] 또한 배후에 경성이라는 미곡 대소비지

或은 도매함이 同店의 특색"이라고 한다(內外商品新報社 編輯部, 앞의 책, 광고 54쪽).

70) 박순형은 1918년 2월경 이승준이 발행한 어음 5,000엔을 한일은행에서 할인받았다. 이외에 1916년 3월경 임호상이 발행한 어음 8,000엔, 1919년 10월경 金箕賢이 발행한 어음 5,000엔을 할인받았으며, 1920년 5월경에는 자신이 발행한 어음 5,000엔을 할인받기도 했다(이상 <부표 6> 참조). 이 중 김기현과 한 거래가 곡물거래였는지는 확실치 않다. 김기현과 1919년 10월경 어음거래를 했던 朱源榮은 종로의 綢緞布木商이었다(京城商業會議所, 앞의 책, 商工名錄 313쪽).

71) 京城商業會議所, 앞의 글, 26쪽.

72) 이외에도 1919년 10월경과 1920년 2월경에 5,000엔의 어음을 朴振遠에게 발행해주었다. 박진원은 확실치 않지만 김천유에게 물품을 공급했던 자인 것 같다. 또한 김천유는 1919년 11월경과 1920년 2월경에 자신이 발행한 어음 1만 엔을 한일은행에서 할인받았다(이상 <부표 6> 참조).

73) 京城商業會議所, 앞의 글, 26쪽.

74) 海東物産(株)에 대해서는 中村資郎 編, 앞의 책, 173쪽 참조.

를 끼고 있어 배편에 의해 반입된 원료미(벼)로 백미(白米)를 생산하는 굴지의 곳이었다. 1918년경 동막의 12개소 조선인 정미소에서는 연간 100만 엔 이상의 정미를 생산했다. 한일은행 동막출장소는 주로 이들 정미업자의 금융기관이었다고 한다.[76]

『대출에 관하난 취체역회결의록』에 동막출장소에서 대출받은 것으로 나오는 대부분의 사람들은 미곡상 또는 정미업자였을 것이다. 그들 중 가장 두드러지는 자는 고윤묵(高允默)이다. 그는 1919년 3월부터 1920년 5월까지 약 1년 남짓 동안 6만 8,000엔의 어음을 거래했으며, 그 중 5만 6,000엔은 물품을 건네고 상대방으로부터 어음을 받은 경우이다.[77] 1880년대 초중반 무렵 미곡상에 입문했던 고윤묵은 백미소매상에서 출발하여 곡물도매·무곡(貿穀)으로 사업을 확장했으며, 경성의 재산가들이 그의 상점을 "대은행"같이 여겨 곡물과 금전을 많이 맡겼다고 한다. 그는 농공은행 설립위원, 용산면장, 고양금융조합장, 조선상업은행 중역을 역임하여 관계(官界), 금융계와 밀접한 관계를 맺었으며 1919년 상반기부터 1922년 하반기까지 한일은행의 감사를 맡기도 했다.[78]

한일은행은 동막출장소에 창고를 설치하여 곡물을 보관했을 뿐 아니라 그 곡물을 담보로 대출도 했던 것 같다. 1917년 한해 동안 출장소 창고에 입고되었던 곡물은 4만 3,000입(叺, 5斗=1叺), 약 2만 1,500석 정도

---

75) 마포 부근은 주로 서해안 연안이 산지인 '하수미'를 취급했던 관계로 철도가 개통되면서 쌀의 반입량이 크게 줄어들었다. 1936년경의 자료를 보면 예전에 70~80만 석이 들어왔던 것이 ⅓로 줄어 약 20만 석 정도가 반입되었다고 한다(李洪洛, 앞의 논문, 195쪽).

76) 京城商業會議所, 앞의 글, 21~22쪽.

77) <부표 6> 참조.

78) 고윤묵에 대해서는 『每日新報』 1913년 1월 22일자, 「朝鮮人物觀 – 京城唯一의 慈善家인가. 否라 朝鮮唯一의 慈善家高允默氏」; 內外商品新報社 編輯部, 앞의 책, 광고 53쪽 ; 京城商業會議所, 앞의 책, 부록 7쪽 참조. 그는 1922년경 韓一銀行의 舊株 65주, 新株 130주, 총 195주를 소유했다(韓一銀行, 『第三十三期營業報告書(1922年下半期)』, 18쪽).

였다.79) 『대출에 관하난 취체역회결의록』을 보면 1919년 3월경 한일은
행이 동막출장소에서 현미 4,843입을 담보로 총 4명에게 6만 2,740엔의
대출을 했는데,80) 이는 정미업자들이 곡물을 창고에 입고시켜 담보로
제공하고 받은 대출일 것이다.

한강 포구 이외에도 경성시내 거주 미곡상, 정미업자들도 한일은행
을 이용했는데, 대표적으로 조병학(曺秉學), 김광준(金光準)를 들 수 있
다. 조병학은 1907년경부터 곡물계에 종사했으며, 1916년에는 죽첨정
(竹添町, 지금의 충정로, 소공동 부근)에 한성정미소를 설립했다. 대부분
의 정미업자가 그러하듯이 정미뿐 아니라 무곡, 위탁판매업에도 종사
했으며, 서울 정미업계의 "패왕(覇王)"이라 불리었다.81) 김광준도 1907
년부터 봉래정(蓬萊町, 지금의 봉래동)에서 경성정미소를 운영했으며, 곡
물수출입 등의 무역업에도 종사했다.82) 1919년 3월에서 1920년 2월까
지 대략 1년 사이에 조병학과 김광준은 각각 서로에게 1만 3,275엔, 1만
3,000엔의 어음을 발행했다.83) 둘은 동업자로 수급상황에 따라 쌀을 교

---

79) 京城商業會議所, 앞의 글, 22쪽. 入庫곡물을 종류별로 보면 벼 1만 1,992叺,
    玄米 2만 3,913叺, 白米 389叺, 콩 1,369叺, 잡곡 5,323叺이다. 굴지의 백미생산
    지라는 기술과 달리 한일은행 창고에 현미가 더 많이 보관되었던 것은 백미
    는 생산 즉시 도소매상에 판매되었던 반면 현미는 일단 창고에 보관되어 때
    를 기다렸던 것 같다. 1936년경의 자료를 보면 마포 부근은 옛날에는 백미만
    생산하여 동매문, 남대문시장에 위탁판매했으나 이때쯤이면 현미만을 생산하
    여 서대문과 용산 방면의 현미기 없는 정미소에 공급했다는 것으로 볼 때(이
    홍락, 앞의 논문, 195~196쪽), 1910년대 후반기는 백미생산과 현미생산이 혼
    재되었던 시기로 볼 수 있다.

80) <부표 6> 참조.

81) 조병학에 대해서는 京城商業會議所, 앞의 책, 商工名錄 270쪽 ; 京城副業世
    界社 編, 앞의 책, 139쪽 참조.

82) 김광준에 대해서는 京城商業會議所, 앞의 책, 商工名錄 273쪽 ; 京城副業世
    界社 編, 앞의 책, 66쪽 ; 日本興信所京城支所, 『朝鮮實業信用大鑑』, 1931, 경
    기도(개인) 10쪽 참조. 김광준은 『貸出에 關하난 取締役會決議錄』에 '漢城貿
    易商會'의 주인으로 나오며, 『朝鮮實業信用大鑑』에도 직업이 '무역'으로 나오
    는 것으로 볼 때 정미소와 함께 무역업에 종사했던 것으로 보인다.

83) 이외에도 조병학은 1920년 2월경 한일은행에서 6,350엔을 신용으로 대출받

환했으며, 이 쌀은 부근 남대문시장의 도·소매상에게 판매되거나 일부는 일본으로 수출되었을 것이다.[84]

한일은행을 이용했던 위의 곡물상, 정미업자의 경우 포목상과 달리 1916년 이후에 집중적으로 나타나는데, 그 배경으로 다음 두세 가지를 생각해볼 수 있다. 첫째, 한일'합방' 이후 일제는 객주 통제를 더욱 강화했으며, 이에 따라 많은 객주가 몰락했다는 점이다.[85] 이에 대응하여 한강 포구와 경성의 곡물을 취급했던 객주(위에 나오는 대부분의 미곡상)들은 살아남기 위해 경영상의 변화를 꾀하였으며, 그 일환으로 은행을 적극적으로 이용했던 것 같다. 둘째, 경성과 전국의 미가가 1916년 이후 대폭 상승했다는 점이다.[86] 미가상승은 경성의 미곡소비자에게는 생활고를 초래했지만, 미곡상·정미업자들에게는 커다란 이익을 얻을 수 있는 기회였다. 이에 은행을 이용하여 대량의 자금을 확보하고, 이를 바탕으로 미곡수집과 판매활동에 나섰던 것으로 보인다.

이와 같은 경성의 곡물상을 둘러싼 환경 변화와 함께 한일은행의 경영진 교체도 한 요인으로 지적할 수 있다. 1916년도는 백인기가 퇴진하고 민영휘 체체가 자리잡은 시기이다. 은행은 내분과 휴업, 경영난을

았다. 김광준은 포목상인 張春梓에게 1919년 3월경과 1919년 10월경에 각각 만 엔과 6,000엔의 어음을 발행했다(이상 <부표 6> 참조).

84) 竹添町에서 朝鮮精米所를 경영하던 李載厚도 1918년 5월경에서 1920년 2월경 사이에 개인 금융업자였던 金益永과 6만 엔의 어음거래를 했다(<부표 6> 참조). 이 중 1만 엔을 제외하면 전부 이재후가 김익영에게 지불해야 할 어음이다. 따라서 이재후는 정미소 경영에 필요한 자금을 김익영에게 어음을 발행해주고 조달받았으며, 김익영은 자금회전도를 높이기 위해 한일은행으로부터 그 어음을 할인받았던 것 같다. 이 경우 한일은행은 고리대금업자의 자금순환을 도왔다고 할 수 있다. 이재후에 대해서는 京城商業會議所, 앞의 책, 商工名錄, 270쪽 참조.

85) 전우용, 「1910년대 객주통제와 '朝鮮會社令'」, 『역사문제연구』 제2호, 역사문제연구소, 1997, 140~145쪽 ; 柳承烈, 「韓末·日帝初期 商業變動과 客主」, 서울대 국사학과 박사학위논문, 1996, 256~266쪽.

86) 小早川九郎, 『補訂 朝鮮農業發達史 資料編』, 友邦協會, 1960(初出은 1944), 121쪽.

겪었으며, 더욱이 백인기는 은행에 많은 부실채권을 떠안겼다. 한일은행은 경영정상화를 위해 새로운 영업기반을 찾아야 했고, 경성이라는 대규모 소비지를 끼고 있던 미곡상들은 확실한 고객이 될 수 있었다. 요컨대 일제의 통제가 강화되는 가운데 미곡상들의 변화 모색과 이윤추구가 한일은행의 새로운 영업기반 모색과 맞물려 1916년 이후『대출에 관하난 취체역회결의록』에 곡물상이 집중적으로 나타난 것으로 보인다.

이상에서 본 경성과 인근 지역의 규모가 큰 곡물상, 정미업자들은 보통 쌍방간에 곡물을 건네고 1～3개월 기한의 어음을 받았다.[87] 곡물을 건네고 어음을 받은 자는 빠른 자금회전을 위해 은행에서 어음을 할인받았다. 한일은행은 어음할인을 통해 미곡상, 정미업자의 원활한 자금회전을 도왔던 것이다. 또한 미곡을 담보로 대출하거나 동일인 발행의 어음할인을 통해서도 미곡상, 정미업자에게 자금을 지원했다.

당시 제일은행, 십팔은행 등 일본인계 은행과 조선은행이 일본인 위주의 대출과 그를 통한 대일무역 지원에 앞장섰고, 그나마 조선인 이용이 많았던 농공은행도 환업무와 농산물유통자금 대출을 통해 궁극적으로 대일무역을 지원했다는 점에[88] 비추어볼 때, 한일은행의 경성지역 조선인 곡물상에 대한 대출은 어떠한 의미를 갖는가. 기본적으로 대일무역을 지원하는 금융활동은 일본과 연관된 자본순환 · 자본축적, 그로 인한 일본으로 부의 유출을 지원하는 것이었다고 할 수 있다. 반면 경성지역 곡물상의 미곡유통은 김천유나 김광준 같은 일부를 제외하면

---

87) 1911년경 자료를 보면 일본인 정미소와 일본인 미곡상 사이에는 30～40일 기한의 어음거래를 했으며, 일본인 정미소와 조선인 미곡상 사이에는 신용이 확실치 않아 현금거래했다고 한다(朝鮮總督府,『京城商工業調査』, 29쪽). 아마 신용관계를 더 잘 파악할 수 있는 조선인간의 거래에도 어음거래가 있었을 것이다.『貸出에 關하난 取締役會決議錄』에 어음기한이 나와있는 경우를 보면 대부분 60일에서 90일 어음이었다.

88) 정병욱,「1910년대 農工銀行의 상업금융과 조선인 상인의 周邊化」,『역사문제연구』제2호, 82～92쪽(이 책의 제3부 1장).

조선인 생산자와 조선인 소비자를 연결하는, 따라서 자본순환·자본축적이 기본적으로 조선 안에서 완결되는 것이었다. 한일은행의 경성지역 미곡상에 대한 금융지원은 이러한 조선의 자본순환·자본축적을 지원하는 하나의 고리 역할을 했다. 물론 직접생산자의 입장에서 보면 일본과 연관된 자본축적구조나 조선의 자본축적구조 모두 착취적 성격을 피할 수 없을 것이다. 그러나 후자의 경우 최소한 일본으로의 부의 유출을 수반하지 않는 구조였으며, '민족경제'의 기반이 될 수 있다. 또한 이러한 조선 내의 축적구조는 직접생산자를 포함한 식민지 민중의 재생산활동과 밀접한 관련을 맺고 있었다는 점에서도 주목된다.[89]

4. 맺음말

'화폐·재정정리사업'에 따른 화폐공황을 극복하기 위해 한성의 조선인 상인이 중심이 되어 설립한 한일은행은 조선 내 보통은행 중 예금이나 대출에서 조선인이 가장 많이 이용했던 은행이다. 그러나 조선인들의 이용이 많았다고 해서 민족적이라고 하는 것은 피상적이다. 그러한 '민족성'이 어떤 모습으로 존재했는가가 중요하다. 이런 차원에서 한일은행의 자금조달과 자금운용, 주요 고객인 경성의 상인들과 한일은행의 관계를 분석했다.

---

89) 일제시기 '민족경제'권과 식민지 민중의 재생산활동에 대해서는 李洪洛, 「日帝下朝鮮民衆の再生産活動とその經濟的基盤」, 神奈川大學 經濟學研究科 博士學位論文, 1995 참조. 물론 경성지역의 미곡상이나 한일은행이 의식적으로 조선 내의 축적을 도모했는가는 의문이다. 상인의 입장에서 좀더 대량의 거래와 많은 이윤을 남길 수 있는 대외무역의 매력은 컸을 것이다. 그러나 일차적으로 문제삼아야 할 것은 대외무역을 자국상인이 주도할 수 없게 만든 식민지 경제구조이다. 그러한 경제구조가 지배적인 상황하에 방어적, 수동적 측면에서라도 존속을 도모했던 조선의 축적구조를 확인하는 작업은 일제시기 경제실상을 파악하기 위해 필요하다.

한일은행은 1910년까지는 정부나 상급 금융기관으로부터 자금지원을 받지 않았으며 주로 예금을 통해 조선인 사회에서 자금을 조달했다. 그러나 1910년대에 들어서면서 경영난·영업망의 확대·경영진 교체를 배경으로 조선은행에서 차입하였으며, 그 차입금은 한일은행의 주요 자금원이 되었다. 이는 조선은행과 한일은행 사이에 상하관계가 형성되었음을, 초기 한일은행이 표방했던 조선인의 "독자적인 금융기구"라는 명분이 퇴색했음을 의미한다. 1910년대 한일은행은 필요 자금을 조선은행에 의지함으로써 '조선은행 – 보통은행'이라는 통일적 수직관계, 식민지 금융체계에 포섭되었던 것이다.

한일은행의 주요 업무는 경성지역의 신용있는 조선인 상인이 물품을 판매하고 받은 어음을 할인해주는 것이었다. 한일은행은 조선인 상업계에 그 영업기반을 두었으며, 조선인 상인의 원활한 자금조달과 회전에 기여했다. 그러나 식민지 금융체계에 포섭되었다는 점은 자금운용면에도 각인되었다. 즉 1910년 이전에 한일은행이 지향했던 바는 한성은행이나 대한천일은행 같은 민족계 은행보다 조선인 상인에게 좀더 싼 금리의 자금을 융통하여, 금리가 낮은 일본인계 은행을 이용하는 일본인 상인에 대한 경쟁력을 높이는 데 있었다.

그런데 1910년대에 들어서면 후반으로 갈수록 금리가 높아져 결국 민족계 은행 내에서도 가장 높은 금리로 대출했다. '조선은행 – 일본계 은행 – 민족계 은행' 순으로, 민족계 은행 내에서도 '조선상업은행 – 한성은행 – 한일은행' 순으로 금리가 낮았다. 조선은행에서 한일은행까지 형성된 금리상 위계질서는 민족별 이용도와 밀접한 관련을 맺는다. 금리가 싼 은행일수록 일본인의 이용도가 높았고, 반대로 금리가 높은 은행일수록 조선인의 이용도가 높았다. 1910년대 후반이 되면 조선인 이용도가 가장 높았던 한일은행이 가장 높은 금리를 적용했다. 한일은행이 1910년대에 조선은행을 정점으로 하는 식민지 금융체계에 포섭되면서, 그 주요 고객이었던 조선인 상인은 상대적으로 고금리를 감수해야

만 했다.

한일은행을 이용했던 조선인 상인은 주로 경성이라는 대소비지를 끼고 활동했던 포목상, 곡물상이었다. 한일은행을 통한 어음거래에 비추어 볼 때 은행을 이용했던 조선인 포목상들은 외국수입상에게서 건네받은 외국산 포목과 지방에서 반입된 국내산 포목을 경성과 인근 지역에 유통시키는 중간고리를 담당했던 자들이다. 한일은행은 어음할인이나 대부를 통해 이들의 자금조달과 순환을 도왔다. 또한 조선인 포목상이 외국과 직거래하기 위해 세운 회사에도 자금을 융통했다. 한일은행은 조선인 포목상이 활동범위를 외국으로 확대하는 데 기여했다.

조선인 포목상은 이러한 활동을 통해 개별적 차원에서 일정정도 부의 축적을 이루었을 것이다. 그러나 기본적으로 유통되는 물품이 외국산이라면, 조선인 포목상의 활동은 외국 방적자본의 조선 내 시장개척에 일조하는 것이었다. 포목처럼 조선인 소비를 위한 제품은 조선인 위탁판매상, 도·소매상이 오랜 기간 소비자들 사이에 구축한 판매망, 거래관행에 의지하는 것이 판매확대의 지름길이었다. 따라서 1910년대 한일은행 자료에서 본 조선인 포목상들의 활발한 활동은 개별적 부의 축적에 기여했을지라도 그것이 국내 생산과 연관을 갖지 않는 한 한계는 명확했다. 그들이 상호 경쟁하며 유통망을 확대하면 할수록 상품시장으로서 식민지 조선의 역할은 강화되었다. 1910년대 외국산, 특히 일본산 면제품의 수입이 급증했으며, 이에 따라 한국산 포목은 점점 농촌에서 자급용으로 단순재생산될 수밖에 없었다.

한일은행은 또한 어음할인을 통해 경성과 한강 포구의 미곡상, 정미업자의 자금회전을 도왔으며, 미곡을 담보로 대출하거나 동일인 발행의 어음을 할인해줌으로써 자금을 지원했다. 경성지역 조선인 곡물상에 대한 대출은 앞의 외국산 포목을 다루는 상인에 대한 대출이나 농공은행·일본인계 은행의 대일무역 관련 대출과 다른 의미를 갖는다. 기본적으로 대일무역을 지원하는 금융활동은 일본과 연관된 자본순환

·자본축적, 그로 인해 일본으로 부가 유출되는 것을 지원했다고 할 수
있다. 반면 경성지역 곡물상의 미곡유통은 일부를 제외하면 조선인 생
산자와 조선인 소비자를 연결하는, 따라서 자본순환·자본축적이 기본
적으로 조선 안에서 완결되는 것이었다. 한일은행의 경성지역 미곡상
에 대한 금융지원은 이러한 조선 내 자본순환·자본축적을 지원하는
하나의 고리 역할을 했던 것이다. 1910년대 한일은행 자료에 보이는 경
성지역 곡물상들의 활동을 통해 대외무역을 자국상인이 주도할 수 없
게 만든 식민지 경제구조하에서 방어적, 수동적 측면에서라도 존속을
도모했던 조선의 유통구조를 확인할 수 있다.

제4부 해방 이후 조선식산은행과 은행원

제1장 은행의 재편과 상업은행화

1. 본점조직의 비대화와 과거청산 문제

해방을 맞이한 조선식산은행이 1954년 3월 한국산업은행으로 재편되기까지 어떠한 변화를 겪었으며, 식민지 유산은 이 과정에서 어떠한 역할을 했던가. 일제의 식민정책을 뒷받침했던 산업금융기관이 독립국가의 산업금융기관으로 전환되는 과정은 내외적 요인으로 순탄하지 못했다. 이 과정을 조직의 재편과 업무인수, 자금의 조달과 운용으로 나누어 살펴보겠다.

8·15 이후 은행의 조직상에서 최우선과제는 자국으로 퇴각하는 일본인의 공백을 메우고 한국인으로 구성된 새로운 조직을 만드는 것이었다. 8·15 직후 은행 안에 한국인의 접수위원회가 조직되었으나,[1] 9월 초에 진주한 미군은 9월 27일부터 일본인 중역 야마구치(山口重政)의 자문을 받아가며 직접 은행을 접수했다.[2] 결국 11월에 들어 미군정 재무관 로빈슨이 은행장으로 취임했으며, 한국인으로 구성된 새 중역진이 출범했다. 다만 야마구치는 1946년 3월까지 잔류하며 미국인 은행장을 보좌했다.[3]

---

1) 8·15 직후 조선식산은행에 조직되었던 접수위원회에 관한 기록으로는 崔英徹,「産業機關·批判과 展望 殖銀論」,『朝鮮經濟』1-1, 1946. 4, 17~22쪽 ; 殖銀行友會編,『朝鮮殖産銀行終戰時の記錄』, 1978, 20~22, 79쪽 ; 宋仁相,『淮南宋仁相 回顧錄 復興과 成長』, 21세기북스, 1994, 53~56쪽이 있다. 명칭은 '조선인직원위원회'(최영철), '식은접수위원회' 또는 '건국준비위원회 식산은행지부'(식은행우회), '접수위원회'(송인상)로 약간씩 다르게 기록되었으나, 이 책에서는 '접수위원회'로 통일하여 표기하겠다.

2) 殖銀行友會編, 앞의 책, 6쪽.

3) 위의 책, 9, 33쪽.

<표 4 - 1> 조선식산은행의 신임 중역진(1945. 11. 30 선임)

이사	행내 출신	張鳳鎬	1899년생. 경성법전. 강계지점장대리, 산업금융부장대리, 박천지점장, 선천지점장/산업금융부장/조선저축은행 이사, 대한상공회의소,특별의원, 서울상공회의소 의원, 조선식산은행 부은행장·은행장
		權石臣	50세. 인천상업학교. 개성지점장대리, 안주지점장//저축은행장
		張慶煥	46세. 慶應大學. 마산 및 진남포지점대리, 상업금융부장대리, 공주지점장/비서역, 인사부장, 검사부장/朝鮮火災保險(株) 이사, 조선저축은행 이사, 조선식산은행 부은행장
		金鎭炯	1905년생. 山口高等商業學校. 평양지점장대리, 산업금융부장대리//조선환금융은행 전무이사·부총재, 조선은행 이사·부총재.
	행외 영입	金丞植	나이불명. 미국소재 대학졸업. 北星企業社 사장, 朝鮮通信社 사장, 朝鮮興業會社 사장, 朝鮮石油會社·朝鮮石油配給社 관리위원장
		白樂承	54세. 日本明治大學. 泰昌工業(株) 사장, 朝鮮機械(株) 관리인.
감사	행내 출신	金寶永	50세. 경성공업전문학교. 鑑定役, 원주지점장/산업금융부장, 감정부장/조선식산은행 이사, 成業社 감사, 海東興業社 사장, 朝鮮火災保險(株) 이사.

자료 : 朝鮮殖産銀行, 『職員名簿(1943. 4)』 ; _____, 『職員名簿(1949. 2)』 ; 內外弘報社, 『大韓民國人事錄』 1950년판, 1949 ; 韓國經濟人協會, 「財界人土錄」, 『韓國經濟人年鑑』 1967년판 ; 朝鮮殖産銀行行友會本部, 『無窮』 1-1, 1946. 1, 3쪽 ; 國史編纂委員會 編, 『資料大韓民國史』, 1968~2000(http://www.history.go.kr의 '한국사데이터베이스' 참조)
* 생년과 나이는 『大韓民國人事錄』 1950년판에 의함(나이의 경우 기준년과 산출방식이 명확하지 않음). 행내 출신의 경력은 세 시기로 나누어 '일제시기/8·15~1945년 11월/1945년 12월~1950년경' 순으로 기술함.

<표 4 - 1>은 당시 선임된 한국인 중역진을 정리한 것이다. 대부분 상업학교 이상의 교육을 받고 식민지시기에 지점장이나 본점 부장대리의 지위에 올랐던 자들이 중역이 되었다. 중역 선임에 따라 간부급의 인사도 단행되었는데, 1946년 7월경 자료에 의하면 본점기구 1실 12부의 간부는 비서역 최영규(崔榮奎), 인사부장 유찬(兪燦), 서무부장 김종순(金鍾枸), 검사부장 오방환(吳邦煥), 심사부장 임송본(林松本), 계리부장 겸 증권부장 한윤경(韓潤卿), 산업금융부장 겸 공공금융부장 이덕용(李德鎔), 상업금융부장 민영석(閔泳錫), 조사부장 겸 감정부장 이사 권석신(權石臣), 특별금융부장 이사 김진형(金鎭炯) 이었다.[4]

---

4) 金龍海, 『朝鮮人事通信錄』, 朝鮮人事通信社, 1946. 7, 256쪽.

<표 4 - 2> 조선식산은행의 기구 및 직원 수 변화(1943~1954)

	1943. 4	1949. 2	1954. 5.
중역	9(은행장,부은행장, 이사 4, 감사 3)	5(은행장, 이사 3, 감사 1)	9 (총재, 부총재, 이사 5, 감사 2)
	1실12과1계	1실 11부	10부1실20과
본점	비서실(8) 인사과(13) 서무과(13) 심사과(33) 계산과(41) 증권과(27) 감정과(33) 산업금융과(26) 공공금융과(18) 産業公共原簿係(27) 상업금융과(149) 특별금융제1과(10) 특별금융제2과(11) 조사부(24)	비서실(9) 인사부(14) 서무부(84) 후생부(21) 심사부(53) 게리부(35) 증권부(9) 감정부(28) 산업금융부(25) 상업금융부(111) 조사부(16) 검사부(12)	비서실(13) 인사부(66) - 인사과(21), 후생과(19), 총재석 근무(25) 서무부(188) - 서무과(164) 영선과23) 심사부(37) - 농림수산심사과(12) 광업심사과(9) 공업심사과(15) 자금부(52) - 자금과(11) 계리과(10) 증권부(5) 영업과(25) 감정부(25) 농림수산금융부(24) - 금융과(12) 관리과(11) 광업금융부(20) - 금융과(9) 관리과(10) 공업금융부(25) - 금융과(12) 관리과(12) 기획조사부(60) - 기획과(17) 사업조사과(15) 경제조사과(27) 검사부(9)
본점 직원수	현직 693 휴직 151	현직 571 휴직 3	현직 528 (임원 9, 행원 345) 휴직 30
지점	70지점 8파출소	36지점 3 출장소	14지점
지점 직원수	현직 2,121 휴직 243	현직 931 휴직 4	현직 361 휴직 23
총 직원수	3, 208	1,510	942

* 朝鮮殖産銀行, 『職員名簿』(1943. 4) ; ____, 『職員名簿』(1949. 2) ; 韓國産業銀行, 『職員名簿』(1954. 5).

* 본점의 괄호안 수치는 雇員 이상 현직 직원 수이며, 아래의 본점 직원 수, 지점 직원 수는 傭員까지 포함한 전체 직원 수이다.

본점의 1실 12부 체제는 <표 4 - 2>의 1943년경 1실 12과 체제와 대동소이하다. 광공업 중심의 군수산업 지원을 주 업무로 하는 특별금융부 제1과와 제2과가 하나로 통합되고, 대신 검사부가 생긴 것을 제외하면 차이가 없다. 기구는 그대로 유지되었는데, 간부급은 부족하여 세 부서의 장을 다른 부장이 겸임했으며, 두 부서의 장은 이사가 겸임했다. 은행장 로빈슨은 인사재편을 통해 은행이 역량을 보전할 수 있었다고 평가하고 격려했지만,[5] 간부진의 부족이 눈에 띈다.

전반적으로 일제시기 조선인 간부의 육성이 부족한 가운데,[6] 어떤 부서는 전문가가 없어서, 또 어떤 부서는 필요성이 반감되어서 이사나 다른 부서의 장이 겸임했을 것이다. 증권부장이나 감정부장은 전자에 해당한다. 증권, 감정업무는 해방 이후 한국인 전문가가 없어서 일본인으로부터 '과외수업'을 받았던 분야이다.[7] 후자에 해당하는 것으로 군수산업 융자를 담당했던 특별금융부장을 들 수 있는데, 전쟁 종결과 함께 그 업무가 중단된 상태이며, 평화산업으로 전환시키기 위해 융자가 필요해도 뒤에서 살펴보듯이 그에 필요한 자금을 조달할 수 없는 상황이었다.

1947년 5월 로빈슨이 물러나고 장봉호가 은행장으로 취임함에 따라 조선식산은행의 운영권은 완전히 한국인에게 이양되었다.[8] <표 4-2>는 한국인 은행장시대인 1949년경의 은행기구와 직원수를 해방 이전, 1954년 한국산업은행으로 전환된 이후와 비교해놓은 것이다. 은행의 총직원 수는 1943년 3208명이었으나, 1949년 1510명으로 감소했다. 그러나 직원의 60~70%를 차지했던 일본의 퇴각,[9] 지점의 약 1/3을 차지했던 38선 이북과의 두절 등 감소요인을 감안하면 해방 이후 상당수

5) 하리. 쩨. 로빈손, 「支店行友 여러분에게」, 『無窮』 1-1, 1946. 1, 2쪽. 해방 후 행우회에서 발행한 잡지 『無窮』에 대해서는 이 책의 제4부 제3장 1절 참조.
6) 이에 대해서는 이 책의 제1부 2장 참조.
7) Karl Moskowitz, The Employees of Japanese Banks in Colonial Korea, Harvard University Ph.D.Thesis, 1979(殖銀行友會 譯, 『植民地朝鮮における日本の銀行の從業員達』, 1986), 191, 195~196쪽.
8) 朝鮮銀行調査部, 『朝鮮經濟年報』(1948), II-21쪽.
9) 모스코비치는 1943년 10월 조선인 종업원의 비중을 43%로 추산했다(이 책의 제1부 2장 <표 1-5> 참조).

인원을 새로 충원했다고 볼 수 있다. 지점과 출장소는 78곳에서 39곳으로 절반이 줄었다. 줄어든 지점은 대부분 38선 이북지역에 있던 지점이며,[10] 또 남한 내에서 은행경영의 합리화 일환으로 상당수 지점이 정리되었다.[11]

해방 전에 비해 총직원 수와 지점 수는 대략 절반 정도 감소한 반면, 본점의 기구와 직원 수는 그다지 감소하지 않았다. 직원 수의 경우 844명에서 574명으로 약 32% 정도 감소했으며, 군대지원자가 대부분인 휴직자를 제외하고 현직자만을 비교하면 693명에서 571명으로 약 18% 감소했을 뿐이다. 상대적으로 중앙의 본점조직이 비대해진 셈이다. 중앙의 비대화를 이끌었던 것은 서무부, 후생부, 심사부, 검사부였다. 이들 부서는 본점 직원 총수가 감소하는 가운데 도리어 인원 수가 크게 늘어나거나 새로 생긴 부서이다. 반면 증권부, 산업 및 공공금융부, 조사부가 축소되거나 없어졌다. 이는 해방 이후 일본금융권에서 분리되고 국내 금융시장이 마비된 상황에서 증권발행을 통한 장기성자금의 조달이 불가능해지고, 그에 따라 장기산업금융이 쇠퇴했으며, 경제 관련 정보를 수집하고 분석·전망하는 기능의 필요성도 줄어들었기 때문이다.

은행이 장기산업금융기관의 역할을 하지 못하는 가운데 그와 관련된 업무가 축소된 반면, 간부진을 육성하고 은행운영의 기본방향을 마련하기 위해 심사부와 검사부의 기능이 강화되었다.[12] 후생부의 신설은 해방 이후 생활고를 완화하기 위한 은행원의 바람이 반영된 것이었다.[13] 업무가 축소되는 가운데 업무보조 계통의 서무부가 비약적으로 증대되었던 것은 이전 용원층이 고원 이상으로 승진한 탓도 있지만 경

---

10) 1945년 7월 현재 조선식산은행은 38선 이북지역에 25곳의 영업소를 두었다 (朝鮮銀行, 「北朝鮮의 金融事情調査」, 『朝鮮銀行調査月報』 8, 1947. 12, 79쪽).
11) 『서울신문』 1947년 5월 28일자, 「군정청재무부, 금융기관의 대폭적인 정리계획 발표」. 이 기사에 의하면 조선식산은행은 9개 영업소를 정리했다.
12) 宋仁相, 앞의 책, 55~61쪽.
13) 李榮敏 외, 「一問一答」, 『無窮』 1·1, 1946. 1, 30~32쪽.

영합리화의 측면과는 거리가 멀다. 은행이 은행원을 해방 이후 살인적 물가고, 생활고라는 삶의 전쟁터로 내몰지 않았다고도 할 수 있다.[14]

1949년의 수치를 1954년 한국산업은행으로 전환된 이후와 비교해보면 변화의 방향을 대략 두 가지로 요약할 수 있다. 첫째, 산업금융업무의 강화와 상업금융업무의 축소이다. 산업금융부가 농수산금융부, 광업금융부, 공업금융부로 세분되고, 인원도 25명에서 69명으로 늘었다. 대신 상업금융부는 없어지고 대출거래처의 단기예금을 취급하기 위해 자금부에 영업부를 두었을 뿐이다. 이는 조선식산은행과 달리 다른 일반은행업무를 겸업하지 못하도록 법적으로 규정했기 때문이다.[15] 이와 동일한 맥락에서 지점영업소가 39곳에서 14곳으로 줄고, 지점직원도 약 60%가 줄었다. 한국산업은행으로 전환하게 되면서 업무를 산업금융에 집중하고, 그에 필요하지 않은 지점과 인원을 대폭 정리했다.[16]

둘째, 조사부가 기획조사부로 확대·개편되어 직원이 16명에서 60명으로 증가했다. 이는 정보수집·분석·전망 기능의 강화를 의미한다. 자금을 조달, 공급하는 금융업의 수익성과 안정성은 각종 정보를 수집하고 분석하는 능력에 달려있다고 해도 과언이 아니다. 조선식산은행 조사부는 해방된 이듬해 4월 『식은조사월보(殖銀調査月報)』를 재발행했다. 조선은행 조사부가 1947년 5월 『조선은행조사월보(朝鮮銀行調査月報)』를 다시 발행했던 것에 비해 더 빨랐다. 그러나 역량이 더 나았던

---

14) 일제시기에 비해 상대적으로 그 격차는 줄어들었지만 은행원은 여전히 봉급생활자 중에서 가장 본봉이 많았다. 1949년 10월 전문대학을 졸업하고 3년 이상 근속했으며 3명 이상 부양가족이 있는 남자의 경우 본봉은 관공리 9,500원, 교원 15,700원 회사원 15,500원, 백화점원 14,000원 은행원 16,440원이었다(國史編纂委員會 編, 『資料大韓民國史』 15, 2001, 420~421쪽).

15) 韓國産業銀行十年史編纂委員會, 『韓國産業銀行十年史』, 1964, 韓國産業銀行, 51쪽. 각 部室課 소관업무에 대해서는 編輯室, 「業務教室」, 『無窮』 6·3, 1952. 9, 93, 107쪽 참조.

16) 1952년 11월 11개 점포와 직원 193명이 조선저축은행에 인계되었으며, 다시 1954년 1월 10개 점포와 직원 545명이 같은 은행에 이양되었다(韓國産業銀行, 『韓國産業銀行四十年史』, 1994, 39쪽).

것인지는 의문이다. 이를 단적으로 보여주는 것이 조선은행은 해방 이후 최초의 종합적 경제자료·분석집으로『조선경제연보(朝鮮經濟年報)』(1948),『경제연감(經濟年鑑)』(1949)을 펴냈으나, 조선식산은행은 이에 비견될만한 책을 간행하지 못했다는 점이다. 한국산업은행으로 전환된 다음인 1955년에야『한국산업경제10년사』(1945~1955)를 발간할 수 있었다.[17] 한국산업은행으로 전환하면서 장기산업금융에 필요한 정보를 수집 분석하고, 이를 바탕으로 사업을 기획하기 위해서는 조사부의 역량 강화가 필요했던 것이다.

이렇게 기구와 직원이 축소되고 산업금융 부문에 집중하는 가운데 업무보조를 담당하는 서무부는 여전히 확대되어 직원이 84명에서 188명으로 2배 넘게 증가했다. 이에 따라 주요 수익을 창출하는 대출업무 직원 대비 본점 총직원 수(현직)의 비율이 1943년 1(241명) : 2.9(693명), 1949년 1(136명) : 4.2(571명)에서 1954년에는 1(69명) : 7.6(528명)으로 벌어졌다. 그만큼 주요업무보다 지원업무가 비대해짐 셈이다. 이는 기획이나 심사·검사 기능의 강화와 연관된 것이기도 하지만, 한국산업은행으로 전환될 때도 경영합리화가 제대로 추진되지 않았음을 의미한다. 또한 서무부가 계속 팽배하는 것은 직원을 보호하는 가족주의적 경영의 결과이기도 하다.

해방 이후 조직재편과 함께 업무를 인수하고 습득하며, 그 과정에서 식민지 잔재를 어떻게 청산했느냐 하는 것도 중요한 문제였다. 우선 일본인과 한국인 사이의 업무인수는 별다른 충돌 없이 진행되었다. 로빈

---

17) 조선은행에 비해 조선식산은행의 조사부가 뒤쳐진다는 평은 編輯同人,「申副頭取訪問記」,『無窮』6-1, 1952. 3, 7쪽 참조. 조선은행이 해방 이후 중앙은행이 될 수 있었던 것은 무엇보다 인플레이션이 만연하는 상황에서 발권은행으로서 갖는 지위가 컸을 것이다. 그런데 조선은행 출신들은 '조사부 중점주의'를 통해 실력을 길렀기 때문인 것으로 생각하는 경향이 있다(具鎔書 監修 韓奎勳 構成,「朝鮮銀行40年 ; 27회 - 第11章 調査部」,『金融經濟』28, 金融經濟社, 1979. 5, 70~75쪽).

슨 은행장 및 한국인 간부와 잔류한 야마구치 사이에는 상층의 정책적 인수인계가 이루어졌다.[18] 한 예로 심사부 인수에서 "지위의 위양(委讓), 계속운영(繼續運營)의 대강, 기구에 관련된 절충"이 야마구치 이사와 한국인 간부후보자 사이에 이루어졌다고 한다.[19]

또한 한국인 행원과 일본인 행원 사이에는 실무적인 인수인계도 이루어졌다. 알려진 것만 들어보면 8월 20~25일경 상업금융부, 9월 10~15일경 특별금융부가 인수인계되었다.[20] 접수위원회의 부탁으로 잔류했던 추우마(中馬三郎)는 증권업무를 중심으로 한국인을 위해 업무를 인계하고 몇몇 부문은 실무교본을 작성했다.[21]

한국인 나름의 업무연구와 학습도 이루어졌다. 본점 심사부는 업무지침을 소개하는 『심사보(審査報)』를 편집하여 모든 지점에 배포했다.[22] 조사부는 경제연구조사를 목적으로 매주 이틀씩 '업무연구회'를 가졌으며, 농림금융부를 중심으로 실지업무의 처리와 연구를 목적으로 매주 하루씩 '업무연구회'를 열었다.[23] 이런 활동을 바탕으로 행우회 잡지인 『무궁(無窮)』에는 1947년 9월호부터 「은행업무연구실」이 연재되기 시작했다.[24]

이러한 업무 습득과 식민지 잔재 청산은 어떠한 관련을 맺었는가. 해방 이후 한 은행원은 은행의 과거를 반성해야 된다며, "일본 제국주의적 유형·무형의 잔재를 하루바삐 청소해라. 또 그 사람들의 비민주주의적이고 비능률적인 관료주의를 청산해라. 또 정실관계와 파벌적 행위를 배격하자. 이것이 장래의 식은(조선식산은행 – 인용자)을 건설하는

---

18) 殖銀行友會編, 앞의 책, 3~17쪽.
19) 위의 책, 315쪽.
20) 위의 책, 78~80쪽.
21) 위의 책, 20~65쪽.
22) 宋仁相, 앞의 책, 56쪽.
23) 編輯室, 「우리들의 모듬」, 『無窮』 2 - 3, 1947. 9, 15쪽.
24) 朴吉植 編(서울지부 조사부), 「銀行業務研究室 第一回 信用의 實體」, 『無窮』 2 - 3, 1947. 9, 27~28쪽.

전제적 조건인 동시에 주장이다"라고 했다.[25] 과연 식민지 잔재는 청산
되었는가? 은행장 로빈슨은 지점장회의에서 군정청 관리에 대한 접대
를 금지하고 정실관계보다 능률있는 경영을 통해 거래처를 확보해야
된다고 했다.[26] 조선은행 출신으로 조선식산은행 부은행장에 취임한
은행간부는 "과거의 일제시대의 제도만을 답습"한다며 은행원들의 진
취성 부족을 비판했다.[27] 해방 이후 식민지시절에 대한 자기반성의 힘
이 갈수록 약해지는 상황에서 식민지 잔재 청산이 실효를 거두기는 어
려웠을 것이다.[28]

2. 장기자금 부족과 상업은행화

해방 이후 조선식산은행의 자금조달 상황에서 우선 고려해야 될 것
은 일제시기와 해방 직후 일본인 또는 일본인 기업에 융자했던 많은
자금이 고정되어 자금난을 겪게 되었다는 점이다. 일본인이 패전으로
퇴각함에 따라 환수하지 못한 자금이 대략 10~11억 원으로 1945년
대출총액 18억여 원의 절반을 넘는다. 또한 은행은 전쟁비용 마련을
위해 일본정부가 발행한 국채, 일본 군수사업체나 각종 통제회사의
유가증권을 보유했는데 이 또한 상환받지 못했으며, 그 금액은 대략
5억 원을 넘었다. <표 4-3>은 조선식산은행이 일본에 청구해야 될
여러 재산을 정리한 것으로 약 17.7억 원에 해당한다.

다음으로 고려해야 될 것은 해방 이후 일본 금융시장과의 분리, 국내
증권시장의 폐쇄 등으로 조선식산은행의 주된 자금원이었던 채권발행
이 불가능하게 되었다는 점이다. 채권발행은 해방 이후 중단되었고, 자

---

25) 崔英徹, 「殖産銀行의 將來」, 『無窮』 1-1, 1946. 1, 21쪽.
26) 하리. 쩨. 로빈손(金慶鎭 譯), 「支店長會議頭取訓示」, 『無窮』 1-4, 1946. 6, 5쪽.
27) 編輯同人, 「申副頭取訪問記」, 『無窮』 6-1, 1952. 3, 9쪽.
28) 이 책의 제4부 3장 참조.

<표 4 - 3> 조선식산은행의 대일청구 재산내역 (단위 : 원)

구 분	총 액	거증가능액	비고
유가증권	528,110,295.21	509,438,590.88	523,000,000
국채	(513,702,716.50)	495,811,057.50	(470,000,000)
사채	(11,471,016.21)	10,690,970.88	(53,000,000)
주식	(2,936,562.50)	2,936,562.50	
부동산	227,650	227,650	
대부금	1,182,369,215	-	1,000,000,000
환거래 잔	3,373,413	-	
삼화은행계정	39,827,526	-	
일본권업은행 대리점 계정	21,924,486.22	-	
가불금	71,143.45	-	
만주은행권	452,684.45	-	
합계	1,776,356,413.33	509,666,240.88	

* 韓國殖産銀行民間株式補償對策委員會,「對日請求權補償에 관한 建議資料」, 1966 ; 朝鮮
銀行調査部,『朝鮮經濟年報』(1948), I - 279, 290쪽.
* 비고의 수치는『朝鮮經濟年報』(1948)에 나온 해당항목 1945년 9월 30일 수치이다. '거증
가능액'이란 전쟁 등으로 인해 자료가 소실된 가운데 증명가능한 부분을 말한다.

금조달에서 차지하는 비중도 1944~1945년경 40~50%대에서 계속 하
락하여 1949년 이후 한자리 수를 넘지 못했다(<표 4 - 4> 참조). 채권발
행을 통해 자금을 조달할 수 있는 길이 막히면서 조선식산은행은 산업
금융기관으로서 제 역할을 하지 못하였다.

<표 4 - 4>를 보면, 1945년부터 1953년까지 조선식산은행의 자금조
달액은 253.9배 증가했으나, 같은 기간 화폐발행고는 824.3배 증가했
다.[29] 1944년부터 1947년까지 은행 자금조달액은 4.3배밖에 증가하지
못한 반면, 같은 기간 서울도매물가는 241.8배 증가했다.[30] 1947년부터
1954년 3월까지 은행 자금조달액은 59.6배 증가했으나, 같은 기간 서울
도매물가는 61.3배 증가했다.[31] 화폐발행고나 물가지수에 비교해보면,
이 시기 조선식산은행의 자금조달액은 그다지 증가한 것이 아니었다.

29) 韓國銀行調査部,『經濟年鑑』(1955), 통계편 - 금융 20쪽.
30) 朝鮮銀行調査部,『朝鮮經濟年報』(1948), III - 121쪽.
31) 韓國銀行調査部,『經濟年鑑』(1955), 통계편 - 물가·노임 및 생계비 199쪽.

<표 4 - 4> 조선식산은행의 자본조달 추이(1945~1953)

연도말	자기자본	(납입 자본금)	(적립금)	채권 발행고	예금	차입금	합계
금액 단위 : 천원							
1944	94,223	52,500	41,723	926,217	1,056,471(49.6%)	?	2,076,911
1945	88,491	52,500	35,991	1,052,601	666,933(14.3%)	?	1,808,025
1946	52,500	52,500	?	1,009,869	2,773,273(14.2%)	?	3,835,642
1947	52,500	52,500	?	999,303	5,140,687 (9.3%)	2,652,628	8,845,118
1948	52,500	52,500	?	999,303	6,878,873 (5.7%)	1,385,000	9,315,676
1949	52,500	52,500	?	999,303	12,253,148 (4.9%)	3,402,669	16,707,620
1950	101,341	52,500	48,841	1,095,525	19,801,631 (4.4%)	5,301,144	26,299,641
1951	101,341	52,500	48,841	1,095,525	65,505,824 (2.4%)	27,381,490	94,084,180
1952	101,500	52,500	49,000	?	130,000,000 (1.8%)	283,000,000	413,101,500
1953	106,000	52,500	106,000	?	33,900,000 (7.1%)	493,200,000	527,258,500
증가율	1.1배	1.0배	2.5배	1.2배	32.1배	185.9배	253.9배
비중 단위 : %							
1944	4.5	2.5	2.0	44.6	50.9	-	100
1945	4.9	2.9	2.0	58.2	36.9	-	100
1946	1.4	1.4	-	26.3	72.3	-	100
1947	0.6	0.6	-	11.3	58.1	30.0	100
1948	0.6	0.6	-	10.7	73.8	14.9	100
1949	0.3	0.3	-	6.0	73.3	20.4	100
1950	0.4	0.2	0.2	4.2	75.3	20.2	100
1951	0.1	0.1	0.1	1.2	69.6	29.1	100
1952	0.0	0.0	0.0	-	31.5	68.5	100
1953	0.0	0.0	0.0	-	6.4	93.5	100
평균 비중	0.9	0.7	0.7	16.8	55.3	39.5	100

* 朝鮮銀行調査部, 『經濟年鑑』(1949), IV - 82~83쪽 ; 朝鮮銀行, 『朝鮮銀行調査月報』, 1950. 2, 24~25, 28, 34쪽 ; 韓國銀行調査部, 『韓國銀行調査月報』 제43호, 1952. 2, 114~115 쪽 ; 『韓國銀行調査月報』 제63호, 1954. 2, 통 - 14~15쪽 ; 韓國銀行調査部, 『經濟年鑑』 (1955), 통계편 - 금융 64~65쪽 ; 朝鮮殖産銀行計算課, 「貸借對照表」.
* 1945년부터는 남한만의 수치. 1949년 12월 납입자본금, 식산채권은 전년도 수치를 따름. 1944, 1945, 1952년과 1953년은 이듬해 3월 수치이다. 증가율은 1944년 기준수치. 예금의 괄호안 수치는 전체 예금액 중 정기예금의 비중. 1952년부터는 화폐단위가 '환'으로 변경되었으나 '원'으로 환산하여 기입했다.

채권발행이 불가능해짐에 따라 자금조달에서 큰 비중을 차지하게 된 것은 예금이었다. 일제말기 전쟁비용의 현지조달을 위해 추진된 강제 저축으로 예금의 비중이 상승하여 1944년 말 50%를 넘어섰다. 해방 직

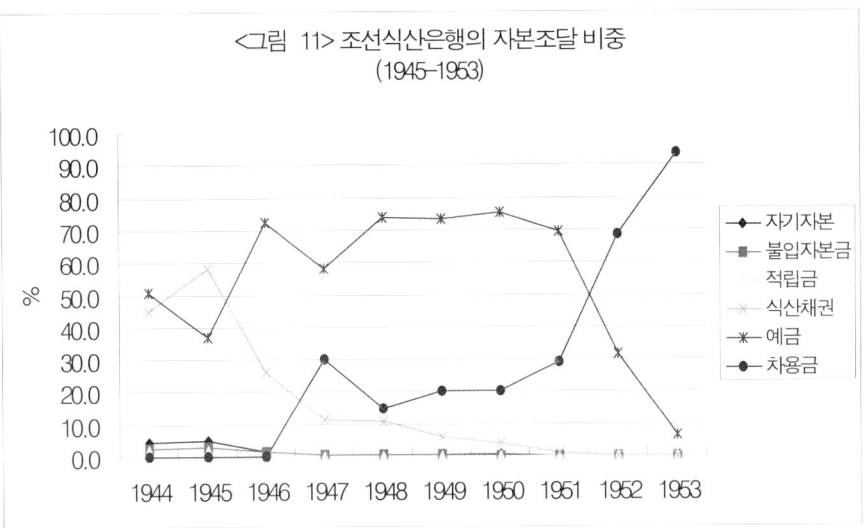

<그림 11> 조선식산은행의 자본조달 비중
(1945–1953)

후 예금인출로 급격한 감소를 겪었지만, 1946년 이후 1951년까지 70% 전후의 비중을 유지했다. 이렇게 예금이 주요 자금원이 되었던 이유로 두 가지를 지적할 수 있다. 하나는 금융기관의 경영보전을 위해 국고금을 시중은행에 분산 예입시켰기 때문이다.[32] 조선식산은행의 예금액 중 관공서가 차지하는 비중은 1945년 말과 1946년 말에는 1%도 되지 않았으나, 1947년 말 30.3%, 1948년 말 29.2%, 1949년 말 36.4%를 차지했다.[33] 다른 하나는 인플레이션을 수습하기 위해 당시 전개된 '저축운동'에 힘입은 바도 있었을 것이다.[34] 그러나 예금내역을 보면 장기성자금인 정기예금의 비중은 1944년 49.6%에서 1945~1946년 14%대로 떨어지더니 1947년 이후는 한자리 수에 머물렀다. 이 시기 증가된 예금의 대부분은 요구불예금과 같은 단기자금이었다.

해방 이후 한국산업은행으로 전환될 때까지 자금조달 비중에서 비약

32) 韓國産業銀行調査部, 『韓國産業經濟十年史』, 1955, 410~411쪽.
33) 朝鮮銀行調査部, 『經濟年鑑』(1949), IV‐82~83쪽 ; 朝鮮銀行, 『朝鮮銀行調査月報』1950. 2, 24~25, 28, 34쪽.
34) 朝鮮銀行調査部, 『經濟年報』(1948), I‐290쪽.

<표 4 - 5> 조선식산은행의 자금운용 추이(1945~1954) (단위 : 원)

	대출		유가증권		합계
1944. 12.	1,647,736	76.7%	501,008	23.3%	2,148,744
1945. 12.	1,819,036	77.7%	522,402	22.3%	2,341,438
1946. 12.	2,779,080	84.2%	522,402	15.8%	3,301,482
1947. 12.	7,423,567	93.4%	522,402	6.6%	7,945,969
1948. 12.	7,876,617	93.8%	522,402	6.2%	8,399,019
1949. 12.	14,605,124	95.7%	662,902	4.3%	15,268,026
1950. 12.	19,797,228	95.0%	1,074,143	5.2%	20,871,371
1951. 12.	73,920,460	97.4%	2,031,425	2.7%	75,951,885
1953. 3.	331,300,000	97.6%	8,000,000	2.4%	339,300,000
1954. 3.	503,100,000	99.3%	3,300,000	0.7%	506,400,000
증가율	305.3배		5.6배		235.7배

자료 : <표 4 - 4>와 같음.

적으로 증가한 것은 차입금이었다. 조선은행(한국은행)이 제공한 이 자금은 통계가 나오는 1947년 이후 20~30%를 차지했으며, 한국전쟁기에는 자금조달 중 수위를 차지했으며, 1952년 말에는 90%를 넘어섰다.

장기성자금의 주요 조달원이었던 채권발행의 길이 막히고 단기성자금인 예금과 차입금 위주로 자금이 조달되자, 은행의 자금운용은 제약되었다. <표 4 - 5>를 보면 이 시기 대출고와 유가증권 보유액을 합한 자금운용액은 235.7배 증가했다. 화폐발행고나 인플레이션을 감안하면 자금운용 규모는 축소되었다고 할 수 있다. 그 중 유가증권 투자는 해방 이후 중단되었으며, 한국전쟁기에 들어서 전비 조달을 위한 채권을 일부 구입하기 시작했다.

자금운용의 90% 이상은 대출을 통해 이루어졌는데, 대출내역을 알 수 있는 자료는 불충분하다.[35] 대부분의 서술자료에서 이 시기 모든 은

---

35) 조선은행조사부가 1949년 발행한 『經濟年鑑』 IV - 103쪽에는 '사업별대출금'이 나와있으나 집계방식이 일정치 않아 자료로 이용하기에 한계가 있다. 이전에 10%대였던 상업부분 대출액이 1943년부터 1947년까지 40~60%를 차지하다 1948년에는 다시 4.6%로 떨어진다. 1943~1947년까지 상업대출액이 높았던 것은 대출방식에 따른 구분인 '상업대부'를 상업부문에 대출한 것으로 간주했기 때문이다. 이에 대해서는 이 책의 제2부 3장 참조.

행이 단기성자금을 취급하는 상업은행으로 동질화되었다는 점을 지적하는데, 조선식산은행도 예외는 아니었을 것이다.[36]

단기자금 위주로 자금이 운용되는 가운데 중요 생산회사에 대한 자금은 관행상 조선식산은행이 담당했던 것 같다. 1946년 1월 중요 생산회사로서 조선우송회사(朝鮮郵送會社)에 500만 원, 소림광업(주)에 480만 원 등을 대부했다.[37] 또한 1949년부터는 ECA대충자금 대하금을 자원으로 경제부흥대부를 취급했으며, 한국전쟁기에도 UNKRA자금을 수산업 부흥에 투자하는 일을 맡았다.[38] 전쟁이 소강국면에 접어들면서 경제 재건 및 부흥을 위한 장기대출도 증가했다. 한국전쟁기 전체 은행의 대출액 중 장기대출액은 10%대에 불과한데, 그 중 90% 이상을 한국식산은행(1950년 명칭 변경)이 담당했다.[39] 한국식산은행의 장기대출액 1951년 12월 30.5백만 원, 1953년 3월 123.6백만 원, 1954년 3월 251.4백만 원은 해당 시기 한국식산은행의 대출액에서 각각 41.3%, 37.3%, 50.0%를 차지한다. 이 시기는 "일면 전쟁, 일면 재건기"로[40] 재건에 필요한 자금공급을 조선식산은행이 담당했던 결과이다. 이렇게 장기대출이 증가할수록 단기자금 위주의 자금조달이 갖는 문제점은 더욱 커졌다.

해방 이후 조선식산은행의 변화를 보면, 일제시기 조선식산은행의 융성을 뒷받침한 것이 조선총독부의 비호와 일본자금의 유입이었음을 알 수 있다. 이 두 요소가 사라지자 조선식산은행은 일반은행과 다를 바 없었다. 정부수립 이후, 특히 한국전쟁 이후 경제재건과 부흥이 화두로 떠오르면서 다시 산업금융기관의 역할이 요구되자, 조선(한국)식산

---

36) 朝鮮銀行調査部, 『朝鮮經濟年報』(1948), I-279쪽 ; 韓國産業銀行調査部, 『韓國産業經濟十年史』, 1955, 412쪽.

37) 朝鮮銀行調査部, 『朝鮮經濟年報』(1948), II-6쪽.

38) 姜大雄, 「復興資金課設置의 意義와 課業」, 『無窮』 7-3, 1953. 10, 16~18쪽.

39) 韓國産業銀行十年史編纂委員會, 『韓國産業銀行十年史』, 韓國産業銀行, 1964, 35~36쪽.

40) 韓國金融二十年史編纂委員會, 『韓國金融二十年史』, 大韓金融團, 1967, 98~102쪽.

은행은 국가권력과 외국원조를 바탕으로 "국책에 순응"하는 한국산업
은행으로 전환하게 된다.[41]

---

41) 尹塘,「韓國産業銀行의 發足」,『産業銀行月報』1, 1954. 7 참조.

제2장 '융자명령'의 실시와 무책임의 체계

1. 8·15 직후 조선총독부의 금융대책과 '융자명령'

일본이 항복한 이후에도 조선총독부는 상당기간 종래의 지위를 유지하면서 여러 재정 및 금융기구를 통해 막대한 자금을 유용했다. 기존연구를 통해서 대략적인 윤곽을 파악할 수 있으나,[1] 그 세부과정은 아직 밝혀지지 않은 부분이 많다. 이 장에서는 당시 자금유용의[2] 한 사례로 융자명령을 다루려고 한다. 융자명령은 조선총독부가 명령을 내리고 조선은행과 조선식산은행 등이 민간사업체에게 퇴각자금을 융통한 것으로 자금유용액 전체에서 차지하는 비중은 적으나 당시 금융상황과 이를 둘러싼 여러 이해관계를 집약적으로 보여준다.

이 장에서는 일차적으로 관련자들의 각종 회고와 은행의 관련문서를 통해 융자명령이 어떻게 실시되었는가를 규명하려고 한다. 조선총독부 재정, 조선은행, 조선식산은행에 관계했던 일본인들은 많은 회고를 남겼다.[3] 8·15 전후 시기를 연구하는 데 곤란한 점의 하나가 사료부족인

---

1) 정병욱, 「식민지 금융기구를 통한 자금의 유출입과 성격」, 『일본의 본질을 다시 묻는다』, 중앙일보통일문화연구소, 1996. 12(이 책의 제2부 보론) ; 鄭泰憲, 「미군정 초기 각 금융기관의 부실채권과 預·貸 추이」, 『한국사학보』 6, 고려사학회, 1999. 3 ; 「해방 전후 금융기관의 자금수급구조와 은행권 남발의 배경에 대한 연구」, 『國史館論叢』 84, 국사편찬위원회, 1999. 6.

2) 여기서 '자금유용'이란 광의로는 1945년 8월 9일 이후 조선 내 일본기구 및 일본인의 각종 재산권 행사를 말한다. 이를 불법으로 규정한 법령으로 「在朝鮮美國陸軍司令部軍政廳 法令第二號」(1945. 9. 25), 「在朝鮮美國陸軍司令部軍政廳 法令第三十三號」(1945. 12. 6)가 있다(韓國法制研究會 編, 『美軍政法令總攬』, 1971, 121~122, 149쪽). 다만 이 장에서는 광의의 '자금유용' 중에서도 통상의 예를 벗어난 '자금수수'에 한정하여 사용하겠다.

3) 일본인이 남긴 회고 중에서 이 장의 주제와 관련하여 검토한 것은 다음과 같

데, 회고가 갖는 한계에 유의한다면 비판적 독해를 통해 그 실상의 공
백을 메울 수 있을 것이다. 또한 당시 조선식산은행의 융자명령에 의한
대출서류 중 일부가 『융자명령대부관계서류(融資命令貸付關係書類)』(이
하 『서류』로 줄임)로 남아있다. 이 서류는 1954년 한국식산은행이 한국
산업은행으로 전환되면서 설치된 한국식산은행청산위원회가 보관했던
것으로, 같은 위원회에서 1958년에 정리했던 『대일자산(식은소유)청구

다. 다른 재조선일본인의 회고와 마찬가지로 이 회고들도 기본적으로 일본정
부와 일본인들의 "차가운 시선"에 대한 자기변호이다. 특히 8·15 전후 시기
에 대한 회고는 대개 "일본인이 어떻게 생명과 재산을 유지하며 무사히 귀환
했는가, 또 이를 위해 얼마나 노력했는가"이다. 따라서 퇴각시기 각종 자금유
용에 관한 귀중한 정보를 많이 담고 있다.
이 장에서는 회고들과 각종 사료의 대조작업을 통해 사실을 재구성했는데, 회고
의 특성상 과장과 축소, 기록을 남긴 의도, 회고들간의 불일치에 유의했다. 불일
치의 경우 대조를 통해서도 판단하기 어려운 부분에서는 그 차이를 드러냈다.
(총독부 관리) ① 山名酒喜南, 『朝鮮總督府終政の記錄(一) : (原題)終戰前後に於
ける朝鮮事情槪要』, 中央日韓協會·友邦協會, 1956(탈고일 1945. 12. 24) ; ②
水田直昌 口述, 『朝鮮財政余話』, 友邦協會, 1981(구술년 1948~1949) ; ③ 水田
直昌·土屋喬雄 編述/近藤釰一 編, 『財政·金融政策から見た朝鮮統治とその
終局－朝鮮財政金融史談·第一話－九話(全)』, 友邦協會 朝鮮史料編纂會, 1962.
7(구술월 1953. 12~1954. 2) ; ④ 水田直昌·奧村重正(講述), 「(外地3)終戰前後の
朝鮮經濟事情」, 大藏省官房調査課 金融財政事情硏究會, 1954. 3. 6(강술일)
(朝鮮銀行·朝鮮殖産銀行 관계자) ⑤星野喜代治·岸喜二雄·水田直昌(講述),
「(外地4)終戰前後の朝鮮通貨金融事情とその對策(その一)」, 大藏省官房調査課
金融財政事情硏究會, 1954. 10. 7(강술일) ; ⑥星野喜代治, 「(外地5)終戰前後の
朝鮮通貨金融事情とその對策(その二)」, 大藏省官房調査課 金融財政事情硏究
會, 1954. 10. 22(강술일) ; ⑦星野喜代治, 「(外地6)終戰前後の朝鮮通貨金融事情
とその對策(その三)」, 大藏省官房調査課 金融財政事情硏究會, 1954. 11. 4(강
술일) ; ⑧『朝鮮銀行回顧錄 後篇 終戰當時の思出の記』, 1956. 2~1958. 11. ⑧
－1 「特輯號」, ⑧－2 「京城の卷」, ⑧－3 「北鮮の卷」, ⑧－4 「南鮮の卷」 ; ⑨
'林繁藏回顧錄'編集委員會, 『林繁藏回顧錄』, 1962 ; ⑩殖銀行友會, 『殖産時代
をかえりみて』, 1968 ; ⑪殖銀行友會, 『朝鮮殖産銀行終戰時の記錄』, 1978(이하
이 글들에 대한 인용은 앞의 번호와 쪽수로 표시함).
또한 森田芳夫·長田かな子 編, 『朝鮮終戰の記錄 資料編』 第一卷~第三卷,
巖南堂書店, 1979~1980과 朝鮮銀行史硏究會 編, 『朝鮮銀行史』, 東洋經濟新
報社, 1987(이하 『朝鮮銀行史』로 줄임)에도 관련 회고들이 실려있다.

자료[對日資産(殖銀所有)請求資料表]』(이하 『청구자료표』로 줄임), 8·15 이전 대출서류들과 비교분석함으로써 대출과정의 실태와 그 특징을 고찰할 수 있을 것이다.[4]

또한 이 장에서는 융자명령 과정에 대한 분석을 바탕으로 왜 이런 일이 가능했는가에 대한 답을 찾아보려고 한다. 종래 8·15 전후를 다룬 글들은 왜 8·15가 '해방'으로 귀결되지 못했는가에 대해 조선총독부와 미 점령군 또는 일본과 미국에 책임을 물으며 양자 사이의 교감 내지는 그 연장선을 강조한다.[5] 필자도 이에 공감하며 세부분야에서 "신·구 지배자간의 인수인계"를 구체적으로 밝힐 필요가 있다고 생각한다. 이 장에서도 금융부문에서 이루어진 인수인계를 규명하고 있다. 그러나 8·15 이후 자금유용의 실상을 들여다보면, 그것은 조선총독부의 의도와 미 점령군의 용인만으로 가능했던 것은 아니다. 이런 측면에서 이장은 한국사회가 반세기 젊었던 시절에 대한 자기성찰적 접근이다.

모라토리움은 행하지 않는다. 인플레는 최저한도로 억지한다. 또한 일본인의 본국귀환에 대해서는 금융상 불안하지 않게 한다.

전쟁에서 패한 뒤 재조선일본인의 퇴각과 관련된 기록을 수집·정리했던 모리타(森田芳夫)는 당시 총독부가 세웠던 금융대책을 위의 세 마디로 요약했다.[6] 이는 당시 재무국장이었던 미즈타(水田直昌)를 비롯한 관계자들의 회고를 반영한 기술이다. 그런데 세 가지가 순접관계에 있

---

4) 『서류』의 주요 내용은 뒤의 <부표 7>로 정리했다. 글에서 이용하는 『서류』, 『청구자료표』 및 기존 대출서류들은 모두 조선식산은행·한국산업은행의 방계회사인 成業公社가 소장했던 자료로 현재는 정부기록보존소가 보관하고 있다.

5) 李景珉, 「朝鮮總督府終焉期の政策」, 『思想』 734, 岩波書店, 1985. 8 ; 李奎泰, 「日本統治の終焉と朝鮮總督府の八·一五政策」, 『米ソの占領政策と南北分斷體制の形成過程』, 信山社, 1997과 주 1)의 정태헌 논문.

6) 森田芳夫, 『朝鮮終戰の記錄－米ソ兩軍の進駐と日本人の引揚』, 嚴南堂書店, 1964, 115쪽.

는 것은 아니다. 모라토리움(지불유예)을 하지 않으면 일본인 예금자가 귀환여비를 마련하기는 쉽겠지만 인플레이션은 피하기 어렵다. 세 가지 중 무엇이 우선이며, 상호 어떠한 연관을 맺는 것일까.

소련군이 참전한 8월 9일부터 미군이 서울에 진주하는 9월 9일까지 각종 회고를 바탕으로 작성한 '금융관계 주요일지'(<표 4-6>)를 보면, 8월 17일경을 기점으로 금융방침이 "지불확대"에서 "지불억제"로 변화했음을 알 수 있다. 즉 그때까지는 평소대로 예금을 지불했으며 기한이 도래하지 않은 정기예금도 최대 3만 원까지 지불했다. 조선은행은 이에 필요한 현금을 각 은행에 한도없이 공급했다. 그러나 그 이후는 일본에 통장으로 가져갈 것과 송금할 것을 권했으며, 은행에 따라서 액수를 제한하거나 영업시간을 단축함으로써 현금지불을 억제했다.[7]

8·15 패전 이후 3일째인 8월 17일경부터 현금지불을 억제했다는 것은 그만큼 가용은행권이 급속히 고갈되어갔음을 반영한다. 미즈타에 의하면, 8·15 당시까지 예금인출에 대비하여 전국적으로 약 40~45억 원, 그 중 10억~12억 원 정도를 서울에 비축해두었다고 한다. 그런데 16일에 서울에서 2억 원이 인출되자 이대로 가면 22, 23일쯤 현급이 바닥나 은행문을 닫아야 했기 때문에, 17~18일경 통장지참과 송금을 권유했다고 한다.[8]

그러나 현금고갈은 예금인출 탓만은 아니었다. 패전에 따른 각종 퇴각비용 지출도 크게 작용했다. 미즈타의 추산에 따르면, 8월 15일 이후 9월 28일까지 은행권 초과발행액 약 33억 5,000만 원 중 예금인출에 의한 것이 19억 2,000만 원이고(총인출액에서 일본송금으로 환류된 부분은

---

7) 주요 일지의 내용 외에 조선은행은 8월 22일경부터 지급창구를 줄이고 영업시간을 단축했다(具鎔書 監修·韓奎勳 構成,「朝鮮銀行40年 : 19회-第3章 8·15 解放」,『金融經濟』 20, 金融經濟社, 1978. 9, 64쪽). 조선식산은행은 시기는 명확하지 않지만 정기예금은 기한도래분만 지급하거나 예금취급시간을 10시부터 12시까지로 단축했다(⑪, 7쪽).

8) ③, 124~126쪽 ; ④, 17, 23쪽.

<표 4 - 6> 소련참전에서 미군진주까지 금융관계 주요일지(1945. 8. 9~9. 9)

날짜	주요 사항	자료
8. 9.	- 조선은행 긴급부장회의, 소련참전에 대한 대응 협의	⑧ - 1, 11쪽 ; ⑧ - 2 제2집, 4쪽
8. 10.	- 조선금융단 수뇌회의, 평소대로 예금지불 결의	⑧ - 1, 11쪽
8. 11.	- 조선은행이사 吉谷吉藏 등, 미발행권을 회수하기 위해 청진 출장)	⑧ - 2 제2집, 8쪽
	- 조선은행총재 田中鐵三郎, 조선총독 및 조선군사령부 참모장 면담. 저녁 은행간부 소집, 북선지방전시비상조치 협의	⑧ - 1, 11쪽 ; ⑧ - 2 제2집, 4~5쪽
8. 12.	- 조선은행총재, 일본은행 및 대장성과 협의차 동경행	⑧ - 1, 12쪽
	- 조선식산은행 공공금융부장 益田俊夫 등, 北鮮 출장	⑪, 66, 115, 127쪽
8. 14.	- 평안북도지사 山地靖之殿, 오후 11시 이후 조선은행에 현금수송 의뢰, 다음날 경의선 오전 5시 열차편에 인계받음	⑪, 95~96, 103~104쪽
8. 15.	- 조선식산은행 特別金融部, 오전에 주요 거래선에 연락, 긴급필요자금 대출 시작	⑪, 68쪽
	- 정오. 일본항복 선언	
	- 점심 무렵부터 은행에 예금인출 쇄도 시작	⑧ - 2 제2집, 31쪽
	- 조선은행, 타은행에 대한 설정한도 초과대출을 위해 특별 금융조치를 결정, 총독의 허가를 받음. 조선금융단 긴급회의 소집1)	
8. 16.	- 조선은행 부장회의, 중요서류의 소각, 정기예금 1구좌 최대 3만 원 기한 전 지불 결정	⑧ - 2 제2집, 31~32쪽
	- 조선식산은행, 조선은행과 협의한 기준으로 퇴직금등(1년 분임금, 규정의 50여%에 해당하는 퇴직금, 이직수당) 지불	⑪, 78쪽.
8. 17.	- 서울지역 각 금융기관 협의 : ①기한 전 정기예금 3만 원을 한도로 지불, ②나머지 예금은 무제한 지불, ③휴업이나 지불연기를 하지 않음	⑥, 1~2쪽 ; ⑪ - 3쪽
	- 재무국장, 정무총감 遠藤柳作과 경무당국에 기밀비 500만원 지급	⑪, 98쪽.
8. 17 ~18.	- 재무국장 談 : 인플레 방지 및 도난예방을 위해 예금인출을 가능한 억제함. 조선 내 통장, 일본에서 매월 500원을 한도로 인출할 수 있으며 일본에 본점이 있는 은행의 송금수표는 일본에서 유효함. 동일 내용 『京城日報』에 게재, 라디오방송. 대장성 허가는 19~20일경 받음2)	②, 129~130쪽 ; ③, 125~126쪽
8. 19.	- 조선은행 원산지점과 평양지점에서 본점으로 현금수송. 이후 각 지점의 현금수송 빈발	⑧ - 3 제1집, 26, 42쪽 ; ⑧ - 2 제2집, 34쪽
8. 20.	- 금융단 합의 : 과중한 사무 때문에 본일 오전 영업, 현금지불 1인 1000원으로 한정	⑧ - 2 제2집, 33
	- 조선은행, 정기예금의 해약지불 1구좌 5000원 한도, 일본은행태환권도 1인 1000원 한정	⑧ - 2 제2집, 34

8. 21.	- 총독부 관리 8, 9월분 봉급 지급	③, 132쪽 ; ④ 24~25쪽
	- 융자명령 실시 결정	③, 134쪽
8. 22.	- 일본 내무차관, 조선총독부에 38선 이남 미국진주 예고	①, 11쪽
	- 조선은행 조사부장, 미발행권 보충을 위해 동경행	⑧-1, 19쪽
8. 24.	- 조선은행, 일본은행권 3억 원, 조선은행권 1억 원 일본으로부터 空輸3)	⑧-1, 19쪽
8. 25.	- 조선총독부, 미군에 전달할 「朝鮮總督府よりの希望事項」 작성. 그 중 금융관련 사항 "10. 금융기관의 활동과 은행권 발행 등은 우선 현상유지를 희망하며, 조선 내 통화로 조선은행권을 사용할 것을 희망한다."	①, 14쪽
8. 28.	- 조선은행, 한국인 24명을 參事, 지배인 대리 등으로 승격시킴	⑧-2 제2집, 15쪽
8. 29.	- 일본정부, 조선총독부에 미군이 9월 7일 경인지구에 진주한다고 통보	①, 19쪽
8. 30.	- 일본정부, 일본처럼 조선에서도 군표를 인정치 않고 조선은행권을 사용하도록 연합군사령부와 교섭할 예정이니 조선총독부도 방침에 기초해 진주군과 접촉하도록 지시4)	
	- 조선총독부관보에 9월 1일부터 사용되는 신발행권(천원권, 백원권) 고시5)	
	- 조선은행, 한국인 26명을 간부에 임명, 단 접수까지는 현재대로 일함	⑧-2 제2집, 21쪽
	- 조선은행, 퇴직자금 등을 帝國銀行을 통해 동경비서역에 송금. 제1회 1500만 원(해직수당, 戰災 위로금), 제2회 1500만 원(퇴직금, 상여, 신원적립금 등 준비금)	⑧-2 제2집, 21쪽
9. 1.	- 조선은행 한국인 간부행원, 일본인 중역 및 각 부장 일동 명월관에 초대, '집안끼리 단란한 모임'	⑧-2 제2집, 39쪽
9. 6.	- 水田 재무국장, 미군선발대의 명령에 의해 조선은행에 대차대조표 제출 및 설명을 요구	⑧-2 제2집, 40쪽
9. 9.	- 조선은행권 3억 원 일본에서 도착6)	

* 1) 『朝鮮銀行史』, 731쪽(원자료는 櫻澤秀次郎, 「朝鮮銀行京城本店よりみたる終戰前後に於ける其の他の槪況」[미공개]). 2) 森田芳夫, 앞의 책, 115쪽. 3) 『朝鮮銀行史』, 773쪽. 4) 森田芳夫·長田かな子編, 앞의 책(第一卷), 1979, 242쪽. 5) 『朝鮮總督府官報』 第5567號(1945. 8. 30), 「朝鮮總督府告示 第497號」. 6) 具鎔書 監修 韓奎勳 構成, 「朝鮮銀行40年 : 22回-第6章 分斷」, 『金融經濟』 23, 金融經濟社, 1978. 12, 83쪽 ; 『朝鮮銀行史』, 735쪽.

제외), 그 나머지는 군·총독부 관계 퇴각자금, 대출금 등에 의해 증발되었다.

전체 은행권증발액 중 약 40% 이상이 예금자의 '인출'이 아니라 군대와 관공서, 은행의 '지출'인 셈이다.9) 평안북도지사는 이미 8월 15일 새

벽부터 퇴각에 필요한 현금을 수송했다. 조선총독부 본부도 각종 사업비를 지불했고, 관리봉급도 지급하고 퇴직금도 송금했으며, 거액의 기밀비와 수당 등을 유용했다.[10] 조선군 역시 비행기와 트럭으로 돈을 실어날라 부대원에게 귀환여비를 지급했다.[11] 은행 또한 15일 오전부터 거래선에 필요자금을 대출했고 은행원을 위한 거액의 퇴각자금을 챙겼다.[12]

8월 17일 이후 나타나는 예금지불 규제는 인플레이션 억제책으로 보기 어렵다. 인플레이션 억제를 위해서라면 예금인출 외에도 퇴각자금 지출 등 자금유용이 자제되어야 하나, 그렇지 않았다.[13] 이를 상징적으

---

9) ③, 135쪽. 미즈타는 대부분의 지출을 "어쩔 수 없는 타동적"인 것이었다고 한다. 그러나 당시 官房總務課長이었던 야마나(山名酒喜南)는 당시 사업비 지출에 대해 "일반 토목공사, 기타 국고보조사업 및 공공단체 경영에 대한 국고보조에 대해서는 월수의 경과를 고려하여 특별한 사정이 없는 한 年額의 반분을 지출할 것, 또한 그에 의해서도 관계직원 등의 퇴직금 등 지출이 곤란한 경우에 대해서는 보조금의 지급금율을 고려해도 좋다는 財務局의 연구사항이 발표되었다"고 했다(①, 20쪽). 이는 조선총독부가 퇴각비용 지출을 계획적으로 준비했음을 말해준다.

10) ③, 131~133, 138~139, 152~153쪽 참조. 미즈타는 관리의 퇴직금, 귀향여비는 다 지급하려면 2억 원이 들어 지출하지 않았다고 하나, 그의 부하인 會計課長이 퇴직금 명목으로 6,400만 원을 일본에 송금했다가 미군이 진주한 뒤 발각되었다.

11) ⑤, 31쪽 ; ⑧-2 제2집 추가, 2쪽.

12) 은행간부도 다른 사람에게 기밀비를 제공하거나 자신이 직접 거액의 기밀비를 사용했다. 당시 조선은행부총재 호시노(星野喜代治)는 자신의 회고담 「終戰當時の想出」(⑧-2 제1집)에서 각종 기밀비와 관련된 일화를 소개했다. 그의 기밀비를 관리했던 서무부장(萱場昌)의 일지를 보면 호시노는 8월 15일 이후 11월 11일 퇴각할 때까지 대략 200만 원 정도의 기밀비를 사용했으며, 사용처는 미군접대 등이었다(⑧-2 제2집, 37, 39, 45, 46, 55쪽). 또한 은행은 예금자에게 현금지불을 억제했지만 은행원들 사이에서는 가능한 많은 돈을 가져간다는 것이 상식이었다(⑪, 81쪽 ; ⑧-2 제2집 추가, 3쪽).

13) <표4-6>에서 보듯이 조선총독부와 조선은행은 퇴각자금에 쓰일 은행권을 최대한 확보하려 했다. 일본으로부터 공수하기도 했지만 조선 내에서도 1,000원권 70억 원, 100원권 21억 원을 찍었다. 미즈타는 1,000원권에 대해서 사용하지 않았다고 하나 정확히 말하면 조선인에게 사용을 제지당하고 최종적으로 미진주군에 의해 금지당한 것이다(③, 135쪽 ; 具鎔書 監修・韓奎勳 構成,

로 보여주는 것이 재무국장 미즈타의 8월 17~18일 언동이다. 그는 일 반예금자에게 인플레이션 억제를 위해 예금인출 자제를 호소하면서, 정무총감 및 경무국에는 500만 원의 기밀비를 지출했다.14) 8월 17일 이후 예금지불 규제는 인플레이션 억제보다 여타 퇴각자금의 확보와 상관관계가 높다고 할 수 있다. 이 시기 총독부의 세 가지 금융대책 중 가장 우선적인 것은 일본인에게 퇴각자금을 제공하는 것이며, 그 중 한 방법이 예금인출이다. 그러나 가용은행권의 고갈과 여타 자금유용의 증대에 따라 예금인출은 확대에서 억제로 조절되었다.

조선총독부와 그 영향하에 있는 은행들이 일본인에게 귀환자금을 공급하기 위해 얼마나 무리했는가를 보여주는 것이 8월 21일경 결정된 융자명령이다.15) 원래 융자명령은 「국가총동원법(國家總動員法)」(1938. 4. 法律 제55호)에 근거하여 공포된 「은행등자금운용령(銀行等資金運用令)(1940. 10, 勅令 제681호) 제7조에 규정된 것으로, 대장대신이 생산력확충자금 및 기타 시국에 긴요한 자금의 원활한 공급을 위해 은행에 대해 자금융통 등을 명령할 수 있다는 것이다. 조선의 경우 조선은행을 제외한 나머지 은행에 대해 조선총독이 대장대신과 협의하에 명령을

앞의 글(1978. 9), 64쪽 ; ⑧ - 2 제2집, 28쪽).『朝鮮銀行史』에서는 당시 8월22일경 한국인 은행원(李璣鍾)의 천원권 사용 저지에 관한 회고를 그때까지 1,000원권이 인쇄되지 않았다는 이유로 신뢰하지 않으나 조선의 은행권발행을 담당했던 조선은행부총재 호시노는 8·15 이전에 1,000원권, 100권 모두 인쇄를 마쳤다고 한다. 날짜가 틀릴 수는 있으나 회고의 구체성이나 또 다른 은행원(崔基龍)의 동일한 증언으로 보아 일본인의 1,000원권 사용을 저지한 사실 자체는 있었던 것 같다(『朝鮮銀行史』, 734~735쪽 ; ⑤, 36~37쪽).

14) 그는 정무총감이 기밀비로 500만 원쯤 필요하다고 하자 "이 비상시에 액수의 多寡를 논할 수 없습니다. 그러나 당신과 경무당국이 그만큼 필요하다면 大藏省과 교섭해보겠습니다"라고 말하고, 大藏省에 조선의 상황, 특히 38도 이북의 "대혼란"과 "학살"을 강조하여 승낙을 받아냈다(⑪, 97~98쪽). 당시 500만 원은 대략 광산회사 직원 6만 2,500명분의 급료이다(이 장 2절 2) 참조).

15) 미즈타의 회고에 의하면, 8월 21일경부터 융자명령을 실시했다고 하는데,『書類』의 사례에서 사업체의 융자명령 신청일이 가장 빠른 것이 8월 21일이다(<부표 7> 참조). 8월 21일 또는 그보다 조금 일찍 시행이 결정되었을 것이다.

내리며, 조선식산은행이 '수명은행(受命銀行)' 은행으로 지정되었다.[16] 그런데 재무국장 미즈타는 8・15 이후 사업체의 미불임금 및 퇴직금용 자금대출 요구에 대해 자신이 책임을 지고 조선은행, 조선식산은행 등에 융자명령을 내리고, 조선은행의 경우는 나중에 대장대신과 교섭하여 선처를 구하기로 했다고 한다.[17]

융자명령의 실시는 첫째, 전쟁이 끝났음에도 국가총동원법에 기초한 전시법령을 발동했다는 점, 둘째, 주무대신과의 협의 등 사전에 필요한 행정조치를 취하지 않았으며, 명령의 권한이 없는 자가 명령을 내렸다는 점, 셋째, 법령상 융자기관의 손실은 정부가 책임지게 되어있으나 이 점을 전혀 고려하지 않았다는 점 등 애초부터 여러가지 문제점을 안고 있었다.[18] 그런데도 무리하게 융자명령을 발동했던 원인은 무엇이었을까. 융자명령 관련자들이 회고에서 공통적으로 강조하는 것이 한국인 노동자들이 임금, 퇴직금을 받아내기 위해 핍박하여 일본인 관리자가 생명을 위협받고 있다는 점이다.[19] 또한 사업체 책임자는 종업원의 임금 및 퇴직금을 주기 위해 예금을 인출했으나 충분하지 않았고, 사재도 거의 바닥이 났다고 한다.[20]

---

16) 高石末吉, 『覺書終戰財政始末 : 第6卷 終戰と軍事借入金の辨濟』, 東京 : 大藏財務協會, 1970, 139~140쪽 ; 이 책의 제1부 1장 참조.

17) ③, 134쪽.

18) 高石末吉, 앞의 책, 141~144쪽.

19) 2절 2) 및 3절 참조. 이런 상황이 발생할 개연성은 높으나 지나치게 강조되는 것 같다. 융자명령을 촉발시킨 것으로 얘기되는 小林鑛業(株) 상동광업소장의 자살이 서울에 알려졌던 시점은 8월 22일경이다. 이 무렵 조선총독부는 이미 융자명령 시행을 결정하고 민간사업체로부터 신청을 받기 시작했다. 그런데도 이 자살 건으로 융자명령이 시작된 것처럼 설명하는 것은 융자명령의 시행을 한국인 탓으로 돌리려는 의도가 강하다.

20) ②, 131쪽 ; ③, 133쪽. 이런 식의 회고는 사업체책임자가 최선을 다했다는 인상을 주나 그것과 거리가 먼 예도 있다. 문제의 小林鑛業(株) 사장이었던 고바야시(小林采男)는 "홍천금산에서 채광한 고품위금광석(금 30kg 이상) 상당량을 자기 집에 보관하고 있던 중 일본이 패전하고 귀국할 때 자기 집 마루 밑을 파고 묻었"는데, 1972년 한국을 방문했을 때 찾으려고 노력했으나 실패

이런 정황에 하나 더 추가해야 될 것이 앞에서 언급한 조선총독부와 은행들의 방만한 자금유용이며, 이것이 민간사업체의 갚지도 않을 자금요구를 거절할 수 없게 만든 요인이었다. 민간사업체는 필요자금을 대출받기 위해 재무국 및 은행관계자를 압박했는데, 그 논리 중 하나가 "총독부의 관리관계는 예산으로 유용할 수 있지만 민간에서는 그렇게 할 수 없"으니 금융기관에서 처리해달라는 것이었다.21) 더욱이 은행측은 방만한 자금유용의 연장선에서 책임회피의 수단으로서 융자명령을 강구했다. 당시 융자명령을 주도했던 조선식산은행의 경우 8·15 이후 상환을 상정하지 않는 부정대출이 증대하자 전시중의 융자명령을 생각해내어 총독부에 건의했다고 한다.22)

융자명령의 실시는 8·15 이후 조선총독부와 은행들이 중심이 되어

했다고 한다(大韓重石社史編纂委員會, 『大韓重石七十年史』, 大韓重石鑛業株式會社, 1989, 160쪽). 금 1돈(3.75g)은 1945년 8~12월 평균 439원이었으므로 금 30kg은 351만 2,000원에 해당한다(朝鮮銀行調査部, 『經濟年鑑』(1949), IV - 424쪽). 사업 책임자가 처분할 수 있는 사재가 많았음에도 불구하고 小林鑛業(株)은 융자명령에 의해 조선은행에서 585만 원의 대출을 받았다(朝鮮殖産銀行, 「(연도미상. 12. 31)小林鑛業株式會社 現況調査書」, 『小林鑛業株式會社關係書類』). 소림광업(주)에 대해서는 정병욱, 「일제말(1937~1945) 조선식산은행의 광공업 금융」, 『한국민족운동사연구』 23, 한국민족운동사연구회, 1999. 12, 471~473쪽 참조.(이 책의 제3부 3장)

21) ④, 35쪽. 미즈타 자신의 말인지 민간사업체의 말을 인용한 것인지 정확하지 않으나 미즈타 자신의 말이라고 해도 민간사업체의 의견이 반영된 것 같다.

22) 당시 조선식산은행 특별금융부원이었던 와타나베(渡辺弘人)는 8·15 이후 거래선에 대한 부정대출이 늘어나자 고문변호사에게 자문을 구했다고 한다. 고문변호사는 금융이란 상환을 전제로 하는 것이므로 대출중지가 바람직하다는 의견을 제시했다. 이에 대해 담당이사였던 야마구치(山口重政)는 "40, 50년 조선에 와서 일했던 사람들을 벌거벗겨 돌려보내는 것은 좋지 않다, 치안의 측면에서도 융자는 계속되어야 한다"고 했다. 이에 와타나베는 그것은 은행 일이 아니고 국가의 일이라고 주장하다가 문득 융자명령을 생각해냈고 야마구치도 찬성하여 곧바로 총독부로 갔다고 한다. 이에 대해 미즈타는 理財課長, 管理課長, 조선은행측에서도 그런 의견이 있었다고 한다(⑪, 87~88, 109~110쪽). 융자명령을 전적으로 와타나베의 작품이라고 볼 수는 없지만, 조선식산은행이 어떠한 정황에서 융자명령을 실시했는가를 잘 보여준다.

벌인 자금유용이 민간사업체의 요구에 의해 확장되는 과정이었다. 민간사업체가 상환하지도 않을 퇴각자금을 요구할 수 있었고, 관리가 직권을 남용하고 은행원이 배임행위를 하면서 이에 응할 수밖에 없었던 이면에는 총독부 및 은행의 방만한 자금유용이 있었던 것이다. 결국 자금유용이 또 다른 자금유용을 낳은 셈이다.

2. 조선식산은행의 '융자명령' 실시과정

1) 자금원과 담당부서

당시 재무국장 미즈타(水田直昌)는 융자명령으로 1억 8,000~9,000만 원이 지출되었다고 한다. 조선식산은행에서 융자명령을 담당했던 은행원들은 그 중에서 조선은행이 8,000만 원, 조선식산은행이 1억 원을 대출했고, 조선식산은행의 경우 융자명령 이전 대출분 약 4,000만 원을 합하면 패전 전후 대출한 돈이 1억 4,000만 원쯤이라고 한다.[23] 조선식산은행이사 야마구치(山口重政)는 1945년 말 1946년 초 융자명령 문제로 미국인 은행장 로빈슨과 상담하면서 그 총액을 1억 3,000만 원으로 보고 있다(3절 참조).[24] 조선식산은행의 명령융자액이 1억 원에서 1억 3,000만 원까지 늘어난 것은 8·15 이후 융자명령이 실시되기 전까지 대출한 것 중 상당부분을 소급하여 융자명령에 포함시켰기 때문일 것이다.[25]

---

23) ③, 134~135쪽 ; ⑪, 77쪽.
24) 한편 패전 당시 조선식산은행 調査役이었던 후지타(藤田文吉)는 조선은행, 기타 일본계은행 지점 등 大藏省이 감독하는 은행에서 '긴급융자명령'으로 5,500만 원(이 중 조선은행분 3,800만 원), 총독부 솔하의 조선식산은행, 기타 현지은행에서 '융자명령'으로 1억 3,400만 원(이 중 식산은행분 1억 3,200만 원)을 대출했다고 한다(藤田文吉, 『一日本人銀行員の朝鮮史雜感と朝鮮殖産銀行』, 1988, 667쪽).

<표 4 - 7> 8 · 15 전후 조선식산은행의 주요 자금수급 추이(1945. 6~12) (단위 : 천원)

월말	예금고	채권 발행고	소계A	대출	유가 증권	소계B	A - B	차용금	예치금 및 현금
1945. 3	1,183,177	968,896	2,152,073	1,771,753	521,282	2,293,035	-140,962	199,381	51,936
1945. 6	1,218,343	1,015,743	2,234,086	1,813,732	522,278	2,336,010	-101,924	?	?
1945. 7	1,292,639	?	?	1,942,814	524,419	2,467,233	?	?	67,193
1945. 8	673,131	1,063,270	1,736,401	1,682,816	526,976	2,209,792	-473,391	?	390,413
1945. 9	434,381	1,058,029	1,492,410	1,733,017	525,822	2,258,839	-766,429	1,228,866	155,334
1945. 10	415,874	1,056,929	1,472,803	1,711,516	522,402	2,233,918	-761,115	?	207,149
1945. 11	519,248	1,054,802	1,574,050	1,727,813	522,402	2,250,215	-676,165	?	128,963
1945. 12	666,933	1,052,601	1,719,534	-1,711,516	522,402	2,233,918	-514,384	?	111,713

* ① 朝鮮銀行調査部, 『朝鮮經濟年報』(1948), Ⅲ - 76~77쪽, ② 朝鮮殖産銀行計算課, 『貸借對照表 · 損益計算書 · 財産目錄 合帳』.
* 차용금과 예치금 일부를 제외한 모든 수치는 ①에 의거한다. 자료에 따르면 1945년 8월 이후 는 '남조선'만의 수치이다. 천원 이하는 '버림'처리했다.

융자명령에 필요한 자금은 어떻게 조달했을까? <표 4 - 7>은 당시 조선식산은행의 주요 자금수급 추이를 정리한 표이다. 전시기 조선식 산은행은 주로 강제저축과 채권발행을 통해 조달한 자금을 대출과 유 가증권 인수를 통해 군수관련 광공업부문 및 전시통제기구에 융통했 다.[26] 1945년 3월 말을 보면 예금과 채권발행을 통해 자금을 조달하여 (21.5억여 원) 대출과 유가증권 투자를 통해 자금을 공급했고(22.9억 원), 부족한 부분은(1.4억여 원) 차용금으로 충당했으며(1.9억여 원), 남는 자금 은 현금으로 보유하거나 예치했다(0.5억여 원).

이러한 자금수급구조에 큰 변화가 생겼던 것은 1945년 8월이다. 8월 말 '예금고+채권발행고'(A)는 '대출고+유가증권고'(B)보다 4.7억여 원 이 적으면서도 '현금+예치금'은 3.9억여 원을 기록했다.[27] 1945년 8월

25) <부표 7>의 朝鮮燐鑛(株)의 경우 조선식산은행은 8월 16일 23만 원을 대출 했는데, 9월 4일 융자명령으로 다시 16만 3,000원을 대출하면서 기존대출액 23 만 원을 포함하여 총 39만 3,000원의 융자명령을 실행한 것으로 처리했다.
26) 조선식산은행의 전시기 자금수급구조와 특징에 대해서는 이 책의 제2부 3장 참조.
27) 현금 및 예치금이 이렇게 증가한 것은 다량의 현금을 확보하여 미군진주 이 전에 지출하는 과정에서 8월 말 잔고로 처리되었기 때문으로, 9월 말 잔고는

25일 현재 조선식산은행이 조선은행에서 차입한 금액이 9.8억여 원이
었다는 기록으로 볼 때,[28] 부족한 자금은 차입금이 중심인 차용금으로
충당되었을 것이다. 차용금은 8월 이후 은행의 주요 자금원이 되었으
며, 9월이 되면 채권발행고를 상회하며 자금조달면에서 수위를 차지한
다.[29] 8·15 이후 조선식산은행은 채권발행이 불가능한 가운데 급증하
는 예금인출과 융자명령 등 퇴각자금 대출에 필요한 자금을 주로 조선
은행에서 차입하여 조달했던 것이다.[30]

『서류』를 보면 총 28회사(개인 명의 3건 포함) 32건, 2,260만 3,400원으
로 추산 융자명령액 1억 3,000만 원의 약 17. 4%에 해당한다(<부표 7>
참조).『서류』의 모든 융자는 본점의 특별금융부에서 담당했으며,[31] 대
출방식은 어음대부였다.[32] 조선식산은행은 1940년 3월 "반도의 대륙전
진병참기지인 사명에 비추어 시국산업"의 진흥을 위해 특별금융과를

대폭 감소되었다.

28)『朝鮮銀行史』, 737쪽.

29) 1945년 9월 말 차용금 12억 2,886만여 원 중에서 차입금은 12억 1,110만 원이
   있는데(朝鮮殖産銀行計算課,『貸借對照表·損益計算書·財産目錄 合帳』), 당시
   일본 금융시장과 차단된 상황에서 조선식산은행이 차입할 곳은 조선은행밖에
   없었다.

30) 조선은행에서 차입한 자금 외에도 기대출 회수액이 자금으로 동원되었을 가
   능성이 있으나, 얼마나 큰 역할을 했는지는 의문이다. 8월 15일 현재 대출고
   가 19억 3,419만여 원(朝鮮殖産銀行調査部,『殖銀調査月報』1·1, 1946. 4, 121
   쪽)으로 <표 4·7>의 7월 말 대출고에 비해 861만여 원 감소하여 그간 신규
   대출액보다 기대출 회수액이 많았음을 알 수 있다. 그러나 8월 15일 이후 다
   량의 퇴각자금이 대출되는 가운데 일본인은 물론 조선인도 대출받은 자금을
   상환하는 경우가 드물었을 것이다. 회고에 의하면 패전 직후 돈을 상환하는
   것은 진귀한 일이었다고 한다(⑪, 88쪽). <표 4·7>의 7월 말 수치는 전조선
   을 대상으로 한 것인 반면, 8월 말 수치는 38선 이남만을 대상으로 한 것이다.
   아래 표를 보면 7월 말 현재 38선 이남만의 대출고는 15.8억여 원으로 조사되
   었다. 총액의 차이를 고려하면서 <표 4·7>의 8월 말 수치와 대조해보면 38
   선 이남에서 대출은 최소 3,200만 원, 최대 9,300만 원 증가했다. 8월 15일까지
   감소경향을 감안하면 8월 15일 이후 신규대출액과 기대출 회수액의 차이는
   위의 증가액보다 컸을 것이다. 8월 말 수치가 없어 38선 이북의 상황을 알 수
   는 없지만 이남에 비해 절대액은 적어도 회수보다 대출이 많았을 것이다.

설치했는데, 업무증대로 1942년 제1과와 제2과로 나뉘었으며, 1944년 4월 은행직제 개편에 의해 과(課) 체제가 부(部) 체제로 바뀌면서 특별금융제1부, 특별금융제2부가 되었다.[33] 8·15 당시 부원은 여성급사 외에는 전부 일본인이었다고 한다.[34]

특별금융부는 광공업부문을 위주로 군수산업 육성을 자금면에서 뒷받침했던 부서로 은행 내에서 가장 많은 자금을 다루었다. "전시하 특수사정"에 따라 이 부서가 다루는 자금은 공표를 꺼려 '상업대부'에 포함시켰는데, 최종연도 '상업대부'액의 80%가 특별금융이었다고 한다.[35] 회고에 따라 1945년경 수치를 추산해보면, 대략 7~8억 정도가 특별금융부의 대출이며, 은행 전체 대출액의 40%를 상회한다.[36]

조선식산은행의 1945년 7월 말 예대금의 분포상황 (단위 : 100만원)

	예금	대출	예 - 대
38선 이남	887	1,589	-702
38선 이북	354	292	+62
조선 전체	1,241	1,881	-640
<표 4 - 7>과 차액	약 -51	약 -61	

자료 : 朝鮮銀行, 「南北朝鮮의 金融實情調査」, 『朝鮮銀行調查月報』 8, 1947. 12, 79~80쪽.

31) 당시 평안북도지사였던 山地靖之殿은 융자명령에 대해 그런 것이 있는지도 몰랐다고 한다(④, 110쪽).

32) 『請求資料表』와 대조해보면 주로 상업어음대부였으며, 일부 산업어음대부로 대출되었다. 어음대부 앞에 붙는 '산업'이나 '상업', 뒤의 <표 4 - 8>의 대출분류방식에서 대출금 앞에 붙는 '공공'·'산업'·'상업'은 조선식산은행의 업무분류에 따른 구분이며, 따라서 대출대상의 업종이나 내용과 반드시 일치하지는 않는다.

33) 朝鮮殖産銀行, 『第四十四期(1940. 1~6) 營業報告書』, 9~10쪽 ; ⑨, 63, 300쪽. 특별금융부 제1부장은 고야마(小山亮), 제2부장은 후쿠다(福田謙次郎)이며 담임중역은 야마구치(山口重政)였다.

34) ⑪, 80쪽. 당시 특별금융부원의 명단은 閉鎖機關株式會社朝鮮殖産銀行特殊清算事務所, 『朝鮮殖産銀行役職員名簿』, 1956, 34~35쪽 참조.

35) ⑨, 49쪽. 회고의 '상업대부'는 장부나 통계상에는 '상업대출'로 나와있다. 조선식산은행의 전시말기 광공업부문 대출동향에 대해서는 이 책의 제3부 3장 참조.

36) 1945년 3월과 9월의 '상업대출'액은 각각 9억 7,109만여 원, 10억 4,449만여

<표 4 - 8> 조선식산은행의 일본인관계 미회수 대출금 (단위 : 원, %)

| | 은행 전체 | | 본점 부분 | | | | | | | |
| | 금액 | 비중(%) | 금액 | 비중(%) | 8월 이후 시기별 비중(%0 | | | 8·15 이후(A) 분포(%) | | |
					8. 1~ 8. 14	8·15 이후(A)	대출일이 없는 경우	8·15~9. 8 (8. 28~9. 8)	9. 9.~ 9. 30	10월 ~12월
액	1,182,369,215	100.0	1,102,940,004	93.3	5.4	14.7	36.5	79.7(62.5)	10.5	9.8
공대출금	189,394,575	16.0	181,621,588	16.5	16.2	25.8	9.8	72.5(8.9)	1.6	25.9
부대부	15,476,901	(8.2)	14,607,407	(8.0)	—	—	(36.9)	—	—	—
기대부	173,917,674	(91.8)	167,014,181	(92.0)	(100.0)	(100.0)	(63.1)	72.5(8.9)	1.6	25.9
업대출금	380,974,531	32.2	375,884,105	34.1	0.1	7.5	83.0	100.0(90.4)	—	—
부대부	9,068,272	(2.4)	6,365,022	(1.7)		(0.2)	—	100.0		
기대부	4,351,929	(1.1)	1,964,753	(0.5)	(100.0)	(0.1)	(0.0)	100.0		
음대부	367,554,330	(96.5)	367,554,330	(97.8)		(99.7)	(100.0)	100.0(90.8)		
업대출금	612,000,169	51.8	545,434,311	49.5	83.7	66.8	7.2	80.2(77.2)	15.0	4.8
업어음	15,350,519	(2.5)	11,447,754	(2.1)	—	—	(39.4)	—	—	—
물환어음	590,321	(0.1)	573,491	(0.1)	—	—	(2.0)	—	—	—
음대부	571,589,829	(93.4)	516,550,867	(94.7)	(100.0)	(100.0)	(0.7)	80.2(77.2)	15.0	4.8
좌대월	11,259,972	(1.8)	7,703,782	(1.4)	—	—	(26.5)	—	—	—
행담보어	5,600,000	(0.9)	5,600,000	(1.0)	—	—	(19.3)	—	—	—
서대부	7,573,468	(1.2)	3,558,417	(0.7)	—	—	(12.2)	—	—	—
부공채	36,000	(0.0)	—	—	—	—	—	—	—	—

* 韓國殖産銀行淸算委員會, 『對日資産(殖銀所有)請求資料表(二)』 1/3, 1958.
* 총액란의 비중은 전체액에 대한 본점 부분, 본점 부분에 대한 시기별 비중을 의미하며, 대출종류별란의 비중
  은 각각의 상위 총액에 대한 비중을 의미한다. 본점 부분에 대한 시기별 비중 중 8월 이전 부분은 생략했다.
  '8.15 이후 분포'는 본점의 8.15 이후 미회수 대출액 중에서 '8·15~9. 8', '9. 9.~9. 30', '10~12월' 부분이
  차지하는 비중이며 '(8. 28~9. 8)'는 '8·15~9. 8'에 대한 비중이다.

특별금융부가 군수산업을 지원하기 위해 대출한 자금은 일본인 관계
사업체를 대상으로 한 것이 많았기 때문에 8·15 이후 대출한 융자명
령 부분과 함께 많은 부분이 미회수되었을 것이다.

<표 4 - 8>은 조선식산은행의 일본인 관계 미회수대출액을 본·지

원이다(수치는 朝鮮殖産銀行計算課, 『貸借對照表·損益計算書·財産目錄 合
帳』에 의거함. 해당시기 전체 대출액은 <4 - 7> 참조). 그런데 특별금융부원
이었던 와타나베(渡辺弘人)는 9월 중순 조선인에게 인수인계할 때 特別金融
第一部와 第二部 합쳐서 총대출이 14억 7,000만 원이었다고 회고한다(⑩, 54
~55쪽).

점별, 대출종류별, 시기별로 나누어본 것인데, 총미회수대출액 11억 8,236만여 원 중 11억 294만여 원(93.3%)이 본점에서 발생했다. 이를 대출종류별로 보면 어음대부(상업어음대부, 산업어음대부) 방식에 의한 것이 8억 8,410만여 원(80.2%)이며, 이 중 8·15 이후 부분은 1억 2,001만여 원이다. 특별금융부가 8·15 이전 대출한 7~8억 원과 8·15 이후 융자명령 등으로 대출한 1억 3,000만 원 중에서 명확히 조선인에게 대출한 부분을 제외하고 대부분은 여기에 포함되었을 것이다.

특별금융부가 담당한 융자명령은 8·15 이후 발생한 미회수대출의 가장 큰 원인이었을 것이다. 『청구자료표』에 대출일이 없는 경우가 36.5%나 되기 때문에 미회수대출이 어느 시기에 얼마만큼 이루어졌는지 정확히 알기는 어렵지만, 대출일이 있는 경우만을 보면 본점 미회수대출액의 14.7%인 1억 6,170만여 원이 8·15 이후 대출되었다.

본점 미회수대출액의 8·15 이후 분포를 보면, '8. 15~9. 8' 79.7%, '9. 9~9. 30' 10.5%, '10. 1~12. 31' 9.8%로서 8·15 이후 미군이 진주하기 전까지 집중적으로 대출되었으며, 특히 융자명령에 의한 대출이 시작되는 8월 28일 이후가 많다('8. 15~9. 8' 기간 동안 미회수대출액 중 62.5%).[37] 융자명령에 의한 대출은 어음대부 방식으로 이루어졌는데, 산업어음대부는 전액 '8. 15~9. 8'에 대출되었으며, 상업어음대부도 같은 기간에 80.2%가 지출되었다. 특히 같은 기간 동안 8월 28일 이후 비중이 높아 산업어음대부는 90.8%, 상업어음대부는 77.2%를 차지한다.

특별금융부는 전시하 방대한 자금을 군수산업에 공급했으며, 패전을 맞아 그 자금회수를 도모하기는커녕 융자명령을 통해 그 위에 퇴각자금까지 얹어준 셈이다. 조선식산은행 전체 미회수대출액 11억여 원 중 대략 8억 원 이상이 특별금융부에서 발생한 것이다. 이렇게 볼 때 회고에

---

37) 『書類』의 32건 중 중역회의일이 가장 빠른 것이 8월 28일로 5건이다. 중역회의표에 부여된 융자명령번호가 2번, 3번인 것으로 보아 대체로 이날부터 융자명령에 의해 자금이 지출되었다고 볼 수 있다. 단 이날 결정된 것 중 大東鑛業 건은 『請求資料表』와 대조해보면 실제 대출일은 8월 25일이었다(<부표 7> 참조).

서 보이는 8·15 이후 상환되지 않는 자금대출에 대한 고민이나 주저는 새삼스러워 보이며, 패전에 따른 심리적 압박감에 불과한 것 같다.

2) 명령절차와 무책임의 체계

사업체가 융자명령을 받으려면 우선 총독부에 자금신청서를 내야 한다. 「긴급소요자금신청의 건」, 「긴급자금차입알선원(緊急資金借入斡旋願)」 등의 이름으로 낸 신청서는 크게 자금이 필요한 사정을 밝힌 앞부분과 신청자금의 내역을 제시한 뒷부분으로 나누어볼 수 있다. 앞부분에서는 "시국의 급변"을 맞이하여 종업원들이 책임자를 "핍박"한다는 등 "험악"한 분위기를 강조하며, 시급히 임금 및 귀환여비 등을 융통해주기를 바랐다. 다수 사업체가 전력증강을 위한 군수산업에 종사했음을 밝히고 있으며, 때로는 뜻하지 않은 패전을 아쉬워했다.[38] 뒷부분은

---

38) 대표적인 예로 朝日鑛業(株) 사장 아베(阿部嘉藏)가 조선총독에게 제출한 신청서에는 "전력증강의 바탕인 중요 지하자원 개발의 국책에 순응"하여 각종 악조건 속에서 적자경영을 감수하면서 "전력증강의 일단"을 담당했는데, "돌연 정전"을 맞이하여 "臣의 노력이 미흡한 바에 책임의 일단"을 느낀다고 했다(「(1945. 9. 9)歎願書」, 『書類』). 또한 久原鑛業京城事務所 구하라(久原一夫)가 재무국장에게 제출한 신청서는 "弊黑橋鐵山은 開山 이래 春風秋雨 八個星霜 그간 모든 난관 모든 애로를 극복하고 鐵鋼報國의 一員으로서 국가의 긴급요청에 따라 만분지일이라도 聖恩에 보답하려고 심혈을 기울여 採鑛에 運鑛에 一瞬의 겨를도 없이 싸워왔습니다. 금번 대동아전쟁 정전의 詔書를 拜讀함에 참을 수 없음을 삭히며 哭을 했습니다"로 시작하고 있다(「(1945. 8. 31)緊急支拂資金御斡旋願ノ件」, 『書類』). 그런데 구하라는 조선인일 가능성도 있다. 그의 서류는 1950년 1월경 조선식산은행이 서울고등경찰청에서 보내는 대부사실 확인서류와 같이 묶여있는데, 차주명 '金仁璿' 위에 '久原一夫'가 겹쳐져 있다.
한편 이렇게 다수 회사가 패전 후에도 자금을 융통받는 과정에서 군수산업에 종사했음을 명백히 밝히는 자세는 일본에서 引揚企業團體가 정부에 보상을 요구하면서 자신들의 사업은 평화적인 것으로 군사력 증강에 기여한 일본 국내사업과는 성질이 다르다고 주장하는 것과 대조를 이룬다. 물론 조선에서 귀환한 사업체들도 인양기업단체의 지역지부로서 활동했다(宣在源, 「引揚企業團體の活動－戰前期 海外進出企業の國內經濟 復歸過程」, 『復興期の日本經

<그림 12> 융자명령 계통도

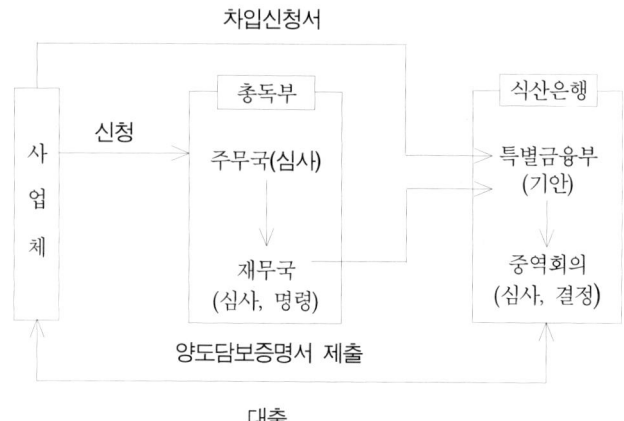

간단한 계산표를 제시하는 정도이며, 그에 관한 증빙서류는 기존 대출 서류에 비해 빈약하며, 아예 없는 경우도 있다.[39]

총독부에서는 신청서를 낸 사업체의 업종을 주관하는 담당국에서 먼 저 심사하고, 재무국에서 다시 심사하여 최종적으로 융자명령의 금액 을 결정했다. 『서류』에 나와있는 사업체는 전부 광업회사로 먼저 광공 국에서 심사했다. 미즈타는 "혼란을 틈타 비신사적으로 일이 취급되는 것이 걱정"되었기 때문에 "엄중히 사정"하기 위해 이런 이중 심사를 했 으며, "해산에 필요한 퇴직금, 내지(일본-인용자)에 돌아갈 여비와 조선 인에 약간 주는 것"에 한정하여 "교묘히 중역들이 돈을 사용하고 도피 하지 않도록" 유의했다고 한다.[40] 당시 재무국 이재과장이었던 오카무 라(岡村峻殿)는 직접 일을 처리했던 자신들은 "회사의 사정도 모르고 치안상황도 모른다. 그래서 원국(原局, 주무국-인용자)에서 일차심사를

濟』(原朗 編), 東京大學出版會, 2002, 488쪽].

39) 여기서 '기존 대출서류' 란 1945년 8월15일 이전의 것을 말하며, 주로 利原 鐵山, 小林鑛業, 端川鐵山 등의 서류이다. 이 서류에 대해서는 이 책의 제3부 3장 참조.

40) ②, 132쪽 ; ③, 134쪽 ; ④, 36쪽.

전부 했다"고 한다.[41]

그러나 『서류』를 보면 "엄정한 사정"이 이루어졌는지 의문이다. 총 32건 중 광공국에서 사정한 금액이 명확히 남아있는 20건을 조사해보면, 사업체가 신청한 금액은 총 1,531만여 원인데, 융자명령액은 860만여 원으로 약 43.8%인 670만여 원이 삭감되었다. 이 중 광공국에서 삭감한 것이 340만여 원, 재무국에서 삭감한 것이 330만여 원이었다(<부표 7> 참조). 일차로 광공국에서 삭감을 했는데, 비슷한 액수를 재무국이 이차로 삭감했다는 것은 재무국이 보기에 주무국의 사정이 미흡했음을 의미한다. 소흥광업(昭興鑛業), 단천철산(端川鐵山) 등 5건의 경우 광공국은 사업체가 신청한 금액을 거의 그대로 인정했다. 이원철산(利原鐵山)을 비롯한 6건은 주무국인 광공국의 사정을 거치지 않고 재무국이 단독으로 처리했는데, 그 금액은 1,375만여 원으로 32건 총액의 약 60.9%에 해당한다. 남겨진 자료만으로 볼 때 재무국이 기대한 것만큼 주무국이 엄정하게 사정하지 않았으며, 주무국을 꼭 거치지도 않았다.

신청한 자금이 대부분 미불임금, 퇴직금, 여비이기 때문에 액수를 좌우하는 것은 단가(1인당 본봉 및 수당액), 인원수 및 산정기간이다. 그런데 사료를 보면 광공국이나 재무국의 사정방식은 대부분 산정기간을 줄임으로써 삭감하는 것이었다. 회사가 퇴직금 또는 해산수당 산정기간을 임금의 5~12개월분으로 신청해오면 대체로 2~3개월분으로 줄이는 식이었다. 단가나 인원수는 거의 손을 대지 않았는데, 그만큼 사업체의 실정에 어두웠다는 이야기다. 『서류』에 두 번에 걸쳐 융자명령을 받은 것으로 나오는 대동광업(大東鑛業)의 경우 8월 21일 직원 644명의 퇴직금조로 신청한 본봉(급료) 3개월분 15만 5,295원은 재무국으로부터 인정받지 못했다. 1인당 한달 본봉이 80.38원인 셈이다. 그런데 9월 6일 추가신청할 때는 직원을 500명으로 줄이고 본봉과 수당 4개월분을 신청했는데, 본봉 4개월분 16만 2,800원을 인정받았다. 이때 1인당 본봉은

---

41) ⑪, 110쪽.

81.4원이다.

권력을 배경으로 신청이 들어온 경우는 사정이 더욱 부실하게 이루어졌다. 조선광업진흥(朝鮮鑛業振興), 조양광업(朝陽鑛業), 대동광업(大東鑛業, 9월 6일) 3건은 조선총독 아베(阿部信行)의 증명인을 받아서 신청서를 냈는데, 간단한 신청자금내역 외에 다른 증빙서류가 첨부되지 않았으며, 은행에 내는 '차입신청서'나 '양도담보증명서'도 없었다. 또한 이 세 건은 모두 주무국의 날인도 없었다. 전시기 광업통제회사였던 조선광업진흥(주)의 경우 『서류』의 총융자액 중 47%에 해당하는 1,062만 5,000원을 신청하여 삭감없이 전액을 융자받아가면서도 '응급지불자금 대부자금 1,005만 원, 금광업정비관계자금 57만 5,000원'만 제시했을 뿐, 구체적 내역이나 증빙서류가 없었다. 위의 대동광업의 경우도 조선총독의 증명인을 받아왔기 때문에 비교적 수월하게 추가융자명령을 받을 수 있었을 것이다.

융자명령은 공작자금을 조성하는 창구로도 기능했다. 당시 '김계조사건' 또는 '댄스홀 사건'으로 유명한 의혹사건에서 총독부가 김계조에게 제공한 자금도 융자명령을 통한 것이었다. 미즈타를 비롯한 일본인 관리들의 회고에 따르면, 진주하는 미군을 접대하기 위해 조선인 광업가 김계조(일본명 中村一夫)를 앞세워 댄스홀을 만들 방침을 세웠는데, 댄스홀에 필요한 자금 중 250만 원을 조선은행이 융자명령에 의거하여 석탄통제회사인 조선석탄(주)을 통해 김계조에게 대출했다고 한다.[42] 일본인 관련자들은 "거친 미군"들로부터 일본인 여자들을 보호하기 위한 조치였지 "조선의 독립"을 방해하거나 "친일반미정권"을 수립할 의도는 없었다고 한다.[43] 그러나 아무도 부인하지 못하는 것은 융자명령

---

42) ③, 121~123쪽 ; 森田芳夫・長田かな子 編, 앞의 책(第一卷), 1979, 143~144쪽. 미즈타는 대출금액을 250만 원이라고 한 반면 당시 광공국장이었던 시오타(塩田正洪)는 150만 원이라고 했다.

43) 이 사건과 관련된 일본인 관리들이 귀국하고 담당판사가 의문 속에 교체되면서 최종적으로 김계조에게 배임죄로 징역 10개월이 언도되었다. 이 사건에

을 통해 자금이 유용되었다는 사실이다. 김계조는 조선식산은행을 통해서도 융자명령 자금을 받았는데, 그는 위의 조선총독의 증명인을 받은 조양광업의 책임자였다.

재무국에서 조선식산은행에 융자명령을 내리면, 조선식산은행의 특별금융부에서는 사업체로부터 결정된 융자명령액과 동일한 액수의 '차입신청서'를 받아 기안을 하여 중역회의에 상정한다. 미즈타는 은행에서는 "원래 거래가 있던 회사라서 그 내용도 잘 판단할 수 있으므로 한번 더 은행의 눈으로 사정"했다고 한다.[44]

『서류』를 보면 우선 눈에 띄는 것은 중역회의표에 기존 대출서류에 있는 "종전의 거래상황", "상환방법 및 자금" 항목이 없다. 또한 대상 사업체가 기존 거래자가 아닌 경우도 많다. 약정서를 첨부하거나 인감증명을 제시한 북선흑연광산(北鮮黑鉛鑛山), 건광업(乾鑛業), 조선특수광업(朝鮮特殊鑛業), 조일광업(朝日鑛業), 대룡광업(大龍鑛業), 흥아광업(興亞鑛業) 건은 조선식산은행의 거래처가 아니었다. 특별금융부원의 회고에도 융자명령 이전까지는 "친밀한 거래선"을 대상으로 대출했으나 융자명령 이후에는 "명령서를 가지고 오는 사람은 전부 대출"해주었으며, 이 중에는 "거래선 이외의 것이 많았다"고 한다.[45]

또한 이미 은행의 눈은 흐려질 대로 흐려져 있었다. 특별금융부원 와타나베(渡辺弘人)는 1944년 삼척에 설립되는 조선품천백연와(朝鮮品川白煉瓦)란 회사에 대해 대출하기 위해 현장에 조사하러 갔는데, "무엇

대해서는 『조선일보』 1946년 1월 17일자, 「金桂祚형제 사건 공판 개정」 ;『조선일보』 1946년 1월 5일자, 「前조선광업회사사장 金桂祚 중심의 횡령장물수수 사건이 폭로」 ;『서울신문』 1946년 3월 27일자, 「金桂祚사건 담당판사 吳承根 전임진상에 대한 당국의 발표」 ;『동아일보』 1946년 10월 1일자, 「김계조의 배임횡령죄에 대한 4회 공판 개정」 ;『서울신문』 1946년 10월 15일자, 「김계조 상고심 언도공판에서 배임죄로 징역 10월 언도」 ; 森田芳夫, 앞의 책(1968), 840~844쪽 참조. 이 장에서 인용하는 신문기사는 國史編纂委員會 編, 『資料 大韓民國史』(http://www.history.go.kr)를 이용했다.

44) ②, 132쪽 ; ③, 134쪽.
45) ⑪, 77쪽.

을 하고 있는지 알 수 없었다. 가서 본 것이 두려웠다"고 한다. 차마 보
고서에 "아무것도 없었다"고는 쓰지 못하고 그 실정에 대해 상관인 특
별금융부 제1부장 고야마(小山亮)에게 전했더니, 고야마는 "전쟁에 이
긴다면 돈이 상환되어도 상환되지 않아도 좋지 않은가, 전쟁에 진다면
이런 것은 아무것도 아니다"라고 했다.[46] 『서류』를 보면 고야마는 주무
과장으로서 가장 많이 날인한 것으로 나온다.[47]

　이러한 상황에서는 주거래처라 해도 제대로 조사가 이루어지기 힘들
었을 것이다. 단천철산(주)의 경우, 최남주가 1944년 11월 이 회사를 세
울 때 제출한 계획서에는 중역 2명, 직원 17명(본사사무원 5명, 현장 소장
이하 12명)이 상정되어있고, 광부로는 840명을 모집할 예정이었다. 1945
년 5월 이 회사가 조선식산은행에서 운전자금을 대출받을 때 명세서에
는 노무자 1,000명분의 임금이 계상되어 있었다.[48] 8월 25일 융자명령
이 결정된 이 회사의 서류를 보면 다시 노무자(광부)수는 840명으로, 직
원은 95명으로 계산하여 임금, 해산위로금, 귀환여비를 신청했다. 과연
노무자 수나 직원 수는 사실을 반영하는 것일까. 아직 시설이 완비되지
않아서인지 이 회사가 융자명령을 받을 때까지 뚜렷한 실적을 냈다는
자료나 조사는 없다.[49]

　조선식산은행측의 회고를 보면 융자명령으로 인해 무거운 책임감을
벗고 홀가분하게 대출업무에 임했던 것 같다.[50] 『서류』를 보면 중역회

---

46)　⑩, 58쪽. 『請求資料表』를 보면 조선식산은행의 朝鮮品川白煉瓦(株)에 대한
　　미회수대출액은 전부 상업어음대부 방식에 의해 1945년 4월 말에서 7월 말까
　　지 대출된 것으로 총 352만 5,000원이었다.
47)　『書類』를 기안부서별로 보면 특별금융제1부 5건, 특별금융제2부 27건이다.
　　그러나 특별금융제2부장 후쿠다(福田謙次郎)는 1945년 6월에 입대하여 패전을
　　부산에서 맞이했다(⑨, 305~306쪽). 『書類』에 후쿠다의 날인이 찍힌 것은 9월
　　24일 朝鮮特殊鑛業 건이 처음이다. 그 이전은 특별금융제1부장이었던 고야마
　　가 특별금융제2부가 기안한 것에도 날인했다.
48)　朝鮮殖産銀行, 『端川鐵山株式會社完濟貸付書類』.
49)　端川鐵山(株)에 대해서는 이 책의 제3부 3장 참조.
50)　특별금융부원 니시(西邦男)는 사업체 현지의 사람이 와서 "큰일이다"고 하면

의는 재무국장이 결정한 융자명령액을 그대로 받아들였다. 서류상 다
시 삭감한 경우는 없었다. 다만『청구자료표』와 대조해보면 조선운모
개발판매(朝鮮雲母開發販賣)건은 56만 원으로 결정되었는데, 18만 6,000
원만이 대출된 것으로, 신망동산(新望銅山)건은 7만 2,000원으로 결정되
었는데, 7만 원이 대출된 것으로 나와있다. 또한 몇몇 회사건은『청구
자료표』에 기록이 없다.[51] 융자명령이 결정되고도『청구자료표』에 나
와있지 않은 이유가 명확하지 않지만, 일부는 융자명령액으로 결정된
총액을 자신들이 책임지지 않고 대출해도 될 범위로서 서류상 확보해
두고, 실제 자금사정에 따라 융자명령을 집행했기 때문인 것 같다. 또
한 조선인광(朝鮮燐鑛)의 경우처럼 융자명령 이전에 대출한 것도 융자
명령에 포함시켜 조금이라도 은행 자체의 책임을 면하려고 안간힘을
썼다. 미즈타는 엄정한 사정의 결과로 사업체 요구액 4억 1,000만 원을
총독부에서 약 2억 8,000만 원으로 줄였으며, 다시 은행에서 약 1억
9,000원으로 줄였다고 하는데,[52] 남아있는 자료로 보건대 은행이 적극
적으로 엄정한 사정을 통해 삭감했던 것 같지 않다.

　융자명령 절차는 보통의 융자절차에 비해 총독부의 심사과정, 그것
도 주무국과 재무국의 이중 심사를 거치게 되어있어 복잡하며, 따라서
외견상 엄정했던 것처럼 보인다. 더욱이 패전 후의 혼란상황이란 점을
감안하면 일본인들이 마지막까지 공정했다는 인상을 준다. 그러나 앞
서 살펴보았듯이 그 절차의 실제 내용은 엄정함이나 공정함과는 거리

　　"총독부에 가서 융자명령을 받아오시오"라고 하여, 그 결과 "매우 매끄럽게
　　처리"되었다고 한다(⑪, 110쪽).
51) <부표 7> 참조.『書類』에 융자명령이 결정되었는데『請求資料表』에 나와
　　있지 않은 경우는 昭興鑛業, 端川鐵山, 李屋禧燮, 北鮮黑煙鑛山, 中川鑛業(2
　　건), 日月鑛山(2건) 등 8건이다. 융자명령은 원칙상 일본정부가 상환을 보증하
　　는 것이기 때문에 사업체의 민족별 구분과 상관없이『書類』에 나와있는 융자명
　　령 대출건은 이후에 상환되지 않았다면 대일청구를 위해 작성한『請求資料
　　表』에도 기록되어야 정상이다. 다만『請求資料表』를 작성하면서 책임자가 명
　　확히 한국인인 경우(端川鐵山, 李屋禧燮)는 제외했□ 것 같다.
52) ③, 135쪽.

가 멀었다. 그러면 왜 이런 복잡한 구조가 필요했을까. 이는 책임분산과 관련이 있을 것이다. 융자명령에 관여했던 누구나 대출한 돈이 상환되지 않는다는 것을 알았다. 융자명령이 있기 전부터 조선식산은행은 상환되지 않을 돈을 대출했으며, 그 액수가 늘어나자 부담을 느끼며 상급기구가 책임져주길 바랐다. 조선총독부 재무국은 그 책임의 일정부분을 주무국에 떠넘겼다. 은행측의 회고는 융자명령이 '총독부 또는 정부의 '명령'과 '반제보증(返濟保證)'이라는 점을 강조했으며,[53] 재무국측의 회고는 회사사정을 잘 아는 주무국과 은행측의 엄정한 사정을 강조했다. 융자명령의 복잡한 절차는 책임분산 과정이며, 그러한 거듭되는 분산과정을 통해 결과에 대해 무책임한 체계가 이룩되었던 것이다.

책임분산에 바탕한 무책임의 체계를 상징적으로 보여주는 것이 『서류』의 중역회의표에 찍혀있는 중역들의 도장이다. 기존 대출서류의 중역회의표에는 담임중역 1명과 한두 명의 이사가 도장을 찍었던 것에 비해, 『서류』 중 한 건을 제외한 나머지 전부에는 당시 본점 재근이사 4명(山口重政, 石川淸深, 瀨戶道一, 伊藤泰彬)[54] 전원이 날인했다.[55] 상환

---

53) 조선은행부총재 호시노(星野喜代治)는 융자명령에 대해 "물론 총독부의 명령대출이므로 그 返濟에 대해서는 총독부가 보증한다는 방침이었다"고 한다 (⑥, 4쪽).

54) 패전시 조선식산은행 이사는 山口重政, 石川淸深, 瀨戶道一, 根岸政四 4명으로 되어있다(閉鎖機關株式會社, 朝鮮殖産銀行 特殊淸算事務所, 『朝鮮殖産銀行役職員名簿』, 東京, 1956, 5쪽). 그런데 융자명령 서류에는 根岸政四 대신 伊藤泰彬의 도장이 찍혀있다. 山口重政의 회고에 의하면, 1945년 11월 30일 주주총회 때 자기만 남고 일본인 이사 중 石川淸深, 瀨戶道一, 伊藤泰彬이 사임했다고 했다('有賀さんの事蹟と思い出'編纂會, 『有賀さんの事蹟と思い出』, 東京, 1953, 357쪽). 조선식산은행에서 8월은 통상 임기가 만료된 이사의 교체시기이므로 根岸政四 대신 伊藤泰彬이 이사로 임명된 것인지, 아니면 다른 이유가 있는지 명확하지 않다.

55) 중역회의표에는 보통 담당부서 기안자, 주무과장, 비서역, 이사, 담임중역, 은행장(頭取), 감리관, 감사가 날인했는데, 융자명령 서류는 기존 대출서류와 비교해볼 때 이사진 전원의 날인과 함께 '기안라인' 간소화를 특징으로 꼽을 수 있다. 기존 대출서류가 기안자 2명 이상, 주무과장 여럿이 날인했던 반면 융자명령 서류는 대부분 기안자 1명, 주무과장 1명이 날인했다. 이는 신속한

이 상정된 대출서류보다 상환되지 않을 대출서류에 더 많은 이사의 도장이 찍혀있다는 역설은 날인의 의미가 상식과 다름을 뜻한다. 은행 안에서 융자명령을 주도했던 야마구치(山口重政) 이사와 특별금융부원은 책임을 분산·회피하기 위해 공모자가 필요했으며, 서류에 이사 전원의 도장을 받음으로써 그들의 동의를 얻었거나, 얻었던 것처럼 기록을 남겼다.[56] 서류에 날인된 다른 도장들과 마찬가지로 이사 전원의 도장도 '공모에 동참한다'는 의미이지 결코 결과에 대해 책임진다는 의미는 아니다.[57]

처리를 위한 것이었겠지만 그만큼 내용검토가 부실해질 여지가 많다. 이밖에 융자명령 서류에는 감리란과 감사란이 비어있는데, 총독부에서 파견된 자가 날인하는 감리란은 첨부서류에 주무국장의 날인, 융자를 명령하는 재무국장의 날인이 있으므로 필요하지 않았을 것이다. 감사가 융자명령 결정회의에 참여하지 않았거나 감사절차를 밟지 않았기 때문일 것이다. 또한 융자명령 당시 은행장은 병으로 은행을 비웠기 때문에 날인이 없으며, 은행장란에 담임중역인 야마구치(山口重政)가 대신 날인했다. 기존 대출서류에서도 은행장이 없는 경우는 담임중역이 대신 날인하고 나중에 은행장에게 '後閱'을 받았다.

56) 본인이 날인했는지 여부는 확인해봐야겠지만, 누가 찍었든간에 날인에 함축된 의미는 비슷할 것이다.

57) 이상의 책임분산과 무책임에 대해서는 辻淸明, 「日本における政策決定過程－稟議制に關聯して」, 『新版 日本官僚制の硏究』, 東京大學出版會, 2001(제13刷, 초판은 1969), 155~172쪽에서 시사를 받았다. 그는 일본정부 및 사적 기구에서 중요한 의사결정방식으로 이용되는 품의제의 특징으로, 첫째 능률저하, 둘째 책임분산, 셋째 지도력 부족을 지적했다. 책임분산과 관련하여 그는 일본의 관청이 "무책임의 체계"라 불리는 이유가 품의제라는 독특한 의사결정체계에 있다고 보았다. 융자명령 자체가 품의제에 의해 결정된 것은 아닐지라도 당시 조선총독부 및 조선식산은행을 비롯한 금융기구의 의사결정체계는 기본적으로는 품의제였으며, 융자명령 시행절차는 무책임의 체계를 상징적으로 보여준다. 조선식산은행 특별금융부원 니시(西邦男)는 융자명령에 관해 "나의 기억으로는 대체로 20일부터 일주간 정도에 했다고 생각한다. 특히 일단 稟議書도 쓰고 이 기간은 이 처리에 바빴"다고 한다(⑪, 77쪽).

3. '융자명령'의 봉합과 한국인 행원의 방관

복잡한 책임분산과 회피만으로 무책임의 체계가 완성되는 것은 아니다. 일단 외부의 책임추궁으로부터 보호되어야 한다. 미 점령군은 9월 15일 총독부 각 국장을 해임하여 고문으로 잔류시키고, 18일 새로운 책임자를 선정했는데, 재무국장에는 고든(Charles J. Gordon) 중좌가 임명되었다.[58] 미즈타는 고든의 "호의적 보호"를 받으면서 8·15 이후 각종 자금유용 및 비리사건에 대해 자신과 일본인을 변호했다.

미즈타가 직접·간접으로 연루되거나 혐의를 받은 사건을 나열해보면 전매국의 아편처분, 조선은행 등 금융기관의 융자, 김계조사건, 회계과의 관리 귀향여비 일본송금, 기밀비 지출 등이며, 총체적으로는 통화남발에 의한 재계교란죄로 추궁을 받았다.[59] 그의 많은 회고담, 특히 8·15 전후에 관한 것은 대부분 이런 사건에 대한 자기합리화인데, "관례였다", "어쩔 수 없었다" 등으로 변호하며, 재계교란죄에 대해서는 오히려 인플레이션 억제를 위해 노력했다는 점을 부각시키고 있다.[60] 변호논리 중 하나는 유용된 자금을 일본인만이 아니라 한국인도 받았으며, 따라서 한국인에게도 이익이었다는 점이다. 특히 조선은행과 조선식산은행에서 한국인에게도 퇴직금을 주었는데, 그것을 상환하라고 하면 "조선인을 선동하게 된다", "조선인에게 원망을 듣는다"고 설득하여 결국 미국인 책임자들은 은행의 퇴직금 건은 더이상 문제삼지 않았다고 한다.[61]

---

58) 『매일신보』 1945년 9월 15일자, 「하지, 총독부 수뇌부를 해임」 ; 『매일신보』 1945년 9월 18일자, 「아놀드, 각 국장 새로 임명」 ; ③, 33쪽.

59) ①, 54쪽 ; ②, 134쪽.

60) 미즈타의 자기변호는 대략 1954년에 구술한 자료 ③의 第七話~第九話에 집약되어있다.

61) ③, 138, 155쪽.

미즈타가 유일하게 피해를 주었으며 자신에게 책임이 있다고 인정하는 부분이 융자명령이다. 융자명령은 명백히 금융기관에게는 결손이었다.[62] 그러나 그가 말하는 책임은 '결과에 대한 책임'의 의미는 약하다. 만약 '결과에 대한 책임'이었다면 대출된 자금이 상환되도록 노력했어야 하는데 그가 한반도에 있을 때나 일본에 돌아가서도 그런 활동을 했다는 증거는 아직까지 찾지 못했다.[63]

미즈타가 '나의 책임'이라고 했을 때 그 의미는 '결과에 대한 책임'보다는 공모했던 자들을 '결과로부터 보호할 책임'의 의미가 더 강한 것 같다. 결과로부터 보호, 즉 책임추궁의 차단은 진주한 미군을 상대로 설득과 공작을 통해 이루어졌는데,[64] 융자명령과 관련하여 중요한 문제는 조선은행 및 조선식산은행의 은행장 인선이었다. 재무국장 고든이 미즈타에게 한국인 중에 적당한 사람을 추천해주길 의뢰했으나, 미즈타는 "그것은 절대 좋지 않다. 조선인 중에도 뛰어난 인물이 있을지라도 이러한 시기에는 여러 가지 성가신 일이 생"기니 은행장은 "당신 쪽에서(미국인이-인용자) 해야 된다고 강력히 주장"했다고 한다. 그는 당시 자금유용으로 일본인 중역이 투옥된 금융조합의 예를 들며 "선은

---

62) ③, 139쪽.

63) 미즈타는 1980년 그동안 자신이 쓴 글을 엮어서 『落葉籠』이란 책을 간행했는데(비매품), '戰後の日韓關係問題'편을 보면 그는 일본을 돌아간 뒤 주로 재외일본인재산보상을 위한 조사활동에 종사했다(150~154쪽). 한일회담과 관련해서 그는 자신이 관계했던 同和協會(中央日韓協會의 前身)가 일본측 대표단에 대해 자료를 제공하고, "조선에 관한 올바른 인식을 주입하고 자신을 부여함으로써 회담의 유리한 진전에 다대한 기여를 했던 일은 망각되어선 안될 功德"이라고 했다(158쪽). 『請求資料表』를 보면 한국측 대표단이 일본에 요구한 청구액 중에는 미즈타가 발동한 융자명령으로 대출되었다가 미회수된 자금도 포함되어있었다.

64) 미즈타는 1954년경 회고에서는 결정권자가 조선총독이나 정무총감이 아니라 바로 자신이었다는 맥락에서 자신에게 책임이 있다고 했는데(③, 134쪽 ; ④, 33~34쪽), 1976년 조선식산은행원 출신 일본인들과의 간담회에서는 "최후는 총독부가 전부 책임을 지고 진주군과 교섭할 수밖에 없다는 결심을 했다"고 한다(⑪, 109쪽). 애초에 정치적으로 해결할 생각이 있었던 것 같다.

(조선은행 - 인용자)이나 식은(조선식산은행 - 인용자)의 중역들이 투옥되
는 일이 일어나면 큰일"이므로 "미군이 은행장이 되게 하여 불문에 붙
일 수밖에 없다는 것이 미군추천의 본심"이었다고 밝혔다.[65]

"여러가지 성가신 일"이란 무엇일까. 조선은행 및 조선식산은행이 8
·15 이후 각종 자금유용의 주된 창구였기 때문일 것이다.[66] 미군정청
은 10월 13일 조선은행장에 스미스(Roland D. Smith) 소좌를, 11월 11일
조선식산은행장에 로빈슨(Harry J. Robinson) 대위를 임명했다.[67]

다음은 부하직원에게 "군(君)은 아무 책임이 없으니 나의 말대로 하
라"며 부정대출을 독려했던 조선식산은행 이사 야마구치(山口重政)의
차례이다. 로빈슨 은행장은 취임 다음날(11월 12일)부터 그에게 조선은
행에서 차입한 자금의 이자지불과 정리에 대해 "문의"했다. 그는 조선
은행차입금은 "비상사태에 대한 응급처치"로서 "공안(公安)유지의 필요
상 거래된 것"이라고 말하며, 차입자금 중 융자명령에 속하는 "1억
3000만 원은 시국자금(時局資金)이므로 군정청에서 정리할 것"을 건의
하여 은행장의 쓴웃음을 샀다. 이에 굴하지 않고 그는 다시 "은행의 당
사자로서 요구하는 것은 어떨까 생각되지만 군정청 개설 기념에 정부
자금으로써 반제해주면 어떤가. 민중에게 호감을 주는 방법으로서는
가장 간단하고 가장 효과적일 것이다"고 하여 다시 로빈슨의 쓴웃음을
자아냈다.[68]

야마구치가 남긴 일지에 의하면, 융자명령 문제는 해를 넘겨 1946년

65) ⑪, 111쪽.
66) 조선은행 부장급들은 10월과 11월 사이에 자금유용으로 총독부 관리들이 연
　　행되자 전전긍긍하며 빨리 부장에서 해임되어 "無罪放免"되기를 바랐다(⑧ -
　　2 제2집, 59~60쪽).
67) 『朝鮮銀行史』, 744~746쪽. 반면 조흥은행(10월 6일), 조선상업은행(10월 13
　　일), 朝鮮無盡株式會社(11월 1일), 조선저축은행(11월 28일)에는 모두 조선인이
　　책임자가 되었고, 이미 9월에 조선인 나름의 중앙위원회를 결성했던 조선금융
　　조합연합회는 미국인이 책임자가 되었다(11월 25일).
68) ⑪, 9~11쪽.

2월경에 가서야 미군측을 완전히 설득하여 불문에 붙이게 되었다. 조금 길지만 설득의 논리를 잘 보여주기 때문에 2월 5일자 일지의 내용을 인용해보겠다.

종전 퇴직금 등의 지불을 위해 명령융자로 대출했던 1억 3,000만 원이 화제에 오르다. 조선총독부가 회사, 기타 단체 역직원(役職員)의 퇴직금 등을 지불하는 자금의 차입에 대해 융자명령을 낸 것은 도리에 맞지 않다는 것이다. 이에 대해 다음과 같이 설명하다. ① 조선에 본사가 있는 회사, 기타 단체의 일본인 역직원은 퇴직하고 인양되지 않으면 안된다. ② 퇴직자에 대해 퇴직금을 지불하는 것은 회사단체 등의 규칙에 정해져 있는 것이다 ③ 종전 직후에는 소련군이 진주한다는 유언이 있었는데 일본인보다도 조선인이 위협을 느꼈다. 예금의 취부(取付), 퇴직금 지불요구는 일본인 이상으로 강하게 요구하고, 요구관철을 위해 일본인 역원(役員)을 강박한다거나 감금하는 바도 적지 않았다. 뿐만 아니라 저장물자를 도취(盜取)한다거나 설비조차 파괴하려고 하는 불온한 형세를 보이는 상황이었다. 이 위험한 정세들을 진정시키는 것은 정부가 해야 될 것이라고 생각하여, 융자명령은 내가 총독부에 요청한 것이다. 총독부는 좀처럼 허가해주지 않았다. 8월 22일 소림광업주식회사 사장 고바야시(小林采男) 씨로부터 상동광산(上東鑛山, 텅스텐)의 광업소장 기시(岸公平) 씨가 종업원에게 강박되어 어쩔 수 없이 자금조달을 위해 광산을 출발했지만 8월 20일 제천이라는 곳에서 무단하산에 책임을 느끼고 자결했다는 보고가 있었다. 희생자가 나오는 지경에 이르러서는 하루도 유예할 수 없다고 당국에 대해 더욱 강하게 간청하고, 그 결과 마침내 명령융자가 행해졌던 것이다. ④ 일반대중은 부화뇌동성이 있으므로 어딘가 1개소에서 파괴행동이 일어나면 전국적으로 폭동화하는 것은 틀림없다. 폭동이 일어난다면 그것에 의한 손해는 막대한 것이다. 또한 그 진압에도 거액의 비용이 지출되어야 된다. 이 손해액, 진정(鎭定)비용은 조금 견적해봐도 몇 억이 될 것이다. 1억 수천만 원으로 사고없이 경과한 것은 싼 것으로 기뻐해야 할 것이 아닌가. 이후 이 문제에 대해 언급한 적은 없었다.[69]

융자명령은 불온한 조선인 때문에 시행할 수밖에 없었다는 인상을
심어주고 있다.[70] 그러나 인용문에서도 드러나듯이 융자명령은 일본의
패전과 그로 인한 일본인의 퇴각 때문에 발생한 것이다. 조선인이 일본
인 책임자를 강박했다면, 그것은 그렇게 하지 않으면 자신들에게는 "규
칙" — 미불임금이나 퇴직금 지급 — 이 적용되지 않으리라는 판단 때
문이었을 것이다.[71] 이러한 맥락은 생략한 채 조선인을 폭도로 몰고,

---

69) ⑪, 14~15쪽. 야마구치의 진술과 반대되는 자료도 상당수 있다. 38선 이남
에서 8월 15일부터 9월 9일까지 총예금 54억 원(일본인 예금분 43억 원, 조선
인 예금분 11억 원) 중 절반이 줄었는데, 일본인 예금은 28억 원이 감소했고
조선인 예금은 1억 원 증가했다는 통계가 있다(朴克采・尹行重・張基榮・金
永徽, 「通貨問題를 中心으로」, 『朝鮮經濟』 1‐1, 朝鮮經濟社, 1946. 1, 13쪽).
또한 小林鑛業(株) 달성광업소에서는 일본인 소장이 발동기 전부(약 50개)를
매각하고 도주하여 현재 가동불능상태에 빠졌다고 한다(朝鮮殖産銀行, 「(연도
미상)12. 31. 小林鑛業株式會社 現況調査書」, 『小林鑛業株式會社關係書類』).

70) 이런 주장은 8월 20일 전후로 조선총독부 및 조선군이 남쪽에 미군이 진주
한다는 것 알게 되면서 취한 정책과 맥락을 같이 한다. 당시 조선총독부는 한
국인에 대해서는 강경정책으로 선회하고, 진주하는 미군에게 대해서는 조선
을 공산주의에 물든 위험지대로, 한국인을 폭도로 선전하면서 안전한 신・구
지배자간의 인수인계를 위해서는 경험있는 일본인에 의지할 것을 권유했다.
이에 대해서는 주 5)의 李景珉 및 李奎泰의 논문 참조.

71) 이런 판단은 자신들에게는 일본인과 다른 규칙이 적용되는 다년간의 식민지
경험을 통해 우러나온 것이며, 패전 이후 일본 국내에서 많은 회사가 한국인
광부나 노동자에게 임금이나 퇴직금을 제대로 지불하지 않았다는 점으로 볼
때 그렇게 틀린 판단은 아니다. 물론 일본인이나 일본인 회사가 한결같지 않
다는 점에 유의해야겠지만, 한국인의 퇴직금이나 미불임금이 조선에서는 신
속히 지급되고 일본에서는 현재까지도 지급되지 않고 있는 것은 규칙이 아니
라 '힘의 논리'가 지배하기 때문이다. 일본의 한국인과 마찬가지로 패전 이후
조선의 일본인은 고립된 섬이었다. 조선에서 일본인이 한국인에게도 퇴직금
을 지불할 수밖에 없었던 것은 패전으로 인한 '힘의 역전'에 따른 것으로 볼
수 있다. 그러나 8・15 이후 조선의 일본인과 일본의 한국인이 같은 처지는
아니었다. 일본에서는 주로 본인이 아니라는 이유로 한국인의 미불임금, 퇴직
금 등이 지불되지 않았는데, 조선에서는 일본인 임금, 퇴직금 등은 대체로 본
인이 없더라도 일괄적으로 지불하여 일본으로 송금했으며, 때로 그런 돈이 지
급되었는지 모르는 사람도 있었다(小林鑛業東京支社 池之上(談), 「小林鑛業ノ
從業員對策」, 1945. 12. 5 ; ⑪, 78쪽). 일본내 한국인 노동자의 미불임금 문제
에 대해서는 古庄正, 「强制連行・未拂金はどのように沒收されたか—個人の

따라서 융자명령은 일본인의 생명(나아가 미군의 생명)을 보호하고 미군의 수고를 덜어주는 치안유지비였다는 전도된 논리를 펴고 있으며, 결국 융자명령의 책임은 더이상 추궁되지 않았다.[72]

무책임의 체계는 책임추궁이 차단됨으로써 보호되지만, 궁극적으로는 방관과 묵인을 통해서 완성된다. 조선식산은행의 특별금융부가 한국인 행원에게 인계되었던 것은 9월 중순 무렵이라고 한다. 와타나베(渡辺弘人)는 특별금융부가 "전후 다망(多忙)"하여 가장 인계가 늦었고, "산업금융부의 김진형(金鎭炯) 씨가 부하 수명을 데리고 와서 원만히 인계했다"고 한다.[73] 그런데 『서류』의 조일광업 건은 10월 5일 중역회의를 열어 10월 2일 대출된 것을 추인한 것으로, 이전과 같이 중역 4명의 날인이 있다.[74] 9월 27일 미군이 은행을 접수하기 시작한 이후에도 융자명령이 발동되었던 것이다. 『청구자료표』를 보면 1945년 말까지 일본인 관련 미회수대출이 계속되고 있어, 11월 11일 로빈슨이 은행장으로 취임한 이후에도 부정대출이 간헐적이나마 지속되었음을 알 수 있다.

한국인에게 업무가 인계되기 시작한 후에도 융자명령 또는 부정대출이 지속되었다는 것은 한국인 은행원의 묵인 내지 방관이 있었다는 점을 시사한다. 대규모 자금이 유용되고 있었으며, 따라서 가장 시급히 접수해야 할 특별금융부를 가장 늦게 인수했다는 것도 융자명령에 대한 한국인의 방관을 의미하는 것은 아닐까. 현재까지 조사한 바에 의하

財産權と國家・企業」, 『日本企業の戰爭犯罪』(古庄　正・田中　宏・佐藤健生 等), 創史社, 2002. 12 참조.

72) 이상 미즈타나 야마구치의 회고대로 미군이 일본인의 주장에 일방적으로 동의하거나 동조했다고는 볼 수 없을 것이다. 그러나 적어도 결과를 놓고 볼 때 미군은 진주한 지역을 장악하기 위해 최대한 구식민통치자들의 경험을 이용했고, 자신의 지배력에 손상이 가지 않는 범위에서 그들을 대우하고 그들의 의견을 받아들였던 것 같다.

73) ⑪, 80쪽.

74) 기안자는 특별금융제2부 山谷淸一이며, 주무과장란에는 若松逸 외 1명이 날인했다.

면, 당시 조선식산은행이나 조선은행의 한국인 은행원으로서 융자명령
에 대해 회고하는 자는 거의 없다. 당시 조선식산은행원이었다가 퇴직
한 최영철(崔英澈)[75]이 『조선경제(朝鮮經濟)』에 쓴 글이 거의 유일할 것
이다.

　일인(日人)의 의식적 경제교란책의 중심이었든 지폐남발 …… 식은은
이 책임의 삼분지일을 져야 할 행위를 했다.…… 조선민족의 입장으로서
는 '부정(不正)'에 속하는 지불을 하야 도합 10억을 초과하는 유통량을
방출했다. 그 금액은 8·15 이후의 초과유통량의 약 삼분지일 …… 이러
한 부정행위를 저지치 못한 데 대해서는 두 가지 점을 확인할 필요가 있
다. 그것은 한가지는 조선인직원위원회(朝鮮人職員委員會)가 당시 구성되
어잇섯스나 이것을 저지할 만큼 유력치 못했고 활동이 미약했다는 자기
비판할 필요가 잇다. 이 당시에는 외부적 힘을 기대치 못할 때인 만큼
위원회는 자력으로 일인의 행동을 감시해야 했을 것이다. 그러나 재무국
장의 융자명령이니까 어찌할 수 없이 대부를 묵과하는 수밖에 없었다
하는 것은 용기의 부족을 말하는 이외의 아무것도 아니다, 또한 백만 이
백만이 더 나가도 구우(九牛)의 일모(一毛)라 하야 방관하였든 태도도 타
기(唾棄)할 것이었다.(고딕강조는 인용자)[76]

　조선식산은행 및 조선은행의 한국인 은행원으로서 당시 8·15 직후
받은 퇴직금에 대해 언급하는 회고도 거의 없다. 현재까지 조사한 바로
는 조선식산은행행우회 잡지 『무궁(無窮)』에 한 은행원이 아내의 입을
빌려 언급한 것이 유일하다.[77] 앞의 주요일지(<표 4-6>)를 보면, 조선

75) 최영철에 대해서는 이 책의 제4부 3장 주 20) 참조.
76) 崔英澈, 「産業機關·批判과 展望 殖銀論」, 『朝鮮經濟』 1-1, 朝鮮經濟社,
　　1946. 4, 18~19쪽. 그는 다른 자리에서 일반론이지만 "주체적 역량은 부족했
　　다"고 자인하며 최선의 방법은 "접수"였다고 한다(崔英澈, 「産業界의 諸樣相」,
　　『朝鮮經濟』 1-5, 朝鮮經濟社, 1946. 9, 21쪽).
77) 해방 이후 물가고로 인한 생활난을 호소하는 이 글은 남편과 아내의 대화로
　　이루어져 있다[李種遠(통영지점), 「生活考」, 『無窮』 1-5, 1946. 10, 6~7쪽].
　　안해 : 조선은 국제적으로는 전승국의 지위에 있다 하지만 국민생활은 패전국

식산은행은 이미 8월 16일경 1년분 임금, 퇴직금, 이직수당을 지불했다.[78] 조선식산은행의 제55기(1945. 4~9) 손익계산서를 전기와 비교해 보면, 손실부문에서 가장 많이 증가한 것은 '여비'로 전기에 비해 9.41배 증가하여 274만 8,792원을 기록했고, 다음이 '잡손'으로 4.28배 증가하여 837만 3,186원을 기록했다. '급료'는 77만 1,982원으로 1.3배 증가했을 뿐이다. 아마 8·15 이후 지불되었던 퇴직금 등은 '여비'나 '잡손'으로 처리되었을 것이며, 그 중 일정부분은 조선인 은행원에게도 돌아갔다. 은행은 제55기에 950만 2,932원의 순손실을 보았으며, 자료가 남아있는 제57기 1946년 9월까지 이익금을 남기지 못했다.[79]

융자명령 또는 이 시기의 자금유용과 관련된 회고의 양에서 일본인과 한국인은 큰 차이를 보인다. 한쪽은 끊임없이 기억을 되새기며 자기변호를 반복하고 있는 반면, 다른 한쪽은 거의 입을 다물고 기록을 남기지 않았다. 조선식산은행, 그 이후 한국산업은행에 근무했던 사람들을 인터뷰하다 보면 대부분 기록을 남기기 거부하면서도 간혹 "일본인이 있을 때는 금융사고가 한 건도 없었어. 다 해방 후에 조선인 책임자

___

보다 더 참혹하지 않수.

남편 : 말이 좋와 전승국의 지위지 그렇나 물가는 보통 삽십 배 내지 백배 이상을 올라 있구…

안해 : 그렇면 금년에는 어떻게 살아나갈 작정이요. **작년에는 퇴직금도 있어 겨우 견디기는 했지만** 참 큰 일이우…

남편 : … 대체 우리집 살림살이에 최소한도 어느 정도의 수입이 필요한가 우리 原價計算을 한번 해볼까… 한달 … .4,313원 …

안해 : 아이구 지금 수입의 3배 아니우. 이것저것 다치면 꼭 5배는 될 것애요

남편 : 글세 생활비의 오분지일의 수입으로 생명을 유지하는 것도 참 이상하다

안해 : **그래 해방 후에 은행서 나온 돈하고 집판 돈하고 다 까먹지 않었오.** …
(고딕강조는 인용자)

78) 이 중 이직수당은 일본인에게만 지급한 것으로 일괄적으로 일본에 송금했다. 이외에도 8월 25일에서 9월 5일 사이에 비밀리에 인사부를 중심으로 2차 퇴직금 지불을 준비했으나 성사되지 못했다고 한다(⑪, 78~79쪽).

79) 이상 수치는 朝鮮殖産銀行計算課, 『貸借對照表·損益計算書·財産目錄 合帳』에 의거함.

가 되고 나서 생겼어"라고 하는 경우가 있다. 이 장에서 보듯이 일본인이 있을 때도 부정사건은 있었다. 물론 일본인이 물러간 뒤에도 현재까지 부정사건은 끊이지 않고 일어난다. 당시 한국인 은행원의 묵인이 무책임의 체계를 완성시켰다면, 그 후 기록의 부재, 자기성찰의 결여가 무책임의 체계를 재생산한 것은 아닐까.[80]

1945년 8월 말부터 조선총독부가 융자명령을 내리고, 그에 의거하여 조선은행과 조선식산은행 등이 민간사업체에게 일본인 퇴각자금을 융통했다. 융자명령과 관련된 사람들은 이것이 상환되지 않을 부정대출이라는 것을 알고 있었다. 그럼에도 민간사업체는 갚지도 않을 퇴각자금을 요구할 수 있었고, 총독부는 이에 응할 수밖에 없었다. 이는 상황이 긴박했던 탓도 있었지만, 8·15 이후 계속된 총독부의 방만한 자금유용이 있었기 때문이다. 더욱이 은행은 8·15 이후 증대하는 부정대출에 대해 책임을 회피하는 방법으로서 융자명령을 원했다. 결국 자금유용이 또 다른 자금유용을 낳았던 것이다.

조선식산은행의 경우를 보면, 조선은행에서 차입한 자금을 바탕으로 약 1억 3,000만 원의 융자명령을 실시했는데, 8월 말부터 미군이 진주하기 직전인 9월 초까지 집중적으로 융자되었으며, 진주한 이후에도 간헐적으로 지속되었다. 융자명령절차는 보통의 융자절차에 비해 총독부의 심사과정, 그것도 주무국과 재무국의 이중 심사를 거치게 되어있어 복잡하며, 따라서 외견상 엄정하고 공정했던 것처럼 보인다. 그러나 절차의 실제 내용은 엄정함이나 공정함과는 거리가 멀었다. 이런 복잡한 절차는 책임분산의 과정이며, 결과에 대해서는 무책임한 체계를 낳

---

80) 조선식산은행 내부에는 분명 최영철과 같은 부류의 반성적, 자기성찰적 흐름도 있었으며, 주위의 냉소를 받으면서도 대일청구를 위한 자료를 조사·준비했던 은행원도 있었다[金南璿(서울지부 심사부), 「對日賠償問題와 當行」, 『無窮』 3-1, 1948. 2, 23쪽]. 이런 사람들 덕택에 『書類』가 남고 『請求資料表』가 작성될 수 있었을 것이다. 8·15 이후 조선식산은행 내에서 벌어진 식민지 경험과 향후 진로를 둘러싼 갈등에 대해서는 이 책의 제4부 3장 참조.

았다.

무책임의 체계는 외부로부터 오는 책임추궁이 차단됨으로써 보호되었다. 이를 위해 총독부 재무국장은 주요 자금유용의 창구였던 조선은행과 조선식산은행에 미국인 은행장이 임명되도록 공작했으며, 은행 내에 잔류했던 일본인 중역은 미국인 은행장을 상대로 융자명령의 불가피성을 설득했다. 또한 무책임의 체계는 조선인 은행원의 방관을 통해서 완성되었다. 그들은 일본인의 행동을 감시하고 견제하기보다는 명령이니 어쩔 수 없다는 태도를 취했다.

식민지 및 점령지에 있는 일본인의 재산은 침략에 대한 배상으로서 연합국의 결정에 따라 인도하게 되어있다. 그런데도 한반도에서 일본인은 재정 및 금융기구의 지원을 받으며 자기재산을 챙겨갔으며, 이는 독립국의 경제적 토대를 허약하게 만든 원인이 되었다. 최선의 방법은 일본인의 이런 움직임에 대해 효과적인 통제를 가하여 재산을 동결시키고, 그들을 조직적으로 안전하게 송환시키는 것이었다. 일본인이 재산권 상실에 따라 입은 손해는 일본국가와 풀어야 될 문제이다. 이렇게 하지 못한 데는 여러가지 이유가 있겠지만 당시 자금유용의 현장에 있었던 한 은행원 출신의 말대로 주체적 역량이 부족했기 때문이다. 이 장에 나오는 은행과 은행원을 볼 때 독립은 덜 준비되었던 것이다.

제3장 해방 이후 정세변화와 은행원의 식민지 기억

1. 식민지 경험과 기억

이 장의 일차적인 목적은 식민지배를 겪은 식산은행원이[1] 자신의 경험을 기억하는 방식과 그 내용을 살펴봄으로써 '한국산업은행사'에 나타난 식민지 인식틀이 어떻게 형성되었는가 밝히는 데 있다. 1954년에 설립된 한국산업은행은 사람이나 업무면에서 일제의 정책금융기구였던 조선식산은행을 이어받았으며, 이는 누구보다도 '한국산업은행사' 집필자들이 잘 알고 있었다.[2] 그런데 '한국산업은행사'에서 일제시기를 다룬 부분을 보면 '일본제국주의 일반은 비판하되 조선식산은행과 연결시키지 않는다', '조선식산은행의 역사에서는 풍부한 경험과 기술만을 강조한다'는 인식틀을 발견할 수 있다.[3]

이러한 자기성찰이 동반되지 않는 선택적 기억은 현재 한국사회에서 쉽게 발견할 수 있는 과거를 대면하는 방식 중 하나이다. 과거를 정직하게 바라보지 않고서는 미래를 제대로 만들어 갈 수 없다는 상식적인 문제의식을 바탕으로 위와 같은 과거대면 방식의 형성과정을 해방 이

---

1) 1918년에 설립된 조선식산은행은 1950년 '한국식산은행'으로 명칭을 바꾸었다가 1954년 '한국산업은행'으로 전환되었다. 이 장에서 은행을 지칭할 때는 해당시기의 은행명을 따랐으며, 은행원을 지칭할 때는 '식산은행원'으로 통일했다.

2) 韓國産業銀行十年史編纂委員會, 『韓國産業銀行十年史』, 韓國産業銀行, 1964, 57쪽

3) 위의 책, 23~24, 31~32쪽. 『韓國産業銀行二十年史』(1974년), 『韓國産業銀行三十年史』(1984년)도 동일한 인식틀에 따라 서술되었으며, 『韓國産業銀行四十年史』(1994년)에 와서야 처음으로 짧게 조선식산은행이 일제의 식민통치 수단이었으며, 식민지 경영전략에 편승하여 성장했음을 밝히고 있다(韓國産業銀行, 『韓國産業銀行四十年史』, 1994, 37~40쪽).

후 식산은행원의 식민지 기억을 통해 고찰해보겠다.

한편 식산은행원은 '맨파워성장론'의 예로 자주 등장하는데,[4] 이 장은 식민지 기억을 조명함으로써 식산은행원이란 인간군(群)의 성격을 밝히는 데 도움이 되고자 한다. '맨파워성장론'은 인간을 생산요소의 하나로 파악하여 양적·기능적으로 접근한다는 한계를 갖는다.[5] 한 인간군의 정체성이나 성격을 종합적으로 파악하기 위해서는 양적·기능적 접근을 넘어 다양한 방법이 개발될 필요가 있다. 근래 역사적 접근 방식의 하나로 식민지경험에 관한 연구가 진행되고 있는데,[6] 경험 자체에 대한 천착은 필요하지만 경험만으로 특정 인간군의 성격이 형성되는 것은 아니다. 경험에 대한 기억 또한 성격형성의 한 과정이고, 그 자체가 성격의 한 단면을 나타낸다. 이런 차원에서 식산은행원이 식민지를 어떻게 기억했는가 살펴보고자 한다.

주요 분석대상인 『무궁(無窮)』은 1946년 초부터 1953년 말까지 행우

---

4) '맨파워성장론'은 일제시기에도 자의든 타의든 조선인의 개발이 있었으며, 이러한 인적 유산이 8·15 이후 경제성장의 바탕이 되었다는 주장이다. 식산은행원은 Karl Moskowitz의 연구에 의거하여 '맨파워성장'의 대표적인 예로 거론된다[The Employees of Japanese Banks in Colonial Korea, Harvard University Ph.D. Thesis. 1979. 이하 인용쪽수는 일어번역본(殖銀行友會 譯, 『植民地 朝鮮における日本の銀行の從業員達』, 1986)에 따름]. '맨파워성장론'과 Karl Moskowitz의 연구에 대해서는 지수걸 외, 「토론 : 식민지사회론의 제문제」, 『역사와 현실』 12, 1994 ; 정재정, 「일본자본의 침투와 경제구조의 변화」, 『한국역사입문③ 근대·현대편』, 풀빛, 1996 ; 최원규, 「전시수탈경제·민족말살정책·강제연행」, 같은 책 참조.

5) 지수걸 외, 앞의 글, 98~102쪽. 특히 다음 지적에 공감한다. "(파워성장론에서) 한 가지 주목되는 것은 대개 노하우의 체득을 강조할 경우 공장기숙사 생활을 통한 규칙적 생활습관, 단체생활 규율습득, 학습과 경험을 통한 기술능력 향상 등 테크노크라트 측면을 거론하면서도 노동운동 등 대중운동이나 독립을 찾는 투쟁을 통해 자립적인 인간으로 깨어나는 민주적 훈련 같은 보다 상위의 가치개념은 전혀 거론하지 않는 편향성이다"(101쪽).

6) 대표적인 것으로 김진균 외, 『근대주체와 식민지 규율권력』, 문화과학사, 1997 ; 역사문제연구소편, 「특집 : 식민지경험과 박정희시대」, 『역사문제연구』 제9호, 2002를 들 수 있다.

회본부에서 행원의 친목도모와 교양을 목적으로 발행한 잡지이다.[7] 평론에서 시에 이르기까지 다양한 장르에 걸쳐 여러 삶의 모습과 식민지 기억을 담고 있는데, 이 중에서도 뚜렷이 주장이 담겼다고 생각되는 기억에 주목했다. 기억을 하고 그것을 남에게 전하는 것은 고도의 정치적 행위이기 때문에 정치적 국면전환과 밀접한 관련을 맺는다. 『무궁』의 전호를 입수하지 못해 세밀히 시기를 구분하기는 어렵지만, 국면이 전환되는 정부수립과 한국전쟁을 경계로 세 시기로 나누어서 식민지 기억의 흐름을 분석하겠다.

2. 8·15와 자기반성의 대두(1945. 8~1948. 8)

해방 이후 1945년 말까지 조선식산은행에도 여느 직장처럼 변화가 일어났다. 8·15 직후 한국인 행원은 접수위원회를 조직하여 일본인에게 업무를 인수받았으나,[8] 9월 초 진주한 미군은 9월 27일부터 일본인 중역의 자문을 받아가며 은행을 직접 접수했다.[9] 11월 11일 미군정 재무관 로빈슨이 은행장에 취임했고, 11월 30일 새 중역진이 구성됨으로써 주요 인사재편이 일단락되었다.[10]

---

7) 『無窮』은 국회도서관과 고려대학교, 연세대학교, 영남대학교의 도서관에 일부 소장되어있으며, 소장정보에 나와있는 호수가 실제 소장되어있지 않은 경우, 소장되어있어도 부분 파손된 경우가 적지 않다. 1946부터 1953년까지 총 7권이 나왔으며, 권마다 4~5호가 발행되었다. 필자가 입수한 '권-호수'는 1-1, 1-4~5, 2-1~4, 3-1~4, 4-1~4, 5-2~3, 6-1~4, 7-4이다.

8) 崔英澈, 「産業機關·批判과 展望 殖銀論」, 『朝鮮經濟』 1-1, 1946. 4, 17~22쪽 ; 殖銀行友會 編, 『朝鮮殖産銀行終戰時の記錄』, 1978, 20~22, 79쪽 ; 宋仁相, 『淮南 宋仁相 回顧錄 復興과 成長』, 21세기북스, 1994, 53~56쪽.

9) 殖銀行友會 編, 앞의 책, 6쪽.

10) 새 중역진은 다음과 같다. 이사 : 행내출신-張鳳鎬, 權石臣, 張慶煥, 金鎭炯, 행외영입-金丞植, 白樂承, 감사 : 행내출신-金寶永. 이들의 이력에 대해서는 이 책의 제4부 1장 <표 4-1> 참조. 한편 일본인의 기록에 의하면 미군의 자

조선식산은행의 접수과정에 나타난 특징으로 다음 두 가지를 지적할
수 있다. 첫째는 접수위원회가 갖는 '체제내적' 성격이다.[11] 접수위원
회는 건국준비위원회와 관련을 맺었으며, 한때 좌익계통이 헤게모니를
잡았던 것 같지만, 결국 별다른 충돌 없이 미군정에 포섭되었다.[12] 이
는 공공기관에 대한 미군정의 장악의지를 반영하는 것이기도 하지
만,[13] 접수위원회에 관여했거나 동참했던 은행원이 미군정이나 대한민
국정부 아래서 별다른 지장 없이 간부가 되었던 점은 접수위원회 자체
에 '체제내적' 요소가 있었음을 말해준다.[14]

둘째는 접수과정에서 한국인과 일본인 사이에 거의 충돌이 없었을
뿐 아니라,[15] 잔류한 일본인 중역 야마구치(山口重政)의 역할이 컸다는

문요청에 의해 1946년 3월까지 잔류했던 이사 山口重政도 유임되었다고 한다
(위의 책, 33쪽).

11) 김기원은 귀속사업체에서 벌어진 자주관리운동을 '위로부터의 자주관리운
동'과 '밑으로부터의 자주관리운동'으로 나누고, 전자는 종래의 기업운영체계
또는 종업원간의 위계질서가 유지되는 가운데 한국인 간부 또는 직원들이 중
심이 되어 기업체를 운영하려는 것으로, 변화된 상황에서 이전의 자본 - 노동
관계를 재구성하려는 '체제내적 자주관리'라고 평가였다(김기원, 『미군정기의
경제구조 - 귀속기업체의 처리와 노동자자주관리운동을 중심으로』, 푸른산,
1990, 84쪽).

12) 宋仁相, 앞의 책, 53~55쪽.

13) 미군정은 1946년 초까지 귀속대상사업체의 절반 정도밖에 접수하지 못했지
만, 공공기관과 그에 준하는 기관, 전략상 긴요한 기업체 대부분은 이미 1945
년 9월에 접수를 완료하거나 접수절차를 밟았다(김기원, 앞의 책, 49~51쪽).

14) 8월 20~25일경 상업금융부 접수를 지휘했던 張慶煥과 9월 10~15일경 특별
금융부 접수를 지휘했던 金鎭炯은 11월 30일 새 중역으로 선임되었다(殖銀行
友會, 앞의 책, 78~80쪽; <표 4 - 1> 참조). 시기적으로 볼 때 이들의 접수활
동은 접수위원회와 관련되었을 것이다. 접수위원장이었던 李昌鍾도 1948년경
감정부장이 되었으며, 8·15 당시 안양예금취급소에 근무했던 송인상에게 접
수위원회 합류를 권유한 李成洙도 1950년경 증권부장이 되었다(編輯室, 「部長
고리짝 공개(얼굴과 人物評)」, 『無窮』 3 - 3, 1948. 8, 77쪽; 朝鮮殖産銀行, 『職
員名簿』(1950. 5), 20쪽]. 송인상 역시 1947년 5월 심사부장이 되어 1949년 11월
재무부 이재국장이 될 때까지 은행에 근무했다(宋仁相, 앞의 책, 493쪽).

15) 이를 상징적으로 보여주는 것이 10월경 한국인 상층그룹 10명과 일본인측
10명이 "재생식산은행의 핵심"이 되자며 가졌던 회합이다(殖銀行友會 編, 앞

점이다. 은행 접수는 로빈슨 은행장·한국인 간부와 야마구치 사이에 이루어진 상층의 정책적 인수인계와 한국인 행원과 일본인 행원 사이에 이루어진 하층의 실무적 인수인계로 나뉘어 진행되었다.[16] 이 중 상층의 인수인계를 주도한 야마구치는 신임중역 인선에도 간여했으며,[17] 미곡자금 방출·금리 개정·차입금 정리 등 금융현안 전반에 대해 자문하면서, 궁극적으로 일본인의 재산을 보호하고 미군접수 이전에 집중적으로 실시된 부정대출에 대해 변호했다.[18]

그러나 갈등과 불만이 없었던 것은 아니다. 접수위원회를 둘러싸고 한국인들 사이에 갈등이 있었으며, 송인상은 이를 좌익 대 우익, 비(非)실력파 대 실력파의 구도로 파악했다.[19] 반면 당시 심사부에 근무했던 최영철은 접수위원회의 주체적 역량이 부족했다며 일본인의 부정대출

의 책, 82~83쪽). 이를 회고한 일본인은 당시 쌍방이 "그러한 것이 가능한 듯 착각"했으며, 결과적으로 이러한 움직임 때문에 한국인 상층그룹의 지도자 朴奉魯는 은행장이 될 수 없었다고 한다. 은행 안에서 한국인과 일본인이 우호적이었다고 해도 상층그룹이 구상했던 '한일연합'이 용납될 수 있을 정도는 아니었다.

16) 정책적 인수인계에 대해서는 山口重政의 「終戰後朝鮮における經濟事情」(殖銀行友會 編, 앞의 책, 3~17쪽), 실무적 인수인계에 대해서는 中馬三郎의 「終戰から引揚げの記錄－特に證券部を中心として」(殖銀行友會 編, 앞의 책, 20~65쪽) 참조. 증권부 외에 상업금융부, 특별금융부, 심사부에서 이루어진 실무적 인수인계에 대해서는 殖銀行友會 編, 앞의 책, 78~80, 315쪽 참조. 심사부의 인수에서 "地位의 委讓, 繼續運營의 大綱, 機構에 관련된 절충"은 山口 이사와 한국인 간부후보자 사이에 이루어졌다고 한다.

17) Karl Moskowitz, 앞의 책, 192~193쪽.

18) 殖銀行友會 編, 앞의 책, 3~17쪽 ; 이 책의 제4부 2장 3절 참조. Karl Moskowitz는 '부드러운 인계'의 이유로 은행의 평등대우와 조화정책의 효과, 자질을 갖춘 한국인 행원들의 존재와 함께 양자의 이해관계가 일치했다는 점을 들고 있다. 일본인은 개인재산을 일본에 가지고 돌아가기 위해서 금융기관의 보전을 바랐고, 한국인도 폐쇄되어 알맹이 없는 은행이 아니라 강력하고 전향적인 조직을 인수하기 바랐다고 한다(Karl Moskowitz, 앞의 책, 188~189쪽). 그러나 일본인의 각종 재산유출은 은행의 부실을 초래했으며, 조선식산은행도 예외는 아니었다. 이에 대해서는 이 책의 2부 보론 ; 鄭泰憲, 「미군정 초기 각 금융기관의 부실채권과 預·貸 추이」, 『한국사학보』 6, 1999. 3 참조.

19) 宋仁相, 앞의 책, 53~55쪽.

을 방관했던 은행원들의 태도를 비판하면서, 갈등구조를 민족 대 반민족의 구도로 파악했다.[20] 또한 11월 30일 중역 선임에 관해 젊은 은행원들은 미군정의 편의대로 되었다며 "격한 감정"을 드러냈으며, 일부가 신문사에 "노예적 추행"이라고 투서하기도 했다.[21]

1946년 1월에 창간된 『무궁』의 단독정부 수립 이전까지 내용을 보면 시간이 지날수록 물가앙등에 따른 생활고, 힘겨운 소시민의 일상에 관한 것이 많아졌다. 이런 가운데 은행경영자측은 정치나 사상문제에 관해 언급하지 말 것을 요구했지만,[22] 은행원들은 곳곳에서 간접적으로 은유적으로 정치적 의견을 드러냈으며 좌익적 견해가 노출되는 경우도 적지 않았다.[23] 해방 직후는 "직장을 통한 구체적 독립운동과 현 직장

---

20) 崔英澈, 앞의 글(1946. 4), 18~19쪽. 『無窮』창간호에 「殖産銀行의 將來」를 쓴 崔英徹과 『朝鮮經濟』에 1946년에서 1947년까지 글을 기고한 崔英澈, 경성상업전문학교(서울상대)의 강사로서 전석담·허동과 함께 자본론을 번역한 崔英徹은 글의 내용이나 성향으로 볼 때 동일인물일 것이다. 당시 『朝鮮經濟』 발행에 간여했던 申鉉七翁도 3인이 동일인물이라고 증언했다(2002. 4. 3. 인터뷰). 朝鮮殖産銀行, 『退職者臺帳(其一) 1946』에 의하면 그는 1940년 東京商科大學을 졸업하고 그해 조선식산은행에 취직했으며 1945년 9월 19일 檢査役으로 승진했다가 1946년 1월 10일자로 그만두었다. 申鉉七翁은 그가 1946, 7년경 월북했던 같다고 했는데, 고려대학교의 『六十年誌』에 의하면 북한군이 서울을 점령한 뒤 "좌익운동을 하다가 監獄에 들어가 있던" 전 서울상대 강사 최영철이 고려대학교 "校責"으로 왔다고 한다. 이후 행적은 명확하지 않다(李基俊, 『韓國經濟學教育史研究』, 韓國研究院, 1982, 87, 193쪽 ; 임영태, 「북으로 간 맑스주의 역사학자와 사회경제학자들」, 『역사비평』 1989년 가을, 301쪽 ; 高麗大學校, 『六十年誌』, 1965, 294쪽).

21) 殖銀行友會 編, 앞의 책, 33, 41쪽.

22) 張鳳鎬, 「支店長會議重役訓示」, 『無窮』 1-4, 1946. 6, 14쪽 ; 無窮編輯室, 「原稿募集」, 『無窮』 1-1, 1946. 1, 16쪽. 반면 은행은 이승만의 도미외교활동비용 마련을 위한 모금에 참여했다(鄭秉峻, 『李承晚의 獨立路線과 政府樹立 運動』, 서울대 국사학과 박사학위논문, 2001, 252쪽).

23) 좌익적 경향을 보인 글로 자본주의 모순, 계급대립을 강조한 金錫起의 「우리 靑年은 그리고 우리 國家는」(『無窮』 1-1, 1946. 1, 35~36쪽), 희곡을 통해 은유적으로 모스크바3상회담 지지를 밝힌 蘇武八의 「생일날」(『無窮』 1-5, 1946. 10, 59~64쪽), "均等無階級民主主義 平等經濟社會"를 지향한 嚴翼埰의 「統制經濟의 必要性」(『無窮』 2-3, 1947. 9, 30~31쪽), 프롤레타리아 시인을

에 대한 사회공익성 여하, 독립운동 일반과의 관련규정 여하"를 고민하는 시절이었다.[24]

이 시기 『무궁』을 통해 본 은행원들의 식민지 기억 중에서 이후 시기와 대비해볼 때 두드러지는 점은 자기비판과 자기반성의 흐름이다. 창간호 편집후기를 보면 8·15를 계기로 "제일 먼저 과거의 과오와 잔재를 깨끗이 청산"할 것을 역설했고, 『무궁』도 일제시기 행우회 잡지였던 『회심(會心)』의 "연장이나 발전은 결코 아니"며, 관련이 있다면 "자기비판을 하는데서만" 그쳐야 한다고 했다.[25]

그런데 자기반성 차원에서 과거, 식민지시기를 본격적으로 대면했던 글은 창간호에 게재된 최영철의 「식산은행의 장래」가 거의 유일했다. 그는 "조선민족의 입장에서 우리의 직장이던 식산은행을 검토하고 그 장래가 어떠한 자태를 가져야 되겠다는 것을 말할 때"가 되었고, "과거를 청소하는 뜻으로 식은(조선식산은행-인용자)의 역사를 준엄하게 비판"해야 한다며 다음과 같이 포문을 열었다.

…… 과거의 식산은행은 일본제국주의의 식민지정책을 담당하던 금융기관이었다. 이제 우리의 입장에서 이렇게 설명하는 것은 용이한 일이고 의심할 여지가 없다. 그러나 한편에 일본제국주의의 대변자들이 잘 말했듯이 일본은 조선에 철도를 부설하고 항만을 축조하고 공장을 세우고 광산을 개발하고 학교와 병원을 세우는 등 많은 시설을 남겨주었다고 말한다. 따라서 식은도 많은 사업을 조성하고 다대한 공적을 남기었다고 찬양한다. 이렇게 보는 것은 옳은가. 이것은 그러한 시설의 혜택을 입은 사람만이 하는 말이다. 조선민중의 다수는 다만 그러한 시설로 해서 착취와 기만을 받았을 뿐이다. 식은이 어떠한 기구로 그러한 착취와 기만 정책에 가담하여왔는가.……[26]

옹호한 張泳暢의 「詩는 어데로 가는가」(『無窮』 3-2, 1947. 9, 10~13쪽) 등을 꼽을 수 있다.

24) 李秉彦, 「兄에게」, 『無窮』 1-5, 1947. 9, 5쪽.

25) 編輯室, 「編輯後記」, 『無窮』 1-1, 1946. 1, 49쪽.

그가 지적한 착취와 기만정책은 다음 두 가지였다. 첫째, 조선식산은행의 주식과 채권 대부분을 소유한 일본인에게 농촌의 고율소작료를 바탕으로 고율의 배당과 이자가 지불되었다. 둘째, 조선의 산업정책은 일본의 식민지정책에 예속된 것으로 조선 자체의 산업을 육성하는 것이 아니었는데, 조선식산은행은 그런 산업정책을 뒷받침했다.[27] 그가 은행을 그만둔 뒤에 쓴 「식은론」에서는 좀더 직설적으로 조선식산은행을 "조선농민의 고혈을 착취하던 직접적 기관", 전시기(戰時期)에는 "조선민족을 포함한 동아 약소민족을 군사적으로 지배, 억압하려는 목적을 보조하는 기관"이라고 했다.[28]

위의 인용문을 보면 8·15 직후에도 식민지배의 좋았던 점을 말하던 사람들이 있었음을 알 수 있다. 「식은론」에서도 최영철은 식민지시기 일본이 행한 "경제·문화시설만은 조선에 대해서 프러스"였다는 견해를 소개, 비판하는 것으로 글을 시작했다. 그는 식민지배를 긍정하는 자가 식자층과 조선식산은행의 "직접적 관계자" 중에 있으며, 이런 견해가 대중과 외국인에게 전파되는 것을 우려했다.[29] 8·15 이후 일제 잔재와 친일파청산이 시대적 과제로 제기되던 상황에서 식민지배를 긍정하는 의견을 공개적으로 말하기는 어려웠지만, 이런 견해를 가진 사람이 은행 안팎에 있었다.[30]

식민지배를 비판했다고 해서 다 같은 것은 아니었다. 8·15 이후 누구나 일제의 식민지배를 침략과 수탈이라고 쉽게 말할 수 있게 되었지만, 이를 자기 직장, 자기 삶에 비추어 자기성찰적으로 접근하는 경우

---

26) 崔英徹, 「殖産銀行의 將來」, 『無窮』 1-1, 1946. 1, 17~18쪽.
27) 위의 글, 18~20쪽.
28) 崔英澈, 앞의 글(1946. 4), 17~18쪽.
29) 위의 글, 19쪽.
30) 『無窮』에는 드문 경우이지만, '합방' 이후 식민지교육의 폐해가 있었을지라도 "진보 발달된 현대문명의 전영역에 亘한 표면적 추상면만은 우리가 습득할 수 있었던 것만은 부정 못할 사실"이라는 의견이 개진되기도 했다(李釜榮, 「新敎育方法論」, 『無窮』 2-4, 1947. 11, 19쪽).

는 드물었다. 『무궁』을 보면 일제에 대한 평가와 직장에 대한 평가가 모순되는 경우가 자주 눈에 띈다. 예를 들면 창간호에서 홍승희는 "과거 수십 년간 제국주의적 독점자본의 예속관계하에 지배받은 조선경제", "다년간 제국주의의 착취하에서 고뇌"를 말하면서도 식산은행원의 우수성을 지적하는 부분에서는 거리낌없이 "식은이 반도경제에서 주도적 역할"을 한 이면에는 "식은인에 의한 바 다대한 것이라고 확신한다"고 했다.[31] 조선경제를 예속과 착취로 규정하면서도 그 경제를 주도했다는 조선식산은행과 은행원의 기여는 자랑거리이다.

이런 측면에서 최영철의 자기직장에 대한 비판은 눈길을 끈다. 다만 그도 은행이 한 일을 말하는 것으로 충분했다고 생각했는지, 은행원이 한 일에 대해서는 언급하지 않았다. 『무궁』을 보면 식산은행원 대부분이 일제시기에 유년기와 청년기를 보냈기 때문에 소풍, 연애 등 다양한 기억을 술회하고 있지만, 자신이 은행에서 했던 일은 상대적으로 덜 소개하였으며, 더욱이 그 일의 맥락과 영향에 대해서는 언급하지 않았다. 간단하지만 "동물적 기계"였거나 "노예은행생활"이었다는 서술을 통해 타율적 존재였음을 암시할 뿐이다.[32] 일제시기 자신의 행적을 언급한 드문 경우로 김경진의 예를 들 수 있다. 그는 전시기에 일본의 정책수행을 지원하는 「불연속통신」을 『회심』에 게재했던 것에 대해 용서를 바랐으며, 다만 "해방이 이렇게 빨리 올지 몰랐다"며 어쩔 수 없었다고 기술했다.[33] 최영철은 식민지시기는 아니지만 앞에서 보았듯이 8·15

---

31) 洪升憙, 「解放朝鮮과 殖銀이 當面한 諸問題의 一考察」, 『無窮』 1-1, 1946. 1, 7, 15쪽. 홍승희는 뒤에 한국산업은행총재(1963. 12~1964. 12)가 되었다.

32) 金安在, 「所感 몇마디」, 『無窮』 1-4, 1946. 6, 38쪽 ; 金源來, 「나의 所感」, 『無窮』 2-1, 1947. 4, 53쪽.

33) 金慶鎭, 「連續通信－通信連續의 辯」, 『無窮』 1-1, 1946. 1, 28~29쪽. 金慶鎭은 1933년 경성고등상업학교를 졸업한 뒤 그해 조선식산은행에 입행하여 함흥지점장대리까지 승진했다. 8·15 이후 조선식산은행 계리부장, 재무부이재국장, 조선식산은행 이사, 서울신문사 이사를 지냈으며 한국전쟁시 '납북'된 것으로 알려진다. 그는 일제시기부터 은행 안에서 영어를 잘했던 것으로 유명

이후 융자명령 등 일본인의 부정대출을 저지하지 못하고 방조했던 한국인 행원들에 대해 자기비판했다. 반면 홍승희는 이 부분에 대해 "3천만 동포의 부의식(不意識)중에 일본의 의식적 조선경제교란책"이 일어났다고 기술할 뿐이다. 경제교란의 현장에 있었던 식산은행원을 불특정 다수인 "3천만 동포" 속에 숨겨 자기책임을 묻지 않았다.[34]

3. 정부수립과 부일협력 변호의 등장(1948. 8~1950. 6)

한국인 정부가 들어섰지만 생활고는 여전했고 내핍이 강조되었으며, "모든 일이 제대로 되지 않"는 "뒤죽박죽의 삶판"이었다.[35] 단독정부 수립은 두 가지 면에서 『무궁』에 영향을 끼쳤다. 하나는 불만과 비판이

하며, 8·15 이후에도 로빈슨 은행장의 통역을 담당했다(朝鮮殖産銀行行友會本部, 『會心』 1941. 10, 48쪽 ; 宋仁相, 앞의 책, 56, 89쪽 ; 內外弘報社, 『大韓民國人事錄』 1950년판, 1949, 22쪽).

34) 洪升憙, 앞의 글(1946. 1), 6쪽. 은행의 장래에 관해서도 최영철은 "민족을 위한 국영 산업은행"을 주장하며 그 전제조건으로 "일본제국주의적 유형무형의 잔재", "비민주주의적이고 비능률적인 관료주의" 청산과 "정실관계와 파벌적 행위" 배격을 들고 있다(崔英徹, 앞의 글(1946. 1), 21~24쪽]. 반면에 홍승희는 주로 기술적 측면에서 조선식산채권의 외채화, 외국환 업무, 일원적 증권업무를 은행이 개척해야 될 부분으로 꼽고 있다(洪升憙, 앞의 글(1946. 1), 12~13쪽]. 홍승희의 외채발행 구상은 조선식산은행이 채권발행을 통해 일본자금을 유입하는 주된 통로로서 기능했던 식민지경험에서 비롯된 것으로 보인다. 당시 지식인층의 경제건설론 대부분이 자립경제를 지향하며 자금조달방법으로 '원조=종속'이라는 인식 아래 국내조달을 구상했던 것과 대조적이다(배석만, 「해방후 지식인층의 신국가 경제건설론」, 『지역과 역사』 7, 2000, 111~112쪽). 현실에서는 제1공화국 초기에 재무부와 상공부 관료를 중심으로 경제성장을 위해 외자도입을 추구하게 되는데, 그 핵심관료는 조선은행, 조선식산은행 출신이었다(鄭眞阿, 「第1共和國 初期(1948~1950)의 經濟政策 硏究」, 『韓國史硏究』 106, 1999, 244, 255~259쪽).

35) 黃炳晙, 「經濟生活의 片片想」, 『無窮』 5-2, 1950. 3, 13~16쪽 ; 張致德, 「編輯後記」, 『無窮』 3-4, 1948. 11, 93쪽 ; 張致德, 「編輯後記」, 『無窮』 4-1, 1949. 3, 123쪽.

담긴 각론은 계속되었으나 총론 수준의 정치적 지향을 담은 글은 더 이상 등장하지 않았다. 이전 시기에 그런 고민의 편린을 보였던 사람들은 정부수립을 전후로 "자아로 회귀"를 선언하거나 "금융인으로서 분수를 지키자"고 했다.36) 다른 하나는 정부수립을 계기로 조선식산은행을 산업은행으로 전환시키려는 구상이 가시화되었다. 이 시기 『무궁』의 권두언 등에서는 조직의 목표로서 "산업은행 창설"이 자주 천명되었으며, 그 논리와 정당성을 소개하는 데 상당한 지면이 할애되었다.37)

전반적인 탈정치화 분위기 속에서 직장의 진로문제는 가장 뜨거운 화두였다. 산업은행 설립론의 요점은 당시의 인플레이션을 비롯한 경제문제의 근본은 생산위축이고, 생산증진을 위해서는 이를 금융면에서 지원할 산업은행이 필요한데, 산업금융의 경험이 있는 조선식산은행이 적임기관이라는 것이다.38) 당시 산업은행 구상에서도 일제에 대한 평가와 직장에 대한 평가는 엇갈린다. 조선의 광업은 "일본제국주의에게 강도적 착취를 맛보"았다고 하면서도,39) 일제시기 조선식산은행이 전개한 광업금융은 "절대로 실패하지 않"았다고 한다.40) 산업은행화를 위한 포석으로 광업금융의 경험을 강조했지만, 그것이 일제의 "착취"를 뒷받침했을 수도 있다는 점에 대해서는 눈감고 있다.41)

식민지경험을 지렛대로 독립국가의 산업은행이 되려 했지만, 그 식

---

36) 李秉彦, 「混沌속의 回歸」, 『無窮』 3-1, 1948. 2, 2~3쪽 ; 金錫起, 「賢言寓言」, 『無窮』 3-4, 1948. 11, 14~15쪽.

37) 金鎭炯, 「離任에 際하여」, 『無窮』 3-3, 1948. 8, 3~4쪽 ; 編輯室, 「卷頭에 題함 諦念과 躍動」, 『無窮』 4-1, 1949. 3, 2쪽 ; 姜源基, 「卷頭言 새봄을 맞이하여」, 『無窮』 5-3, 1950. 4, 4쪽.

38) 金禹根, 「鑛業一般試考」, 『無窮』 3-3, 1948. 8, 27~33쪽 ; 金南瑢, 「産業再建과 産業金融의 當面課題」, 『無窮』 3-4, 1948. 11, 11~13쪽 ; 産業金融部鑛工班(李鍾煥·金鍾璇·金禹根), 「鑛業融資에 對한 具體的 方法」, 『無窮』 4-2, 1949. 8, 28~37쪽 ; 黃炳晙, 「貨幣를 中心으로 한 經濟」, 『無窮』 5-3, 1950. 4, 5~11쪽.

39) 金禹根, 앞의 글(1948. 8), 27쪽.

40) 産業金融部鑛工班(李鍾煥·金鍾璇·金禹根), 앞의 글(1949. 8), 33쪽.

41) 戰時期 조선식산은행의 광공업금융에 대해서는 이 책의 제3부 3장 참조.

민지경험이 반민족적인 것과 무관하지 않았다. 이 문제에 대해 종전의 자기반성과 다른 해법을 제시한 글이 왕창업의 「춘풍추우20년」이었다.[42] 이전에도 『무궁』에 적지 않은 회고담을 남긴 그는 특별히 은행창립 30주년 기념식을 맞이했고, 마침 산업은행이라는 은행의 대목표도 확립되었기 때문에 이를 축하하기 위해 자신의 은행원 생활을 회고하는 이 글을 썼다.[43]

그는 일본인 상관에 대한 불만이 없었던 것은 아니지만 식산은행원으로서 갖는 자긍심이 컸으며, 이는 대부분 높은 임금과 그로 인한 윤택한 생활에서 기인하는 것이었다. 1936년경 직업별 본봉을 비교한 자료를 보면 은행원이 제일 높았으며,[44] 은행 중에서도 조선식산은행은 조선인에게도 30~50%의 재근수당을 주어 다른 은행보다 임금이 많았다.[45] 봉급생활자에게 봉급과다는 다른 가치판단에 우선하는 척도일 것이다.[46] 왕창업이 은행원 합격통지서를 받은 1926년 12월 말 의열단원 나석주는 조선식산은행을 동양척식주식회사와 함께 일제의 대표적 수탈기구로 지목하여 폭탄을 투척했다.[47] 이에 대해 왕창업은 "고향의

---

42) 王昌業은 1927년 조선식산은행에 취직하여 해방 이전 진주지점장대리까지 승진했고, 해방 이후 대구지점장, 춘천지점장, 심사부장을 거쳐 1949년 감사가 되었으며, 한국전쟁시 실종되었다(內外弘報社, 앞의 책, 190쪽 ; 編輯室, 「設問應答(下)」, 『無窮』 6-4, 1952. 12, 103쪽).

43) 王昌業, 「春風秋雨二十年(一)」, 『無窮』 4-2, 1949. 8, 46~47쪽.

44) 전문대학을 졸업하고 3년 이상 근속, 3명의 부양가족을 가진 남자의 경우 관공리 50원, 교원 55원 회사원 65원 백화점원 57원, 은행원 90원이었다(國史編纂委員會 編, 『資料大韓民國史』 15, 2001, 421쪽).

45) 宋仁相, 앞의 책, 44쪽.

46) 1941년 조선식산은행에 취직했던 金安在는 "연구실이나 혹 딴 학부에 더 진학치 안는 이상 즉 취직하라면 식은이 제일 낫다고 마음먹"었다며, 그 이유로 "첫째 식은은 딴 은행회사보다 조선사람이 많고, 둘째 딴 데보다 급료-사라리(샐러리-인용자) 생활자의 중점-이 다소 많기 때문이다"고 했다(「所感 몇 마디」, 『無窮』 1-4, 1946. 6, 38쪽).

47) 社團法人金相玉・羅錫疇烈士 記念事業會, 『金相玉羅錫疇抗日實錄』, 1986, 250~254, 263~274쪽 ; 염인호, 『김원봉 연구』, 창작과비평사, 1992, 38~41쪽 ; 김영범, 『한국 근대민족운동과 의열단』, 창작과비평사, 1997, 65, 140~141쪽.

부모님은 위험한 곳이라고 근심도 하시는 모양"이었으나, "궁핍을 면
할 수 있다는 극도의 환희는 생명에 대한 위험의 가능성도 극복할 수"
있었다고 했다.[48]

8·15 이후 치솟는 물가고, 계속되는 생활난은 식산은행원에게 상대
적으로 풍족했던 식민지시절을 생각나게 했을 것이다.[49] 왕창업은 일
제시기 조선인 행원이 높은 임금을 받을 수 있었던 것은 은행의 인사
정책에 민족차별이 없었기 때문으로 이해했으며, 이로 인해 당대의 수
재들이 모여들었다고 한다.[50] 전시기에 파벌·편파인사가 자행된 적이
있었으나 해방 이후 인사는 다시 공평해졌으며, 이러한 은행의 "공평무
사"한 인사 정통은 "아름다운 전통"으로 계속되기를 바란다고 했다.[51]
조선식산은행의 인사정책은 높은 임금으로 수재를 끌어들여 상대적으
로 공평하게 대우하고 윤택한 복지시설과 각종 체육·취미활동을 제공

---

48) 송인상도 당시 조선식산은행은 "나석주 의사가 폭탄을 던진 사건에서도 알
　　수 있듯이 조선인 사회에서는 평판이 그다지 좋지 못했"지만 은행 내부에서
　　는 "조선인과 일본인을 차별하지 않았"고 다른 기관이나 은행보다 대우가 좋
　　았다고 한다(宋仁相, 앞의 책, 44~45쪽).

49) 王昌業, 「上京記」, 『無窮』 3-1, 1948. 2, 35쪽 ; 安漢翼, 「解放된 銀行員」, 『無
　　窮』 3-3, 1948. 8, 39쪽 ; 片昌男, 「世界氷上競技大會遠征記」, 『無窮』 4-3,
　　1949. 11, 49쪽. 그러나 해방 후 식산은행원의 생활이 일제시기에 비해 상대적
　　으로 곤란해진 것은 사실이지만, 은행원은 여전히 봉급생활자 중에서 가장 혜
　　택이 많은 선망의 대상이었다. 1949년 10월 현재 은행원의 본봉은 관공리, 교
　　원, 회사원 등에 비해 높았으며, 조선식산은행은 봉급 외에 생필품배급과 여가
　　시간이 많았다(國史編纂委員會 編, 『資料大韓民國史』 15, 2001, 420~421쪽 ;
　　WH生, 「K의 反省記」, 『無窮』 2-4, 1947. 11, 58쪽 ; 鄭仁永, 「圖書室紹介」, 『無
　　窮』 5-2, 1950. 3, 105쪽). 1947년에 京城大學의 崔虎鎭 교수가 黃炳畯을 은행
　　조사부에 추천한 이유 중 하나가 직원대우가 다른 유사기관보다 월등히 낫다
　　는 점이었다(黃炳畯, 「調査部의 傳統을 回想하면서」, 『韓國産業銀行三十年史』,
　　1984, 487쪽). 또한 식산은행원이 호소하는 생활난은 생존의 문제보다는 품위
　　나 기호, 여가생활 문제로 나타나는 경우가 많았다(高基琇, 「뭐가뭔지 나도 모
　　른다」, 『無窮』 1-4, 1946. 6, 34~35쪽 ; 編輯室, 「編輯室 돋보기 賓待派의 優
　　性」, 『無窮』 3-3, 1948. 8, 104쪽).

50) 王昌業, 「春風秋雨二十年(三)」, 『無窮』 5-3, 1950. 4, 47~50쪽.

51) 王昌業, 앞의 글(1950. 4), 50~52쪽.

하여 단결과 충성을 유도하는 것이었는데,[52] 어느 정도 효과가 있었다. 왕창업은 "행직원 총원은 제가 잘만 하면 어디까지나 승진될 수 있다"는 생각으로 모두 "각자의 총력"을 은행업무에 기울였으며, 이것이 "대식은(大殖銀) 번영의 근본요소"가 되었다고 한다.[53]

그러나 민족차별이 없었던 것은 아니다. 조선인은 대부분 평행원에 머물렀으며, 간부직으로 상승하는 경우는 드물었다. 미약하나마 조선인의 간부직 진출이 늘어난 것은 왕창업이 차별이 이루어졌다고 하는 전쟁기였다.[54] 여러 일본인 은행원이 미담으로 "무차별"을 회고했지만, 인사실무를 담당했던 일본인은 차별이 있었음을 인정했다.[55] 앞의 최영철이나 다른 은행원 출신 한국인도 차별을 뚜렷하게 인식하고 있었다.[56] 그런데도 일부 한국인이 은행의 인사정책을 "동등대우"·"무차별"로 기억하고 전승하려는 이유는 무엇인가. "무차별"을 강조하는 이면에는 자신들이 일제시기에도 차별받지 않을 정도의 최고 엘리트였다는 자부심이 작용했다. 홍승희는 일제시기 은행원의 윤택한 생활보장을 엘리트로서 은행원의 "순수성"을 보존하기 위한 것으로 이해했다.[57]

---

52) Karl Moskowitz, 앞의 책, 58~87쪽.

53) 王昌業, 앞의 글(1950. 4), 50쪽.

54) Karl Moskwitz, 앞의 책, 114~130쪽.

55) 8·15 당시 인사부에 근무했던 田中己三八은 한국인 행원들이 인사관계 서류를 보여달라고 했으나 이미 일본인이 포로가 될 것에 대비하여 일본인 행원의 서류를 소각했으며, 만약 보여주었다면 일본인과 조선인 사이에 차이가 없었던 것이 아니므로 매우 혼란스러웠을 것이라고 한다(殖銀行友會 編, 앞의 책, 85쪽).

56) 崔英徹, 앞의 글(1946. 1), 20쪽 ; 宋仁相, 앞의 책, 48~49쪽 ; 羅翼鎭, 「羅翼鎭」, 『財界回顧10 歷代金融機關長編 II』, 한국일보사출판국, 1981, 393쪽. 다만 최영철은 은행내 반민족적 분위기를 경계하기 위해 차별을 강조했으며, 뒤의 두 사람은 출세나 승진의 제한이라는 점에서 차별을 언급했다.

57) 洪升憙, 앞의 글(1946. 1), 11, 15쪽. 나익진은 조선인 행원이 "일본인과 차별 없는 대우를 받는다는 프라이드를 가졌다"고 했다(羅翼鎭, 앞의 글, 380쪽). 나익진은 연희전문학교를 졸업한 후 식산은행원이 되었으며, 해방 이후 무역협회 전무, 체신차관, 상공차관, 주택공사 총재를 역임한 뒤 한국산업은행 총재(1961. 6. 23~1962. 1. 23)가 되었다.

"평등대우"의 신화는 은행에서 하나의 자랑으로 계속 회자되었던 것 같으며, 그 시절을 겪지 않았던 은행원도 잊을 수 없는 인물로 "평등대우"의 기반을 닦았다고 전해지는 초대 은행장[三島太郎]을 꼽았다.[58]

조선식산은행은 조선인 행원에게 "무차별의 유일한 극락"이었는지 몰라도 나석주에게는 조선민족을 수탈하는 기구였다. 왕창업은 양측에 별 차이가 없다는 주장으로 이 모순을 봉합하려 했다. 어느 정도 은행원 이력이 붙게 되자 그는 시골지점장까지 승진할 수 있다고 내다보며, 정년퇴직위로금 약 5만 5,000원으로 500석의 전답 구입과 구미여행을 계획했다.[59] 그는 이런 생각을 기회주의 중에서 "가장 퇴영적 기생충적 소견머리"라고 하면서도 젊은이들이 자신을 "유해한 독소적 존재"로 볼까 걱정되어 당시 환경에서는 "그들의 협력자, 그들의 보조자 내지 노예로써 그들의 손발 노릇"을 할 수밖에 없었다며,[60] 다음과 같이 협력행위를 적극 변호했다.

…… 비분강개지사(悲憤慷慨之士)는 아주 세상을 버리고 산간에 은둔하거나 해외로 망명하는 길을 취했고 좀더 타협하여 일인에의 협조자 일인의 수족됨에 만족했던 것 …… 혹은 관계(官界)로 …… 혹은 일인의 주재하는 경제기관에 들어가 보조자가 되면 이들과 손을 잡아 일인의 먹고 남은 여력을 감수한 이도 많았다. 이들은 해방 후 욕도 많이 먹고 소위 반민법으로 고생도 많이 했지만 필자로 보면 이것은 수지조지자웅격(誰知烏之雌雄格)으로 어느 놈이 옳은지 속단키 어렵다고 생각된다 …… 백이숙제의 뒤를 따르거나 감연히 해외로 나아가 민족국가의 광복에 정신(挺身)함이 당연할 것이나 현실의 부적(不適) 천하의 대세로써는 정복자의 수족이 되고 구수(寇讐)의 앞에 무릎을 굽히어 일시의 부끄러

---

58) 編輯室, 「設問應答(下)」, 『無窮』 6-4, 1952. 12, 103~104쪽, 黃珹烈의 답변. 필자가 인터뷰한 조선식산은행 관련자들은 식산은행원 출신이든 아니든간에 모두 조선식산은행의 "무차별" 신화를 언급했다.
59) 王昌業, 앞의 글(1950. 4), 53쪽.
60) 위의 글, 54~55쪽.

움을 참고 현실의 생을 유지하면서 정복자의 우점(優點) 장점(長點)을 부지런히 배우며 자신의 결점 단점을 개선하며 힘을 길러 후일 시기의 도래에 대비한 월왕구천의 고사를 본받음도 결코 그리 부당한 것으로 생각되지는 아니하며, 일보 더 나아가 먹고 입는 것으로 하늘을 삼는 범인 필부의 중서(衆庶)가 세력과 권위 앞에 일시의 타협자 일시의 수족이 되었다 한들 그리 깊이 책할 바는 없지 아니한가 한다.……[61]

1946년 초 최영철이 해내외 동포혁명가들의 투쟁에 '고마움과 미안함'을 표시한 지[62] 5년이 채되지 않아 직장고참인 왕창업은 그들과 일제협력자 중에 누가 더 옳은지 모른다고 했다. 글을 보면 그의 주장은 일제시기부터 내려오는 실력양성론, 민족개량주의와 맥을 같이하는 것임을 알 수 있다. 이런 주장이 공개적으로 표출될 수 있었던 것은 '반민족행위특별위원회'가 1949년 9월에 법적으로 와해되었기 때문일 것이다.[63] 현재까지 입수된 『무궁』을 보면 왕창업이 회고담을 쓰게 된 계기였던 은행창립 30주년 기념식은 열리지 못했거나, 열렸어도 회지에 실릴 분위기가 아니었던 것 같다. 여전히 '친일파·민족반역자'의 부활이 경계되는 상황에서[64] 일제의 정책금융기관 창립기념식은 부담스러웠을 것이다. 이런 상황에서 '반민족행위특별위원회'의 와해로 정부의 공식 입장을 확인한 왕창업은 1950년 4월에 발표한 글에서 과감히 부일협력행위에 대해 면죄부를 줄 수 있었다. 『무궁』을 보면 한국전쟁 발발로 겨를이 없어서인지 왕창업의 주장에 대한 반론을 찾을 수 없다. 다만 당시 편집을 맡았던 장영창은 같은 지면에 일제하 농촌의 참혹한 실상을 엿볼 수 있는 자신의 「투병기」를 연재함으로써 전체적인 균형을 잡았던 것으로 생각된다.[65]

---

61) 위의의 글, 56~57쪽.
62) 崔英徹, 앞의 글(1946. 1), 17쪽.
63) '반민족행위특별위원회'에 대한 최근 연구로는 이강수, 『반민특위연구』, 나남출판, 2003 참조.
64) 車載浩, 「비오는 날」, 『無窮』 3·4, 1948. 11, 18~19쪽.

4. 한국전쟁과 전통의 강조(1950. 6~1953. 12)

전쟁으로 발행이 중단되었던『무궁』이 속간된 것은 1952년 3월이었
다. 그 사이 서울의 주인이 네 차례 바뀌었고, 그 과정에서 은행원은 국
군을 뒤쫓아 피난했던 '도강파'와 서울에 남았던 '잔류파'로 갈렸으며,
돌아온 '도강파'는 '잔류파'를 숙청했다. 잔류했던 은행장 장봉호는 사
표를 내야 했으며,66) '부역자' 색출을 통해 본점 40명 지점 82명이 해직
됐고, 본점 43명 지점 30명이 휴직되었다.67)

'부역'하지 않았던 사람들도 살아남기 위해서는 후방에서 "총후(銃後)
청년", "금융전사"로서 전쟁을 지원하거나,68) 직접 조국통일의 "성전
(聖戰)"에 참가해야 했다.69) 죽음 직전에 살아난 사람도 많았으며 가족
중 일부가 죽거나 실종되기도 했다.70) 살인적인 물가고와 굶주림에도
은행원의 월급이 오르지 않아 최저생활을 할 수밖에 없었다.71) 한 은행

---

65) 張泳暢, 「鬪病記(二)」, 『無窮』5-3, 1950. 4, 81~91쪽.
66) 宋仁相, 앞의 책, 83, 89~90쪽 ; 朴東燮, 「編輯後記」, 『無窮』6-1, 1952. 3,
    87쪽. 이외에도 부은행장 장경환과 이사 김경진은 '납북'되었다.
67) 人事部, 「附逆職員處斷의 件」(1950. 10. 14. 기안일), 『退職起案綴』 ; 人事部,
    「附逆職傭員處斷의 件」(1950. 11. 30. 기안일), 『退職起案綴』. 총 195명이 '부역
    자'로 처벌받았는데 이는 1950년 4월 현재 전체 은행원 1,571명의 12.4%로 10
    명 중 1명꼴로 '부역'을 한 셈이[朝鮮殖産銀行, 『職員名簿』(1950. 4)]. 이들 가
    운데 잔류시기 행적이 해명된 자는 복직되었다.
68) 崔秉徹, 「K商會預金誘引血淚記」, 『無窮』6-2, 1952. 6, 83쪽 ; 吳洪崙, 「惡夢
    을 버리고」, 『無窮』6-2, 1952. 6, 104쪽 ; 崔達淳, 「靜思錄」, 『無窮』6-2, 1952.
    6, 108쪽.
69) 李鎔駿, 「陣中日記」, 『無窮』6-2, 1952. 6, 88~89쪽.
70) 許垠, 「나의 六·二五事變受難記」, 『無窮』6-2, 1952. 6, 68~71쪽 ; 李璣燮,
    「水原에 와서」, 『無窮』6-2, 1952. 6, 101쪽 ; 編輯室, 「特輯 設問應答(上)」,
    『無窮』6-3, 1952. 9, 40쪽 ; 編輯室, 「特輯 設問應答-베처러와 버진의 人生
    觀·異性觀 解剖」, 『無窮』6-4, 1952. 12, 68쪽.
71) 編輯室, 「避難行友座談會」, 『無窮』6-2, 1952. 6, 38~42쪽 ; 閔斗植, 「日曜日」,
    『無窮』6-3, 1952. 9, 99~100쪽.

원은 가장 잊을 수 없는 사람이 누구냐는 질문에 "6·25 때 잔정신은 다 빠져서 얼빠진 사람이 되고 보니 기억이 안"난다고 했다.[72]

식산은행원에게 전쟁 다음으로 큰 영향을 준 것은 산업은행으로 전환하기 위해 기구와 인원이 축소되었던 일이다. 1952년 11월 11개 점포와 직원 193명이 조선저축은행에 인계되었으며, 다시 1954년 1월 10개 점포와 직원 545명이 같은 은행에 이양되었다.[73] 결국 직장을 잃지는 않았지만 지점원을 중심으로 해고될지 모른다는 위기감이 팽배했으며,[74] 본점과 지점 사이에 설전이 오가는 뒤숭숭한 분위기였다.[75]

전쟁 발발 이후 『무궁』에는 이전에 자주 볼 수 있었던 필자들이 사라졌다. 대표적으로 전쟁 직전까지 편집을 담당하면서 사회참여시를 많이 썼던 장영창은 "극악질분자", "선동자"로 지목되어 해직되었으며, 많은 시와 논문을 기고했던 이창렬은 "남로당원"으로 지목되어 해직되었다.[76] '부역자'가 모두 좌익계통은 아니었지만 색출과정에서 대체로 사회참여적이고 비판적인 글을 많이 썼던 필자들이 사라졌다.[77] 또한 왕성한 회고를 남겼던 왕창업도 전쟁통에 실종되었다.[78]

이 시기 『무궁』에서 과거사와 관련하여 강조되었던 것은 은행의 두 가지 전통인데, 하나는 30여 년에 걸친 산업금융의 경험이며, 다른 하나는 '식은(殖銀)정신'이었다. 산업금융의 경험은 1948년 정부수립 이후 산업은행 구상이 가시화되면서 줄곧 강조되었는데, 이 시기에 들어서면 더욱 적극적으로 평가되어 "빛내야 할 전통"으로 자리잡는다.

---

72) 編輯室, 「特輯 設問應答(上)」, 『無窮』 6-3, 1952. 9, 39쪽.

73) 韓國産業銀行, 『韓國産業銀行四十年史』, 1994, 39쪽.

74) 金鴻經, 「族感譜－一線支店을 巡訪하고」, 『無窮』 6-1, 1952. 3, 32쪽.

75) 鄭遇昌, 「支店論」, 『無窮』 6-1, 1952. 3, 2~6쪽 ; 金容萬, 「本店論」, 『無窮』 6-2, 1952. 6, 15~19쪽. 본점에서는 지점(원)이 수동적이고 자기개발을 게을리 한다고, 지점에서는 본점(원)이 과거의 전통, 자존심에 연연한 자금운용을 한다고 비판했다.

76) 人事部, 「附逆職員處斷의 件」(1950. 10. 14. 기안일), 『退職起案綴』.

77) 대표적 인물로 張泳暢과 함께 金錫起, 梁承七, 蔡恒錫, 嚴義鎔을 들 수 있다.

78) 앞의 주 42) 참조.

…… 당행은 장기산업금융 취급의 특수은행으로서 과거 35년간 한국의 산업발전과 국토개발에 진력하여 왔으며 여사(如斯)한 전통과 여기에 적합한 기구 및 역량을 보유함으로써 금후의 전재(戰災)재건과 경제부흥에 관하여는 이에 적극적으로 참여하고 정부시책에 협조하여야만 할 중요 사명을 지니고 있다 할 것이다.……79)

물론 식민지경험이라고 해서 모두 사장시킬 필요는 없으며 일정한 여과와 극복을 거쳐 경제발전의 요소로 전환시켜야 한다. 최영철의 '반성'이나 왕창업의 '변호'는 가치판단이나 해석의 차이는 있어도 모두 여과나 극복을 의식한 논의였다. 그런데 이 시기에 별다른 여과나 극복과정 없이 식민지경험이 계승되어야 할 전통으로 변신될 수 있었던 것은 무엇보다 전쟁의 영향이 컸던 것 같다. 전쟁으로 인한 피해, 시급해진 복구사업은 더이상 과거를 둘러싼 논의를 필요 없는 것으로 만들었으며, 생산력지상주의에 빠져들게 했을 것이다. 위의 인용문에서도 알 수 있듯이 이 시기 산업은행 설립 주장은 항상 전후 경제복구와 짝을 이루어 제기되었다.80) 이제 과거 35년의 대부분이 식민지시기였다는 의식은 희박하며, 조선식산은행은 식민정책을 담당했던 은행이 아니라 산업발전·국토개발을 담당했던 은행으로 기억되었다.

이 시기 또 하나의 전통으로 강조되었던 '식은정신'은 가족주의, 가

---

79) 姜大雄,「復興資金課設置의 意義와 課業」,『無窮』7-3, 1953. 10, 16쪽. 金龍甲,「本店復歸와 우리의 覺悟」,『無窮』7-3, 1953. 10, 9~13쪽도 비슷한 논조이다.

80) 식민지경험이 떳떳이 전통이란 이름으로 호명될 수 있었던 이면에는 전쟁으로 인해 남측에 일제잔재 청산이란 여과과정이 제대로 수행됐던 것처럼 상정하는 역사인식이 놓여있다. 전쟁의 상대방인 북측을 부정하기 위해서는 전쟁 이전의 남측이 긍정될 필요가 있으며, 그 긍정은 일제잔재 청산으로부터 나오는 것이었다. 산업은행 설립을 주장했던 김용갑은 '해방 이후'를 각 방면에서 "왜정철쇄"를 끊고 질서를 회복하며 향상하는 시기로 파악했다. 그는 전쟁에 의해 이러한 "良風"이 일소되었다고 보았다[金龍甲, 앞의 글(1953. 10), 11쪽].

부장제, 전근대적 상하질서가 뼈대를 이룬다.

…… 상존하솔(上尊下率)하고 책임있는 자기임무를 완수한다는 정신과
직장이 일가(一家)의 가풍과도 같은 분위기 속에서 혼연일체가 되어 종
적으로나 횡적으로 화목단결하고 상호협조하여 의무진전에 노력하고,
각자의 지위 급 생활향상을 도모한다는 이념은 공명정대한 단체조직의
힘과 합쳐 견실하고 빛나는 식은 전통을 달성했다. 오늘날 우리가 계승
받은 이 고귀한 전통은 많은 선배들이 식산은행이란 기치 아래 직장사
랑하기를 자기 몸과 같이 하고 단체를 위하여서는 사감사리(私感私利)를
초월하여 온 정신과 노력을 외곬으로만 쏟아 대국적 견지에서 희생적
노력을 했음으로 해서 이루어졌다.…… 이 분위기 속에서는 자연 후진자
는 선배에 대하여 부형과도 같은 신뢰와 존경을 바치게 되었고 또 선배
의 정신과 행동을 모범삼아 그 사업에 협조참가하는 동시 장래의 희망
달성을 위하여 충실히 노력하여 왔던 것 …… 우리 식은의 전통이 고귀
하다는 것과 자랑할 수 있다는 것은 …… 순수한 인의예지신(仁義禮智信)
의 오행에 기준하여 쌓아올렸다는 점에 있는 것이다.……[81]

이 글은 쓴 은행원은 해방 이후 은행이 각종의 "사회악"에 감염되지
않고 질서를 유지했던 것도 '식은정신' 덕택이었다고 한다.[82] 이런 '식
은정신'은 일제시기 은행의 '일본적 경영'에서 배양되어 은행에 대한
충성심을 유도하는 중요한 장치였다.[83] 8·15 이후에도 줄곧 은행 안

---

81) 裵吉俊, 「無爲의 辯」, 『無窮』 6-4, 1952. 12, 131~132쪽. 金鴻經도 아름다운
'식은정신'으로 "가족적인 분위기"·"애행정신"·"協和精神"를 언급했다(金鴻
經, 「族感譜――線支店을 巡訪하고」, 『無窮』 6-1, 1952. 3, 32, 34쪽). 이러한
'식은정신'은 한국산업은행 설립 이후 '産銀정신'으로 이어졌다. 홍승희가 은
행10년사에 남긴 「産銀精神」이란 글의 내용도 배길준, 김홍경의 것과 대동소
이하다(洪升喜, 「産銀精神」, 『韓國産業銀行三十年史』, 1984, 465~466쪽).

82) 裵吉俊, 앞의 글(1952. 12), 131쪽.

83) '일본적 경영'은 근대기업 안에 가부장제에 기초한 협동체의 관계가 형성되
거나 집단주의적 가치이념이 적용된 것으로, 성원 개인의 이익보다 기업 전체
의 이익 우선, '기업일가'의 관념, 연공서열, 종신고ﾠ 온정적 배려, 이에 바탕
한 근로의욕 고취 등이 그 특징이다(오다카 구니오, 『일본적 경영』, 소화,

팎에 문제가 있을 때마다 자주 등장했는데, 이 시기에는 전쟁의 혼란과 생활고를 이겨내고 산업은행으로 무사히 전환하기 위한 방편으로서 부각되었던 것 같다. 그러나 조직원리로서 '식은정신'은 여러 불만을 일으켰다. 신입행원이 보기에 선배행원들은 "관료주의적 경향"·"이기적 독선적 분위기"·"무진취성"·"보수성"이 두드러졌으며,[84] 여자행원에게 "상하유별"·"장유유서"는 "전면적 인격통제"를 강요하는 것이었다.[85]

전반적으로 전통이 강조되는 상황에서도 은행과 은행원의 과거를 비판하는 자가 사라진 것은 아니었다. 전쟁 이전부터 『무궁』에 한글문제를 다루었던 윤중수[86]는 "은행에서 일본말을 애용하는 사람들"은 대부분이 "금융을 통한 이윤 착취를 목적으로 설립되었다는 식산은행에서 다른 봉급자들보다 많은 월급을 받고 그들의 팔다리 노릇을 하면서 경제적으로 행복된 살림살이를 하던 사람들"이며, 이 사람들은 "민주적인 우리나라보다도 일제의 재판(再版)을 무언중 환영하는 듯하다"고 했다.[87]

해방 이후 식산은행원이 식민지를 기억하면서 가졌던 딜레마는 조선식산은행이 삶의 양식을 얻는 직장으로서는 "낙원"이었지만 일제의 대

1996, 54, 88쪽 ; 辻淸明,『新版 日本官僚制の硏究』, 東京大學出版會, 2001, 162
~163쪽), 조선식산은행의 경영방침은 조선 내에서 '일본적 경영'과 가장 근접한 사례일 것이다(Karl Moskowitz, 앞의 책, 58~87쪽 참조).

84) 金榮琨, 「新入雜感數首題」,『無窮』 7 - 3, 1953. 10, 103~104쪽.

85) 洪性叔, 「窓口閑談」,『無窮』 7 - 3, 1953. 10, 107쪽. 신참자나 약자만이 아니라 은행총재였던 사람들도 변화를 싫어하고 은행이란 온실에 안주하는 간부들의 보수성에 답답해했으며, 조직의 경직성·배타성은 새로운 인재양성에 도움이 되지 않았다고 한다(羅翼鎭,『우리 經濟 어디로 가야 하나-나의 經濟 隨想과 編曆』, 孚林出版社, 1988, 339~340, 357~358쪽 ; 金永徽, 「設立前後 겪었던 일들」,『韓國産業銀行三十年史』, 1984, 460~461쪽 참조).

86) 尹重秀, 「英陵 앞에 나는 서서」,『無窮』 4 - 4, 1949. 12, 66~71쪽 ; 「글은 어떻게 띄여스나」,『無窮』 5 - 2, 1950. 3, 66~73쪽.

87) 尹重秀, 「國語의 淨化-特히 日本말을 없애자」,『無窮』 6 - 2, 1952. 6, 33쪽.

표적인 정책금융기관이기도 했다는 점이다.

식산은행원의 식민지 기억은 크게 '자기반성'·'부일협력 변호'·'전통 강조'로 나누어볼 수 있다. '자기반성'은 과거 조선식산은행이 무엇을 했는지 자각하고 반성을 통해 문제를 극복하려는 것이라면, '부일협력 변호'는 어쩔 수 없었던 상황을 강조하고 협력행위도 실력양성의 한 방편이었다며 문제를 봉합하려는 것이었다. '전통 강조'는 일제의 정책금융기관이었다는 과거를 누락시키고 현실적으로 필요한 산업금융의 경험과 '식은정신'만을 선택하여 전통으로 부각시켰다. 이는 '부일협력 변호'에서도 보이는 과거대면의 고통을 찾아볼 수 없는 선택적 기억과 망각의 몰역사적 인식이라고 할 수 있다.

식민지 기억의 세 방식은 공존하며 각축했지만, 앞의 두 방식은 차례로 중심에서 멀어졌고, '전통 강조'가 주류를 형성하여 '한국산업은행사'의 식민지 인식틀로 이어졌다. 이러한 기억의 흐름은 바깥 정세와 밀접한 관계를 맺으며 전개되었다. 해방되지 않았더라면 은행 안에 '자기반성'의 흐름이 대두되기 어려웠을 것이며, 단독정부 수립과 '반민족행위특별위원회'의 와해가 없었다면 '부일협력 변호'는 쉽지 않았을 것이다. 한국전쟁 발발과 '부역자' 처벌, 시급한 전후 복구는 식민지경험을 아무런 여과없이 전통으로 호명할 수 있게 했다.

일제시기 식산은행원은 학력수준으로는 자타가 인정하는 엘리트였다. 그러나 식민지 기억 방식과 그 내용을 보건대 이들이 엘리트에 걸맞은 사회적 책임감을 지녔는지는 의심스럽다. 이들은 대부분 식민지, 해방, 전쟁의 격변 속에서 살아남기 바빴으며, 자기 가족을 위해 그리고 확장된 가족인 직장을 위해 소시민적 삶에 안주하는 존재였다. 이들에게 과거에 대해 엄격한 자기성찰을 요구하거나 조선식산은행이 한 일에 대해 책임을 묻는 것은 가혹한 일일 수 있다. 그러나 8·15 이후 일본에서 식산은행원이라는 지위는 공직추방의 경계선에 해당했던 반면,[88] 한국에서 식산은행원은 빠른 시일에 어떠한 제한없이 경제관료의 한 인맥을 형성했다.[89] 사회의 엘리트로서 자부했고, 실제 그 지위에 있었다면 적어도 자기성찰이라는 내면적 여과과정은 필요했다고 생각한다.

『무궁』에 나타난 식산은행원의 식민지 기억은 '한국산업은행사'로 수렴되지 않는 다양한 방식과 내용을 담고 있었다. 다만 과거를 응시하고 자신을 돌아보는 논의의 장이 정치정세의 변화에 의해 축소됨에 따라 기억은 다양성을 잃어갔다. 이는 식산은행원이 사회적 참여에 대한 관심을 거두고 고립된 개인으로 소시민으로 위축되고 파편화되는 과정이기도 했다. 내용이 어떻든간에 다양한 기억과 그것이 교류될 수 있었던 장은 존중되고 복원되어야 할 것이다.

---

88) 殖銀行友會 編, 앞의 책, 126쪽.
89) 國史編纂委員會 編, 『資料大韓民國史』 15, 2001, 111쪽.

결 론

　농공은행·조선식산은행은 조선총독부의 경제정책을 금융면에서 지원하는 정책금융기관이었다. 농공은행은 '철도역·항구 소재지'에서 점포 수를 늘려가면서 조선총독부의 유통부문 재편을 도왔다. 이 과정에서 일본인의 내륙진출을 지원하는 대출이 증가했다. 농공은행의 환업무는 전국의 광범위한 지점망을 통해 조선내륙의 상품이동을 촉진했으며, 이를 바탕으로 조선과 일본 사이의 상품이동도 중계했다. 조선지역 전체를 일본경제권으로 아우르는 역할을 했던 것이다. 농공은행의 상업대출은 미곡을 중심으로 한 농산물 유통자금이었다. 이는 일제가 전개한 조선의 식량·원료기지화 정책을 뒷받침하는 것으로, 조선내륙에 위치한 점포는 식량·원료공급을 위한 유통망을 개항장을 넘어 생산지까지 확장되는 데 필요한 자금을 공급했다.

　1920년대와 1930년대 중반 조선식산은행의 산업별 대출비중을 보면 농업대출이 상업대출을 능가하여 우위를 점하였다. 1920년대에는 토지개량사업이나 수리조합을 중심으로 장기성자금이 대출되어 대지주 위주의 농업개발을 지원했다. 1920년대 말 1930년대 초 농업공황을 겪으면서 농사개량사업을 중심으로 단기성자금이 대출되었으며, 고리채 교체·미곡응급자금·벼저장자금 등 대지주에 대한 구제금융이 증가했다. 이러한 변화는 한편으로 농업에 대한 자금의 고정을 피하고, 다른 한편으로 농업공황으로 인한 식민지 체제의 위기에 직면하여 그간 지배 파트너였던 지주들을 계속 체제 내에 묶어두기 위한 것이었다.

　1937년 중일전쟁 이후 조선식산은행의 대출 및 유가증권 투자는 군수 광공업 및 이를 뒷받침하는 기초산업에 집중되었다. 또한 전쟁말기로 갈수록 각종 통제기구에 대한 자금융통도 증대했다. 조선식산은행은 일제의 전쟁수행을 위한 군수산업 육성, 전시통제 유지를 금융면에서 뒷받침했던 것이다. 이러한 지원을 신속하고 원활하게 수행하기 위해 은행에 특별금융부를 설치했고, 군부와도 긴밀한 연락이 이루어졌다.

많은 조선인 자산가들이 농공은행과 조선식산은행 설립에 참여했지만, 시간이 지날수록 그 지위는 약화되었다. 1906년부터 전국 주요 지역에 설립된 여러 농공은행은 주주와 중역이 모두 조선인으로 구성되었다. 그러나 은행 경영권은 밖으로 탁지부의 일본인 관리에게 통제를 받았고, 안으로는 지배인을 비롯한 일본인 간부에게 장악되었다. 일제는 조선인 자산가를 은행의 주주나 중역으로 포섭함으로써 식민지 금융기구의 기반을 확보했던 반면, 포섭된 조선인 상층은 경영주체가 아니라 자금을 융통받을 수 있는 은행 이용자에 머물러야 했다.

1918년 농공은행을 강제합병하여 조선식산은행이 설립되었는데, 그 과정에서 조선인 주주·중역의 권리와 의견은 무시되었다. 자금의 충실을 도모하기 위해 일본에서 주식이 모집됨에 따라 일본인 주주의 비중이 조선인을 압도해갔다. 각 농공은행의 조선인 중역들은 모두 일선에서 물러났으며, 새로 선임된 소수의 조선인 중역도 상징적 존재에 불과했다. 그나마 1931년 이후에는 조선인에게 중역이 주어지지 않았다. 또한 조선인 은행원은 경영의 핵심적 지위에 오르지 못했다. 농공은행이 외형상이나마 조선인 은행이었다면, 조선식산은행은 외형상으로도 일본인 은행이 되었다.

조선인 자본가가 농공은행·조선식산은행을 벗어나 다른 은행을 설립해도 특수은행의 보통은행업무 겸업으로 인해 그 성장이 가로막혔다. 일본 내 특수은행은 '은행분업론'에 충실하여 가급적 보통은행의 영역을 침범하지 않은 반면, 식민지 특수은행은 해당 지역의 금융기관 부족을 구실로 보통은행업무도 겸업했다. 이러한 차이는 해당 지역 금융사에 각기 다른 궤적을 남겼다. 일본에서는 '보통은행의 발달 → 특수은행의 분화 → 보통은행과 특수은행의 분업·공존'이란 과정을 거친 것과 대조적으로, 식민지에서는 '보통은행의 미발달 → 특수은행의 이식과 보통은행업무 겸업 → 특수은행의 비약적 발전, 보통은행의 정체·소멸'이라는 궤적을 보인다.

농공은행·조선식산은행도 특수은행이면서 보통은행업무를 겸업했다. 이러한 겸업은 보통은행측의 반대에도 불구하고 조선총독부의 비호 아래 일제시기 내내 지속되었으며, 농공은행·조선식산은행에게는 발전의 기반이었으나 보통은행에게는 성장을 가로막는 장벽이었다. 조선식산은행을 비롯한 특수은행·특수금융기관의 겸업은 조선인 자본가층의 근대적 금융업 진출을 제한하고 왜곡시켰으며, 궁극적으로 조선인의 은행자본·금융자본 발달을 저해하는 요인이 되었다.

조선식산은행의 자금조달과 운용에 관한 분석을 통해서는 금융의 근대성과 식민지성을 파악했다. 조선식산은행에도 금융의 근대성인 '수신의 사회화'와 '여신의 집중화' 경향은 나타난다. 그러나 '수신의 사회화'는 식민지 권력이 개입하여 강제한 측면이 많았고, 낮은 사회통합력과 자금유출이라는 식민지적 조건 속에서 한계를 가질 수밖에 없었다. 이런 한계를 만회하기 위해 일본에서 자금이 유입되었지만, 이는 또 다른 자금유출로 이어졌다.

'여신의 집중화'는 민족별 편차를 띠고 진행되었으며, 자금유출에 의해 촉진되었다는 점에서 식민지적 특성을 찾을 수 있다. 조선인보다 일본인에게 자금이 집중되었던 것은 일본인과 조선인의 경제력 차이, 민족차별에 기인하는 것이었다. 이 양자가 서로 상승작용을 일으키면서 궁극적으로 일본인에게 편중된 자금운용으로 귀결되었다. 전시기(戰時期)에는 일본의 전비 조달을 위해 자금유출이 격증함에 따라 조선에서 자금운용의 폭이 좁아졌다. 이 때문에 이전 시기보다 여신의 집중화가 증폭되었다.

또한 조선식산은행과 같은 근대 금융기관의 '여신의 집중화'가 '여신의 사회화'를 동반하여 전개되지 않은 까닭은 조선에는 여전히 고리대와 같은 전근대 금융이 근대 금융기관과 함께 공존했다. 이는 1920년대 이후 개인간 고리대 금리와 근대 금융기관의 금리 차이가 좁혀지지 않고 평행선을 그었던 점에서도 알 수 있다. '여신의 집중화'가 증폭되는 가운데 자금융통에서 소외되었던 대다수 조선인들은 고리대에 의존할 수밖에 없었다. 일제가 이식하고 장악한 근대 금융체계는 조선 내의 전근대 금융을 구축하고 근대 금융을 발전시키기보다 근대 금융의 미성숙, 전근대 금융의 온존을 조장했던 것이다. 이러한 측면은 앞에서 언급한 조선식산은행의 보통은행업무 겸업에서도 잘 나타난다.

조선식산은행을 포함하여 식민지 금융기구를 통해 이루어진 자금유출입의 추이를 살펴보면, 1905~1937년간은 유입초과였으나, 1938~1945년간은 유출초과였다. 일본에서 유입된 자금은 조선의 경제를 성장시켰던 것만이 아니라 조선의 부를 일본으로 유출시키는 지렛대 역할도 했다. 이러한 점은 일제말기로 갈수록 극명하게 드러나는데, 이 시기 식민지 금융기구는 자금유입 통로보다 자금유출 통로로 기능하면서 조선의 부를 고갈시켰다.

농공은행·조선식산은행의 산업금융은 조선인에게 어떤 영향을 끼쳤는가. 농공은행의 상업금융은 1910년대 일본인 상인의 성장, 조선인 상인의 후퇴와 맞물려 진행되었다. 몇몇 지역사례를 통해 볼 때 일본인의 상업대출액은 증가했으며, 특히 사리원 같은 철도역 소재지에서는 1인당 대출액이 조선인의 7~10배에 달하였다. 담보나 이자율 등 대출조건도 일본인에게 유리했으며, 불황시에 긴요한 당좌대월은 거의 일본인 상인이 독점했다. 이러한 금융상의 민족별 편차가 한 요인이 되어 1910년대 조선인 상업호수는 감소하고 일본인 상업호수는 증가했다. 물론 조선인 상인들이 전반적으로 몰락해가는 속에서도 그 중 일부는 농공은행과 같은 금융기관을 이용, 식민지 유통체계에 적응하며 성장하기도 했다. 그러나 일본인 상인에 비해 규모가 적었으며, 일부 지역에서는 일본인은 도매업, 조선인은 소매업이라는 분화현상도 나타났다. 1910년대 일본인 상인은 개항장에서 내륙 중심지로 진출하여 도매업을 중심으로 대규모의 상거래를 주도했다. 이러한 일본인의 진출은 조선인 상인의 자본축적 기반이 축소됨을 의미한다. 결국 조선인 상인은 지역적으로 개항장에서 내륙 중심지로, 내륙 중심지에서 주변 배후지로 후퇴할 수밖에 없었으며, 규모면에서도 소매업에 머물렀다. 농공은행의 상업금융은 이러한 조선인 상인과 일본인 상인 간의 지역적 분화, 규모별 분화, 조선인 상인의 주변화(周邊化)를 초래했다.

조선식산은행과 달리 조선인 상인이 주요 고객이었던 한일은행의 1910년대 대출내역을 조사해보면 두 가지 자금순환 구조를 발견할 수 있다. 하나는 포목상의 외국산 포목 거래를 지원하는 자금융통이다. 주로 일본과 연관된 자본순환·자본축적, 이에 수반된 부의 유출과 관련되었다. 다른 하나는 곡물상에 대한 미곡거래자금 융통이다. 이는 조선인 생산자와 조선인 소비자를 연결하는 것으로, 자본순환과 자본축적이 기본적으로 조선 내에서 완결되는 재생산과 관련되었다. 후자의 경우 자국의 대외무역을 자국상인이 주도할 수 없게 만든 식민지 경제구조하에서 방어적, 수동적 측면에서 존속을 도모했던 유통구조라 할 수 있다.

1920년대 일본에서 도입한 자금을 바탕으로 '산미증식계획'이 진행됨에 따라 일본자본·조선식산은행과 지주 사이에 광범위한 규모의 대차관계가 형성되었다. 이 대차관계의 특징은 첫째 국가가 부담해야 할 부담이 전가됨으로써, 둘째 부족 자본이 일본자본으로 충당됨으로써 자금조달의 양과 비용이 상승하여 지주의 부담이 가중되었다는 점이다. 이제 지주는 '산미증식계획'을 실행함으로써 자신의 이익뿐만 아니라 일본자본 및 조선식산은행의 이익까지 확보해야 했다. 그러나 지주는 자연재해, 설계부실로 인한 추가 공사 등으로 인해 단기간에 예상대로 미곡을 증산할 수 없었다. 이에 지주는 조선식산은행 및 일본자본의 관계에서 발생한 부담을 직접생산자인 소작농에게 전가했다. 부담 전가의 가장 일반적인 형태는 소작료율을 인상하는 것이었다. 이외에도 지주는 농업경영의 기업화, 동태화 과정을 통해 소작인에 각종 부담을 전가했다. 지주의 동태화는 소작인의 노동강화뿐만 아니라 판매비료 사용과 같은 농업경영비의 증대를 의미한다. 소작인에 대한 부담 전가는 소작농의 빈농화와 몰락을 촉진시켰으며, 광범위한 저항을 야기했다.

　지주의 채산성 악화, 소작농의 몰락과 저항은 궁극적으로 지주에게 많은 자금을 융통했던 조선식산은행 및 일본자본의 이윤확보를 위협했다. 1920년대 '산미증식계획'을 통해 형성되었던 일본 금융시장에서 조선의 지주로 이어지는 자금의 유출입 관계가 그 기저에서부터 흔들리고 있었다. 이는 자금유출입과 관계된 각 자본분파의 이해뿐만 아니라 농업을 근간으로 하는 식민지 경제정책, 나아가 식민지 체제 전반의 위기와 연관된 문제였기 때문에 시급한 대책수립이 요구되었다. 1930년대 조선식산은행의 금융활동상에 나타난 대책은 첫째 고리채(高利債)를 저리채로 교체하여 지주의 채산성을 높여주는 것이었고, 둘째 그래도 회생불능한 지주의 토지에 대해서는 농지관리회사를 세워 토지의 생산적 기능을 유지함으로써 은행과 일본자본의 이윤을 확보하는 것이었다.

　1930년대에 성업사나 조선신탁(주) 같은 농지관리회사가 출현한 것은 이 시기 지주제의 변화를 암시해준다. 성업사는 주로 파산한 지주의 농지를 인수·경영하고, 조선신탁(주)은 경영난에 빠진 지주의 농지를 수탁·경영했다는 점에서 차이점은 있지만, 양자는 공통적으로 농업경영에서 지주가 자의든 타의든 배제되고 있었음을 보여준다. 1930년대 농업위기를 계기로 금융자본이 소작농을 직접 장악·지배하게 되었던 것이다. 지주는 파산하거나 수탁자의 경영상황에 따라 신탁지료(信託地料)를 분배받는 처지가 되었다. 일제말기까지 현상적으로 지주제가 유지되었다고 해서 지주의 경제력이나 정치력이 이전 같았다는 것을 의미하지

는 않는다. 지주의 성패와 상관없이 지주제는 미곡을 생산하는 기구로
서 금융자본 및 국가에 의해 관리되었다.

1937년 이후 전시금융체제하에서 조선식산은행의 군수산업 대출사례
는 두 가지 사실을 말해준다. 첫째, 이 시기에 증폭된 '여신의 집중화'는
군수산업에 대한 집중적 자금융통을 의미한다. 둘째, 조선식산은행의
지원자금은 양적으로나 질적으로 군수산업체의 경영상 필수불가결한
요소였다. 또한 자금원이나 자금의 용도를 보면 군수산업 대출사례는
일제가 전쟁수행을 위해 조선의 부, 지하자원, 노동력을 수탈하는 현장
이었다.

일제말기 전시금융의 목적은 일본의 전비 조달이었다. 이를 위해 발
행된 일본국채가 원활하게 인수되도록 금융기관의 금리를 국채이자율
보다 낮추었다. 이로써 대량의 자금이 일본으로 유출되었고, 남은 자금
은 조선에 있는 군수산업에 집중되었다. 군수산업을 제외한 대다수 사
업체는 여전히 고금리의 전근대 금융에 의존해야 했으며, 고리대금업이
만연했다. 이러한 금융환경 아래 존재한 조선인 자본가는 다음 세 부류
로 분류할 수 있을 것이다.

첫째는 조선식산은행, 한성은행 같은 근대 금융기관에서 자금을 융통
받을 수 있었던 소수의 대자본가이다. 이들은 전쟁에 이바지하고 내선
일체를 구현하는 철저한 예속을 조건으로 돈벌 기회를 잡을 수 있었지
만, 조선인 사회에서 자본가로서 지배력을 갖는 기회는 잃어버렸다고
할 수 있다. 둘째는 근대 금융에서 소외된 대다수 중소자본가이다. 전시
하 금융통제 속에서 금융지원이라는 예속의 물적 토대마저 사라졌고,
단순재생산이라도 하며 존속하기 위해서는 고금리의 전근대 금융에 의
존할 수밖에 없었다. 번영이나 성장보다 살아남는 것이 지상의 과제였
다. 셋째는 근대 금융의 극단적인 여신집중과 그에 따른 광범위한 고리
대 수요자층의 양산이라는 전시금융구조에 기대어 고리대금업으로 존
속을 도모했던 층이다. 이들은 전시통제의 열악한 상황 속에서 타협과

변신에 필요한 물적 기반을 어느 정도 갖춘 자들로서, 고리대금업이 그 존속을 도모하는 주요 방편이었다. 개인 차원에서는 결코 실패했다고 할 수 없지만 사회적으로는 얼굴을 숨겨야 했던 존재였다.

해방 이후 조선식산은행의 변화를 보면, 일제시기의 번성을 뒷받침해 준 것이 조선총독부의 비호와 일본에서 유입한 자금이었음을 알 수 있다. 이 두 요소가 사라지자 조선식산은행은 보통은행과 다를 바 없었다. 정부수립 이후, 특히 한국전쟁 이후 경제재건과 부흥이 화두로 떠오르면서 다시 산업금융기관의 역할이 요구되자 조선(한국)식산은행은 국가권력과 외국원조를 바탕으로 "국책에 순응"하는 한국산업은행으로 전환되었다.

1945년 8월 말부터 조선총독부가 융자명령을 내리고, 그에 의거하여 조선은행과 조선식산은행 등이 민간사업체에게 일본인 퇴각자금을 융통했다. 융자명령과 관련된 사람들은 이것이 상환되지 않을 부정대출임을 알고 있었다. 그럼에도 민간사업체는 갚지도 않을 퇴각자금을 요구하였고, 총독부는 이에 응할 수밖에 없었다. 이는 상황이 긴박했던 탓도 있었지만, 8·15 이후 계속된 총독부의 방만한 자금유용이 있었기 때문이다. 더욱이 은행은 8·15 이후 증대하는 부정대출에 대해 책임회피의 방법으로 융자명령을 원했다.

조선식산은행의 경우 조선은행에서 차입한 자금을 바탕으로 약 1억 3,000만 원의 융자명령을 실행했다. 8월 말부터 미군이 진주하기 직전인 9월 초까지 집중적으로 융자했으며, 진주한 이후에도 간헐적으로 실행했다. 융자명령 절차는 보통의 융자절차에 비해 총독부의 심사과정, 그것도 주무국과 재무국의 이중 심사를 거치게 되어있어 외견상 엄정하고 공정했던 것처럼 보인다. 그러나 복잡한 절차의 실제 내용은 엄정함이나 공정함과 거리가 멀었다. 이런 복잡한 절차는 책임분산의 과정이었으며, 결과에 대해서는 무책임한 체계를 낳았다.

무책임의 체계는 외부의 책임추궁이 차단됨으로써 봉합되었다. 이를 위해 총독부 재무국장은 주요 자금유용 창구였던 조선은행과 조선식산은행에 미국인 은행장이 임명되도록 공작했으며, 잔류했던 일본인 중역은 미국인 은행장을 상대로 융자명령의 불가피성을 설득했다. 무책임의 체계는 한국인 은행원들의 방관을 통해 완성되었다. 이들은 대부분 일본인의 행동을 감시하고 견제하기보다 명령이니 어쩔 수 없다는 태도를 취하였다. 일본인 행원의 자금유용을 막기에는 주체적 역량이 부족했던 것이다.

해방 이후 한국인 행원이 식민지를 기억하면서 가졌던 딜레마는 조선식산은행이 삶의 양식을 얻는 직장으로서는 "낙원"이었지만, 일제의 대표적 정책금융기관이기도 했다는 점이다. 식산은행원의 식민지 기억은 크게 '자기반성'·'부일협력 변호'·'전통 강조'로 나뉜다. '자기반성'은 과거 조선식산은행이 무엇을 했는지 자각하고 반성함으로써 문제를 극복하려는 것이라면, '부일협력 변호'는 어쩔 수 없었음을 강조하고 협력행위도 실력양성의 한 방편이었다며 문제를 덮으려 했다. '전통 강조'는 일제의 정책금융기관이었다는 과거를 누락시키고 현실적으로 필요한 산업금융의 경험과 가족주의, 전근대적 상하질서를 강조하는 '식은 정신'만을 전통으로 선택하여 부각시켰다. 이는 '부일협력 변호'에서도 보이는 과거대면의 고통조차 찾아볼 수 없는 몰역사적 인식이라고 할 수 있다.

식민지 기억의 세 방식은 서로 공존하며 각축했지만, 앞의 두 방식은 차례로 세력을 잃어갔고, '전통 강조'가 주류를 형성하여 '한국산업은행사'의 식민지 인식틀로 이어졌다. 이러한 기억의 흐름은 바깥 정세와 밀접한 관계를 맺으면서 전개되었다. 해방되지 않았다면 은행 안에 '자기반성'의 흐름이 대두되기 어려웠을 것이며, 단독정부 수립과 반민족행위특별위원회의 와해가 없었다면 '부일협력 변호'는 쉽지 않았을 것이다. 한국전쟁 발발과 '부역자' 처벌, 시급한 전후 복구는 식민지경험을 아무런 여과없이 전통이라 부를 수 있게 했다.

일제시기 식산은행원은 학력수준으로 보자면 자타가 인정하는 엘리트이다. 그러나 식민지 기억방식과 내용을 보건대, 이들이 엘리트에 걸맞은 사회적 책임감을 지녔는지는 의심스럽다. 이들은 대부분 식민지, 해방, 전쟁의 격변 속에서 살아남기 바빴으며, 자기 가족을 위해 그리고 확장된 가족인 직장을 위해 소시민적 삶에 안주하는 존재들이었다. 이들에게 과거에 대해 엄격한 자기성찰을 요구하거나 조선식산은행이 한 일에 대해 책임을 묻는 것은 지나친 일일 수 있다. 그러나 8·15 이후 일본에서 식산은행원이라는 지위는 공직 추방의 경계선에 해당했던 반면, 한국에서 식산은행원은 빠른 시일 안에 어떠한 제한없이 경제관료의 한 인맥을 형성했다. 사회의 엘리트로 자부했고, 실제 그러한 지위에 있었다면 적어도 자기성찰이라는 내면의 여과과정은 필요했다고 생각한다.

<부표 1> 농공은행·조선식산은행의 자금조달 추이(1906~1945) (단위 : 천엔)

연도말	자기자본	(납입자본)	(적립금)	예금고	채권발행고	차입금	합
1906	493	493	0	163	450		1,106
1907	574	559	15	511	450		1,535
1908	639	555	84	752	750		2,141
1909	669	555	114	1,650	1,050	215	3,584
1910	669	555	144	3,205	1,010	731	5,645
1911	1,003	818	185	4,100	1,970	1,115	8,188
1912	1,728	1,348	380	4,469	1,780	1,877	9,854
1913	1,946	1,467	479	4,599	2,990	1,700	11,235
1914	2,019	1,469	550	4,718	2,910	1,955	11,602
1915	1,956	1,469	487	6,456	2,320	1,709	12,441
1916	1,686	1,469	499	8,017	1,739	2,856	14,580
1917	2,021	1,469	552	9,734	3,000	6,908	21,663
1918	4,803	4,197	606	15,215	3,000	10,136	33,184
1919	8,683	8,058	625	34,883	17,500	18,254	79,320
1920	15,943	15,000	943	38,104	33,450	18,200	105,607
1921	16,108	15,000	1,108	59,515	49,550	13,059	138,232
1922	16,403	15,000	1,403	55,764	82,550	4,965	159,682
1923	17,003	15,000	2,003	47,852	100,250	17,562	182,667
1924	17,553	15,000	2,553	52,970	118,800	9,288	198,611
1925	18,153	15,000	3,153	59,208	135,976	4,910	218,247
1926	19,003	15,000	4,003	65,677	144,837	7,558	237,075
1927	19,953	15,000	4,953	68,132	173,445	5,188	266,718
1928	21,003	15,000	6,003	81,764	177,223	4,734	284,724
1929	27,043	20,000	7,043	67,510	199,685	4,623	298,861
1930	28,083	20,000	8,083	52,624	242,158	3,312	326,177
1931	29,123	20,000	9,123	65,689	247,558	3,304	345,674
1932	30,163	20,000	10,163	73,587	260,992	18,153	382,895
1933	31,203	20,000	11,203	84,777	253,482	25,619	395,081
1934	32,243	20,000	12,243	105,320	244,955	41,401	423,919
1935	33,283	20,000	13,283	127,786	278,674	25,156	464,899
1936	39,483	25,000	14,483	130,502	326,230	30,663	526,878
1937	45,683	30,000	15,683	131,419	344,656	73,719	595,477
1938	47,183	30,000	17,183	191,125	389,572	37,660	665,540
1939	56,491	37,500	18,991	254,606	440,328	110,703	862,128
1940	66,741	45,000	21,741	333,560	577,019	60,399	1,037,719
1941	77,491	52,500	24,991	410,693	645,933	86,028	1,220,145
1942	85,041	52,500	35,241	560,396	765,687	105,600	1,516,724
1943	85,041	52,500	32,541	803,193	946,009	32,000	1,872,243
1944	87,341	52,500	34,841	1,056,471	968,891	199,382	2,312,085
1945.9	88,491	52,500	35,991	434,381	1,058,029	1,228,867	2,809,768

자료 : 朝鮮總督府財務局, 『朝鮮金融事項參考書(1939年調)』, 32~33, 55~56, 58~62, 67~69쪽 ; 朝鮮銀行
調査部, 『朝鮮經濟年報』(1948), Ⅲ‐76~77쪽.

<부표 2> 농공은행 · 조선식산은행의 예금내역(1906~1945) (단위 : 천엔)

연도말	예금액	예금종류별 분포				예금주별 분포			민족별 분포		농공은행 예금/자자	보통은행예금/자자
		정기	당좌	특별당좌	기타	관공서	동업자	민간	조선인	일본인		
1906	163	13	126	18	4	?	?	?	?	?	0.33	2.95
1907	511	116	267	100	27	6	?	?	?	?	0.89	2.77
1908	752	169	336	205	40	1	?	?	315	415	1.18	1.91
1909	1,650	404	623	386	235	91	?	?	704	920	2.47	2.65
1910	3,205	617	922	680	985	632	?	?	1,119	2,053	4.59	3.75
1911	4,100	695	1,039	1,042	1,662	946	?	?	1,239	2,285	4.09	1.70
1912	4,469	575	971	1,268	1,654	1,119	?	?	1,077	3,278	2.59	0.91
1913	4,599	653	961	1,543	1,441	843	?	?	1,885	2,614	2.36	0.79
1914	4,718	649	934	1,609	1,524	880	?	?	1,979	2,679	2.34	0.77
1915	6,454	1,099	1,445	2,419	1,492	915	?	?	2,631	3,709	3.30	1.00
1916	8,017	1,660	1,554	2,981	1,820	1,053	78	6,886	2,837	5,102	4.07	1.50
1917	9,734	2,197	1,926	3,763	1,847	1,020	46	8,669	3,173	6,448	4.82	1.77
1918	15,245	2,184	4,362	5,068	3,631	2,364	90	12,791	3,795	11,042	3.17	1.99
1919	34,883	11,024	6,549	7,171	10,137	3,178	7,877	23,826	4,334	18,722	4.02	2.89
1920	38,014	10,904	5,925	7,285	13,898	4,497	9,534	23,983	3,574	19,888	2.38	1.83
1921	59,515	16,319	9,864	9,407	23,923	8,051	18,501	32,962	4,777	27,563	3.69	2.42
1922	55,764	16,149	9,076	11,149	19,388	8,491	15,534	31,738	4,889	27,030	3.40	2.31
1923	47,852	14,220	1,150	14,043	8,038	8,097	3,148	36,607	4,257	31,599	2.81	2.38
1924	52,970	17,635	10,473	14,929	9,932	7,577	4,712	40,680	5,639	34,423	3.02	3.06
1925	59,208	20,118	10,887	15,944	12,257	9,826	6,324	43,057	5,672	36,752	3.26	3.32
1926	65,677	22,798	11,011	18,034	13,833	7,843	10,834	46,999	7,584	38,562	3.46	3.15
1927	68,132	24,581	9,917	24,334	9,298	8,762	7,595	51,774	8,302	42,551	3.41	3.04
1928	81,764	27,452	7,921	11,201	35,190	8,420	155,73	57,771	11,532	45,049	3.89	3.58
1929	67,510	32,067	9,922	14,828	10,693	6,869	19,023	41,618	7,803	32,500	2.50	3.58
1930	52,624	25,605	8,476	11,293	7,250	7,109	9,097	36,418	6,073	29,190	1.87	3.50
1931	65,689	31,413	10,566	11,971	11,639	13,518	13,518	38,553	7,282	30,776	2.25	3.45
1932	73,587	34,765	14,469	13,556	10,797	11,623	20,377	41,588	7,766	33,256	2.44	3.68
1933	84,777	44,688	14,503	14,798	10,788	13,710	25,075	45,992	8,941	36,667	2.72	4.27
1934	105,320	52,343	20,898	17,656	14,423	20,212	32,921	52,181	11,949	39,707	3.27	4.90
1935	127,786	64,207	22,046	19,104	22,429	19,502	34,345	73,939	19,658	53,902	3.84	6.04
1936	130,502	50,329	27,137	23544	29,492	21,662	20,754	88,086	23,137	64,530	3.31	6.23
1937	131,419	52,759	32,838	26,953	18,869	19,733	17,640	94,046	17,569	76,127	2.88	6.25
1938	191,125	92,286	40,618	34,153	24,068	25,531	51,709	113,885	22,898	90,698	4.05	8.83
1939	254,606	103,730	66,563	50,383	33,930	29,706	55,027	169,873	?	?	4.51	12.93
1940	333,560	129,199	103,813	62,699	37,849	31,446	68,879	233,235	?	?	5.00	15.96
1941	410,693	156,964	122,397	68,880	62,452	44,386	64,465	301,842	?	?	5.33	20.01
1942	560,396	270,009	115,011	90,631	84,745	54,412	137,181	368,803	?	?	6.59	30.23
1943	809,193	397,679	159,169	125,023	127,322	?	?	?	?	?	9.52	39.63
1944	1,056,471	524,201	177,796	216,556	137,918	?	?	?	?	?	12.10	59.50
1945.9	434,381	130,931	107,966	84,708	110,776	?	?	?	?	?	4.91	21.93

자료 : 朝鮮總督府財務局, 『朝鮮金融事項參考書(1939年調)』, 32~35, 67~71쪽 ; 朝鮮銀行調査部, 『朝鮮經濟年報』(1948), Ⅲ - 76~77쪽.

* '민족별 분포'에는 조선인과 일본인 외에 외국인 부분은 생략했다.

<부표 3> 농공은행·조선식산은행의 산업별 대출액 (1906~1945)

연도	농업	공업	상업	광업	수산업	교통업	잡	합계
1907	142	54	1,947				58	2,203
1908	207	107	2,225				141	2,681
1909	275	514	3,144				182	4,116
1910	673	719	4,790				161	6,344
1911	1,317	816	6,122				251	8,509
1912	1,695	952	7,288				520	10,456
1913	2,060	1262	7,514				745	11,583
1914	2,678	1229	6,291				1,355	11,554
1915	2,950	887	6,416				1,208	11,462
1916	2,972	518	7,887				1,355	12,713
1917	4,265	496	10,903				2,021	17,686
1918	6,546	627	18,888				3,776	29,837
1919	12,161	3,195	40,371				6,916	62,643
1920	20,988	4,107	32,082				11,171	68,348
1921	31,647	4,469	46,265				19,697	102,078
1922	42,554	9,857	43,597				25,971	121,979
1923	56,951	4,749	48,567				32,892	143,159
1924	60,953	5,485	51,330				38,240	156,008
1925	74,200	5,554	57,886				39,430	177,070
1926	91,904	5,573	61,344				33,810	192,631
1927	106,637	8,518	63,977				34,972	214,104
1928	124,746	4,635	81,833				26,947	238,161
1929	144,108	5,771	67,916				27,516	245,311
1930	162,804	6,600	62,826				29,541	261,771
1931	168,909	8,718	70,251				34,668	282,546
1932	178,036	10,383	80,416				41,983	310,818
1933	175,127	25,660	73,139				36,511	310,437
1934	172,652	32,603	94,339				33,632	333,226
1935	199,975	45,931	97,685				39,073	382,664
1936	219,662	57,058	125,131				55,502	457,353
1937	149,466	48,267	123,714				92,003	413,450
1938	165,875	115,526	105,445	23,251	13,881	19,383	137,127	580,488
1939	191,136	188,738	156,367	42,017	18,520	29,188	163,318	789,284
1940	219,235	221,442	169,064	48,868	26,559	30,183	232,905	948,256
1941	228,368	301,610	184,898	80,642	38,905	45,294	225,806	1,105,523
1942	237,128	327,488	196,964	120,310	50,698	52,494	263,743	1,248,825
1943	155,058	43,939	801,570	73,680	52,986	4,932	349,173	1,481,338
1945.3	155,952	68,680	1,017,697	86,533	53,214	26,333	363,347	1,771,756
1945.9	134,282	59,368	1,082,087	50,959	25,341	26,709	354,272	1,733,018

자료 : 朝鮮總督府財務局, 『朝鮮金融事項參考書(1939年調)』, 109~110쪽 ; 朝鮮總督府財務局, 『朝鮮金融
年報(1943年調)』, 28쪽 ; 朝鮮銀行調査部 『經濟年鑑』(1949), Ⅳ‐103쪽.

<부표 4> 일제하 금융기관의 자본형성과 공급 (단위 : 천엔)

연도	자본형성							자본공급		
	납입자본	적립금	예금	채권	차입금	은행권	합계	대출	유가증권	합계
1906	620	40	13,855	450	0	5,958	20,923	11,530	0	11,530
1907	773	84	16,537	450	0	8,223	26,067	17,540	0	17,540
1908	3,356	176	14,196	750	52	6,881	25,411	16,434	0	16,434
1909	5,930	264	18,508	1,050	500	8,393	34,645	18,255	150	18,405
1910	5,930	423	17,855	1,010	1,500	13,138	39,856	24,148	1,865	26,013
1911	11,991	503	18,599	1,970	7,000	16,170	56,233	32,668	5,549	38,217
1912	18,701	975	20,233	1,780	3,770	16,784	62,243	44,833	5,342	50,175
1913	22,139	1,433	22,142	20,040	3,000	16,770	85,524	54,378	7,149	61,527
1914	24,858	1,787	23,242	19,960	4,953	14,397	89,197	54,869	7,383	62,252
1915	24,961	1,955	28,403	19,869	3,000	22,787	100,975	55,320	7,591	62,911
1916	25,154	2,204	36,617	19,789	3,000	30,000	116,764	64,701	10,078	74,779
1917	31,019	3,725	46,670	21,350	3,000	38,578	144,342	91,990	15,537	107,527
1918	35,750	4,596	68,858	3,000	3,000	67,602	182,806	149,590	18,092	167,682
1919	58,653	7,402	115,675	17,500	3,000	97,731	299,961	304,376	22,473	326,849
1920	82,501	11,181	131,979	33,450	3,000	49,932	312,043	278,257	28,161	306,418
1921	83,803	13,945	168,778	49,550	3,000	87,726	406,802	367,766	42,955	410,721
1922	86,129	16,372	177,525	82,550	0	65,464	428,040	368,307	55,352	423,659
1923	86,921	18,819	182,268	100,250	1,000	73,488	462,746	428,256	62,473	490,729
1924	87,921	21,568	199,516	118,800	0	85,279	513,084	445,588	76,144	521,732
1925	63,314	13,463	218,136	135,976	69,000	78,881	578,770	473,277	69,086	542,363
1926	63,993	16,469	246,921	144,837	70,200	72,801	615,221	502,287	87,910	590,197
1927	65,056	19,498	264,161	173,445	72,420	67,197	661,777	534,545	115,364	649,909
1928	63,645	20,978	305,587	177,223	78,000	49,937	695,370	559,903	136,195	696,098
1929	71,205	25,346	316,016	199,685	148,200	57,474	817,926	602,306	163,870	766,176
1930	71,465	28,434	300,197	242,158	150,741	49,498	842,493	666,576	156,766	823,342
1931	73,598	31,074	325,767	247,558	168,700	66,726	913,423	705,521	166,420	871,942
1932	73,809	34,226	373,016	260,992	185,752	49,833	977,628	752,882	165,188	918,070
1933	77,165	37,575	441,551	253,482	223,752	49,422	1,082,947	766,953	231,508	998,461
1934	76,817	42,087	515,703	244,955	204,152	78,658	1,162,372	843,581	259,257	1,102,838
1935	81,699	45,655	600,306	281,954	201,071	48,258	1,258,943	968,926	256,724	1,225,650
1936	83,119	50,473	634,866	350,871	211,047	87,385	1,417,761	1,179,406	339,072	1,518,478
1937	92,318	55,236	715,776	371,196	185,050	110,714	1,530,290	1,348,728	343,867	1,692,595
1938	93,455	61,309	928,440	416,196	165,221	121,679	1,786,300	1,484,782	476,022	1,960,804
1939	96,410	67,968	1,278,093	471,651	172,414	208,811	2,295,347	2,040,944	739,751	2,780,695
1940	122,245	77,784	1,695,704	608,779	148,617	290,134	2,943,263	2,567,820	946,049	3,513,869
1941	130,844	91,169	2,097,079	682,630	122,113	485,852	3,609,687	2,835,631	1,563,958	4,399,589
1942	135,299	109,905	2,724,249	806,346	140,494	597,567	4,513,860	3,235,687	2,439,203	5,674,890
1943	133,788	119,881	3,875,420	905,299	109,773	1,235,301	6,379,462	3,858,937	3,544,438	7,403,375
1944	138,227	135,360	5,312,080	962,783	3,076,525	3,119,692	12,744,667	4,449,176	5,940,098	10,389,274
1945.6	138,236	148,822	6,226,894	1,051,767	39,851	4,376,970	11,982,540	4,852,013	7,366,609	12,218,622
1945.9	130,704	122,795	2,616,608	1,094,053	39,851	8,680,198	12,684,209	7,631,635	7,371,144	15,002,779

* 『朝鮮金融事項參考書(1939年調)』, 『朝鮮經濟年報』(1948) .이외의 자료는 아래 해당 항목에 표기.
* ① 납입자본과 적립금은 은행, 금융조합, 신탁회사, 무진회사, 동양척식주식회사(1917년까지)의 합계.
『東洋拓殖株式會社二十年誌』. ② 예금은 은행, 금융조합(1914년부터), 신탁회사(1932년부터, 금전신탁),
무진회사(1922년부터, 미불급부금), 동양척식주식회사(1909년부터), 1945년 6월은 동년 2월 수치, 1945
년 9월은 신한공사 수치)의 합계. 『朝鮮金融年報(1943年調)』, 『朝鮮銀行統計月報』. ③ 채권은 농공은행
·조선식산은행, 조선금융조합연합회(1935년부터), 동양척식주식회사(1917년까지)의 합계. 이 책 제2
부 보론의 해당 표 참조. ④ 차입금은 조선은행, 동양척식주식회사(1917년까지), 조선식산은행(1931년
부터), 조선금융조합연합회(1935년부터)의 합계. 이 책 제2부 보론의 해당 표 참조 ⑤ 은행권은 조선
은행권 중 보증준비발행고, 1945년 9월은 총발행고. ⑥ 대출은 은행, 금융조합(1906년부터), 신탁회사
(1932년부터), 무진회사(1922년부터), 동양척식주식회사(1909년부터)의 합계. 자료는 예금과 동일. ⑦
유가증권은 은행(1917년까지는 조선은행만, 1918년부터 조선식산은행, 1926년부터 일반은행, 1929년
부터 조선저축은행 추가), 조선금융조합연합회(1927년부터, 1945년 9월은 1946년 3월 수치), 신탁회사
및 무진회사(1945년 6월 및 1945년 9월은 1946년 4월 수치)의 합계. 『朝鮮金融年報(1943年調)』, 『朝鮮
殖産銀行営業報告書』, 『金融組合統計年報』, 『日本人の 海外活動に關する 歷史的 調査』(朝鮮編) 第7分
冊, 『朝鮮銀行史』.

<부표 5> 대일배상요구액(확정채권) (단위 : 엔)

항 목			금액
1. 일계통화(日系通貨)	1) 일본은행 소액지폐 및 일계통화		1,514,134,098
2. 일계유가증권 (日系有價證券)			7,435,103,942
	1) 일본국채		5,836,250,485
	2) 일본공채		1,631,737
	3) 일본정부보증증권		1,048,048,053
		(1) 일본정부보증사채	937,695,010
		(2) 일본정부기관사채	110,353,043
	4) 일본일반증권	(1) 일본일반사채	216,476,523
		(2) 일본일반株券	87,150,667
	5) 중국·만주 국내의 일계 공채(日系公債) 및 주식	(1) 공사채 및 주식	242,637,140
	6) 기타 유통증권		2,909,337
3. 상해불화(上海弗貨)			$4,000,000
4. 보험금, 은급, 기타 미수금			6,436,617,521
	1) 보험금		467,336,159
		(1) 생명보험책임준비금	450,000,000
		(2) 손해보험미불보증금	17,336,159
	2) 은급	(1) 한국인관리恩給	306,194,970
	3) 기타 미수금		5,663,086,392
		(1) 일본인관계에 대한 대출금	847,433,010
		(2) 〃 가불금	1,165,626
		(3) 〃 미납세금	162,210,215
		(4) 전매관계미수대금	5,140,174
		(5) 환거래채권	3,020,659,929
		(6) 일본측은행접수계정채권	227,638,722
		(7) 일본측은행에 예치금	6,347,399
		(8)일본권업은행대리점계정채권	21,924,486
		(9)일본外資금고예치금이자	232,416,438
		(10) 일본국고금계정	901,748,844
		(11) 무역보상금	117,617,200
		(12) 무역보유(保有)금	102,577,550
		(13) 연합국재산매각대금 (조선은행의 일본 송금분)	15,000,000
		(14) 고공품공급대미수금	3,563,321

항 목			금액
		(15) 조선전업(주)관계미수금	6,187,067
		(16) 서선전기(주) 〃	132,603
		(17) 경성전기(주) 〃	3,207,088
		(18) 남선전기(주) 〃	801,016
		(19) 법무부관계미수금	1,933,193
		(20) 공보처 〃	115,604
		(21) 痲藥대금미수금	12,985,725
		(22) 교통부관계미수금	31,980,386
		(23) 임산물공출대미수금	5,965,627
		(24) 대한식량공사미수금	53,995,432
		(25) 수리조합연합회미수금	88,910
		(26) 농지개발영단미수금	538,348
		(27) 한국마사회미수금	841,745
5. 체신관계 특별계정			2,043,506,744
	1) 위체저금 및 세입세출금 총예산에 의한 조선수취 감정		1,475,967,080
		(1) 우편위체	74,843,664
		(2) 우편저금	1,243,995,199
		(3) 가수금(假受金)	4,384,533
		(4) 체신관서세입금	21,990,045
		(5) 잡부금	68,716
		(6) 역위체금	8,147,982
		(7) 진체저금	122,536,941
	2) 대차결재기준일 이후 태평양 사령관포고령 제3호에 의한 조선수취금		173,846,432
		(1) 관구(管區)교섭금	9,540,249
		(2) 사고금	7,797,432
		(3) 저금이자	23,148,593
		(4) 채권류보상	67,167,617
		(5) 해외환금저금	66,035,227
		(6) 증권보관액	157,405
	3) 조선간이생명보험 연금관계 조선수취금		391,352,964

항　목			금액
		(1) 조선간이생명보험적립금	286,435,427
		(2) 同 이자	46,836,911
		(3) 조선우편연금적립금	11,818,709
		(4) 同 이자	1,888,133
		(5) 조선간이생명보험여유금	20,330,000
		(6) 同 이자	3,792,973
		(7) 조선우편연금여유금	1,400,000
		(8) 同 이자	261,213
		(9) 보험세입금	16,285,278
		(10) 연금세입금	1,532,807
		(11) 업무세입금	254,786
		(12) 해외보험연금	516,719
	4) 우편수입		650
	5) 전신수입		53,478
	6) 전화수입		1,020,904
	7) 잡수입		22,075
	8) 만국우편연합총리국 유지비		1,243,160
합　계			17,429,362,305 $4,000,000

* 外務部 政務局,『對日賠償要求調書』제2부(確定債權), 1954.
* 1949년 9월 1일 현재 조사된 것. 조사의 지역적 범위는 恩給관계를 제외하고는 모두 38 이남에 한정 했음.

<부표 6> 한일은행의 고액대출 일람(1916~1920)

연월일	어음발행자	어음할인자	액면금	기타
1916.3.15	同和東	德順福	5,000엔	
	李宗默	林昊相	10,000엔	
	朴淳亨	李宗默	5,000엔	
	林昊相	朴淳亨	8,000엔	
	廣和順	傳利號	5,000엔	
1916.5.24	聚成號	裕豊德	5,000엔	
	傳利號	瑞盛泰	5,000엔	
	李基祿	李基升	7,000엔	
	崔獻圭	李石峴	8,500엔	
	豊盛永	錦成東	5,000엔	
	同和東	德順福	5,000엔	
	吉仁洙	田種裕	5,000엔	
1916.6.14	傳利號	瑞咸泰	5,000엔	
		李容汶	19,000엔	채무정리. 畓 담보
		廣業(株)	10,000엔	
1916.7.1		白寅基	289,017엔	채무정리. 연대채무자 白南信
1916.8.8	李基祿	李基升	6,000엔	
	傳利號	廣和順·德興源	5,000엔	
	豊盛永	錦成東	5,000엔	
	廣和順	同和東	5,000엔	
	廣和順	德興源	3,000엔	
	廣和順	洪順福	2,000엔	
	安元根	安時應	8,000엔	
	同和東	聚成號	5,000엔	
	洪淳馨	金文祺	5,000엔	
	申泰和	金奭圭	18,000엔	토지건물 담보
1916.9.20	李基祿	李基升	20,000엔	부동산 담보
		金聖煥	5,000엔	신용
		朴斗秉	15,000엔	보증인 文在裕. 부동산담보
1916.11.8		朴弼秉	11,000엔	부동산 담보
	傳利號	德興源	3,000엔	신용
	傳利號	廣和順	4,000엔	〃
	廣和順	同和東	5,000엔	〃
1916.12.19	李宗默	朴淳亨	10,000엔	신용
		吉仁洙	15,000엔	부동산 담보

연월일	어음발행자	어음할인자	액면금	기타	
1917.2.21	傳利號	瑞咸泰	5,000엔		
	趙東潤	趙行俊	10,000엔	垈 및 建物 담보	
	開城社(合名) 社長 金益煥	朴宇鉉·林益相	5,000엔	신용	
1917.3.3	李晩應	朴淳亨	5,000엔	신용	
1917.4.4		東亞煙草商會	20,000엔		
	李承駿	金天裕	5,000엔	신용	
	朴淳亨	李宗默	5,000엔	신용	
	趙重鼎	趙東壁	16,000엔	부동산 담보	
1917.5.26		京城織紐(株)	10,000엔	綿絲 담보, 同社 중역 보증	
	金泰熙	金命熙	5,000엔	신용	
	廣和順	傳利號	5,000엔	신용	
	張春梓	張晩梓	5,000엔	신용	
		朴容喜	7,500엔	3000엔은 신용, 4500엔은 부동산 담보	
1917.6.22	李宗默	朴淳亨	9,000엔	신용	
	開城社	林益相	5,000엔	신용	
	金天裕	李承駿	5,000엔	신용	
	張春梓	張晩梓	10,000엔	신용	
1917.7.2	李敏卯	李玩珪	14,000엔	부동산 담보	
1917.8.22	趙重鼎	趙重壁	5,000엔	신용	
	進明女子學校	嚴俊源	5,000엔	신용	
	興業社	張基鴻	5,000엔		
	朴基駿	朴弘鎭	6,000엔	담보 있음.	
	全命基	權重鎰	7,300엔	신용	
	高瀨政太郎	崔仁成外5인 (六友商會)	12,180엔	신용	동 대 문
	李舜薰	李鼎九	11,000엔	부동산 담보	
	崔仁成	相信商會 朴承燮	5,460엔		
	三昌社 史一煥	李康爀·崔仁成 朴承燮·金永斗	6,000엔		
	金永壽	李澧薰	5,360엔		
		金文祺	7,033엔	6000엔은 馬尾緞 擔保	
1917.9.13	金元植	李德慶	5,000엔		
		貿易幷貸金業 唯一商會	8,000엔	同商會 주인 崔瀅植, 崔翊明, 崔溶植 연대 보증	

연월일	어음발행자	어음할인자	額面金	기 타	
1917.10.24	高瀨政太郎	朱性根	12,436엔		
		積蓄號	20,000엔		
	金天裕	李承駿	5,000엔	鄭光國, 金光準 등 4인의 개인자격 引受書 있음.	
1917.12.24	李宗默	朴淳亨	5,000엔		
	李晚應	朴淳亨	5,000엔		
	金潤晩	韓駿鎬	7,000엔		
		廣和順	7,000엔		
1918.2.27	金天裕	李承駿	5,000엔		
	秦常圭	趙鼎允	5,000엔		
	李承駿	朴淳亨	5,000엔		
	傅利號	廣和順	5,000엔		
	李晚應	朴淳亨	5,000엔		
	朴淳亨	李晚應	5,000엔		
	李宗默	朴淳亨	5,000엔		
	朴淳亨	李宗默	5,000엔		
	朴宇鉉	朴永蕓	6,000엔		
	趙重鼎	趙重壁	5,000엔		
1918.5.6	朴淳亨	李晚應	10,000엔		
	湖西銀行	成樂憲	5,000엔		
	宋秉浩	宋明浩	5,000엔		
	東亞煙草	成壽永	10,000엔		
	金兌鉉	車錫喜	10,000엔		
	金天裕	李承駿	5,000엔		
	金東爀	嚴柱承	5,000엔		
	傅利號	廣和順	5,000엔		
	李載厚	金益泳	5,000엔		
	文泰榮	張齊翰	5,000엔		
		三昌社 史一煥	15,000엔	崔仁成, 朴承爕, 金永斗, 史一煥, 李康爀의 引受證이 있음	동대문
	李忠九	金景俊	10,000엔		
		三金商會	10,000엔	金東元, 金漢基, 金尙崙의 引受證이 있음	
		永澧商會	10,000엔		
		權泰均	10,000엔	崔翰宇, 劉尙烈의 引受證이 있음	

연월일	어음발행자	어음할인자	額面金	기 타	
1918.5.6		金文祺	10,000엔	洪鳳杓의 引受證이 있음	동대문
	李慶來	文相哲·李康來	9,000엔		
	李昌鉉	李昌鉉·金景俊	6,000엔		
	金錫基	金錫基·扈根澔	5,000엔		
	林化潤	林化潤·安光濩	6,019엔		서대문
	金東昱	金東昱·金東敏	5,270엔		
1918.5.29	李晩應	朴淳亨	5,000엔		
	朴淳亨	李宗默	10,000엔		
	李宗默	朴淳亨	5,000엔		
	吉仁洙	吉松竹	5,000엔		
1918.6.22	金天裕	李承駿	5,000엔		
	宋秉浩	宋明浩	5,000엔		
	朴宇鉉	開城社(合名)	5,000엔		
	朴齊烘	南鎭祐	5,500엔		
1918.6.27		支那商 傅利號	10,559엔		
1918.8.21	嚴柱承	嚴柱益	5,000엔		
	傅利號	廣和順	5,000엔		
	李載厚	金益泳	5,000엔		
	金天裕	李承駿	5,000엔		
		共益組合	10,000엔	공익조합 이사 金圭源, 文翊相, 張基鴻, 文奎相, 金重煥의 연대보증	
1918.9.18	文泰榮	許澤	5,000엔		
	文泰榮	朴亨基	5,000엔		
	高鎭圭	高永日	5,000엔		
	張齊翰	文泰榮	5,000엔		
	金鳳模	金潤晩	8,000엔		
	宋明浩	宋秉浩	5,000엔		
1918.10.2	車錫喜	車性淵	8,000엔		
	朴宇鉉	開城社	5,000엔		
	進明女學校	李昌林	6,900엔		서대문
	金東爀	金東昱	10,000엔		
		金東昱	9,500엔		
	鄭祥煥	朴春根	6,000엔		
	大昌社	金益泳·張仁準	5,000엔		
	嚴柱承	金東爀	5,500엔		

연월일	어음발행자	어음할인자	額面金	기타
1918.10.9	李基祿	李基升	5,500엔	
	宋秉浩	宋明浩	5,000엔	
1918.11.27	李基祿	李基升	5,500엔	
	林宗相	李重永	6,000엔	
	車錫喜	伊藤商行	5,737엔	
	崔永奭	崔元植	5,000엔	
		廣和順	5,213엔	
	金天裕	李承駿	5,000엔	
	傅利號	廣和順	5,000엔	
	李載厚	金益泳	5,000엔	
	李基祿	李基升	7,500엔	
		文奎相	5,805엔	
	張齊翰	張春梓	8,000엔	
	金益泳	李載厚	5,000엔	
	朴勝彬	朴勝石	5,000엔	
	李晩應	朴淳亨	7,000엔	
	李興植	金潤晩	5,000엔	
	嚴柱承	金東昱	5,800엔	
	育業	傅利號	8,464엔	
	嚴柱承	安種元	6,600엔	
1918.12.18	李宗默	朴淳亨	10,000엔	
	育業	柳在明	10,232엔	
	金潤晩	韓駿鎬	30,000엔	
	張春梓	張齊翰	18,000엔	담보 있음.
	金熙奉	朱源榮	5,000엔	
	金天裕	李承駿	5,000엔	
		傅利號	6,456엔	
		卓？？	8,511엔	
	仁川 吉金喜三印	李卓魯	9,720엔	
1919.3.21	李宗默	朴淳亨	10,000엔	
	金東敏	許澤	5,000엔	
	傅利號	廣和順	5,000엔	
	文泰榮	朴亨基	5,000엔	
	李載厚	金益泳	5,000엔	
	宋秉浩	宋明浩	10,000엔	
	李載厚	許澤	6,000엔	
	金益泳	李載厚	5,000엔	
	金泰熙	金命熙	5,000엔	
	相信商會	韓駿鎬	11,300엔	
	文泰榮	金熙俊	5,000엔	

연월일	어음발행자	어음할인자	額面金	기 타	
1919.3.21	金天裕	李晩應	5,000엔		
	金天裕	李晩應	5,000엔		
	金東敏	豊盛永	7,518엔		
	柳海昌	柳海永	5,000엔		
	金潤煥	金聖龍	10,000엔		
	朴淳亨	李宗默	10,000엔		
	金鎭燮	金滿根	5,000엔		
	嚴柱承	安鍾元	6,600엔		
	李基錄	李基升	10,000엔	田畓 담보	
	吳恒善	柳寅夏	12,000엔	田畓 담보	
	金星權	金鎭燮	10,000엔	有價證券 담보	
	共榮商會 李啓賢	金秉徽	6,000엔		
	漢城貿易商會 金光準	張春梓	10,000엔		
	金元根	梁桂連	5,750엔		
	金東昱	金來爛	10,000엔		
	崔泰植	崔日煥	5,000엔		
	張春梓	張齊翰	10,000엔		
	朝鮮紙會社	車仁台	8,650엔		
	東一商會 金基永	金東昱	5,000엔		
	相信商會 朴承燮	車仁台	11,650엔		
	車錫喜	車性淵	7,000엔		남
	共榮商會 李啓賢	金秉徽	6,000엔		대
	趙熙正	金宗煥	9,000엔		문
	崔萬燮	金東昱	6,450엔		
	宋星鎭	宋潤玉	8,000엔		
	李承駿	金天裕	5,000엔		
	曺秉學	漢城貿易商會 金光準	8,000엔		
	朝鮮紙會社	張春梓	8,530엔		
	朴承稷	梁在爛	5,500엔		
	朴承稷	梁在爛	5,500엔		
	李常和	具升會	5,000엔		
	崔道明	任?鎬	5,000엔		
	韓奭熙	朴漢秉	5,000엔		
	林炳壽	高久默	5,000엔		동
		金東昱	13,000엔	玄米5斗入1000叺 담보	막
		崔承?	11,400엔	玄米5斗入950叺 담보	

연월일	어음발행자	어음할인자	額面金	기타	
1919.3.21		高炳漢	25,600엔	玄米5斗入1830叺 담보	동마
		曹秉根	12,740엔	玄米5斗入1063叺 담보	
	鈴木政種	崔仁成	6,062엔		
	李春協	金景俊	5,000엔		
	相信商會	朴承稷	9,000엔		
	權重鎰	權泰均	6,000엔		
	金景俊	李昌鈺	6,000엔		
	李?石	姜大愚	5,000엔		동대문
	朴承夒	金永斗	5,000엔		
	相信商會	朴承稷	9,000엔		
	金命佺	孫漢鳳	10,000엔		
	金命佺	孫漢鳳	8,000엔		
	洪鶴杓	黃相梁	8,000엔		
	權重鎰	權泰均	5,000엔		
	金東昱	金東敏	5,000엔		서대문
	金澧植	韓澤復	15,000엔	토지 담보	
	金澧植	洪翰植	10,000엔		
1919.4.12	洪?求	洪忠鉉	30,000엔		
	洪種健	李載厚	6,000엔		
	閔裕植	閔祐?	6,000엔		
	李宗默	朴淳亨	5,000엔		
	李宗默	朴淳亨	10,000엔		
	鄭義甸	金東榮	5,000엔		
	張春梓	張齋翰	10,000엔		
	漢城貿易商會 金光準	張春梓	6,000엔		남대문
	共榮商會 李啓賢	金秉徹	6,000엔		
	漢城貿易商會 金光準	曹秉學	8,000엔		
	朝鮮紙會社	張春梓	5,530엔		
	李載厚	金益泳	5,000엔		
	相信商會	金命洙	5,220엔		
	廣信商會 金文煥	相信商會 朴承夒	5,950엔		동대문
	相信商會 朴承夒	朴承稷	9,000엔		
	崔仁成	禹鈺鉉	10,000엔		
	廣信商會 金文煥	相信商會 朴承夒	9,510엔		
	鄭祥煥	朴春根	6,000엔		서대문
	方善?	方廣?	10,000엔		
	嚴柱承	安鍾元	5,000엔		

연월일	어음발행자	어음할인자	額面金	조건	
1919.5.21	文泰榮	朴亨基	5,000엔		
	朴宇鉉	開城社	5,000엔		
	閔裕植	閔祐植	6,000엔		
	李載厚	金益泳	5,000엔		
	洪正求	洪忠鉉	35,000엔		
	崔永奭	崔元植	7,000엔		
	湖西銀行	成樂憲	15,000엔		
	東洋畜産興業(株)	朴永根	6,403엔		남대문
	金東昱	金東爀	10,000엔		
	田有根	趙漢明	6,000엔	廣和順 약속어음 22,500엔 담보	
	李常和	具升會	5,000엔		
	金炳哲	高允默	5,000엔		동막
	車正基	崔仁成	6,831엔		
	趙舜用	相信商會	6,166엔		
	李載昶	李晉錫	5,400엔		동대문
	金熙侯	朴承稷	9,480엔		
	禹啓鈺	崔仁成	5,565엔		
	開城社	相信商會	8,820엔		
	聚成號	相信商會	10,645엔		
	張永錫	吳圭泳	5,000엔		서대문
	李德求	李禹珪	5,000엔		
	金東昱	金東敏	5,000엔		
1919.10.11	黃潤德	池演環	7,000엔	토지 담보	
	李原杓	陳昌洪	5,000엔	신용	
	閔裕植	閔祐植	9,000엔	〃	
	韓駿鎬	金潤晩	8,000엔	〃	
	柳海昌	柳海崙	5,500엔	토지 담보	
	車相健	金然澤	8,000엔	〃	
	朴淳亨	李宗默	5,000엔	신용	
	趙東潤	趙行俊	5,000엔	〃	
	洪政燮	洪在珪	6,000엔	토지 담보	
	尹東燮	金相洙	10,000엔	신용	
	權晩玉	金英秀	5,000엔	〃	

연월일	어음발행자	어음할인자	액면금	기 타	
1919.10.11	朴淳亨	李宗默	5,000엔	신용	
	尹邦鉉	李春基	33,300엔	純金 담보	
	金珏鉉	金喆鉉	6,000엔	토지 담보	
	金然龜	金奭圭	5,000엔	〃	
	金益泳	張伩鴻	10,000엔	신용	
	李思震	朴瑀秉	5,000엔	토지 담보	
	金?旭	金舜敏	10,000엔	신용	
	安永基	安種健	9,750엔	토지 담보	
	李康善	車相健	5,000엔	토지 담보	
	李原杓	陳昌洪	10,000엔	신용	
	金圭源	共同貿易會社	6,570엔	토지 담보	
	金佑經	李禹鉉	8,000엔	토지 담보	
	同順泰	共同貿易會社	6,570엔	신용	
	共同貿易會社	金圭源	20,000엔	株券 담보	
	金佑經	梁圭鉉	20,000엔	토지 담보	
	共同貿易會社	金圭源	10,000엔	신용	
	李原杓	陳昌洪	10,000엔	신용	
	李章魯	李丙義	8,000엔	토지 담보	
	金熙泰	金東赫	5,000엔	純金 담보	
	文泰榮	朴亨基	5,000엔	신용	
	李基祿	李基升	6,000엔	신용	
	海東物産會社	李石峴	9,330엔		남대문
	漢城貿易商會	曺秉學	5,000엔		
		東一商會	12,500엔		
	李彰圭	朴濟善	12,000엔		
	金命基	孫漢鳳	11,500엔		동대문
	權重鎰	權泰均	5,000엔		
	尹淂求	尹亮求	5,500엔		
	金舜?	崔仁城	5,000엔		
	東益柱	南基州	5,890엔		
	金東殷	南基州	7,287엔		
	金蕙基	金京俊	6,900엔		
	李明九	李澈儀	5,000엔	株券 담보	서대문
	金灃植	李希鈺	22,000엔	預金證書 담보	
	金灃植	金潛輕	15,000엔	토지 담보	
	金東昱	金東敏	10,000엔	신용	

연월일	어음발행자	어음할인자	額面金	기타	
1919.10.11	崔迂潤	崔秉基	5,000엔	신용	서대문
	金東爀	金東敏	5,000엔	토지 담보	
	方善基	方元培	10,000엔	토지 담보	
1919.10.29	申泰三	高鎭圭	5,000엔	신용	
	洪忠鉉	洪正求	18,000엔	토지 담보	
	金然龜	金熙泰	10,000엔	순금 담보	
	金益賢	朱源榮	7,000엔	신용	
	金益賢	朴淳亨	10,000엔	〃	
	柳生明	柳在德	5,000엔	〃	
	李鍒羽	崔濼松	20,000엔	〃	
	韓駿鎬	金潤晩	15,000엔	〃	
	金東殷	金潤晩	12,500엔	〃	
	金益泳	金觀泳	10,000엔	〃	
	織物商共濟會	田有根	76,200엔		남대문
	李載厚	金益泳	5,000엔		
	織物商共濟會	田有根	8,300엔		
	金天裕	朴振遠	5,000엔		
	林炳壽	高允默	5,000엔	신용	
	張重煥	金東赫	8,000엔	〃	
	金?熙	高允默	5,000엔	〃	
	李圭升	盧秉基	6,000엔	〃	
	朴興瑞	黃興?	8,000엔	〃	
	黃興德	朴興瑞	8,600엔	〃	동막
	高濟羽	高吉相	5,000엔	〃	
	金炳哲	高允默	5,500엔	〃	
	朴寅喜	李壽載	5,000엔	〃	
	梁柱元	梁聖烈	6,000엔	〃	
		宋在昇	11,800엔	현미 담보	
		宋在昇	13,200엔		
	金然龜	金熙泰	5,000엔	신용	
	金兒鎬	金泰鉉	9,000엔	토지 담보	서대문
	進明女學校	小杉彦治	5,000엔	신용	
	金?演	金寬培	5,000엔	〃	
	李圭元	李完敏	5,000엔	〃	
1919.11.19	金潤晩	韓駿鎬	15,000엔		
	李宗默	朴淳亨	10,000엔		
	閔祐植	閔裕植	9,000엔		
	金奎燮	洪殷柱	6,000엔		
	韓駿鎬	金潤晩	8,000엔		
	柳海昌	柳海永	10,000엔		
	朴基秉	李基祿	5,000엔		
	閔哲勳	尹秉燮	9,000엔		
	金然龜	金奭圭	5,000엔		

연월일	어음발행자	어음할인자	額面金	기 타	
1919.11.19	東洋物産會社	韓駿鎬	6,680엔		
	金天祐	李晩應	10,000엔		
		金天裕	10,000엔		南 대 문
	姜寅奎	金錫泰	5,000엔		
	安永基	李章魯	15,000엔	보류	
	共榮商會	金秉徹	5,000엔		
	金東昱	金東爀	5,000엔		
	金永壽	大同商會	5,600엔		
	張春梓	張齋翰	7,500엔		
	〃	〃	7,500엔		
	曺秉學	金光準	5,275엔		
	趙乾鎬	趙大鎬	6,000엔		
	朴元信	李宗默	5,000엔		東 대 문
	朴承稷	崔仁成	10,822엔		
	咸仲實	咸善潤	5,000엔		
	金命基	孫漢鳳	7,000엔		
	韓性源	千?用	5,000엔		
	大昌社	金益泳	5,000엔		西 대 문
	崔重變	金東昱	5,310엔		
	甲田種次郎	金東昱	5,350엔		
	張永錫	吳圭泳	5,000엔		
	吳圭泳	崔思永	5,000엔		
1919.12.8	金熙泰	金東爀	5,000엔		
	李敏應	徐範錫	8,000엔		
	禹永命	朴顯武	10,000엔		
	曺奉承	李承鎬	5,000엔		
	崔永奭	崔元植	7,000엔		
	大同貿易	金宗國	7,500엔		
1920.2.25	李原杓	陳昌洪	10,000엔		
	金天裕	李晩應	10,000엔		
	李原杓	陳昌洪	11,000엔		
	張稷相	李完儀	15,000엔		
	李完默	朴淳亨	10,000엔		
	李鐘翊	李鐘國	10,000엔		
	林昊相	金源百	20,000엔		
	趙東潤	趙行俊	10,000엔		
	朴淳亨	李宗默	10,000엔		
	趙俊鎬	趙重璧	10,000엔		
	韓駿鎬	金潤晩	10,000엔		
	李圭元	韓駿鎬	16,500엔		
	金商運	李完植	18,000엔		

연월일	어음발행자	어음할인자	額面金	기타	
1920.2.25	共同貿易會社	金圭源	20,000엔		
	金潤晩	韓駿鎬	10,000엔		
	織物商共濟會	田有根	58,121엔		
	林濬相	林昊相	10,000엔		
	趙大鎬	趙輕鎬	10,000엔		
	〃	〃	10,000엔	漢城銀行銀株式 500주 담보	
		大東商會	10,000엔		
	海東物産會社	尹在殷	12,000엔		
	金天裕	朴振遠	5,000엔		
	金東昱	李彰圭	5,180엔		
	李準宰	崔俊相	8,500엔		
	海東物産會社	尹在殷	12,000엔		
	海東物産會社	金天裕	10,000엔		
	車錫喜	車性淵	9,000엔		
	姜寅圭	金錫泰	10,000엔		
	共榮商會	金秉徹	5,000엔		
	李載厚	金益泳	5,000엔		
		大東商會	5,000엔		
	海東物産會社	尹在殷	12,000엔		
		大東商會	5,000엔		
	曺秉學	李彰圭	5,115엔		남
		大東商會	9,000엔		대
		大東商會	5,000엔		문
	李?柱	崔日煥	5,000엔		
		李?烈	6,000엔		
	海東物産會社	尹在殷	12,000엔		
		李大熙	5,000엔		
	車東燮	車錫喜	6,000엔		
	金東昱	金東爛	5,000엔		
		金天裕	10,000엔		
	張春宰	張齋翰	10,000엔		
	姜寅圭	金錫泰	10,000엔		
	車錫喜	車鼎淵	10,000엔		
	東一商會	趙秉旭	5,220엔		
		共榮商會	10,000엔		
	共榮商會	金秉徹	5,000엔		
		大東商會	5,000엔		
	林炳壽	高允默	5,000엔		동
	金炳星	金鍾燁	9,000엔		막
	梁柱元	梁聖烈	11,000엔		

연월일	어음발행자	어음할인자	額面金	기타	
1920.2.25	崔載鉉	崔冀鉉외1명	5,000엔		동막
	任興淳	梁柱元외1명	5,100엔		
	朴興瑞	黃興龍외2명	7,000엔		
	李舜載	車鉉昇	10,000엔		
	盧秉基	李圭升외1명	7,000엔		
	金東爀	張重煥	5,000엔		
	高允默	高炳漢	6,000엔		
	趙仲權	盧秉基	5,900엔		
	金洙熙	高允默외1명	5,000엔		
	張重煥	金東爀	7,000엔		
	龍山勸業會社	李圭元	18,572엔		서대문
	金澧植	金濬經	15,000엔		
	金奉鉉	金成煥	10,000엔		
	柳秉秀	金潤晩	5,000엔		
	大昌社	金益泳	5,000엔		
	金東爀	金東昱	5,000엔		
	東一商會	金東昱	5,000엔		
	金東昱	金東敏	10,000엔		
	文 ?主	文 ?龍	5,000엔		
	吳圭泳	崔恩永	5,000엔		
		李種九	15,000엔	토지 담보	동대문
		金演相	11,300엔	〃	
		李鼎來	10,500엔	〃	
		洪錫杓	10,000엔	〃	
		朴承夔	18,124엔	신용	
		高圭復	5,000엔	〃	
		廣藏會社	14,800엔	〃	
		金 ？？	7,984엔	〃	
		洪淳一	5,000엔	〃	
		李澧薰	13,670엔	〃	
		金永壽	10,940엔	〃	
		李 ?範	5,900엔	〃	
		咸善潤	6,000엔	〃	
		曺秉學	6,350엔	〃	
		永澧商會	5,000엔	〃	
		朴承稷	10,255엔	〃	
		金悳基	6,708엔	〃	
		李鍾源	7,000엔	〃	
		崔仁成	10,000엔	〃	
		金 ?珠	7,148엔	〃	

연월일	어음발행자	어음할인자	額面金	기타	
1920.2.25		金熙俊	6,518엔	신용	동대문
		姜泰亨	6,000엔	〃	
		李圭鎭	7,000엔	〃	
		東洋興産會社	36,100엔	〃	
		閔弘基	5,000엔	〃	
		金愚植	8,000엔		관훈동
		趙命九	10,000엔		
		趙義惠	5,000엔		
1920.5.5	李種翊	崔瀅植	17,000엔	신용	
	尹澤榮	李章魯	17,000엔		
	金潤晩	李興植	40,000엔		
	金箕賢	金商運	17,000엔	가옥 담보	
	金圭源	共同貿易會社	30,000엔	토지 담보	
	金佑經	金性煥	17,000엔	〃	
	柳海昌	柳海永	13,000엔	신용	
	蔡奎五	文在裕	10,000엔	〃	
	趙東潤	趙行俊	10,000엔	〃	
	金商運	金箕賢	18,000엔		
	林昊相	金源百	18,000엔	신용	
	共同貿易會社	金圭原	10,000엔	〃	
1920.5.5	大同貿易會社	金聖煥	10,000엔	포목 담보	
	大同貿易會社	金聖煥	10,000엔	小夏布 담보	
	서울호텔	崔瀅植	178,220엔		
	朴承稷	朴承爕	30,000엔	부동산 담보	
	韓駿鎬	金潤晩	30,000엔	신용	
	朴基駿	朴弘鎭	10,000엔	〃	
	同光商會	同光商會	9,500엔	곡물 담보	남대문
	同光商會	李章魯	19,200엔	주식 담보	
	車錫喜	車性淵	9,000엔	신용	
	同光商會	同光商會	7,000엔	포목 담보	
	崔德亨	李相元	5,000엔	신용	
		金景俊	8,500엔	신용	동대문
		黃興德	5,000엔	〃	
		金演相	5,000엔	〃	
		朴淳亨	5,000엔	〃	
		安商浩	5,250엔	〃	
		劉永熙	5,734엔	〃	

연월일	어음발행자	어음할인자	額面金	기타	
1920.5.5		李源弘	5,733엔	〃	동대문
		金世旺	6,000엔	〃	
		崔仁成	5,000엔	〃	
		中央信託(株)	9,852엔	〃	
		廣藏(株)	10,000엔	〃	
		金永壽	10,000엔	〃	
		李康爛	5,000엔	〃	
	金東昱	金東敏	10,000엔	부동산 담보	서대문
	東一商會	金東昱	5,000엔	신용	
	宋星鎭	羅翼鎭	5,000엔	〃	
	金瀅植	金濬植	11,000엔	토지 담보	
	金炳星	金種燁	8,500엔	신용	동막
	金炳晢	高允默	11,000엔	〃	
	朴興瑞	黃興德	6,000엔	〃	
	沈貞澤	李漢卿	5,000엔	〃	
	金東赫	張重煥	8,000엔	〃	
	高允默	高炳漢	6,000엔	〃	
	趙仲植	盧秉基	5,300엔	〃	
	金益洙	韓奭熙	6,000엔	〃	
	金洙熙	高允默·金益洙	5,000엔	〃	
	林炳壽	高允默	5,000엔	신용	
	梁柱元	梁聖烈	11,000엔	부동산 담보	
	尹永培	柳錫東	11,200엔	부동산 및 현품 담보	
	鄭養浩	申泰三	13,130엔	현품 담보	
	姜正熙	姜正熙	10,200엔	〃	

자료 : 韓一銀行, 『貸出에 關하난 取締役會決議錄』.

* 연월일은 중역회의에서 인가된 날짜이므로 실제 대출일과는 다소 차이가 있다. 어음할인자란에만 이름이 기록된 것은 자신이 발행한 어음을 할인받는 경우이거나 자기 명의로 대부받는 경우이다. 판독이 어려운 글자는 '?'로 표시했다. 円 미만은 버림처리했다. 기타에 대출을 취급한 지점·출장소를 명기했다.

<부표 7> 조선식산은행의 '융자명령대부 관계서류' 일람표 (단위 : 원)

사업체, 차수자	사장, 책임자	주소	신청일	명령일	회의일	대출일	신청금액	광공국 사정액	재무국 명령액	융자금액	명령 번호	비고
大東鑛業	今井彌八	경성부	8/21	8/24	8/28	8/25	3,657,606	1,927,138	2,226,088	2,226,000	2	광공국인없음
松田稔	松田稔	청진부	8/23	8/25	8/28	8/28	190,392	54,000	73,000	73,000		
昭興鑛業	大村豊樹	경성부	8/23	8/25	8/28		396,848	396,000	180,000	180,000		
端川鐵山	崔南周	경성부		8/25	8/28		611,300	610,000	553,000	553,000	3	
利原鐵山	松宮淸	함남 이원군		8/27	8/28	8/29	1,501,360		1,150,000	1,150,000		
宝光鑛業	有賀光則	경성부	8/22	8/27	8/29	8/29	660,000	435,000	355,000	355,000	6	
朝鮮山皮鑛開發	長尾新輔	경성부	8/25	8/26	8/30	8/30	800,000	573,300	573,300	573,300	7	
中川鑛業	中川太郎	경성부	8/21	8/30	9/3		1,300,000	1,000,000	600,000	600,000	11	
日月鑛山	中川太郎	경성부	8/21	8/28	9/3		551,100	343,500	153,600	153,600	10	
朝鮮鑛業振興	人見次郎	경성부	8/25	8/31	9/3	9/1	10,625,000		10,625,000	10,625,000	12	조선총독 보증
三上新		청진부	8/23	8/26	9/4	9/3	132,673	122,000	122,000	122,000	16	
北鮮黑鉛鑛山	綾城鳳太郎	경성부	8/28	8/30	9/4		270,467	?	218,000	218,000		신규거래, 광공국 인은 있으나 액수가 불명확
朝鮮燐鑛	西本計三	경성부	8/31	8/31	9/4	9/4	600,000	230,000	393,000	393,000	20	8.16 기대출분 23만원 포함
金井鑛業	後宮末男	경성부	8/31	9/2	9/4	9/4	766,050	713,000	713,000	713,000	17	
李屋禧變		경성부	8/31	9/2	9/4		2,333,026	1,700,000	1,039,000	1,039,000	18	
利原鐵山	松宮淸	함남 이원군		8/31	9/4	9/9	2,783,400		1,390,000	1,390,000		
新望銅山	緒方謙吉	동경부	8/30	9/2	9/5	9/4	200,000	87,000	72,000	72,000	22	70,000원 대출
興亞鑛業	龍井宗平	경성부	8/30	8/31	9/5	9/5	204,900	190,000	140,000	140,000	14	신규거래
久原一夫 (黑橋鑛山)		경성부	8/31	9/1	9/5	9/4	361,000	230,000	204,000	204,000	21	
朝陽鑛業	中村一夫	경성부		9/2	9/5	9/4	420,000		285,000	285,000	19	조선총독 보증
內外特殊鑛業	月岡捨男	경성부		9/3	9/6	9/6	474,684	210,000	241,000	241,000	23	
三井鑛山	黑田近雄	경성부	8/27	8/31	9/7	9/6	3,048,500	3,048,500	1,820,000	1,820,000		
大龍鑛業	齊藤貢	경성부	8/29	9/1	9/7	9/16	1,100,000	812,000	539,000	539,000	24	신규거래

사업체명	사장 또는 책임자	주소	신청일	명령일	회의일	대출일	신청금액	광공국 사정액	재무국 명령액	융자금액	명령번호	비고
朝鮮雲母開發販賣	岸常二	경성부	8/25	8/31	9/10	9/7	980,000	?	540,000	540,000	30	광공국인은 있으나 액수가 불명확, 186,000 대출
英殖鑛業	魚念田平藏	함북 길주군	8/28	9/3	9/10	9/15	318,000		309,000	309,000	28	
日月鑛山	中川太郎	경성부	9/4	9/4	9/10		397,500	397,500	247,500	247,500	33	
日本大勝鑛業所	廣江澤次郎	경성부	9/4	9/6	9/10	9/8	200,000		134,000	134,000	29	
中川鑛業	中川太郎	경성부	9/4	9/7	9/10		400,000	400,000	281,000	281,000	35	
大東鑛業	今井彌八	경성부	9/6	9/7	9/10	9/8	1,317,629	1,191,629	1,128,544	1,128,000	31	조선총독 보증 광공국 인 없음
乾鑛業	杉原賴三	경성부		9/7	9/10	9/8	787,000	360,000	310,000	310,000	34	신규거래
朝鮮特殊鑛業	頓部秀雄	경성부	8/27	8/31	9/24	9/21	192,120	?	123,000	123,000	28	신규거래, 광공국인은 있으나 액수가 불명확
朝日鑛業	阿部嘉藏	충북 충추군	9/9	9/14	10/5	10/2	124,564	?	48,000	48,000	39	신규거래, 광공국인은 있으나 액수가 불명확

자료 : 朝鮮殖産銀行, 『融資命令貸付關係書類』.
* (중역)회의일이 빠른 순서로 정리했다.
* 대출일은 해당 융자명령 건에 대한 『對日資産(殖銀所有)請求資料表』의 날짜이다.

참고문헌

1. 자료

1) 농공은행 · 조선식산은행 자료

(1) 내부 자료

<각종 회의 / 보고서 / 인사 · 규정 관련 서류>

『營業報告書』 제1기~52기(1918~1943)

『殖銀法令定款規程集(大正~昭和)』 上 · 下

『第二回支店長會議諮問事項答申書』(甲) · (乙), 1921.

『株主總會議事速記錄』 1918~1926.

『職員名簿』 1943. 4, 1949. 2, 1954. 5.(한국산업은행)

『第七九回 帝國議會説明資料』, 1943. 12.

『退職者臺帳(其一)』, 1946.

朝鮮殖産銀行秘書課, 『重要書類』 1918년 상반기~1939년 하반기

朝鮮殖産銀行設立事務所, 『設立事務重要書類』 1918.

朝鮮殖産銀行人事部, 『退職起案綴』, 1950.

朝鮮總督府, 『農工銀行支配人會同諮問事項答申書』 1915. 10, 1916. 6.

閉鎖機關株式會社 朝鮮殖産銀行特殊淸算事務所(東京), 『朝鮮殖産銀行役職員
　　　名簿』, 1956.

<장부>

『朝鮮殖産銀行債券發行高元帳』, 1918~1950.

『株式關係書類』, 1944. 8~9.

『所有有價證券關係綴』, 1944.

『保管有價證券受拂記入帳』

『所有有價證券券面記號別記入帳』

『所有有價證券利殖配當金記入帳』

484

『所有有價證券保管店別券記入帳』

『有價證券利殖配當金記入帳』

『朝鮮殖産銀行未拂債券利子元帳』

『債券募集金元帳』

朝鮮殖産銀行計算課,『貸借對照表·損益計算書·財産目錄 合帳』, 1918~1946.

朝鮮殖産銀行證券部,『登錄關係書類(昭和十九年度)』

<대출관계 서류>

『當座取引先資産信用錄』, 1921.

『根抵當權設定契約書(豊國製粉, 太陽製油)』

『端川鐵山株式會社完濟貸付書類』

『寶光·岩城·左左連鑛業株式會社關係書類』

『小林鑛業株式會社關係書類』 1-4.

『利原鐵山株式會社書類』 1-4.

『日本高周波社債關係書類(昭和十七年)』

『帝國興業會社』

<청산 관련 자료>

殖銀淸算委員會,『舊殖銀支店別 解放前未決貸出帳』

朝鮮銀行,『朝鮮銀行의 對日債權一覽表(南朝鮮)(1947. 9. 30)』

朝鮮銀行淸算事務局,『對日本財産請求權內譯(1947. 9. 30)』

朝鮮銀行淸算委員會,『對日民間請求權現況』

韓國殖産銀行,『有價證券對日請求資料(1961年調)』

韓國殖産銀行,『特殊計定明細表』

韓國殖産銀行民間株式補償對策委員會,「對日請求權補償에 관한 建議資料」,
　　　　1966.

韓國殖産銀行淸算委員會,『殖銀 및 殖銀傍系會社 所有株式明細表』, 1957.

韓國殖産銀行淸算委員會,『對日資産(殖銀所有)請求資料表(二)』, 1958.

韓國殖産銀行淸算委員會,『對日財産關係書類綴』

韓國殖産銀行淸算委員會,『三和銀行京城支店接受財産淸算資料表』其一~二

韓國殖産銀行淸算委員會,『店別 및 貸付金種類別集計表』

韓國殖産銀行淸算委員會, 『終結作業綴』

『未收利息 및 其他債權推尋依賴에 관한 건』

『所有株式中 委任株券關係書類綴』

『解放前差入擔保有價證券關係書類綴』

<관련 기업 자료>

門田協之介(不二興業企劃課長) 外, 「昭和二十年二月延海農場業務調査復命書」,
       1945.

不二興業株式會社, 『重役會決議錄綴』

不二興業株式會社, 『所得申告書稅・所得稅決定書綴』

成業社, 『旣往年度實績表』(1931~1939)

成業社, 『所有有價證券殘高帳』

成業社, 『受託金勘定元帳』

成業社, 『有價證券殘高帳』

成業社會計係, 『(昭和十七年度)所有有價證券關係書類』

小林鑛業株式會社, 『第拾七回 決算報告書』(1944. 1)

小林鑛業東京支社 池之上(談), 「小林鑛業ノ從業員對策」, 1945.

利原鐵山株式會社, 『第四拾參期 營業報告書』(1943. 4~1944. 3)

朝鮮飛行機工業株式會社, 「發起人名簿・引受株數, 賛成人名簿・引受株數」

朝鮮飛行機工業株式會社, 「設立趣意書」

朝鮮飛行機工業株式會社, 「朝鮮飛行機工業株式會社株式募集」

<기타>

朝鮮殖産銀行頭取 有賀光豊, 「朝鮮殖産銀行創立十周年記念式辭」, 1928.

⑵ 간행물

<연속간행물>

『全鮮畓田賣買價格及收益調』, 1929~1942.

朝鮮殖産銀行調査課, 『朝鮮金融事情槪觀』, 1924~1943.

朝鮮殖産銀行調査課, 『不動産抵當個人間貸借金利調』, 1929~1943.

朝鮮殖産銀行調査課, 『朝鮮會社事業成績調』, 1934~1936.

朝鮮殖産銀行調査部,『殖銀調査月報』, 1938~1945, 1946~1953.

朝鮮殖産銀行調査部,『朝鮮事業成績』, 1939~1942.

朝鮮殖産銀行行友會,『會心』, 1921~1943.

朝鮮殖産銀行行友會,『無窮』, 1946~1953.

韓國産業銀行調査部,『産業銀行月報』, 1954~1961.

<단행본·社史>

『朝鮮殖産銀行概況』, 1922.

『朝鮮殖産銀行概覽』, 1923.

『朝鮮殖産銀行と朝鮮の産業』, 1924.

『朝鮮殖産銀行十年志』, 1928.

『朝鮮の金融』, 1932.

『朝鮮殖産銀行二十年志』, 1938.

朝鮮殖産銀行調査課,『朝鮮ノ大豆』, 1924.

朝鮮殖産銀行調査課,『朝鮮ノ明太』, 1925.

朝鮮殖産銀行調査課,『朝鮮ノ米』, 1928.

朝鮮殖産銀行調査課,『開城ノ時邊ニ取テ』, 1929.

朝鮮殖産銀行調査課,『朝鮮の産業及金融』, 1929.

朝鮮殖産銀行調査課,『朝鮮殖産銀行年鑑』(第1次分), 1929.

朝鮮殖産銀行調査課,『米穀統制問題關係資料』, 1932.

朝鮮殖産銀行調査部,『地方經濟狀況調査報告』, 1940.

朝鮮殖産助成財團,『水利組合と農事改良』, 1929.

朝鮮殖産助成財團,『水利組合と肥料の配給』, 1931.

朝鮮殖産助成財團,『水利組合と小作慣行』, 1931.

朝鮮殖産助成財團,『水利組合と副業』, 1932.

韓國産業銀行,『韓國産業銀行四十年史』, 1994.

韓國産業銀行三十年史編纂委員會,『韓國産業銀行三十年史』, 1984.

韓國産業銀行十年史編纂委員會,『韓國産業銀行十年史』, 1964.

⑶ 관련 인물 전기·회고 등

<한국인>

具鎔書 監修·韓奎勳 構成,「朝鮮銀行40年：19회－第3章 8·15 解放」,『金融
　　　經濟』20, 金融經濟社, 1978.

具鎔書 監修 韓奎勳 構成,「朝鮮銀行40年：22회－第6章 分斷」,『金融經濟』
　　　23, 金融經濟社, 1978.

具鎔書 監修 韓奎勳 構成,「朝鮮銀行40年：27회－第11章 調査部」,『金融經
　　　濟』28, 金融經濟社, 1979.

羅翼鎭,『우리 經濟 어디로 가야 하나－나의 經濟隨想과 編歷』, 孚林出版社,
　　　1988.

宋仁相,『淮南 宋仁相 回顧錄 復興과 成長』, 21세기북스, 1994.

한국일보사,『財界回顧 I』1～10, 한국일보사출판국, 1981.

韓翼敎,『韓相龍君을語る』, 韓相龍氏還歷記念會, 1941.

<일본인>

金谷要作,『朝鮮の産業金融事情に就て』, 1980.

藤田文吉,『一日本人銀行員の朝鮮史雜感と朝鮮殖産銀行』, 1988.

藤田文吉,『朝鮮産業經濟の近代化と朝鮮殖産銀行』, 西田書店, 1993.

山名酒喜南, 『朝鮮總督府終政の記錄(一)－(原題)終戰前後に於ける朝鮮事情概
　　　要』, 中央日韓協會·友邦協會, 1956(탈고일 1945. 12. 24).

星野喜代治·岸喜二雄·水田直昌(講述),「(外地4) 終戰前後の朝鮮通貨金融事
　　　情とその對策(その一)」, 大藏省官房調査課 金融財政事情研究會, 1954.
　　　10. 7(講述日).

星野喜代治,「(外地5) 終戰前後の朝鮮通貨金融事情とその對策(その二)」, 大藏
　　　省官房調査課 金融財政事情研究會, 1954. 10. 22(講述日).

星野喜代治,「(外地6) 終戰前後の朝鮮通貨金融事情とその對策(その三)」, 大藏
　　　省官房調査課 金融財政事情研究會, 1954. 11. 4(講述日).

松本重威,『男爵目賀田種太郎』, 1938.

水田直昌·奧村重正(講述),「(外地3) 終戰前後の朝鮮經濟事情」, 大藏省官房調
　　　査課 金融財政事情研究會, 1954. 3. 6(구술일).

水田直昌・土屋喬雄 編述,『財政・金融政策から見た朝鮮統治とその終局』, 友
　　邦協會 朝鮮史料編纂會, 1962(구술월 1953. 12~1954. 2).

水田直昌,『落葉籠』, 1980.

水田直昌 口述,『朝鮮財政余話』, 友邦協會, 1981(구술년 1948~1949).

殖銀行友會,『殖銀時代をかえりみて』, 1968.

殖銀行友會 編,『朝鮮殖産銀行終戰時の記錄』, 1978.

有賀さん事蹟と思い出'編纂會,『有賀さん事蹟と思い出』, 1953.

林繁藏回顧錄編輯委員會,『林繁藏回顧錄』, 1962.

中島司 編,『三島太郎氏記念誌』, 1923.

中川龜三,『朝鮮殖産街史』, 朝鮮公論社, 1938.

朝鮮銀行回顧錄編纂室,『朝鮮銀行回顧錄 後篇 終戰當時の思出の記』, 1956. 2
　　~1958. 11.

村田俊彦 外,『朝鮮統治の回顧と批判』, 朝鮮新聞社, 1936.

和田八千穗・藤原喜藏 編,『朝鮮の回顧』, 近澤書店, 1945.

2) 각종 자료

(1) 신문・잡지

『東亞日報』/『每日申報』/『每日新報』/『朝鮮日報』/『皇城新聞』/
『經濟月報』/『鑛業朝鮮』/『金融』(해방후) /『金融組合』/『貿易月報』/
『貿易彙報』/『鮮滿支財界彙報』/『銀行通信錄』/『財務彙報』/『財務週報』/
『朝光』/『朝鮮』/『朝鮮鑛業』/『朝鮮鑛業會誌』/『朝鮮經濟』(해방후) /
『朝鮮經濟新報』/『朝鮮經濟雜誌』/『朝鮮農會報』/『朝鮮之光』/
『地方金融組合』/『現代評論』/『韓國中央農會報』

(2) 통계・연감류

南朝鮮過度政府 編纂,『朝鮮統計年鑑』1943년판, 1948.

大藏省管理局,『金融事項參考書』1935年調

全國經濟調査機關聯合會朝鮮支部編,『朝鮮經濟年報』1940년판

朝鮮金融組合聯合會,『金融組合統計年報』각년판

朝鮮金融組合聯合會,『金融組合年鑑』, 1942년판

朝鮮銀行,『朝鮮銀行月報』

朝鮮銀行, 『朝鮮銀行調査月報』

朝鮮銀行調査部, 『朝鮮經濟年報』 1948년판

朝鮮銀行調査部, 『經濟年鑑』 1949년판

朝鮮總督府, 『朝鮮總督府施官報』

朝鮮總督府, 『朝鮮總督府施政年報』 1910~1942년판

朝鮮總督府, 『朝鮮金融經濟調査資料』 其一~其二, 1927.

朝鮮總督府財務局, 『朝鮮金融事項參考書』 1923~1939年調

朝鮮總督府財務局, 『朝鮮金融年報』 1942년판

朝鮮總督府全羅北道, 『朝鮮總督府全羅北道統計年報』 각년판

朝鮮總督府遞信局, 『朝鮮簡易生命保險統計年報』 1938년판

朝鮮總督府土地改良部, 『朝鮮土地改良事業要覽』 각년판

朝鮮總督府平安南道, 『朝鮮總督府平安南道統計年報』 각년판

朝鮮總督府咸鏡南道, 『朝鮮總督府咸鏡南道統計年報』 각년판

朝鮮總督府黃海道, 『朝鮮總督府黃海道統計年報』 각년판

中村資郎 編, 『朝鮮銀行會社(組合)要錄』 1921~1942년판

統監府, 『統監府統計年報』 1906~1909년판

韓國銀行調査部, 『經濟年鑑』 1955년판

韓國銀行調査部, 『韓國銀行調査月報』

後藤新一, 『日本の金融統計』, 東洋經濟新報社, 1970.

(3) 社史類

農業協同組合中央會, 『韓國農業金融史』, 1963.

大韓重石社史編纂委員會, 『大韓重石七十年史』, 大韓重石鑛業株式會社, 1989.

東洋拓殖株式會社, 『東洋拓殖株式會社二十年誌』, 1928.

東洋拓殖株式會社, 『東洋拓殖株式會社三十年誌』, 1939.

朝鮮金融組合聯合會, 『朝鮮金融組合聯合會十年史』, 1944.

朝鮮信託株式會社, 『朝鮮信託株式會社十年史』, 1943.

朝鮮銀行, 『鮮滿經濟十年史』, 1919.

朝鮮銀行史研究會 編, 『朝鮮銀行史』, 東洋經濟新報社, 1987.

朝興銀行, 『朝興銀行百年史』, 1997.

遞信部, 『韓國郵政100年史』, 1984.

秋田豊, 『朝鮮金融組合史』, 金融組合聯合會, 1929.

韓國商業銀行,『韓國商業銀行八十年史』, 1979.

⑷ 기관·기구·은행자료

京城商工會議所,『朝鮮に於る内地資本の投下現況』, 1944.

京城商工會議所,『朝鮮主要會社表』, 1944.

京城商工會議所調査課,『朝鮮に於る中小工業金融の現況』, 1943.

京城商業會議所,「韓國幣制ニ關スル請願書」, 1905 (韓國經濟經營史研究所,『韓
　　　國經濟史文獻資料』第3輯, 1972에 수록).

京城商業會議所,『京城商工名錄』, 1923.

高等法院檢事局,『朝鮮檢察要報』1~6. 1942~1943.

國史編纂委員會編,『資料大韓民國史』, 1968~2001.

農林省米穀局,『朝鮮米關係資料』, 1937.

大邱財務監督局,『隆熙二年財務一班』, 1908.

大藏省 編纂,『明治大正財政史 第15卷－銀行(中)』, 財政經濟學會, 1938.

大藏省 編纂,『明治大正財政史 第16卷－銀行(下)』, 財政經濟學會, 1938.

大藏省 編纂,『明治大正財政史 第13券－通貨·預金部資金』, 財政經濟學會, 1939.

大藏省 編纂,『明治大正財政史 第18卷－外地財政(上)』, 財政經濟學會, 1939.

大藏省管理局,『日本人の海外活動に關する歷史的調査』朝鮮編, 1950.

大藏省昭和財政史編集室 編『昭和財政史 第6卷－國債』, 東洋經濟新報社, 1954.

大藏省昭和財政史編集室 編,『昭和財政史 第12卷－大藏省預金部·政府出資』,
　　　東洋經濟新報社, 1962.

大韓關稅局,『隆熙二年韓國外國貿易要覽』, 1908.

同光會本部,『朝鮮民政視察報告』, 1923.

東洋拓殖株式會社,『第79回 帝國議會說明資料業務概要』, 1941.

木浦府,『木浦府史』, 1930.

宋炳基 外 編,『韓末近代法令資料集』VI, 국회도서관, 1971.

水田直昌 監修,『資料選集東洋拓殖會社』, 友邦協會, 1976.

外務部,『對日賠償要求調書』, 1954.

外務省 編,『日本外交年表竝主要文書 1840~1945』, 原書房, 1965.

日本銀行調査局 編,『日本金融史資料 昭和編 第二十七卷』, 大藏省印刷局, 1970.

朝鮮金融組合聯合會 編,『臨時資金調整法及銀行等資金運用令に關する資料』,
　　　1941.

朝鮮金融組合聯合會調査課, 『朝鮮に於ける資金調整の現況』, 1939.

朝鮮金融組合聯合會調査課 編, 『金融統制團體令に關する資料』, 1943.

朝鮮米穀事務所, 『京城府ニ於ケル米穀事情』, 1936.

朝鮮産業經濟調査會, 『朝鮮産業經濟調査會議事要綱』, 朝鮮教育圖書出版部, 1936.

韓國商業銀行, 『大韓天一銀行公牒存案解說』, 1960.

朝鮮銀行京城總裁席調査課, 『朝鮮に於ける內地資本の流出入につ就て』, 1933.

朝鮮總督府, 『京城商工調査』, 1913.

朝鮮總督府, 『産業調査委員會議錄』, 1921.

朝鮮總督府, 『朝鮮人の商業』, 1925.

朝鮮總督府, 『市街地の商圈』, 1926.

朝鮮總督府, 『朝鮮ノ小作慣行』, 1932.

朝鮮總督府 編, 『朝鮮總攬』, 1933.

朝鮮總督府, 『朝鮮産業經濟調査會會議錄』, 1936.

朝鮮總督府, 『朝鮮法令輯覽』, 1940.

朝鮮總督府, 『施政三十年史』, 1940.

朝鮮總督府鑛工局鑛山課, 「昭和十九年度生産實績表」, 1945.

朝鮮總督府企劃部編, 『朝鮮重要物資配給統制要覽』, 帝國地方行政學會朝鮮本部, 1940.

朝鮮總督府農林局 編, 『朝鮮産米增殖計劃の實績』, 1933.

朝鮮總督府殖産局鑛山課, 『朝鮮鑛業の趨勢』 각년판

朝鮮總督府財務局, 「(秘)金融制度準備調査委員會設置ニ關スル件」, 1927.

朝鮮總督府鐵道局, 『朝鮮鐵道驛勢一般』 下, 1914.

朝鮮總督府土地改良部, 『朝鮮の干拓事業』, 1929.

朝興銀行, 『營業報告書』 1기~5기(1943하~1945상)

度支部, 『大韓國貨幣整理經過報告』, 1907.

度支部, 『韓國財務經過報告』 1回~5回, 1908~1910.

閉鎖機關整理委員會, 『閉鎖機關とその特殊清算』, 1954.

韓國金融二十年史編纂委員會, 『韓國金融二十年史』, 大韓金融團, 1967.

漢城銀行, 『營業報告書』 3기~76기(1906하~1943상)

韓一銀行, 『營業報告書』 33기~49기(1922년하~1930하)

韓一銀行, 『貸出에 關하난 取締役會決議錄』, 1916~1920.

韓一銀行, 『取締役會決議錄』 第一~第七, 1910~1919.

492

⑸ 기타

岡崎遠光, 『朝鮮金融及産業政策』, 同文館, 1911.

京城副業世界社 編, 『朝鮮人會社・商店辭典』, 1927.

京城帝國大學法文學會, 『朝鮮經濟の研究』, 刀江書院, 1929.

高橋龜吉, 『現代朝鮮經濟論』, 千倉書房, 1935.

高橋三七, 『事業と郷人』 第1輯, 1939.

高麗大學校, 『六十年誌』, 1965.

高杉東峰, 『朝鮮金融機關發達史』, 實業タイムス社, 1940.

高石末吉, 『覺書終戰財政始末：第6卷 終戰と軍事借入金の辨濟』, 大藏財務協
　　會, 1970.

久間健一, 『朝鮮農業の近代的樣相』, 西ヶ原刊行會, 1935.

久間建一, 『朝鮮農政の課題』, 成美堂, 1943.

宮田節子 解說, 『十五年戰爭極秘資料集 第十五集 朝鮮軍槪要史』, 不二出版
　　社, 1989.

近藤康男, 『農業經濟論』, 1932.

近藤釰一 編, 『太平洋戰下終末期 朝鮮の治政』, 友邦協會 朝鮮史料編纂會, 1961.

_____ 編, 『太平洋戰下の朝鮮及び臺灣』, 巖南堂書店, 1961.

_____ 編, 『太平洋戰下の朝鮮⑸』, 巖南堂書店, 1964.

近藤忠三, 『朝鮮の鑛業』, 東都書籍, 1943.

金龍海, 『朝鮮人事通信錄』, 朝鮮人事通信社, 1946.

內外商品新報社 編輯部, 『朝鮮商業總覽』, 1915.

內外弘報社, 『大韓民國人事錄』 1950년판, 1949.

菱本長次, 『朝鮮米の研究』, 千倉書房, 1938.

다락방 편, 『反民特委裁判記錄 5－朴興植』, 1993.

大垣丈夫 編, 『朝鮮紳士大同譜』, 1913.

臺灣銀行史編纂室, 『臺灣銀行史』, 日本貿易信用株式會社, 1964.

東洋經濟新報社 編, 『年刊朝鮮 昭和十七年版 朝鮮産業の共榮圈參加體制』, 1942.

東洋經濟新報社 編, 『朝鮮産業年報 昭和十八年版－朝鮮産業の決戰再編成』, 1943.

東畑精一・大川一司, 『朝鮮米穀經濟論』, 日本學術振興會, 1935.

文定昌, 『朝鮮農村團體史』, 日本評論社, 1942.

民族政經文化研究所, 『親日派群像』, 三省文化社, 1948.

山本美越乃,『改訂 植民政策研究』, 弘文堂書房, 1926.

森田芳夫,『朝鮮終戰の記錄－米ソ兩軍の進駐と日本人の引揚』, 巖南堂書店, 1964.

森田芳夫・長田かな子 編,『朝鮮終戰の記錄 資料編』第一卷～第三卷, 巖南堂書
　　店, 1979～1980.

上田光雄,『韓國ニ於ケル貨幣ト金融』, 東京高等商業學校, 1909.

石濱知行,『特殊金融機關史論』, 育生社, 1937.

小早川九郎 編,『補訂朝鮮農業發達史(政策篇)』, 友邦協會, 1959.

勝田伊助,『晉州大觀』, 晉州大觀社, 1940.

市川正明 編,『韓國併合史料 1』, 原書房, 1978.

矢尾板正雄,『昭和金融政策史』, 皇國靑年敎育協會, 1943.

鈴木武雄,『朝鮮金融論十講』, 帝國地方行政學會朝鮮本部, 1940.

遠藤鐵夫・穗積眞六郎述,『朝鮮の鐵鑛開發と製鐵事業』, 友邦協會, 1968.

柳川勉 編,『朝鮮産米增收計劃』朝鮮事情社, 1925.

李勳求,『朝鮮農業論』, 漢城圖書株式會社, 1935.

日本興信所京城支所,『朝鮮實業信用大鑑』, 1931.

全北日日新聞社,「全州郡勢一斑」,『全羅北道案內』, 1914.

朝鮮經濟日報社,『朝鮮經濟日報附錄“水利事業號”』, 1931.

朝鮮史料研究會,『朝鮮近代史料研究集成 第4號 財政・金融關係重要文獻特集』,
　　友邦協會, 1961.

閉鎖機關整理委員會,『閉鎖機關とその特殊淸算』, 1954.

韓國法制研究會 編,『美軍政法令總攬』, 1971.

黃敏湖 編,『日帝下雜誌拔萃 植民地時代資料叢書』第6卷, 啓明文化社, 1992.

2. 단행본 및 논문

1) 국내

(1) 단행본

강만길 엮음,『한국 자본주의의 역사』, 역사비평사, 2000.

高承濟,『韓國金融史研究』, 一潮閣, 1970.

權泰檍,『韓國近代綿業史研究』, 일조각, 1989.

494

김기원, 『미군정기의 경제구조—귀속기업체의 처리와 노동자자주관리운동을 중심으로』, 푸른산, 1990.

김영범, 『한국 근대민족운동과 의열단』, 창작과비평사, 1997.

金容燮, 『韓國近現代農業史硏究』, 일조각, 1992.

김인호, 『태평양전쟁기 조선공업연구』, 신서원, 1998.

金宗炫, 『近代經濟史』, 經文社, 1984.

김진균 외, 『근대주체와 식민지 규율권력』, 문화과학사, 1997.

루돌프 힐퍼딩, 『금융자본』(김수행·김진엽 공역), 새날, 1994.

裵永穆, 『韓國金融史 1876~1959』, 개신, 2002.

社團法人金相玉·羅錫疇烈士 記念事業會, 『金相玉羅錫疇抗日實錄』, 1986.

송규진, 『日帝下의 朝鮮貿易 硏究』, 高麗大學校 民族文化硏究院, 2001.

신수식, 『한국보험사』, 무역경영사, 1974.

李剛秀, 『반민특위연구』, 나남출판, 2003.

安秉直·鄭英一 編, 『日本經濟의 近代化』, 서울대 경제연구소, 1990.

安秉直·中村哲 共編, 『近代朝鮮 工業化의 硏究—1930~1945年』, 一潮閣, 1993.

염인호, 『김원봉 연구』, 창작과비평사, 1992.

오다카 구니오, 『일본적 경영』, 소화, 1996.

오미일, 『한국근대자본가연구』, 한울아카데미, 2002.

尹錫範 外, 『韓國近代金融史硏究』, 延世大學校 經濟硏究所, 1996.

이경란, 『일제하 금융조합 연구』, 혜안, 2002.

李基俊, 『韓國經濟學敎育史硏究』, 韓國硏究院, 1982.

이병천 엮음, 『개발독재와 박정희 시대』, 창비, 2003.

李英俠, 『韓國典當金融史硏究』, 건국대학교 출판부, 1976.

李榮薰 外, 『近代朝鮮水利組合硏究』, 一潮閣, 1992.

李碩崙, 『(新稿)韓國貨幣金融史硏究』, 博英社, 1984.

_____ , 『韓國의 一般銀行 1910~1945』, 법문사, 1988.

_____ , 『우리나라 金融史 1910~1945』, 博英社, 1990.

林苗民, 『韓國의 銀行史』, 韓國經濟問題硏究所, 1963.

정태헌, 『일제의 경제정책과 조선사회—조세정책을 중심으로』, 역사비평사, 1996.

趙璣濬, 『韓國企業家史』, 博英社, 1973.

주봉규·소순열 공저, 『근대 지역농업사 연구』, 서울대출판부, 1996.
崔大植, 『韓國金利政策史 -1910~1993』, 法文社, 1993.
韓百興, 『舊韓末 民族銀行生成史研究』, 시나리오알타, 1996.
洪性讚, 『韓國近代農村社會의 變動과 地主層』, 지식산업사, 1992.

(2) 논문

강정숙·서현주, 「일제말기 노동력수탈정책」, 『한일간의 미청산 과제』, 아세아문화사, 1997.

權大雄, 「朝鮮殖産銀行 研究-1905~1930年까지의 日本獨占金融資本의 農業浸透에 對하여」, 영남대 사학과 석사학위논문, 1979.

권혁태, 「일제하 朝鮮의 農村織物業의 전개와 특질」, 『韓國史學報』 창간호, 고려사학회, 1996.

金東昱, 「1940~1950년대 韓國의 인플레이션과 安定化政策」, 연세대 경제학과 박사학위논문, 1994.

金允嬉, 「대한제국기 서울지역 금융시장의 변동 상업발전-대한천일은행 및 대자본가의 활동을 중심으로」, 고려대 사학과 박사학위논문, 2002.

김호범, 「식민지하 전시금융체제의 구조와 성격에 관한 연구」, 『역사연구』 3, 역사학연구소, 1994.

라창호, 「일제하 수리조합에서 조합비 전가에 관한 연구」, 『京畿史論』 創刊號, 1997.

文暎周, 「日帝末 戰時體制期(1937~1945) 村落金融組合의 活動」, 고려대 사학과 석사학위논문, 1995.

문영주, 「1920년대 도시금융조합의 활동과 보통은행과의 갈등」, 『한국민족운동사연구』 31, 2002.

梶村秀樹, 「李朝末期 綿業의 流通 및 生産構造」, 『韓國近代經濟史研究』, 사계절, 1983(初出 1968).

梶村秀樹, 「1910年代 朝鮮의 經濟循環과 小農經營」 『近代朝鮮의 經濟構造』 (安秉直 外編), 比峰出版社, 1989.

朴基炷, 「朝鮮에서의 金鑛業의 發展과 朝鮮人鑛業家」, 서울대 경제학과 박사학위논문, 1998.

朴秀炫, 「植民地時代 水利組合反對運動」, 『中央史論』 7, 1991.

배석만, 「해방후 지식인층의 신국가 경제건설론」, 『지역과 역사』 7, 2000.

裵城浚, 「日帝下 京城지역 工業 硏究」, 서울대 국사학과 박사학위논문, 1998.

裵永穆, 「植民地 朝鮮의 通貨金融에 관한 硏究」, 서울대 경제학과 박사학위논문, 1990.

_____, 「朝鮮殖産銀行과 農業」, 『國史館論叢』 第36輯, 1992.

_____, 「漢湖農工銀行에 관한 硏究」, 『社會科學硏究』 第9卷 1號, 忠北大, 1992.

徐承甲, 「日帝下 水利組合 區域內 增收量의 分配와 農民運動」, 『史學硏究』 41, 1990.

송규진, 「1910년대 관세정책과 수이출입구조」, 『역사문제연구』 제2호, 역사문제연구소, 1997.

申熙俊, 「日帝下 農業金融의 展開」, 서울대 농업경제학과 석사학위논문, 1984.

安秉直, 「韓國에 있어서의 經濟發展과 近代史硏究」, 第38回 全國歷史學大會 發表要旨, 1995.

안병직, 「한국근현대사 연구의 새로운 패러다임 - 경제사를 중심으로」, 『창작과비평』, 1997년 겨울

吳斗煥, 「戰時下 朝鮮의 通貨增發에 대하여」, 『仁荷大學校 産業經濟硏究所 硏究論文集』 第5輯, 1991.

오두환, 「조선은행의 발권과 산업금융」, 『國史館論叢』 第36輯, 1992

오진석, 「일제하 한국인 자본가의 성장과 변모 - 朴興植의 和信百貨店 경영을 중심으로」, 연세대 경제학과 석사학위논문, 1998.

우명동, 「일제하 조선재정의 구조와 성격」, 고려대 경제학과 박사학위논문, 1987.

柳承烈, 「日帝의 朝鮮鑛業 支配와 勞動階級의 성장」, 서울대 국사학과 석사학위논문, 1989.

李炳天, 「開港期 外國商人의 侵入과 韓國商人의 對應」, 서울대 경제학과 박사학위논문, 1985.

李松順, 「日帝末期 戰時 農業統制政策과 朝鮮 農村經濟의 變化」, 고려대 사학과 박사학위논문, 2003.

이승렬, 「일제하 조선인 자본가의 '근대성'」, 『한국의 '근대'와 '근대성' 비판』,

역사비평사, 1996.

_____ , 「韓末・日帝初期 大韓天一銀行 硏究」, 연세대 사학과 박사학위논문, 2003.

李潤相, 「1894~1910년 재정제도와 운영의 변화」, 서울대 국사학과 박사학위 논문, 1996.

李洪洛, 「植民地期 朝鮮內米穀流通」, 『經濟史學』 第19號, 經濟史學會, 1995.

임영태, 「북으로 간 맑스주의 역사학자와 사회경제학자들」, 『역사비평』 1989년 가을

張矢遠, 「日帝下 大地主의 存在形態에 관한 硏究」, 서울대 경제학과 박사학위 논문, 1989.

장시원, 「산미증식계획과 농업구조의 변화」, 『한국사 13』, 한길사, 1994.

_____ , 「植民地期 農業史 硏究의 성과와 과제」, 『한국방송대학교논문집』 24, 1997.

田剛秀, 「日帝下 水利組合事業이 地主制 展開에 미친 影響」, 『經濟史學』 제8 호, 1984.

全遇容, 「19世紀末~20世紀初 韓人 會社 硏究」, 서울대 국사학과 박사학위논 문, 1997.

전우용, 「1910년대 객주통제와 '朝鮮會社令'」, 『역사문제연구』 제2호, 역사문 제연구소, 1997.

정병욱, 「1918~1937년 朝鮮殖産銀行의 資本形成과 金融活動」, 『韓國史硏究』 79, 1992.

_____ , 「식민지 금융기구를 통한 자금의 유출입과 성격」 『일본의 본질을 다시 묻는다』, 한길사, 1996.

_____ , 「1910년대 農工銀行의 상업금융과 조선인 상인의 周邊化」『역사문제 연구』 제2호, 역사문제연구소, 1997.

_____ , 「역사의 주체를 묻는다 : 식민지근대화론 논쟁을 둘러싸고」, 『역사비 평』 1998년 여름

_____ , 「日帝下 朝鮮殖産銀行의 産業金融에 관한 硏究」, 고려대 사학과 박사 학위논문, 1998.

_____ , 「일제말(1937~1945) 朝鮮殖産銀行의 광공업금융」, 『한국민족운동 사연구』 23, 1999.

_____ , 「식민지 특수은행의 겸업과 보통은행의 정체」, 『역사문제연구』 제

498

5호, 역사문제연구소, 2000.

_____, 「8·15 이후 '融資命令'의 실시와 무책임의 체계」, 『한국민족운동사연구』 33, 2002.

_____, 「일제말(1937~1945) 戰時金融과 조선인 자본가의 존재방식」, 『한국사연구』 120, 2003.

_____, 「해방 이후 식산은행원의 식민지 기억과 선택적 인식」, 『역사와 현실』 48, 2003.

_____, 「해방 직후 일본인 잔류자들 – 식민지배의 연속과 단절」, 『역사비평』 2003년 가을

鄭昞旭, 「일제하 개인대금업과 전시경제」, 『한국근현대사연구』 26, 2003.

정병욱, 「한국인의 식민지 경험과 근대주체 형성 – 조선식산은행원을 중심으로」, 『역사문제연구』 제11호, 2003.

鄭秉峻, 「李承晚의 獨立路線과 政府樹立 運動」, 서울대 국사학과 박사학위논문, 2001.

鄭在貞, 「韓末·日帝初期(1905~1916년) 鐵道運輸의 植民地的 性格(下)」, 『韓國學報』 29, 1982년 겨울

정재정, 「1980년대 일제시기 경제사 연구의 성과와 과제」, 『한국의 '근대'와 '근대성' 비판』, 역사비평사, 1996.

_____, 「일본자본의 침투와 경제구조의 변화」, 『한국역사입문 ③』 근대·현대편, 풀빛, 1996.

鄭眞阿, 「第1共和國 初期(1948~1950)의 經濟政策 研究」, 『韓國史研究』 106, 1999.

정태헌, 「1910년대 식민농정과 금융수탈기구의 확립과정」, 『3·1민족해방운동연구』, 청년사, 1989.

_____, 「1930년대 식민지 농업정책의 성격전환에 관한 연구」, 『일제말 조선사회와 민족해방운동』, 일송정, 1991.

_____, 「일제하 자금유출 구조와 조세정책」, 『역사와 현실』 제18호, 한국역사연구회, 1995.

_____, 「한국의 식민지적 근대화 모순과 그 실체」, 『한국의 '근대'와 '근대성' 비판』, 역사비평사, 1996.

_____, 「해방 전후 금융기관의 자금수급구조와 은행권 남발의 배경에 대한 연구」, 『國史館論叢』 84, 국사편찬위원회, 1999.

鄭泰憲, 「미군정 초기 각 금융기관의 부실채권과 預·貸 추이」, 『한국사학보』 6, 고려사학회, 1999.

정태헌 외, 「특집 : 식민지경험과 박정희시대」 『역사문제연구』 제9호, 2002.

朱益鍾, 「日帝下 平壤의 메리야스工業에 관한 研究」, 서울대 경제학과 박사학위논문, 1994.

지수걸 외, 「토론 : 식민지사회론의 제문제」, 『역사와 현실』 제12호, 한국역사연구회, 1994.

蔡錫賢, 「朝鮮殖産銀行에 對한 研究－1918年~1937年의 經營實態分析을 中心으로」, 숙명여대 사학과 석사학위논문, 1988.

최원규, 「전시수탈경제·민족말살정책·강제연행」, 『한국역사입문 ③』 근대·현대편, 풀빛, 1996.

허수열, 「조선인 노동력의 강제동원실태」, 『일제의 한국식민통치』, 정음사, 1985.

洪性讚, 「日帝下 企業家的 農場型 地主制의 歷史的 性格」 『東方學志』 63, 1989.

＿＿＿, 「日帝下 金融資本의 農企業 支配－不二興業(株)의 經營變動과 朝鮮殖産銀行」, 『東方學志』 65, 1990.

＿＿＿, 「日帝下 金融資本의 農企業 支配－朝鮮殖産銀行의 成業社 設立과 그 運營」, 『東方學志』 68, 1990.

＿＿＿, 「日帝下 金融資本의 農企業 支配－朝鮮開拓(株)의 經營變動과 朝鮮殖産銀行」, 『國史館論叢』 第36輯, 1992.

＿＿＿, 「日帝下 朝鮮開拓(株)의 農場支配」, 『東方學志』 77·78·79, 1993.

＿＿＿, 「日帝下 地主層의 存在形態」, 『韓國 近現代의 民族問題와 新國家建設』(金容燮教授停年紀念 韓國史學論叢刊行委員會 編), 1997.

＿＿＿, 「韓末·日帝下 全南지역 한국인의 銀行設立과 經營－光州農工銀行·湖南銀行의 사례를 중심으로」, 『省谷論叢』 第30輯 2卷, 1999.

2) 국외

(1) 단행본

加藤俊彦 編, 『日本金融論の史的研究』, 東京大學出版會, 1983.

高嶋雅明, 『朝鮮における植民地金融史の研究』, 大原新生社, 1978.

堀和生, 『朝鮮工業化の史的分析』, 有斐閣, 1995.

明石照南・鈴木憲久,『日本金融史』第2卷(大正編), 東洋經濟新報社, 1958.

朴慶植,『日本帝國主義の朝鮮支配』上, 靑木書店, 1973.

山崎隆三 編,『兩大戰期の日本資本主義』上, 大月書店, 1978.

山本有造,『日本植民地經濟史研究』, 名古屋大學出版會, 1991.

松本武祝,『植民地朝鮮の水利組合事業』, 未來社, 1991.

辻淸明,『新版 日本官僚制の研究』, 東京大學出版會, 2001(제13刷, 초판은 1969).

羽鳥敬彦,『朝鮮における植民地幣制の形成』, 未來社, 1986.

李圭洙,『近代朝鮮における植民地地主制と農民運動』, 信山社, 1996.

李奎泰,『米ソの占領政策と南北分斷體制の形成過程』, 信山社, 1997.

伊牟田敏充 編著,『戰時體制下の金融構造』, 日本評論社, 1991.

左伯尙美,『日本農業金融史論』, 御茶の水書房, 1963.

波形昭一,『日本植民地金融政策史の研究』, 早稻田大學出版部, 1985.

河合和男,『朝鮮における産米增殖計劃』, 未來社, 1986.

河合和男 外,『國策會社・東拓の研究』, 不二出版, 2000.

Carter J. Eckert, *Offspring of Empire*, University of Washinton Press, 1991.

D. L. McNAMARA, *The colonial origins of Korean enterprise, 1910~1945*, Cambridge Univ. Press, 1990.

⑵ 논문

古庄正,「强制連行・未拂金はどのように沒收されたか-個人の財産權と國家・企業」,『日本企業の戰爭犯罪』(古庄 正・田中 宏・佐藤健生 等), 創史社, 2002.

堀和生,「植民地産業金融と經濟構造-朝鮮殖産銀行の分析を通じて」,『朝鮮史研究會論文集』第20集, 1983.

_____ ,「朝鮮における普通銀行の成立と展開」,『社會經濟史學』49 - 1(社會經濟史學會 編), 1983. 4.

宮嶋博史,「植民地下朝鮮人大地主の存在形態に關する試論」,『朝鮮史叢』5・6호, 1982.

_____ ,「朝鮮における植民地地主制の展開」,『近代日本と植民地3-植民地化と産業化』, 岩波書店, 1993.

金洛年,「日本の植民地投資と朝鮮經濟の展開」, 東京大 經濟學研究科 博士學

位論文, 1992.

金斗宗,「植民地朝鮮における1920年代の農業金融について～朝鮮殖産銀行・村落金融組合を中心として」,『經濟學研究』5號, 東京大, 1965.

金子文夫,「資本輸出と植民地」,『日本帝國主義史 2 世界大恐慌期』, 東京大學出版會, 1987.

木村健二,「朝鮮の金融統制と朝鮮金融團」,『戰時體制下の金融構造』, 日本評論社, 1991.

西條晃,「1920年代朝鮮における水利組合反對運動」,『朝鮮史研究會論文集』第8集, 1971.

宣在源,「引揚企業團體の活動－戰前期海外進出企業の國内經濟復歸過程」,『復興期の日本經濟』(原朗 編), 東京大學出版會, 2002.

野田正穗,「金融の民主的改革とその展望」,『講座 今日の日本資本主義 6：日本資本主義と金融・證券』(講座今日の日本資本主義編集委員會 編), 大月書店, 1982.

羽鳥敬彦,「戰時下(1937～1945年) 朝鮮における通貨とインフレーション」,『植民地時期朝鮮の社會と抵抗』(姜在彦外 編), 未來社, 1982.

──────,「朝鮮産米增殖計劃のその實績」,『朝鮮民族運動史研究』5, 青丘文庫, 1988.

李景珉,「朝鮮總督府終焉期の政策」,『思想』734, 岩波書店, 1985. 8.

李洪洛,「日帝下朝鮮民衆の再生産活動とその經濟的基盤」, 神奈川大學 經濟學研究科 博士學位論文, 1995.

田中愼一,「韓國財政整理における徵稅制度改革について」,『社會經濟史學』39-4 (社會經濟史學 編), 1974. 4.

淺田喬二,「1930年代植民地(朝鮮)地主制の存在形態－全羅北道地主制の事例分析」,『經濟學論集』21-3, 駒澤大學, 1990.

Karl Moskowitz, *The Employees of Japanese Banks in Colonial Korea*, Harvard University Ph.D.Thesis, 1979(殖銀行友會 譯,『植民地 朝鮮における日本の銀行の從業員達』, 1986).

찾아보기

506

510

한국근대금융연구

▨
찍은날 2004년 5월 1일
펴낸날 2004년 5월 15일
▨
지은이 정병욱
펴낸이 장두환
펴낸곳 역사비평사
▨
등록번호 제1 - 669호 (1988. 2. 22)
서울시 종로구 계동 140 - 44
전화 02) 741 - 6123, 6124(영업) / 741 - 6125(편집)
팩시밀리 02) 741 - 6126
Email yukbi@chollian.net
▨
* 책값은 표지 뒷면에 표시되어 있습니다.

ISBN 89 - 7696 - 123 - 4 (93910)

* 잘못된 책은 구입하신 서점에서 바꾸어 드립니다.